PETER SCHOLL-LATOUR
Afrikanische Totenklage

Buch

Der Völkermord an 800 000 Menschen in Ruanda, die Ermordung des Kongo-Staatschefs Kabila, die Hungersnot in Äthiopien oder der von Kindersoldaten geführte Diamantenkrieg in Sierra Leone – Schwarz-Afrika versinkt zunehmend in Gewalt und Chaos. Peter Scholl-Latour, der insgesamt mehr als sechs Jahre über diesen Kontinent berichtet hat, ist erneut der vielstimmigen Totenklage Afrikas nachgegangen. Seine Eindrücke kontrastiert er mit Erinnerungen an seine erste Reise 1956, als Afrika noch unter europäischer Kolonialherrschaft stand. Die erschütternde Bilanz seiner Reise »ins Herz der Finsternis«: Von der viel beschworenen »Globalisierung der Demokratie« war Afrika nie weiter entfernt als heute.

Autor

Peter Scholl-Latour wurde 1924 in Bochum geboren. Neben einer Promotion an der Sorbonne und dem Diplom des Institut National des Sciences Politiques in Paris erwarb er an der Libanesischen Universität Beirut das Diplom für arabische und islamische Studien. Seit 1950 arbeitet er als Journalist, u. a. viele Jahre als Korrespondent in Afrika und Indochina, als Studioleiter in Paris, als Fernsehdirektor des WDR, als Herausgeber des »Stern«. Zu seinen größten Erfolgen als Buchautor zählen die Bestseller »Der Tod im Reisfeld« (1980), »Der Mann vom Himmlischen Frieden« (1990), »Eine Welt in Auflösung« (1993), »Das Schlachtfeld der Zukunft« (1996) und »Lügen im Heiligen Land« (1998). Mit dem vorliegenden Buch schließt sich thematisch der Kreis zu einem seiner frühen und wichtigsten Werke: »Mord am großen Fluss – Ein Vierteljahrhundert afrikanische Unabhängigkeit« (1986).

Im Goldmann Verlag sind von Peter Scholl-Latour auch erschienen:

Den Gottlosen die Hölle (12429)
Eine Welt in Auflösung (12760)
Das Schlachtfeld der Zukunft (12768)
Lügen im Heiligen Land (15058)
Allahs Schatten über Atatürk (15137)

Peter Scholl-Latour

Afrikanische Totenklage

Der Ausverkauf des Schwarzen Kontinents

GOLDMANN

Aus Gründen der Diskretion und vor allem der Sicherheit für die Betroffenen habe ich die Namen meiner Gesprächspartner und die Umstände der Begegnungen gelegentlich geändert. Das gilt nicht für Personen des öffentlichen Lebens und deren Aussagen, die exakt wiedergegeben werden.

Umwelthinweis:
Alle bedruckten Materialien dieses Taschenbuches
sind chlorfrei und umweltschonend.

Der Goldmann Verlag ist ein Unternehmen
der Verlagsgruppe Random House.

Vollständige Taschenbuchausgabe Mai 2003
Wilhelm Goldmann Verlag, München,
in der Verlagsgruppe Random House GmbH
© 2001 der Originalausgabe C. Bertelsmann Verlag,
München, in der Verlagsgruppe Random House GmbH
Umschlaggestaltung: Design Team München
Redaktion: Cornelia Laqua
Karten: Adolf Böhm
Satz: Uhl + Massopust, Aalen
Druck: Elsnerdruck, Berlin
Verlagsnummer: 15219
KF · Herstellung: Sebastian Strohmaier
Made in Germany
ISBN 3-442-15219-4
www.goldmann-verlag.de

1 3 5 7 9 10 8 6 4 2

»Eine grenzenlose Klage wohnt in mir. Ich weiß
Dinge, mit denen ich mich nicht abfinden kann.
Welcher Dämon hat mich nach Afrika getrieben?
Was habe ich in diesem Erdteil gesucht?
Vorher lebte ich gelassen. Aber jetzt weiß ich,
und ich muss sprechen.«

»Désormais, une immense plainte m'habite;
je sais des choses, dont je ne puis pas prendre mon
parti. Quel démon m'a poussé en Afrique?
Qu'allais-je donc chercher dans ce pays? J'étais
tranquille. A présent je sais: je dois parler.«

André Gide, »Voyage au Congo«

INHALT

Avant-propos 15

KONGO I
Die Schlacht am Tshopo-Fluß 17
»Der Fluß, unser Vater, ist hart« 26
Abschied vom »guten Wilden« 34

RUANDA I
Die Prophezeiungen des Doktor Kandt 60

UGANDA
Mutmaßungen über einen Völkermord 83

RUANDA II
Der »lange Marsch« der Tutsi 103

TANGANJIKA-SEE
Zurück in die Steinzeit 129
Wo Stanley auf Livingstone stieß 132
Ein junger Mann namens Kabila 135
In den Klauen der »Simba« 142
Die Verzweiflung Che Guevaras 147

KENIA
Am Ende der Safari 160
Der vergessene Kampf der Mau-Mau 173
Humanität als Selbstzweck 183

SUDAN
Öl-Bohrung am Gazellen-Fluß 187
Der »Baum der lachenden Frauen« 198

ANGOLA
»Die Überreste unserer Toten« 215
»Angola é nossa« 223
Die brennenden Dörfer von Uige 226
Abschied nach 500 Jahren 240
Diamanten, Blut und Öl 249
Die Muttergottes im Minenfeld 269

KONGO II
Der böse Zauber Laurent Kabilas 281
»Lumumba ist ganz Afrika« 287
Matata ezali-te 297
Blauhelme und Söldner 327
Requiem für einen Rebellenführer 340

SÜDAFRIKA
Wenn es Nacht wird in Pretoria 344
Nelson Mandela oder »Uncle Tom«? 351
Beim »Godfather« von Soweto 359
Menetekel am Witwatersrand 369

NAMIBIA
Zeitungskrieg in Windhuk 375
Der Staatschef als Landwirt 389
»Hart wie Kameldornholz« 392
Ein schwarz-weiß-rotes Disneyland 395
Die Front am Okavango 399

LIBERIA
Amerikas Zerrbild an der Pfefferküste 407
Das Imperium »Firestone« 423
Schädelstätte in Lofa-County 427

ELFENBEINKÜSTE
Das Erbe des alten Magiers 433
»Aus Afrika stets etwas Neues« 438
Eine Sure gegen die Feuergeister 448

GUINEA
Ein afrikanisches Albanien 455
Die Willkür des »Großen Elefanten« 458
Schwarze Jakobiner 464
Die frommen Muslime des Fouta-Djalon 473
Frühe Warnsignale aus Kano 483

SIERRA LEONE
Am Abgrund aller Dinge 486
Kreolen und »Geister-Soldaten« 490
»Rule Britannia!« 500
Die Rambos von Executive Outcomes Ltd. 502
Die weißen Kanonen der UNO 511
»Man of War«-Bucht 516

Summarische Zeittafel 519
Namensregister 527
Sachregister 534
Bildnachweis 544

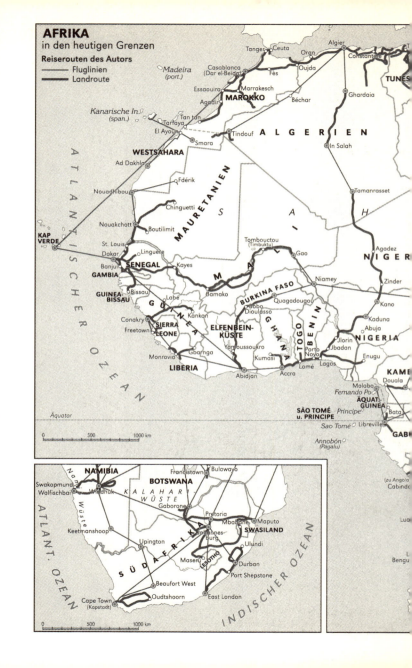

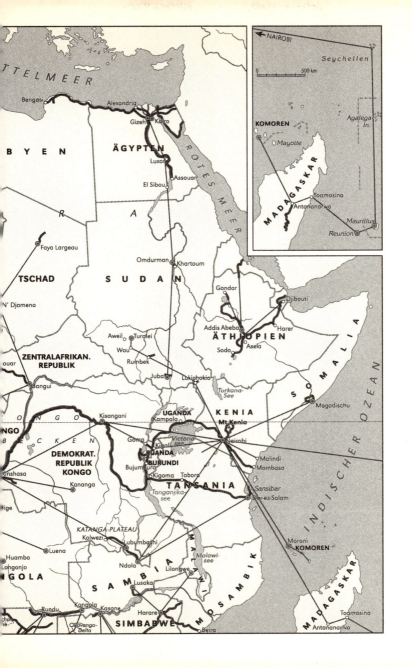

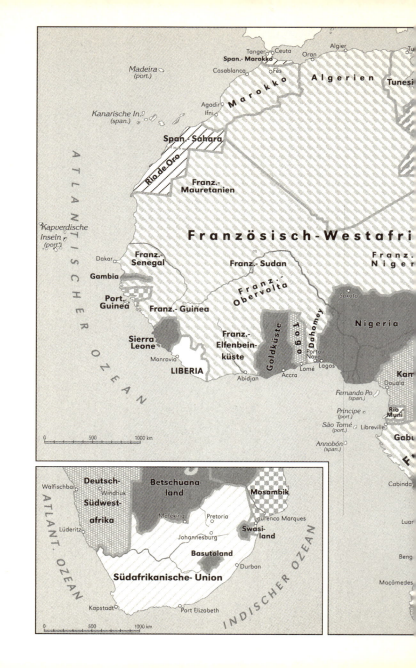

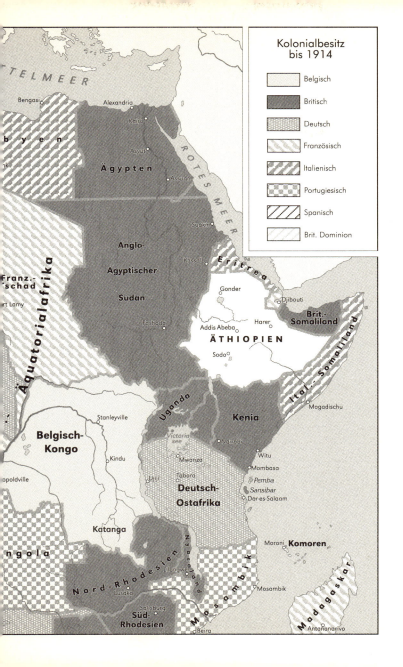

AVANT-PROPOS

Tourrettes-sur-Loup, im Sommer 2001
P.S.-L.

Vor 150 Jahren war der größte Teil Afrikas noch ein weißer Fleck auf der Landkarte. Die Geographen füllten diese Leere mit der Beschriftung: »hic sunt leones – hier gibt es Löwen.« Mir ist es vergönnt gewesen, den Schwarzen Kontinent seit immerhin fünfzig Jahren intensiv zu bereisen und keinen der dortigen Staaten dabei auszulassen. So zögere ich nicht, auf die Beobachtungen meines frühen Chronisten-Lebens ausgiebig zurückzugreifen.

Dieses Buch wird auf mancherlei Widerspruch stoßen. Natürlich stellt sich heute auch im Schwarzen Erdteil die Frage nach der Globalisierung. Soweit es sich dabei um einen technischen und überwiegend kommunikatorischen Prozeß handelt, verfügen die Afrikaner unserer Tage fast im gleichen Ausmaß wie wir über Mobiltelephone, Internet und E-Mail. Die triumphal angekündigte Globalisierung unserer westlichen Lebensformen hingegen findet nicht statt. Es gibt keine drei Staaten in Afrika, die unseren Vorstellungen von Demokratie und Meinungsfreiheit entsprechen. Was nun gar die Vergötzung der ungehemmten Marktwirtschaft betrifft, die selbst bei uns in Plutokratie auszuarten droht, so offenbart sie sich südlich der Sahara – oft heuchlerisch verbrämt – als eine krude Form der Ausbeutung, der die »Eingeborenen« wehrlos ausgeliefert sind.

Ich habe nicht die Absicht, mich mit jenen Rabauken zu solidarisieren, die zwischen Seattle und Genua gegen die Auswirkungen des Kapitalismus in den Entwicklungsländern Sturm laufen. Statt dessen zitiere ich den renommierten amerikanischen Publizisten William Pfaff, der keiner ideologischen Einseitigkeit verdächtig ist.

»Es besteht eine gewisse Ähnlichkeit zwischen Globalisierung und Kolonialismus«, schreibt Pfaff in der »Los Angeles Times«. »Vor siebzig Jahren waren die liberalen Regierungen des Westens stolz auf den Fortschritt, die Erziehung und Förderung, die sie den ›rückständigen Völkern Asiens und Afrikas‹ zu bringen glaubten. In den Ausgaben der Encyclopedia Britannica vor 1940 war die Rede vom ›universal anerkannten Genius der Kolonisation‹, von der ›Bürde des Weißen Mannes‹, die Großbritannien in allen Breiten des Erdballs auf sich geladen hatte. Man erzählt uns heute, Globalisierung bedeute Fortschritt, Erziehung, Wohlstand und wirtschaftliche Modernisierung. Das ist nur die halbe Wahrheit. Gleichzeitig beschert sie der ›Dritten Welt‹ gesellschaftliche und politische Zerrüttung, die Vernichtung der kulturellen Grundwerte, den Ruin ihrer unterlegenen Industrie und Landwirtschaft.«

In den folgenden Kapiteln wird viel von Mord und Totschlag die Rede sein. In diesem Zusammenhang will ich auf den Kongo-Entdecker Henry Morton Stanley zurückgreifen. Der Beauftragte König Leopolds II. von Belgien war als harter, ja brutaler Mann bekannt, aber 1879 schrieb er sich doch seine Wut über die Exzesse des Handels mit »Ivory« von der Seele: »Jeder Elefantenzahn, jedes Stückchen Elfenbein ist mit Blut gefärbt; ein halbes Kilo Elfenbein hat einen schwarzen Menschen das Leben gekostet; für weniger als drei Kilo wird eine Hütte niedergebrannt; für zwei Stoßzähne wird ein ganzes Dorf, für zwanzig ein Distrikt entvölkert. Um Luxusartikel aus Elfenbein und Billardkugeln zu fabrizieren, verwandelt man das Herz Afrikas in eine riesige Wüste und rottet ganze Stämme aus.« – Man setze an die Stelle von »Ivory« die Worte »Petrol, Coltan, Diamonds«, und schon finden wir uns in der unerträglichen Realität unserer Tage wieder.

Für jeden ehrlichen Beobachter bleibt Afrika ein unergründliches Rätsel. Als Julius Caesar in Ägypten landete, strauchelte er und fiel zu Boden, ein böses Omen für seine abergläubischen Legionäre. Da breitete der Imperator geistesgegenwärtig seine Arme aus, krallte sich im Küstensand fest und rief mit lauter Stimme: »Teneo te Africam! – Ich halte Dich fest Afrika!« Einen solch possessiven Anspruch sollte heute kein Wissender und auch keine Weltmacht mehr wagen.

KONGO I

Die Schlacht am Tshopo-Fluß

Kisangani (früher Stanleyville), im Juni 2000

Die Fluten des Kongo wälzen sich mit bräunlichem Schaum zwischen den Felsplatten der Stromschnelle. Der Himmel hängt wie Blei über dem Urwald, der gleich hinter der Lichtung beginnt und im fahlen Licht als feindliche schwarze Masse erscheint. Die Luft klebt am Körper. Da stehe ich also im geographischen Zentrum Afrikas, auf halber Strecke zwischen Indischem und Atlantischem Ozean, im »Herzen der Finsternis«. So hatte der Schriftsteller Joseph Conrad vor etwa hundert Jahren diese Gegend genannt, und der Ausdruck hat heute eine beklemmende Aktualität zurückgewonnen.

Kisangani, zu jener Zeit Stanleyville, hatte ich von meiner ersten Kongoreise im Jahr 1956 – ich war von Leopoldville aus fünf Tage lang mit dem Schaufelraddampfer den Strom hinaufgekeucht – als sauber getünchte, fast elegante Kolonialstadt in Erinnerung. Der Kongo war damals noch belgische Kolonie. In den exklusiven Europäer-Clubs vermischte sich weiße Arroganz mit flämischer Spießigkeit. Heute sind die gepflegten Straßen von Kisangani zur Müllhalde verkommen. Die Mauern der Villen sind vermodert. Durch das einstige Geschäftsviertel bewegen sich die wenigen Afrikaner wie verängstigte Schatten. Stanleyville ist zur Kulisse eines Alptraums geworden.

An der »Biegung des Flusses«, auch das ist der Titel eines bekannten Buches, habe ich vor der grauen, kastenförmigen Kathedrale haltgemacht. Das Dach über dem Altar ist durch eine

Granate aufgerissen. Der schwarze Christus am Kreuz blieb unversehrt und auch die Schrift in Suaheli: »Himi ndimi ufufoa na uzima – Ich bin die Quelle des ewigen Lebens.« Aber der Heiland hat diesem verfluchten Ort keinen Segen bringen können. Hier geht wieder jenes Gespenst um, das Joseph Conrad beschrieb: der Abenteurer und Elfenbeinhändler Kurtz, der den Dämonen des Dschungels verfiel, seine Hütte mit menschlichen Schädeln umzäunte, der über seine versklavten Eingeborenen wie ein fürchterlicher Fetisch, wie ein grausamer Götze herrschte. Die letzten Worte des sterbenden Kurtz sind in die Weltliteratur eingegangen: »The horror, the horror.«

Es sind an diesem Tag keine Leichen mehr in den aufgerissenen Straßen von Kisangani verstreut. Die Truppen aus Ruanda und Uganda, frühere Verbündete, die sich eben noch eine Schlacht lieferten, sind auf Distanz gegangen. Nur verlotterte Soldaten irgendeiner kongolesischen Bürgerkriegsfraktion lungern herum. Die 6000 Granaten, die binnen fünf Tagen einschlugen, die Geschosse der 120 mm-Kanonen, die Katjuscha-Raketen, die Panik stifteten, haben im Stadtkern geringen Schaden angerichtet. Mit Boniface, dem pechschwarzen Besitzer eines ächzenden Peugeot, bin ich zur Tshopo-Brücke gefahren, um die so heftig gekämpft wurde. Leere Artillerie- und MG-Hülsen liegen dort zuhauf. Die Ugander sind von den hochgewachsenen Ruanda-Kriegern, Angehörigen der stolzen Hirtenrasse der Tutsi, zurückgeworfen worden, obwohl sie mit schweren Panzern aus Norden vorrückten. Ein Tank vom sowjetischen Typ T-54 oder T-55 kostet in Ostafrika 75 000 US-Dollar, weit weniger als eine Luxus-Limousine.

Vor allem unter der einheimischen Zivilbevölkerung hat es Verluste gegeben. Etwa 500 Tote wurden zwischen den zerstörten Lehm- und Strohhütten am Tshopo aufgelesen und wegen Seuchengefahr in Massengräbern verscharrt. Die 150 Soldaten, die hier umkamen, waren meist kampfuntaugliche Kongolesen. Das sind Zahlen, die in dieser Region niemanden aufregen können. Beim »Genozid«, das 1994 die Republik Ruanda heimsuchte, sind von entfesselten Hutu-Milizen, die angesichts der drohenden Rückkehr ihrer ehemaligen Tutsi-Herren in kollektiven Blutrausch verfielen, schätzungsweise 800 000 Menschen erschossen, erschlagen, zerstückelt worden. Später sollen bei den Vergeltungsaktionen der Tutsi-Armee, die den Hutu-Mördern bis in den Kongo nachstellte, etwa 250 000 Menschen ausgelöscht worden sein.

Die Brücke am Tshopo-Fluß, der ein paar 100 Meter südlich in den Kongo mündet, wird von afrikanischen Frauen überquert. Sie tragen riesige Lasten auf dem Kopf. Die Ufer sind weithin vermint. Ein weißes Fahrzeug der Vereinten Nationen ist hier geparkt. Zwei Beobachter der Weltorganisation, ein Algerier und ein Russe, sollen über eine Waffenruhe wachen, an deren Zustandekommen sie nicht den geringsten Anteil hatten.

Worum ging es bei dieser scheinbar sinnlosen Schlacht am Tshopo-Fluß? Ein großes Plakat, das von den Geschossen verschont blieb, gibt Auskunft: »Die Firma ›California‹ ist bereit, Diamanten in jeglicher Menge zu günstigsten Preisen zu erwerben.« Das Angebot wird auch für den Dümmsten durch eine primitive Malerei verdeutlicht: Zwei Afrikaner rennen mit Kiepen auf dem Rücken, schleppen riesige, bereits geschliffene Diamanten heran. Nicht nur in Sierra Leone, auch in der zerrissenen Kongo-Republik offenbart sich das Diamantengeschäft auf abscheuliche Weise als Nerv des Krieges, als Trophäe einer unbeschreiblichen Barbarei.

In Kisangani sind alle Geschäfte geschlossen oder geplündert. Auf den Märkten der Eingeborenen liegen nur Maniok-Wurzeln und Bananen aus. Jede Form von Produktion oder Handwerk ist erloschen. Hingegen sind die Ankaufläden für Diamanten überall aktiv. Die wahren Nutznießer und Drahtzieher dieser Transaktionen sind nicht zu entdecken. Nur ein paar Schwarze sitzen träge an der Pforte der Wucher-Höhlen, die sich mit den Namen »Jehova«, »Jihad«, »Walid«, »Eben Ezer«, »Südafrika« schmükken. Die Libanesen seien hier stark im Geschäft, erklärt mir Boniface, neben ein paar Indern tauche auch ein weißer Südafrikaner auf. Über die wirklichen Organisatoren dieses bluttriefenden Handels können nur Vermutungen angestellt werden.

Ich hatte mir die Reise nach Kisangani komplizierter vorgestellt. Mein Tutsi-Fahrer Paul aus der ruandischen Hauptstadt Kigali hatte den Landrover fast ohne Papierkram durch die Grenzkontrolle am grünlich schimmernden Kivu-See gelotst. Da befanden wir uns auch schon in Goma, dem Sitz einer der diversen Phantom-Regierungen des Kongo, die vom Ausland – in diesem Falle Ruanda und USA – ausgehalten und patroniert werden. Der Arzt Emil Ilunga war zum Staatschef eines riesigen Gebietsfetzens auserkoren worden, aber jetzt munkelte man, daß er demnächst wegen totaler Unfähigkeit ausgetauscht würde. Aus optischen Gründen haben die ruandischen Eroberer die Sicherung von Goma der kongolesischen Soldateska überlassen. Wer nicht militärisch geschützt ist, muß bei Nacht auf die Plünderung durch diese betrunkenen Rotten gefaßt sein, die die Vergewaltigung wehrloser schwarzer Frauen als Zeitvertreib betrachten.

Was mir in dieser chaotischen Ortschaft Goma auffiel, war das reiche Angebot modernster Technologie. Auf unzähligen Plakaten wurden neueste Handy-Modelle angepriesen. Sogar die Vorzüge von e-mail, Internet und Online wurden ausführlich erklärt. Die Einwohner von Goma sind des Segens der Globalisierung, weltweit vermittelten Wissens und kommerziellen Austausches – wenn man dieser aufdringlichen Werbung Glauben schenkt – teilhaftig geworden. Die Wirklichkeit sieht ganz anders aus.

Nicht einmal die Bewaffneten trauen sich, zehn Kilometer jenseits der Stadtgrenze in den Urwald einzutauchen, wo versprengte Hutu-Banden der »Interahamwe« neben anderen verwilderten Horden ihr Unwesen treiben. In den Sümpfen des Maniema üben die »Leoparden-Menschen« ihren Schrecken aus. Zwecks Gewinnung von »force vitale«, von Lebenskraft, als Zauberritual, aber auch aus nacktem Hunger, lebt am Kivu-See der Kannibalismus wieder auf. Die ortsansässigen Bauern verstecken sich bei Einbruch der Dunkelheit im Dschungel, um diesem Spuk zu entrinnen.

Minister Mulumba, zuständig für Kultur und Information, hatte mich in seinem Büro von Goma mit überströmender Herzlichkeit empfangen. Wie es sich für einen hohen kongolesischen

Amtsträger gehört, war er hochelegant gekleidet und mit viel Gold geschmückt. Ich sollte mich beeilen, riet er mir. Eine Maschine nach Kisangani stehe auf dem Airport zum Abflug bereit. Tatsächlich bestieg ich eine Antonov 26 mit freundlicher ukrainischer Besatzung, die wohl selbst nicht wußte, welche Fracht sie beförderte. Ich war der einzige Passagier, und beim Blick durch die Luke war bis zum Horizont nichts anderes zu erkennen als die erstickende Äquator-Vegetation.

Nach 90 Minuten stand ich ziemlich hilflos und allein auf der weit gedehnten Rollbahn von Kisangani neben dem Wrack einer riesigen zerschellten Boeing. Zum Glück diente sich mir für eine stattliche Dollarsumme der Fahrer Boniface als Betreuer an. Sehr vertrauenerweckend sah er nicht aus in seinem knallroten T-Shirt mit Totenkopf. Nach einer Leibesvisitation durch undefinierbare Amtspersonen, die übrigens sehr höflich verlief, fuhren wir am Kongo-Ufer entlang auf das ehemalige Stanleyville zu. Ich entdeckte verlassene Lehmkaten, den verwüsteten Palast Mobutus, eine große, grün und weiß bemalte Moschee – bis hierhin waren einst die islamischen Glaubenskrieger des Mahdi vorgestoßen – und hielt schließlich am Eingang des »Hôtel des Chutes«. Das Gebäude, das 1956 als Luxusherberge galt, war jetzt verwaist und verkommen. Als einziger Gast wäre ich dem Zufall, der Willkür eines Kalaschnikow-Trägers oder dem Buschmesser eines Wilden ausgeliefert gewesen. In solchen Situationen ist der Überlebensinstinkt der beste Ratgeber.

Nach langem Irren hat mich Boniface vor der Delegation des »Internationalen Komitees vom Roten Kreuz« abgesetzt, die mir hier als Hafen der Sicherheit und als einsames Bollwerk der Humanität vorkam. Die junge IKRK-Mannschaft, meist Welsch-Schweizer, betrachtete es als Selbstverständlichkeit, mir Asyl anzubieten. Sie hatten nach Abflauen der Kämpfe an der Tshopo-Brücke die Leichen geborgen, die Verwundeten in ihr Hospital transportiert, die gefangenen Ugander nach endlosem Palaver aus den Händen der siegreichen Ruander befreit. Dagegen machten die diversen Institutionen der Vereinten Nationen, inklusive UNICEF und UNHCR, einen dilettantischen, ja kläglichen Eindruck. Ein paar Dutzend Blauhelme der sogenannten UNMOC sollen als Militärbeobachter eingeflogen werden. Sie stammen teilweise aus den rückständigsten Ländern der Dritten Welt und sind mehr auf die eigene Sicherheit bedacht als auf die ohnehin aussichtslose Beilegung urzeitlicher Stammesfehden.

Mit einiger Erheiterung diskutiere ich mit den Schweizern beim Abendessen über den Plan Kofi Annans, eine UN-Truppe von 5000 Mann am oberen Kongo zu stationieren. Da kann ich aus meiner sehr persönlichen Erfahrung von jener 30 000 Mann starken Streitmacht der Vereinten Nationen berichten, die 1960 unter dem Befehl des damaligen UN-Generalsekretärs Dag Hammarskjöld angetreten war, um das Chaos in der eben proklamierten Kongo-Republik zu verhindern und einen regelrechten Krieg gegen die separatistische Katanga-Provinz Moise Tshombes zu führen. Die Weltorganisation hatte auf der ganzen Linie versagt und durch innere Rivalitäten zusätzliches Unheil gestiftet.

Alexandre, der Chef der IKRK-Mission, fährt mich nach dem Kaffee durch dunkle, leere Straßen zum letzten Tempel halbwegs gesitteter Geselligkeit in Kisangani, zum »Club Hellénique«. Dort treffe ich ein paar griechische Kaufleute, die 40 Jahre Kongo-Wirren überlebt und standhaft ausgeharrt haben, zur späten Whisky-Runde. Es stößt auch ein Inder dazu und eine kleine Gruppe offenbar wohlsituierter Kongolesen, die sich im Gegensatz zu den reichlich verwahrlosten Hellenen durch extrem gepflegte Kleidung hervortun. Zum lebenden Mobiliar gehören auch ein paar afrikanische Freudenmädchen, farbenfroh herausgeputzt, recht niedlich anzusehen und offenbar zu jedem Spaß bereit. Beim Roten Kreuz erfuhr ich, daß die Aids-Verseuchung in Kisangani auf 30 Prozent geschätzt wird.

Demetrios, ein vorzeitig gealterter, vom Tropenfieber gezeichneter Grieche, bietet mir sein Haus als Unterkunft an, denn beim IKRK fehlt es an Schlafstätten. Die kleine Kolonialvilla muß einmal ganz wohnlich gewesen sein. Ein schwarzer »Boy« schlägt das halbwegs saubere Bett auf, aber ein Moskitonetz ist nicht vorhanden. In der Ferne rattern Feuerstöße, und mein Gastgeber zeigt mir drei Mörsereinschläge im Vorgarten. Auch Demetrios hätte eine glaubwürdige Romanfigur abgegeben und in der Kongo-Novelle Graham Greenes »Ein ausgebrannter Fall« seinen Platz gefunden. Im nächtlichen Gespräch erweist er sich als erfahrener Landeskenner und illusionsloser Beobachter. Es kommt zu einem späten, konfusen Gedankenaustausch.

Wir lassen die Phasen jenes Verwirrspiels Revue passieren, das US-Außenministerin Madeleine Albright als »Afrikanischen Weltkrieg« bezeichnet. In einer Folge politisch-strategischer Fehleinschätzungen war der kongolesische Exilpolitiker Laurent Kabila vom Günstling zum Gegner Amerikas geworden und behauptet sich nun mit Hilfe von 10 000 Soldaten aus Simbabwe – wer hatte sie wohl in den Kongo eingeflogen? – gegen die Armeen Ugandas und Ruandas, die ihrerseits willfährige Satrapen in den von ihnen beherrschten Kongo-Provinzen einsetzten. Zudem genießt Kabila die Hilfe des Nachbarn Angola und bedient sich neuerdings nordkoreanischer Instrukteure zur Ertüchtigung seiner Armee.

Das umfassende »grand design« Washingtons, die Schaffung einer exklusiven Einflußzone zwischen Äthiopien und Angola, ist seitdem zur Schimäre geworden. Aber in den jeweiligen Interessengebieten wurden angeblich »afrikanische« Grubengesellschaften gegründet, um Diamanten und Gold, Kupfer, Uranium, Kobalt und Coltan gewinnbringend abzubauen. Zu solchen Operationen, die hohes technisches und kommerzielles Know how voraussetzen, seien die afrikanischen Politiker oder Geschäftemacher doch bis auf weiteres gar nicht geeignet, bestätigt mir der Grieche. So zögen hinter dem Simbabwe-Konsortium »Oseg«, das die reichen Diamantengruben von Mbuji-Mayi in Kasai ausbeutet, überwiegend südafrikanische und somit in letzter Instanz nordamerikanische Interessenten die Fäden. Noch drastischer offenbart sich die Realität in den Einflußzonen der Ruander und Ugander am Kivu-See, wo die Gesellschaft »Sonex« ein Exklusivrecht für den Export von Mineralien und Tropenholz besitzt und unter kanadischer Beteiligung der Firma »Barrick Gold«, in Wirklichkeit wohl im Auftrag des militärisch-industriellen Komplexes der USA, operiert.

Hier geht es, wie die in Afrika sich tummelnden Geheimdienste vermuten, im Umkreis der Gruben von Kilimoto im wesentlichen um die Förderung des extrem seltenen Minerals Coltan, ein Konglomerat aus Columbit und Tantalit, das zur Härtung von Weltraumkapseln, Interkontinentalraketen sowie zur Fabrikation von Mikroprozessoren unentbehrlich geworden sei.

Wie weit diese Einflußnahme reicht, ist folgendem Vorfall zu entnehmen, für den sich in Kigali zuverlässige Quellen verbürgen: Im Juni 2000 sei die Unterstaatssekretärin Susan Rice, die offizielle Afrika-Beauftragte Madeleine Albrights, bei den Regierungen von Ruanda und Uganda in dringlicher Form vorstellig geworden. Die Lieferung von Coltan, die offenbar unter dem Zerwürfnis der beiden Länder gelitten hatte, sei schleunigst wieder auf die vereinbarte Leistung zu bringen, sonst müsse Washington seine Militär- und Wirtschaftshilfe reduzieren.

Schon der schwarze Fahrer Boniface hatte mir versichert, daß die einst verhaßten belgischen Kolonisatoren, die von den Schwarzen als »sales Flamands«, als »dreckige Flamen«, beschimpft wurden und gegen die der kongolesische Nationalheld Lumumba hier in Stanleyville eine Hochburg seines Aufruhrs errichtet hatte, im Rückblick heute von den Kongolesen als das geringere Übel betrachtet werden.

Es hatte ja zwei durchaus unterschiedliche Phasen der weißen Fremdherrschaft im Kongo-Becken gegeben. Auf der Berliner Afrika-Konferenz von 1885 hatte es der belgische König Leopold II. durch geschickte Schachzüge erwirkt, daß ihm das riesige Kongo-Gebiet als höchstpersönlicher Besitz, als privates Eigentum ausgehändigt wurde, für das er niemandem Rechenschaft schuldete. Danach setzte die bluttriefende Epoche der sogenannten »Kongo-Greuel« ein, die Joseph Conrad geschildert hat.

Mit eisiger Skrupellosigkeit und Raffgier hatte der Monarch den Abschaum europäischer Freibeuter angeworben, um maximale Profite zu erzielen. Damals wurden die »Neger«, die zur Sammlung von Kautschuk in den Urwald geschickt wurden, bei unzureichender Arbeitsleistung durch Abhacken ihrer Hände gestraft, die in Körben zur Abschreckung gesammelt wurden. Wer dächte da nicht an die Verstümmelungen, die im heutigen Sierra Leone durch irregeleitete »Kinder-Soldaten« ausgeführt werden.

Diese himmelschreienden Zustände hatten schließlich in Europa eine Welle der Entrüstung ausgelöst. 1908 übernahm die Brüsseler Regierung die Verantwortung für den Kongo, setzte eine reguläre Verwaltung ein, beendete die sadistischen Exzesse und etablierte eine immer noch autoritäre, aber halbwegs erträgliche »pax belgica«.

Es entstand ein effizientes Wirtschafts-, Verkehrs- und Gesundheitssystem, das bei aller fortdauernden Ausbeutung auch den Ureinwohnern zugute kam, aber seit der Unabhängigkeit nach 1960 total zusammengebrochen ist. Die Betreuung der schwarzen Schützlinge wurde in weiten Landesteilen den katholischen Missionaren überlassen, die ihre Klöster wie Trutzburgen in den Dschungel trieben und die ihnen anvertrauten Pfarrkinder in frommer Gottergebenheit erzogen.

»Und was ist heute aus Afrika geworden?« hatte mich in Goma einer jener »Weißen Väter« gefragt, die eigentlich an diesem Kontinent verzweifeln müßten. Im Zeichen der vielgepriesenen Globalisierung und einer hemmungslosen Marktwirtschaft, so klagte er, sei eine zynische Form der Plutokratie an die Stelle einer altmodisch protektionistischen kolonialen Methode getreten, die immerhin – die »Bürde des weißen Mannes« beschwörend – auch eine zivilisatorische, ja humanitäre Leistung zugunsten der Eingeborenen vollbrachte. Die geheimen Machtzentren von heute hingegen operierten nicht mehr mit eigenen Soldaten, um ihre wirtschaftlichen Interessengegensätze in Afrika auszutragen, sondern sie scheuten nicht davor zurück, uralte Stammesfeindschaften in sogenannten »Stellvertreter-Kriegen« anzuheizen. Das böse Gespenst König Leopolds gehe wieder um.

Jedenfalls ist Kisangani in sein ursprüngliches Lebenselement, »the darkness«, zurückgefallen. In der Villa des Griechen und in der ganzen Stadt ist plötzlich die Elektrizität ausgegangen, wie das häufig passiert. Demetrios zündet Kerzen an, in deren Flackern die Bafwasende-Masken an der Wand unheimliche Schatten werfen. Die Stimmung eines afrikanischen Requiems kommt auf.

*

»Der Fluß, unser Vater, ist hart«

Vor dem Einschlafen überkommen mich ferne Erinnerungen. Damals – im Mai 1956 – war ich 32 Jahre alt gewesen. Die Sahara und die Sahel-Zone zwischen der algerischen Oase Ghardaia und der nordnigerianischen Metropole Kano hatte ich per Autostop an Bord mächtiger Lastwagen, in Gesellschaft leutseliger arabischer und afrikanischer Chauffeure, durchquert. Nach der Erkundung des westafrikanischen Territoriums, über dem noch der Union Jack oder die Trikolore wehten, war ich an Bord eines französischen Dampfers bis Pointe-Noire gelangt, war hinter einer schnaufenden Lokomotive durch den Mayombe-Urwald bis Brazzaville gerüttelt worden. Von dort ging es mit der Kongo-Fähre nach Leopoldville, wie Kinshasa bei den Belgiern hieß. Aus jenen Tagen stammen die Aufzeichnungen und Zeitungsreportagen, die ich vor meinem diesjährigen Aufbruch nach Afrika noch einmal zur Hand genommen hatte:

Rückblende:
Coquilhatville (heute Mbandaka), im Mai 1956

Wir fuhren schon den dritten Tag auf dem Kongo. Die Schiffe, die zwischen Leopoldville und Stanleyville den Strom hinaufkeuchen – sie brauchen eine ganze Woche dazu –, sind nach dem Vorbild der Mississippi-Dampfer gebaut. Der Kiel ist so flach, wie es nur irgend geht, um die zahllosen Sandbänke und Klippen zu vermeiden. Der quadratische Aufbau türmt sich hingegen in drei Etagen. Die meisten Boote, denen wir begegneten, waren noch mit hohen Schaufelrädern versehen. Längs der Ufer waren in Abständen von 20 Kilometern riesige Holzstapel für die Feuerung angelegt.

Am ersten Tag, als die Wolkenkratzer von Leopoldville kaum aus dem Blickfeld verschwunden waren, breitete sich der Kongo zu einer 40 Kilometer breiten Geschwulst, dem sogenannten »Pool«, aus. Dann verlief er zwischen welligen Hügeln ohne jede

Bewaldung. Je weiter wir in das Innere Afrikas vordrangen, desto flacher wurden die unendlichen Sümpfe, desto finsterer und undurchdringlicher wurde das Dickicht.

Auf dem Schiff waren die flämischen, eben erst eingetroffenen Kolonialbeamten in der Überzahl. Sie machten angesichts dieser urzeitlichen Landschaft einen etwas hilflosen Eindruck. Am Abend saß ich mit einem höheren belgischen Administrateur auf dem unteren Deck. Er war ein mächtiger blonder Mann aus Antwerpen. Wie seine meisten Landsleute am Kongo war er fähig, an einem Abend zwölf große Flaschen Bier herunterzuspülen. Der Schweiß stand ihm ständig in hellen Streifen auf der Stirn. Er lebte schon fünfzehn Jahre am Kongo und hatte lange Zeit in den Sümpfen des Kwango verbracht. Für seine Eingeborenen war er ein beinahe absoluter Herrscher gewesen: Verwalter, Richter, Sozialbetreuer, Steuereinnehmer und Arzt, ein weißer Oberhäuptling.

»Bis zu einem gewissen Grad werden Sie mit dem Neger vertraut«, sagte er, »und dann ist plötzlich eine Schranke da. Ein Boy, auf den Sie jahrelang bauen konnten, wird auf einmal völlig verquer. Bei Gericht ist es am schlimmsten. Wenn innerhalb eines Stammes eine Straftat begangen wird, bestimmt oft der Häuptling, wer als Schuldiger büßen soll. Alle Zeugen werden einen Unschuldigen belasten, und der Angeklagte wird sich der Sippendisziplin fügen und eine fremde Schuld auf sich nehmen.« Sobald seine junge flämische Frau, die eben aus Europa gekommen war, in der Kabine zur Ruhe gegangen war, sprach der Beamte auch von den eingeborenen Frauen, ihrer animalischen Unbekümmertheit und ihren häuslichen Listen. »Heute gibt es kaum noch Junggesellen in der Kolonie«, seufzte er, »seitdem leben wir wie in einem Salon.«

Wenn bei Nacht die Lehm- und Strohhütten eines Dorfes in schwachen Umrissen auftauchten, gellte das Geschrei der Schwarzen durch die Finsternis, und die Tamtam begannen ihren dumpfen Wirbel. Die Äste der Sumpfbäume schimmerten silberweiß im Mondlicht. Die schmalen Silhouetten der Pirogen glitten wie schwarze Sicheln über die glitzernde Wasserfläche. Aus dem Urwald drang das Plärren der Affen, das Summen der Insekten und das lange Dröhnen der Ochsenfrösche.

Am folgenden Tag machten wir in Coquilhatville halt, eine der ältesten belgischen Kongo-Niederlassungen direkt am Äquator. Die Stadt gefiel uns, weil sie noch viele rotgetünchte Kolonialbauten aufwies. Die Europäerviertel waren von herrlichen Palmenalleen durchzogen. Die Belgier lebten hier oft in bescheidenen Berufen als Handwerker und Büroangestellte. Dank der scharfen Absonderung des Eingeborenenviertels ist aber der soziale Abstand zu den Schwarzen strikt gewahrt. Im Kino von Coquilhatville sah ich mir einen schlechten Wildwestfilm an. Das Publikum setzte sich ausschließlich aus Weißen zusammen. In der Wochenschau wurde eine Sitzung des belgischen Kolonialrates in Brüssel gezeigt, und die Kamera verweilte einige Sekunden auf einem Schwarzen in elegantem Anzug, irgendeinem Stammeshäuptling vom Kongo, der – wohlweislich nur als Zuhörer – an dieser Beratung teilnahm. Als das Bild des Kongolesen die Leinwand füllte, erhob sich unter den weißen Zuschauern ein Sturm des Protestes. Sogar die kleinen Jungen in Badehosen pfiffen auf den Fingern.

Auf dem Rückweg zum Schiff fand ich den Administrateur in einer Bar am Hafen und erzählte ihm von dem Vorfall. Er schüttelte mißmutig den Kopf. »Ja, ja«, sagte er, »es fängt schon an. Die ›petits blancs‹, wie wir sie nennen, die Vorarbeiter und unteren Kommis, fühlen als erste, daß sich etwas geändert hat in unserer Kolonialpolitik. Jedes Zugeständnis an die Schwarzen empfinden sie als eine Zurücksetzung. Sie können sich nicht vorstellen, auf welche Schwierigkeiten wir Beamten oft stoßen, wenn wir die kleinen Kolonisten zwingen müssen, unsere Sozialgesetzgebung gegenüber ihren eingeborenen Arbeitern einzuhalten. Heute ist die Prügelstrafe abgeschafft, und wer einen Schwarzen schlägt, muß 1000 Belgische Franken zahlen. Neuerdings haben die Kongolesen sogar das Recht, in die weißen Gaststätten zu kommen, wenn sie das auch kaum ausnutzen. Der Alkoholausschank im Eingeborenenviertel ist ebenfalls freigegeben, und wenn Sie in den Verkehrsmitteln noch immer eine säuberliche Trennung zwischen Schwarz und Weiß finden, so ist doch die Colour-Bar im Abbröckeln. Schauen Sie nur in diese Kneipe.«

Nahe der Theke hatten zwei schwarze Chauffeure Platz genommen und tranken eine Flasche Bier nach der anderen. Etwas weiter saßen zwei stark geschminkte Afrikanerinnen mit bunten Kopftüchern, die die ankommenden Gäste allzu freimütig musterten. »Wenn das die ersten Resultate der schwarzen Emanzipation sind«, sagte der Administrateur, »dann müssen Sie verstehen, daß die meisten Europäer darauf verzichten möchten.« Eines der Mädchen nahm auch mich ins Visier. Dabei bohrte sie mit dem Zeigefinger in der Nase. Sehr appetitlich erschien mir das nicht, aber mein Begleiter belehrte mich eines Besseren: »Die Dame macht Ihnen ein sehr konkretes erotisches Angebot, und drastischer als mit ihrer Gestik läßt sich das doch kaum darstellen.«

Die nächste Station am Fluß war ein großer Umschlagplatz namens Bumba. Eine muntere und schon am hellen Nachmittag angeheiterte weiße Gesellschaft kam an Bord, die bis zur Abfahrt des Schiffes eine unglaubliche Zahl von Bierflaschen leerte. Vor allem die Frauen taten sich dabei hervor und bestätigten den frivolen Ruf, den Bumba am ganzen Kongo, ja sogar im belgischen Mutterland genießt. Auf einer Modenschau in Brüssel soll ein besonders tief ausgeschnittenes, gewagtes Cocktailkleid den Namen »Zwischenlandung in Bumba« getragen haben.

Weiter stromaufwärts liegt Isangi zwischen rot, gelb und lila blühenden Bäumen. Sträflinge in blau-gelb gestreiften Trikots trugen Baumwollballen auf dem Kopf. Sie wurden von barfüßigen Askari in blauer Tuchuniform bewacht. Am Hafen selbst lungerten die Wachposten der großen Transportgesellschaften herum. Als Waffe führten sie immer noch den Speer ihrer Vorfahren, der kriegerischen Bangala.

Der Administrateur nahm mich beiseite. »Bis hierher sind Ende des vergangenen Jahrhunderts die fanatisierten Horden des Mahdi vorgedrungen. Zwei belgische Offiziere wurden von ihnen enthauptet. Wer erinnert sich heute noch an diese Gefechte zwischen einer Handvoll belgischer Edelleute, die König Leopold II.

an den oberen Kongo ausgeschickt hatte, und den aus dem Sudan vorstoßenden Derwischen des Islam?«

Dort, wo zwischen den Palmen die weiße Missionskirche über den Fluß schaute, hatten sich ein paar Europäer im ausgehenden 19. Jahrhundert der Illusion hingegeben, eine afrikanische Schlacht von Poitiers zu bestehen.

Stanleyville, im Mai 1956

Stanleyville hat Charme bewahrt. Unweit der neuen Geschäftsstraßen, die in ihrer flachen Architektur an »Main Street USA« erinnern, hat sich an den Stromschnellen des Kongo das Fischerdorf Wagenia erhalten, wo die Eingeborenen mit dem tätowierten Hahnenkamm auf der Stirn kunstvolle Bambusgerüste bis mitten in den Strom bauen und in halsbrecherischer Arbeit ihre Netze aushängen.

In »Stan« schwingt ein Hauch des großen Entdeckungszeitalters nach, trotz der asphaltierten Palmenalleen, die zu der exakt angelegten, blitzneuen Arbeitersiedlung der Schwarzen führen. Einmal in der Woche kommen die weißen Pflanzer aus den umliegenden Baumwoll- und Kaffeeplantagen nach Stanleyville, und für einige Stunden hallen die Bars von rauhen Flüchen und anzüglichen Refrains wider, wie sie in Europa vor 20 Jahren einmal gesungen wurden. Ein paar weißhaarige Alte erzählen von den fernen Zeiten, als der Giftpfeil der Afrikaner noch kein Museumsrequisit war. In den Empfangsräumen der großen Hotels hat sich bereits eine neue, dünnblütige Generation niedergelassen und blickt mit bürgerlichem Dégoût auf diese Fossile der Pionierzeit herab, von denen einige – man denke nur – mit schwarzen Frauen zusammenleben.

In den jüngeren Kreisen der belgischen Kolonie – bei Beamten, Ingenieuren, Kaufleuten – bemüht man sich um einen betont europäischen Lebensstil. Dazu gehört heute keine Anstrengung mehr, allenfalls Geld. In Leopoldville geht das so weit, daß man die Blumen per Flugzeug aus Brüssel kommen läßt und die herrlichen Orchideen von Kivu verschmäht. Während Europa zum Rhythmus der Negerkapellen tanzt, gehört es im Herzen des Kongo zum guten Ton, nur weiße Tango-Orchester zu engagieren. Dem Schwarzen gegenüber wahrt man eine prüde Zurückhaltung und räumt ihm mit Nasenrümpfen die neuen sozialen Vorzüge ein, so daß dem Besucher die hartgesottene Gesellschaft der alten »Kolonialisten« beinahe sympathisch erscheint.

Wie kommt es nur, daß gerade in diesem Land, wo der Europäer sich noch vollauf behauptet und von seiner Überlegenheit durchdrungen ist, kein Kiplingscher Geist zu finden ist? Man wird am Kongo vergeblich nach jenen einsamen Herrengestalten suchen, wie man sie unter den abtretenden britischen District-Officers an der Goldküste trifft, oder nach jenen verlorenen Wüsten-Kommandanten im französischen Sudan, die die Ergebnisse ihrer eigenen Zivilisationsarbeit mit dem höheren Abstand einer schon historischen Objektivität prüfen. In ihrer Hochstimmung des wirtschaftlichen Erfolges, in diesem Klima optimistischer Gründerjahre fehlt den flämischen Kolonisatoren das Gespür für die zwielichtige Tragik, die den schwarzen Erdteil umgibt. Entfaltet sich die Würde des Europäers nur noch in der Vorahnung seines Untergangs?

Vor der Post von »Stan« traf ich den aufgeschlossenen belgischen Administrateur vom Flußdampfer im Gespräch mit einem untersetzten Eingeborenen wieder. Der Schwarze wurde mir als Autor kleiner Theaterstücke in Lingala-Sprache vorgestellt. Lingala ist die große Verkehrssprache des westlichen Kongo, während östlich von Stanleyville schon Kisuaheli vorherrscht. Ich stutzte, als der Administrateur zum ersten Mal einen Eingeborenen mit »Sie« anredete, und war noch mehr verwundert, als er ihn zu einem Glas Bier in ein europäisches Café einlud. Der Autor war ein Mann von sicherem Auftreten. Er sprach ein vorzügliches Französisch und weilte in Stanleyville, um sein letztes Drama in Suaheli übersetzen zu lassen. Der Titel lautete: »Nur das Herz«. Es ging um das Schicksal zweier Liebender aus verfeindeten Stämmen, die sich in einer städtischen Siedlung kennengelernt haben. Den Menschen des Kongo-Beckens soll lehrhaft vorgeführt werden, wie die Liebe alteingefleischte Sippengegensätze und ethnische Vorurteile überwindet. Romeo und Julia in Zentralafrika.

»Hoffentlich wissen Sie, welche Chancen Ihnen heute winken«, sagte der Administrateur väterlich zu dem Schwarzen, der einst ein Sekretär gewesen war. »Unsere Kolonialverwaltung ist auf Leute Ihres Bildungsstandes angewiesen, und wir haben nicht viele davon. Wenn Sie die nötige Selbstdisziplin aufbringen, stehen Ihnen alle Möglichkeiten offen.« Wir unterhielten uns lange über die neuen Aussichten für die Eingeborenen am Kongo. Bisher war die Schulerziehung zwar weit verbreitet, aber auf den Elementarunterricht beschränkt. Selbst in Leopoldville stammten die meisten Sekretäre und Buchhalter aus Französisch-Afrika oder der britischen Goldküste. Die Missionen, die das Lehrmonopol besaßen, unterrichteten in den Eingeborenensprachen, was die Schwarzen zwar befähigte, den Katechismus zu lernen, aber für jede Verwaltungsarbeit untauglich war. Einigen wenigen gelang es, sich eine höhere Bildung anzueignen. Sie konnten sich dann um den Status des »Immatriculé« bewerben. Theoretisch waren sie damit den Europäern gleichgestellt. In der Praxis verloren sie jeden Zusammenhalt mit ihren Rassebrüdern und begaben sich vor allem außerhalb der schützenden Bestimmungen des Eingeborenenrechtes. Die Zahl der Immatriculés blieb deshalb sehr gering.

Ponthierville (heute Ubundu), im Mai 1956

Gegen Abend sahen wir Flußpferde. Nur die Nüstern und Ohren zeichneten sich über dem gelben Wasser ab. Gelegentlich bliesen sie wie zum Spiel eine Wasserfontäne hoch. Als es Nacht wurde, leuchteten die Augen der Krokodile rötlich aus dem Schilf des nahen Ufers. Die Reptilien erreichen hier eine Länge von 6 Metern. Der Oberlauf des Kongo – von den Eingeborenen Lualaba genannt – gehört zu den unerschlossensten Gebieten der belgischen Kolonie. Als Stanley den Fluß zum ersten Mal erforschte, glaubte er noch, auf seiner Fahrt nach Norden den obersten Arm des Nil entdeckt zu haben.

Stanleyville lag rund 100 Kilometer hinter uns im Norden. Bis Ponthierville hatten wir einen keuchenden Bummelzug benutzt. Von hier ab war der Strom wieder schiffbar. Wir waren auf einen altmodischen Raddampfer umgestiegen. Der Bauch des Schiffes war mit Brennholz gefüllt. In der Dunkelheit zog der Schornstein einen prächtigen Funkenschweif hinter sich her. Der Kapitän und die Reisenden zwischen Ponthierville und Kindu waren Wallonen. Es herrschte eine aufsässige Stimmung an Bord. Meist waren es kleine Kolonisten aus dem abgelegenen Maniema-Gebiet, wo die Eingeborenen mit den gefeilten Eckzähnen noch vor wenigen Jahren als Leoparden-Menschen blutige Menschenopfer brachten. Sie spürten die ersten Anzeichen der politischen Unrast. »Neulich ist doch ein Schwarzer auf mich zugekommen«, erzählte eine stämmige Wallonin, die seit dem Tod ihres Mannes ganz allein die Pflanzung weiterführte, »und hat zu mir gesagt: Du bist weiß, Madame, und deshalb bist du schlecht.«

Der Oberlauf des Kongo ist auch der Herd der aufrührerischen Kitawala-Bewegung, die der belgischen Verwaltung ernste Sorge bereitet. Eine ursprünglich protestantische Sekte war in den Händen einiger mystischer Agitatoren zum Instrument der antikolonialen Verschwörung geworden. Der Boykott belgischer Waren machte sich bis in die Gegend von Stanleyville bemerkbar. Die Rebellen hatten einen isolierten Administrateur zwei Tage lang mit seiner Frau eingeschlossen und belagert. Der afrikanische Dämonenglaube vermischte sich einmal mehr mit den Vorläufern des Nationalismus. Die belgische Kolonialtruppe, die sogenannte »Force Publique« nahm in aller Hast 250 Verhaftungen und Deportationen vor. Man war nicht wenig erstaunt, einen hochangesehenen eingeborenen Richter als Rädelsführer zu entlarven.

»Das alles hat uns König Baudouin eingebrockt«, schimpften die Wallonen und waren sichtbar froh, ein neues Argument für ihren Antimonarchismus gefunden zu haben. »Als Baudouin den Kongo besuchte, hatte er mehr mit den Schwarzen sympathisiert als mit seinen belgischen Landsleuten.« Sie wußten eine Menge Anekdoten zu erzählen, so die Geschichte jenes alten schwarzen

Vorarbeiters von Katanga, dem der König die Hand gereicht hatte. Der Alte wurde von seinen Kollegen umringt, die wenigstens indirekt an dieser Auszeichnung teilhaben wollten. Jeder suchte die Finger des Geehrten zu berühren. Der Alte ließ sich für jeden Händedruck, den er weiterreichte, fünf belgische Franken zahlen.

Alle sechs Stunden legte der Dampfer an. Es wurde Feuerung an Bord geschleppt. Die Schwarzen begleiteten das Laden des Holzes mit langgezogenen Gesängen. Man tat gut daran, nicht nach dem Text dieser Lieder zu fragen. Sie waren von ernüchternder Alltäglichkeit: »Die Frauen haben das Geld ausgegeben« oder »Wenn die Frau aus dem Hause ist, wird kein Essen gekocht«. – Nur die nackten Pirogen-Schiffer wissen noch um die schwermütige Einfalt des Volksliedes: »Der Fluß ist hart – Der weiße Mann ist gut oder böse – Aber der Fluß, unser Vater, ist hart.«

Abschied vom »guten Wilden«

Kisangani, im Juni 2000

Auf der Fahrt zum Krankenhaus, das vom Internationalen Roten Kreuz betreut und mit Medikamenten versorgt wird, bin ich an einer Siedlung aus Lehm und Wellblech stehengeblieben, die durch Granateinschläge verwüstet wurde. Ein alter Afrikaner steht immer noch fassungslos vor den Ruinen seines bescheidenen Besitzes. Ich richte die nichtssagende, aber landesübliche Frage an ihn: »Alors, ça va? – Wie geht es denn?« – Die übliche Antwort am Kongo war bisher ein langgedehntes »ça va«, und wenn es wirklich schlecht um den Angesprochenen steht: »Ça va un peu – Es geht ein bißchen.« Doch dieses Mal stoße ich auf eine ganz andere Reaktion. »Ça va mal, Monsieur«, klagt der grauhaarige Schwarze, »es geht uns schlecht. Die Ruander und die Ugander haben mein Land vernichtet.« Es klingt so etwas wie kongolesisches Nationalgefühl aus dieser Anklage, und ich entdecke im ehemaligen Stanleyville einen völlig neuen Bewußtseinsstand.

Im Hospital – nach kolonialer Art in weiträumige Pavillons unterteilt, wo die Familien sich um die Krankenbetten scharen – treffe ich fast nur Leichtverletzte an. Wer bei den Kämpfen der vergangenen Wochen eine schwere Verwundung erlitt, blieb tagelang liegen, verblutete oder verfaulte an Ort und Stelle.

Der Chefarzt des Lazaretts, Docteur Joseph, hat mich zum Gespräch und zu einer Tasse Tee in sein ärmliches Arbeitszimmer gebeten. Die Wand ist durch Granatsplitter aufgerissen. Joseph stammt aus Leopoldville und hat sogar ein paar Semester in Brüssel studiert. »Fühlen Sie sich nicht fremd hier in der chaotischen Ost-Provinz, so weit entfernt von Ihrer lebensfrohen Hauptstadt?« frage ich ihn. »Wir Kongolesen sind zusammengerückt«, erwidert Joseph. »Der verstorbene Marschall Mobutu, den man in Europa so dämonisiert, hat zwar unser Land ausgebeutet und verkommen lassen. Aber er hat, wo immer er konnte, große Bevölkerungsumschichtungen vorgenommen auf Kosten des bei uns tiefverwurzelten Regionalbewußtseins. Es ist ihm stellenweise sogar gelungen, die überlieferten Stammesbindungen aufzuweichen, das Gefühl einer kongolesischen Identität zu wecken. Natürlich hielt sich das in Grenzen. Aber gegenüber den fremden Eroberern, die über unsere Republik herfallen und sie aufteilen möchten, schließen wir uns zusammen.«

Besonders verhaßt seien die Ruander, die »hamitischen« Tutsi mit ihrer Arroganz, mit ihrer Verachtung für die »nègres bantous«. Die Ruander mischten sich in alles ein, benähmen sich wie neue Kolonialherren. »Dabei – das muß ich eingestehen – verhalten sie sich viel disziplinierter als die Horden unserer eigenen Kongo-Armee, die Mobutu hinterlassen hatte.« Die Ugander wiederum, die nur englisch sprächen, würden als völlig fremde Besatzer empfunden. Sie griffen selten in die innerkongolesischen Angelegenheiten ein. Ihrem General James Kazini, dem Oberbefehlshaber des auf 10 000 Mann geschätzten Expeditions-Corps, einem engen Vertrauten des in Kampala herrschenden Präsidenten Museveni, gehe es im wesentlichen um Bereicherung, um das Gold und die Diamanten in dem von ihm okkupierten Gebiet. Die Ugander würden auch nicht mit der gleichen unerbittlichen

Grausamkeit gegen ihre vermeintlichen Gegner ausholen wie die Ruander, die beim leisesten Verdacht ganze Dörfer ausrotteten.

Der Präsident und Marschall Mobutu ist vor drei Jahren an einem Prostata-Krebs im spanischen Exil gestorben, aber seine fast vierzigjährige Machtausübung in der Republik Kongo-Zaire wirkt auf unheimliche Weise fort, so erfahre ich im Hospital. Die Statue des Diktators und »Kleptokraten«, der angeblich ein persönliches Vermögen von vier Milliarden US-Dollar angehäuft hatte, wurde zertrümmert, sein Palast dem Verfall und der Tropenfäulnis ausgeliefert. Aber insgeheim erzählt man sich in Kisangani Spukgeschichten von diesem vertriebenen Despoten, dessen Nachfolger Kabila bereits eine weit schlimmere Aura des Schreckens verbreitet. Der verlassenen Residenz Mobutus nähern sich die Einwohner von Kisangani mit Angst und Scheu. Sie ist zu einem Spukschloß geworden.

Für einen Kongo-Veteranen wie mich kommen da seltsame Erinnerungen hoch, etwa an jenen Abend vor vierzig Jahren in Leopoldville, als Oberst Joseph-Désiré Mobutu, der eben vom Rang eines Sergeanten der belgisch befehligten »Force Publique« zum Generalstabschef der »Armée Nationale Congolaise« befördert worden war, sich mir als freundlicher, bescheidener junger Mann vorgestellt hatte. Auch in Afrika gilt die Feststellung, daß »totale Macht total korrumpiert«.

Docteur Joseph berichtet, wie unerträglich es für die Angehörigen der in Massengräbern verscharrten Kriegsopfer sei, daß sie den überlieferten afrikanischen Totenritualen nicht nachkommen können. »Sie kennen doch unsere Friedhöfe, die den Europäern so bizarr erscheinen. Ich persönlich stamme aus der Provinz Bas-Congo, aber die magischen Beziehungen zu den Verstorbenen differieren hier – am Fluß-Oberlauf – nicht sonderlich von den Bräuchen meines eigenen Stammes.« Mir fällt in diesem Zusammenhang der Ausflug ein, den ich vor etwa fünfzehn Jahren in der ehemals französischen Kongo-Republik Brazzaville am Nordufer des großen Stroms zu einer afrikanischen Begräbnisstätte in der Nähe von Oyo unternommen hatte. Der Totenacker glich einer weit verstreuten Abfallhalde. Die Gräber reihten sich zwar in geometrisch exakter Ausrichtung, doch überall waren die seltsamsten Gegenstände zu kleinen Müllhaufen über den Ruhestätten gestapelt. Am Kopfende stand meist ein schiefes Kreuz aus Holz oder Eisen. Fotos stellten die Verstorbenen dar. Die Lebensdaten waren vermerkt. Die Kindersterblichkeit war hoch. Eindrucksvoll und befremdend waren die Gaben, welche den Toten in wirrer Unordnung mit auf den Weg gegeben wurden. Deren gesamter Besitz, Schuhe, Schulhefte, Kochgeräte, Bücher, Kleidung, sehr viel Medizin, denn die Afrikaner sind große Konsumenten von Arzneien, Flaschen mit undefinierbarem Inhalt – waren in den Boden gepreßt. Immer wieder stießen wir auf Wasserbehälter. Auch hier wurde diesem Element magische Wirkung zugeschrieben. Dazwischen »gris-gris« (»ju-ju« sagt man im englischen Sprachbereich), jene Wunderessenzen aus Pflanzen- und Tierresten, die den Europäer durch ihre scheußliche Unansehnlichkeit überraschen.

»Am Kongo sind die Toten mächtiger als die Lebenden«, hatte der mich begleitende afrikanische Lehrer gesagt. »Hier gibt es keine natürlichen Todesursachen, es sei denn bei hochbetagten Greisen. Jeder andere Tod wird auf bösartige Einflüsse, auf Behexung, Verwünschung, Zauber und Gift zurückgeführt. In jedem Dorf, in jedem Stadtviertel sucht der ›féticheur‹, der ›Nganga‹, pausenlos nach einem Schuldigen, nach den unheimlichen Tätern. Die Bevölkerung lebt in Verehrung und Angst vor den Toten. Die Furcht geht um, sie könnten zurückkommen, ihre Verwandten heimsuchen, Spuk und Unheil stiften. Deshalb werden ihnen so viele Abschiedsgeschenke auf das Grab gelegt, vor allem die Schuhe, damit sie nicht in die alte Hütte kommen, um sie für ihre Wanderungen im düsteren Land der Toten zurückzuholen.« Jeder Tod, so bestätigen die Völkerkundler, weitet sich für den Afrikaner zum Psychodrama aus.

Der »Instituteur« hatte seinen Exkurs über den afrikanischen Totenkult ins Aktuell-Politische ausgeweitet. Genauso wie jeder Todesfall, jedes Mißgeschick des Individuums durch bösartige Magie erklärt werde, so dozierte er, begründeten die Afrikaner ihre wirtschaftliche Rückständigkeit, ihre innerstaatlichen Wirren, ja sogar die periodisch wiederkehrenden Naturkatastrophen mit internationaler Verschwörung, perversen Einflüssen fremder Kräfte, mit der überlegenen Dämonie der Weißen. Kaum einem schwarzen Politiker komme der Gedanke, Schuld und Verantwortung im eigenen Fehlverhalten zu suchen.

Dem Arzt von Kisangani bereitet das Thema Unbehagen. »Wenn Sie schon so viel wissen«, meint er, »dann können Sie sich wohl ausmalen, welches Grauen von den Hunderttausenden Leichen ausgeht, die in diesen Tagen überall im Dschungel verstreut liegen und von den Raubtieren gefressen werden. Der Wald wimmelt von bösen Geistern.« Ich bringe das Gespräch auf die im schwarzen Erdteil erbarmungslos um sich greifende Aids-Seuche, die sich hier meist als Muskelschwund, als rapide körperliche Schrumpfung zu erkennen gibt. In der »aufgeklärten« Republik Südafrika hatte der Nachfolger Nelson Mandelas, der neue Staatspräsident Thabo Mbeki, nicht nur bei den weißen Wissenschaftlern seines Landes einen Sturm der Entrüstung ausgelöst, als er die Erkrankung so vieler Afrikaner an Aids nicht auf die Übertragung des HIV-Virus zurückführte, sondern auf die himmelschreiende Armut, auf die erbärmlichen Ernährungs- und Hygiene-Bedingungen, unter denen die Schwarzen – als Folge der kolonialistischen Ausbeutung natürlich – leben müßten. Im Lichte der in Afrika verbreiteten Überzeugung von der Allgegenwart dämonischer Kräfte mußte es ja den einfachen Gemütern schwerfallen, ausgerechnet den Zeugungsakt als Auslöser der fatalen Infektion, der Pandemie, anzuerkennen. Welche Lebensfreude blieb diesen leidgeprüften Völkern denn noch außerhalb des Sexualtriebes, auch wenn es schwerfiel, den Begriff des provençalischen Romanciers Giono »Liebe, Brot der Armen« auf diesen Kontinent zu übertragen?

*

Den zweiten Abend verbringe ich wieder im »Club Hellénique«. Aus dem Lautsprecher klingen die Sirtaki-Weisen verfremdet in dieser Runde. Auch die weiß-blaue Fahne Griechenlands, so entdecke ich jetzt, hängt schlapp hinter der Bar. Die Anwesenden, die gleichen Stammgäste wie am Vortag, widmen sich dem in England besonders beliebten Dart-Spiel, dem Werfen von Pfeilen auf eine runde Zielscheibe. Dabei schneiden die Afrikaner besser ab als die Europäer. Ich versuche vergeblich, das Gespräch auf den Diamantenhandel zu bringen. Aber das Thema ist wohl zu gefährlich, fast tabu. »Das ›Bermuda-Dreieck‹ dieses Edelsteinhandels und seiner höchst lukrativen Ausbeute befindet sich irgendwo zwischen Antwerpen, Tel Aviv und New York«, brummt ein leicht angetrunkener Hellene. »Die Schwarzen hier werden doch nur mit Almosen abgespeist, wenn sie den Libanesen ihre Funde abliefern. Ihnen geht es ähnlich wie den indianischen Campesinos von Kolumbien, die ihre Koka-Ernte zu bescheidensten Preisen an die Zwischenhändler der Rauschgiftmafia verkaufen. Der wirkliche Profit – tausendfach gesteigert – wird an ganz anderen Plätzen kassiert.« Deshalb sei auch die neue Kampagne gegen die sogenannten »Blut-Diamanten« aus Sierra Leone, Angola und dem Kongo, die von der assoziierten Monopol-Gesellschaft Anglo-American und de Beers propagandistisch hochgespielt wird, nur ein großangelegtes Täuschungsmanöver. »Der geschliffene Diamant ist am Ende anonym, und nichts ist leichter als die Fälschung eines Herkunftszertifikats.«

Es ist spät geworden, als Demetrios mich einlädt, die Heimfahrt zu seiner Villa anzutreten. Im Wohnzimmer mit den Masken stellt er eine Cognac-Flasche auf den Tisch. Zwischen uns kommt ein einsilbiges Altmänner-Gespräch in Gang. Erinnerungen werden ausgetauscht. Durch die Stimmen angelockt, hat sich ein europäischer Nachbar zu uns gesellt. Der schwergewichtige, bärtige Belgier – etwa 70 Jahre alt – betont gleich bei der Vorstellung, daß er kein Flame sei, sondern Wallone aus Namur. Er gießt sich ein Wasserglas mit Cognac voll und kippt es mit einem Zug. »Sie sehen hier ein Wrack der Kolonialzeit vor sich«, begrüßt mich unser später Besucher, den Demetrios mit Anatole anredet. »Bei meinem jetzigen Zustand werden Sie kaum glauben, daß ich hier in Stanleyville um 1960 als Richter tätig war. Ich bin im Schwarzen Erdteil hängengeblieben, der eine morbide Faszination ausüben kann. Wie sagte doch der sehr viel robustere Henry

Morton Stanley: ›Africa is in me.‹ Der belgische Staat zahlt mir weiterhin eine magere Pension aus, die auf Umwegen sogar bis Kisangani gelangt. Ich habe mir eine junge schwarze Konkubine zugelegt. Früher sagte man ›ménagère‹ dazu. Mit der Zeit lernt man die heitere Trägheit der Negerinnen sogar zu schätzen. Ob sie mich manchmal betrügt, ist mir ziemlich egal, und ich unterziehe mich erst gar nicht dem HIV-Test. Irgendwie kann das Ende ja nicht mehr fern sein.«

Er hält eine Weile inne, greift wieder zur Flasche. »Kennen Sie das Buch von André Gide ›Voyage au Congo‹? Natürlich hat dieser Salon-Literat etwas ganz anderes empfunden, als er vor langer Zeit jene Passage niederschrieb, die ich auswendig gelernt habe. Dennoch gibt sie meinen Seelenzustand wieder: ›Désormais, une immense plainte m'habite; je sais des choses, dont je ne puis pas prendre mon parti. Quel démon m'a poussé en Afrique? Qu'allais-je donc chercher dans ce pays?‹ – ›Eine grenzenlose Klage wohnt in mir. Ich weiß Dinge, mit denen ich mich nicht abfinden kann. Welcher Dämon hat mich nach Afrika getrieben? Was habe ich denn in diesem Erdteil gesucht?‹« Es war nicht das erste Mal, daß mir im frankophonen Afrika dieses Zitat zu Ohren kam.

Anatole hatte in Stanleyville-Kisangani alle Phasen des chaotischen Niedergangs miterlebt und ist ein aufmerksamer Beobachter geblieben. Er sei in die Vorstellungswelt der Schwarzen recht intensiv eingetaucht, meint der »Juge«, aber Anfang 1997 seien hier plötzlich »Mars-Menschen« aufgetaucht, die Tutsi-Krieger der »Rwandan Patriotic Front«. Diese großen, hageren Kerle mit den oft scharfgeschnittenen Gesichtszügen – diszipliniert, wortkarg, unerbittlich – hätten die Stadt fast kampflos besetzt. Die total verluderte Garnison der Regierungsarmee, die theoretisch noch der Autorität Mobutus unterstand, sei in wilder Flucht davongestoben. Die Tutsi – so sei sein Eindruck gewesen – stellten eine Sondergattung dar, auf halbem Weg zwischen Weißen und Schwarzen. »Ce ne sont pas des nègres comme les autres.« Nicht über die übliche große Verkehrsader, den Kongo-Strom, seien diese Ruander weiter auf die Zaire-Hauptstadt Kinshasa vorgerückt, sondern quer durch den Dschungel. »Eine unglaubliche afrikanische ›Anabasis‹«, so beschreibt der Richter diesen Gewaltmarsch. Er hatte seinen Xenophon gelesen und kokettiert wohl gern mit seiner Bildung.

Er lallt etwas, als er auf die jüngsten kriegerischen Ereignisse zu sprechen kommt. »Die Schlacht am Tshopo-Fluß mag zwar als belanglose Episode in einem barbarischen afrikanischen Buschkrieg erscheinen. Aber hier ist die Koalition zwischen Uganda und Ruanda, zwischen den ehemaligen Waffen- und Blutsbrüdern Museveni und Kagame zerbrochen, obwohl die Amerikaner gehofft hatten, diese von ihnen geförderte Allianz als stärkste Trumpfkarte in Zentralafrika auszuspielen. Wir sind jetzt auch im Kongo-Becken in jene weltweite Kette von Regionalkonflikten eingespannt, die von Belfast bis zu den Fidschi-Inseln reicht und mit denen weder die Yankees noch die Russen oder gar die Europäer fertig werden.«

»Übrigens habe ich dir etwas mitgebracht«, wendet sich der Richter an Demetrios. »Ein algerischer Offizier der UNO hat mich mit Lesestoff versorgt, die milde Gabe eines der wenigen Kongo-Veteranen, mit denen ich in Brüssel noch Kontakt halte. Ich erspare dir die Lektüre unserer Brüsseler Zeitung ›Le Soir‹, wo man nur Platitüden abdruckt. Aber da ist auch ein Buch angekommen.« Er hält ein gelb kartoniertes Exemplar hoch, in dem ein Amerikaner, Wayne Madsen, über »Genocide and Covert Operations«, über »Völkermord und Untergrundaktionen«, in Afrika dissertiert. Welcher Europäer könnte es wohl wagen, eine so fundierte und schonungslose Untersuchung vorzunehmen, ohne des blinden und mißgünstigen Antiamerikanismus angeklagt zu werden? Anatole braucht eine Weile, bis er die gesuchte Passage findet. »Afrika, wie andere Entwicklungsländer der Welt, ist in eine neue Phase militärisch-wirtschaftlicher Domination durch die USA eingetreten«, so beginnt er die englische Lektüre mit einem starken wallonischen Akzent. »Mit dem Ende des Kalten Krieges wurden die natürlichen Reichtümer Afrikas den gewissenlosesten Freibeutern und Unternehmern ausgeliefert. Die Vereinigten Staaten, sekundiert von ihren unterwürfigen ›Straßenkehrern‹

in Großbritannien und Kanada, suchen den französischen Einfluß in Afrika zu entwurzeln. Um 1998 ist es den Amerikanern und ihren Verbündeten weitgehend gelungen, Frankreich als die bislang dominierende Wirtschaftskraft aus weiten Teilen des Erdteils zu verdrängen. Von Banjul in Gambia bis Kigali in Ruanda haben die USA ehemalige Militärs oder marxistische Guerilla-Führer, die sich neuerdings als ›Reform-Demokraten‹ tarnen, auf die Throne ihrer neo-kolonialen Domäne plaziert. Diese pseudo-demokratischen Führer irren jedoch gewaltig, wenn sie eine Distanzierung von den neuen Schutzpatronen für möglich halten, denn Weltbank und Internationaler Währungsfonds – beide sind bekanntlich durch die amerikanische Regierung oder amerikanische Finanzinteressen beherrscht – halten ihr finanzielles Damokles-Schwert bereit. Wie der ehemalige Präsident von Tansania, Julius Nyerere, es formulierte: Falls der eine oder andere afrikanische Regierungschef sich gegen die Bedingungen von ›World Bank‹ und ›International Monetary Fund‹ auflehnte, bekam er stets die deutliche Drohung zu hören: Wenn ihr unsere Konditionen nicht akzeptiert, werdet ihr nirgendwo sonst Geld finden. Unter Amerikas Schirmherrschaft ist Afrika alles andere als ein friedlicher Kontinent geworden. Der Erdteil ist reif für hemmungslose kommerzielle Ausbeutung. Ein hoher Beamter der Weltbank brachte die Situation Afrikas auf den Punkt: ›Wir erleben eine neue Kolonisierung Afrikas, und die ist das Werk von amerikanischen Spekulanten, die mit einem Minimum an ›cash‹, einem Maximum an Profit operieren und sich dabei kurzfristige, fast risikolose Aussteige-Optionen offenhalten. Die politische und militärische Muskelkraft der USA wird eingesetzt, um den Raub der afrikanischen Ressourcen durch amerikanische ›multilaterale Gesellschaften‹ zu erleichtern. Im Hintergrund agieren schwergewichtige Politiker der Demokratischen und der Republikanischen Partei.‹« Bemerkenswert an dieser Studie ist die Tatsache, daß sie in Amerika selbst gedruckt wurde.

Das Ende des Ost-West-Konfliktes, so kommt unsere kleine Runde überein, hatte auch Afrika keinerlei »Friedensdividende« beschert. Im Gegenteil. Der Kalte Krieg hatte seinerzeit eine ideologische Aufteilung des Kontinents bewirkt, ständige Bürgerkriege – vor allem in den ehemals portugiesischen Besitzungen – in Gang gehalten, aber insgesamt eine unkontrollierbare Ausuferung der Anarchie, wie sie sich jetzt abzeichnet, verhindert, zumindest hinausgezögert. Vor allem hatte diese Konfrontation zwischen Kommunismus und »Freier Welt« den afrikanischen Potentaten erlaubt, die beiden Lager gegeneinander auszuspielen, sich opportunistisch, oft erpresserisch und meist erfolgreich subventionieren zu lassen. Die Globalisierung hingegen, die sich seitdem unter fast ausschließlicher Ägide der USA vollzieht, so meint der Richter, habe den Schwarzen Erdteil in einen düsteren Urzustand präkolonialer Bedeutungslosigkeit zurückgeworfen.

In seiner Verlassenheit am »großen Fluß« fand sich höchst selten ein politisch interessierter Besucher ein, und Anatole ist in seinem Mitteilungsbedürfnis nicht zu bremsen. Um abzulenken, erzähle ich von meiner Rundfahrt durch Kisangani am Nachmittag des gleichen Tages.

*

Mit Boniface hatte ich mich auf die Suche nach dem Lumumba-Denkmal von Kisangani gemacht. In dem zerbeulten Auto hat bereits ein breitschultriger, düster blickender Afrikaner Platz genommen, der sich als Schwager des Fahrers vorstellte und zunächst einmal den Mietpreis des Wagens, der ohnehin eine stattliche Dollarsumme betrug, zu verdoppeln suchte. »Sie müssen Verständnis für unsere Nöte haben«, sagte Chrysostome, so hieß der Unbekannte, »ich war früher Polizei-Inspektor, bin seit Jahren ohne Gehalt und muß eine Familie von fünf Kindern ernähren.« Der seltsame Vorname Chrysostome rührte von dem Bemühen der belgischen Missionare her, auch die wenig bekannten Heiligen des Kirchenkalenders bei der Patronatswahl ihrer schwarzen Täuflinge zu ehren. Ihrer naiven Frömmelei war es zu verdanken, daß zahlreiche Kongolesen sogar auf den schönen Namen »Deo gratias – Gott sei Dank« hörten.

Der ehemalige Polizist erwies sich als brauchbare Informationsquelle. Nach der Lumumba-Statue, die einmal in den siebziger Jahren errichtet wurde, haben wir vergeblich ausgespäht. Hingegen verwies mich Boniface auf den Sockel einer Gedenkstätte, wo unlängst noch eine martialische Darstellung des Marschall Mobutu geragt hatte. Diese Verherrlichung des Diktators ist spätestens beim Einmarsch der Ruander zertrümmert worden. Ich fragte den Polizisten nach seinen Erinnerungen an die endlose Despotie Mobutus, den selbst der Schriftsteller V.S. Naipaul als »big man« verewigt hat. »C'était un tyran«, lautete die Antwort, »er war ein Tyrann, aber meinen Sie denn, wir würden jemals von einem liberalen Demokraten regiert werden? Wir trauern Mobutu nicht nach – mais au moins, c'était quelqu'un de chez nous – zumindest war er einer der Unseren.«

Jedenfalls sei der »große Leopard«, wie Mobutu sich auch nennen ließ, mit mehr Pomp und Würde aufgetreten als sein feister Nachfolger Kabila, der vor drei Jahren im Troß der Tutsi in Kisangani eingerückt war und durch einen schwarzen Stetson-Hut zu beeindrucken suchte. In ihrer Ratlosigkeit und Panik hatten die Einwohner von Kisangani auch diesem neuen Herrn hemmungslos zugejubelt. Sehr bald wurde er jedoch vom Volk, das auch in Afrika hellhörig ist, als eine Art Al Capone entlarvt.

Meine beiden Gefährten besaßen nur eine sehr vage Vorstellung von dem kongolesischen Unabhängigkeitshelden Patrice Lumumba, nach dem in Moskau immerhin eine Universität für Studenten der Dritten Welt benannt und der in einem sowjetischen Film – gar nicht zu Unrecht übrigens – als der »wahre Sohn Afrikas« glorifiziert wurde. »Wir waren doch noch gar nicht geboren, als Lumumba 1961 ermordet wurde«, mischte sich der Fahrer ein. »Wir wissen nur, daß er dem Batetela-Stamm angehörte und daß er hier in Kisangani, dem damaligen Stanleyville, über gewaltige Popularität verfügte.« – Sein Vater habe Lumumba gekannt und verehrt, bekräftigte Chrysostome. Er sei ein glühender Anhänger des »Mouvement National Congolais« gewesen, das Lumumba gegründet hatte und dessen Bewegung auch treu geblieben, als dieser aufrechte Patriot nach seiner Regierungsübernahme in Leopoldville und der Ausrufung der Kongo-Unabhängigkeit zur Zielscheibe aller reaktionären und kolonialistischen Umtriebe wurde. Lumumba, so habe ihm sein Vater erzählt, habe sich nicht nur gegen die Intrigen des damaligen Staatsoberhauptes Kasavubu und dessen Bakongo-Gefolgschaft zur Wehr setzen müssen. Die Belgier, die ihn zutiefst haßten, seien ihm zum Verhängnis geworden, doch vor allem die CIA hatte den Untergang Lumumbas beschlossen, weil er sich nicht in amerikanische Dienste zwingen ließ und zur Absicherung seiner Unabhängigkeit die Unterstützung des Ostblocks in Anspruch nahm. Sogar die Vereinten Nationen hätten sich an diesem Kesseltreiben, an dieser »chasse à l'homme« schamlos beteiligt.

Für mich bleibt Patrice Lumumba eine der eindrucksvollsten Begegnungen meines Journalisten-Lebens. Ich muß an die brodelnde Unruhe in Leopoldville denken, als die Kongo-Krise die Welt erregte. Im Rückblick erscheint es kaum vorstellbar, daß die diversen Radiostationen der ARD – das Fernsehen steckte 1960 noch in seinen Kinderschuhen – jeden Tag einen Bericht über diese befremdlichen Vorgänge anforderten, die das breite deutsche Publikum wie ein Polit-Thriller in Atem hielten. War es die rousseauistische Illusion der Europäer, die dekadente Gesellschaft des Westens könne durch das Hochkommen der »jungen Völker« Afrikas neue Impulse finden, irgendwie regeneriert werden? Die Vorstellung vom »guten Wilden« spielte dabei im kollektiven Unterbewußtsein wohl eine Rolle und die Faszination einer abenteuerlichen Exotik, die durch das Aufkommen des Massentourismus noch nicht entzaubert war. Erst ganz allmählich sollte sich die Erkenntnis durchsetzen, daß es sich bei diesen angeblich »jungen Völkern« des Schwarzen Erdteils um die älteste Spezies unserer Gattung handelt, daß die Geburtsstätte der Menschheit sich in Afrika befindet und die dort verbliebenen Völker wie die frühen Gebirgsmassen unseres Erdballs einen endlosen Prozeß der Abschleifung und Erosion durchlaufen hatten.

Jedenfalls begeisterten sich Anfang der sechziger Jahre weite Kreise des liberalen, fortschrittlichen Meinungsspektrums der Bundesrepublik für die bizarre Heilsgestalt Patrice Lumumbas, für diesen hochgewachsenen schwarzen Volkstribun, der die Massen mit ein paar Sätzen in Exstase versetzte. Kaum weniger bekannt war sein Gegenspieler »König Kasavubu«, der alles andere als ein Agitator war. Kasavubu präsentierte sich wie ein traditioneller Bakongo-Häuptling, hüllte sich in Schweigen und verharrte in lauernder Reglosigkeit. Er wurde seinerzeit als fetter »afrikanischer Buddha« beschrieben. Tatsächlich soll einer seiner Vorfahren als chinesischer Schwellenarbeiter an der Bahnlinie Matadi–Leopoldville geschuftet haben.

Im Rampenlicht stand in jenem afrikanischen Schicksalsjahr 1960 auch der selbsternannte Präsident der separatistischen Republik Katanga, Moise Tshombe. Hier handelte es sich um einen elegant gekleideten schwarzen Geschäftsmann von beachtlicher Durchtriebenheit, der es mit seinem strahlenden Lächeln verstand, Sympathie zu gewinnen. Beim damaligen Generalsekretär der Vereinten Nationen, Dag Hammarskjöld, stieß er jedoch auf unversöhnliche Feindseligkeit. Böse Zungen behaupteten, daß die Abneigung des Schweden durch die Kapitalinteressen eines skandinavisch-amerikanischen Grubenkonsortiums motiviert gewesen sei, das ein begehrliches Auge auf die immensen Mineral-Vorkommen Katangas geworfen hatte und dem der pro-belgische Separatist Tshombe im Wege stand.

Von Joseph Désiré Mobutu war in jenem Sommer 1960 noch recht wenig die Rede. Zu diesem jungen höflichen Mann, der sich später als »Gründungspräsident« feiern lassen sollte, hatte ich zu Beginn der Kongo-Krise von Anfang an enge, fast herzliche Beziehungen unterhalten. »Wir sind doch Kollegen«, hatte Mobutu seinerzeit beteuert. Er hatte nämlich als Hilfsredakteur beim Mitteilungsblatt der belgischen Kolonialtruppe mitgearbeitet. »C'est notre intellectuel – Das ist unser Intellektueller«, versicherte sein Koloß von Leibwächter. Niemand hätte sich in jenen Tagen vorstellen können, daß der nette Offizier – zum »big man« angeschwollen – seinen christlichen Namen ablegen und durch folgende Bantu-Beschreibung ersetzen würde: »Mobutu Sese Seko Kuku Ngbendu wa za Bangu – Mobutu auf alle Zeit, der mächtige Hahn, der keine Henne unbestiegen läßt.« Ich habe nachgeprüft, daß es sich dabei nicht um einen blöden Journalisten-Scherz handelte.

Chrysostome hatte eine Kassette in sein Autoradio geschoben. Aus dem verrosteten Armaturenbrett tönte eine typisch kongolesische Tanzmusik, ein Rhythmus voll Lebensfreude und lasziver Unbekümmertheit. Die Klänge paßten in keiner Weise zu der Kulisse des Untergangs, die uns in Kisangani begleitete. »Das ist unser neuester Modetanz, der Dombolo«, erklärte Boniface. »Früher klangen diese Weisen aus zahllosen Bars und Disco-Schuppen. Heute müssen Sie wohl nach Kinshasa reisen, um Dombolo zu tanzen. Dort ist die uns angeborene Fröhlichkeit noch nicht ganz erloschen. Hier in Kisangani ist niemandem mehr nach Hüpfen und Singen zumute. Afrika ist bei uns verstummt, und ich weiß nicht, Monsieur, ob Sie wissen, was das bedeutet.«

Ich erzählte meinerseits von frühen Kongo-Erlebnissen. Vor etwa 40 Jahren bewegte sich nach Einbruch der Dunkelheit das riesige Afrikanerviertel von Leopoldville – aus der Kolonialzeit kurioserweise »Le Belge« genannt – zu den Klängen des Cha-Cha-Cha. Jung und Alt gerieten dabei in fröhliche Trance. Obwohl auch zu jener Zeit überall die Schrecken des Bürgerkrieges lauerten, gewährte der Cha-Cha-Cha tröstliche Zuflucht in schier unverwüstlicher Heiterkeit. Die Texte waren auf naive Weise politisiert. Da gab es den »Indépendance-Cha-Cha-Cha«, und jenes Chanson, das die feindliche Rivalität zwischen den beiden Protagonisten der ersten Unabhängigkeitsmonate spielerisch verharmloste: »Kasavubu et Lumumba, Kasavubu et Lumumba dansent Cha-Cha-Cha.«

Später sollte diese einfältige Melomanie bizarre Formen annehmen. Als 1964 General Mobutu mit Hilfe israelischer Instrukteure sein erstes kongolesisches Fallschirmbataillon aufstellte, suchte sich diese brutale Schlägertruppe den Cha Cha Cha als Regimentsmarsch aus, und dazu sangen sie den surrealistischen Text: »Je déteste la barbarie – Ich verabscheue die Barbarei.« Wen kann es da wundern, daß mein viel zu früh verstorbener Freund Dietrich Mummendey, ein unerschrockener und unermüdlicher Reporter in allen Krisenregionen der Welt, seine Kongo-Erfahrungen unter dem Buchtitel zusammenfaßte: »Beyond the reach of reason – Jenseits aller Vernunft«?

In Demetrios' Wohnstube flackert das Kerzenlicht. Der Strom ist wieder ausgefallen. Die Tropennacht hat sich abgekühlt. Den Stillstand des Ventilators empfinde ich als Wohltat. In der Ferne ballert es. Ein paar kurze Feuerstöße. Dann nehmen die Frösche und Insekten ihr Konzert auf. Ich erzähle dem belgischen Richter von meiner vergeblichen Suche nach Relikten der Lumumba-Zeit. Anatole war bereits Assessor in Stanleyville, als Patrice Lumumba, einer der wenigen »évolués« – wie die Belgier ihre halbwegs geschulten schwarzen Untertanen nannten – am Schalter der dortigen Hauptpost Briefe abstempelte. Lumumba sei in eine obskure Unterschlagungsaffäre verwickelt worden. Dabei habe es sich um eine lächerliche Summe gehandelt. Vielleicht habe ihm sogar die belgische Polizei eine Falle gestellt, um den potentiellen Aufrührer auszuschalten. Das Gerichtsverfahren sei niedergeschlagen worden.

»Ich hatte Kontakt zu diesem nationalistischen Feuerkopf aufgenommen«, erinnert sich Anatole. »Als Angehöriger des unbedeutenden Batetela-Stammes aus der Kasai-Provinz galt er in Kisangani als Landesfremder. Dennoch gelang es ihm, noch vor der Unabhängigkeit eine nationale Sammlungspartei zu gründen. Mit seiner rhetorischen Begabung erregte er Aufsehen, wurde schnell zum Idol der Massen. Es war etwas Außergewöhnliches an dem kometenhaften Aufstieg dieses schwarzen Demagogen in einer ihm fremden Stadt, in einer ablehnenden Stammesumgebung. Lumumba war seinerzeit der einzige Kongo-Politiker, der seinen Erfolg nicht dem ethnischen Zusammengehörigkeitsgefühl verdankte. Er war der erste, der sich von den Fesseln des ›Tribalismus‹ zu lösen suchte.«

Ein wenig habe die belgische Administration bei seinem Höhenflug wohl mitgeholfen, fährt der Richter lächelnd fort. »Die Kolonialherren waren zutiefst geschockt worden, als – total unerwartet – im Januar 1959 ein Orkan des Aufstandes über Leopoldville hereingebrochen war. Nichtsahnende Europäer wurden aus ihren Autos gezerrt und verprügelt. In den Eingeborenenvierteln wurden Missionskirchen entweiht und niedergebrannt. Belgische Sozialfürsorgerinnen wurden vergewaltigt.« Hinter dieser Revolte habe man damals die Rädelsführer der »Abako« vermutet, eine Organisation des relativ hochentwickelten Bakongo-Volkes, das als erstes die Forderung nach »Indépendance« erhoben hatte und sich von Anfang an hinter der phlegmatischen Symbolfigur des späteren Präsidenten Kasavubu sammelte. Die weißen Behörden seien in ihrer Verblendung nach dem Prinzip »Teile und herrsche« vorgegangen. Sie hätten deshalb als Gegengewicht zur Abako das MNC, »Mouvement National Congolais«, Lumumbas heimlich begünstigt. In Wirklichkeit hätten sie Satan gegen Beelzebub eingetauscht. Der kurzlebige Aufruhr am Unteren Kongo sei übrigens durch massiven Einsatz der »Force Publique« niedergeschlagen worden. Unter dem Befehl ihrer weißen Offiziere seien die schwarzen Soldaten wie Berserker gegen die eigenen Landsleute vorgegangen und hätten mindestens 250 Verdächtige erschossen. Von nun an betrachteten die verängstigten Flamen jeden »nègre«, als könne er morgen ihr Mörder sein.

Knapp eineinhalb Jahre sollten nach den Ereignissen von Leopoldville verstreichen, da amtierte Joseph Kasavubu als erster Präsident der unabhängigen Kongo-Republik. Ihm zur Seite agierte sein Nebenbuhler Patrice Lumumba als Ministerpräsident. Das belgische Verwaltungsgebäude war wie ein Kartenhaus zusammengebrochen. Die Söldner der »Force Publique« setzten die weißen Vorgesetzten in den Kasernen gefangen und vergewaltigten deren Frauen. Diesem Chaos im Herzen Afrikas – so wurde im Glashaus von Manhattan beschlossen – sollte durch massiven Einsatz bewaffneter internationaler UNO-Kontingente ein Ende gesetzt werden. Zum ersten Mal sprach man von »Blauhelmen«. Aber damals befand man sich noch auf dem Höhepunkt des Kalten Krieges und der offenen Konfrontation zwischen Eisenhower und Chruschtschow. Die ideologische Spaltung innerhalb der Weltorganisation übertrug sich automatisch auf den Kongo. Leopoldville wurde unter aktiver Beteiligung Dag Hammarskjölds zum Schwerpunkt des pro-westlichen, das heißt pro-amerikanischen Interventionsflügels, während die »progressiven Staaten« Afrikas, dazu zählten Guinea und Sudan, aber auch Ghana und Ägypten, ihre Soldaten zur Förderung »volksdemokratischer«

Zustände in die Kongo-Republik entsandten und auf die Moskauer Karte setzten. In Patrice Lumumba fanden sie ihren Bannerträger. Die Stadt Stanleyville in der fernen »Province Orientale« entwickelte sich unversehens zur Hochburg und zum Experimentierfeld des »afrikanischen Sozialismus«.

Die vorgerückte Stunde und der reichlich genossene Alkohol lassen uns nicht verstummen. Es kommt uneingestandene Nervosität hinzu, wenn die sporadischen Feuerstöße sich unserer Umgebung nähern. So gebe ich eine Episode aus dem August 1960 zum besten. Lumumba hatte – weil ihm die Lage in Leopoldville zu brenzlig wurde und er dort bereits um seine Sicherheit fürchtete – einen demonstrativen Abstecher nach Stanleyville unternommen, als wolle er wie der Riese Antaios aus der griechischen Sage auf dem Boden der ihm gewogenen Provinz, im »Herzen der Finsternis«, neue Kraft schöpfen und sein Prestige stärken. Für diesen Rückblick greife ich auf eine meiner Radioreportagen von damals zurück:

Nur wenige westliche Journalisten haben in der Iljuschin-Maschine Platz gefunden, die Lumumba und sein Gefolge nach Stanleyville bringen. Das hat nicht an den russischen Piloten gelegen, sondern an der zahlreichen Eskorte des Regierungschefs. Die TASS- und Prawda-Korrespondenten haben sich sogar zu den Piloten in das Cockpit geklemmt, um den Berichterstattern westlicher Agenturen die Chance zu geben, mit Lumumba nach »Stan« zu kommen.

Das Flugzeug Lumumbas war innen ausgestattet wie ein Salon. Die schwarzen Minister saßen in tiefen Clubsesseln. Die ausgewählten Journalisten kauerten auf Sitzkissen. Das Wetter war böig, so daß die Iljuschin auf und ab geschüttelt wurde. Die Minister quittierten das mit fröhlichem Gequietsche. Es kam die Stimmung einer Berg- und Talbahn auf, bis die erste Exzellenz mit plötzlichen Schweißperlen auf der Stirn nach der Papiertüte griff.

Als die Maschine über dem Flugplatz von Stanleyville kreiste und zur Landung ansetzte, blickte Lumumba zum Fenster hinaus. Seine Züge wurden hart und maskenhaft. Dort unten drängte sich eine gewaltige Menschenmasse. Es mußten mehr als hunderttausend zusammengeströmt sein. Unzählige schwarze Hände streckten sich dem Flugzeug entgegen. Als sich die Tür der Maschine öffnete, brandete der Schrei der Menge wie eine Flutwelle in den Aluminiumrumpf. Das Volk von Stanleyville schrie »Uhuru« – Freiheit – in einem leidenschaftlichen Chor, der vom Grollen der Tamtam untermalt war. Ein englischer Journalist drängte sich an die Seite Lumumbas und fragte ihn: »Als was gelten Sie in den Augen dieser Menschen, als was werden Sie von Ihren Landsleuten verehrt, Herr Präsident?« Lumumba bekam einen bizarren, beinahe tragischen Blick. »Für diese Menschen bin ich ein Prophet«, sagte er tonlos. Dann wurde er auf den Schultern seiner Anhänger davongetragen.

Von dieser rollenden menschlichen Sänfte aus, die den Regierungschef zur Luxuslimousine beförderte, konnte er nicht die frischen Blutlachen auf der Rollbahn sehen. Eine halbe Stunde vorher war in Stanleyville eine Maschine der Vereinten Nationen mit acht amerikanischen Piloten gelandet. In Windeseile hatte sich das Gerücht verbreitet, belgische Fallschirmjäger seien im Kommen und trachteten Lumumba nach dem Leben. Mit wutverzerrten Gesichtern stürzten sich Soldaten der Kongo-Armee auf die Amerikaner, malträtierten sie mit Gewehrkolben und trampelten wild auf ihnen herum. Äthiopische UN-Soldaten und eine löwenmutige äthiopische Krankenschwester hatten die größte Mühe, die schwerverletzten Weißen freizukämpfen. Zur gleichen Stunde drangen andere Kongo-Soldaten in das Hauptquartier der Vereinten Nationen in Stanleyville, mißhandelten zwei Kanadier und einen Schweden und sperrten das übrige Personal im Keller ein. Die Nachrichten aus »Stan« verbreiteten sich – wie von Buschtrommeln getragen – mit Windeseile im ganzen Land.

*

An dieser Stelle werde ich durch den Richter unterbrochen. Auch er geht auf seine Reminiszenzen aus dem Jahr 1960 zurück und erwähnt die damalige Ankunft der Blauhelme aus Äthiopien. »Als sie ihren Transportmaschinen entstiegen, haben diese Abessinier unter der hiesigen Bantu-Bevölkerung Panik ausgelöst. In der Ostprovinz erinnerten sich die Alten ja noch an die arabischen und sudanesischen Sklavenhändler, die Ende des letzten Jahrhunderts bis zu den Ufern des oberen Kongo vorstießen. Als die stolzen Amharen des äthiopischen Hochlandes im Namen der Vereinten Nationen die oberste Polizeigewalt übernahmen, kamen altverwurzelte Befürchtungen hoch. Die Männer des ›Löwen von Juda‹ – wie der Negus genannt wurde – führten sich auf wie in einem eroberten Land und kamen den verachteten ›Kongo-Negern‹ mit rauhen Methoden bei.«

Und dann, im Jahr 1998, hätte die Tutsi-Armee aus Ruanda bei ihrem Einrücken in Kisangani ähnliche Ängste geweckt. »Ich weiß«, ereifert sich Anatole, »es gibt da ein paar Klugscheißer, die behaupten, der rassische Unterschied zwischen den Bantu einerseits, Niloten, Äthiopiern, Kuschiten, Hamiten, oder wie man sie immer nennen will, andererseits, sei eine bösartige Erfindung der Kolonialisten. Aber fragen Sie doch die Schwarzen selbst. Die haben einen sicheren Instinkt für die uralten ethnischen Strukturen, die in der präkolonialen Zeit über Herrschaft oder Versklavung entschieden.«

Nach Leopoldville zurückgekehrt, hatte Patrice Lumumba im April 1960 den tollkühnen Versuch unternommen, zunächst in der »Province Orientale« von Stanleyville – eine Urwaldregion fast so groß wie Frankreich und von nur drei Millionen Menschen bewohnt – den »Afrikanischen Sozialismus« zu verwirklichen. Wieder berufe ich mich auf Notizen aus jener Zeit.

*

Bisher hatte man Lumumba zu Recht vorgeworfen, vor lauter Außenpolitik und Pressekonferenzen vernachlässige er völlig den inneren Aufbau seiner jungen Republik. Seit der »Revolution« von Stanleyville, wo er seine Vorstellungen fast widerspruchslos durchsetzen kann, muß diese Meinung revidiert werden. Der Westen hat wenig Grund, sich zu der unerwarteten Aktivität des Regierungschefs zu beglückwünschen. Im Osten hat Lumumba eine »Province Pilote« aus der Taufe gehoben, die fortschrittliche Kernzelle des neuen, riesigen Kongo-Staates, der für alle übrigen

Regionen richtunggebend sein soll. Er gab ganz offen zu, daß er dabei von dem Beispiel der Republik Guinea und ihres dynamischen Präsidenten Sekou Touré inspiriert wurde, der ein Jahr zuvor mit Eklat den totalen Bruch mit der früheren französischen Kolonialmacht und den »Communauté«-Plänen des General de Gaulle vollzogen hatte. Zunächst ist mit einem Federstrich das uralte afrikanische Stammessystem abgeschafft worden. Die Häuptlinge wurden entmachtet und durch Beamte der Provinzregierung ersetzt. Sogar ihre Kronen aus Leopardenfell und Federn mußten die Häuptlinge abliefern. Dieser Wille zur Gleichschaltung, zur systematischen Verwischung der ethnischen Unterschiede, so sah es Lumumba, sei die Voraussetzung für die Schaffung eines modernen Nationalgefühls. An die Stelle des ererbten Brauchtums tritt die straff organisierte Provinzverwaltung und vor allem die Allmacht der Einheitspartei. Lumumba hat in der Ostprovinz Kreiswahlen ausgeschrieben. Es besteht kein Zweifel, daß die MNC-Partei in dieser Volksbefragung alle anderen politischen Gruppierungen überrunden und eliminieren wird. Die Aktivisten der neuen Einheitspartei sollen in Zukunft selbst in den entlegensten Urwalddörfern die Anweisungen der Regierung und des Generalsekretariats mit Nachdruck durchsetzen. Auch hier hat die »Demokratische Partei« Guineas Pate gestanden. Wer bei den afrikanischen Studenten in Paris erlebt hat, wie sehr sie unter den Stammesnarben litten, die viele von ihnen noch im Gesicht trugen, wie hart sie die Rückständigkeit der Häuptlingskasten und Sippenüberlieferungen empfanden, der begreift, warum Patrice Lumumba, der Zentralisator am Kongo, gerade bei der nationalistischen Intelligenzia Anklang und Anhang findet. Er verkörpert ganz allein die Kongo-Nation, die es noch gar nicht gibt.

Die »Province Orientale« hat sich auf den Weg zum »Afrikanischen Sozialismus« begeben. Die Dörfer werden neu gruppiert und in Landwirtschaftskommunen zusammengeschlossen. Das Wort klingt chinesisch, der Gedanke geht jedoch auf ursprüngliche Formen des afrikanischen Gemeinschaftslebens zurück. Neben den landwirtschaftlichen Genossenschaften werden auch das Handwerk, der Warentransport, der Handel auf kooperativer Basis neu geregelt. Der Arbeitslosigkeit soll mit einem anderen aus Guinea importierten Schlagwort beigekommen werden, mit dem »investissement humain«, dem planmäßigen Einsatz menschlicher Arbeitskräfte zur Bewältigung großer gemeinnütziger Projekte wie Straßenbau, Kanalisierung, Rodungen. Noch aufschlußreicher ist die Beschlagnahme und Verstaatlichung aller Mineralvorkommen in der Ostprovinz. Die großen belgischen Grubenkonzerne wissen jetzt, was ihnen blüht.

Afrikanischer Sozialismus soll kein Kommunismus sein, und die offizielle außenpolitische Doktrin Lumumbas bleibt der »positive Neutralismus«. Man täusche sich auch nicht über die realen Auswirkungen der jüngsten Erlasse Lumumbas. Pharaonenwerke werden am Kongo nicht vollbracht werden. Die Nachahmung des großen Vorbildes Mao Zedong bleibt in Zentralafrika ein Hirngespinst. Dennoch hat Lumumba, zumindest ideologisch, im großen Ringen zwischen Ost und West Partei ergriffen. »Der Marxismus ist die Ideologie, die uns Afrikanern am ehesten entspricht«, hatte Sekou Touré mir in Conakry gesagt. »Der Kampf um Katanga, wo die Kongo-Regierung auf die Gegnerschaft des belgischen Kapitalismus stößt, dürfte dazu beitragen, Lumumba vom Westen weg und dem Osten zuzutreiben.«

Wie hätte es unter solchen Umständen ausbleiben können, daß die amerikanische Vormacht auf den Plan gerufen wurde, um das Übergreifen des kommunistischen Weltgespenstes auf Afrika mit allen Mitteln zu vereiteln. In einem Kabel des CIA-Residenten von Leopoldville an die Zentrale in Langley hieß es: »Lumumba ist in der Opposition fast so gefährlich wie an der Macht. Ein kongolesischer Politiker (angeblich war damit schon Mobutu gemeint) läßt wissen, wie er die Situation beurteilt, und schlägt vor, Lumumba physisch zu beseitigen.« Pro-westliche Kongo-Politiker, der amerikanische Geheimdienst und sogar die »Friedensstifter« der Vereinten Nationen waren maßgeblich daran beteiligt. Ende 1960 war seine Residenz in Leopoldville von feindlichen Soldaten bereits umzingelt, da hatte Lumumba verzweifelt versucht, mit einigen Getreuen nach Stanleyville zu entkommen. Er wurde eingefangen und wenig später zu Tode gefoltert. Die Nachricht von seiner abscheulichen Hinrichtung hatte im heutigen Kisangani eine Welle der Wut und Fremdenfeindlichkeit ausgelöst. Der Richter Anatole hatte an Ort und Stelle ausgeharrt und wurde Augenzeuge jener bizarren Vorgänge, als sich dort eine ostblockfreundliche Gegenregierung unter dem Vize-Premierminister Antoine Gizenga niederließ. Der wortkarge introvertierte Sozialist Gizenga hatte nur ein Jahr zuvor einen Gewerkschaftslehrgang in Prag absolviert. Nun rief er die Sowjetunion um Hilfe an. Es habe damals tatsächlich eine Luftbrücke vom Nil zum Kongo existiert, so versichert Anatole. Die Iljuschin-Maschinen der Vereinigten Arabischen Republik – so war Ägypten umbenannt worden – entluden sowjetische Waffen auf verschwiegenen Rollbahnen der Ostprovinz. Präsident Gamal Abdel Nasser, dessen pan-arabische Ambitionen im Nahen Osten keinen großen Anklang mehr fanden, hatte der Außenpolitik Kairos eine neue Stoßrichtung mit dem Ziel Schwarz-Afrika gewiesen. Indessen blickten die Kongo-Verantwortlichen von Stanleyville intensiver nach Moskau als nach Kairo. Doch die aus Leopoldville an die »Biegung des Flusses« geflüchteten Politiker sahen sich sehr bald in die Rolle von Zauberlehrlingen versetzt. Der chaotischen Kräfte, die sie entfesselt hatten, wurden sie nicht mehr Herr, und vor allem die marodierende schwarze Soldateska führte sich unter ihren Helmen mit Tarnnetzen wie Ausgeburten einer afrikanischen Walpurgisnacht auf.

Die Situation von Stanleyville war furchterregend und burlesk in einem. Ein französischer Freund, der AFP-Korrespondent Jean-Louis Arnaud, der von einer riskanten Blitzreportage in diesem Tollhaus nach »Leo« zurückgekehrt war, hatte sie mir ausführlich geschildert. Da wurden Missionare ermordet, Nonnen vergewaltigt, weiße UN-Beamte verprügelt, eingeborene Zivilisten massakriert. Gleichzeitig veranstaltete das Regime Gizenga – von den eigenen Soldaten eingeschüchtert, ja terrorisiert – ausschweifende Festlichkeiten. Die neuernannten Minister dieser marxistischen Gegenregierung stellten ihre Eitelkeit auf beflaggten Tribünen in Begleitung örtlicher Animier- und Freudenmädchen aus den einschlägigen Bars zur Schau. Die schwarzen Honoratioren nahmen die Parade einer Truppe ab, die sie möglicherweise wenige Stunden später in die Folterzellen ihrer Kasernen verschleppen würde. Die Ostblock-Journalisten und -Diplomaten, die sich in diese Kulisse des Irrwitzes verirrt hatten und dort als Staffage dienten, mußten ständig fürchten, für Flamen oder belgische Saboteure gehalten zu werden. Ein Beauftragter der DDR, der die unendlich strapaziöse Reise durch den Süd-Sudan hinter sich gebracht hatte, um auf diesem Vorposten der Weltrevolution proletarischen Internationalismus zu bekunden, wurde mit knapper Not einer Meute mordlustiger Kongo-Gendarmen entrissen. Sie glaubten, in dem blonden Ostdeutschen einen belgischen »Para« entlarvt zu haben.

Die beste Story gab Frank Carlucci in einer vertraulichen Runde des »Hotel Memling« von Leopoldville zum besten. (Dieser Vorfall ist durch einen offiziellen Bericht an das US-State Department aktenkundig geworden). Carlucci amtierte in jenen Tagen als Zweiter Sekretär der US-Botschaft. Später sollte ich ihn – ehe er zum Under Secretary of State aufrückte – als Generalkonsul in Katanga und 1974 als Botschafter in Lissabon während der »Nelken-Revolution« wiedertreffen. Dieser hemdsärmelige Diplomat, »a man for all seasons«, legte beachtlichen Mut an den Tag. Er war mehrfach in die Höhle des Löwen von Stanleyville gereist. Antoine Gizenga pflegte mit Bedacht diese letzte Verbindung zur westlichen Führungsmacht. Aber für Carlucci bot das Wohlwollen des Regierungschefs von »Stan« einen sehr prekären Schutz. Der amerikanische Diplomat führte vertrauliche Gespräche mit dem Justizminister der Ostprovinz in dessen Hotelzimmer. Während der Diskussion über die Gewährung einer amerikanischen Finanzsubvention an diesen marxistischen Separatstaat betrat die Freundin des Ministers, eine hübsche Kongolesin, den Raum. Das Amtsgespräch schien die charmante Person über alle Maßen zu langweilen. Sie verschwand hinter einem Paravent, kehrte splitternackt zu den Verhandlungspartnern zurück und räkelte sich ungezwungen auf dem Bett des Ministers. Plötzlich wurde die Zimmertür durch mächtige Schläge erschüttert. Auf der Schwelle stand der rasende Ehemann dieser unkomplizierten jungen Frau und forderte Genugtuung. Es kam zu einem Handgemenge. Der Justizminister schrie um Hilfe. Drei Polizisten kamen herbei, fesselten den betrogenen Ehemann wie einen Verbrecher und führten ihn ab.

Bei der Erwähnung dieser frivolen Anekdote öffnet sich die Tür zur Villa des Griechen Demetrios wie auf ein Stichwort, und die schwarze Lebensgefährtin des Richters Anatole betritt den Raum. Die etwa dreißigjährige Kongolesin, eine sehr stattliche Person, bewegt sich mit natürlicher Grazie. Sie ist in ein gelbes Gewand gekleidet, das bis zum Boden reicht, und die statuarische Schönheit ihrer bronzenen Schulterpartie freiläßt. Auf dem Kopf thront ein extravaganter Turban. Sie begrüßt uns kurz und mischt sich nicht in unsere Konversation. Auf dem Sofa macht die Dame es sich bequem.

Demetrios nimmt den Faden wieder auf. Er erwähnt, wie es im Sommer 1961 doch noch zu einem Kompromiß zwischen Amerikanern und Russen gekommen war. Eine Art west-östliche Koalition wurde unter dem bisherigen Innenminister Cyrille Adoula gegründet. Dieser vom US-Botschafter Gullion protegierte Gewerkschaftsführer amtierte nunmehr als Regierungschef und Antoine Gizenga als dessen Stellvertreter. Die Vermeidung eines offenen Zusammenpralls zwischen Washington und Moskau im Herzen Afrikas war wohl durch den Umstand erleichtert worden, daß die Russen in Zentral- und Ostafrika durch verstärkte Einmischung der Volksrepublik China beunruhigt wurden. Die fanatischen Jünger Mao Zedongs überschlugen sich in anti-imperialistischen Tiraden und versuchten den Moskowitern den Rang abzulaufen.

Noch einmal, im Sommer 1964, sollte das heutige Kisangani Schlagzeilen machen. Für Demetrios und Anatole waren das die schrecklichsten Erinnerungen. Da war aus der Gegend des Tanganjika-Sees und der Kivu-Provinz eine urzeitliche Rotte von Steinzeitkriegern auf Stanleyville vorgerückt. Sie nannten sich »Simba« oder Löwen, waren mit Speeren und Buschmessern bewaffnet, in Felle gehüllt und hielten sich im Drogenrausch für unverwundbar. Als »Rächer Lumumbas« forderten sie den Sturz und die Ausrottung der verhaßten Kongo-Regierung von Moise Tshombe. Der ehemalige Katanga-Separatist war nämlich in einer absurden, aber für diese Region typischen Kehrtwendung – nach seiner Niederwerfung durch die Blauhelme der UNO – von Joseph Kasavubu zum Regierungschef der gesamten Kongo-Republik berufen worden. Die Simba trieben die Regierungssoldaten des damaligen Oberbefehlshabers Mobutu in heller Panik vor sich her. Im eroberten Stanleyville riefen sie eine »Sozialistische Volksrepublik« aus. Diese Horrorgestalten, unter deren Anführern sich ein gewisser Laurent Kabila hervortat, wateten im Blut.

Mindestens 20000 Afrikaner wurden im Umkreis von Stanleyville massakriert. Wer eine Schule besucht, europäischen Lebensstil angenommen oder eine bescheidene Anstellung bei Weißen bekleidet hatte, wer auch nur dem falschen Stamm angehörte, fiel der Mordwut dieser Pseudo-Revolutionäre zum Opfer. Die von den Belgiern gegründeten Ortschaften und Missionsstationen galten allesamt als vernichtungswürdige Zitadellen kolonialistischer Teufelei. Die Simba mißbrauchten den Namen Lumumbas und verweigerten sich jeder mäßigenden Autorität. Das Wort »Steinzeit-Kommunismus« war noch nicht erfunden; man bemühte Vergleiche mit dem gescheiterten Mau-Mau-Aufstand in Kenia. Heute könnte man eine Parallele ziehen zwischen dem grausigen Wüten der Simba und der Ausrottungspolitik der Roten Khmer im Kambodscha der siebziger Jahre. Auch der Kongo hatte damals schon seine »killing fields«.

Im August 1964 befanden sich 1600 weiße Geiseln in der Hand dieser Wilden, und die Situation wurde immer kritischer. Moise Tshombe hatte nach bewährtem Rezept 400 weiße Söldner ausgeschickt. Deren Kolonnen quälten sich auf den verschlammten Pisten der Ostprovinz. Die sadistischen Ausschreitungen dieser »Affreux«, dieser »Abscheulichen«, wie sie im Volksmund hießen – überwiegend Belgier und Südafrikaner –, die im Verbund mit Stoßtrupps der verwilderten Nationalarmee operierten, brachten zusätzliches Unheil über die schwarze Bevölkerung.

In Stanleyville hatten die Simba mit der Hinrichtung und Folterung europäischer Geiseln begonnen. Da sprangen am 24. November 1964 600 belgische Fallschirmjäger aus amerikanischen Transportmaschinen über dem dortigen Flugplatz ab und besetzten die Stadt im Handstreich. 80 Europäer waren bis dahin umgebracht worden. Am schlimmsten hatten die Simba unter den eigenen Landsleuten gewütet. Die belgischen Para-Commandos wurden unmittelbar nach der gelungenen Operation in ihre europäischen Heimatbasen zurückgeflogen. In »Stan« rückten nunmehr Soldaten Mobutus und weiße »mercenaires« ein. Sie veranstalteten ihrerseits ein Gemetzel unter den Lumumbisten, denen mindestens 2000 Schwarze – darunter zahlreiche Unbeteiligte – erlagen. Die Provinzhauptstadt war theoretisch wieder der willkürlichen, schwankenden Kontrolle der Zentralregierung von Leopoldville unterstellt. Aber in den Wäldern und Sümpfen von Kivu und Maniema hatten die Freischärler noch längst nicht die Waffen gestreckt.

»Und wiederum ein Jahr später, im November 1965, putschte General Mobutu«, so beendet Anatole seine Kongo-Saga. »Er wurde von seiner Armee auf den Schild gehoben und riß ohne Blutvergießen die Macht an sich. Präsident Kasavubu, ›König Kasa‹, wurde sang- und klanglos abgesetzt. Der Oberbefehlshaber ließ sich zunächst für eine Dauer von fünf Jahren zum Staatschef der Kongo-Republik ausrufen. In Wirklichkeit sollte seine Alleinherrschaft als Marschall und ›big man‹ mehr als 30 Jahre dauern. Er hat den Kongo, den er in ›Zaire‹ umtaufte, ausgeplündert und verkommen lassen, und bis zuletzt hat er der Stadt Kisangani, der Hochburg der Lumumbisten, zutiefst mißtraut.«

Die Lebensgefährtin Anatoles, die zwischendurch eingeschlafen war, ist wach geworden, dehnt ihre Glieder und steht auf. Dann nimmt sie den Richter, der ihr auf schwankenden Beinen folgt, gebieterisch bei der Hand. Sie verschwindet grußlos mit ihm in der Äquatorial-Nacht. Die ferne Explosion einer Mörsergranate verschafft ihr einen theatralischen Abgangseffekt.

RUANDA I

Die Prophezeiungen des Doktor Kandt

Zwischen Goma und Kigali, im Juni 2000

Am folgenden Mittag liefert mich Boniface am Flugplatz von Kisangani ab, wo dieses Mal eine Beachcraft des Roten Kreuzes mit pakistanischem Piloten bereitsteht, um mich nach Goma zurückzufliegen. Mein letzter Blick fällt auf eine einsame DC-3-Maschine, die neben der Rollbahn geparkt ist. Sie ist mit den Erkennungszeichen »Air Service International« und »US-Aid« markiert. Mit diesen altertümlichen, extrem sicheren Flugzeugen, die im Zweiten Weltkrieg auch zum Absetzen von Fallschirmjägern benutzt wurden, hat es wohl eine besondere Bewandtnis. In ganz Ostafrika regen diese Veteranen der Luftfahrt, die in amerikanischen Diensten stehen, die Neugier der Nachrichten-Experten an. Ihr Inneres ist angeblich mit den allermodernsten Errungenschaften der elektronischen Aufklärung ausgestattet.

Wir sind gestartet. Zwischen den Wolkenfetzen dehnt sich wieder der kongolesische Urwald. Unter dem plötzlich aufkommenden Sturm biegen sich die Baumkronen wie ein aufgewühlter düsterer Ozean. Der Eindruck kommt auf, als könnte in dessen trüben Fluten eine unheimliche Welt von Monstern ihr Unwesen treiben. Im nordwestlichen Umkreis des Kivu-Sees war der deutsche Afrika-Forscher Richard Kandt – präzis in der Gegend, die wir jetzt überfliegen – seinerzeit noch auf Spuren von Kannibalismus gestoßen.

Wer erinnert sich in Deutschland heute noch daran, daß auf der Berliner Afrika-Konferenz von 1885 die Königreiche Ruanda und

Urundi – wie man damals schrieb – dem Wilhelminischen Kolonialbesitz in Ost-Afrika zugeschlagen wurden. Der Arzt Richard Kandt, ein Westpreuße jüdischer Abstammung, hatte dieses wüste Gelände, das noch kein Weißer vor ihm betreten hatte, unter unendlicher Mühe erkundet. Seine Beobachtungen, die sich durch Unbefangenheit und Sensibilität auszeichnen, sind später unter dem Titel »Caput Nili – Quelle des Nil« publiziert worden. Aufgrund seiner Verdienste wurde Richard Kandt, der ursprünglich Kantorowicz hieß, im Jahr 1907 von dem damaligen kaiserlichen Gouverneur von Deutsch-Ost-Afrika, Gustav Adolph Graf von Goetzen, zum Residenten in Ruanda ernannt. Er wurde dem herrschenden Tutsi-König oder »Mwami« als ständiger Berater zur Seite gestellt. Geschützt durch eine kleine Truppe muslimischer Askaris haben sich vor dem Ersten Weltkrieg nicht mehr als ein Dutzend Deutsche in Ruanda aufgehalten. Die heutige Hauptstadt Kigali geht auf einen Gründungsakt des Doktor Kandt zurück.

Einen glaubwürdigeren Zeitzeugen als diesen deutschen Afrika-Entdecker, dem die Menschenverachtung und Brutalität eines Stanley oder Cecil Rhodes fremd waren, kann man sich schlecht vorstellen. Ich werde deshalb mehrfach auf seine Berichte zurückgreifen, auch wenn diese den vorherrschenden Mode-Vorstellungen über den europäischen Kolonialismus gelegentlich zuwiderlaufen. Über den Kannibalismus in den Wäldern Ost-Kivus schrieb Kandt im Dezember 1901:

»In der Nähe unseres heutigen Lagers, mitten unter den Bananen machten wir einen greulichen Fund. Da lag der Kopf eines höchstens vor zwei Tagen geschlachteten Menschen. Die Ohren, Lippen und das Fleisch von Wangen, Hals und Kinn waren weggeschnitten, die großen Röhrenknochen hatte man zerschlagen, offenbar um Blut und Mark auszusaugen. Die Feuerstelle mit der Asche war noch vorhanden, der blutige Schurz aus Rindenstoff, die Stroh- und Drahtringe des Geschlachteten lagen rings zerstreut im Grase. Ich rief die Führer; sie kannten den Mann und sagten, wenn wir suchen wollten, würden wir noch viele andere solcher Reste finden, aber ich verspürte keine Lust dazu. In den ›Fliegenden‹ lesen sich Kannibalen-Witze sehr amüsant, aber die

Wirklichkeit ist so ekel- und grauenerregend, daß einem für einige Zeit die Freude an solchen Scherzen vergeht. ... Was diese Leute vom Stamm der Watembo zum Kannibalismus verführt, dafür fehlt mir jede Kenntnis und jedes Verständnis. Ich vermute, daß viel Aberglaube im Spiel ist. Ihre sämtlichen Nachbarn verachten sie grenzenlos deswegen, behaupten aber auch, daß viele Wahunde demselben Laster frönen. Vielleicht wirkt da eine Art psychischer Ansteckung mit.«

*

Mein ruandischer Fahrer Paul – durch Funk avisiert – erwartet mich am Rollfeld von Goma. Der Grenzübergang vom Kongo nach Ruanda vollzieht sich problemlos und gutgelaunt. Der diensthabende Beamte hat mit Paul in der gleichen Fußballmannschaft gespielt. Ich stelle immer wieder fest, daß man als Weißer, als »Muzungu«, bei vielen Afrikanern eine Vorzugsbehandlung genießt, als Deutscher zumal. Die Rückfahrt nach Kigali, die in endlosen Haarnadelkurven verläuft, wird mir in euphorischer Erinnerung bleiben. Wenn ich gelegentlich gefragt werde – mehr oder weniger wohlwollend –, warum ich mich in meinem hohen Alter noch den Strapazen solcher Expeditionen aussetze, verweise ich stets auf einen französischen Begriff, der den meisten Deutschen fremd sein dürfte: »les émotions fortes«. Das starke, unmittelbare, ja beglückende »Erleben« überkommt einen gar nicht so sehr in den Stunden unmittelbarer Gefahr, obwohl man auch diese als Stimulanz, manchmal als Droge empfinden mag. Die emotionalen Höhepunkte stellen sich vor allem in Momenten einer besinnlichen Einsamkeit und Verfremdung, einer gelösten Meditation ein.

Es wimmelt von Menschen auf der 200 Kilometer langen Strecke, für die wir etwa fünf Stunden benötigen. Ruanda ist der dichtest besiedelte Flecken Afrikas. Wir sind an diesem Nachmittag keinem einzigen Weißen begegnet. Niemals ist jedoch ein Gefühl der Unsicherheit aufgekommen, obwohl ein erheblicher militärischer Aufwand von Tutsi-Kriegern die Asphaltbahn säumt. Der Tag ist weder sonnig noch strahlend. Der Kivu-See kräuselt sich in grauer, unfreundlicher Tönung. Die lila Blüten der Jacaranda-Bäume, die rote Pracht der Flamboyants haben sich noch nicht entfaltet. Die luxuriösen Villen der einstigen belgischen Kolonisten – dicht am Ufer gelegen – sind verwahrlost, geplündert, teilweise abgebrannt. Aber es liegt eine seltsame Weihe über dieser Landschaft von Gisenyi, eine afrikanische Ursprünglichkeit, wie sie nur noch selten anzutreffen ist. Paul macht mich auf die Flüchtlingslager aufmerksam, die sich hinter Eukalyptus-Plantagen verbergen. Leben dort Tutsi oder Hutu? Jedenfalls ist alles militärisch abgesichert, und die Tutsi-Soldaten – wachsam und diszipliniert – unterscheiden sich wohltuend von den Marodeuren der diversen Kongo-Fraktionen. Die Regierung des Präsidenten Kagame, die sich – an der Überzahl der Hutu gemessen – nur auf eine geringe Bevölkerungsreserve stützen kann, soll dazu übergegangen sein, Zwangsrekrutierungen durchzuführen, zumal unter den Halbwüchsigen. Dabei werden angeblich Hutu-Knaben an der Waffe ausgebildet und als »Kinder-Soldaten« dressiert. Die Materialschäden, die während des Genozids von 1994 angerichtet wurden, sind hastig beseitigt worden. Doch die Narben dieses unsäglichen Gemetzels haben sich in die Gemüter und ins Unterbewußtsein eingegraben.

Auffallend sind während der ganzen Fahrt die langen Sträflingskolonnen, die mit Straßenreparatur, Bauarbeiten oder Urbarmachung beschäftigt sind. »Was Sie hier sehen, sind Mitglieder jener Interahamwe-Banden, die bei den Massakern nur an untergeordneter Stelle mitgewirkt haben«, erklärt Paul. »Insgesamt befinden sich noch 130 000 Hutus in Haft. Diejenigen, die Sie hier antreffen, gehören der vierten, am wenigsten belasteten Kategorie von Verbrechern an. Die wahren Drahtzieher der geheimen Clan-Organisation ›Akuzu‹ sind sofort nach der Machtübernahme Kagames hingerichtet worden, oder sie vegetieren in überfüllten Kerkern.« Seltsamerweise kommt nicht der Eindruck von Menschenschinderei, von Rachejustiz beim Anblick dieser afrikanischen KZ-Insassen auf. Vielleicht liegt das daran, daß sie allesamt eine rosarote Uniform, eine Art Pyjama mit kurzen Hosen tragen. Dadurch wirken diese »Moorsoldaten« in pink harmlos, fast erheiternd. Im Volksmund nennt man sie die »Flamingos«. Zudem sind sie sehr lässig bewacht. Oft wird eine Hundertschaft von Gefangenen durch einen alten Tutsi in Zivil begleitet, der einen museumsreifen Karabiner über der Schulter trägt. Es müsse doch für die Häftlinge leicht sein zu fliehen, frage ich Paul. Warum sie denn wie eine Herde von Schafen zusammenblieben? »Wir sind hier in Afrika«, erläutert der Fahrer. »Wohin sollen sie flüchten? Sie können allenfalls in ihr Dorf zurückkehren. Sie kennen doch gar keine andere Existenzform als die ›communauté villageoise‹ und dort kann sich niemand verstecken, dort würden sie doch gleich wieder verhaftet und einer exemplarischen Strafe zugeführt.«

»Das Bild von Kissenje« – so wurde damals Gisenyi geschrieben – »wie überhaupt des ganzen nördlichen Kiwu wird durch die erhabene Erscheinung des Niragongwe-Vulkans beherrscht«, hatte sich schon der deutsche Resident Richard Kandt um 1900 begeistert. »Wer vom Süden her über den See fährt, erblickt den gewaltigen Kegelstumpf. In ganz sanfter Neigung steigt das Nordufer langsam etwa fünfzehn Kilometer an, hie und da von alten kleinen Kraterhügeln unterbrochen, die je nach ihrer Gestalt von den Eingeborenen mit phantastischen Namen getauft sind, bis er das Dach erreicht, von dem auf meilenweit nach Ost und West greifender Basis der Vulkan sich erhebt, dessen wundervoll graziös geschwungene Profillinien über 4500 Fuß hoch emporstreben und in scharf geschnittener Horizontale dem Rande des riesigen Kraters sich vereinen ... Der Anblick des ganzen Schauspiels ist von einer unbeschreiblich geheimnisvollen Größe und nicht mehr aus dem Gedächtnis zu tilgen, selbst nach nur flüchtigem Blick. Bald drückt der Wind auf die Rauchmassen und hält sie im Kessel fest, wo sie mit den Nebeln, die einen großen Teil des Jahres mehr oder minder stark den Vulkan einhüllen, sich zu undurchsichtigen Schleiern verdichten, bald zerreißt er die geballten Wolken und jagt sie die Wände entlang und legt für das Auge den ganzen Krater bis auf den letzten Winkel frei. Bei klarem Wetter schaut man von dort oben in solche Weiten, auf eine Rundsicht von solcher Pracht, daß, wer dieses Bild genossen hat, verstummt, weil es zu schildern das pompöseste Wort zu ärmlich, die leuchtendste Farbe zu stumpf, der wärmste Ton ihm zu kalt dünken wird.«

Seit dieser lyrischen Schilderung aus dem Jahr 1900 hat sich vieles verändert. Die Bevölkerung ist um ein Mehrfaches angeschwollen. Der unberührte Urwald wurde unerbittlich abgeholzt und allenfalls durch zahllose Eukalyptus-Bäume ersetzt. Staunend schaue ich zu den vulkanisch fruchtbaren Bergen auf, die bis zu einer Höhe von 3000 Metern in Terrassenkulturen für die Anpflanzung aller nur denkbaren Getreide-, Gemüse- und Obstsorten nutzbar gemacht werden. Die Hutu müssen unermüdliche Bauern sein, und niemand behaupte leichthin, alle Afrikaner neigten zur Faulheit. Jeder, der »tausend Hügel« Ruandas muß einmal ein lavaspeiender Feuerkegel gewesen sein. Der Himmel hat sich bereits in rosa und lila Streifen gefaltet. So weit der Blick reicht – bis zu jenen schwarzen Dschungelhängen, in denen die letzten Gorillas hausen –, sind die steilen Hänge in sauber getrennte Agrarparzellen aufgeteilt. Sie schimmern in allen Facetten von Grün. Was macht den einmaligen Reiz dieser afrikanischen Vulkanlandschaft aus, dieser »Mondberge«, die schon der Geograph Ptolemäus aus Alexandrien im zweiten Jahrhundert nach Christus erwähnte? Sie ist grandios und lieblich zugleich.

Seltsamerweise drängen sich mir Vergleiche nicht nur mit Äthiopien, sondern mit Ägypten auf. Da tauchen immer wieder neben den menschenwimmelnden Märkten Herden von Watutsi-Rindern auf mit mächtigen, gerade gewachsenen Hörnern, so wie man sie auf Abbildungen der antiken Gräber des Niltals findet. Die Häuser sind aus Backstein gebaut und durch Wellblech oder dichtes Geflecht gegen die endlosen Regengüsse geschützt, die über dieser Gegend niedergehen. Besondere Geschäftigkeit herrscht im Umkreis der zahlreichen Ziegelbrennereien. Dort steigt der Qualm des lodernden Holzes wie Opferrauch auf. Diese Öfen mit den strengen, rechteckigen Konturen, deren Brandgeruch nach Weihrauch schmeckt, verweisen irgendwie auf die Opferaltäre des frühen Ägyptens oder gar auf die »Zigurat«, die Sakralrampen des babylonischen Zweistromlandes. Der Vulkanklotz im Westen, über dem sich eine verfrühte, blasse Mondsichel abzeichnet, wird durch eine Maserung heller Nebelstreifen überlagert, als spreize sich dort das Fell eines gigantischen »Silberrükkens«, wie die männlichen Rudelführer bei den Berg-Gorillas genannt werden. Richard Kandt war der Magie des Hochlandes erlegen, dessen Erhebungen er mit tibetischen Burgen oder urzeitlichen Särgen verglich.

Meine besondere Aufmerksamkeit wendet sich den Menschen zu, die den Straßenrand in einer nicht abreißenden Prozession säumen. Natürlich sind die Tutsi eine verschwindende Minderheit in diesem Menschengewühl, und für einen Außenstehenden sind sie meist von ihren früheren Leibeigenen nicht zu unterscheiden. Aber dann tauchen hochragende, magere Hirtengestalten auf, den langen Stab – wie das zwischen Senegal und Somalia üblich ist – quer über den Nacken gelegt. Am stärksten beeindruckt mich ein Greis, der sich in erstarrter Würde abseits hält. Er stützt sich auf den hohen Stab wie auf eine Lanze. Das ausgezehrte, schon vom nahenden Tod gezeichnete Antlitz gleicht zum Verwechseln dem Mumienkopf des Pharao Ramses II.

Jedem Ausländer, der nach Ruanda einreist, stellt sich die geradezu obsessionelle Frage, welchem Volk, welchem Stamm sein jeweiliger afrikanischer Gesprächspartner angehört. Konkret gesagt: Wer ist Tutsi, und wer ist Hutu? Läuft man dabei Gefahr, in diesem übervölkerten, aber in der geographischen Ausdehnung winzigen Gebirgsland – neun Millionen Einwohner auf der halben Fläche von Schleswig-Holstein – einem Sonderfall übertriebene Aufmerksamkeit zu schenken, die massiven Konturen des schwarzen Kontinents auf einen atypischen Lokalkonflikt zu reduzieren, dem Irrtum »pars pro toto« zu erliegen?

Ruanda und auch Burundi waren bekanntlich Bestandteil des einstigen wilhelminischen Kolonialbesitzes, und schon deshalb sollten diese beiden Staaten bei den Deutschen eine besondere Beachtung genießen. Zudem hat in Ruanda seit dem »Holocaust«, seit der »Shoah« der europäischen Juden der fürchterlichste Völkermord stattgefunden. Die gegenseitige Ausrottungskampagne zwischen Hutu und Tutsi ist übrigens nicht beendet, wütet auf wechselnden Schauplätzen weiter fort. Die ethnographische Mengenlage ist dem einen oder anderen Zeitungsleser bekannt.

In Ruanda wie in Burundi steht die massive Überzahl von 85 Prozent Hutu einer elitären Minderheit von knapp 14 Prozent Tutsi gegenüber. Die Hutu – der gewaltigen afrikanischen Völkermasse der Bantu zugehörig und überwiegend mit Landwirtschaft beschäftigt – sind von gedrungenem Wuchs und weisen »negroide« Gesichtszüge auf, so liest man in den herkömmlichen Beschreibungen. Die Tutsi hingegen werden der weitverstreuten Familie hamitischer, nilotischer oder äthiopischer Hirtenvölker zugerechnet, letztere sind oft zwei Meter hoch gewachsen, extrem hager, besitzen kantig geschnittene, fast semitische Profile. Mir persönlich ist es in Ruanda – und noch weniger in Burundi – in vielen Fällen nicht gelungen, einen Hutu von einem Tutsi zu unterscheiden. Die Vermischung der Rassen hat in Jahrhunderten engen Zusammenlebens die ursprünglichen Merkmale abgeschwächt, fast verwischt, und zudem sprechen alle die Sprache Kinyarwanda. Aber die Betroffenen selbst haben einen unfehlbaren Instinkt, eine phänomenale Unterscheidungsgabe und irren sich praktisch nie in ihrer ethnischen Identifikationsfähigkeit. »Ich brauche nur auf die Nasenform zu blicken, um zu wissen, mit wem ich es zu tun habe«, belehrt mich Paul. Diese Differenzierung zwischen Bantu und »Niloten« ist ja nicht auf Ruanda und Burundi beschränkt, gilt für das gesamte Territorium rund um die großen afrikanischen Seen, wird in Kenia extrem auffällig am Beispiel des Bauernvolkes der Kikuyu einerseits, der stolzen Viehzüchter-Stämme der Massai andererseits.

Nach Pygmäen, nach »Twa«, wie man hier sagt, habe ich in Ruanda vergeblich Ausschau gehalten. Sie sind fast so selten geworden wie die Berg-Gorillas, deren Rudel man nur nach beschwerlicher Dschungel-Safari mit einigem Glück auftreiben kann. Die Twa, wenn man der Überlieferung glaubt, waren die eigentlichen Ureinwohner dieser Berg- und Waldregion, lebten verstreut als Jäger und Sammler. Die Ankunft der zivilisatorisch überlegenen Bantu-Stämme – in diesem Falle der Bahutu –, die aus dem Westen, manche sagen aus Kamerun, vor tausend Jahren einwanderten, wurde ihnen zum Verhängnis. Die Pygmäen wurden ausgerottet oder in die unwirtlichsten Reviere abgedrängt. Heute machen sie bestenfalls ein Prozent der Bevölkerung aus und werden von den »höheren« Rassen kaum als Menschen anerkannt. Auch in diesem Zusammenhang lohnt es sich, Richard Kandt zu zitieren, der von einer unerfreulichen Begegnung mit diesen Zwergen – sie mochten 1,40 Meter groß sein – erzählt. Mit ihren Giftpfeilen hatten die Twa den afrikanischen Gefährten Kandts panischen Schrecken eingejagt. Als der Deutsche sich über ihre Furcht lustig machte, antworteten sie ihm mit einer Legende: »Was vermöchten wir gegen die Twa«, so klagten die Hutu-Träger; »sie leben wie die Tiere des Waldes, und von ihnen haben sie ihre Sprache und alle Listen erlernt. Seit Urbeginn hassen und verfolgen sie uns, weil Kitwa, der erste Zwerg und Sohn des ersten Menschen, seinen Bruder aus Neid erschlug. Von seinem Vater wurde er verflucht und in die Wildnis gejagt.« Es handelt sich dabei um eine sehr merkwürdige Analogie zur Geschichte Kains und Abels, sinnierte Kandt.

Im 16. Jahrhundert, vermutet die Forschung, setzte sich eine andere Migrationswelle – dieses Mal aus Norden kommend – in Bewegung. Furchterregend und feierlich nahte ein Volk von hageren Riesen in Begleitung ihrer langhörnigen Rinderherden und machte – trotz ihrer relativ geringen Zahl – die ackerbautreibenden Hutu zu ihren Dienern, zu ihren Hörigen und Sklaven. Diese historische Darstellung, die manchem Afrikanisten wie dem Ethnologen Jean-Pierre Chrétien als rassistisches Produkt abendländischer Phantasie und kolonialistischer Voreingenommenheit erscheint, ist jedoch durch die ersten Augenzeugen und Chronisten, die keinen Grund hatten, europäische Völkerwanderungs- oder Feudalbegriffe willkürlich auf den Schwarzen Kontinent zu übertragen, sehr überzeugend bestätigt. Richard Kandt beruft sich auf den Grafen von Goetzen, den ersten Gouverneur von Deutsch-Ost-Afrika, der im Jahr 1895 »die erste sichere Kunde von diesem Lande brachte, dessen Grenze selbst die Araber auf ihren Sklavenjagden gescheut hatten. Als Goetzen von seiner Durchquerung Afrikas zurückkehrte, berichtete er von den merkwürdigen Eindrücken, die er in diesem Gebiete erlebte. Alles was ihm in den vier Wochen, in denen er, für seine und unsere Wünsche allzu rasch, Ruanda durchzog, zu Gesicht kam und begegnete, schien ihm überaus fremdartig und von allem früher oder später Beobachteten grundverschieden. Er fand ein ungeheures Grasland, das von Ost nach West allmählich von 1500 bis 2500 Meter ansteigt, reich an Gewässern und mit herrlichem Klima; er fand in ihm nicht, wie in den übrigen Teilen der Kolonie, eine spärliche, sondern eine nach Hunderttausenden zählende Bevölkerung von Bantu-Negern, die sich Wahutu nannten; er fand dies Volk in knechtischer Abhängigkeit von den Watussi, einer fremden semitischen oder hamitischen Adelskaste, deren Vorfahren, aus den Galla-Ländern südlich Abessiniens kommend, das ganze Zwischenseengebiet sich unterworfen hatten; er fand das Land eingeteilt in Provinzen und Distrikte, die unter der aussaugenden Verwaltung der Watussi standen, deren riesige, bis über zwei Meter hohe Gestalten ihn an die Welt der Märchen und Sagen erinnerten, und an ihrer Spitze einen König, der, im Lande ruhelos umherziehend, bald hier, bald dort seine Residenzen erbaute. Und schließlich hörte er auch noch von Resten eines Zwergstammes, den Batwa, die in den Höhlen der das Land im Norden überragenden Vulkane als Jäger des Urwaldwildes hausen sollten.«

Im Sommer 1900 konnte Kandt diese Beobachtungen seines Vorgesetzten durch eigene Anschauung ergänzen. In der Nachbarschaft des Königs-Kraals, notierte er: »Alle fünfzehn bis zwanzig Schritt steht einer der riesigen Watussi, fast jeder in ein Tuch von anderer Farbe gehüllt, auf seine Lanze gestützt und blickt halb verdrossen, halb verächtlich auf die (Bahutu-)Zwerge, die an ihnen vorüberziehen.« Bei seinen Kontakten mit der »Herren-Rasse« machte der Deutsche recht unerfreuliche Erfahrungen. Um den vereinzelten Weißen mitsamt seiner Safari aus Trägern und Askari auf Distanz zu halten, hatten die Tutsi ihren »Hörigen« offenbar verboten, die Fremden mit Nahrung zu beliefern. »Ich glaube, die Watussi führen mit mir ein übles Spiel auf. Als ich heute bei Tagesgrauen in den feuchten Morgen hinausblickte, sah ich durch die Nebel, die rings um unser Lager fluteten, die hageren Gestalten mehrerer Watussi mit langen Stöcken Jagd auf die Wahutu machen, die in wilder Flucht nach allen Seiten die Abhänge hinabstoben. Ich begriff dieses seltsame Schauspiel nicht und wollte es kaum glauben, als meine Leute mir sagten, daß es gestern nicht anders gewesen sei; und daß die Watussi offenbar Übles gegen uns im Schilde führten, weil sie die Wahutu, die Lebensmittel zum Verkauf bringen wollten, auf diese Weise vertrieben.« Zwei Tage später stellt Kandt fest: »Heute im ersten Morgengrauen wiederholte sich dasselbe Bild wie an den vorigen Tagen. Wieder sah man durch den Nebel hindurch die Watussi mit flatternden Gewändern ihre gespensterhafte Jagd auf die stoffgierigen und handelswillfährigen Wahutu machen.«

Seine erste koloniale Kontaktaufnahme hat der deutsche Resident für Ruanda bitter vermerkt. Er fühlte sich vom »Mwami« der Tutsi beleidigt und wurde sogar vom König, der sich einer Begegnung verweigerte, mit der Forderung nach zusätzlichen Geschenken bedrängt. Den Abgesandten des Tutsi-Hofes erwiderte er: »Der Mwami glaube vielleicht, mich mißachten zu können, weil ich nur 17 Gewehre mitgebracht hätte, während die anderen Weißen, die er gesehen habe, über einige hundert Flinten verfügt hätten. Darum habe er jene freundlich aufgenommen, mich aber wie einen Feind, dem man die Zufuhr abschneide; aber er möge nicht vergessen, daß es der Freund und Bruder jener anderen sei, den er mit einer Kränkung davonschicke. Auch solle er nicht glauben, daß ich sie vergessen werde, sondern sobald ich meine Brüder am Tanganika erreichen würde, würde ich Klage gegen ihn erheben. Als meine Brüder zu ihm gekommen seien, habe er erklärt, ein Freund, der Wadaki (der Deutschen) sein und bleiben zu wollen. Wenn dies seine Freundschaft sei, so prophezeie ich ihm, daß sie sehr rasch ein Ende finden würde, und daß die Wadaki wie die Heuschrecken über sein Land herfallen und es abweiden würden, bis alle Frucht zerstört sei.«

Diese Drohung führte einen plötzlichen Sinneswandel herbei. Die Oheime des Königs kamen zu Kandt und baten um ein vertrauliches Gespräch. »Die Tonart ihrer Rede war total umgewandelt«, so stellte der Deutsche fest. »Sie hielten mir einen langen

Vortrag über die freundlichen Gesinnungen des Königs gegen die Wadaki im allgemeinen und mich im besonderen. Der König würde unbedingt noch heute oder morgen früh Gastgeschenke schicken. Aus der Monotonie ihres Phrasengewimmels stach nur ein Satz, mich frappierend, hervor. Sie sagten nämlich, wie ich denn annehmen könne, daß sie, die Watussi, Feinde der Europäer wären. Seien sie doch einer Abstammung und Kinder eines Vaters. Ja, wenn sie Wahutu wären, diese bösen, niederträchtigen, doppelzüngigen, zu jeder Schlechtigkeit bereiten Wahutu, denen ich in Zukunft kein Wort glauben möge, wenn sie die Watussi verleumden. – Also daher wehte der Wind!«

Seltsame Assoziationen kommen da auf. Da ist zunächst einmal der Anspruch dieser Hamiten aus dem Land der Galla oder Oromo auf einen quasi-gemeinsamen Ursprung mit den Europäern, ganz im Gegensatz zu den »negroiden« Bantu. Daneben auch das seit Menschenbeginn verankerte Bewußtsein der Hirtenvölker Afrikas, den Ackerbau treibenden Stämmen überlegen zu sein. Das gilt ja nicht nur für den Osten des Schwarzen Kontinents, sondern in ähnlichem Maße für die westafrikanischen Viehzüchter der Fulbe-, Peul- oder Fulah-Rasse, die aus den Weidehöhen des Fouta Djalon-Gebirges im heutigen Guinea bis zum Tschad-See ausschwärmten.

Wer dächte in diesem Zusammenhang nicht an die Genesis, an jene Frühüberlieferung der Bibel, als das Opferfeuer des Hirten Abel wohlgefällig zum Gott Jahwe aufstieg, während die Feldfrüchte Kains nur einen schwärzlichen Qualm entwickelten, der am Boden entlangkroch. So war es auch in der semitischen Überlieferung aus Neid zum ersten Brudermord des Menschengeschlechts gekommen. Sehr viel später sollte der Prophet Mohammed seine Gefolgschaft ermahnen, daß die Arbeit hinter dem Pflug mit geringem Ansehen verbunden sei.

Neben ihren spektakulären Kriegstänzen, die durch den Film »King Solomon's Mines« einem breiten westlichen Publikum bekannt wurden, führt die heutige Tutsi-Oberschicht auf Weisung des Präsidenten Kagame bei offiziellen Festlichkeiten auch jene »Kuh-Reigen« wieder auf, bei denen die Frauen – sich mit weitausgestreckten Armen drehend – die langen Hörner der Kühe nachahmen, während der männliche Zeremonienmeister die Gestik des Hirten mimt. Im ganzen Sudan – damit sind auch Mali oder Tschad gemeint – ist ein opulenter Bestand an Rindern oder Zebu-Büffeln das entscheidende Status-Symbol. Niemand käme dort auf die Idee, seinen persönlichen Besitz durch willkürliche Schlachtung zu mindern oder angesichts der schrumpfenden Weidefläche die Überzahl der Tiere zu reduzieren. Selbst im antiken Latium war ja der Besitz großer Viehherden der entscheidende Gradmesser für Rang und Wohlstand bei den frühen Römern und Etruskern, und der Begriff »pecunia«, zu deutsch »Geld«, war dort von »pecus«, das heißt »Vieh«, abgeleitet.

In Ostafrika – zwischen Bahr-el-Ghazal und Tanganjika-See – sind Mensch und Rind eine extrem enge Symbiose eingegangen. Die in so vielen Reiseberichten verherrlichten Massai, die in Kenia nur noch 150000 Stammesangehörige zählen und den Tutsi Ruandas eng verwandt sind, ernährten sich fast ausschließlich von der Milch und vom Blut ihrer Kühe. Deren Dung brannte in ihren Feuerstätten, lieferte den Bindestoff für ihre niedrigen Hütten aus Akazien-Geflecht. In Ruanda, so hatte ich gehört, fragt man einen Tutsi ebensowenig nach der Zahl seiner Kühe, wie man sich bei einem Europäer nach dem Stand seines Bankkontos erkundigt. Sollte ein Hutu es auf irgendeine Weise zu einem stattlichen Viehbesitz bringen, so sei damit die wesentliche Voraussetzung für seinen gesellschaftlichen Aufstieg gegeben.

Um das Jahr 1900 waren die ethnischen Grenzen noch unerbittlicher gezogen als heute. Zu jener Zeit wurden die großen Zeremonien-Trommeln am Hof des Mwami mit den Genitalien erschlagener Feinde – vornehmlich »Bahutu« – gefüllt, der scharfe Beobachter Richard Kandt stellte fest: »Die Wahutu benehmen sich recht sonderbar. In Gegenwart ihrer Herren ernst und reserviert und unseren Fragen ausweichend; sobald aber die Watussi unserem Lager den Rücken gekehrt haben, und wir mit ihnen allein sind, erzählen sie bereitwillig fast alles, was wir wünschen und vieles was ich nicht wünsche, denn ich kann den zahlreichen Mißständen, über die sie klagen, ihrer Rechtlosigkeit, ihrer Bedrückung, doch nicht abhelfen. Ich habe sie einige Male auf Selbsthilfe verwiesen und leicht gespottet, daß sie, die den Watussi an Zahl hundertfach überlegen sind, sich von ihnen unterjochen lassen und nur wie Weiber jammern und klagen können. Vielleicht war dies unvorsichtig von mir.«

Bis auf den heutigen Tag bleiben uns die mythischen Vorstellungen der afrikanischen Geister- und Dämonenwelt verschlossener als die religiösen Riten der Azteken und der Maya. Welchen Schock der Einbruch des Forschungsdrangs und die Besitznahme der Europäer bei den stolzen Tutsi auslösen mußte, hat Kandt wohl geahnt, als er schrieb: »Das Furchtbarste war, daß die Weißen sogar die Berge bestiegen hatten, die keines Sterblichen Fuß betreten darf und hinaufgedrungen waren bis zu diesen Gipfeln und das Feuer gelöscht hatten, auf dem die Verstorbenen ihre Speisen sich bereiteten und das seit Urzeiten den nächtlichen Himmel von ganz Ruanda bis zu den fernen Ländern der ›Sklaven‹ und ›Menschenfresser‹ hin mit blutigem Scheine erleuchtet hatte.«

Am besten sind wohl die alteingesessenen katholischen Missionare mit der geheimnisvollen Götterwelt ihrer afrikanischen Katechumenen vertraut, die im Halbdunkel neben der bereitwillig, aber oberflächlich akzeptierten Heilslehre des Jesus von Nazareth weiterhin koexistiert. So sollte mir ein »Weißer Vater« in Kigali von der zentralen Heldengestalt aus der Legendenwelt der Tutsi berichten. Es handelt sich dabei um einen Gott, der auf einer vulkanischen Gralsburg thronend, sein Blut aus einer nicht heilenden Wunde in den feuerspeienden Krater vergießt, eine Amfortas-Erscheinung im Herzen Afrikas.

Der zeitgenössische Ethnologe Jean-Pierre Chrétien schildert den Mwami als magisches Medium zwischen »Natur und Kultur«. Der König verlieh den Agrar-Zeremonien seiner Untertanen den unentbehrlichen Segen. Als Vermittler trat er zwischen dem »tambour«, der Trommel monarchischer Macht, und der sakralen Autorität jener Clans auf, denen die Wahrung der Riten anvertraut war.

Kurz bevor Kandt zum Residenten für Ruanda ernannt wurde, hatte er das Grenzgebiet am Kivu-See bereist, das zwischen dem

Deutschen Reich und dem Kongo-Staat König Leopolds II. von Belgien strittig war. Dort war der Eroberungswille der Tutsi auf den verbissenen Widerstand kriegerischer Bantu-Stämme gestoßen. Dazu zählten die als Kannibalen, als »Buljoko« gefürchteten Waregga sowie die wehrhafte Ethnie der Bakiga. »Offene Auflehnung der Bakiga gegen die Watussi ist an der Tagesordnung«, so hielt Kandt fest. »Das deutsche Gouvernement aber muß sich einstweilen auf die Aufrechterhaltung der notwendigsten Beziehungen zwischen der Bevölkerung und ihren eingeborenen Autoritäten beschränken, solange infolge der Ansprüche des Kongo-Staats König Leopolds II. der unleidliche Zustand der Ungewißheit über die Zukunft des Landes fortdauert. Das ist bedauerlich, denn je länger diese latente Anarchie anhält, um so schwieriger wird sich die Etablierung geordneter Verhältnisse gestalten und um so zäherem Widerstand späterhin die deutsche oder belgische Verwaltung begegnen.«

Bei diesen Ausführungen muß man sich stets vor Augen halten, daß die wilhelminische Verwaltung vor dem Ersten Weltkrieg in Ruanda durch eine Handvoll deutscher Staatsangehöriger verkörpert war, daß der »Resident« Wilhelms II. sich lediglich als »political agent« am Hofe des »Mwami« behauptete. Das Territorium Ruandas konnte zu jener Zeit von Deutschland allenfalls als Protektorat beansprucht werden. Richard Kandt wußte, daß er nicht in der Lage war, an der bestehenden Stammes-Hierarchie bei den Eingeborenen zu rütteln, aber in einem Brief aus dem Januar 1902 entwickelt er ein weitreichendes »Förderungskonzept«, das beachtliche politische Weitsicht verriet: »Unser kolonialpolitisches Interesse erfordert die Unterstützung des Königs und die Aufrechterhaltung der Watussi-Herrschaft mit der ihr innewohnenden strengen Abhängigkeit der großen Masse der Wanjaruanda (anders gesagt der Bahutu). Das läßt sich bei einiger Kenntnis des Landes und Volks-Charakters durchaus mit dem Gebot der Humanität vereinen, das die Ausrottung ungerechter Vergewaltigung und roher Willkür gegen die Unterworfenen heischt. Ja, gerade diese Verbindung von kolonialen Interessen und Menschlichkeit wird es sein, die eine spätere Fruktifizierung dieser schönsten, weil bevölkertsten Teile unseres ostafrikanischen Besitzes am sichersten verbürgen wird.«

*

Die kurze deutsche Präsenz in Ruanda-Urundi endete abrupt im Jahr 1916, als eine überlegene belgische Kolonialtruppe, schon damals »Force Publique« genannt, in Bujumbura und Kigali einmarschierte. Heute wird in verschiedenen tendenziösen Veröffentlichungen die Meinung kolportiert, die deutschen Kolonialbeamten dieser Region hätten systematisch die Vorherrschaft der Tutsi begünstigt und konsolidiert. Die Europäer hätten instinktiv mit diesem stolzen Hirtenvolk, das den Weißen biologisch angeblich näher stand als die »minderwertigen Bantu-Neger« sympathisiert. Ein Gelehrtenstreit ist weiterhin im Gange, ob die Tutsi aus Äthiopien oder dem Süd-Sudan zugewandert seien, ob sie den nilotischen Stämmen oder dem Oromo-Volk Südwest-Abessiniens nahestünden. In den Notizen des getauften Juden und deutschen Patrioten Richard Kandt ist jedenfalls von einer solchen Bevorzugung keine Spur zu entdecken.

Die Regierung von Brüssel, die laut Versailler Vertrag ein Völkerbundsmandat über Ruanda-Urundi erhielt – es wurde 1946 in ein »Trusteeship« der Vereinten Nationen umgewandelt –, fühlte sich ebensowenig wie die Deutschen bemüßigt, sozialrevolutionäre Maßnahmen zugunsten der unterjochten Hutu-Mehrheit einzuleiten, zumal eine solche Umschichtung nur mit gewaltsamem Durchgreifen zu erzielen gewesen wäre. Belgien war sich über die endgültige politische Bestimmung dieser Territorien – in denen Völkerbund, dann UNO ein theoretisches Überwachungsrecht ausübten – ja keineswegs im klaren. Auf dem Höhepunkt der Sudetenkrise im Frühjahr 1938 – so wurde sogar gemutmaßt – habe der damalige Premierminister Großbritanniens, Neville Chamberlain, der »Mann mit dem Regenschirm«, versucht, Adolf Hitler durch Gebietsabtretungen in Zentral-Afrika auch auf Kosten Belgiens von seinen Expansionsplänen in der Tschechoslowakei abzubringen. Es war für Brüssel so viel bequemer, alles beim alten zu belassen. Nachteilig wirkte sich allenfalls aus, daß die Mandatsverwaltung die Aufspaltung der Bevölkerung in Hutu und Tutsi durch Eintragung der ethnischen Zugehörigkeit in die Identitätspapiere offizialisierte.

Viel mehr Einfluß als die europäische Administration übten bei den Eingeborenen die christlichen Missionen aus. Hier handelte es sich im wesentlichen um den katholischen Orden der »Pères blancs«, der »Weißen Väter«, den Kardinal Charles-Martial Lavigerie im 19. Jahrhundert ursprünglich in der Hoffnung gegründet hatte, zumindest die islamisierten Berber-Stämme der Kabylei nach der Eroberung Algeriens durch Frankreich zum Glauben des heiligen Augustinus, der ja auch Berber gewesen war, zurückzuführen. Nach dem totalen Fehlschlag dieses Bekehrungsversuchs bei den Maghrebinern wandten sich die »Weißen Väter« den animistischen Völkern Schwarzafrikas zu, wo sie auf dem Feld der Erziehung und karitativen Betreuung bemerkenswerte Leistungen vollbrachten.

Auch diesen Predigern des Evangeliums wurde unterstellt, sie hätten sich sowohl zur Zeit der deutschen als auch der belgischen Oberhoheit über Ruanda-Urundi einer konsequenten Bevorzugung der elitären Tutsi auf Kosten der vernachlässigten Hutu schuldig gemacht. Der Vorwurf klingt heute ziemlich absurd, werden doch gerade die »Pères blancs« nach dem Genozid von 1994 verdächtigt, den Amoklauf der Hutu schweigend geduldet zu haben. Tatsächlich hat bei den christlichen Missionen in einer ersten Phase der Heiden-Bekehrung wohl die Vorstellung bestanden, man müsse – ähnlich wie die großen Heiligen des Mittelalters von Saint Denis bis Bonifatius – zunächst einmal die Stammesfürsten und Häuptlinge zur Taufe bewegen. Deren Untertanen würden ihnen dann ebenso gefügig bei der Annahme des Kreuzesglaubens folgen, wie das seinerzeit unter dem Frankenfürsten Chlodwig und anderen germanischen Eroberern geschah. Der Mwami von Ruanda oder Burundi war nun einmal die höchste Autorität für die Tutsi und mehr noch für die Hutu.

Erst in den fünfziger Jahren kam in Afrika jener »wind of changes« auf, den der britische Regierungschef Harold Macmillan rechtzeitig gespürt hatte. Diesen Veränderungen konnten sich sogar die extrem konservativen belgischen Kolonialbeamten nicht dauerhaft entziehen. Der Aufruhr der Bakongo von Leopoldville im Sommer 1959 war nur das letzte, blutige Signal für den unaufhaltsamen afrikanischen Weg in die staatliche Unabhängigkeit. Innerhalb der katholischen Kirche war die bislang paternalistische Bevormundung der afrikanischen Katechumenen durch den weißen Klerus einer vom Vatikan angeordneten Verselbständigung der schwarzen Christen und der Förderung des eingeborenen Klerus gewichen. Es traten sogar resolute Verfechter der »Befreiungstheologie« auf, die sich spontan mit den bislang unterprivilegierten Hutu solidarisierten. Zudem geriet die katholische Kirche im Kongo und im Umkreis der Großen Seen immer nachhaltiger unter den Druck der protestantischen Konkurrenz. Die konfessionelle Rivalität zwischen Anglikanern und Katholiken reichte bereits ins späte 19. Jahrhundert zurück und war dort im Königreich Buganda in blutige Fehden ausgeartet. In der jüngsten Vergangenheit waren es vor allem die finanzstarken, politisch motivierten Sekten aus USA, die der Kirche Roms den Rang streitig machten, den Widerstand gegen die scheidenden Kolonialmächte schürten und mit ihrer Evangelisierung in englischer Sprache die vorgeschobenen Bastionen der in Paris krampfhaft verteidigten »Frankophonie« erschütterten.

Die Vereinigten Staaten von Amerika traten nicht nur im Namen des afrikanischen Selbstbestimmungsrechtes auf, sondern auch im Zeichen der Demokratie. Die kämpferische Forderung »one man, one vote«, die die Schwarzen Südafrikas erhoben hatten, sollte zwischen Kapstadt und Pretoria noch ein paar Jahrzehnte auf ihre Realisierung warten müssen. In den »Trusteeships« Ruanda und Burundi sahen die Belgier jedoch keinerlei Grund mehr, sich diesem Slogan zu verschließen. Das bedeutete wiederum, daß im Falle freier Wahlen die erdrückende Majorität von 85 Prozent Hutu die Minderheit von 14 Prozent Tutsi glatt an die Wand drücken und politisch entmachten würde.

In Leopoldville beobachtete man seinerzeit mit Abscheu, aber geographischem Abstand das barbarische Chaos, das im Jahr 1959 beide Treuhand-Gebiete Ruanda und Burundi heimsuchte. Die scheidenden Belgier hatten die Bildung von politischen Parteien zugelassen, und diese gaben sich automatisch als Stammes-Organisationen zu erkennen. Der Tutsi-König Matara III. war 1959 gestorben. Sein Nachfolger Kigeli V. erlag dem Einfluß eines radikalen Hof-Clans, der den überlieferten Vorrang seiner Rasse durch Gewalt und gezielte Mordaktionen gegen prominente Hutu zu verewigen suchte. Da geschah endlich jener Aufstand der geknechteten Bantu, den der Deutsche Richard Kandt schon im November 1900 vorausgesehen hatte. Das große Morden setzte ein, griff wie ein Savannenbrand auf das benachbarte, ethnisch verwandte Königreich Burundi über. Der grausige Zyklus der Massaker hat sich bis zum heutigen Tag fortgesetzt.

Ich hielt mich während dieser ersten Phase in Leopoldville auf. Aus den fernen Ostregionen des Kongo drangen nur spärliche Nachrichten bis in die Hauptstadt. Entsetzte Augenzeugen berichteten von einer Hutu-Revolte, einem afrikanischen »Bundschuh«, dem etwa hunderttausend Tutsi zum Opfer gefallen seien. Die entfesselten Leibeigenen, die die endlose Fremdherrschaft gewaltsam abschüttelten, nahmen Rache an ihren hochgewachsenen Peinigern, indem sie ihnen die Beine abhackten. Die »Kurzen« wüteten gegen die »Langen«. »They were cutting them back to normal size«, wie ein zynischer Reporter feststellte, »sie (die Hutu) haben ihre früheren Unterdrücker auf normales Körpermaß reduziert.« Unter den Flüchtlingsströmen, die sich in die Nachbarländer, vor allem nach Uganda und Tansania ergossen, befand sich auch die angesehene Familie Paul Kagames, des heute allmächtigen Staatschefs von Ruanda.

Im Herbst 1960 hatte ich vorübergehend im »Hotel Regina« von Leopoldville logiert, wo sich nach Proklamierung der kongolesischen Unabhängigkeit auch eine Reihe schwarzer Politiker und Minister provisorisch einquartierten. Dieser Zuzug brachte dem »Regina« bei den unbelehrbaren belgischen Kolonialisten den Namen »Hotel Negresco« ein. Damals war mir eine Gruppe baumlanger Afrikaner aufgefallen, deren aristokratisch anmutende Zurückhaltung mit der lärmenden Zutraulichkeit der örtlichen Bakongo-Bevölkerung auffällig kontrastierte. Bei dem Vornehmsten dieser wortkargen Fremden handelte es sich um keinen Geringeren als den letzten Mwami von Ruanda, Kigeli V., der ein paar Tage lang mein Zimmernachbar war. In seiner Heimat hatten die Hutu längst jene Kriegstrommeln, die »Kalinga« zertrümmert, die als Herrschaftssymbol der Tutsi galten.

Nach Abhaltung von Wahlen, die der Mehrheitspartei »Parmehutu« einen überwältigenden Sieg bescherte, stand der Ausrufung einer Republik Ruanda nichts mehr im Weg. 1962 erhielt dieses kleine Land seine international anerkannte Unabhängigkeit unter Ministerpräsident Grégoire Kayibanda, einem Hutu und ehemaligen Schullehrer, der als frommer Katholik, als engagierter Kommunistenfeind das Wohlwollen des Westens, vor allem auch der USA genoß. Er weihte seine Republik dem »Christus Rex«. Auf Grund seiner Nähe zur römischen Kirche wurde Kayibanda von den Christdemokraten Belgiens, mehr noch von der CDU der Bundesrepublik Deutschland mit großzügiger Entwicklungshilfe bedacht. Zu Rheinland-Pfalz sollte sogar eine Partnerschaft entstehen, die sich mit der engen Assoziierung der ehemaligen Reichskolonie Togo und dem Freistaat Bayern unter Franz Josef Strauß vergleichen ließ. Die Tutsi-Guerilla hingegen, die an der Ost-Grenze dieser Hutu-Republik nunmehr für Unruhe sorgte, stützte sich auf diskrete Waffenlieferungen, auf ideologische Zuwendung aus der Sowjetunion und der Volksrepublik China. Daß diese gefürchteten Krieger dreißig Jahre später als privilegiertes Instrument amerikanischer Weltgeltung im Schwarzen Erdteil eingesetzt würden, hätte damals niemand zu prophezeien gewagt.

Die Hintergründe des Horrors, der sich von nun an in diesem afrikanischen Mikrokosmos austoben sollte, sind für Außenstehende nur mit Mühe nachvollziehbar. Dennoch lassen sich die Tragödie des Kontinents, das vergangene Unheil und auch die sich abzeichnenden neuen Katastrophen in den beiden Zwergrepubliken – mit neun Millionen bzw. sechs Millionen Einwohnern – am deutlichsten wie in einem biologischen Reagenzglas observieren. Dabei sollte sich das Augenmerk ebenfalls auf das südlich gelegene Tutsi-Königreich Burundi richten, wo die Mehrheitsverhältnisse zwischen Herren und Leibeigenen sich ähnlich verhielten – 15 Prozent zu 85 Prozent – wie in Ruanda. In Burundi hatte eine intensivere Vermischung der beiden Völkerschaften stattgefunden, und angeblich war es für einen Hutu, der über ein Minimum von zehn Kühen verfügte, möglich gewesen, in die Feudalkaste der Tutsi aufzusteigen. In Wirklichkeit hatten sich dort die gesellschaftlichen Gegensätze noch explosiver hochgeschaukelt, nachdem die Tutsi-Fürsten durch den Erwerb ausgedehnter Kaffeeplantagen ihre Hutu-Tagelöhner besonders rücksichtslos ausbeuteten.

Auch in Burundi wurde beim demokratischen Urnengang eine eindeutige Mehrheit zugunsten der örtlichen Hutu-Partei ausgezählt. Daraufhin putschten die Tutsi-Offiziere der Burundi-Armee. Nach der Unabhängigkeitsproklamation im Jahre 1962 hatte sich der letzte Mwami von Burundi, Mwambutsa in seinem Palast von Bujumbura geweigert, einen Hutu als Regierungschef zu akzeptieren. Dabei stützte er sich auf seine Militärs. Der Bürgerkrieg war nicht mehr aufzuhalten. Mwambutsa floh in die Schweiz, und der kleine Staat versank in Anarchie. Nach einer Serie von bluttriefenden Regierungswechseln und um ganz sicher zu sein, daß die früheren Hörigen nicht mehr mit Hilfe des Stimmzettels an der angestammten Gesellschaftsordnung rütteln könnten, holte die Offiziers-Junta der Tutsi im Jahr 1972 zur planmäßigen Ermordung all jener Hutu aus, die sich auf Grund ihrer Bildung, ihres Besitzstandes oder administrativen Qualifizierung nach oben gearbeitet hatten. Schon damals, als 200 000 Bantu abgeschlachtet wurden, hätte man von einem »selektiven Genozid« sprechen können. Aber die »International Community« ignorierte diese Ruchlosigkeit und erhob nicht den leisesten Protest.

Alle späteren Versuche, ein Minimum an ethnischer Kooperation herzustellen, wenigstens ein paar Hutu-Politiker pro forma an der Regierung von Bujumbura zu beteiligen, scheiterten an der abgrundtiefen Feindschaft, am Haß, am Mißtrauen, die sich in Jahrhunderten angestaut hatten und sich jetzt sporadisch entluden. Um es kurz zu machen, noch im Juni 1993, als auf internationalen Druck eine Mehrparteien-Wahl abgehalten wurde und die Hutu wieder einmal ein erdrückendes Übergewicht der Stimmen für sich verbuchten, wurde der bereits ernannte Hutu-Regierungschef Melchior Ndadaye durch eine Gruppe revoltierender Militärs erschossen. Burundi versank in grausamer Repression. Die Zahl der Getöteten wurde nie registriert, aber 400 000 Hutu-Flüchtlinge stürmten in Todesangst über die Nordgrenze nach Ruanda.

Am 15. Juni 1898 hatte Richard Kandt in einem seiner Briefe die dynastischen Fehden Ruandas anschaulich dargestellt. Er konnte nicht ahnen, daß diese Gewaltszenen, die sich mit den Zuständen am Hof der fränkischen Merowinger im frühen Mittelalter vergleichen ließen, hundert Jahre später ins Unermeßliche eskalieren und das »Land der tausend Hügel« in eine riesige Schädelstätte verwandeln würden.

»Vier schlimme Jahre waren es für Ruanda gewesen«, begann Kandt sein afrikanisches Nibelungenlied. »Luabugiri Kigeri aus dem Königsgeschlecht der Wanjiginja war ... fern von der Heimat erkrankt und eines jähen Todes gestorben; wie das Gemurmel des Volkes will: durch Gift von der Hand seines eigenen Weibes Kansugera. Ihm folgte in der Herrschaft sein unmündiger Sohn, Juhi Msinga ... Er war eine Puppe in den Händen der ehrgeizigen Frau und seiner beiden Oheime Kaware und Ruhenankiko, zu deren weit über zwei Meter hohen Riesengestalten er mit ängstlicher Ehrfurcht aufschaute. Diese beiden wurden bald die wahren Herrscher von Ruanda, nachdem sie fast alle erwachsenen Söhne Luabugiris oder wer sonst aus dem Geschlecht der Wanjiginja einen Schein von Macht hatte oder ihnen verdächtig war, aus dem Wege geräumt hatten. Mit dem einflußreichen Mibambwe, von dessen stolzer Schönheit und traurigem Ende in den Hütten des Volkes scheue Weisen am Herdfeuer klingen, begann das Gemetzel. Er glaubte, von seinem Vater das Recht der Nachfolge erhalten zu haben ... Als Luabugiri sterbend über den See in die Heimat zurückfuhr und, kaum daß er den Boden seines Landes betreten, seine Seele aushauchte, blieb Kawarem Mibambwe nicht viel Zeit, seine Thronrechte zu verfechten. Nach einigen Monaten vieler kleiner Siege und Niederlagen fand er eines Nachts sein Gehöft von den Parteigängern seines Bruders Msinga umstellt. Er kannte das Los überwundener ›Rebellen‹ und gönnte wohl seinen Feinden nicht, sich an seinen verzerrten Gesichtszügen zu weiden, wenn die Henkersknechte ihm den angespitzten Pfahl zwischen die bronzenen Schenkel stoßen und alle Eingeweide seines Leibes zerreißen würden. So wählte er sich ein edleres Ende, und selbst das Feuer auf seine Grashütten werfend, verbrannte er sich, seine Weiber, seine Kinder, seine Diener, während das tausendstimmige Geheul seiner Gegner die Brandstätte umtoste.«

UGANDA

Mutmaßungen über einen Völkermord

Kampala, im Juni 2000

Bevor ich in diesem Sommer nach Ruanda aufbrach, hatte ich im Nachbarstaat Uganda haltgemacht und mich dort umgehört. Mit meinem zufälligen Betreuer hatte ich Glück. David Kayumbala war Architekt gewesen – so behauptete er zumindest, – bevor er sich nach einem lukrativeren Job, dem des Transportunternehmens, umsah. Mit seiner kleinen Flotte von Landrovern und ein paar Lastwagen hatte er es zu Wohlstand gebracht, wobei die Geschäftstüchtigkeit seiner energischen Frau, die ich kurz kennenlernte, eine erhebliche Rolle gespielt haben dürfte. David war stets sorgfältig, fast elegant gekleidet. Er bot sich an, mich als Fahrer und »Guide« auf meinen Ausflügen zu begleiten.

Gleich zu Beginn verwies er mich darauf, daß er dem Volk der Baganda angehöre, das schon seit Jahrhunderten einen eigenen Staat besaß, was für dortige Verhältnisse ungewöhnlich war. Der König von Buganda, der »Kabaka«, hatte zur Zeit der britischen Fremdherrschaft eine weitgehende Autonomie bewahrt. Dieser Sonderstatus innerhalb der Kolonie Uganda, die im Norden bis zur Grenze des Sudan reichte, hatte nach der Unabhängigkeitserklärung von 1962 zu heftigen Konflikten mit den übrigen Stämmen geführt. Ich will hier nicht auf die komplizierten Vorgänge eingehen, die unter dem ersten Präsidenten Ugandas, Milton Obote, zur Absetzung des Kabaka und seiner Vertreibung geführt hatten.

Am zweiten Tag hatte ich bei Jinja den Quellen des Nil am

Nordufer des Victoria-Sees meinen obligatorischen Touristen-Besuch abgestattet. »Caput Nili quaerere – die Quelle des Nil suchen«, das war schon der Traum der Antike gewesen. Jenseits des Owen-Staudamms ließen sich ein paar wagemutige junge Leute auf Schlauchbooten durch die Stromschnellen treiben. David Kayumbala war stolz darauf, ein »Muganda« zu sein und dazu noch dem vornehmen »Monkey-Clan« anzugehören. Diese »Affen-Sippe«, so erklärte er, genieße das Privileg, sich bei Erscheinen des Königs nicht niederwerfen zu müssen, sondern dem Kabaka stehend zu huldigen.

Auf dem Rückweg, kurz vor der Hauptstadt Kampala, hatten wir eine Rast am Namugongo-Shrine eingelegt, einer Weihestätte für 22 christliche Märtyrer, Pagen und junge Höflinge des grausamen Kabaka Mwanga, die sich Ende des 19. Jahrhunderts geweigert hatten, ihrem Glauben an Jesus abzuschwören. Nach zehntägiger Folter waren sie bei lebendigem Leibe verbrannt worden. Das katholische Gotteshaus, das an dieser Stelle erbaut und von Papst Paul VI. den von ihm heilig gesprochenen Glaubenszeugen geweiht wurde, sollte durch seinen Baustil – die Nachahmung eines riesigen afrikanischen Rund-Kraals – Lokalkolorit vermitteln. Sehr gelungen war dieses architektonische Experiment nicht. Die Stahlstreben, die die Decke trugen, waren fehl am Platz. Über dem Altar hing ein riesiger Corpus Christi am Kreuz, und die leichenblasse Hautfarbe des Heilands kontrastierte allzu auffällig mit den Abbildungen der heiligen afrikanischen Knaben, die ihn anbetend umgaben, aber ein wenig wie schwarze Fledermäuse wirkten. Im Zusammenhang mit den heutigen Einflußkämpfen, die sich Paris und Washington in weiten Teilen Afrikas liefern, erinnere ich mich an vergleichbares Kräftemessen zwischen gallischer und angelsächsischer, zu jener Zeit britischer Kolonialexpansion auf, das in Buganda ausgetragen wurde und mit einer Niederlage der Dritten Republik endete. Die anglikanisch-protestantischen Missionare aus England hatten sich gegen die französischen »Weißen Väter« der Römischen Kirche durchgesetzt. Unter den schwarzen Gläubigen beider Konfessionen kam es sogar zwischen 1888 und 1891 zu einem blutigen

Religionskrieg. Kampala war vorübergehend zu einem »afrikanischen Belfast« geworden.

Heute und bis auf weiteres ist Uganda ein relativ geordnetes Staatswesen geworden, seit Präsident Yoweri Museveni nach einem endlosen Buschkrieg über seine Vorgänger Obote und Okello obsiegt hatte und an der Spitze seiner Partisanen-Armee 1986 in Kampala eingerückt war. Lediglich in der Nord-Region Ugandas, unweit der Ortschaft Gulu, die durch den Ausbruch der Ebola-Krankheit Aufsehen erregte, dauerte revolutionäre Unruhe an. Die exaltierte Priesterin Alice Lakwena war im Namen eines pervertierten Christentums aufgetreten und stiftete Terror. Die sogenannte »Lord's Resistance Army«, die unter Befehl ihres Vetters die Gegend verunsicherte und durch das islamisch-fundamentalistische Regime von Khartum unterstützt wurde, rekrutierte blindwütige Kindersoldaten, praktizierte einen wirren religiösen Synkretismus – Fahrräder waren aus unerfindlichen Gründen verboten – und kooperierte mit politischen Räuberbanden.

Dazu gesellte sich zu Füßen des Ruwenzori-Gebirges eine sogenannte »Allianz demokratischer Kräfte«. David entpuppte sich als gescheiter Lehrmeister afrikanischer Politik. Er hatte noch die Willkürherrschaft des schwarzen Kolosses Idi Amin in Erinnerung und dessen Zwangsmaßnahmen gegen die das Wirtschaftsleben beherrschenden Inder und Pakistani erlebt. »General Idi Amin war abscheulich«, so bestätigte er. Aber die Inder hätten ja die Chance gehabt, die ugandische Nationalität anzunehmen. Zum Buh-Mann des Westens war der Muslim Idi Amin endgültig geworden, als er bei der Entführung einer Air-France-Maschine voll jüdischer Fluggäste für die palästinensischen Geiselnehmer Partei ergriff, ehe es in Entebbe zur spektakulären Befreiungsaktion durch ein israelisches Kommando kam. Viel schlimmer habe sich Milton Obote aufgeführt, der sich im Jahr 1979 wieder an die Macht schoß, mindestens 200 000 Menschen umbringen ließ, nachdem Idi Amin durch massive Intervention der Armee Tansanias verjagt worden war. Vor allem Davids Stammesbrüder, die Baganda, die einen angestammten Führungsanspruch über alle anderen Völkerschaften Ugandas vertraten, seien von den Schergen Obotes unerbittlich verfolgt worden.

Wenn ich diese verworrenen Verhältnisse von Kampala – wenn auch nur summarisch – erwähne, so hat das seinen besonderen Grund. Der heutige Staatschef Yoweri Museveni, so erklärte mir mein ortskundiger Mentor, gehört dem nilotischen Hamiten-Stamm der Banyankole an. Die Banyankole wiederum werden der großen Stammes-Föderation der Bahima zugerechnet und gelten als Verwandte der Tutsi.

»Im sechsjährigen Partisanenkampf Musevenis gegen Milton Obote und dann gegen den Putsch-General Okello«, fuhr David fort, »haben sich die Exil-Tutsi spontan der ›Nationalen Widerstandsbewegung‹ Musevenis angeschlossen.« Ihrem kriegerischen Ruf hätten sie dabei alle Ehre gemacht und bildeten bald den harten, unentbehrlichen Kern dieses »Resistance Movement«. Unter den Kombattanten zeichnete sich schon sehr früh die Kommandeursgestalt des Oberst Paul Kagame aus, des heutigen Staatschefs von Ruanda, der als Chef des militärischen Nachrichtendienstes starken Einfluß ausübte. Museveni und Kagame, so heißt es, hätten sich kennengelernt und befreundet, als sie sich in Dar-es-Salam, der Hauptstadt von Tansania, einem marxistisch-leninistischen Intellektuellen-Zirkel zugesellten. Diese Kaderschule habe das Wohlwollen des dortigen Staatschefs Julius Nyerere genossen, obwohl letzterer im Westen als »Weiser Mann Afrikas« verehrt und mit Wirtschaftshilfe für seine sozialistischen »Ujamaa-Experimente« geradezu überschüttet wurde.

Aus der roten Partisanen-Schmiede von Dar-es-Salam, wo man dem Kommunismus maoistischer Prägung den Vorzug gab, wo Fidel Castro und bei manchen sogar der abscheuliche Tyrann Albaniens, Enver Hoxha, als Beispiel galten, sind erstaunliche Persönlichkeiten hervorgegangen. Dazu gehören neben Museveni und Kagame die heutigen Staats- oder Regierungschefs Joaquím Chissano von Mosambik, Robert Mugabe von Simbabwe, Isaias Afewerki von Eritrea, Meles Zenawi von Äthiopien, Thabo Mbeki von Südafrika, der Rebellenführer John Garang von der Südsudanesischen Befreiungs-Armee und – last but not least – der zwielichtige Staatschef der Demokratischen Republik Kongo, Laurent Désiré Kabila.

Wer hätte in den siebziger und achtziger Jahren vorauszusagen gewagt, daß diese afrikanischen Zöglinge der marxistischen Weltrevolution, diese Verfechter eines rabiaten Antiimperialismus, sich fast ausnahmslos vom Saulus zum Paulus wandeln sollten. Immerhin hatte Museveni eine militärische Ausbildung in Nord-Korea erhalten und sich angeblich zum Kampf gegen die USA in Vietnam gemeldet. Die Selbstauflösung der Sowjetunion, das totale Scheitern der moskowitischen Heilslehre haben bei fast all diesen afrikanischen Ideologen schmerzliche Ernüchterung und den opportunistischen Frontwechsel bewirkt. Die Clinton-Administration, die in ihrer Propaganda eine weltweite Demokratie und marktwirtschaftlich orientiertes »Nation-Building« predigte, distanzierte sich damals abrupt von ihren bisherigen Verbündeten, ob sie nun Mobutu, Savimbi oder Siyad Barre hießen, ja lieferten diese »Reaktionäre« ihren linksradikalen Gegnern an die Klinge.

Aus den afrikanischen »Sozialisten« von gestern wurden mit einem Schlag die liberalen »Clinton-Boys«. Bei seiner ersten Afrika-Reise, die von ungeheurem publizistischem Tamtam begleitet war, entblödete sich der US-Präsident nicht, diese Überläufer und neugewonnenen Anhänger einer amerikanisch orientierten Globalisierung als »beacons of democracy« – als »Leuchtfeuer der Demokratie« im Schwarzen Erdteil zu preisen.

In Wirklichkeit gab es zusätzliche Gründe, das Regime Musevenis ins amerikanische Lager hinüberzuziehen und Uganda zur strategischen Drehscheibe der USA in Ost-Afrika aufzuwerten. Im Sommer 1989 hatte zum Entsetzen des Pentagon und der CIA in der sudanesischen Hauptstadt Khartum die feierliche Ausrufung eines Islamischen Gottesstaates stattgefunden. General Omar Hassan Ahmed el Bashir, dem dort ein unblutiger Putsch gelungen war, stand zu jener Zeit unter dem geistlichen Einfluß seines eifernden Mentors, des klugen Scheikh Hassan-el-Turabi, der den Sudan mit Hilfe seiner »National-Islamischen Front« auf die strengen und reinen Vorschriften der koranischen Lehre ausrichten wollte und den Vorwurf des »Fundamentalismus« mit Gelassenheit auf sich nahm. Das Gespenst des revolutionären Islamismus tauchte plötzlich in der endlosen Landfläche zwischen Weißem und Blauem Nil auf, pochte an die Tore des ägyptischen Bruderstaates, drohte auf die Muslime Äthiopiens und Ugandas überzugreifen.

Seit der Proklamation der Islamischen Republik Iran durch den Ayatollah Khomeini reagierte Washington geradezu hysterisch auf das Hochkommen religiös-integristischer Tendenzen im »Dar-ul-Islam«. So wurde auch die Republik Sudan zum »Schurkenstaat« erklärt und einer systematischen Einkreisung ausgesetzt. Da die sukzessiven Machthaber von Khartum seit mehr als dreißig Jahren in einen aussichtslosen Partisanenkrieg gegen diverse Aufstandsbewegungen animistischer und christlicher Nilotenstämme in der Südhälfte ihrer Republik verwickelt waren, bot sich das benachbarte Uganda als rückwärtige Basis für diese Rebellen an. Yoweri Museveni stellte seine Armee, die »Uganda People's Defence Forces«, bereitwillig in den Dienst dieses Feldzuges gegen die »grüne Gefahr« von Khartum und wurde von Washington mit Belieferung eines beachtlichen Waffenarsenals belohnt. Der ehemalige Marxist Museveni, dessen Gesichtszüge beinahe mongolisch wirken und der seinen kahlen Schädel gern mit einem breitkrempigen Hut bedeckt, wurde zum Hätschelkind des State Department. Agenten der CIA und des israelischen Mossad nahmen im nördlichen Grenzraum ihre Untergrundtätigkeit auf.

Was er und seine Brüder vom Baganda-Volk denn von diesem Hima-Häuptling Museveni hielten, hatte ich meinen Gefährten David auf unseren Streifzügen durch die reizlosen Straßen von Kampala gefragt. Verglichen mit Milton Obote, der den Kabaka verbannt, dessen altetabliertes Königreich gleichgeschaltet und jede Oppositionsregung zusammengeschossen hatte, sei unter Museveni vieles besser geworden, lautete die vorsichtige Antwort. Mein Begleiter steuerte mich zu jenem Verwaltungsbereich auf den Höhen der Hauptstadt, wo die Autonomie des »Kingdom of Buganda«, dessen Dynastie angeblich auf 400 Jahre Kontinuität zurückblickt, wenigstens zum Schein retabliert worden war.

Eine mächtige Statue des heutigen Kabaka überragt den Eingang zum Ministerienblock. Seine Thronbesteigung war feierlich begangen worden. David zeigte mir auch einen Palast seines Monarchen, der noch aus der britischen Epoche stammte, eine riesige weiße Villa im indischen Kolonialstil, der gerade restauriert wurde. Daß der jetzige Nominal-Monarch während seines Exils in Großbritannien – nachdem er als Student versagt hatte – als Heizungsreparateur gearbeitet hatte, verschwieg David mir wohlweislich. Anschließend statteten wir dem Makerere-College einen Besuch ab, dessen Ruf zwar seit der Unabhängigkeit gelitten hat, auf dessen angelsächsisch anmutendem Campus sich aber weiterhin 6000 Studenten tummelten. Die Vorlesungen der Fakultät für Soziologie seien bei den Jung-Akademikern besonders stark frequentiert, erfuhr ich zu meiner Überraschung.

Winston Churchill hatte Uganda einst als die »Perle Afrikas« beschrieben. Heute käme wohl niemand mehr auf diese Idee. Von dem Hügel des Kabaka-Bezirks schweifte der Blick auf ein Straßengewirr, das durch den grell-bunten, scheußlichen Aufwand von Reklame-Schildern verschandelt war. Die Hochhäuser, die eine bucklige Skyline bildeten, rivalisierten mit den christlichen Kirchen aller möglichen Denominationen, mit den Moscheen der Sunniten und Ismaeliten. Besonders wuchtig und anmaßend hatte sich ein häßlicher Hindu-Tempel von gewaltigen Ausmaßen im Stadtkern etabliert und gab Kunde von der privilegierten Stellung der indischen Minderheit. »Die Immigranten aus dem Subkontinent sind wieder mindestens ebenso zahlreich wie vor ihrer Vertreibung durch Idi Amin«, beschwerte sich mein Begleiter. Sie waren damals 70 000 und hatten das gesamte Wirtschaftsleben bis hinunter zum bescheidensten »Retailer-shop« in ihrer Hand. Seit Museveni Ordnung in Uganda geschaffen hat und sich den Vorschriften des Internationalen Währungsfonds mitsamt den amerikanischen Freihandelsregeln unterworfen hat, ist der alte Zustand der indischen Prädominanz zurückgekehrt, ja hat noch erdrückendere Formen angenommen.

Ich hatte mir angewöhnt, beim Anblick der dunkelgrünen Zuckerrohr- oder Tee-Plantagen, die sich bis zum Horizont erstreckten, auch bei jedem Fabrik- oder Hotel-Neubau zu fragen, wer denn der Eigentümer sei. Die Antwort war stets die gleiche: »Das gehört den Indern.« Daß diese Auswirkungen der von Washington verordneten Wirtschafts-Globalisierung bei den schwarzen Ureinwohnern Unbehagen auslöste und bei den kleinen Leuten sogar gelegentlich den Ruf nach einem »neuen Idi Amin« laut werden ließ, konnte da nicht Wunder nehmen. »Die Menschen hier nennen Museveni bereits den Schoßhund der Amerikaner«, meinte David. In den Medien der USA würde er als Hoffnung Afrikas verherrlicht, und sogar der deutsche Bundespräsident Roman Herzog – offenbar von keiner realen Kenntnis getrübt – hätte ihn als Stütze der Menschenrechte gepriesen. Tatsächlich wisse Museveni, daß er einen Anschein von politischem Pluralismus bei den Besuchern des Westens erwecken müsse, doch er sei klug genug, diese schwachen Parallel-Organisationen durch ein gemeinsames »Movement« zu überdachen, in dem nur er das Sagen habe. In Afrika, hatte der Staatschef unlängst verkündet, würde die Gründung unabhängiger und »freier« Parteien nur den Vorwand zur Bildung ethnischer und konfessioneller Kampfbünde liefern. Am Ende stände der Bürger- und Stammeskrieg. »Und damit«, meinte David illusionslos, »hat er sogar recht.«

Kampala zählt zu den seltenen Großstädten Afrikas, in denen man zumindest am hellichten Tage als weißer Fußgänger kaum Gefahr läuft, ausgeraubt zu werden. Nach Einbruch der Dunkelheit sollte man vorsichtiger sein, aber auch dann fallen weniger die Ganoven auf als die zahllosen Freudenmädchen, die mit Perücken und extrem kurzen Röcken auf Kunden lauern. Prostitution ist im Schwarzen Erdteil ein weit entwickeltes, fast honoriges Gewerbe. Seit die Gefahr der HIV-Infektion um sich greift, die auch in Uganda Hekatomben von Aids-Opfern bei der schwarzen Bevölkerung fordert, hat dieser angeblich älteste Beruf der Welt eine fast heroische, jedenfalls todesverachtende Dimension gewonnen, zumal für diese jungen Frauen, die mit ihrem körperlichen Einsatz oft das Überleben ihrer Familien bestreiten. Die Erfolge, die Uganda angeblich bei der Bekämpfung der Aids-Seuche errungen hat und die in der Weltpresse triumphierend kolportiert werden, stoßen bei den Einheimischen auf Skepsis. Es handele sich dabei um einen besonders geschickten Propaganda-Trick Musevenis und spätestens nach der Rückkehr der im Kongo eingesetzten Brigaden der Uganda-Armee müsse mit einem verheerenden Anstieg von Neu-Infektionen gerechnet werden.

Nicht ohne eine gewisse Rührung – man mag das belächeln – erinnere ich mich an eine Begegnung besonderer Art im renommierten »Speke-Hotel«. Der indische Besitzer hatte Wert gelegt auf Schaffung einer alt-kolonialen Atmosphäre zu Ehren des Namenspatrons, des englischen Forschers J.H. Speke, der 1862 die Owen-Fälle am Nordrand des Victoria-Sees und somit den Ursprung des Weißen Nil entdeckt hatte.

Diese Expedition war auf einem riesigen Wandgemälde der Hotel-Lobby dargestellt, vorneweg der Europäer mit dem obligatorischen Tropenhelm und in seinem Gefolge eine unabsehbare Kolonne schwarzer Lastenträger. Im Hintergrund der Savannenlandschaft schimmerte die Flut der Nil-Katarakte.

Während ich in dieser Umgebung einen five-o'clock-Whisky bestellte, hatte eine junge schwarze Dame am gleichen Tisch Platz genommen, grüßte höflich und ließ sich einen Fruchtsaft servieren. Sie war dezent angezogen und wirkte kein bißchen provozierend. Immer wieder sah sie mich mit freundlichen, unschuldigen Blicken an. Ich blätterte meinerseits in meinen Reisenotizen, was die Unbekannte zu der Bemerkung veranlaßte: »You must have much work to do.« Die sympathische Frau hat eine ganze Stunde an meiner Seite ausgeharrt und von Zeit zu Zeit mit gesittetem Augenaufschlag einen Allgemeinplatz über das Wetter oder die Bedienung von sich gegeben. Sie wartete geduldig, aber vergeblich darauf, daß ich die Nummer meines Zimmers angeben würde, wohin sie mir in diskretem Abstand gefolgt wäre. Als ich am Ende aufbrach und ihr ein freundliches »good-bye« zurief, erwiderte sie artig und ohne die geringste Spur von Enttäuschung: »It was a pleasure to spend this afternoon with you.« Dabei hatte ich ihr nicht einmal einen Drink spendiert. Ich habe meine frühen Afrika-Jahre gewiß nicht im Zustand der Keuschheit verbracht, aber diese kleine, brave Hotel-Hure wird mir mehr als manche andere schwarze »Beauty« in Erinnerung bleiben. Wer hätte gedacht, daß ich in Kampala einer hochgesitteten Lokal-Ausgabe der »putain respectueuse«, der »Ehrbaren Dirne« begegnen würde?

*

Am späten Abend fand ich mich in einer Runde europäischer »expatriates« unterschiedlicher Nationalität wieder, deren Namen ich absichtlich nicht aufzähle. Das beherrschende Gesprächsthema war natürlich die amerikanische Afrika-Politik Bill Clintons und – wie dessen Außenministerin Madeleine Albright es mit einiger Übertreibung genannt hatte – der »neue Weltkrieg« im Kongo-Becken. Mir ging es bei solchen Kontakten darum, durch Stellung der stets gleichen Fragen an unterschiedliche Personen ein »recoupement«, eine Überschneidung der Informationen zu erreichen. Bei der Genesis jener unvorstellbaren Katastrophe, die 1994 über die kleine Republik Ruanda hereingebrochen war, lag ja noch manches im dunkeln. Im Verlauf ihrer engen militärischen Zusammenarbeit mit den ugandischen Streitkräften hatten die amerikanischen Spezialdienste sehr bald entdeckt, welche entscheidende Rolle beim Sieg Musevenis die Tutsi-Krieger der »Patriotischen Front Ruandas« unter Oberst Paul Kagame gespielt hatten. Die Truppe der Exil-Tutsi, die inzwischen auf mehrere tausend Mann angeschwollen war, zeichnete sich gegenüber allen übrigen Kriegerhaufen Ost-Afrikas durch Löwenmut und Disziplin aus. Ihre Überlegenheit im Dschungelkrieg hatten sie bei wiederholten Einfällen in das ruandische Territorium des verhaßten Hutu-Präsidenten Juvenal Habyarimana erprobt, der seinen gemäßigten Vorgänger Kayibanda längst ausgebootet hatte.

Kagame hatte sich in den Jahren 1989 und 1990 als Chef der »Intelligence« Musevenis unentbehrlich gemacht. Er absolvierte einen kurzen, aber intensiven Lehrgang bei der US-Army in Fort Leavensworth und am Generalstabs-College von Kansas. Andere Tutsi-Offiziere genossen eine ähnliche Ausbildung oder wurden von britischen Instrukteuren des »Special Air Service« in deren Basis von Jinja am Victoria-See trainiert. Oberst Kagame, dessen

Führungsqualitäten evident waren, geriet allmählich in den Ruf, »Amerikas Mann im Umkreis der Großen Seen« zu sein. Als er mit seiner straff organisierten Truppe im Herbst 1990 von ugandischem Boden aus zu einer Offensive größeren Stils, ja zu einer Invasion Ost-Ruandas antrat, waren sich alle Experten einig, daß eine solche Aktion nur mit Kenntnis und diskreter Unterstützung der amerikanischen »Defense Intelligence Agency« DIA und des britischen Geheimdienstes MI-6 hatte stattfinden können.

Das Unternehmen schlug fehl. Der Vormarsch der »Patriotischen Front« hätte vielleicht den Widerstand der zahlenmäßig weit überlegenen »Forces Armées Rwandaises« des Hutu-Präsidenten Habyarimana überwinden können, zumal diese Bantu-Krieger gegenüber ihren früheren Feudalherren weiterhin an einem ererbten Unterlegenheitskomplex litten. Kagame und seine Hintermänner hatten jedoch die Rechnung ohne die Franzosen gemacht, die sich seit der Ausrufung der Unabhängigkeit Ruandas in die Rolle von Protektoren des frankophonen Hutu-Regimes gedrängt hatten und eifersüchtig über diesen Vorposten ihres afrikanischen »pré carré« wachten. Schon 1976 hatte Präsident Giscard d'Estaing mit Kigali ein militärisches Beistandsabkommen geschlossen. Diese Zusammenarbeit vertiefte sich unter dessen sozialistischem Nachfolger François Mitterrand. Letzterer hatte sogar seinen Sohn Jean-Christophe zum Afrika-Beauftragten des Elysée-Palastes berufen, obwohl sich dieser Sprößling lediglich durch Dilettantismus und Anmaßung hervortat und sogar in den Ruf der Bestechlichkeit geriet. Nicht nur bei den über diese Präsenz zutiefst irritierten französischen Militärs erhielt Jean-Christophe, der sich stets auf seinen Vater berief, den Spottnamen: »Papamadit – Papa hat mir gesagt.« Jedenfalls sahen sich die vordringenden Tutsi plötzlich mit einem Aufgebot französischer »Paras« konfrontiert – Fallschirmjäger des »Commandement des opérations spéciales« und der Fremdenlegion –, die im Rahmen des Einsatzes »Noroît« die anglophonen Eindringlinge aus Uganda mit überlegener Professionalität zurückschlugen.

Der Waffenstillstand, der im Oktober des gleichen Jahres ausgehandelt wurde, überließ Kagame immerhin einen schmalen Streifen seines Ursprungslandes, aber die Scharmützel rissen nicht ab. Immer wieder kam es bei den »Strafaktionen« der Regierung von Kigali zu Massakern an oppositionellen Zivilisten, meist Tutsi, was Mitterrand angeblich mit der zynischen Bemerkung quittierte, er messe »in solchen (afrikanischen) Ländern einem Völkermord nicht die gleiche Bedeutung zu wie andernorts«. In Wirklichkeit wurde im Schatten dieser afrikanischen Stammesfehden im Zwergstaat Ruanda der Interessengegensatz fremder Mächte ausgetragen. Die USA und Frankreich standen sich in Ruanda als Rivalen gegenüber und schreckten – zur Wahrung ihrer Positionen in ganz Zentralafrika – nicht vor der Anzettelung von Stellvertreter-Kriegen – »war by proxies« – zurück. Daß die Franzosen dabei den kürzeren ziehen würden, stand von Anfang an fest.

Die häßliche Guerilla zwischen Hutu und Tutsi drohte sich zu verewigen. Anfang 1992 standen die Vorhuten Kagames nur 25 Kilometer vor den Toren Kigalis, als in der tansanischen Ortschaft Arusha zu Füßen des Kilimandscharo endlich eine langwierige internationale Schlichtung in Gang kam. Unter dem Patronat des »afrikanischen Weisen« Julius Nyerere, des inzwischen verstorbenen Staatsgründers von Tansania, wurde am 4. August 1993 ein Abkommen zwischen den Todfeinden Habyarimana und Kagame unterzeichnet, das eindeutig die Handschrift der amerikanischen Supermacht trug. Ein Prozeß der nationalen Versöhnung sollte in Ruanda eingeleitet werden, zu dem sich die Bürgerkriegsparteien zähneknirschend bereitfanden. Eine Mission der Vereinten Nationen, MINUAR, würde die Einstellung der Feindseligkeiten und die Abhaltung »demokratischer Wahlen« überwachen. In der Zwischenzeit durfte die »Patriotische Front« Kagames ein eigenes Tutsi-Bataillon innerhalb der Hauptstadt Kigali stationieren.

Die aufgebrachte Bantu-Bevölkerung befürchtete natürlich das Schlimmste von der sich anbahnenden Machtbeteiligung ihrer früheren Peiniger, zumal es im benachbarten Burundi eben noch zu einem Pogrom großen Ausmaßes gekommen war. 50 000 Hutu hatten dort angeblich den Tod gefunden, und eine Masse von Flüchtlingen suchte ihr Heil bei den Stammesbrüdern im benachbarten Ruanda. Das Regime des General Habyarimana war längst dazu übergegangen, neben den regulären Streitkräften eine zu allem entschlossene Miliz auszuheben. Aus harmlosen Fußball-Clubs gingen die gefürchteten Banden der »Interahamwe« hervor – in der Übersetzung: »gemeinsam handeln« oder »gemeinsam schlagen« –, jugendliche Gangs, die, mit Macheten, Keulen und Gewehren bewaffnet, ein Potential hemmungsloser Gewalt darstellten. Diese »Interahamwe« registrierten sorgfältig alle in Ruanda lebenden Tutsi und auch jene Hutu, die bereit schienen, auf das Versöhnungsangebot von Arusha einzugehen. Zu den letzteren rechnete man die amtierende Ministerpräsidentin Agathe Uwilingiyimana. Es fehlte nur noch ein Funken, um das Pulverfaß explodieren zu lassen.

Der erwartete Zwischenfall ereignete sich am 6. April 1994. An diesem Tag befand sich Präsident Habyarimana in Begleitung seines Kollegen Cyprien Ntaryamira, des damaligen Staatschefs von Burundi, der ausnahmsweise ebenfalls ein Hutu war, an Bord einer Falcon-Maschine auf dem Rückflug von einer internationalen Konferenz in Dar-es-Salam. Kurz vor der Landung in Kigali wurde das Flugzeug durch zwei Boden-Luft-Raketen vom sowjetischen Typ SAM-16 getroffen und in der Luft zerfetzt. Alle Insassen kamen ums Leben.

Für die Hintergründe dieses Attentats liegen widersprüchliche Erklärungen vor. Von amerikanischer Seite wurde das Gerücht ausgestreut, die Präsidenten-Maschine sei von Hutu-Extremisten abgeschossen worden, von Angehörigen jener verschworenen Clan-Gemeinschaft »Akuzu«, die das inter-ethnische Abkommen von Arusha sabotieren wollten. Es war sogar die Rede von zwei Franzosen in Khaki, die in der Umgebung gesehen worden seien. Inzwischen liegen jedoch ganz andere Zeugenaussagen vor. So hat der Überläufer Jean-Pierre Mugabe, ehemaliger Nachrichtenoffizier der Tutsi-Gendarmerie Paul Kagames, aus seinem Zufluchtsort in Virginia der dortigen »International Strategic Studies Association« eine detaillierte Schilderung über die Täterschaft eines speziell für diesen Zweck ausgebildeten Sonder-Kommandos der Tutsi-Streitkräfte abgegeben. Die SAM-16-Raketen, so ging aus französischen Recherchen hervor, die sich auf die identifizierten Serien-Nummern stützten, hätten zum Beutegut der US-Armee während des Golfkrieges gegen Saddam Hussein gehört. Sie seien über amerikanische Mittelsmänner nach Uganda und somit in die Hände der Kagame-Anhänger gelangt.

Nach der Ermordung Habyarimanas brach in Ruanda die Hölle los. Die Horden der »Interahamwe« begannen mit dem systematischen Massenmord der von ihnen registrierten Tutsi sowie der kompromißwilligen Hutu. Sie bedienten sich bei diesem kollektiven Amok-Lauf ihrer Buschmesser und Knüppel, in die sie lange Nägel getrieben hatten. Bei ihrer Schlächterarbeit waren sie von oben bis unten mit Blut beschmiert. Sie zerhackten ihre Opfer und verschonten auch Frauen, Säuglinge und Greise nicht. Begüterte Tutsi boten hohe Dollar-Summen an, um durch eine Gewehrkugel, einen Gnadenschuß vor den Torturen der Verstümmelung bewahrt zu bleiben. Die Täter standen häufig unter Drogen-Einwirkung, hatten den starren, leeren Blick von Wahnsinnigen, aber führten die Suche nach den Opfern mit zielbewußter Systematik durch. Die Kirchen, in die sich die Gläubigen in der Hoffnung geflüchtet hatten, dort Asyl zu finden, wurden zu besonders scheußlichen Hinrichtungsstätten. Das Blut der Verstümmelten besudelte die Altäre und spritzte zum Antlitz des gekreuzigten Erlösers hoch. Um nicht in den Verdacht rassistischer Vorurteile zu geraten – ein Vorwurf, der heute schnell bei der Hand ist –, zitiere ich den Schwarz-Amerikaner Keith B. Richburg, der als Reporter der »Washington Post« seine persönliche Reaktion auf das Gemetzel niederschrieb: »Konnten das vollentwickelte menschliche Wesen sein, ... die die Schädel ihrer Nachbarn zerschmetterten, ... die deren Glieder abhackten, die Beine und Arme in getrennten Haufen stapelten ... und die neuen Opfer zwangen, sich daraufzusetzen, um ihrerseits erschlagen zu werden? ... Es mußte sich um Höhlen-Menschen handeln«, endet der Auszug: »These must be cavemen.«

Eine halbe Million Menschen – manche sagen 800 000 – sind bei diesen Greueln innerhalb von drei Wochen umgebracht worden. Natürlich wurden keine Gräber ausgehoben. Zahllose Leichen wurden in die Flüsse Kagera und Nyabarongo geworfen, wo sie dem Tanganjika-See und den Quellen des Nil zutrieben. »Die Tutsi sollen auf diesem Weg wieder in ihre äthiopischen Ursprungsländer zurückgespült werden, wo sie auch hingehören«, hat angeblich der Vize-Präsident der Hutu-Partei MRND, Léon Mugesera dazu bemerkt. Das Ausland hatte mit Verspätung, dann mit blankem Entsetzen die Kunde von diesem Genozid vernommen. Man bezeichnete die Interahamwe-Killer als »Schwarze Khmer«. Afrika hatte seine »killing fields«. Seit dem Holocaust hatte die Welt nichts Vergleichbares erlebt.

Französische Eingreiftruppen – überwiegend Fremdenlegionäre des 2. REP – standen unterdessen an der Kongo-Grenze zu Ruanda in Bereitschaft, um der Hutu-Regierung eventuell beizustehen. Als der mörderische Wahnsinn jedoch bekannt wurde, konnte von einer solchen Intervention nicht mehr die Rede sein. Jedes Vorrücken in Richtung auf Kigali, wo sich inzwischen die »Patriotische Front« Paul Kagames den Weg freigeschossen hatte, wäre als Solidarisierung mit den Totschlägern der Interahamwe gedeutet worden. Die französischen Soldaten begnügten sich damit, die in Panik nach Westen auf kongolesisches Gebiet stürmende Hutu-Bevölkerung – man schätzte sie allein in diesem Sektor auf eine Million – in riesige Flüchtlingslager einzuweisen. Das sogenannte Unternehmen »Turquoise« – auf deutsch »Türkis« – signalisierte den Bankrott der ehrgeizigen Afrika-Pläne François Mitterrands. Es war vielleicht ein böses Omen, daß man einen Edelstein als Code-Wort ausgegeben hatte. Dadurch wurden Erinnerungen an ähnliche Einsätze – zum Beispiel an das Unternehmen »Emeraude – Smaragd« – während des wenig rühmlichen Algerien-Krieges geweckt.

Andererseits hatte eine Einheit amerikanischer Fallschirmjäger, die zu diesem Zeitpunkt im Umkreis von Bujumbura Übungen durchführte, keinen Finger gerührt, um den Massenmord an den Tutsi Ruandas zu verhindern. Das winzige UNO-Kontingent mußte dem Massaker untätig zusehen. Der Kommandeur dieser Blauhelme, der kanadische General Roméo Dallaire, sollte später von traumatischen Depressionen berichten, die seine Rolle als gelähmter Zeuge dieses Infernos bei ihm hinterließ. Präsident Clinton war fest entschlossen, das Leben keines einzigen GI in diesem Sumpf zu riskieren. Dabei spielte zweifellos die bittere Erfahrung eine Rolle, die die US-Streitkräfte 1993 in Somalia gemacht hatten.

Unter der blauen Fahne der Vereinten Nationen waren dort die US-Marines siegesbewußt an Land gegangen, um dem Chaos der sich befehdenden Clans und einer zunehmenden Hungersnot Einhalt zu gebieten. Natürlich waren auch strategische Interessen bei dieser von Washington gesteuerten Aktion am Horn von Afrika im Spiel, aber Clinton wollte vor allem inmitten dieser anarchischen Nomadengesellschaft ein Beispiel setzen für die amerikanische Vorstellung von »Nation Building«. Als jedoch die somalischen Freischärler des »War Lords« Mohammed Farah Aideed 18 amerikanische Paratrooper in einen Hinterhalt lockten und erschossen, als die verstümmelten Leichen dieser Unglücklichen vor den Objektiven der Kameras durch die Straßen von Mogadischu gezerrt wurden, setzte sich im Pentagon eine strategische Maxime durch, die seit dem Kosovo-Feldzug als oberster Grundsatz für Einsätze auf peripheren Kriegsschauplätzen Gültigkeit besitzt: »No dead – keine eigenen Toten«. So lautete von nun an die imperative Weisung, die von Verteidigungsminister William Cohen ausgegeben wurde. Der Schutz »amerikanischen Lebens« besaß absolute Priorität. Das technologische Computer-Zeitalter stempelte offenbar die tradierten soldatischen Tugenden wie Opfermut und Todesbereitschaft zu obsoleten Relikten einer romantischen Vergangenheit. Selbst die französischen Fremdenlegionäre werden ja bei ihrer Vereidigung in Aubagne nicht länger vom kommandierenden General mit der Gladiatoren-Parole eingestimmt: »Légionnaires, vous êtes là pour mourir – Legionäre, ihr seid hier, um zu sterben!«

Der damalige Generalsekretär der Vereinten Nationen Boutros Boutros-Ghali, ein koptischer Ägypter, dessen Frankophilie bekannt war, hatte vergeblich versucht, im Weltsicherheitsrat die Tragödie von Ruanda als »Völkermord« anerkennen zu lassen, was die UNO gezwungen hätte, unverzüglich mit militärischen Mitteln einzuschreiten. Aber Washington verhinderte ein solches Votum und die daraus resultierende Verpflichtung zum bewaffneten Eingreifen. Der damals für Sicherheitseinsätze zuständige UN-Beauftragte, der Ghanaer Kofi Annan, war – wie er später eingestand – lange vor dem fatalen Abschuß der Falcon-Maschine auf das sich abzeichnende Unheil hingewiesen worden. Die rechtzeitige Entsendung von etwa 6000 Blauhelmen mit eindeutigem Schießbefehl hätte möglicherweise das Schlimmste verhüten können. Doch die Clinton-Administration legte ihr Veto ein. Ihr war an einer Internationalisierung dieses Konfliktes nicht gelegen. Binnen weniger Wochen hatte die Tutsi-Armee Kagames die totale Kontrolle über Ruanda an sich gerissen.

Die Tutsi-Krieger waren wie Racheengel in ihre alte Heimat zurückgekehrt und hielten unerbittlich Gericht. Die Milizionäre der Interahamwe, die ihnen in die Hände fielen, hatten keine Gnade zu erwarten. Die Führer der »Patriotischen Front« hatten zunächst – um multi-ethnische Ausgewogenheit vorzutäuschen – den gemäßigten protestantischen Hutu-Pfarrer Bizimungu zum Staatschef ernannt. Sehr bald trat dieser Geistliche jedoch von seiner Alibi-Funktion zurück. General Paul Kagame – eine typische Verkörperung seiner hochgewachsenen, hageren Rasse – proklamierte sich zum Präsidenten von Ruanda, trat mit der unnahbaren Herrscher-Allüre eines neuen »Mwami« auf.

In der ost-kongolesischen Provinz Kivu, zwischen den Grenzstädten Goma und Bukavu, richtete sich unterdessen neues Elend ein. Mit allem Hausgerät, das sie auf dem Kopf oder Rücken tragen konnten, hatte sich ein Meer von Hutu-Flüchtlingen in erbärmlichen Behelfslagern zusammengepfercht. Von Hilfsorganisationen der UNO und diversen NGOs wurden sie notdürftig betreut. Sehr bald kam es zum Ausbruch einer Cholera-Epidemie. Zutiefst beunruhigend waren Berichte, wonach die brutalsten und grausamsten Elemente der Interahamwe-Banden in dieser verzweifelten Menschenansammlung die Kontrolle übernahmen und jeden Widerspruch im Blut erstickten. Die Mörder des Genozids hatten ein neues Betätigungsfeld gefunden. Schon holen sie zu Überfällen und Sabotage-Akten gegen ihre ruandische Heimat aus, wo nunmehr ihre Erbfeinde, die Tutsi, wieder das Sagen hatten.

Um diese Hutu-Verschwörung im Ost-Kongo ein für allemal auszumerzen und auch um ihre in Kivu lebenden Blutsbrüder vom Stamm der Banyamulenge vor weiterer Bedrängnis zu schützen, trat die inzwischen durch Amerika stark aufgerüstete Tutsi-Armee Kagames 1996 zum Vernichtungsschlag jenseits der Grenze an. Mit Artillerie und Granatenwerfern wurden die Hutu-Lager beschossen und in Brand gesteckt, die Interahamwe zur Strecke gebracht. Die Masse der Hutu-Refugees wurde unter strenger Eskorte nach Ruanda zurückgetrieben, wo die Anstifter und Komplizen des Genozids, in enge Käfige gesperrt, vergeblich auf einen Prozeß warteten. Mindestens eine viertel Million Hutu waren vor dieser Vergeltung in die Wildnis ausgewichen. Viele versteckten sich im Dschungel, wo sie dem Hunger oder der Krankheit erlagen. Andere schleppten sich in verzweifelter Wanderung über Entfernungen, die nur Afrikaner zu Fuß bewältigen können, quer durch den Urwald in Richtung Kisangani oder sogar Kinshasa. Die meisten starben an Erschöpfung, soweit sie nicht von den nachrückenden Tutsi erschlagen wurden.

*

Mein ugandischer Gefährte David Kayumbala hielt sich mit seiner Meinung zum Völkermord in Ruanda zurück, als fürchte er sich vor den Gespenstern der Erschlagenen, die keine Grabstätte gefunden hatten. Wir rollten jetzt in Richtung Südwesten. Kampala hatten wir im Morgengrauen verlassen, um noch vor Anbruch der Dunkelheit Kigali, die Hauptstadt Ruandas, zu erreichen. Die Savanne dehnte sich eintönig und braun. Von freigrasendem Wild – Zebras oder Giraffen, die man vor dreißig Jahren in dieser Region noch häufig antraf – war keine Spur mehr vorhanden. Die Ortschaften zogen sich mit häßlichen Wellblechdächern längst der Asphalt-Bahn hin. Die Afrikaner, die uns begegneten, waren meist ärmlich, aber stets sauber gekleidet. Das spärliche Agrargebiet ging in ausgetrocknetes Weideland über. Die Herden schlecht genährter Rinder suchten den Schatten der seltenen Mango-Bäume auf.

Wie seine meisten Landsleute war David ein geborener Ethnologe. Auf Anhieb konnte er sagen, welcher Volksgruppe die Eingeborenen angehörten. »Hier befinden wir uns im Siedlungsgebiet der Banyankole«, erläuterte er, »zwischen den Städten Mbarara und Kabale und diesem Stamm gehört Präsident Museveni an.« Die Banyankole seien überwiegend Viehzüchter, beriefen sich auf nilotischen Ursprung und seien Teil der großen Völkerfamilie der Bahima, bestätigte er. Vor allem aber seien sie enge Verwandte der Tutsi, und dadurch erkläre sich die spontane Zusammenarbeit der beiden Ethnien während des ugandischen Bürgerkrieges. Bei den Bantu dieser Region – bei den Baganda und noch mehr bei den Hutu natürlich – ging die Befürchtung um, Museveni strebe zwischen Süd-Sudan und Tansania die Schaffung eines großen Hima-Reiches an, um ein für allemal die Überlegenheit der hamitischen Rasse zu etablieren. »Das sind wohl überflüssige Ängste«, lenkte der ehemalige Architekt ein. Zwischen den jeweiligen Expeditions-Corps, die Museveni und Kagame in den Ost-Kongo entsandten, sei es doch schon zu bewaffneten Zwischenfällen gekommen. Eine überregionale Föderation komme da nicht mehr in Frage.

Unversehens erreichten wir die Grenze zwischen Uganda und Ruanda. Die Formalitäten liefen problemlos ab. Auf ugandischer Seite erleichterte ein Bakschisch die Abstempelung des Passes, und als Weißer genoß ich auch hier eine selbstverständliche Vorzugsbehandlung. Der Polizei-Offizier auf ruandischer Seite trug Anzug und Schlips. Er überragte mich um Haupteslänge. Seine schmalen Gesichtszüge, seine würdigen Umgangsformen wiesen ihn als hochrangigen Tutsi aus. »Soyez le bienvenu dans notre pays – Seien Sie willkommen in unserem Land«, begrüßte er mich feierlich und lud mich zum Tee ein. Unterdessen erledigte David die Registrierung seines Landrovers in der Hütte eines kleinen, gedrungenen Zöllners, und es gehörte nicht viel Scharfsinn zu der Feststellung, daß er ein Hutu war. »Ganz können die Gefolgsleute

Kagames auf die Dienste ihrer früheren Sklaven ja doch nicht verzichten«, meinte mein Begleiter vom »Affen-Clan«, als wir wieder im Auto saßen. »Nach den Massakern von 1994 sind die Tutsi vollends zu einer Minderheits-Kaste geschrumpft.« In Kampala war viel von Truppenkonzentrationen im Umkreis von Kabale gemunkelt worden. Aber auf beiden Seiten des Schlagbaums konnte ich insgesamt nur drei Bewaffnete erspähen. Auch auf der steil ansteigenden Route nach Kigali sind wir keinem einzigen Soldaten begegnet.

RUANDA II

Der »lange Marsch« der Tutsi

Kigali, im Juli 2000

Oberst James Kabarere überrascht mich durch seine unprätentiöse Direktheit. Er ist nicht besonders groß gewachsen. Die mißtrauische, oft irreführende Verschwiegenheit seiner Rasse ist ihm fremd. An seinen Gesichtszügen ist er eindeutig als Tutsi zu erkennen. Offiziell ist Kabarere nur der stellvertretende Stabschef jener »Patriotischen Front«, die seit dem Genozid von 1994 die absolute Gewalt in Ruanda ausübt. In Wirklichkeit gilt er als Schlüsselfigur, als graue Eminenz des Staatspräsidenten Kagame. Von Anfang an hatte dieser Sohn einer frühzeitig nach Uganda geflüchteten Adelsfamilie dem innersten Kreis der Tutsi-Truppe angehört, als diese dem Ugander Museveni zum Sieg verhalf. Ihm sollten später die heikelsten Missionen anvertraut werden. So wurde sein Name in den ausländischen Geheimdienstberichten in Zusammenhang mit dem Abschuß jener Falcon-Maschine erwähnt, die das Signal zum großen Morden gab. Bei der Straf- und Präventivaktion gegen die Interahamwe-Aktivisten, die bei Goma und Bukavu im Ost-Kongo ihre Revanche vorbereiteten, soll der Colonel das Oberkommando geführt haben. Während Paul Kagame – dem hochmütigen Brauch des »Mwami« entsprechend, den schon Richard Kandt beschrieben hatte – Ausländer, sofern er sie überhaupt vorläßt, auf Distanz hält, gibt sich James Kabarere, der meinem Besuch schnell zugestimmt hatte, überaus jovial, unkompliziert und mitteilungsfreudig. Er trägt die übliche Tarnuniform mit bescheidenen Rangabzeichen. Da er in Uganda aufgewachsen ist, spricht er englisch und ist des Französischen kaum mächtig. Irgendwie haftet ihm etwas Britisches an. Im Herzen der Hauptstadt amtiert der Stabschef in einem schlichten Kartenraum, und die Sicherheitsmaßnahmen, die Kontrollen am Eingang werden äußerst leger gehandhabt.

Mein Begleiter von der deutschen Botschaft hatte mich beim Betreten des Hauptquartiers auf ein unansehnliches Nebengebäude aufmerksam gemacht, das von zahlreichen Kugeleinschlägen wie von Pockennarben gezeichnet ist. Solche Spuren des Krieges sind selten geworden in Kigali. Die Behörden haben – mit Ausnahme einiger grausiger Gedenkstätten an das Massaker, wo die Schädel und Knochensplitter noch wie ein dichter Teppich den Boden bedecken und der Verwesungsgeruch nicht gewichen ist – eine beachtliche Sanierungsarbeit geleistet. Aber mit den Einschüssen an dieser Kasernenmauer soll offenbar die Erinnerung an eine besonders scheußliche Episode des Blutrausches von 1994 verewigt werden. Die damalige Ministerpräsidentin Ruandas Agathe Uwilingiyimana, eine Hutu-Politikerin, die sich im Namen des Arusha-Abkommens zur Zusammenarbeit mit den Tutsi bereit erklärt und deshalb den Haß der Extremisten auf sich gezogen hatte, war in das Kasernengelände geflüchtet und wurde dort durch einen kleinen Trupp von zehn belgischen Blauhelmen geschützt. Das half ihr wenig, als eine Rotte der Präsidialgarde des getöteten General Habyarimana ihr nachstellte. Die Belgier, die sich tapfer den rasenden Hutu-Soldaten in den Weg stellten, wurden überwältigt, zerstückelt und entmannt. Agathe Uwilingiyimana wurde vergewaltigt und starb ebenfalls nach langer Folterung. Die zehn einsamen Belgier von Kigali, die einzigen Helden dieser unsagbaren Tragödie, sind nie gebührend geehrt worden.

Bei dem Briefing Colonel Kabareres interessiert mich vor allem der tollkühne Feldzug, den er an der Spitze von etwa 10 000 Tutsi-Soldaten und einer Hilfstruppe stammesverwandter Banyamulenge quer durch die Kongo-Republik geführt hatte. Dieses endlose, aber unaufhaltsame Vordringen durch 2000 Kilometer Dschungel, Sümpfe und Savannen war von dem Belgier Anatole bei unserem nächtlichen Gespräch in Kisangani mit der »Anabasis« verglichen worden. Dieser »lange Marsch« hat dem ruandischen Oberst den Ruf eines »afrikanischen Bonaparte« eingebracht. Natürlich äußert sich Kabarere nicht über die logistische Unterstützung, die ihm durch seine amerikanischen Hintermänner zuteil wurde. Wo immer die Soldateska Mobutus den feindlichen Vormarsch mit weit überlegener Kräftekonzentration zu blockieren suchte, wurden ihre Positionen den Tutsi-Offizieren durch Luftaufklärung der US-Air Force oder durch Satelliten gemeldet, so daß sie weiträumige Umgehungsmanöver durchführen konnten. Durch Fallschirmabwürfe wurden sie mit Waffen und Lebensmitteln versorgt.

In der letzten Phase dieser Expedition, als es Mitte Mai 1997 um die Eroberung der Hauptstadt Kinshasa ging, sollen sogar afroamerikanische Angehörige der »Special Forces« – von der angolanischen Exklave Cabinda aus – aktiv in die Kämpfe eingegriffen haben. Hingegen war die kongolesische »Revolutions-Armee«, die von dem Rebellenführer Laurent Kabila in den von den Ruandern »befreiten« Gebieten rekrutiert wurde, von geringem militärischem Nutzen. Es handelte sich oft um aufgeputschte Kinder-Soldaten, die man in aller Eile in amerikanische Tarnuniformen und Gummistiefel gesteckt und mit der unvermeidlichen Kalaschnikow bewaffnet hatte. Kabarere erwähnt nur kurz seine Geplänkel mit jener »Légion blanche«, ein paar Dutzend jugoslawische Söldner, die auf seiten Mobutus kämpfen sollten und in aller Eile im Auftrag des französischen Nachrichtendienstes DGSE auf dem Balkan angeworben worden waren. Diese Landsknechte erkannten schnell, daß sie ihr Leben für eine verlorene Sache riskierten, und suchten das Weite.

Zunächst erläutert der ruandische Oberst vor der Landkarte sein zügiges Vordringen auf Kisangani, die Stadt an der »Biegung des Stroms«, die ihm beinahe kampflos übergeben wurde. Zur gleichen Zeit, im April 1997, räumten die Bataillone Mobutus – nach einer letzten Runde von Verwüstungen und Plünderungen – auch die Diamanten-Felder von Mbuji-Mayi in Kasai, während weite Teile der Grubenprovinz Shaba oder Katanga von Sympathisanten Kabilas übernommen wurde. Die wirkliche militärische Kraftprobe und Herausforderung für James Kabarere war der strapaziöse Gewaltmarsch in Richtung auf die ferne Hauptstadt. Seine Erlebnisse in einer Urwald-Region, die bislang – von ein paar Pygmäen abgesehen – kaum ein Mensch betreten hatte, trägt er mit einer distanzierten Erheiterung vor, die einem europäischen Kolonialoffizier gut angestanden, die man einem Afrikaner nicht zugetraut hätte. Ein paar Episoden gibt er zum besten aus diesem gottverlassenen Dschungel, durch den er sich mit seinen Gefährten gequält hatte. So hätte seine Vorhut bei einer schwierigen Umgehungsaktion feindlicher Truppen beinahe das Feuer auf die eigenen Kameraden eröffnet, nachdem sie die Orientierung verloren, sich zwei Tage lang im Kreise bewegt hatten und irrtümlich wieder an ihren Ausgangspunkt zurückgekehrt war. An einer anderen Stelle seien sie zwei Monate lang aufgehalten worden, weil ein Fluß, den sie vergeblich zu überbrücken suchten, erst durch einen Dammbau in ein anderes Bett umgelenkt werden mußte. Er erzählt amüsiert von der Entdeckung völlig nackter Zwerge, die den Tutsi angeblich nur bis zu den Knien reichten, von der Begegnung in Nord-Kivu mit einem Lastwagenfahrer, der Palmöl transportierte. Auf Grund der unsäglichen Straßenverhältnisse und zahlloser Pannen war er bereits ein Jahr in Richtung auf die Ortschaft Beni unterwegs, ohne sein Ziel zu erreichen. Über die Leistungen der anfangs mit ihm verbündeten Streitkräfte des ugandischen Präsidenten Museveni, die mit drei schwerbewaffneten Brigaden ein riesiges Territorium nördlich des Kongo-Stroms okkupiert halten, äußert er sich hingegen sehr zurückhaltend. Mit diesen Alliierten hatten sich die Ruander zum Zeitpunkt des Briefings längst überworfen.

Der Oberst wird zur Entgegennahme von Informationen in eine benachbarte Baracke des Militärkomplexes gerufen. Er läßt mir eine zusätzliche Tasse Tee servieren und bittet mich, auf ihn zu warten. Mir ist die Unterbrechung durchaus lieb, um ein paar Eindrücke niederzuschreiben. Dabei kommt mir ein Satz des französischen Dichters Victor Hugo in den Sinn: »Dans la région de l'inconnu, l'Afrique est l'absolu – Im Bereich des Unbekannten stellt Afrika ein Absolutum dar.«

*

Warum muß ich in dieser Kaserne wieder an das nächtliche Gespräch von Kisangani mit dem belgischen Richter Anatole denken, zumal an seine Kritik der amerikanischen Diplomatie im Schwarzen Erdteil? Offenbar fühlen sich die USA dazu berufen, das entstandene Vakuum im Herzen Afrikas mit ihrem Einfluß- und Wirtschaftspotential aufzufüllen. Verblüffend ist daran, daß sie sich für dieses gewaltige Unternehmen kontinentalen Ausmaßes in erster Linie auf die kleine Völkerschaft der Tutsi stützten, die – zumal nach dem Völkermord von 1994 – noch maximal drei bis vier Millionen Menschen zählen dürfte. Bevor ich nach Kigali aufgebrochen war, hatte ich meine »Schularbeiten« gemacht, und dazu gehörte die Lektüre des Buches »Out of America« des bereits erwähnten schwarz-amerikanischen Korrespondenten Keith B. Richburg. Dieser zutiefst ehrliche Beobachter war Anfang der neunziger Jahre mit großen Erwartungen und Illusionen in den Kontinent seiner Vorväter gereist. Erst allmählich gewann er Abstand von seiner ursprünglichen, durchaus sympathischen Naivität. »Der Fall der Sowjetunion und die Beendigung des Ost-West-Konflikts verhalfen Afrika zu einem zweiten Erwachen«, so hatte er noch 1991 optimistisch geschrieben. Zur Zeit des Kalten Krieges seien die afrikanischen Staaten nicht viel mehr als Figuren auf dem Schachbrett eines weltweiten Wettbewerbs zwischen Washington und Moskau gewesen. Speziell hob er dabei die Figur Mobutus hervor, der gewiß ein »korrupter Hundesohn« gewesen, aber der CIA bei ihren Einsätzen gegen die Kubaner Fidel Castros in Angola überaus nützlich gewesen sei. Ende 1990 sei in Afrika eine völlig neue Lage entstanden, denn die diversen schwarzen Potentaten mußten plötzlich feststellen, daß sie ihren strategischen Nutzwert für Afrika eingebüßt hatten. In Zukunft würde Amerika als Gegenleistung für jede Hilfeleistung die Durchführung von freien Wahlen und die Gewährung von Menschenrechten von ihren früheren Günstlingen gebieterisch einfordern. Da nehme es nicht wunder, daß diese Diktatoren, die sich jahrzehntelang an die Ausstellung von Blanko-Schecks gewöhnt hatten, diese strengen politischen Auflagen »als eine neue Form des westlichen Imperialismus und als Einmischung in ihre inneren Angelegenheiten« heftig ablehnten.

Die Illusionen des Reporters der »Washington Post« sollten nicht von Dauer sein. Spätestens im Bandenkrieg von Somalia, vor allem aber während der Greuel von Ruanda und später Liberia entdeckte Richburg, daß die vielgerühmte Globalisierung ein ideologischer Slogan zur Tarnung weltweiter »Amerikanisierung« war. Nur ein Narr mochte angesichts des Unheils, das den Schwarzen Erdteil heimsuchte, noch den Thesen des Politologen Francis Fukuyama anhängen, demzufolge mit der universalen Ausbreitung repräsentativer Demokratie und freier Marktwirtschaft der Idealzustand der Menschheit erreicht, eine definitive Glücksformel gefunden, kurzum das »Ende der Geschichte« gekommen sei.

Der monarchische Absolutismus, den Präsident Mobutu Sese Soko dreißig Jahre lang seiner Republik Zaire-Kongo auferlegt hatte, trieb seinem katastrophalen Ende entgegen. Das Steuer dieses gewaltigen Imperiums war seinen Händen entglitten. Der »big man« verkapselte sich in dem »afrikanischen Versailles«, das er an seinem Geburtsort Gbadolite in der Äquatorial-Provinz mit verschwenderischem Luxus errichtet hatte. Im Sommer 1996 wurde bekannt, daß der »Große Leopard« an einem Prostata-Krebs erkrankt war. Von da an war er nur noch sporadisch in seiner Heimat zu sehen, ließ sich in der Schweiz operieren und hoffte in seiner palastähnlichen Villa an der Côte d'Azur vergeblich auf Genesung.

Sein Nachfolger war von den Experten des amerikanischen Nachrichtendienstes längst ausgespäht und kontaktiert worden. Dabei fiel der Blick Washingtons nicht etwa auf den relativ angesehenen Oppositionspolitiker Etienne Tshisekedi, der zur Übernahme bereitstand. Die Männer des Schattenkrieges hatten eine ganz andere, seltsame Wahl getroffen. Der Gegenspieler Mobutus würde ein im Umkreis des Tanganjika-Sees unrühmlich bekannter Revoluzzer sein, ausgerechnet jener Laurent Désiré Kabila, der nach einem Lehrgang in Marxismus-Leninismus an den Kaderschulen der DDR im östlichen Kongo gemeinsame Sache mit Che Guevara gemacht und als Anführer der Simba-Rebellen ein kurzlebiges Terror-Regime in Kisangani errichtet hatte.

Spätestens ab 1986 stellte Kabila sich in den Dienst der Amerikaner, verbündete sich mit dem Ruander Kagame und dem Ugander Museveni, die im Exil von Dar-es-Salam seine kommunistischen Phantastereien geteilt hatten. Unverzüglich gab Kabila den großen Wirtschaftskonsortien in USA zu verstehen, daß er bereit war, die unermeßlichen Mineralvorkommen des Kongos und Katangas zu Rabattpreisen an seine neuen Gönner zu verhökern. Dabei handelte es sich um Kupfer, Kobalt, Uranium, um Diamanten und Gold sowie um extrem seltene Metalle, die angeblich für Interkontinental-Raketen und Weltraum-Kapseln unentbehrlich sind. Noch bevor er überhaupt die Regierungsgewalt in Kinshasa antreten konnte, hatte er den übereiligen Akquisiteuren aus Übersee all jene Konzessionen und Schürfrechte zugestanden, die sie ihm abverlangten und über die er überhaupt kein Verfügungsrecht besaß. Die Reichtümer des Kongo inklusive der bislang staatlichen Grubengesellschaft Gécamines wurden – auf dem Papier zumindest – den US-Konzernen sowie deren kanadischen oder südafrikanischen Tarnfirmen ausgeliefert. Das Geflecht dieser global operierenden Unternehmen ist schwer durchschaubar, aber immer wieder wurden die Namen Anglo-American de Beers, Barrick Gold, American Mineral Fields (Arkansas), Anaconda Mining und andere genannt. Im Board dieser diversen Gesellschaften hatten hochprominente Politiker der Vereinigten Staaten ihren Sitz.

Die Rechnung Washingtons schien aufzugehen, noch ehe Mobutu endgültig vertrieben war. Doch die Planer dieses »grand design« hatten ihre Rechnung wohl ohne Kenntnis der absurden Kehrtwendungen, der totalen politischen Unberechenbarkeit des Kontinents gemacht. Es sollte gar nicht lange dauern, bis die New Yorker Kolumnisten entdeckten, daß die sogenannten Afrika-Experten in der Person Kabilas ein »Frankenstein-Ungeheuer« herangezüchtet hatten. Die unheimlichen Auftritte dieses glatzköpfigen, unförmig aufgeschwollenen Mannes an der Spitze seiner hemmungslos mordenden »Kinder-Soldaten«, der »Kadogo«, warfen düstere Schatten auf den »afrikanischen Neuanfang«.

Die Afrika-Beauftagte des US-State Department Susan Rice brachte die offizielle Linie »Handel statt Hilfe« auf einen einfachen Nenner: »Wenn man mit Vertretern der privaten Wirtschaft spricht – gemeint sind nicht die ›eigentlich Verdächtigen‹ wie Öl-Gesellschaften oder ähnliche – sondern die Produzenten von Verbrauchsgütern, Telekommunikations- oder Infrastruktur-Anlagen, so wird man feststellen, daß sie Afrika als ein wichtiges, langfristiges Projekt ansehen. Zunehmend organisieren sie sich, um bei der Entwicklung Afrikas eine konstruktive Rolle zu spielen, und zwar auf eine Weise, die der amerikanischen Wirtschaft und den amerikanischen Arbeitnehmern zugute kommt.«

Ein »großes Spiel« um Einfluß und Gewinn war zwischen Washington und Paris längst im Gange, obwohl man – angesichts der hoffnungslosen Unterlegenheit der französischen Konkurrenten – allenfalls von einem »petit jeu« hätte sprechen dürfen. Seit Ende der Ost-West-Konfrontation glaubte Washington auf Pariser Vorbehalte keine Rücksicht mehr nehmen zu müssen. Schon im Mai 1995 hatte Ron Brown, der damalige US-Handelsminister bei einem Besuch Dakars, einst die wichtigste französische Basis am Senegal, unverblümt verkündet: »Die Vereinigten Staaten sind nicht gewillt, die afrikanischen Märkte weiterhin den früheren Kolonialmächten zu überlassen.« Die französische Publizistin und Mitterrand-Vertraute, Michèle Cotta, zog daraus den Schluß, Frankreich fühle sich in Afrika isoliert und allein gelassen. Die amerikanische »Domination« sei dort unvermeidlich. François Mitterrand hatte seine letzten Kartuschen längst verschossen. Jetzt rächten sich die Torheiten und die krummen Geschäfte seines Sohnes Jean-Christophe.

Im Troß der Tutsi-Krieger des Oberst Kabarere näherten sich auch die marodierenden Freischärler der »Allianz der Demokratischen Kräfte für die Befreiung von Kongo-Zaire« – so nannte sich die Sammelbewegung Laurent Kabilas – der Metropole Kinshasa.

Mobutu war ein Schatten seiner selbst, als er sich vor dem Hafen Pointe Noire – also präzis auf Äquatorhöhe – auf dem südafrikanischen Eisbrecher »Outeniqa« mit dem Vermittler Nelson Mandela traf. Danach blieb ihm nur noch der Weg ins Exil. Der Mohr Mobutu hatte seine Schuldigkeit getan. Mit ehemaligen Komplizen, die zu nichts mehr taugten, sondern nur noch schaden konnten, pflegte man in Washington nicht viel Federlesens zu machen. Das hatte sich schon an den Präzedenzfällen Ngo-Dinh-Diem in Vietnam, Jonas Savimbi in Angola, an Manuel Noriega in Panama, Siyad Barre in Somalia, an Suharto in Indonesien erwiesen. Im September 1997 sollte der »big man« von Zaire in Spanien seiner Krankheit erliegen.

*

»Es hat etwas länger gedauert«, entschuldigt sich James Kabarere, als er von seiner Besprechung zurückkommt. »Ich wurde bei Oberst Karegeya aufgehalten. Aber den kennen Sie ja.« Am Vortag war ich in der Tat bei Patrick Karegeya, dem Geheimdienst-Chef der Republik Ruanda gewesen. Auch er hatte eine grüne Kampfuniform getragen. Im Typus sah dieser kahlköpfige Tutsi-Offizier, der ebenfalls in Uganda der »Patriotischen Front« angehört hatte, seinem Kampfgefährten Kabarere ziemlich ähnlich. Auch er hatte sich bei seiner militärischen Fortbildung durch die Angelsachsen einen gewissen »sense of humour« angeeignet.

Staatsgeheimnissse hat er mir natürlich nicht verraten. Dafür berichtete er schmunzelnd über seine Dienstreise nach Dar-es-Salam, wo er vor drei Jahren Laurent Kabila offiziell aufgefordert hatte, sich für die Übernahme der Macht in der »Demokratischen Republik Zaire« bereitzuhalten. Kabila, der ehemalige Weltrevolutionär, sei damals in der Hauptstadt Tansanias recht erfolgreich in allen möglichen Geschäften tätig gewesen. Mit Hilfe seines Transportunternehmens sei er in Waffen-, Drogen- und Diamantenschmuggel verwickelt gewesen. Gleichzeitig habe er einige Bars betrieben, wo neben konspirativen Treffen auch die Prostitution florierte. Daß in Wirklichkeit die amerikanische CIA diese »Leuchte der Demokratie« – Madeleine Albright dixit – entdeckt und gefördert hatte, verschwieg der ruandische Nachrichtendienst-Chef verständlicherweise. »Sie haben sich inzwischen mit Kabila überworfen«, wandte ich ein, »und jetzt hat sich Ihr Chef Kagame auch noch seinen früheren Alliierten Yoweri Museveni zum Feind gemacht. Sehen Sie die Möglichkeit einer Beilegung dieses Zerwürfnisses?« Da war Karegeya kategorisch. »Die Ugander haben uns verraten. Sie sind uns in den Rücken gefallen und wollten uns als ihre Untergebenen behandeln. Eine Versöhnung wird es da nicht geben, niemals.« Er wiederholte »niemals«. Aber in Afrika gilt wohl mehr noch als andernorts die Regel: »Never say never!«

Auch bei Colonel James Kabarere, dem ruandischen Stabschef, bringe ich das Thema Laurent Kabila zur Sprache, und dafür ist er der richtige Mann. Mit seinen Tutsi-Kriegern hatte er Kabila ja den Weg nach Kinshasa freigekämpft. Am 17. Mai 1997 hielt der dicke, schon unheimlich wirkende Berufsverschwörer seinen triumphalen Einzug in die Hauptstadt der Republik Zaire, die er sofort wieder in Kongo umbenannte. Die Massen jubelten ihm wie einem Messias zu. Mobutu und dessen verrohte Soldateska hatten sich in den letzten Jahren so verhaßt gemacht, daß jeder Wechsel eine Erlösung versprach. Obwohl Kabarere Ausländer und Ruander war, wurde er von Kabila zum Kommandeur der gesamten kongolesischen Streitkräfte ernannt. Mit Galgenhumor holt jetzt der Offizier zu einer ausführlichen Schilderung seiner damaligen Erlebnisse aus. Der neue Kongo-Präsident habe sich von Anfang an wie ein wahnwitziger Despot aufgeführt. Die gemäßigten Oppositionspolitiker des Kongo wurden auf Distanz gehalten oder verhaftet. Seinen Gesprächspartnern und Mitarbeitern sei Kabila mit beleidigender Überheblichkeit begegnet. »Im Kongo bin ich Gott. Nicht einmal eine Ratte darf die Straße vor mir überqueren«, hatte laut Kabarere der Nachfolger Mobutus geäußert. Tatsächlich habe er sich nur im Schutz einer fast vier Kilometer langen Eskorte – darunter Panzerfahrzeuge, Raketenwerfer, Luftabwehr-Kanonen – aus dem von Mobutu übernommenen Marmorpalast herausgewagt. Behinderten irgendwelche Passanten seinen Weg, wurden sie von Kabilas Leibgarde wahllos abgeknallt oder überfahren. Bei jedem Ausflug dieses schwarzen »Ubu Roi«, dieses »König Ubu«, seien durchschnittlich vier Menschen seiner Willkür zum Opfer gefallen.

Besonders belustigt zeigt sich der Stabschef über eine andere Anekdote. Kabila hatte einen Tresorraum von Mobutu übernommen, wo neben gewaltigen Bargeldsummen in Dollar ein unermeßlicher Schatz an Goldbarren und Diamanten aufbewahrt wurde. Eines Tages sei ihm der Schlüssel zu diesem Tresor abhanden gekommen. Die Residenz sei sofort abgesperrt und alle Anwesenden verhaftet worden. Sechs Stunden lang hätten die Verdächtigen um ihr Leben gefürchtet, bis der Staatsschef den Schlüssel doch noch in einem Winkel seiner Hosentasche entdeckte. Darauf sei seine Wut schlagartig in Jubelstimmung umgeschlagen, und der Champagner sei in Strömen geflossen.

Der Konflikt zwischen dem Präsidenten und seinem ruandischen Oberbefehlshaber war wohl unvermeidlich. Kabila gehörte dem Stamm der Baluba an, einer der bedeutendsten Völkerschaften des Kongo, die sowohl in der Grubenprovinz Shaba als auch in Kasai im Umkreis der reichsten Diamanten-Minen von Mbuji-Mayi zahlreich vertreten ist. Diese ethnische Bindung stärkte ihm zweifellos den Rücken. Hinzu kam, daß die Einwohner der Metropole Kinshasa mehrheitlich Bakongo, also auch Bantu sind. Sehr bald sollten sie sich mit den Tutsi-Befreiern überwerfen, die sich als Herrenrasse aufführten und als fremde Besatzung empfunden wurden.

Während eines Abstechers zu Fidel Castro nach Kuba, der seine amerikanischen Gönner zutiefst schockierte, hatte Kabila überraschend die Absetzung seines hochverdienten Stabschefs Kabarere angeordnet und befahl den Tutsi-Soldaten, die sich im Kongo befanden, das Territorium seiner Republik unverzüglich zu räumen. Das Gleiche galt für jene Armee-Brigaden aus Uganda, die sich weiter Provinzen im Nord-Osten bemächtigt hatten. Den Gefolgsleuten Kabareres blieb zunächst nichts anderes übrig, als den Rückzug anzutreten. Der endgültige Bruch mit Kabila war vollzogen, und von nun an galt es, diesen heimtückischen Renegaten zu Fall zu bringen. Aus ihren vorgeschobenen Positionen in

Kivu drangen Ruander und Ugander noch tiefer in die östlichen Regionen des Kongo vor. Im Süden erreichten sie den Hafen Kalemie am Tanganjika-See. Dabei stießen sie auf geringen Widerstand von seiten der demoralisierten Kongo-Armee, die teilweise sogar zu ihnen überlief. Hingegen hatten sich Überreste der Hutu-Miliz Interahamwe wie auch die Steinzeithorden der »Mayi-Mayi« mit Kabila verbündet und mußten als Gegner ernstgenommen werden.

Oberst James Kabarere ist wohl ein afrikanischer »Condottiere« ganz besonderer Art. Er beschloß, den verräterischen Despoten in seiner Hochburg Kinshasa zu überfallen und physisch zu beseitigen. Dabei glaubte er, sich auf die volle logistische Unterstützung der Amerikaner verlassen zu können. Kabila war von Washington zum Abschuß freigegeben, seit er eine Propaganda-Kampagne gegen die »US-Tutsi-Achse« entfesselt, vor allem seit er die Konzessionen und Überschreibungen, die er den großen transatlantischen Grubenkonsortien gewährt hatte, mit einem Federstrich annullierte. Es gehörte von Seiten Kabareres viel Kühnheit dazu, mit einer lächerlich kleinen Tutsi-Truppe von 400 Mann der weit überlegenen Kongo-Armee Kabilas in den Rücken zu fallen und sie von Westen her, also von der atlantischen Mündung des Kongo aus, zu attackieren. Zu diesem Zweck hatte er sich eine Boeing 737 und zwei andere Flugzeuge angeeignet, besser gesagt, sie waren ihm von diskreten Mittelsmännern zur Verfügung gestellt worden. Mit diesen Maschinen landete er Anfang August 1998 in der ehemaligen belgischen Marinebasis Kitona, wo die lokale Kongo-Garnison von 20 000 Soldaten sich überraschend auf die Seite der Ruander schlug. Sie hatten seit Monaten keinen Sold erhalten und waren von Kabila einer ideologischen Umerziehung unterworfen worden, deren groteske Methoden immer noch marxistische Orientierung verrieten.

»Unter unsäglichen Strapazen haben wir uns zum Kongo-Hafen Matadi durchgequält und den Staudamm von Inga besetzt. Wir waren also in der Lage, die Elektrizitäts- und Trinkwasser-Versorgung Kinshasas zu unterbrechen«, erklärt der Colonel. »Aber dann schlug das Unternehmen fehl. Kabila war kein unerfahrener Politiker und besaß eine ungewöhnliche demagogische Begabung. Durch unsere Zangenbewegung aus dem Westen bedroht, spielte er sich als kongolesischer Nationalist und als Gegner des amerikanischen Imperialismus auf. Sein Feldzug gegen die ausländische Ausbeutung des Kongo fand Gehör bei den sechs Millionen Einwohnern der Hauptstadt. Er stiftete eine systematische Treibjagd auf alle Tutsi und Banyamulenge an, die noch in Kinshasa verblieben waren oder die für solche gehalten wurden.«

Nicht nur durch ihren hohen Wuchs und ihre Facies verrieten sich diese Hamiten. Sie waren der im West-Kongo üblichen Verkehrssprache Lingala nicht mächtig, deren »L« sie wie »R« aussprachen. In Kinshasa fand eine afrikanische Neu-Inszenierung der »Sizilianischen Vesper« statt, bei der bekanntlich die französischen Gefolgsleute des Hauses Anjou im 13. Jahrhundert auf Grund ihrer Unfähigkeit, das italienische Wort »Ciceri« auszusprechen, identifiziert und zur Ermordung freigegeben worden waren. Unter den Mördern, die den unglücklichen Tutsi nachstellten und sie der Tortur des »necklace« unterzogen – so waren in Soweto bei Johannesburg die Hinrichtungen durch brennende Autoreifen genannt worden –, taten sich besonders jene Kinder-Soldaten oder »Kadogo« hervor, die seinerzeit zur Wiederherstellung der »Demokratie« in aller Eile ausgehoben wurden.

Oberst Kabarere gesteht unverblümt die Katastrophe ein, die ihn damals mitsamt seinem Himmelfahrts-Kommando ereilte. Seine Männer wurden plötzlich zum Freiwild. Doch es gelang dieser vorzüglichen Truppe, sich unter schweren Verlusten auf angolanisches Staatsgebiet durchzukämpfen. Bei den »Guerilleros« des Aufstandsführers Jonas Savimbi – obwohl der inzwischen in offener Gegnerschaft zu seinen ehemaligen amerikanischen Förderern stand – fanden die versprengten Ruander schließlich Zuflucht. An Bord von Flugzeugen anonymer, zutiefst verdächtiger Fluggesellschaften wurden sie nach Kigali repatriiert.

*

Inzwischen war im Kongo der »afrikanische Weltkrieg« ausgebrochen. Im Osten dieses riesigen Beckens hatten Ugander und Ruander, um Kabila zu kontern, Gegenregierungen ins Leben gerufen und mit Oppositionspolitikern besetzt, die im tansanischen Exil die Mobutu-Epoche überlebt oder einst sogar einem Kabinett des »Président fondateur« angehört hatten. Dieses »Rassemblement Congolais pour la Démocratie« oder Kongolesische Sammlungsbewegung für Demokratie, spaltete sich sehr bald in eine von Ruanda gesteuerte Marionetten-Clique des Arztes Joseph Ilunga in Goma und – weiter nördlich mit Sitz in Bunia – in eine von Uganda abhängige Mannschaft unter dem Universitätsprofessor Wamba di Wamba auf. Dazu gesellte sich in der Äquatorialprovinz, nord-östlich von Kinshasa, die Sezession des Babembe-Stammes unter deren Anführer Jean-Pierre Bemba, einem früheren Mobutu-Loyalisten, der ein gewaltiges Vermögen zusammengerafft hatte und sich jetzt ebenfalls auf Kampala ausrichtete.

All diese konfusen Intrigen erwähnt Oberst Kabarere nur am Rande. Hingegen beschäftigt er sich intensiv mit der bewaffneten Intervention der afrikanischen Republiken Simbabwe, Namibia, Angola, vorübergehend sogar Tschad, die Kabila zu Hilfe eilten. Präsident Robert Mugabe von Simbabwe, ehemals Süd-Rhodesien, brachte es fertig, eine Streitmacht von 13 000 Soldaten in die Umgebung von Mbuji-Mayi zu verlagern und dort die reichsten Diamanten-Vorkommen des Kongo unter seine Kontrolle zu bringen. Wer die Flugzeuge für diesen massiven Transport zur Verfügung stellte, bleibt weiterhin rätselhaft, ebenso wie die Beförderung eines tausend Mann starken Kontingentes aus Namibia, dem ehemaligen Deutsch-Südwest-Afrika. Noch verblüffender war das dezidierte militärische Eingreifen des angolanischen Präsidenten Eduardo dos Santos auf seiten Laurent Kabilas. Denn dieser ehemalige Marxist und Statthalter Fidel Castros hatte sich ja inzwischen den Amerikanern als Vasall angedient. Dos Santos befürchtete wohl eine Koalition der immer noch mächtigen angolanischen Aufstandsbewegung »Unita« mit dem neuen Regime von Kinshasa und suchte diese zu konterkarieren. Die angolanischen Panzerbrigaden setzten dem verlorenen Haufen des Colonel Kabarere im Raum von Matadi am härtesten zu.

Natürlich ging es auch hier um Diamanten, Erdöl, Gold und

strategische Mineralien. Angeblich hatte Präsident Mugabe, der gerade dabei war, in Simbabwe die verbliebenen britischen Farmer zu drangsalieren und zu enteignen, eine ehemals belgische Diamanten-Förderungsgesellschaft, »Minière de Bakwanga«, an sich gerissen und sich dem gigantischen Konsortium Anglo-American de Beers in den Weg gestellt. Doch wo gab es denn überhaupt schwarz-afrikanisches Kapital, auf das er hätte zurückgreifen können. Die neugegründeten Firmen, die in seiner Hauptstadt Harare ihre Büros eröffneten, waren wohl nur Scheingebilde, die extrem hohe Gewinnbeteiligungen an den Familien-Clan Mugabes und die dort einflußreichsten schwarzen Politiker abführten. Inkompetente einheimische Direktoren kassierten exorbitante Gehälter. Aber in Wirklichkeit waren es wiederum amerikanische, in seltenen Fällen europäische Experten und Finanziers, die bei diesen Gruben-Übernahmen – unter Wahrung strikter Anonymität – die Fäden zogen und die größten Profite einstrichen. Der Name des Abenteurers Billy Rautenbach tauchte in diesem Zusammenhang immer wieder auf. Zwischen den Unabhängigkeits-Veteranen Robert Mugabe von Simbabwe und Thabo Mbeki von Südafrika kam es zu heftigen Interessenkonflikten, aber beide waren doch dazu verurteilt, bescheidene Statistenrollen in einem globalen Business zu spielen, dessen komplizierte Verästelungen sie gar nicht überblicken, geschweige denn kontrollieren konnten. In dem Maße, wie sich in Pretoria die politische Regierungsübernahme durch »Black Power« konkretisierte, hatten die dortigen großen Wirtschafts- und Bank-Institute ihre diskrete Absetzbewegung in Richtung Amerika oder Großbritannien längst eingeleitet. Ein wild auswuchernder, skrupelloser »Raubtier-Kapitalismus« – das Wort stammt von Helmut Schmidt – hatte sich Afrikas bemächtigt.

Im Zeichen der »freien Marktwirtschaft« und unter Assistenz des Internationalen Währungsfonds wurden die natürlichen Reichtümer der Entwicklungsländer, speziell des Schwarzen Erdteils, einer verantwortungslosen »Plutokratie« ausgeliefert. Wieder greife ich bei diesem Vorwurf auf amerikanische Zeitzeugen zurück wie den renommierten Schriftsteller Gore Vidal – selbst der exklusiven Upperclass angehörend – oder den scharfsinnigen

Leitartikler William Pfaff von der »Los Angeles Times«. Wer über die entscheidenden Aktienpakete an den Bergbau-Gesellschaften »Busico«, »Little Rock Mining«, »Sapora-Mining« und etlicher anderer verfügte, die sich in den östlichen Kongo-Provinzen unter ruandischer und ugandischer Protektion breitmachten, blieb oft im dunkeln. Als besonders nützlich sollte sich dort die Raffgier des Oberbefehlshabers der ugandischen Streitkräfte in Kivu, General James Kazini, eines engen Verwandten Präsident Musevenis, erweisen.

Diese einträglichen Transaktionen, an denen – gewissen Gerüchten zufolge – neben Staatspräsident Kagame auch der sympathische Oberst Kaberere beteiligt waren, kommen in dessen Hauptquartier natürlich nicht zur Sprache. Ebensowenig äußert sich der ruandische Colonel zur wachsenden Bedeutung, zur Omnipräsenz jener »Mercenary-Companies«, deren Kraken-Arme weltweit ausgreifen und die in den Wirren Afrikas ein ideales Betätigungsfeld entdeckten. Der englische Autor Frederick Forsyth vermittelt in seinem Roman »The Dogs of War – Die Hunde des Krieges« noch eine recht altmodische Vorstellung dieses Gewerbes, das inzwischen mit allen elektronischen Raffinessen ausgestattet, nach den strengen Regeln des modernen Business funktioniert. Diese Unternehmen bemühen sich sogar um eine gewisse Respektabilität und sind offiziell registriert.

Natürlich sind weiterhin auch geheime staatliche Elite-Kommandos mit ihren Rangers und Sonderagenten überall in Aktion. Ich erinnere mich in diesem Zusammenhang an ein Gespräch, das ich im Kosovo mit einem amerikanischen Colonel der Ersten Infanteriedivision, »The Big Red One«, in deren mächtigen Basis »Bondsteel« geführt hatte. Dabei erfuhr ich, daß seit Ende des Kalten Krieges mehr als hundert »Purple Heart«, eine amerikanische Tapferkeitsauszeichnung für todesmutige Spezialeinsätze, für sogenannte »covert operations«, verliehen wurden. Die internationale Öffentlichkeit hatte kaum zur Kenntnis genommen, daß sich schon beim amerikanischen Golfkrieg gegen Saddam Hussein eine Wende des strategischen Denkens ankündigte.

Das Schwergewicht bei den sich mehrenden Regionalkonflikten liegt heute eindeutig bei privaten angelsächsischen Gesellschaften, die global zwischen Kolumbien in Latein-Amerika und der Insel Bougainville im West-Pazifik operieren. Diese paramilitärischen Unternehmen, die oft ihre Niederlassungen aus Südafrika nach England oder Kanada verlagert haben, entsprechen in keiner Weise mehr jenen abenteuerlichen Söldnerhaufen, den »Affreux« oder »Abscheulichen«, die zur Zeit der ersten großen Kongo-Krise der sechziger Jahre von dem Briten Mike Hoare, dem Belgier Jean-Pierre Schramme oder dem Franzosen Bob Denard angeführt wurden. Die verkrachten Existenzen oder pathologischen »nigger-killer« von einst sind durch eine strenge Auswahl eiskalter, mit den Mitteln modernster Technik arbeitender Profis abgelöst worden. Der Verkauf von Kriegsmaterial jeglicher Kategorie – überwiegend aus den unerschöpflichen Restbeständen der ehemaligen Sowjet-Armee stammend – zählt am Rande der Legalität zum lukrativsten Teil dieses Geschäfts.

Von diesen »Händlern des Todes«, den »war racketeers«, wie sie in den amerikanischen Medien heißen, seien recht wahllos nur einige genannt. Da hatte »Air Scan International«, die in Florida beheimatet ist, von Cabinda aus in die Kämpfe am Unteren Kongo eingegriffen. Gleichzeitig war sie auf Seiten der Rebellen des Süd-Sudan engagiert. »Century Arms Limited« und »Trans World Century Arms« – heute in Montreal ansässig – wurden als Rüstungslieferanten häufig erwähnt. Besondere Beachtung verdient die ursprünglich auf den Bahamas registrierte Firma »Sandline International«, die den militärischen Schutz der Diamanten-Minen in Nord-Angola wahrnimmt und zur Rettungsaktion des Tutsi-Kommandos Oberst Kabareres eingeschaltet wurde. Der Name »Sandline« wird auch im Zusammenhang mit der separatistischen Außeninsel Bougainville in Papua-Neuguinea erwähnt. Im bluttriefenden Diamanten-Krieg von Sierra Leone sollte »Sandline« Aufgaben übernehmen, die mit politischen Vollmachten verbunden waren und auf eine staatliche Stabilisierung hinzielten. An dieser Stelle hatte auch »Defense Systems LTD« seinen Platz, die angeblich von einer »Armour Holdings INC.« in Florida übernommen wurde und den bewaffneten Schutz von

Petroleumanlagen und Großbauprojekten in so unterschiedlichen Ländern wie Kolumbien und Niger, Aserbeidschan, Kongo und Uganda, Sierra Leone, Algerien oder Tschad gewährleistete. Unter den Klienten dieser »new mercenaries«-Agenturen finden sich die Namen de Beers, Texaco, Chevron, Anglo American, Shell, Bechtel und andere mehr.

Als dominierender Partner von »Sandline« taucht immer wieder der Name »Executive Outcomes« auf. Diese florierende Organisation wurde 1993 in Großbritannien gegründet und nahm ein solches Ausmaß an, daß ihre Mitarbeiter als »counter insurgency« – Berater von regulären Regierungen – angeheuert wurden, um bei der Bekämpfung von Aufstandsbewegungen behilflich zu sein. Zu den Auftraggebern zählten die Türkei, Algerien, Nigeria, Sri Lanka, um nur diese zu nennen. »Executive Outcomes« ist auch in fast alle jene Konflikte verstrickt, die um die Mineralvorkommen Afrikas geführt werden, und begnügt sich längst nicht mehr mit reinen Sicherungsaufgaben. Sowohl in Angola als auch in Sierra Leone geriet diese Privat-Gesellschaft in die Rolle einer aktiven Bürgerkriegspartei. Daß diese mächtige Organisation im Jahr 1999 offiziell ihre Tätigkeit einstellte, bedeutet keineswegs, daß sie nicht unter geschickter Tarnung weiterhin aktiv bleibt.

Parallel zu diesem angelsächsischen Aufgebot entfaltete sich ein weit gespanntes Netz russischer und ukrainischer Fluglinien. Dort gaben sich die Sicherheitsbeamten Präsident Putins mit zwielichtigen Gestalten der ost-europäischen Mafia die Hand. In ganz Afrika stößt man auf diese Luftflotte und ihre zahllosen, veralteten Maschinen. Immer wieder greifen Piloten aus der ehemaligen Sowjetunion gegen gute Bezahlung in die unterschiedlichen Bandenkämpfe ein und benutzen ihre verrosteten Iljuschin oder Tupolew als improvisierte Bomber.

Am Rande sei erwähnt, daß nicht nur auf den »killing fields« des Kongo oder Sierra Leones die moderne Kriegführung sich ein merkantil entstelltes, widerliches Gesicht zugelegt hat. In Amerika registrierte Spezialfirmen für Militärberatung und Waffenhilfe mit ihren pensionierten Generalstabsoffizieren und hochqualifizierten Guerilla-Experten sind unlängst auf dem Balkan in

Erscheinung getreten. Der kroatische Überraschungssieg über die »Serbische Republik Krajina« wurde im Sommer 1994 mit Hilfe solcher Dunkelmänner erzielt. Lange bevor die alliierte Bombardierung 1998 gegen Rest-Jugoslawien einsetzte, waren ähnliche Unternehmen als Geburtshelfer und Betreuer der »Kosovo-Befreiungsarmee« tätig und bildeten die albanischen Partisanen der UCK für ihren Einsatz aus.

Aber zurück zum Kongo. Dort tragen inzwischen diverse afrikanische Streitkräfte ihre Heimspiele aus. An schwerem Material, an Tanks, die nach wenigen Tagen Einsatz zu Schrott werden, an Munition, die pausen- und sinnlos verschossen wird, fehlt es ja nicht. Die mageren Ressourcen dieser Entwicklungsländer werden buchstäblich verpulvert. Wie er denn die Kampfkraft seiner Gegner beurteile, frage ich Colonel Kabarere. Die Armee von Simbabwe sei so schlecht nicht gewesen, antwortet er. Man habe ihr noch den britischen Drill angemerkt. Aber die Angolaner hätten eine klägliche Figur abgegeben, obwohl bei ihnen jedes Bataillon über beachtliche Feuerkraft und zahlreiche Panzer verfügte.

Sichtlich irritiert ist der Vize-Stabschef von Ruanda über die Rolle seiner engsten ehemaligen Verbündeten der »Volks-Verteidigungsstreitkräfte« von Uganda. Sie waren mit vier Brigaden in den Ost-Kongo eingerückt und hatten im Rahmen der sogenannten »Initiative für afrikanische Krisen-Bewältigung« (ACRI) eine bevorzugte Belieferung durch das Pentagon genossen. »Sie haben sich doch persönlich in Kisangani aufgehalten?« fragt mich Kabarere. Diese Stadt an der Kongo-Biegung wurde entgegen einer formellen Absprache durch die 305. Brigade der Ugander besetzt, die ja von US-Ausbildern zu einer Elitetruppe getrimmt worden war. »Sie haben sich an der Tshopo-Brücke überzeugen können, daß wir sogar die besten Einheiten Musevenis mit weit geringeren eigenen Kräften in die Flucht schlagen und ihnen schwere Verluste zufügen können.«

Kein Wort hingegen äußert Kabarere zu der intensiven Unterstützung, die Ruanda und Uganda bei ihren beiden Feldzügen gegen Kinshasa – erst auf seiten Kabilas, dann als seine Gegner – bei Israel gefunden hatten. Dabei sei die israelische »Security«-Firma

»Silver Shadow« besonders stark engagiert gewesen. Der Oberst verschweigt, daß Kabila neuerdings die verrottete Kongo-Armee Mobutus, die ihm nur partiell zur Verfügung steht, durch Instrukteure aus Nordkorea auf Vordermann zu bringen sucht. Noch weniger mag er berichten, daß die Israeli – in einer bemerkenswerten Kehrtwendung – plötzlich für Kabila Partei ergriffen und sich zur Ertüchtigung seiner Streitkräfte verpflichteten. Die Bevollmächtigten aus Jerusalem, so konnte man in der europäischen Presse lesen, hatten sich diesen Frontwechsel durch die Übereignung eines Drittels der kongolesischen Diamanten-Produktion vergüten lassen, ein hervorragendes Geschäft, da es sich dabei um Roh-Edelsteine handelte, deren Wert sich nach dem Schliff um ein Vielfaches vermehrt. An Kabarere richte ich die gleiche Frage wie an seinen Geheimdienst-Kollegen Patrick Karegeya: Ob noch irgendein Arrangement mit dem Uganda-Präsidenten Museveni vorstellbar sei. Auch er entgegnet mit einer glatten Verneinung. Der Traum vom großen Hima-Reich der Niloten in Ost- und Zentralafrika war wohl endgültig zerstoben.

Wie lange wird sich die kriegerische Minderheit der Tutsi-Rasse – bedrängt durch eine Vielzahl feindlicher Ethnien – in ihrem riesigen Expansionsgebiet, das fünfzehnmal so groß ist wie Ruanda, behaupten können? Die Tutsi verfügen dort ja nur über kleine Garnisonen, die im Dschungel weit verstreut sind. Gibt es überhaupt eine Überlebenschance für diese »äthiopische« Herrenrasse, die schon Richard Kandt so manches Rätsel aufgab? Die Frage beschäftigt mich, während ich zum »Hôtel des Mille Collines« zurückgefahren werde. Was hat es den Amerikanern gebracht, daß sie zum Halali gegen den waidwunden Mobutu bliesen, der heute den Kongolesen im Vergleich zu dem neuen Tyrannen Kabila als das geringere Übel erscheint? Die Schaffung einer durchgehenden amerikanischen Einfluß- und Herrschaftszone zwischen dem somalischen Osthorn Afrikas und der Atlantik-Küste Angolas ist mit allzu vielen Hypotheken belastet. Das Morden nimmt dort kein Ende. Die Opfer der sukzessiven Massaker von Ruanda und Burundi werden inzwischen auf 1,5 Millionen geschätzt. Im gesamten Kongo-Becken seien sogar 2,5 Millionen

Menschen umgekommen. Jede staatliche Ordnung löst sich auf. Das Chaos frißt sich wie ein Krebsgeschwür fort. Was nutzt es da den verzweifelten Schwarzen, wenn sich Bill Clinton bei seiner Afrika-Tournee im März 1998 in Kigali für die Passivität der USA während des Genozids von 1994 in aller Form entschuldigt?

*

Im »Hotel zu den tausend Hügeln« leert sich das Schwimmbad, wo tagsüber schwarze Kinder planschen. Unter strenger Bewachung findet im großen Konferenzsaal ein Kolloquium über wirtschaftliche Koordination statt, das vom »Mwami« Paul Kagame wortkarg und ohne Gesichtsregung präsidiert wird. Die Augen blicken starr hinter den dunkel getönten Brillengläsern. Bei dieser Tutsi-Elite geht es mit feierlicher Bedächtigkeit zu. Seltsam, wie sich die erdrückende Mehrheit der Hutu nach Wiederherstellung der alten Ordnung wieder in die atavistische, tief eingefleischte Unterwürfigkeit einzuordnen scheint.

Für den späten Abend ist offenbar ein festliches Essen angesagt, denn es begegnen mir Frauen der Oberschicht, die sich wie Märchenprinzessinnen geschmückt haben und in abweisender Eleganz einherschreiten. Wieder stellen sich Assoziationen mit Wandgemälden in den pharaonischen Grabkammern von Theben oder Luxor ein. Eine fast semitisch anmutende Schönheit, ganz in Pailletten gehüllt, rauscht wie die Königin von Saba an mir vorbei. In ihrem erstarrten Bronzegesicht leben die übergroßen Augen mit unergründlicher Intensität. Auch in diesem »Hôtel des Mille Collines« soll sich 1994 ein fürchterliches Gemetzel abgespielt haben. Die Möbel seien zertrümmert, die weißen Wände über und über mit Blut beschmiert gewesen. Davon ist heute nichts mehr zu sehen.

*

Um acht Uhr abends soll das Entscheidungsspiel der diesjährigen Fußball-Europameisterschaft zwischen Italien und Frankreich in Kigali über das lokale Fernsehen ausgestrahlt werden. Ich bin in ein volkstümliches Versammlungslokal, eine Art Bierhalle, eingeladen worden, wo eine Menge junger Einheimischer das Match verfolgt. Der Saal ist überfüllt. Nur ein paar Weiße sind in die schwarze Masse eingekeilt. Bei guter Laune werden Dosenbier und Fleischspießchen gereicht. Das Spiel begünstigt zunächst die Italiener, und deren erste Erfolge werden mit dröhnendem Beifall gefeiert. Erst allmählich stelle ich fest, daß diese pro-italienische Fan-Gemeinde, die auf Bänken und Stühlen eine Vorzugsaussicht auf den Bildschirm genießt, sich ausschließlich aus »langen« Tutsi zusammensetzt.

Ein skandinavischer Mitarbeiter irgendeiner karitativen Organisation, der neben mir sitzt, glaubt mir diesen Begeisterungssturm erklären zu müssen: »Nach allem, was hier vorgefallen ist, sind die Franzosen bei den Afrikanern zutiefst verhaßt. Die Zuschauer hier jubeln nicht, weil die Italiener gewinnen, sondern weil die Franzosen verlieren.« Doch das Schlachtenglück im Stadion von Brüssel wendet sich jetzt unaufhaltsam zugunsten der blau-weiß-roten Mannschaft. Da regt sich plötzlich die andere Hälfte des schwarzen Publikums, das bisher ruhig und bescheiden auf dem Fußboden kauerte. Beim ersten Ausgleichstor der Franzosen geben sie ihrer Freude Ausdruck, während in den Reihen der Tutsi bittere Enttäuschung aufkommt. »Da unten hocken die Hutu«, raunt mir ein anderer Europäer zu, »und deren Herz – und sei es nur aus Protest – schlägt immer noch für die ehemaligen Verbündeten und Gönner aus Paris.«

In dem Maße, wie der Sieg der Franzosen zur Gewißheit wird, kommen in der Bierhalle unterschwellige Spannungen zwischen den beiden Gruppen auf. Warnend springen zwei junge Hutu auf, ermahnen ihre Stammesbrüder zu Vorsicht und Zurückhaltung. Sie drücken drei Finger auf den Mund. Mit deutlich vernehmbaren »Psst«-Lauten versuchen sie die Hochstimmung, die von den anwesenden Tutsi als politische Demonstration gedeutet werden könnte, in Grenzen zu halten. Doch am Ende, als das Spiel abgepfiffen und der Europameisterschaftspokal den Franzosen überreicht wird, da fallen alle Hemmungen. Wie ein Orkan entfesselt sich der Enthusiasmus der Hutu-Gemeinde. Als »Cheer-Leader« stimmt jetzt ein wild hüpfender Schwarzer in gelbem Tricot den

Triumphgesang an, der an diesem Abend auch auf den Champs-Elysées in Paris nicht enden will: »On a gagné, on a gagné, on a gagné ... Wir haben gewonnen!«

Die Übertragung des Fußballspiels war durch das ruandische Fernsehen von BBC übernommen und das Match auf englisch kommentiert worden. Auch an der Rezeption des Hotels, wo ich zu später Stunde meinen Schlüssel abhole, hat die Sprache der Angelsachsen sich gegen die Frankophonie durchgesetzt. Offiziell ist durch Präsident Kagame verfügt worden, daß neben Kinyarwanda und Suaheli nunmehr das Englische in Kigali Amtssprache sein soll. Eine ähnliche Entscheidung hatte Laurent Kabila vorübergehend in der Kongo-Hauptstadt Kinshasa zugunsten der Anglophonie getroffen, solange er sich noch nicht mit den Amerikanern und deren Tutsi-Verbündeten überworfen hatte. Aber ganz problemlos ist diese linguistische Anpassung wohl nicht. Selbst der engste Vertrauensmann der USA im Schwarzen Erdteil, der Präsident von Uganda, hatte zur Stärkung seiner innenpolitischen Stellung, die in der Nord-Region von Gulu abzubröckeln beginnt, und ungeachtet seiner eigenen nilotischen Ursprünge zu dem Bekenntnis ausgeholt: »Afrika ist weder anglophon noch frankophon. Mein Name ist Yoveri Museveni, Sohn des Kaguta. Ich bin bantuphon und nicht anglophon, weil wir alle – vom Kamerun-Berg quer durch den Kontinent bis nach Südafrika – uns in Bantu-Sprachen ausdrücken.«

Von meinem Hotelzimmer kann ich das Dröhnen der Trommeln hören, die das exklusive Dîner begleiten. Vor dem Einschlafen entdecke ich einen englischen Zeitungskommentar, der den jüngsten Entwicklungen in Afrika gewidmet ist. Frankreich habe in Ruanda und am Kongo sein »zweites Faschoda« erlitten, wird dort mit jener Häme vermerkt, die zwischen den Entente-Mächten üblich ist. Der Name Faschoda erinnert an jenen wackeren französischen Hauptmann Marchand, der 1898 an der Spitze einer Kompanie Senegal-Schützen den ganzen Erdteil durchquert hatte, um den Weißen Nil zu erreichen. Nach unsäglichen Strapazen hatte er den Strom schließlich bei dem armseligen Flecken Faschoda, unweit des heutigen Kodok, erreicht und mit der Hissung der blau-weiß-roten Fahne das umliegende Sudan-Territorium für die Dritte Republik in Besitz genommen.

Für Großbritannien, dem der Empire-Builder Cecil Rhodes eine durchgehende Nord-Süd-Achse von Kairo bis Kapstadt verschaffen wollte, war diese Landnahme eine unerträgliche Herausforderung. Die weit überlegene Streitmacht des englischen General Lord Kitchener, der kurz zuvor den islamischen Aufstand der Mahdi-Derwische bei Omdurman niedergeschlagen hatte, nahm eilig Kurs auf Faschoda. Es kam zu einer extrem gespannten, wenn auch höflichen Begegnung. Am Ende mußte Marchand, der zum verzweifelten Widerstand entschlossen war, auf Weisung seines Ministeriums die Stellung am Oberen Nil räumen. In Paris hatte man vorübergehend dem »perfiden Albion« mit kriegerischer »Rache für Faschoda« gedroht. Die diplomatischen Torheiten des Wilhelminischen Reiches sollten bald dafür sorgen, daß diese tiefe Verstimmung zwischen London und Paris beigelegt und die »Entente Cordiale« dennoch zustande kam.

Auch im Jahr 2000 befindet sich Frankreich wieder auf dem Rückzug. Gegen die Öl-Multis der USA bildet die französische Petroleumgesellschaft Elf-Aquitaine auch nach ihrer Verschmelzung mit Total und Fina kein ausreichendes Gegengewicht, obwohl sie sich der gleichen skrupellosen Bestechungsmethoden bedient und die afrikanischen Stellvertreterkriege auch von Paris mit Waffenlieferungen in Gang gehalten werden. Dem kommerziellen »know how« der amerikanischen Söldner-Firmen kann Paris nur mit bescheidenen Mitteln begegnen. Zwar bietet die Wankelmütigkeit Kabilas den Franzosen gewisse Einwirkungschancen in Kinshasa. Jenseits des Kongo-Stroms, in der ehemals französischen Schwesterrepublik von Brazzaville, rafften sich die Beauftragten Jacques Chiracs sogar zu einem erfolgreichen Nachhut-Gefecht auf. Aber im Wettstreit um das Erdöl und die Diamanten von Angola sitzen die Interessenvertreter Washingtons am längeren Hebel.

Am Ende wird es wohl nur Verlierer geben. Wer kann es mir verübeln, daß ich in dieser Äquator-Nacht von Kigali mit einiger Nostalgie an das »Empire colonial français« und auch an das Britische Empire zurückdenke, deren letzte, durchaus eindrucksvolle Abschiedsphase von Afrika ich als junger Reporter noch miterlebte. Ich hatte mich ja stets als »Gefährte des Rückzugs« empfunden. So wie es um die Fünfte Republik heute bestellt ist, erscheint die Verdrängung Frankreichs aus seinen ehemaligen Einflußzonen kaum noch aufzuhalten. Angesichts der Leichenberge, die sich zwischen Ruanda und Angola türmen, angesichts des Rückfalls in wüste, wildeste Barbarei und der offenkundigen Unfähigkeit Washingtons, nach dem Vorbild des Römischen Reichs eine »pax americana« in Afrika zu errichten, kommt mir ein Ausspruch Charles de Gaulles in den Sinn. Es war während einer Pressekonferenz unter den Goldschnörkeln der »Salle des fêtes« im Elysée-Palast, als der General seinen Entschluß bekanntgab, die Staaten der »Communauté française« in die Unabhängigkeit zu entlassen. Schon damals versuchten die beiden Supermächte des Kalten Krieges, USA und Sowjetunion, sich an die Stelle des früheren Kolonisators zu drängen. »Denjenigen, die in Afrika unseren Platz einnehmen wollen«, so hatte Charles de Gaulle sarkastisch orakelt, »denen wünsche ich viel Vergnügen – je leur souhaite bien du plaisir«.

Von meinem Bett blicke ich zu der Maske des Bafwasende-Stammes auf, die ich durch Vermittlung des Griechen Demetrios in Kisangani erworben hatte. Im Hotelzimmer habe ich diese dunkelbraune, massive Holzschnitzerei an der Wand befestigt und mit der Tischlampe angestrahlt. Solche authentischen Kult-Objekte, die den surrealistischen Nachahmungen des Westens weit überlegen bleiben, sind heute in Afrika selten geworden. Das kunstvoll bearbeitete Antlitz scheint aus einer ganz anderen Entwicklungsphase der Menschheit zu stammen, entspringt einem uns fremden, unbegreiflichen Wahrnehmungsvermögen. Die weit vorgewölbte, mächtige Stirn des Fetisch ist durch tiefe Stammesnarben gezeichnet. Darunter offenbart sich ein Fabelwesen mit drei Nasen, an denen rote Sorghum-Dolden wie geronnenes Blut kleben, mit vier Augen, die aus tiefen Schächten unbeteiligt und beängstigend ins Leere starren. Auf dem nach unten verzerrten, vollippigen Mund liegt ein Ausdruck grausamer Verachtung. Ich blicke intensiv auf den Dämon und gerate in seinen Bann. Aus der Maske der Bafwasende spricht nicht nur jener »Horror«, der den Kongo-Abenteurer und Elfenbeinhändler Kurtz in seinen mörderischen Wahnsinn trieb. Hier mischt sich magische Entrücktheit mit Mordlust und Entsetzen. Aus diesem »visage de l'aube du monde« – wie der Senegalese Leopold Senghor dichtete – tönt bereits eine Traurigkeit, ja Verzweiflung, als seien sich die dumpfen Götzenanbeter bei ihren blutigen Ritualen der Unerträglichkeit menschlichen Seins von Anfang an bewußt gewesen.

TANGANJIKA-SEE

Zurück in die Steinzeit

Bujumbura, im Juli 2000

Am späten Abend sollen an dieser Uferstelle des Tanganjika-Sees Flußpferde auftauchen. Aber neben dem »Safari-Gate-Hotel«, das altmodischen Kolonial-Charme bewahrt hat, wird eine afrikanische Hochzeit gefeiert. Der Lärm der Trommeln, die auf dem Kopf getragen werden, verscheucht die Tierwelt. Es ist eine recht wohlhabende, fast elegante Gesellschaft, die sich da versammelt hat, die Herren im dunklen Anzug, die Frauen im bunten, langen Kleid. Auf den ersten Blick, so scheint es, ist die Welt in Bujumbura noch in Ordnung. Da gibt es sogar einen Golf- und Reit-Club, in dem Schwarz und Weiß problemlos miteinander verkehren.

Nach Einbruch der Dunkelheit wandelt sich die Stimmung. Der Stadtkern der Hauptstadt von Burundi bleibt zwar relativ sicher, aber die schwarzen Militärstreifen sind auf der Hut. Bei Nacht räumen die Soldaten der Burundi-Armee, die fast ausnahmslos der Tutsi-Ethnie angehören, ihre Stellungen auf den Bergen nördlich des Sees, und die Rebellen vom Bantu-Volk der Hutu übernehmen die Kontrolle über die Dörfer.

Noch ist der rote Sonnenball nicht untergegangen. Der Himmel hüllt sich in jene Farbsymphonie aus Gelb, Grün und Violett, die ich nur in Äquatorial-Afrika angetroffen habe. Große schwarze Vögel gleiten über das reglose Wasser, das nach Süden kein Ende findet. Von dieser Abendstunde geht eine seltsame Beklemmung aus, oder ist es nur die Müdigkeit nach der langen Autofahrt, die hinter mir liegt. Die Strecke sei gefährlich, werde von Weißen nicht mehr benutzt, hatte man mich in Kigali ermahnt, denn jenseits der Grenze von Burundi beginne das Niemandsland des Bürgerkrieges. Doch es ist nicht zum geringsten Zwischenfall gekommen.

Auch in Burundi reihen sich die Hutu-Dörfer dicht aneinander, oft mit hohen Portalen aus Palmzweigen, die irgendwann zur Begrüßung irgendeines Prominenten errichtet wurden und jetzt dahinwelken. Die Menschen hier wirken stumpf und verschlossener noch als im benachbarten Ruanda. Uns begegnen immer wieder Kolonnen tiefschwarzer Frauen, deren grellbunte, fröhliche Kleidung mit dem traurig-ängstlichen Gesichtsausdruck kontrastiert. Fast jede Ortschaft verfügt über eine Ziegelbrennerei. Zerlumpte Kinder schleppen ganze Türme von Backsteinen auf den Köpfen. Gelegentlich trottet eine Dreierkolonne von Joggern an uns vorbei. Sie tragen zerfetzte Uniformstücke und verzichten beim Ertüchtigungslauf nicht auf die Kalaschnikow. Sie sind so verwahrlost, daß ich mich frage, ob es sich um Regierungssoldaten oder Aufständische handelt. Jedenfalls schenken sie uns keinen Blick.

In steilen Kurven ging es durch dichtes Waldgelände dem Tanganjika-See entgegen. Diese Zone sei besonders kritisch, warnte Paul. Unsere erste Wahrnehmung von Bujumbura war die zerschossene und verwaiste Siedlung Kamenge. Hier patrouillieren nur Gendarmen. Unwillkürlich mußte ich an die Polizeistation an der Grenze zu Burundi denken, die knapp hundert Kilometer hinter uns lag. Eine ältere Beamtin thronte dort hoheitsvoll hinter dem Schalter, knallte den Einreisestempel in den Paß und war sogar zum Scherzen aufgelegt. An der Wand prangte der in dieser Umgebung bizarr anmutende Satz: »La justice est exercée au nom du peuple – Die Justiz wird im Namen des Volkes ausgeübt.«

Der kleine Hausdiener, vielleicht der einzige Hutu, der im »Safari-Gate« Dienst tut, erneuert regelmäßig meinen Sun-Downer. Der Whisky bleibt weiterhin das tauglichste Tropengetränk. Ist es die Blasiertheit, die sich nach einem halben Jahrhundert permanenter Weltreisen einstellt? Ich kann die Begeisterung nicht nachempfinden, die vor hundert Jahren meinen Vorgänger

Richard Kandt beim Anblick des Tanganjika-Sees überkam. Er sei hier zum letzten Mal zitiert mit seinem romantischen, fast schwülstigen Text, der auf das klassische Bildungsbürgertum seiner Epoche verweist:

»Es gibt am Tanganika und Kiwu Stimmungen, wie ich sie sonst nirgends in der Welt beobachtet habe. Sie sind auch hier nur selten. Die Sonne liegt noch dicht über dem Horizont, da beginnen die zwanzig, dreißig Kilometer entfernten Berge im Westen zu leuchten. Jede ihrer Furchen und Schluchten ist sichtbar und doch liegt etwas Unwirkliches über ihnen. Man sucht und sucht und findet schließlich, daß es die Farbe ist. Aber eigentlich ist keine Farbe an diesen fernen Bergen, es ist nur ein Leuchten. Farblos liegen die grünen Grashänge, aber sie leuchten, farblos die Felsen und die Felder, aber sie leuchten. Und wenn es mir zuerst schien, als wäre dies Gebirge aus unendlich feinem Sand aufgebaut, so dünkt es mich zuletzt nur noch wie eine silbrige Fata Morgana, die nur leider zu selten und dann nur für kurze Minuten sichtbar ist.«

Im Westen verschwimmen die Ladekräne des Hafens von Bujumbura in der Dämmerung. Eben löst sich dort ein altertümliches Schiff vom Kai und dampft nach Süden. Es kommt mir irgendwie vertraut vor. Wohin die Fähre unterwegs sei, frage ich den Boy. Die erste Station sei Kigoma auf dem tansanischen Ost-Ufer, und von dort werde sie mit neuer Fracht auf den Hafen Kalemie Kurs nehmen, den die Belgier früher Albertville nannten und der bereits in Nord-Katanga am Westufer liegt. Ob es wirklich der gleiche Dampfer ist, mit dem ich bei meiner ersten Afrika-Durchquerung im Mai 1956 – aus Belgisch-Kongo kommend – das langgestreckte Binnenmeer überquert hatte? Diese Etappe aus der Endzeit der britischen Mandatsherrschaft über das heutige Tansania hatte ich in einem Zeitungsartikel geschildert:

Wo Stanley auf Livingstone stieß

Rückblende:
Kigoma, im Mai 1956

In Kigoma beginnt Asien. Hier liegt die Endstation der Bahnlinie, die quer durch das ehemalige Deutsch-Ostafrika vom Indischen Ozean bis zum Tanganjika-See reicht. Der massive Bahnhof mit den dicken Mauern und den maurisch geschwungenen Fensterbogen ist ein typisches Zeugnis wilhelminischer Kolonialarchitektur, ebenso der »Boma«, wo heute der britische District-Officer amtiert, und den man weiterhin »Kaiserhof« nennt.

Das Geschäftsleben in Kigoma wird von den Indern bestimmt. Die Hauptstraße wimmelt von Hindus im weißen Dhoti, von ismaelitischen Muslimen mit der Lammfellkappe, von bärtigen Sikhs unter pastellfarbenen Turbanen. Die Frauen tragen den Sari oder die Hosentracht der Pakistani. Die wenigen Europäer stehen dieser asiatischen Invasion scheinbar hilflos gegenüber. Sie treffen sich mißmutig auf der Terrasse des einzigen Hotels, das in der deutschen Zeit gebaut wurde und in dem – abgesehen von den japanischen Moskitonetzen – seit 1914 nichts erneuert wurde. Die Araber sind selten geworden. Jahrhundertelang waren ihre Vorfahren aus dem Sultanat Oman und Maskat auf ihren Sklavenjagden bis tief in den Schwarzen Erdteil vorgedrungen. Ihre wichtigste Basis und der große Markt für das »schwarze Elfenbein« hatte sich auf der Insel Sansibar befunden, und das Sprichwort lautete damals: »Wenn in Sansibar die Flöte spielt, tanzt ganz Ostafrika bis zu den Großen Seen.« Unter ihren schmuddeligen Kopftüchern wirken die Araber von heute wie gerupfte Raubvögel. Die Afrikaner leiden offensichtlich unter dem indischen Kastenbewußtsein. In armselige Sacktücher gehüllt, keuchen sie unter erdrückenden Lasten. Ihre Frauen tragen dunkle Schleier, unter denen orangerote Röcke hervorschauen. Gelegentlich kommen die schwarzen Frauen aus dem Busch mit schwerem, barbarischem Kupferschmuck an Armen und Beinen, einen dicken Ring in der Nase.

Kigoma wäre wohl eine tote Stadt, gäbe es nicht den Durchgangsverkehr nach Belgisch-Kongo. Im Vertrag von Versailles, der das Teilmandat Ruanda-Urundi dem belgischen Kolonialbesitz zusprach, ließ sich die Brüsseler Regierung den freien Transit über die Bahnlinie zum Indischen Ozean bestätigen und richtete je einen Freihafen in Kigoma und Dar-es-Salam ein. Die belgischen Truppen waren die ersten Alliierten, die 1914 in Deutsch-Ostafrika eindrangen und bis Tabora vorstießen.

Wenige Kilometer von Kigoma entfernt habe ich das Dorf Ujiji aufgesucht. Hier leben über 15000 islamisierte Schwarze. Ihre eifernde Gläubigkeit bereitet der englischen Verwaltung Sorgen. Die katholische Mission der Weißen Väter, die in Ujiji eine Schule führt, hat den Kampf gegen den Islam längst aufgegeben. Jedesmal wenn ein Freundschaftsspiel zwischen christlichen und muslimischen Schülern stattfindet, artet diese Fußballveranstaltung für die Koran-Gläubigen zu einem kleinen »Dschihad« aus. In Ujiji sind die ägyptischen Radiosendungen in Suaheli-Sprache zu hören, die die Schwarzen zum Widerstand gegen die britische Verwaltung aufwiegeln.

Ujiji ist aus einem anderen Grunde denkwürdig. An diesem Ort fand 1871 der Forscher und Journalist Stanley den verschollenen Arzt und Missionar Livingstone wieder. Die gesamte Weltöffentlichkeit hatte dieses Ereignis mit seltener Einmütigkeit gefeiert. Heute steht ein schlichtes Steindenkmal an Stelle des Mangobaums, unter dem Livingstone saß, als die Safari Stanleys sich Ujiji näherte. Dort sprach Stanley die in ihrer Banalität historischen Worte: »Doctor Livingstone, I presume.«

Spät am Abend saß ich mit einem Missionar aus der Schweiz auf der Hotelterrasse. Vor jedem Sessel stand ein Küchenstuhl, damit man die Füße darauf strecken konnte. Aus den meisten Häusern drang eintönige indische Musik. Vom Turm der mit bunten Glühbirnen geschmückten Moschee tönte der Gesang des Muezzin. Gewichtige Gruppen wohlhabender Inder steuerten ihrem Club entgegen. »Die Engländer haben hier wenig getan, seit die Deutschen fort sind«, erzählte der Missionar. »Bis zum Zweiten Weltkrieg waren sie nicht sicher, ob sie in Tanganjika bleiben würden. London spielte mehrfach mit dem Gedanken, den Deutschen ihre einstige Besitzung zurückzugeben. Die britische Verwaltung von Dar-es-Salam galt stets als wenig rühmliche Auswahl des Colonial-Service. Die hier amtierenden Engländer haben es verstanden, Inder, Muslime, Araber und Afrikaner gegeneinander auszuspielen, und so haben sie jede ernste Unruhe vermieden.«

Der Missionar strich sich mit der Hand durch den Bart und blickte zum Kreuz des Südens auf. »Es ist schwer«, fuhr er fort, »in diesen tropischen Ländern den heiligen Eifer der Jugendjahre zu bewahren. Sie stellen sich kaum vor, wie enttäuschend die Afrikaner sein können. Manche wirken wie böse Kinder. Viele wechseln mehrfach die Konfession, weil sie sich materielle Vorteile davon versprechen. Dankbarkeit darf man bei ihnen nur in Ausnahmefällen erwarten. Nächstenliebe und Geduld gehören für einen Missionar zu den heroischen Tugenden. Neuerdings greift die Drachensaat des Nationalismus auf unsere Katechumenen über. Neben den vielen schwarzen Muslimen, die uns schikanieren, wo sie nur können, fördert an der rhodesischen Grenze die Watch-Tower-Sekte jede fremdenfeindliche Agitation. Die weißen Kaffeepflanzer von Mbeya sind schon dabei, ihr Bündel zu schnüren. Unsere Missionen kann allenfalls noch der eingeborene Klerus retten.«

Bevor ich zu Bett ging, entdeckte ich im Speisesaal des Hotels ein brüchiges, klangloses Klavier. Ich schlug den Deckel auf und las über der Tastatur in verschnörkelter gotischer Schrift: »Gebauer, Königsberg«. Ein merkwürdiges Erlebnis: In diesem entlegenen Flecken des ehemaligen Deutsch-Ostafrika fand ich ein altes Piano, gebaut in einer Stadt, die heute Kaliningrad heißt. Ich war damals 32 Jahre alt und beendete meine Niederschrift über Kigoma mit einem pathetischen Nachsatz, wo »vom rasenden Flügelschlag der Geschichte« die Rede war.

Ein junger Mann namens Kabila

Rückblende:
Bukavu, im Sommer 1964

Aber hatte ich damals so falsch gelegen? Acht Jahre später – im Sommer 1964 – sollte ich wieder am Ufer der Großen Seen stehen, und tatsächlich war in der kurzen Frist ein Orkan über Zentralafrika hereingebrochen, hatte phänomenale Veränderungen bewirkt. Die diversen Phasen dieser stürmischen Entwicklung seien noch einmal kurz resümiert: Der belgische Kongo war 1960 eine unabhängige, chaotische Republik geworden, während das ehemals britische Treuhand-Territorium unter dem Namen Tansania und der Führung des damals vielbewunderten Präsidenten Julius Nyerere den Weg eines »afrikanischen Sozialismus« beschritt. Die Intervention der Vereinten Nationen im Herzen Afrikas, die Entsendung von 30000 Blauhelmen aus den unterschiedlichsten Ländern, vor allem der Dritten Welt, war der Anarchie in der riesigen Kongo-Region in keiner Weise gewachsen, ja hatte sie noch vermehrt. Der »Prophet« Lumumba war Anfang 1961 auf grausame Weise ermordet worden.

In einem grotesken Feldzug hatten indische Sturmtruppen gemeinsam mit Äthiopiern, Malaysiern, Schweden und Iren die kümmerliche Katanga-Gendarmerie des Separatisten Moise Tshombe im Frühjahr 1963 endlich niedergeworfen, nachdem sie wochenlang durch ein paar Dutzend »weiße Söldner«, darunter auch französische Berufsoffiziere, am Rande der Grubenstadt Elisabethville, heute Lumumbashi, in Schach gehalten worden waren. Präsident Kennedy, der unter der blauen UN-Fahne schon eine Art »pax americana« im Herzen Afrikas errichten wollte und sich sehr positiv über die staatsmännische Begabung des damaligen Generalstabschefs Joseph Mobutu äußerte, hatte noch vor dem Attentat von Dallas die Fruchtlosigkeit seiner Bemühungen einsehen müssen. Am 1. Juli 1964 wurde das blaue Tuch der Weltorganisation, das über den Hochhäusern von Leopoldville vier

Jahre lang geweht hatte, unter Schmährufen und dem höhnischen Gelächter einer johlenden und tanzenden Masse von Kongolesen eingeholt. Die Blauhelme rückten wie eine geschlagene Truppe ab.

Im Frühjahr 1964 war im Ost-Kongo die große Revolte der »Lumumbisten« ausgebrochen und weitete sich wie ein Savannenfeuer aus. Angebliche Marxisten und Maoisten im Verbund mit wirren Predigern einer radikalen Rückkehr zu alten afrikanischen Zauber-Ritualen bildeten eine bedrohliche Allianz, der der damalige Regierungschef von Leopoldville, Cyrille Adoula, von den Amerikanern nominiert, in keiner Weise gewachsen war. Staatspräsident Kasavubu erwachte plötzlich aus seiner sprichwörtlichen Lethargie, entließ Adoula und berief – mirabile dictu – ausgerechnet den Katanga-Sezessionisten, den Erzfeind der nationalen Kongo-Einheit, Moise Tshombe, zum Premierminister seiner Zentralregierung.

Die schwarzen Massen von Leopoldville jubelten dem einstigen Katanga-Chef wie einem Retter in höchster Not zu. Im offenen Wagen fuhr er durch das begeisterte Spalier, trug sein breites, triumphierendes Lachen im Gesicht und nahm immer wieder ein »Bad in der Menge«. Sogar in der alten Zitadelle der Ostblock-Sympathisanten in Stanleyville wurde ihm ein festlicher Empfang bereitet. Sein Mut war beachtlich. Tshombe legte einen Kranz am Denkmal Lumumbas in Stanleyville nieder und verbeugte sich vor dem toten Gegner, seinem Opfer. Vielleicht hatte er dieses Mal den Bogen überspannt, hatte das Erinnerungsvermögen seiner Landsleute unterschätzt. Die Rebellion der Lumumbisten schwoll plötzlich zu einer reißenden Flut an. Die mit modernen Waffen ausgerüstete Nationalarmee flüchtete in unbeschreiblicher Panik beim bloßen Anrücken der lanzenbewehrten Buschkrieger, die sich als »Simba«, als »Löwen« bezeichneten. Zehn Tage nach der frevlerischen Kranzniederlegung besetzten diese Steinzeit-Gestalten Stanleyville.

Im Frühjahr 1963 hatte ich meine Reporter-Tätigkeit im Schwarzen Erdteil abgebrochen und war mit der Gründung des Pariser Studios des deutschen Fernsehens ARD beauftragt worden. Aber in diesen Stunden afrikanischen Tumults besann sich der Westdeutsche Rundfunk auf meine langjährige Erfahrung. Mit einem kleinen, wackeren Kamerateam brach ich über Leopoldville, in das Land der Großen Seen, in die Provinz Kivu, auf. Die Fernseh-Dokumentation, die ich in jenen bewegten Tagen produzierte, sollte den Titel »Die Rächer Lumumbas« tragen.

Die grünen Hügel rund um den Kivu-See waren in diesem Sommer 1964 in den nebligen Flor der Trockenzeit gehüllt. Nach unserer Landung auf dem Flugplatz Bukavu führte ich die ersten Informationsgespräche in dem verödeten, einst so eleganten Städtchen. Die letzten Belgier lebten in Erwartung des Weltuntergangs. Der Boden hatte sich unter ihnen aufgetan. Auch an dieser Stelle meines Rückblicks nehme ich das Drehbuch meines Films und diverse Zeitungsartikel zur Hand, um mich in die damalige Stimmung zu versetzen:

*

Dieser Teil Afrikas – zu Füßen der rauchenden Vulkane – entzieht sich allen westlichen Zivilisationsmaßstäben. Noch wird geschwätzt und gefeilscht auf den Märkten von Kabare und Gwenschi. Aber auch ohne Tamtam verbreitet sich die Nachricht vom Vormarsch der Rebellen. Dann wird nur noch getuschelt oder geschwiegen. Seit der Unabhängigkeit gibt es in Kivu weder Gesetz noch Verwaltung. Die Soldaten der Nationalarmee hatten hier besonders brutal gehaust. Auch in Bukavu hat Tshombe, der offenbar vor keiner Gefahr zurückschreckt, vor drei Wochen eine Staatsvisite vollzogen. Er versammelte die Häuptlinge um sich, versuchte sein Regime auf das überlieferte Stammesgefüge und die archaischen Formen afrikanischer Hierarchie zu stützen. Doch die Jungen lehnen sich wütend gegen die Bevormundung durch die korrupten Greise, die verbrauchten »chefs coutumiers« auf. Noch heftiger wenden sie sich gegen die fadenscheinig demokratischen Regierungsformen Europas, die in Leopoldville nachgeäfft werden. Die Jungen lallen unverdaute marxistische Parolen. Ihr Nationalismus steigert sich zu mörderischer Fremdenfeindlichkeit. Wenn das Nahen der wilden Männer mit den Speeren und den Affenfellen aus dem Süden gemeldet wird, dann flüchten Bauern und Hirten in die Wälder. Auf dem Kopf tragen sie ein Bündel mit Habseligkeiten und müssen froh sein, wenn sie nicht von einer marodierenden Polizeistreife beraubt werden.

Im Hotel am Kivu-See herrscht Grabesstille. Das graue Wetter drückt aufs Gemüt. Ein paar amerikanische Offiziere mit den grünen Baretten der »Special Forces« sitzen an der Bar, trinken Whisky und haben ihre Waffen in Reichweite. Sie gehören dem »Military Advisory Commando« für den Kongo an, werden von ihrer Botschaft als »tough cookies« bezeichnet. Das sind sie wohl, denn sie begeben sich zu zweit oder zu dritt mit dem Jeep oder zu Fuß auf Pirsch und Erkundung. Der US-Militärattaché in Leopoldville koordiniert auch die Aktionen exil-kubanischer Piloten, die für klingenden Lohn Bordwaffenangriffe gegen die aufständischen Lumumbisten fliegen. Auf der anderen Seite gebe es ebenfalls Kubaner, die für Fidel Castro und die rote Weltrevolution im Einsatz ständen, so behaupten die »green berets«. Von Che Guevara war zu jenem Zeitpunkt noch nicht die Rede. Die breitschultrigen, gelassenen Amerikaner zeigen uns auf der Karte, wie nahe die »Simba«, von Süden vorrückend, an Bukavu herangekommen sind. Der letzte Posten der Nationalarmee ist knappe 12 Kilometer entfernt.

Am nächsten Morgen sind wir über eine rote Laterit-Straße zu dieser vorgeschobenen Stellung gefahren. Die Soldaten Mobutus hatten ein paar Sandsäcke aufgeschichtet und die Piste mit einer hölzernen Schranke versperrt. Sie mochten dreißig Mann sein und waren heilfroh über unseren unerwarteten Besuch. Die Präsenz von Weißen gab ihnen wohl ein minimales Gefühl von Sicherheit. Sie rollten jetzt wild mit den Augen, ließen sich in kriegerischer Pose filmen und zeigten lachend auf den Kochtopf, wo irgendein Getier brutzelte. »Wir haben den Rebellenführer Mulele geschlachtet«, prahlten sie, »hier in diesem Kessel schmort er, und gleich essen wir ihn auf.« Der »Kommunist« Pierre Mulele war in der Kasai-Provinz zu einer geradezu mythischen Figur des afrikanischen Aufbäumens gegen den Westen geworden.

In Wirklichkeit schlotterten die Mobutu-Soldaten vor Angst.

Sie standen einer Gespensterarmee gegenüber, einer Truppe von Kriegern, die sich auf die alten Dämonen Afrikas berief. Diese Kräfte, so hörten wir, seien den technischen Mitteln der Europäer weit überlegen. Beim Nahen der »Simba«- und Leoparden-Männer, die sich mit »Maji«, mit magischem Wasser und Zaubersprüchen unverwundbar machten, verbögen sich die Schnellfeuergewehre, und die Kugeln träfen nicht mehr ins Ziel. Kein Wunder, daß die Regierungsarmee, die in Kivu ohne Kommando und festen Auftrag diesen Urgewalten hilflos ausgeliefert war, sich die Uniform vom Leibe riß und das Weite suchte, wenn auch nur ein Gerücht den Anmarsch ihrer Gegner meldete. Die Soldaten fürchten diese unheimliche Provinz, wo die wilden Barega – wie schon zu Zeiten des deutschen Residenten Kandt – angeblich ihre Feinde auffressen und die Opfer des Krieges zu Tausenden die Krokodile des Ruzizi-Flusses mästen.

Bujumbura, im Sommer 1964

Da die direkte Reiseroute von Bukavu nach Bujumbura durch Banden von Simba unterbrochen war, mußten wir den Umweg über Ruanda antreten. Am Ende unserer Fahrt erreichten wir das Hotel »Paguidas« im Zentrum von Bujumbura. Die Herberge war in einem traurigen Zustand. Von den im Park verstreuten Pavillons am Ufer des Tanganjika-Sees bröckelte der Stuck und die gelbe Farbe ab. Der ölige Grieche, der das Etablissement führte, wollte aus verständlichen Gründen nichts mehr investieren. Ab Stanleyville treten Griechen und Inder, als kleine Händler und Unternehmer, an die Stelle der Portugiesen, die im West-Kongo vorherrschend waren.

Von meinem Hotelzimmer im »Paguidas« hörte ich am späten Abend den Lärm von Schüssen und Sprengungen. Aber es war weder ein Putsch noch eine Straßenschlacht im Gange. Die Geräusche kamen aus einem Bungalow, den die Volksrepublik China als Kanzlei gemietet hatte. Die Jünger Mao Zedongs führten hier den afrikanischen Rebellenführern aus dem benachbarten Kongo Lehrfilme über Partisanenkrieg und Sabotagetechnik vor.

Am nächsten Tag hatte ich den Chinesen einen Besuch abgestattet. Ich wurde mit eisiger Höflichkeit empfangen. Peking predigte damals den kompromißlosen Aufstand aller farbigen Völker gegen die weißen Imperialisten. Den Russen warfen die Chinesen vor, sie hätten das Erbe Lenins verraten und verbrüderten sich bereits mit der internationalen Bourgeoisie. »Wünschen Sie Tee oder Coca Cola?« hatte der Botschaftssekretär im Mao-Look mit einem Unterton gefragt, als käme die Wahl des Getränks einer ideologischen Entscheidung gleich.

Die »maoistischen« Rebellen des Kongo befanden sich zu jener Zeit auf dem Höhepunkt ihrer militärischen Erfolge. Sie hatten die Hafenstadt Albertville, heute Kalemie, am Westufer des Tanganjika-Sees erobert. Der neue Regierungschef von Leopoldville, Moise Tshombe, versuchte verzweifelt, mit Hilfe seiner »Gendarmerie Katangaise« und ein paar hundert weißer Söldner, die revolutionäre Expansion einzudämmen. Als erfolgreicher Aufstandskommandeur hatte sich an der Südfront ein ehemaliger Handlungsgehilfe, Gaston Soumialot, hervorgetan, der nach der Einnahme von Albertville durch seine Simba oder »Mayi-Mayi«-Krieger in der katholischen Kathedrale ein feierliches Tedeum anstimmen ließ. Zu diesem Mann wollte ich mich mit meinem Kamera-Team auf den Weg machen, um den »réalités congolaises« ins unheimliche Antlitz zu blicken.

Immerhin hatten die Chinesen uns mitgeteilt, daß eine Delegation kongolesischer Lumumbisten in einem nahen Pavillon des »Paguidas« untergebracht sei und daß ein paar Rebellenführer am folgenden Tag zu einem Besuch nach Peking aufbrechen würden. Diese Simba, die Hemd und Hose trugen, nahmen uns freundlich auf. Sie waren sichtlich angetan von unserem Vorschlag, einen Filmbericht über sie zu machen. Und hier geschah das Außergewöhnliche, dessen Bedeutung mir erst 35 Jahre später klar werden sollte. Der Führer dieser Gruppe, ein stämmiger junger Mann mit Vollbart, stellte sich unter dem Namen »Laurent Kabila« vor und bezeichnete sich als Vizepräsident und Außenminister des kongolesischen Befreiungskomitees. Er sprach fließend französisch und drückte sich mit der vielen Afrikanern eigenen Begabung für preziöse Rhetorik aus. Es war kein anderer als jener Laurent Désiré Kabila, der im Jahr 1997 durch die Gunst der Umstände und der USA nach dem Einmarsch seiner Tutsi-Verbündeten in Kinshasa an die Spitze der Kongo-Republik katapultiert werden sollte.

Er gewährte uns ein Interview, das im »Weltspiegel« ausgestrahlt wurde und noch irgendwo in den Archiven des Westdeutschen Rundfunks schlummern müßte. »Jawohl, unsere Partisanen betrachten sich als die Rächer Patrice Lumumbas«, beteuerte Laurent Kabila. »Mehr noch, wir wollen sein Werk fortsetzen. Wir sind seine Jünger. Wir fordern eine sozialistische Revolution und werden die Clique Kasavubu–Mobutu–Tshombe wie alle übrigen Verräter und ungesunden Elemente auslöschen.« Wie denn die Lumumbisten auf den Einsatz weißer Söldner durch Tshombe reagieren würden, wollte ich wissen. »Sie sollten fragen, wie wir heute bereits auf diesen Skandal reagieren«, hatte Kabila entgegnet, »denn heute schon dienen zahlreiche ›mercenaires‹ in der Kongo-Armee. Wir wissen, daß Tshombe nur ein Werkzeug ist. Solange uns lediglich geldgierige Abenteurer, gekaufte Individuen gegenüberstehen, werden wir die Europäer in den von uns befreiten Gebieten nicht anrühren. Wenn sich jedoch ausländische Regierungen einmischen und die Entsendung von Söldnern organisieren, um unsere Bevölkerung zu massakrieren, dann werden wir an den bei uns ansässigen Weißen Vergeltung üben. Das ist doch wohl normal.«

Wir hatten es Laurent Kabila persönlich und auch dem belgischen Hafenkapitän von Bujumbura zu verdanken, daß wir Kontakt zur Aufstandsarmee des Simba-Führers Soumialot aufnehmen konnten. Es bestand immerhin noch Funkverkehr zwischen Burundi und den Rebellen. Die Antwort aus Albertville lautete, wir seien willkommen. Man erwarte uns mit dem nächsten Schiff.

In den Klauen der »Simba«

Rückblende:
Albertville (heute Kalemie), im August 1964

Es war früher Morgen. Über dem platten Wasser des Tanganjika-Sees hingen Nebelschwaden. Der Himmel im Westen war noch dunkelgrau. Im Osten, wo sich einmal Deutsch-Ostafrika befand, ging die Sonne in Gold und Purpur auf. In spätestens einer Stunde würden wir unter drückender, feuchter Hitze leiden. Der Dampfer, der am Abend zuvor in Bujumbura abgelegt hatte, kam mir seltsam bekannt vor. Neben der Kapitänskajüte entdeckte ich ein Messingschild mit der Aufschrift »Antwerpen 1914«. Mit dem selben Schiff hatte ich also acht Jahre zuvor schon einmal die Überfahrt nach Kigoma unternommen. An Bord gab es alle mögliche Fracht, aber nur vier Passagiere. Mich begleiteten der Kameramann Rolf Friedrich und der Toningenieur Georg Meurer. Dazu kam eine katholische Ordensschwester. Der Kapitän war ein müder Kolonial-Belgier, der sich nicht entschließen konnte, ins fröstelnde, enge Mutterland zurückzukehren. Wir standen hinter ihm in der Steuerkabine. Niemand sprach ein Wort. Der Dunst wurde plötzlich von der Sonne durchbrochen, wir erkannten die Docks und Anlegepiers des ost-kongolesischen Hafens Albertville. Was wir dort erblickten, bestätigte unsere schlimmsten Ahnungen. Die belgische Nonne war leichenblaß geworden und bekreuzigte sich. Auch die schwarze Schiffsbesatzung sah mit vor Schreck geweiteten Augen auf das Ufer.

Das Empfangskomitee hätte der Komparsengruppe aus einem Dokumentarfilm über die Anfänge der Menschheit alle Ehre gemacht. Die schwarzen Krieger, die uns erwarteten, trugen Speere und Buschmesser, Pfeil und Bogen. Ihre abenteuerliche Uniformierung wurde durch Tierfelle, Grasbüschel und Lianen ergänzt. Zum Teil hatten sie sich mit weißer und roter Farbe das Gesicht beschmiert. Sobald unser Fallreep den Kai berührte, kamen diese Gestalten der Urzeit an Bord. Ich hatte einen hochgewachsenen Afrikaner ausgemacht, der offenbar die Rotte anführte. Er trug immerhin Hemd und Hose sowie eine Kappe aus Leopardenfell. Der Mann ging gleich auf mich zu: »Ich bin Minister für Information und Sicherheit der Kongolesischen Volksrepublik«, stellte er sich vor. »Mein Name ist Martin Kasongo. Sie sind wohl das deutsche Fernsehteam, das von unserem Vertrauensmann in Bujumbura angekündigt wurde. Nehmen Sie Ihr Gerät und folgen Sie uns.«

Ob die katholische Schwester, die mit dem Mut einer Märtyrerin mitten ins Rebellengebiet zurückgekehrt war, um die Missionsarbeit weiterzuführen, ihre Station erreicht hat, sollte ich nie erfahren. Wir wurden mit unserer Ausrüstung in zwei halbzertrümmerte amerikanische Limousinen verfrachtet und fuhren über die schnurgerade Asphaltstraße, die den Stadtkern von Albertville bildet, zum »Hôtel du Lac«. Wir sahen uns beklommen an und bewegten uns ab da wie in einem Alptraum.

Da waren wir also bei den gefürchteten »Simba«, bei den »Mayi-Mayi«, bei den Kämpfern der »Kongolesischen Volksbefreiungsarmee«. Kasongo hatte auf der Fahrt versichert, daß Gaston Soumialot uns am Vormittag aufsuchen werde und zu einem Interview vor der Kamera bereit sei. Das »Hôtel du Lac« starrte vor Schmutz. In der Empfangshalle servierte uns Kasongo trotz der frühen Stunde volle Whisky-Gläser. Ich ließ unsere bewaffneten Begleiter, besser gesagt Bewacher, nicht aus dem Auge. Durch Gewöhnung verloren sie nichts von ihrer unberechenbaren Fürchterlichkeit. Diese schwarzen Männer – mit ihren Affenfellen und ihren Speeren – betrachteten uns aus blutunterlaufenen Augen. Sie standen unter der Wirkung irgendeiner afrikanischen Droge, die aus »indischem Hanf« und Gräsern gewonnen wird. Schon torkelten sie. Als sie sich mit aufkommender Hitze anschickten, eine Bierflasche nach der anderen zu leeren, wurde unsere Situation vollends prekär. Kasongo hatte zwar zu unserer persönlichen Betreuung einen normal gekleideten jungen Mann herbeibefohlen, der ein Blatt Papier mit der Aufschrift »Protokoll« an seinem Hemd befestigt hatte. Aber dieser Jüngling war selber entsetzt. Er blickte verstört auf die Horrorfiguren mit den farbverschmierten

Gesichtern, die uns am Verlassen der Hotelhalle hinderten und uns zunehmend mißtrauisch, ja feindselig musterten, als seien wir bereits ihre Gefangenen oder Geiseln.

Eine Belgierin von etwa vierzig Jahren war ins Hotel gekommen. Das blonde Haar klebte ihr an der Stirn. Die Augen waren schreckgeweitet. Sie setzte ein erfrorenes Lächeln auf, als sie sich an Martin Kasongo wandte, um von ihm eine Ausreiseerlaubnis zu erbetteln. Die paar Weißen, die noch in Albertville lebten, als die Lumumbisten kamen, hätten schreckliche Zeiten durchgemacht, flüsterte sie mir zu. Die wüsten Ausschreitungen würden nicht abreißen. Ihre heimliche Mitteilung wurde durch das Hinzutreten des Ministers unterbrochen. Erst führte er mit der Frau ein überbetont höfliches Gespräch, dann schickte er sie rüde weg. Auf der Straße vor dem Hotel zogen gelegentlich Afrikanerinnen im Gänsemarsch vorbei. Sie trugen Proviant und Brennholz auf dem Kopf. Dann kamen Autos mit Partisanen. Die Windschutzscheiben, aus denen Gewehrläufe ragten, waren zertrümmert, die Kotflügel zerbeult. Auf dem Kühler der Fahrzeuge waren Palmwedel befestigt. Auf Anraten ihres Zauberers, ihres »Munganga«, betrachten die Simba den grünen Pflanzenschmuck als wirksamen Schutz gegen feindliche Kugeln.

Wie er es denn fertiggebracht habe, die Soldaten Mobutus so sehr zu verängstigen und in alle Winde zu verjagen, fragte ich Kasongo, um für gute Stimmung zu sorgen. »Ich lasse den Gefangenen die Ohren und die Lippen abschneiden«, antwortete der Sicherheitsminister, »das hilft.« Dann stand er auf und ließ uns allein mit den Wilden, die sich immer aufdringlicher an uns heranschoben. Sie waren jetzt in einem überreizten Zustand, lachten einmal wie Kinder und zankten sich dann wie Raubtiere. Der Protokollchef gab seine Beschwichtigungsversuche nach einem Tritt ins Gesäß auf. Die Bewaffnung der Soumialot-Truppe war dürftig. Die Simba hielten nicht viel von Gewehren oder Granatwerfern. Sie vertrauten ihren Speeren, ihren Buschmessern, ihren Keulen. Vor allem aber waren sie von der Zauberkraft ihres »Dawa«, ihrer Amulette und Fetische überzeugt. Das Wasser spielte bei der Abwehr von Kugeln, bei der Vermeidung von Verwundungen offenbar eine große Rolle, denn jedesmal wenn sie von ihrer magischen Überlegenheit prahlten, stießen die Krieger den Ruf aus »Dawa mulele maji«. Diese Suaheli-Worte waren aus dem Arabischen abgeleitet. »Dawa« bedeutet Medizin oder Wundermittel. Mulele war jener ehemalige Lumumba-Minister, der den Aufstand im West-Kongo ausgelöst hatte. »Mayi«, auf Arabisch »ma'« hieß Wasser. Der Kampfschrei knüpfte, ohne daß die Simba es ahnten, mit jenem großen Mayi-Mayi-Aufstand des Angoni-Stammes im Süden von Deutsch-Ostafrika an, den die wilhelminische Schutztruppe zwischen 1903 und 1905 in einem langwierigen, überaus blutigen Kolonialfeldzug niedergeworfen hatte.

Die Zeit verging schleppend. Der verschüchterte Protokollchef suchte jetzt bei uns Schutz. Am gefährlichsten seien die jungen Lumumbisten, die sogenannte »Jeunesse«, sagte er mit leiser Stimme. Im übrigen seien alle diese Freischärler von ihrer Unbesiegbarkeit, ihrer Unverwundbarkeit zutiefst überzeugt. Deshalb würden sie mit Todesverachtung gegen die verängstigten, selbst im Aberglauben wurzelnden Soldaten der Nationalarmee vorstürmen. Immerhin hatte ich auf einem vorbeifahrenden Lastwagen zwei Verletzte mit frisch durchbluteten Notverbänden entdeckt. Ob sich ein solcher Anblick nicht demoralisierend auswirke, fragte ich. Doch die Simbas waren um keine Erklärung verlegen. Wenn bei einem Gefecht Tote und Verwundete in den eigenen Reihen zu beklagen waren, führten sie das auf eine falsche Anwendung des »Dawa« zurück, dann war der »Munganga« ein Stümper oder ein Schwindler. In den meisten Fällen überlebte der »féticheur« einen solchen Kunstfehler nicht.

Zehn Stunden warteten wir mit wachsender Ungeduld und Beklemmung, als zwei Jeeps mit neuen Simba eintrafen. Dahinter hielt eine schwarze Limousine, die besonders kunstvoll mit Laubwerk verziert war. Ein kleiner Afrikaner mit einem nach Vorbild Lumumbas stilisierten spärlichen Spitzbart und einer Leoparden-Kappe auf dem Kopf kam uns entgegen und schüttelte uns die Hand. Der arrogante Kasongo benahm sich im Gefolge dieses Chefs fast devot. »Ich bin Gaston Soumialot«, sagte der Mann mit dem Bärtchen. »Ich hoffe, Sie fühlen sich wohl bei uns.« Es war höchste Zeit, daß eine Autoritätsperson eintraf. Zwei betrunkene Simba machten sich am Tongerät zu schaffen, zwei andere richteten spielerisch ihre Speere auf den Kameramann. Mit rollenden Augen wiegten sie sich in einem tranceähnlichen Rhythmus.

Neben Soumialot, der sich trotz seines vorstehenden Gebisses vorteilhaft durch Ruhe und Mäßigung von dieser Horde unterschied, hatte sich ein schwarzer Hüne mit Vollbart aufgestellt. Er hielt ein belgisches Schnellfeuergewehr schußbereit. Dieser Leibwächter war offenbar stumm, jedenfalls gab er nur unartikuliertes Röcheln von sich. Mit seinem grimmigen Gesichtsausdruck hätte er in jeden Gruselfilm gepaßt. Dennoch gewannen wir ihn schnell lieb; denn er verscheuchte die aufdringlichen Simba, wenn sie uns zu nahe kamen, mit einem wütenden Knurren und einem eindeutigen Griff an seine Waffe.

Im Interview, das später von mehreren europäischen Fernsehanstalten übernommen wurde, dementierte der ehemalige Kontorangestellte Gaston Soumialot die amerikanische Behauptung, seine »Volksbefreiungsarmee« werde von den Chinesen ausgebildet und beraten. Seine Bewegung trete für Blockfreiheit ein und positiven Neutralismus zwischen Ost und West. Die wenigen Waffen, über die er verfüge, hätten seine wackeren Krieger den Soldaten Mobutus abgenommen. Das klang durchaus glaubwürdig. Im übrigen sei es höchste Zeit, das Werk Lumumbas fortzuführen. Kasongo hatte inzwischen unsere Pässe eingesammelt und sie mit einem gekritzelten Visum der »Kongolesischen Volksrepublik« versehen.

Der Abend senkte sich über die Ufer des Tanganjika-Sees. Wir hatten den sehnlichen Wunsch, wieder aufs Schiff zu kommen, das noch im Hafen lag und bald die Rückfahrt nach Bujumbura antreten würde. Ich bat Soumialot, uns persönlich bis zum Kai zu begleiten, denn außerhalb des Hotels waren wir unseres Lebens nicht sicher. Auf dem Dampfer ging es chaotisch zu. Die Simba durchsuchten jeden Winkel nach versteckten Weißen. Das Wort »mercenaires«, Söldner, klang immer wieder auf. Damit konnten nur wir gemeint sein. Nach endlosem Palaver, das gelegentlich in Schlägerei unter den überreizten Lumumbisten ausartete, und einer letzten persönlichen Intervention Soumialots durfte der Kapitän endlich die Maschinen anwerfen. Das Schiff löste sich vom Ufer und lief aus. Auf dem Tanganjika-See empfing uns eine wohltuende Brise. Wir atmeten tief auf. Der Tag in Albertville lag wie eine beklemmende Wahnvorstellung hinter uns, wie der Ausflug auf einer irrealen »Zeitmaschine« in eine grauenhafte Frühphase der Menschheit.

Die Verzweiflung Che Guevaras

Bujumbura, im Juli 2000

26 Jahre sind vergangen seit meiner Begegnung mit Gaston Soumialot, doch die Vergangenheit holt uns immer wieder ein. Am frühen Nachmittag hat sich der Himmel mit schwarzen Wolken bezogen. Der tropische Regen geht wie ein Sturzbach über dem Tanganjika-See nieder. Zwei Stunden lang verwischen sich die Grenzen zwischen Land und Wasser wie am ersten Tag der Schöpfung. Ganz plötzlich bricht die Sonne durch das schwarz-graue Firmament. Die Hügel färben sich giftgrün. Die Gewitterfront löst sich in weißen Straußenfedern auf.

In der Lobby des »Safari-Gate« erwartet mich Monique N., eine selbstbewußte Afrikanerin. Ihr Mann sei hoher Beamter im Unterrichtsministerium, so hatte man sie mir in Kigali empfohlen. Sie selbst ist Juristin. Wie die Ministerien in dieser Hauptstadt noch funktionieren, deren letzte sichere Verbindungswege mehr und mehr auf die Schiffspassagen beschränkt sind, erscheint rätselhaft. In Burundi haben die Rassen sich stärker vermischt als in Ruanda. Aber bei Monique ist kein Zweifel möglich. Ihr schön geformtes Bronze-Gesicht mit den übergroßen Augen könnte eine Madonnen-Ikone der äthiopisch-koptischen Kirche zieren.

In ihrem kleinen Renault starten wir zur Stadtbesichtigung. Die von den Belgiern bereits angelegten, kahlen Boulevards des Zentrums kontrastieren mit den Lehmhütten der Vororte. Unweit der neu errichteten Kongreßhalle »Nelson Mandela«, einem häßlichen Betonklotz, und dem »Old-Eastern-Building« fällt ein dürftiges Denkmal zu Ehren der Vereinten Nationen auf, dahinter die Niederlassung der Öl-Gesellschaft Amoco. Zahlreiche Plakate in Suaheli warnen vor Aids und empfehlen die Benutzung von Präservativen. Mein erstes Ziel soll das Hotel »Paguidas« sein, wo ich einst mit Laurent Kabila und seinen chinesischen Förderern konferiert hatte. Aber das »Paguidas«, bis auf einen unscheinbaren Pavillon, der allmählich verfällt, wurde abgerissen. Gleich daneben ist ein modernes, aber wenig einladendes »Novotel« hochgeschossen. Wir halten nicht an, zumal jeder Weiße, der sein Fahrzeug verläßt, von einer Schar bettelnder Kinder und aggressiver junger Zigarettenverkäufer belästigt wird.

So fahren wir also zu den schwerbewachten Hügeln empor, auf denen die örtliche Prominenz, die ausländischen Botschafter und reiche Geschäftsleute – davon gibt es eine Menge – ihre Villen gebaut haben. Es wimmelt hier von bewaffneten, blau uniformierten Gendarmen. Die Residenz des derzeitigen Staatschefs, des Major Pierre Buyoya, ist total abgesperrt. Monique ist reine Tutsi, aber diese dreißigjährige kluge Frau ist sich der Unhaltbarkeit der Lage voll bewußt. Sie ist keine Extremistin, sondern hofft immer noch auf eine politische Versöhnung in diesem Mini-Staat, dessen Bevölkerung – etwa sechs Millionen Menschen – ähnlich strukturiert ist wie in Ruanda. »Wir haben immer wieder die Chance verpaßt, mit den Hutu eine für beide Ethnien erträgliche Form der Koexistenz zu finden«, sagt sie. »Es wird unablässig über einen Ausgleich palavert, und Vertreter der Bürgerkriegsparteien treffen sich seit Jahren in Tansania, neuerdings unter südafrikanischer Patronage. Doch die beste Gelegenheit wurde schon vor der Unabhängigkeit vertan, als Kronprinz Rwagasore, der eine Gewaltenteilung anstrebte, heimtückisch ermordet wurde.«

Monique zeigt mir auch die finsteren Aspekte ihrer Heimat. So besichtigen wir das endlose Ruinenfeld des Ortsteils Kamenge, das mir schon bei der Ankunft aufgefallen war. Kein Leben regt sich dort mehr zwischen den Trümmern. Hingegen gibt es rund um Bujumbura menschenwimmelnde Sammellager – der Name

»Konzentrationslager« wäre wohl angebrachter –, in denen schätzungsweise 300 000 Hutu unter strenger militärischer Bewachung zusammengepfercht sind. Nach ihrer willkürlichen Verhaftung haben sie dort halbverhungert mehrere Monate unter offenem Himmel zubringen müssen. Jetzt reihen sich erbärmliche Schilfhütten aneinander, und bevorzugt sind diejenigen, die sich mit einer blauen Plastikplane gegen den tropischen Regen schützen können.

Wir rollen am Hafen vorbei in Richtung auf die nahe kongolesische Grenze und die Stadt Uvira. Meinem Wunsch, das alte deutsche Kolonialfort von Gitega aufzusuchen – 1964 war ein Ausflug dorthin problemlos –, kann Monique nicht entsprechen. Gitega ist das Zentrum des ausgedehnten Aufstandsgebietes, wo die Hutu-Partisanen der »Forces Nationales de Libération« ihre konfuse Autorität ausüben. Selbst die Straße nach Uvira gilt als unsicher. »Es wäre lebensgefährlich, diese Strecke bei Nacht zu befahren«, erklärt meine Begleiterin. »Sie sehen zwar überall die Sicherheitskräfte der Regierung, aber im Untergrund behauptet sich der Hutu-Widerstand.« Sie zeigt mir eine besonders verwahrloste Siedlung. »Diesen Ort nennen wir ›Tschetschenien‹, weil hier die wichtigste Infiltrationsschneise der Rebellen verläuft.«

Wir nähern uns dem Übergang zur Kongo-Republik bei Uvira. »Diese Gegend ist heute noch überwiegend von Kongolesen bewohnt«, nimmt Monique wieder auf. »Früher ging es hier fröhlich und ausgelassen zu. Aus den Lautsprechern dröhnte Musik. Es wurde gescherzt, getrunken, getanzt, kurzum, es entfaltete sich jene typisch kongolesische Lebensfreude, die Sie weder in Burundi noch in Ruanda vorfinden. Aber jetzt ist alles anders, still und traurig. Die nackte Angst geht um.« Am Ruzizi-Fluß endet das burundische Staatsgebiet. Auf dem Westufer führen die Krieger des Banyamulenge-Stammes, enge Verwandte der Tutsi, ein unerbittliches Regiment. Die reißenden Wasser des Ruzizi, die auf den Tanganjika-See zuschießen, waren Schauplatz abscheulicher Vorgänge. Hier trieben die Leichen der Ermordeten zu Hunderten nach Süden jedesmal, wenn es zu den periodischen Gemetzeln zwischen Tutsi und Hutu kam. Von dieser Stelle betrachtet, erscheint der Völkermord von 1994 nicht als isoliertes Phänomen, sondern als ein grauenhafter Quantensprung.

An einer ähnlichen Hinrichtungsstätte, am Kagera-Fluß, entstand auch die Inspiration zu dem Buch »Out of America« des schwarzen US-Bürgers Keith B. Richburg, der – in totaler, für viele schockierender Abkehr von jener idyllischen Vergangenheitsdarstellung, die sich in der Saga »Roots« des Afro-Amerikaners Alex Haley spiegelt – den eigenen »Wurzeln« den Rücken kehrte. Keith beglückwünscht sich dazu, daß seine Vorfahren als Sklaven in die Neue Welt verschleppt wurden, denn dadurch sei ihm, dem Nachkommen, das Verharren in der blutrünstigen Stammesbarbarei des »dark continent« erspart geblieben. »But most of all I think«, so beendet der Autor seine »Einleitung«, »thank God my ancestors got out, because, now, I am not one of them. In short, thank God that I am an American.« – »Gott sei gedankt, daß meine Vorfahren hier herausgekommen sind, denn jetzt bin ich keiner von den Hiesigen. Kurzum, Gott sei gedankt, daß ich Amerikaner bin.«

*

Im »Safari-Gate« hat Monique ein Gespräch mit zwei einheimischen Universitäts-Professoren arrangiert. Es sind würdige ältere Herren, deren Mäßigung und Klugheit in einem bemerkenswerten Kontrast zu der in Burundi üblichen Verrohung steht. Der eine, Venant Bamboneyeho, ist Historiker und überreicht mir eine von ihm verfaßte Studie über die Folge von Koalitionsversuchen und Militärputschen in seiner Heimat. Der andere Hochschullehrer, Emile Mworoha, hat sich politisch engagiert, führt innerhalb der FRODEBU (Front Démocratique du Burundi) einen ziemlich vergeblichen Kampf für Stammes- und Rassenharmonie. Er macht sich wohl wenig Illusionen, das Monopol der seit der Unabhängigkeit allmächtigen UPRONA-Bewegung ernsthaft antasten zu können. Beide Professoren sind Tutsi. Als Hutu wären sie vermutlich längst ermordet oder im Exil. Es berührt mich zutiefst, auf dieser Bühne blutiger Willkür auf Männer zu stoßen, die hartnäckig ihren humanitären und demokratischen Idealen treu bleiben, mag dieses Beharren auch noch so aussichtslos sein.

Ein sehr offener politischer Austausch kommt zwischen uns nicht zustande. Der seit Juli 1996 amtierende Präsident Pierre Buyoya – Offizier und Tutsi, wie es sich gehört – unterscheidet sich zwar von manchen früheren Staatschefs Burundis durch eine gewisse Jovialität und vor allem durch den Umstand, daß er seinen Vorgänger nur abgesetzt und nicht umgebracht hat. Aber Vorsicht ist geboten, wenn man in Bujumbura überleben will. Das Land steht am Rande des Abgrundes. Die Hutu-Rebellen der »Befreiungsfront« verstärken sich ständig, erhalten Unterstützung aus Tansania und diversen afrikanischen Staaten. Auch China ist – wie zu Zeiten Chou Enlais – wieder im Schwarzen Erdteil aktiv geworden. Die Emissäre Jiang Zemins treten nicht nur als Waffenhändler in Erscheinung, sondern versuchen politische Prozesse zu beeinflussen und Wirtschaftspositionen zu besetzen.

Was er denn von dem Abkommen von Lusaka halte, das im Juli 1999 unter amerikanischem und südafrikanischem Druck von den diversen Bürgerkriegsparteien der Demokratischen Republik Kongo widerstrebend unterzeichnet wurde, frage ich Emile Mworoha. Darin wurde der Abschluß eines Waffenstillstandes, die Räumung des Kongo durch alle fremden Truppen, die Entsendung einer UN-Friedensmission beschlossen, und seitdem dient dieses Dokument als Grundlage für eine extrem fragwürdige Befriedungsinitiative Zentralafrikas im Namen der »international community«. Die beiden Hochschullehrer, die in Europa studiert haben, sind immerhin Afrikaner genug geblieben, um solchen Vereinbarungen mit der gebotenen Skepsis zu begegnen. Sie haben es jetzt eilig, den Heimweg anzutreten, denn ab sieben Uhr abends herrscht Ausgangssperre, »curfew«, in Bujumbura. Ich begleite sie bis zum Auto Moniques, die mir dringend rät, meine Rückfahrt nach Ruanda am folgenden Tag nicht vor elf Uhr vormittags einzuplanen. Am nebligen Morgen sei die Unsicherheit noch zu groß, und auch vor den »Kinder-Soldaten« der offiziellen Burundi-Armee solle man auf der Hut sein.

Mich drängt es ebenfalls, diese höfliche, aber wenig ergiebige Konversation zu beenden. Von der Terrasse des Hotels möchte ich die Abendstimmung über dem Tanganjika-See genießen und die Lektüre eines faszinierenden Buches abschließen, das mir ein Angehöriger der deutschen Botschaft in Kigali ausgeliehen hat. Es handelt sich um den Kongo-Bericht des bedeutendsten Weggefährten Fidel Castros, des argentinisch-kubanischen Revolutionärs Ernesto Che Guevara, der unter dem Titel »Pasajes de la guerra revolucionaria: Congo« auf spanisch und »Der afrikanische Traum« in deutscher Übersetzung bei Kiepenheuer & Witsch erschienen ist.

Der kleine schwarze Kellner hat Froschschenkel zum südafrikanischen Weißwein serviert. Sie schmecken vorzüglich wie auch jener große Fisch, den man als »Capitaine« bezeichnet. Der Tanganjika hat die Farbe einer Kupferplatte angenommen. Ein großes Eingeborenen-Kanu bewegt sich darauf wie eine schwarze Mondsichel. Der Lärm der fernen Disco ist verstummt, und auch die amerikanischen Schnulzen, die über den Hotel-Lautsprecher die elegische Stimmung störten, habe ich zum Verstummen gebracht. Immerhin war inmitten dieser Schlager aus USA überraschenderweise das Lied »Stille Nacht, heilige Nacht« aufgeklungen. Als späte Huldigung an die ehemalige deutsche Kolonisation ist das bestimmt nicht zu deuten.

*

Auf dem Buchtitel ist der »Che« im Kampfanzug mit schwarzem Barett abgebildet. Das weckt Erinnerungen an jene turbulenten Tage der Pariser Mai-Revolution von 1968, als im Innenhof der Sorbonne, wo diese Ikone an jeder Mauer hing, der berühmte Guerillero mit dem Lied »Commandante Che Guevara« gefeiert wurde. Mir gefiel allerdings die »Carmagnole« weit besser, das Galgenlied der Jakobiner. Sie gehörte neben der »Internationale« ebenfalls zum Musik-Repertoire dieser pseudo-revolutionären Bürgersöhne aus dem 16. Arrondissement, die zu später Stunde – nach Krawallen mit der CRS-Polizeitruppe und den obligaten Verwünschungen der Konsumgesellschaft – in die komfortablen Wohnungen ihrer Eltern zurückkehrten, um sich dort über den wohlgefüllten Eisschrank herzumachen.

Aber hier ist Afrika. Hier wird nicht gespaßt. Hier werden keine

Scheingefechte geliefert. Die Höhenzüge am Westufer des Tanganjika-Sees sind nur noch in vagen Konturen zu erkennen. Was mag nur Ernesto Guevara bewogen haben, ausgerechnet die Mitumba-Berge und deren primitive Stämme zum Ausgangspunkt seines weltrevolutionären Feldzugs in Afrika auszusuchen? Zumal er ja den günstigsten Zeitpunkt verpaßt hatte. Er hätte in Albertville eintreffen müssen, als die Simba dort die Macht an sich gerissen hatten und unaufhaltsam nach Norden vorstießen, also in jenen Sommertagen 1964, als unser Kamerateam seine Schiffsreise über den »Styx« antrat. Statt dessen kam Guevara erst im Frühsommer 1965 in Kigoma an.

In der Kongo-Republik hatte sich für die Lumumbisten inzwischen alles zum Negativen gewendet. Albertville befand sich nach der Vertreibung der Simba durch die Katanga-Gendarmerie und vor allem durch weiße Söldner – meist Südafrikaner, Belgier, Briten – wieder unter Regierungskontrolle. Aus Stanleyville waren die Mayi-Mayi-Marxisten nach dreimonatiger Schreckensherrschaft durch belgische Fallschirmjäger verjagt worden. Als der Che von den Mitumba-Bergen aus – gestützt auf die unberechenbare Gefolgschaft Kabilas und Soumialots – Albertville zurückerobern und mit Hilfe einer Truppe kubanischer Compañeros eine Guerilla nach dem Vorbild der legendären Sierra Mestra aufziehen wollte, waren alle Chancen bereits vertan. In seinen Kongo-Memoiren war mir die eher negative Einschätzung Gaston Soumialots aufgefallen, den er für einen fähigen Führer auf mittlerer Ebene der Revolution hielt. »Er eignet sich hervorragend dazu, herumzureisen, gut zu leben und aufsehenerregende Pressekonferenzen zu geben – zu sonst nichts«, so urteilte der Che. »Er besitzt keinerlei Organisationstalent. Seine Kämpfe mit Kabila, bei denen beide Seiten zu allen möglichen Tricks griffen, trugen in erheblichem Maße zum momentanen Scheitern des Aufstands bei.« Offenbar hatte sich zu jenem Zeitpunkt Soumialot mit seinem früheren Komplizen Kabila überworfen, während ich ein Jahr zuvor von der Solidarität zwischen den beiden Aufstandsführern noch profitiert hatte.

Beim Blättern im Tagebuch des Che habe ich mit Erstaunen festgestellt, welch gewichtige Rolle Laurent Kabila bei dem utopischen Vorhaben am West-Ufer des Tanganjika-Sees gespielt hatte. Guevara selbst erscheint in seinen Aufzeichnungen zwischen Juni und Dezember 1965 als ein extrem engagierter, todesmutiger Kämpfer. Die afrikanische Mentalität blieb ihm jedoch total versperrt. Als verbohrter Ideologe und ziemlich kläglicher Stratege hatte er sich wie ein Don Quichote in diese Wildnis der Mitumba-Berge verirrt. Sehr bald verzweifelte er daran, daß seine schwarzen Gefolgsleute, statt sich zum marxistisch-leninistischen Credo zu bekehren – ihr Heil und ihre Unverwundbarkeit in alt-afrikanischen Zauberbräuchen suchten, sich der »Dawa« anvertrauten, jenem Wasser- und Pflanzen-Fetisch, der ihnen vom Medizinmann verliehen wurde. »Der Zauber wird hier als Glaubensartikel angesehen«, schrieb der Che.

An dieser Stelle sollte man den Gefährten Fidel Castros im Wortlaut zitieren, zumal da man mich – bei meinen Schilderungen ähnlicher afrikanischer Magie – der ausschweifenden Phantasie, ja der rassistischen Voreingenommenheit bezichtigt hatte. »Das Prinzip ist folgendes«, so heißt es bei dem Kubaner. »Der Soldat wird mit einer Flüssigkeit übergossen, die sich aus Kräutersäften und anderen magischen Substanzen zusammensetzt; dann werden geheimnisvolle Zeichen gemacht, und meist wird dem Kämpfer ein Kohlefleck auf die Stirn gemalt. Jetzt ist er gegen alle feindlichen Waffen geschützt ... Doch er darf keinen Gegenstand anfassen, der ihm nicht gehört. Er darf keine Frau berühren und auch keine Angst haben, sonst verliert er den magischen Schutz. Die Erklärung für ein Versagen des Zaubertranks ist somit sehr einfach; toter Mann: Mann hat Angst gehabt, Mann hat gestohlen oder mit einer Frau geschlafen ... Der Glaube ist so stark, daß niemand ohne die Anwendung der ›Dawa‹ in die Schlacht zieht.« Hätte er sich intensiver mit afrikanischer Geschichte als mit dem »Kapital« von Marx beschäftigt, wäre ihm bekannt gewesen, daß schon die deutschen Kolonisatoren auf ähnlich befremdliche Bräuche gestoßen waren. 1905 hatte der Mayi-Mayi-Aufstand gegen die europäische Fremdherrschaft und deren korrupte »Akidas«, die arabischen Steuer- und Ernte-Eintreiber, mit den Predigten eines

Magiers namens Kijikitile begonnen, der vorgab, vom Schlangen-Geist »Hongo« besessen zu sein. Er wußte um den Zauber, der die Kugeln der wilhelminischen Schutztruppe in Wasser verwandeln würde. Diese »Dawa«, diese Medizin bestand aus einem Gemisch aus Wasser – »Mayi« auf Suaheli –, Kastoröl und Hirsekörnern. Es dauerte einige Zeit, bis Gouverneur von Goetzen den Ernst der Lage erkannte und für seine lächerlich kleine Schutztruppe – ein paar deutsche Offiziere und Unteroffiziere an der Spitze von 588 meist muslimischen Askaris – die bescheidene Unterstützung durch 200 Marine-Infanteristen erhielt. Nach zwei Jahren war die Rebellion niedergeschlagen. Man sprach von 200 000 afrikanischen Toten. Die meisten von ihnen waren verhungert. Ihr Anführer wurde gehenkt. Aber das Losungswort der Mayi-Mayi-Krieger wurde den Nachfahren überliefert: »Hongo, die Schlange, oder die Weißen, wer ist stärker?« Die Antwort lautete »Hongo!« Kijikitile wird heute als Nationalheld Tansanias verehrt.

Aber zurück zum kubanischen Experiment. Am meisten irritierte den Che die mangelnde Einsatzbereitschaft des verantwortlichen kongolesischen Revolutionsführers – kein anderer als Laurent Kabila –, der bei den Guerilleros niemals zu sehen war, in der tansanischen Etappe von Kigoma angeblich ein ausschweifendes Leben führte, seine Tage mit Alkohol und Weibern verbrachte. Kabila besäße zwar die Gaben »eines wirklichen Führers der Massen«, aber ihm fehle die »revolutionäre Integrität«, so klang die bittere Bilanz.

Es lohnt sich festzuhalten, wie der Che seine afrikanischen Weggefährten beurteilte: »Der kongolesische Revolutionssoldat ist der jämmerlichste Kämpfer, den ich bisher kennengelernt habe«, heißt es da kurz und bündig. Er beobachtete mit Widerwillen, wie brave Bauernburschen, sobald sie für seine Kampftruppe rekrutiert und mit einer Waffe ausgestattet waren, sich in rohe Gewalttäter verwandelten, die die eigene Bevölkerung drangsalierten, Frauen vergewaltigten, sich mit einem abscheulichen Gebräu aus dem Most von Yucca- und Maismehl, »pombe« genannt, Alkoholvergiftungen zuzogen. Am Ende erwiesen sich die tribalistischen Reflexe der »befreiten« Einheimischen stets als stärkste

Motivation. »Das einzelne Stammesmitglied hat keine eigene Identität, sondern geht in seinem Stamm auf«, so stellte er resigniert fest; »es ist so gut wie unmöglich, sich daraus zu lösen. Wenn ein Stamm befreundet ist, dann sind es alle seine Mitglieder; ist er verfeindet, dann sind es alle.«

Die kleine Truppe von »Ruandern«, die sich den Kubanern angeschlossen hatte, war hingegen von einer ganz anderen Qualität als die kongolesischen Bantu. Bei ihnen handelte es sich um Tutsi, die vor der Hutu-Herrschaft geflüchtet waren, oder um Angehörige des ihnen verwandten Stammes der Banyamulenge. Diese »Niloten« zeichneten sich durch ihre angeborenen kriegerischen Tugenden aus gegenüber den militärischen Einheiten der »Congos«, die in den Notizen als »Müllhalden« beschrieben werden, auf denen die Fäulnis gedieh. Die Tutsi galten als Ausländer im Kongo und – wie Guevara klarsichtig bemerkt – waren eifrig darauf bedacht, diesen Sonderstatus beizubehalten. »Zusammen mit ihnen waren wir dazu veurteilt, immer Fremde im Kongo zu bleiben.«

Besonders hart geht Guevara mit jenen afrikanischen Studenten ins Gericht, die in den Ostblock-Staaten studiert und dort auch eine militärische Ausbildung genossen hatten. »Oberflächlich mit Marxismus poliert«, schreibt er, »erfüllt von ihrer Bedeutung als ›Kader‹, kehrten sie zurück, durchdrungen von einem gewaltigen Streben nach Macht, das sich in Disziplinlosigkeit und sogar konspirativen Akten äußerte.« Die meisten hatten sich in Bulgarien, der Sowjetunion und China aufgehalten. Diese Schmarotzer der Revolution erhoben lediglich Ansprüche auf Privilegien und Führungspositionen, für die sie keinerlei Qualifikation besaßen. Mit der Entsendung von etwa dreißig kubanischen »Internacionalistas« war »Carlota«, so wurde das Unternehmen von der CIA bezeichnet, in Gang gekommen. Doch diese Latinos – es wurden vorzugsweise schwarze Genossen aus der Karibik-Insel nach Afrika geschickt – gerieten sehr bald in Konflikt mit den »Eingeborenen«, die sie verächtlich als »Congos« beschimpften. »Statt eine ›Kubanisierung der Kongolesen‹ zu erzielen«, so stellt der Che schmerzlich fest, »findet eine Kongolisierung der Kubaner statt.«

Interessant sind im Rückblick die internationalen Vernetzungen, die bei dieser marxistisch-leninistischen Aktion in Ost-Afrika sichtbar wurden. So traf sich der damalige chinesische Außenminister Chou Enlai in Dar-es-Salam mit diversen afrikanischen Aufstandsführern, darunter Laurent Kabila. Eine zentrale, koordinierende Rolle spielte stets der Staatschef von Tansania, Julius Nyerere. Immer wieder spürt man bei der Lektüre, daß dieser Kontinent, der in keine seiner doktrinären Schablonen passen wollte, den Berufsrevolutionär Che Guevara an den Rand der Verzweiflung trieb.

Was sollte dieser Ideologe des dialektischen Materialismus mit den Überlebenden der Steinzeit anfangen? So schildert er eine Opferzeremonie, die die schwarzen Bauern zu seinen Ehren als Abschiedsfest veranstalteten: »Einige Männer verkleideten sich als Waldgeister und veranstalteten rituelle Tänze. Danach beteten sie alle gemeinsam eine Gottheit an, das heißt einen einfachen Stein auf einem Berggipfel, der von Schilfrohr umsäumt war und ständig mit dem Blut eines Opfertieres besprengt wurde. Dann später wurde das Tier, ein Lamm, von allen Anwesenden verspeist. Das Ritual scheint kompliziert, ist aber im wesentlichen ganz einfach: Der Gottheit, in diesem Falle einem Stein, wird ein Tier zum Opfer dargebracht.«

*

Ich habe das Buch »Pasajes de la guerra revolucionaria« aus der Hand gelegt. Meine Gedanken verharren bei diesem Mann aus Argentinien, der sich in den Schwarzen Erdteil verirrt hatte und daran fast zerbrochen war. »Dieses ist die Geschichte eines Scheiterns«, hatte Ernesto Guevara feststellen müssen. Im Kongo liefen alle Zustände der Revolution zuwider. Hat er wirklich geglaubt, daß in diesem riesigen Äquatorial-Land »das Szenario des grausamsten und erbittertsten Befreiungskampfes« entworfen worden sei? Warum muß ich an dieser Stelle an den Schweizer Missionar von Ujiji denken, jenen »Weißen Vater«, der mir 1956 gestanden hatte: »Die Schwarzen sind wie Kinder, aber es sind böse Kinder.« – Ob der Che bei den heidnischen Ritualen, denen er beiwohnte, wohl auch Kunde erhielt vom Kannibalismus, der jenseits der Großen Seen und nicht nur bei den Barega neu aufgelebt war? Die Sendboten des christlichen Heilands konnten sich in Stunden der Ernüchterung und Enttäuschung immer noch in den undurchdringlichen Ratschluß Gottes flüchten und sogar das Martyrium als höchstes Zeichen heiliger Auserwähltheit verklären. Aber was bleibt einem marxistischen Atheisten, der für das »Paradies der Werktätigen« auf Erden zu streiten hat und der am Erfolg seiner revolutionären Arbeit gemessen wird?

War sich der Che am Ende vielleicht bewußt geworden, daß seine Person von diesen mißtrauischen Afrikanern als ein böser, unerbittlicher Dämon empfunden wurde, daß er wider Willen eingetaucht war in eine prähistorische Unterwelt, wie jener Elfenbeinjäger Kurtz, den Joseph Conrad beschrieb. Das Tagebuch Guevaras endet mit dem erschütternden Fazit: »Während jener letzten Stunden am Kongo hatte ich mich so alleine gefühlt wie nie ... Ich konnte sagen: ›Auf meinem ganzen Weg bin ich nie so einsam gewesen wie heute!‹« Der schreckliche Kurtz, der sich in seinem Wahn – im Gegensatz zu dem tugendhaften Weltverbesserer aus Kuba – am Ende in einen mörderischen Rausch gesteigert, seine Hütte mit Totenköpfen und abscheulichem Zauberkram umgeben hatte, war auf seine Weise vielleicht ein entarteter Bruder des Che gewesen, als er sein verpfuschtes Leben mit den Worten aushauchte: »The horror, the horror!«

Zwei Jahre nach seiner Kongo-Episode hat Che Guevara bei einem ähnlich dilettantisch aufgezogenen Revolutionsunternehmen bei den »Campesinos« Boliviens im Oktober 1967 den Tod gefunden. Die einfältigen Indios der »tierra caliente« waren untaugliche Compañeros für diesen argentinischen Intellektuellen rein europäischer Abstammung und dessen revolutionäre Phantasmen. Das bolivianische Militär im Verbund mit der CIA hat den Che ziemlich mühelos aufgespürt und zur Strecke gebracht. Das Bild seines hingestreckten, halbnackten Leichnams jedoch lebt weiter als Devotionalie einer verunglückten Utopie der Menschheitsbefreiung.

Am Ufer des Sees läßt mich ein Plätschern aufhorchen. Ob sich doch noch ein Flußpferd dort im Schilf bewegt? Die Luft hat sich abgekühlt. Bevor ich mich in meinem bescheidenen Zimmer unter dem Moskitonetz zur Ruhe lege, werfe ich einen letzten Blick auf den Umschlag des »Afrikanischen Traums«. Das lange Haar des Che, die Baskenmütze, die unvermeidliche Zigarre im Mund – all das könnte im Rückblick als Pose, als unseriöse Darstellung revolutionärer Professionalität erscheinen. Der Feldzug Fidel Castros gegen die demoralisierte Soldateska des Diktators Batista war vielleicht doch nicht die überragende militärische Leistung, als die sie von ihren Propagandisten beschrieben wurde. Irgendwie erinnert mich plötzlich der Romantiker und strategische Dilettant Che Guevara an eine Figur aus dem Roman Graham Greenes »Die Stunde der Komödianten«, an jenen englischen Pseudo-Major Jones, der sich an die Spitze einer kleinen Truppe schwarzer »Freiheitskämpfer« der Antillen-Republik Haiti stellte, um der blutigen Tyrannei des Präsidenten François Duvalier – »Papa Doc« genannt und in der Geisterwelt des »Voodoo« dem satanischen »Baron Samedi« gleichgestellt –, ein Ende zu setzen. Ähnlich wie der Che hatte die sympathische Romanfigur Jones beim Befreiungskampf kläglich versagt und wurde von den »Tontons Macoute« mühelos abgeknallt.

Die Konturen der Mitumba-Berge haben sich in Finsternis aufgelöst. Dort drüben lassen sich jetzt vermutlich die Mayi-Mayi-Krieger mit der »Dawa« der Unverwundbarkeit salben und bereiten sich für den kommenden Morgen – Afrikaner kämpfen nicht bei Nacht – auf Überfälle gegen jene verhaßten Tutsi-Soldaten aus Ruanda vor, die die Hafenstadt Kalemie-Albertville als vorgeschobene Position in der Grubenprovinz Katanga behaupten. Bittere Ironie des Schicksals! Zur gleichen Stunde nimmt in Kinshasa der zwielichtige Intrigant Laurent Désiré Kabila als Präsident der Demokratischen Republik Kongo die Huldigung seiner verschreckten Untertanen entgegen und sonnt sich im Mittelpunkt eines weitverzweigten internationalen Intrigenspiels. Ob diesem feisten Opportunisten in den Hallen seines Marmorpalastes über dem Großen Strom schon die Gespenster Lumumbas und Mobutus begegnet sind?

KENIA

Am Ende der Safari

Nairobi, im Oktober 2000

Die Abfahrt zum Waldgebiet der Aberdares habe ich verpaßt und bin mit dem Mietwagen viel zu weit nach Norden gefahren. Mein Irrtum wird mir bewußt, als ein großes, buntes Plakat mitteilt, daß ich den Äquator erreicht habe. Ich kehre auf der trostlosen Strecke um, die auf beiden Seiten durch hastig errichtete Baracken und die unvermeidlichen, grellen Reklameschilder gesäumt ist. Dazwischen werden Fetzen einer grauen, staubigen Savanne sichtbar. Kenia leidet unter der schlimmsten Dürreperiode seit einem halben Jahrhundert. Nur für die Bewässerung endloser, tiefgrüner Ananas-Plantagen scheint ausreichend Wasser vorhanden zu sein. Sie befinden sich im Besitz von Indern oder Ismaeliten.

Allmählich bin ich es leid, stets der schillernden Vergangenheit nachzutrauern. Am Rande der hier verlaufenden Piste bewegten sich einst Zebra-Herden und hochmütige Giraffen in aller Freiheit. In den Aberdares selbst steht mir zusätzliche Enttäuschung bevor. Das Dschungelgebirge, wo sich zu Beginn der fünfziger Jahre die schwarze Aufstandsbewegung der Mau-Mau zu Überfällen auf weiße Farmen sammelte, ist zum Naturschutz-Gebiet erklärt worden. Ein paar Elefanten und Raubkatzen haben überlebt. Der »Country-Club« – im Stil der früheren britischen Cottages erbaut – ist zum Sammelpunkt meist japanischer Touristen geworden. Ein Rudel Warzenschweine bietet die einzige Attraktion. Ohne Verwunderung nimmt der Besucher zur Kenntnis, daß diese profitable Raststätte ebenfalls einem Anhänger des Aga Khan gehört. Wer in den fünfziger Jahren das exotische Tiergewimmel von Serengeti zu Füßen des Kilimandscharo oder später die paradiesische Unberührtheit des Caprivi-Zipfels bewundern konnte, ist gegen Safari-Unternehmen in den heutigen Tier-Reservaten Afrikas gefeit.

Mein letzter Besuch Kenias geht auf das Jahr 1987 zurück. Ich hatte damals ausnahmsweise im Presse-Troß Helmut Kohls an einer Staatsvisite im Schwarzen Erdteil teilgenommen. Auf dem Programm des Kanzlers, dessen wuchtige Statur den afrikanischen Gastgebern stets imponierte, stand nach den offiziellen Empfängen in Nairobi natürlich auch ein Abstecher zu einem Wildlife-Park an. Es war ein schöner Äquator-Abend mit großartigen Wolkenstrukturen. Aber die »game-show« war nüchtern, ja betrüblich. Eine Herde weißer Touristen – abenteuerlich be- oder entkleidet – umringte mit ihren Minibussen einen einsam lagernden Löwen, bestaunte, photographierte und filmte ihn. Der König der Tiere hatte sich majestätisch auf einem großen Felsblock niedergelassen, nahm die fremden Eindringlinge gar nicht zur Kenntnis, brachte ihnen – so schien mir – unsägliche Verachtung entgegen.

Der Kollege Behrens hatte mir den Tip gegeben, meine Erinnerungen an das Buch Tanja Blixens »Out of Africa« aufzufrischen und deren Farm zu Füßen der »Ngong-Hills« aufzusuchen. Obwohl dieses bescheidene Landhaus – mit einer altertümlichen Zink-Badewanne ausgestattet – gar nicht weit vom Getümmel der Hauptstadt entfernt liegt, hat es einen Hauch von Romantik bewahrt, ist eine Idylle geblieben. Aber die Welt der Tanja Blixen, die von ihr geschilderte Gentry, die gefügigen Kikuyu-Tagelöhner, die in den Kaffee-Plantagen arbeiteten, die »Splendor« des Britischen Empires gehören inzwischen der afrikanischen Prähistorie an. Die Realität unserer Tage spiegelt sich in der menschenwimmelnden Metropole Nairobi, und die wird mit jedem Bevölkerungsschub, der vor dem Durst der Steppe in ihre Mauern flüchtet, mit jedem Hochhaus, dessen klobige Konturen die Innenstadt erdrücken, immer häßlicher, unwohnlicher, unsicherer. Die ausufernde Kriminalität, obwohl sie sich meist auf unblutige Raubüberfälle beschränkt, die zunehmende Verwahrlosung aller öffentlichen Dienste sind permanentes Gesprächsthema der »Expatriates«. Dazu kommt die Aids-Verseuchung. Der schwindelerregende Bevölkerungszuwachs Kenias – jährlich drei Prozent, so hört man – werde durch die tödlichen Folgen dieser Pandemie auf die Hälfte, also auf 1,5 Prozent reduziert.

Trotz der Verfallserscheinungen bleibt Nairobi weiterhin einer der bequemsten Aufenthaltsorte für Weiße im Schwarzen Erdteil. Das Klima dieser Höhenstation ist angenehm, das Regime fremdenfreundlich und der Marktwirtschaft zugewandt. Die Beamten der Vereinten Nationen, die ein feines Gespür für Lebensqualität haben, sind überaus stark vertreten. Die UN-Organisationen für Umweltschutz und Wohnungsbau – UNEP und Habitat – haben sich hier etabliert. Die Zeitungs- und Rundfunkkorrespondenten aus aller Welt lassen sich vorzugsweise in dieser Komfort-Oase nieder. Im April 1985 hatte ich mich mit einigen Vertretern dieser Medienzunft in einen unnötig heftigen Disput eingelassen. Das geschah im Haus des damaligen FAZ-Korrespondenten Günter Krabbe, mit dem ich schon seit den fünfziger Jahren befreundet war. Zu jener fernen Zeit lebte er noch entsagungsvoll in einem winzigen Häuschen mitten im Afrikanerviertel der ghanaischen Hauptstadt Accra. Krabbe gehörte einer Pionier-Generation der Afrika-Berichterstattung an, der in langen Jahren rüder Erfahrung die meisten Vorurteile, aber auch alle Illusionen über die Zukunft des Kontinents abhanden gekommen waren.

Doch da war jetzt in Nairobi eine neue Generation von schreibenden und filmenden Kollegen heimisch geworden, die – der Dritte-Welt-Enthusiasmus blühte ja noch im Schatten des Ost-West-Konfliktes – den Forderungen ihrer Heimatredaktionen nach »political correctness« bereitwillig nachkamen und im übrigen in ihren eigenen ideologischen Vorstellungen fest verankert waren. Die meisten von ihnen wurden nicht müde, antikolonialistische Zerknirschung zu predigen und diese paradoxe »Bürde des weißen Mannes« auf die Schultern ihrer Leser, Zuschauer oder Hörer zu laden. Das hinderte diese Berichterstatter jedoch nicht daran, ihren schmucken Bungalow, den Swimmingpool, das billige Personal, sogar ein perfektioniertes Alarmsystem gegen Überfall und Einbruch in vollen Zügen zu genießen. Natürlich mäkelte man an den handgreiflichen Unzulänglichkeiten der kenianischen Situation. Die Selbstherrlichkeit schwarzer Despoten fand bei diesen Flagellanten nur Gnade, wenn diese sich der Phraseologie des Afro-Marxismus oder eines utopischen Nationalismus bediente. Für Oberst Mengistu, Samora Machel, Julius Nyerere gab es stets mildernde Umstände. Aber keiner dieser unentwegten Apologeten der Dritten Welt wäre auf den Gedanken gekommen, sein Korrespondentenbüro in Dar-es-Salam aufzuschlagen, um nur diesen noch relativ erträglichen Standort zu nennen.

Seitdem ist Ernüchterung eingetreten, und der Desintegration, dem kollektiven Suizid Afrikas stehen diese »Gurus« mit ratloser Fassungslosigkeit gegenüber. Hier möchte ich wiederum einen amerikanischen Kronzeugen zitieren. Das ist ja das Erfrischende an den USA, daß in der »Los Angeles Times« zum Beispiel Gedankengänge entwickelt werden können, die in Frankfurt oder München auf helle Empörung stoßen würden. So entdeckt William Pfaff im Hinblick auf die Interpretation der afrikanischen Entwicklung eine erstaunliche Verwandtschaft zwischen dem ökonomischen Determinismus der Prediger kapitalistischer Marktwirtschaft und den marxistischen Ideologen des dialektischen Materialismus. Niemand, so schreibt Pfaff, hätte es gewagt, über die ausschlaggebende Rolle der afrikanischen »Kultur« zu sprechen. »Das wäre rassistisch gewesen.« Bis in die fünfziger Jahre unseres Jahrhunderts, so heißt es weiter, wurde Afrika im allgemeinen als eine Region prämoderner Kultur betrachtet, die sich unter sehr unterschiedlichen Völkerschaften entwickelt hatte. Dazu zählten primitive Landwirtschaft, nomadische Viehzucht oder Jagen und Sammeln. Einige dieser Kulturen verfügten über bemerkenswerte künstlerische »sophistication«; alle richteten sich auf komplizierte Wert- und Ritual-Systeme aus; manche waren auf politischer Ebene recht weit vorangeschritten, ähnelten teilweise dem europäischen Feudalismus, aber keine dieser Kulturen verfügte über eine eigene Schriftsprache oder über schriftlich überlieferte

Erkenntnis. Die imperiale Eroberung Afrikas vom 15. Jahrhundert an – eine Folge von Kolonialismus, Sklavenhandel, Ausbeutung und dem Versuch, europäische Ideen, Werte, Institutionen in diesem Kontinent heimisch zu machen – habe die autochthonen Kultur-Systeme zerrüttet. Dadurch sei die afrikanische Art zu leben und zu überleben vernichtet worden. Dann, in den späten fünfziger und frühen sechziger Jahren habe sich eine Welle antikolonialistischen Eifers nicht nur der Afrikaner, sondern auch der ehemaligen Kolonisatoren bemächtigt. »Die vorherrschende akademische und politische Theorie proklamierte, daß die Rückständigkeit Afrikas das Produkt des Kolonialismus sei.«

William Pfaff zählt die Plagen auf, die Afrika heute heimsuchen und nur von wenigen Rufern in der Wüste vorausgesagt worden waren: anarchische Entladung ethnischer, sozialer und politischer Spannungen; Niedergang oder Kollaps von Wirtschaft, Erziehung und Gesundheitswesen. »Afrika wurde vom Kolonialismus befreit und gleichzeitig in eine kulturelle Wüste gestoßen ... Heute sterben die Afrikaner an Aids und anderen Krankheiten, an den Überbleibseln des Kalten Krieges, an einem durch die Markt-Ideologie herbeigeführten Ruin der »subsistence agriculture«; am unkontrollierten Kommerz mit Waffen – an der Gleichgültigkeit der internationalen Gesellschaft.«

*

Wie winzig und schäbig mir das alte koloniale Herzstück von Nairobi heute vorkommt! Allenfalls die Moschee der Ismaeliten, dieses grün-weiß getünchte Zuckerbäcker-Produkt eines verkitschten Mogul-Stils, das die Anhänger des Aga Khan mit Girlanden bunter Glühbirnen schmücken, kann sich gegen die Hochhäuser behaupten, die im Zeichen des triumphierenden Kapitalismus und der ausufernden UNO-Bürokratie in den trüben Himmel ragen. Zu diesen Kolossen aus Beton zählt auch die amerikanische Botschaft, die im August 1998 durch Fanatiker des Terroristen-Phantoms Osama Bin Laden gesprengt und unter aufwendigsten Sicherheitsmaßnahmen wie eine Zitadelle neu errichtet wurde. Mit einem Anflug von Rührung bleibe ich vor dem bescheidenen Kriegerdenkmal des Ersten Weltkrieges stehen. Auf einem Steinsockel sind die Bronzegestalten von drei Afrikanern erhalten: ein Askari in Kolonialuniform mit Fes und Wickelgamaschen; zwei Träger barfüßig mit Lendenschurz. Auf die Tafel sind auf englisch und Suaheli – letzteres in lateinischen und arabischen Lettern geschrieben – folgende Zeilen graviert: »Dieses Monument wurde zur Erinnerung an die eingeborenen afrikanischen Soldaten errichtet, an die Träger, die die Füße und die Hände der Armee waren; an all jene Männer, die in Ostafrika während des großen Krieges 1914–1918 ihrem König und Vaterland dienten und dafür starben. – Wenn Ihr für Euer Vaterland kämpft – auch wenn Ihr sterbt – werden die Söhne Eure Namen ehren.«

Diese Huldigung an die schwarzen Hilfskräfte, die übrigens ohne Erfolg versucht hatten, die bravouröse kleine Kolonialtruppe des Generals Lettow-Vorbeck in Deutsch-Ostafrika zu zerschlagen, hat nicht verhindert, daß erst vierzig Jahre später die offizielle »colour bar« allmählich gelockert wurde und endlich die diskriminierenden Aufschriften an den streng nach Rassen getrennten Bedürfnisanstalten verschwanden: »male – female« für Afrikaner, »men – women« für Inder; »Ladies – Gentlemen« für Weiße.

Nairobi gilt als die kriminellste Stadt Afrikas, aber wer das behauptet, ist vermutlich der riesigen nigerianischen Hafenmetropole Lagos oder dem südafrikanischen Industrie- und Handelszentrum Johannesburg ferngeblieben. Trotz der Warnung vor Taschendieben bin ich zu Fuß über die alte Hauptachse, die heutige Kenyatta-Avenue, bis zur bescheidenen Westminster-Imitation des Parlaments geschlendert. Gleich daneben befindet sich die Grabstätte des Gründers der Nation, Jomo Kenyatta. Dieser Vorkämpfer des schwarzen Nationalismus in Ostafrika, Inspirator – wie viele Kolonialbeamte seinerzeit behaupteten – des Mau-Mau-Aufstandes, Vater der »Uhuru«, der Unabhängigkeit Kenias, und erster Staatschef dieser Commonwealth-Republik liegt in einem Kraal aus Felsblöcken und Stahl bestattet. Darüber wehen die Fahnen Kenias, schwarz-rot-grün, mit einem Schild und zwei gekreuzten Speeren.

Seltsames Schicksal dieses schwarzen Propheten! Während seines Studiums in England war sich der Sohn des Kikuyu-Volkes der Unterdrückung seiner Rasse voll bewußt geworden. »Facing Mount Kenya« hieß seine Kampfschrift, in der er die Afrikaner beschwor, sich ihrer eigenen Überlieferungen zu entsinnen, ihrer wahren Natur treu zu bleiben. Sie bescherte ihm viele Anhänger. Kenyatta habe einen schwarzen »Blut-und-Boden-Mythos« gepredigt, sagten seine Gegner. Als in den fünfziger Jahren die Mau-Mau-Bewegung Schlagzeilen lieferte, grausige Ritualmorde den Kikuyu-Stamm zum willfährigen Instrument finsterer Partisanenführer machten und die englischen Siedler der »white highlands« um ihr Leben bangten, wurde Jomo Kenyatta von der britischen Kolonialjustiz zum Verantwortlichen dieser Revolte gestempelt und in den wüstenähnlichen Norden des Landes verbannt. Bei meinem ersten Kenia-Aufenthalt im Frühjahr 1956 lebte er bereits seit drei Jahren in der Hungersteppe von Lodwar unter strenger Isolation, war aber auch zum Nationalhelden geworden. »Die Zeit wird ihn aufbrauchen«, sagten die Engländer damals, »der Alkohol wird ihn in seiner Einsamkeit ruinieren; in zwei Jahren spätestens ist Kenyatta nur noch ein Wrack, und er wird keine politische Rolle mehr spielen.«

Doch es kam ganz anders. Der alte Zauberer vom Mount Kenya büßte weder seine Vitalität noch den mythischen Einfluß auf sein Volk ein. Als das Empire sich stückweise auflöste und auch in Nairobi die Stunde des »self government« schlug, ging kein Weg mehr an Kenyatta vorbei. Im Sommer 1961 erlebte ich den Umbruch. Die Lebensbedingungen des verbannten Nationalistenführers in seiner neuen Zwangsresidenz Maralal wurden sehr viel komfortabler. Er wurde zum Schiedsrichter im partei- und stammespolitischen Machtkampf der schwarzen Parlamentarier Nairobis. Alle Ethnien beugten sich seiner Autorität. Dem Luo-Politiker Tom Mboya, der sich an die Spitze der »Kenya African National Union«, KANU, gedrängt hatte, blieb nichts anderes übrig, als Kenyatta auf den Schild zu heben und ihn zum Ehrenpräsidenten dieser führenden Partei zu machen. Auf den Massenkundgebungen begeisterte Tom Mboya seine Zuhörer, indem er das Porträt des bärtigen großen Mannes auf seine Brust heftete.

Selbst die Abgeordneten der oppositionellen KADU-Partei, die von den scheidenden Briten als Bremse gegen den Einfluß der rührigen Kikuyu gedacht war, traten die Reise zu dem Nationalhelden an. Am Ende des Jahres, so versicherten die scheidenden Kolonialbehörden, sei das »self government« als Vorstufe der »Uhuru kamili«, der totalen Unabhängigkeit, vorgesehen. Die ausländischen Konsuln wurden von Kenyatta in Maralal zur Audienz empfangen. Sie zeigten sich beeindruckt von der liebenswürdigen Autorität und der politischen Mäßigung dieses als blutrünstigen Terroristen verschrienen Patriarchen, dessen Steppen-Exil nach acht Jahren zu Ende ging.

Jomo Kenyatta hat sein Land von 1962 bis zu seinem Tod im August 1978 als unumschränkter Herrscher regiert. Im Gegensatz zu so manchen anderen afrikanischen Potentaten, denen die Unabhängigkeit kampflos in den Schoß fiel und die sich gerade deshalb bemüßigt fühlten, fremdenfeindliche Überkompensation zu betreiben, hat dieser authentische afrikanische Widerstandsführer eine überaus versöhnliche Linie gegenüber der früheren Kolonialmacht und sogar gegenüber den arroganten weißen Siedlern bezogen. In dieser Hinsicht läßt sich Kenyatta durchaus mit Nelson Mandela vergleichen, der seinen bornierten burischen Peinigern nach seiner Entlassung aus endloser Haft mit ähnlicher Großmut begegnete. Kenia blieb auf pro-westlichem Kurs und lief auch nicht den Schimären des afrikanischen Sozialismus nach. Dieses System extremer Toleranz konnte auf die Dauer nur durch eine charismatische Persönlichkeit vom Format eines Jomo Kenyatta getragen werden. Nach dem Tod des alten Magiers warteten jedoch explosive Kräfte hinter der oberflächlichen Idylle schwarz-weißer Koexistenz auf ihre revolutionäre Stunde und heizen sich an den postkolonialen Anachronismen auf.

*

Immerhin ist der Staat Kenyattas bisher nicht dem Chaos anheimgefallen. Man könnte die dortige Situation als Stabilität im Niedergang kennzeichnen. Seit dem Tod Kenyattas 1978 hat sich ein politischer Außenseiter an der Spitze des Staates behauptet, dem man eine solche Ausdauer anfänglich gar nicht zugetraut hätte. Der ehemalige Schulmeister Arap Moi, ein schwerfällig, eher behaglich wirkender Mann, der dem kleinen Stamm der Kalendje angehört, war von den Gefolgsleuten Kenyattas – fast ausschließlich Kikuyu –, die mit Hilfe der KANU-Partei die Macht ausübten, als Kompromiß- und Übergangskandidat, als »front figure« ausersehen worden, um ihren eigenen Zugriff auf den Staat zu tarnen und die Renitenz des aufsässigen Luo-Volkes zu neutralisieren. Aber sie hatten sich in diesem »père tranquille« gründlich getäuscht.

Daniel Arap Moi, diese unauffällige Pauker-Gestalt ohne Ausstrahlung und Format legte sich sehr bald die Allüre eines großen afrikanischen Häuptlings zu, trennte sich nie von seinem Elfenbeinstab, klammerte sich mit unbeirrbarer Energie an seine hohe Funktion, ging mit Härte gegen seine Gegner vor und tat alles, um die erdrückende Erinnerung an den Vorgänger Jomo Kenyatta aus dem Bewußtsein des Volkes zu löschen. Die Gunst der in Nairobi kampierenden ausländischen Journalisten hat dieser plumpe »Chief« niemals genossen. Schon 1985, erinnere ich mich, mokierten sich die dortigen Kollegen über den wortkargen Koloß, der immerhin einen Putsch seiner Luftwaffenoffiziere mit der linken Hand niederschlug und auf studentische Unruhen mit dem Polizeiknüppel reagierte.

Natürlich ist auch das Regime dieses Autokraten durch die unvermeidliche Korruption und Vetternwirtschaft belastet. Ein in Nairobi ansässiger ismaelitischer Anwalt hatte mir bestätigt, daß in Kenia kein Geschäft, kein administrativer Akt ohne ein exorbitantes Aufgeld getätigt werden kann. An Zaire gemessen, seien diese Auswüchse doch recht bescheiden, so hatte ich damals eingewandt. Aber der Pakistaner widersprach mir. Arap Moi könnte es mit der Großspurigkeit eines Mobutu natürlich nicht aufnehmen. Die Dimensionen seien ganz andere. Die Mißstände in Kenia würden im Gegensatz zu den Ausschweifungen im französischsprachigen Afrika durch eine vom britischen Kolonisator ererbte Heuchelei überdeckt oder – wenn man es freundlicher ausdrücken wolle – durch eine anerzogene Schamhaftigkeit. Diese gehe den Despoten im frankophonen Raum ab.

Auch die parlamentarische Farce werde ja oberflächlich im Westminster-Stil weitergespielt. Das politische Leben von Nairobi sei sogar noch eingebunden in die Schein-Rituale des britischen Legalismus. Man tue zumindest »als ob«. Diese dünne Fassade zerbröckele jedoch zusehends. Die Presse Nairobis, die mit den übrigen Politikern gar nicht zimperlich umspringe, wenn es um die Aufdeckung von Skandalen gehe, würde es nicht riskieren, über irgendwelche Machenschaften des Staatschefs auch nur andeutungsweise zu berichten.

*

Als Helmut Kohl im Herbst 1987 bei seiner Afrika-Tournee in Nairobi Station machte, hatte ich den Eindruck, daß er den listigen und machtbewußten Nachfolger Kenyattas, dessen Körperumfang dem seinen nicht unähnlich war, instinktiv als Garanten einer gewissen Stabilität in Ostafrika, zumindest als das geringere Übel einschätzte. Ganz anders sollte jedoch die Reaktion Bill Clintons ausfallen, nachdem der Gouverneur von Arkansas ins Weiße Haus einzog und die »Friedensdividende« aus dem Zusammenbruch des Sowjet-Imperiums auch im Schwarzen Erdteil einkassieren wollte. Arap Moi war zu keinem Zeitpunkt Marxist oder auch nur Sozialist gewesen. Paradoxerweise gereichte ihm diese ideologische Indifferenz nunmehr zum Nachteil. Bei den diplomatischen Repräsentanten der amerikanischen »Baby-Boom«-Generation – das Gegenstück zu den deutschen Achtundsechzigern – galt nur derjenige etwas, der mit kommunistischem Gedankengut zumindest geflirtet hatte.

Im Gegensatz zur afrikanischen Riege der »Clinton-Boys« hatte der Kalendje-Schulmeister dieser Versuchung nie nachgegeben. Zudem hielt Arap Moi nicht viel von der Einführung des Mehrparteien-Systems, das seine Nation in tribalistische Wirren gestürzt hätte. In Washington pochte man jedoch auf pluralistische Demokratie, auch wenn sie sich in der Dritten Welt meist als absurder »Stimmzettel-Fetischismus« zu erkennen gab. Noch erstaunlicher war die Entrüstung des Weißen Hauses über die in Kenia grassierende Bestechlichkeit. Die war doch in diesem Kontinent – gerade auch bei den Klienten der USA – integrierender Bestandteil einer jeden gesellschaftlichen Ordnung. Jedenfalls kam es so weit, daß im Jahr 1990 der Internationale Währungsfonds und die Weltbank jede Zuwendung an Kenia blockierten, um Arap Moi und die von ihm inzwischen total domestizierte KANU-Partei auf den Pfad »demokratischer Tugend« zu zwingen.

Der alte Fuchs von Nairobi hat scheinbar nachgegeben und sogar eine schwächliche Oppositionsgruppierung unter dem Namen »Safina« geduldet. Mit seinem Nachbarn Yoweri Museveni, dem Staatschef von Uganda und Hätschelkind des State Departement, lebte er ohnehin in offener Feindschaft. Im Umkreis der Hafenstadt Mombasa kam es zu Unruhen. Der ausgetrocknete Norden Kenias wurde zum Tummelplatz von Räuberbanden. Die ausufernde Demographie, die katastrophale Dürre, die allzu lange Alleinherrschaft des Kalendje-Häuptlings – all das sind Elemente einer sich abzeichnenden Dekadenz. Mit Einführung des politischen Pluralismus dürfte dieser Trend zur Anarchie jedoch nur beschleunigt werden.

Die Wirtschaft Kenias leidet bitter unter dem Rückgang des Fremdenverkehrs. Dazu hat die Kriminalität beigetragen, die auch auf den früher so beliebten Küstenstreifen zwischen Mombasa und Malindi übergriff. Dem Sex-Tourismus, dem seinerzeit männliche und weibliche Feriengäste aus Deutschland hemmungslos frönten, wurde durch die Aids-Seuche ein jähes Ende bereitet. Manche der großen Ausländer-Herbergen sind geschlossen, und wenn der Service im »Serena-Hotel« weiterhin erstklassig bleibt, so ist das der Umsicht seines Eigentümers, des Aga Khan, zu verdanken.

Das Niveau der Safari-Begeisterten ist überdies seit der glorreichen Epoche Ernest Hemingways auf bescheidenes Niveau abgesunken. Nicht einmal reiche Exzentriker kommen auf ihre Kosten, und die Rucksack-Touristen stoßen auf die Mißachtung der Eingeborenen. Zum Besucherprogramm gehört neuerdings die

Wallfahrt zur Farm Tanja Blixens zu Füßen der Ngong-Hills. Aber man hüte sich auch an dieser Stelle vor schwärmerischer Verklärung. Die Saison-Arbeiter des Kikuyu-Stammes, die auf der Farm der dänischen Schriftstellerin schufteten und die so rührend beschrieben werden, waren ihres Grund und Bodens zugunsten der europäischen, meist britischen Gentry ohne Entschädigung beraubt worden. Auf den Parzellen, die diesen Schwarzen verblieben, durften sie keinen Kaffee pflanzen, weil sie angeblich nicht fähig waren, Insektenbekämpfung durchzuführen.

In »My African Journey« zeigte sich der junge Winston Churchill, der sich als Nachkomme des Herzogs von Marlborough durch die feudale Arroganz der nach Kenia und den »White Highlands« ausgewanderten Aristokratie nicht beeindrucken ließ, tief schockiert über die damals übliche Auspeitschung schwarzer Hausangestellter – etwa weil sie einer weißen »Lady« widersprochen hatten – und hätte am liebsten das »House of Commons« auf diese Übergriffe aufmerksam gemacht. In Nairobi gelangte Churchill jedoch zu der deprimierenden Feststellung, daß die Rassenkonflikte in Ostafrika mit dem Verhalten einer »Nashorn-Herde« zu vergleichen seien. Es gehe da plump zu, mit dickem Panzer und aggressiven Hörnern, mit kurzer Sicht, bösartiger Veranlagung und einem Trieb, beim geringsten Alarm alles wild niederzuwalzen. So erklärt sich vielleicht, daß Churchill das benachbarte Uganda als »Perle Afrikas« pries. Dort waren die »white settlers«, diese europäische Heimsuchung Schwarz-Afrikas, durch Schlafkrankheit und Malaria ferngehalten worden. Der Stachel der Tsetse- und der Anopheles-Fliege hatte sich als wirksamer erwiesen als die Speere und die Giftpfeile der Eingeborenen.

*

An einem schläfrig-angelsächsischen Morgen des April 1985 war ich auf Einladung des damaligen deutschen Botschafters in weiter Schleife rund um den Mount Kenya gefahren – in das Herzland des Kikuyu-Volkes und des Mau-Mau-Aufstandes der fünfziger Jahre. Von der hochgelegenen Asphaltstraße schweifte der Blick auf das düstere Grün der Aberdares und die gelbe, feierliche Weite des Grand Rift-Valley. Die Einladung zum Besuch einer Massai-Siedlung hatte ich abgeschlagen. Diese stolze Kriegerrasse, vor deren Speeren noch zu Beginn der Kolonisation alle Stämme Ostafrikas zitterten, stand im Begriff, unter dem Touristenansturm zu schwarzen Indianern zu verkommen. Der Kolonialstatistik zufolge war die Zahl der Massai seit der Jahrhundertwende auf Grund von Rinderpest und Epidemien von einer Million auf rund 150 000 geschrumpft.

Im »Outspan-Hotel« von Nyeri genoß ich den Ausblick auf das Schneegebirge, das endlich aus den Wolken heraustrat. I was facing Mount Kenya. Das Städtchen Nyeri mit seinen schmucken Villen aus der Kolonialzeit wirkte verödet. Am oberen Ende einer Art »Main Street« erhob sich immer noch die Statue des britischen Königs George V. Weiter unten, an einer Kreuzung, fiel mir eine schmucklose Pyramide aus Stein auf. Ich hielt an und las die Inschrift: »In Erinnerung an die Angehörigen des Kikuyu-Stammes, die für die Freiheit gestorben sind – who died for freedom; 1951 – 1957«. Dieses war die einzige bescheidene, fast verschämte Huldigung an die Mau-Mau-Krieger, die ich bei dieser Rückkehr nach Kenia entdeckte.

Fünfzehn Jahre später, im Oktober 2000, will ich mich keinen neuen Enttäuschungen aussetzen. So habe ich unser Kamera-Team beauftragt, nach Nyeri aufzubrechen und die Filmaufnahmen in meiner Abwesenheit zu machen. Nicht nur die Bronzegestalt des King George ist dort verschwunden, was dem normalen Entkolonisierungsprozeß entspräche, sondern von den angehäuften Felsbrocken des Mau-Mau-Denkmals ist – auf skandalöse Weise – die ehrende Inschrift entfernt worden. So sei diesen verzweifelten »Wilden«, die vor fünf Dekaden den wütenden Aufstand gegen die britische Fremdherrschaft gewagt hatten, mit meinen flüchtigen Notizen von damals ein schlichter Nachruf gewidmet.

Der vergessene Kampf der Mau-Mau

Rückblende:
Nairobi, im Mai 1956

Auf dem vergilbten, halb abgerissenen Zettel, der neben dem Empfangsbüro des »Stanley-Hotel« klebte, war ein Revolver abgebildet. Darunter stand die Warnung: »Gib auf Deine Waffe acht!« Aber die meisten Gäste kamen auf dem Weg zu irgendeiner Soirée in Smoking und Abendkleid die Treppe herunter. Nur ein paar sonnenverbrannte Farmer aus dem Landesinnern mit Khakihemden und Südwester fielen aus diesem Rahmen. Einer von ihnen trug sogar die Pistole am Gürtel, als sei die Mau-Mau-Krise noch auf ihrem Höhepunkt. Mißmutig musterte er die eleganten Paare, und ich hatte ihn im Verdacht, daß er den abenteuerlichen Zeiten des Aufstandes schon nachtrauerte.

Die Straßen von Nairobi waren um diese Zeit verwaist. Bei Einbruch der Dunkelheit mussten die Schwarzen in ihre stacheldrahtumzäunten »Locations« am Rande der Stadt zurück. Es blieben nur flüsternde Gruppen von Indern und das Karussel der Autos. Neben dem Hotel hing ein Kinoplakat. Jede gewaltsame Szene war sorgfältig mit schwarzer Tinte übermalt, damit die Eingeborenen nicht auf schlechte Gedanken kämen. Sogar der freimütige Busenausschnitt Lana Turners war mit roter Farbe überschmiert.

Das Auto meines Gastgebers hielt vor dem Portal. Wir fuhren in das Villenviertel weit vor den Toren der Stadt. Im Kegel der Scheinwerfer tauchten Gärten, Rasenflächen, stilvolle Cottages auf. Die Landschaft selbst wirkte mit ihren Hecken, sanften Hügeln und verträumten Baumgruppen in der Talsenke durchaus europäisch.

»Gut, daß Sie keinen weißen Smoking tragen«, sagte der Hausherr zur Begrüßung, »das ist verpönt bei uns und wirkt so kolonial.« Gleich neben der Tür polterte gerade ein Tablett zu Boden. »Geben Sie bitte nicht acht darauf«, entschuldigte sich der Gastgeber. »Unsere früheren Boys, die Kikuyu, sind alle irgendwo in einem Internierungslager, und mit diesen Schamba und Luo ist nichts anzufangen.« Der Abend hatte kaum begonnen, aber schon war die Stimmung fortgeschritten. Es waren etwa dreißig Menschen beisammen. Die anwesenden Frauen waren meist nicht mehr jung, aber jede war auf ihre Weise »good looking«. Die Eleganz dieser Gesellschaft war unerwartet. Die schwarzen Diener in den langen, weißen Gewändern gingen barfuß.

Eine ältere, schlohweiße Dame nahm sich meiner an. »Erzählen Sie mir von den spannenden, alten Zeiten«, forderte ich sie auf und hoffte, sie würde auf das Mau-Mau-Thema eingehen. Aber sie hatte mich mißverstanden. »Die Tränen kommen mir, wenn ich daran zurückdenke«, antwortete sie. »Sie können sich nicht vorstellen, wie das war. Die Außenseiter und schwarzen Schafe der englischen Aristokratie kamen in den zwanziger und dreißiger Jahren nach Kenia. Sie kauften sich eine Farm und lebten hier so, wie es ihnen zu Hause die Rücksicht auf ihre Familie und den guten Ton nicht erlaubte. Wenn Sie die Feste von damals erlebt hätten! Um Mitternacht kletterten die Damen auf die Schultern der Herren. Dann wurde mit Champagnerflaschen Polo gespielt. Und immer neue Skandale. Im exklusivsten Club von Nairobi waren zwei Speiseräume angelegt worden, damit die frisch geschiedenen Eheleute sich nicht zu begegnen brauchten. Eine wahre Hemingway-Gesellschaft aus den ›roaring twenties‹ war hier versammelt, eine wundervolle Mischung aus dem herben Parfüm von Mayfair und Raubtiergerüchen Afrikas. Wir lebten alle wie wahre Herren, wie man das in Europa schon seit Ewigkeiten nicht mehr kann.«

Ihr Redestrom war kaum aufzuhalten. »Entschuldigen Sie«, sagte ich schließlich, »aber ich wollte Sie nach den Mau-Mau fragen.« – »Ach, die Mau-Mau«, seufzte die alte Dame, »so etwas Langweiliges«, und schob mich einem müden Herrn mit blasiertem Blick zu, dem erfolgreichsten Farmer im wildesten Winkel Kenias, wie sie behauptete – »Es war wirklich einmal sehr spannend hier«, begann er, »keine wahren Höhepunkte, wissen Sie, aber ein dauerndes Kitzeln im Rücken. Keine 500 Meter von diesem Haus sind immerhin zwei Kinder am hellichten Tage von den Mau-Mau geschlachtet worden. Bei mir draußen auf der Farm ging man mit dem Revolver ins Bett und hatte ihn auch beim Essen neben dem Teller liegen. Jedesmal wenn der schwarze Boy das Gericht brachte, war der Lauf auf ihn gerichtet. Ich war der einzige Weiße in einem Umkreis von zehn Kilometern, und man konnte den bewährtesten alten Dienern nicht mehr trauen. Es war schon eine grauenhafte Psychose, und wir wußten nicht, was gespielt wurde. Es hatte damit angefangen, daß der Kikuyu-Stamm unter seinen Angehörigen eine bestialische Justiz ausübte und die unzuverlässigen Elemente aus dem Weg räumte. Bis die Dienststellen des Gouverneurs entdeckten, daß diese Ritualmorde Teil einer gegen die Europäer gerichteten Verschwörung waren, vergingen lange Monate. Stellen Sie sich vor, über eine Million Kikuyu wurde durch einen solchen Terror zusammengehalten, daß zwei Jahre lang kein Sterbenswörtchen nach außen drang! Für die meisten Farmer, die seit Jahrzehnten ihre Felder bebauten und mit den Kikuyu täglich in Berührung kamen, tat sich auf einmal der Boden unter den Füßen auf. – Nun, wir haben es noch einmal geschafft.«

Die Gesellschaft wurde immer ausgelassener. Vom Mambo war man zur Raspa übergegangen, und schließlich hüpfte alles unter gellendem Geheul im Kreise. Die schwarzen Diener sahen mit fassungslosen Gesichtern zu. »Das ist der Tanz der wilden Massai-Krieger«, erklärte der Hausherr atemlos; »wenn es so weiter geht, werden meine Gäste noch die furchtbaren Eideszeremonien der Mau-Mau nachahmen wollen.« Die weißhaarige Dame blieb melancholisch und dachte an die vergangene Epoche: »35 Jahre habe ich in Kenia verbracht, und jetzt bin ich dabei, mit meinem Mann das Land zu verlassen. Wir wollen diesen ständigen Niedergang, die Proletarisierung, die Arroganz der Neger nicht länger mitmachen. Wir gehen nach Südafrika.« Der Farmer aus den Aberdares unterbrach sie: »Als ob Sie es dort aushalten würden, bei den Buren! In einem Jahr sind Sie wieder zurück.«

Auf der Rückfahrt zum Hotel teilte ich das Taxi mit einem polnischen Grafen, dessen Vater – einer der Gründer des Pilsudski-

Staates – nach 1918 als Warschaus Außenminister amtiert hatte. Heute lebte der Sohn in einem bescheidenen Angestelltenverhältnis in Nairobi und betrachtete sein eigenes Unglück unter einer Maske lächelnder Resignation. »Diese Engländer in Kenia sind mir besonders lieb«, sagte er, »irgendwie fühle ich mich ihnen verwandt. Wenn ich sie auf ihren Festen erlebe, muß ich an die letzten Jahre auf den polnischen Gütern denken, als wir das Ende unserer Ära kommen sahen. Die Mau-Mau sind am Boden, aber das war nur die erste Runde im Kampf um Kenia.«

Die Straßen lagen jetzt völlig verlassen unter kaltem Sprühregen. Ein Polizeiwagen kam um die Ecke. Zwei schwarze Gesichter schauten unter den Tommy-Helmen hervor, während der englische Sergeant Befehle in sein Walkie-Talkie sprach.

Naiwasha, im Mai 1956

Wie eine grüne Brandung schlug der Dschungel über uns zusammen. Der Jeep suchte seinen Weg über einen versumpften Laterit-Pfad zwischen riesigen Bambusstangen und urwäldlichen Farnen. Das Gelände war ideal für einen Hinterhalt. In Indochina oder in Nordafrika wäre ich nie auf den Gedanken gekommen, eine solche Strecke zu benutzen. Aber weder der Fahrer noch der junge Major mit breitem Schnurrbart und gepflegtem Oxford-Akzent waren bewaffnet.

Gelegentlich waren gewaltige Spuren quer durch das Dickicht gewalzt. »Hier müssen Elefanten oder Nashörner durchgebrochen sein«, meinte der Major. »Das sind unsere gefährlichsten Feinde. In den letzten zwei Wochen haben wir einen Toten und zwei Schwerverletzte durch Büffel und Nashörner verloren.« – »Und die Mau-Mau?« fragte ich. »Das ist ein sehr seltenes Wild geworden«, lachte er.

Schließlich erreichten wir die äußerste Patrouille an den Hängen der Aberdares. Etwa zwölf Mann hatten mitten im Dschungel ein Feldlager aufgeschlagen. Die Zeltbahnen ruhten auf Bambusstangen. Zwei Löwenhunde mit schwarzem Gegenstrich auf dem Rükken kamen uns entgegen. Bei den englischen Soldaten befanden sich zwei afrikanische »Tracker«, Fährtensucher, die jede Spur im Wald ausmachen. Das kleine Quartier war mit einem Verhau gespitzter Bambusspieße abgeschirmt. »Nicht etwa gegen die Mau-Mau«, sagte der Major grinsend, »sondern gegen die Elefanten«.

»Dies ist eine sehr erfolgreiche Patrouille«, berichtete er. »Vor acht Tagen haben sie einen Terroristen getötet, vor fünf Tagen zwei Gefangene gemacht. So schmal sind hier unsere Siegesmeldungen. In den Schlupfwinkeln des Mount Kenya und der Aberdares mögen sich noch ein paar hundert Mau-Mau versteckt halten. Ihre offensive Kraft ist heute gleich Null. Sie hätten sich wahrscheinlich längst ergeben, wenn sie nicht scheußliche Verbrechen auf dem Kerbholz hätten. Sie leben wie wilde Tiere in den Bergen. Wir machen ihnen mit unseren ewigen Patrouillen das Dasein unerträglich. Die Banden zählen nicht mehr als zehn bis zwölf Mann. Jede zentrale Organisation hat aufgehört. Ihr letzter Führer Dedan Kimathi ist immer wieder durch unsere Maschen entwischt. Unsere Taktik ist, sie auszuhungern.«

In den Gefechtsstand der Kompanie zurückgekehrt, führte uns der Major vor eine Karte. Sie war mit farbigen Nadeln besteckt. Der Command-Post war in einer Hütte mit Strohdach untergebracht, die gegen Hitze und Feuchtigkeit guten Schutz bot. Die Soldaten kampierten unter grünen Zelten, die pedantisch ausgerichtet waren. Das Camp lag auf einer überhöhten Lichtung. Der Blick ging zu der wolkenverhangenen Wildnis der Aberdares. – »Die grünen Nadeln«, begann der Major, »geben die Verstecke der Terroristen an, die unsere Tracker aufgestöbert haben. Meist waren sie leer. Die gelben bezeichnen Wildfallen und Bienenkörbe. Gegen diese dürftigen Versorgungsquellen richtet sich unsere Hauptanstrengung. Blau sind die früheren Versammlungsplätze markiert, die aber längst aufgegeben wurden. Schließlich zeigen die roten Nadeln unsere letzten Zusammenstöße mit den Mau-Mau. Wie Sie sehen, sind es nur zwei.«

Draußen sammelte sich eine Patrouille zum Waldgang. Die Männer trugen den runden Dschungelhut und grüne Tarnuniformen. »Kommen Sie«, winkte mich der Major zum Jeep, »jetzt will ich Ihnen etwas ganz anderes zeigen.« Wir fuhren eine gute Viertelstunde über abschüssige Schlammwege durch Lianen und Gestrüpp. Plötzlich öffnete sich das Dickicht, und vor uns breitete sich herrlicher englischer Rasen mit farbenprächtigen Blumenbeeten aus. Inmitten dieses Paradieses, zwischen Weiden und Eukalyptusbäumen, entdeckten wir ein Gasthaus, das wie ein südenglisches Schlößchen gebaut war. Die Terrasse erhob sich über welligem grünen Weideland, das gelegentlich durch saubere Quadrate tiefbrauner Ackererde unterbrochen war. In großen Abständen lagen die herrschaftlichen Farmhäuser zwischen Hecken und Blumen. Über der frühlingsähnlichen Landschaft, in der das Laub der Eukalyptusbäume wie Silber zitterte, spannte sich zart-blauer Äquatorhimmel. »Das sind die White Highlands«, sagte der Major. »Hier innerhalb eines Gebietes von 16 000 Quadratmeilen, in denen nur Weiße siedeln dürfen, haben sich seit zwei Generationen die englischen Kolonisten niedergelassen und an Stelle der Wildnis ein Ebenbild ihrer Heimat geschaffen, aber ein schöneres England mit endlosen Horizonten und strahlender afrikanischer Sonne. Sie werden verstehen, daß sie dieses Hochland nicht dem afrikanischen Proletariat überlassen wollen.«

Auf der Fahrt hinunter zum Naiwasha-See, der wie ein milchiges Zyklopenauge im endlosen Löwenfell des Rift Valley schimmerte, durchquerten wir eine Kikuyu-Reserve, in der es vor Menschen nur so wimmelte. Die kreisrunden Strohhütten der Eingeborenen waren mit Stacheldraht und hölzernen Wachtürmen umzäunt. Die Menschen, die ihre winzigen Mais- und Maniokfelder mit primitivem Werkzeug bebauten und zusammengepfercht in ihren stickigen Kraalen lebten, mußten die fruchtbare Menschenleere der White Highlands als unerträgliche Herausforderung empfinden. Der Ursprung der Mau-Mau-Revolte lag hier offen zutage.

»Unser Einsatz ist hier bald zu Ende«, nahm der Major die Unterhaltung wieder auf. »Meine Truppe wird demnächst nach Malaya oder Zypern verlegt. Wir sind uns hier zwar wie die Pfadfinder vorgekommen, aber es war eine schöne Zeit.« Er gab mir die Statistiken dieses Feldzuges. Nach offiziellen Angaben waren

10399 Mau-Mau im Kampf getötet worden. Weitere 80 000 wurden als Terroristen und Verschwörer in die Lager eingewiesen, die sich von der Küste des Indischen Ozeans bis zum Victoria-See erstreckten. Die Mau-Mau hatten rund 2000 ihrer schwarzen Landsleute, die sie der Zusammenarbeit mit den Engländern verdächtigten, umgebracht. Dagegen wurden nur etwa 30 europäische Soldaten und Polizisten von den Buschkriegern getötet; die Zahl der ermordeten weißen Zivilisten betrug 26. Nach einer allmählichen Verringerung der britischen Streitkräfte um zwei Drittel bleiben noch 4300 englische und afrikanische Soldaten in Kenia. Der ganze Mau-Mau-Aufstand hat in dreieinhalb Jahren die englische Staatskasse nicht mehr als 39 Millionen Pfund gekostet.

»Wir haben uns immer gewundert, warum ein solcher Pressewirbel um diesen Kikuyu-Aufstand gemacht worden ist«, fuhr der Major fort. »Natürlich mußten wir unsere scharfen Repressionsmaßnahmen gegenüber dem Unterhaus und ›Fleet Street‹ rechtfertigen. Deshalb waren wir gezwungen, etwas zu übertreiben und die Trommel zu rühren. Im übrigen konnten wir nicht wissen, wie weit die Bewegung um sich greifen würde. Seit Stanley und Livingstone haben wir über das Seelenleben der Afrikaner nicht viel hinzugelernt. Und dann war dieser ulkige Name ›Mau Mau‹. Hätten die Leute sich etwa ›Kitawala‹ genannt, wie die Verschwörer im Belgischen Kongo, sie hätten nur einen Bruchteil ihres Widerhalls in der Weltöffentlichkeit gehabt.«

Umawa, im Mai 1956

Die Häftlinge des Mau-Mau-Lagers von Umawa waren zur Gymnastik auf dem großen freien Platz vor ihren Baracken angetreten. Sie verrichteten mit einer Präzision, die besten militärischen Drill verriet, eine Reihe völlig sinnloser Übungen, klatschten sich auf die Schenkel, schlugen die Hände gegeneinander, daß die Hochebene widerhallte. Der ausgediente englische Captain, der dieses Jugendlager kommandierte – offenbar ein Jünger des legendären »Colonel Blimp« –, war von den Leistungen seiner Zöglinge sichtlich entzückt. Zwei Stunden hatte er uns durch die hygienischen Baracken geführt und uns die jungen »Terroristen«, von denen manche noch Kinder waren, bei ihrer beruflichen Schulung an Werkbank und Schiefertafel präsentiert. »Wir können sie ja schließlich nicht alle umbringen«, sagte er beinahe entschuldigend. »Also müssen wir versuchen, sie wieder in die menschliche Gesellschaft zu integrieren. Dazu gehören vor allem Disziplin und Gemeinschaftsgeist, der Verzicht auf niedrige Mißgunst, wie sie in diesen Kikuyu so tief verwurzelt ist.«

In den Wellblechhütten waren die Bastmatten säuberlich geschichtet. Jede dieser Unterkünfte war sinnigerweise nach einem Pionier des britischen Weltreiches benannt: Lord Kitchener, Lord Lugard, Lord Napier, Cecil Rhodes und andere. Über den Betten waren erbauliche Sprüche zu lesen: »Einigkeit macht stark« oder »Gemeinnutz geht vor Eigennutz«. – »Sie bringen diesen jungen Leuten alle jene Organisationstugenden bei, die ihnen bei der letzten Revolte gefehlt haben«, sagte ich zum Spaß, »das nächste Mal werden die Mau-Mau mit einer disziplinierteren Mannschaft antreten können.« Der alte Captain schätzte meinen Scherz nicht sonderlich. In der Zeichenklasse arbeitete ein Schüler an einer Skizze, die die Kapitulation zweier »Waldgangster«, wie die Mau-Mau hier genannt wurden, vor einem weißen Polizeioffizier darstellte. Was sich dieser ehemalige Buschkrieger dabei wohl dachte?

Als der Captain uns erklärte, »wir versuchen die Jungens nach den Grundsätzen der englischen Public Schools zu erziehen«, stimmte Adalbert Weinstein ein so schallendes Gelächter an, daß der Offizier ihn verblüfft musterte. Ich hatte den Militärexperten der »Frankfurter Allgemeinen Zeitung«, einen Typus von Journalist, der heute leider nicht mehr anzutreffen ist, ein Jahr zuvor in Hanoi kennengelernt. In Nairobi waren wir uns zufällig begegnet und hatten die Expedition in die Aberdares gemeinsam unternommen. »Was man mit Menschen doch alles anfangen kann«, meinte Weinstein, während wir der hüpfenden und händeklatschenden Gruppe zusahen. Im Hintergrund wurden der Stacheldraht des Lagers und die hohen hölzernen Wachtürme mit den schußbereiten

Posten sichtbar. Irgendwo bellten die Spürhunde. Die Engländer konnten wohl nicht begreifen, welche Erinnerungen für jeden Kontinental-Europäer mit solchen Bildern verknüpft sind.

Nachdem die Turner eine kunstvolle Pyramide gebaut hatten, auf deren Gipfel – o Wunder! – sich der Union Jack entfaltete, bildete die Gruppe einen weiten Kreis. Monotoner, dumpfer Gesang stieg zum Himmel. Die jungen Männer bewegten sich in einem ekstatischen Rhythmus, der mit der präzisen englischen Gymnastik nichts mehr zu tun hatte. Die gefangenen Mau-Mau stimmten die Hymnen der heidnischen Mannbarkeitsfeiern an. Mit einem Schlag war alles verändert; da waren wir keine skeptischen Zuschauer einer problematischen Umerziehung mehr, sondern die verstörten Zeugen eines uralten Rituals. Jenseits der weiten Highlands von Kenia zerriß die Wolkendecke. Der schneebedeckte Gipfel des Mount Kenya ragte hoch über diesen jungen Kikuyu, die einst den heiligen Eid geleistet hatten, die weißen Eindringlinge aus dem Land ihrer Ahnen zu vertreiben.

Vom Lager Umawa fuhren wir weiter ins Innere. Dabei kreuzten wir eine Gruppe Massai-Hirten. Diese Krieger hamitischen Ursprungs, die Haar und Körper mit roter Farbe beschmieren und ihre Nacktheit nur mit einer lockeren, braunen Decke verhüllen, blickten damals noch mit der hoheitsvollen Herablassung der Nomaden auf die närrischen Zivilisationsformen der Neuzeit. Wie ihre fernen Vorfahren an den Ufern des Nils lebten sie ausschließlich von den Erzeugnissen ihrer Rinderherden. Niemals wurde ein Tier geschlachtet. Die Massai ritzten eine Kerbe in den Hals der Kuh und saugten das Blut. Die Milch tranken sie aus Holzgefäßen, die sie mit dem Urin der Tiere reinigten. Ihre niedrigen Laubhütten wurden mit dem Dung der Rinder verputzt. Die hohen Lanzen, mit denen diese sehnigen Männer auf Löwenjagd gingen, waren einst in ganz Ostafrika gefürchtet. Die heute so rührigen Kikuyu, die Anspruch auf die politische Führerschaft aller Stämme Kenias erheben, waren von den Massai in die Wälder des Mount Kenya abgedrängt worden, als die ersten Europäer das Land erschlossen.

Hinter den Maniok-Feldern tauchte das Dorf Karia auf. Es war mit Stacheldraht, Bambusverhauen und den üblichen Holztürmen eingekreist. Eine mittelalterliche Ziehbrücke schützte den Eingang. Die runden Lehm- und Strohhütten waren voll Rauch und Modergeruch. Die Kikuyu von Karia machten einen erbärmlichen Eindruck. Die kahlgeschorenen Frauen mit rachitischen Gliedern und hängenden Brüsten gingen in grauen Lumpen wie Tiere unter der Last des Stirnjochs. Die Männer hatten so extrem geweitete Ohrlappen, daß sie ihnen oft bis zur Schulter reichten. Die Gesichter unter den verbeulten Hüten waren pechschwarz.

Ein englischer District-Officer, der wie James Mason aussah, führte uns einen aufgeweckten Mann im Monteuranzug vor, der erst vor einer Woche aus einem der Internierungslager entlassen worden war. Der Kikuyu zeigte nicht die geringste Hemmung, über seine Mau-Mau-Vergangenheit zu sprechen. Ja, er habe den Verschwörer-Eid leisten müssen, sagte er in holprigem Englisch, und er habe falsch gehandelt, das der englischen Polizei zu verschweigen. Er sei damals mit 30000 Kikuyu im Zuge der großen »Amboß-Operation« aus Nairobi in ein Lager deportiert worden. Er sei dort nur festgehalten worden, weil ein »Mißverständnis« vorgelegen habe. Dabei schaute er uns etwas spöttisch an und kicherte in sich hinein. Was er denn heute von den Mau Mau denke, fragten wir ihn. »Ich habe natürlich eingesehen, daß die Regierung recht hat«, sagte der Mechaniker und lachte diesmal aus vollem Halse.

Ein uralter, halbnackter Kikuyu mit buntem Ohrenschmuck rund um das runzelige, traurige Gesicht stieß in sein Horn. Die Herden wurden heimgetrieben, denn bei Nacht durfte kein Vieh auf der Weide bleiben. Die letzten Rebellen hätten es forttreiben und schlachten können. Karia lag etwa 3000 Meter hoch, und der Abend war kühl.

Zwischen Nairobi und Kampala, im Juni 1956

Zwei Wochen später, im Abteil des Zuges, der von Nairobi nach Kampala, der Hauptstadt von Uganda ratterte, fragte mich ein weißer Farmer nach meinem nachhaltigsten Eindruck von Kenia. Ich zögerte eine Weile. War es die weihevolle Erscheinung des

Kilimandscharo, der am frühen Morgen über der roten Steppe voll weidender Antilopen und Giraffen aufleuchtete? War es die Geschäftigkeit der Safari-Snobs von Nairobi, die mit fahrbarer Dusche, Eisschränken und seidener Bettwäsche in die grünen Hügel Afrikas aufbrachen, um ein paar Tage lang Hemingway zu spielen? Waren es die sportlichen britischen Militärs in den Aberdares oder die nostalgischen Feste der weißen »Gentry«?

Statt zu antworten, deutete ich mit der Hand zum Fenster des fahrenden Zuges hinaus. Über den bewaldeten Höhen, deren milde Konturen fast europäisch wirkten, zeichneten sich die Wachtürme und elektrisierten Umzäunungen der »Detention Camps« gegen den violetten Abendhimmel ab. Diese Gefangenenlager hinter Stacheldraht waren für mich die beklemmende Bestätigung, daß Afrika seinen Einzug ins 20. Jahrhundert vollzogen hatte.

Humanität als Selbstzweck

Lokichokio, im November 2000

In der Mulde zwischen kahlen Höhen dehnt sich ein Heerlager ganz besonderer Art. Die weißen Baracken und schmucken Wohn-Container sind so exakt ausgerichtet, als dienten sie militärischen Zwecken. Darüber wehen blaue Fahnen der diversen Hilfsorganisationen der Vereinten Nationen, das Rote Kreuz auf weißem Grund und die Embleme zahlreicher NGOs. Die Grenze des Süd-Sudan ist knapp zwanzig Kilometer entfernt. Wer dort zur Rebellen-Armee der Provinz Bahr-el-Ghazal gelangen will, ist fast zwangsläufig auf diese Durchgangsstation, auf den kleinen Flugplatz von Lokichokio im äußersten Nordwesten Kenias, angewiesen. Im benachbarten Uganda sind zwar mehrere Transitpisten vorhanden, aber dort stiften die entfesselten »Kinder-Soldaten« der »Lord's Resistance Army« Unsicherheit und Gewalt. Die Regierung des Präsidenten Museveni in Kampala sieht es überdies nicht gern, wenn man ihr in die Karten schaut.

In diesem Raum stehen nämlich ugandische Eingreif-Bataillone in Bereitschaft – mit Panzern und Artillerie russischer Fabrikation ausgerüstet, von amerikanischen und israelischen Experten betreut –, um der süd-sudanesischen Aufstandsbewegung SPLA – im Klartext »Southern People's Liberation Army« – unter General John Garang beizustehen. Seit Jahrzehnten führt die SPLA, die von den animistischen und christlichen Niloten-Stämmen getragen wird, einen endlosen Feldzug gegen die arabisierte Regierung von Khartum. Von Washington ist die Republik Sudan mit Acht und Bann belegt worden, seit sie sich nach dem Putsch des General Omar Baschir im Jahr 1989 dem »islamischen Fundamentalismus« verschrieben hat.

Im Camp von Lokichokio geht es – offiziell zumindest – strikt humanitär und karitativ zu. Hier drängeln sich die unterschiedlichsten NGOs aus aller Herren Länder, rivalisieren miteinander, treten sich gegenseitig auf die Füße. Etwa 400 davon sollen im Süd-Sudan tätig sein und stärken den vom »militanten Islam« angeblich bedrängten Völkern der Dinka, der Shilluk, der Nuer – um nur diese zu nennen – den Rücken. Daß eine solch massive Belieferung mit Lebensmitteln und Medikamenten den Bürgerkrieg zwischen Nord und Süd weiterhin schürt, ja geradezu am Leben erhält, dessen werden sich die Einsichtigen unter den »relief-workers«, die hauptberuflich und recht gut entlohnt die Stellung halten, allmählich bewußt, auch wenn man das schamhaft verschweigt.

Sogar den Aussagen katholischer Missionare zufolge ist der ursprüngliche Religionskonflikt im Bahr-el-Ghazal zwischen Islam und Christentum längst zu einem Knäuel undurchsichtiger Stammesfehden entartet. Die stolzen Niloten-Krieger ihrerseits betrachten die spendable Versorgung mit Gütern aller Art als eine Pflichtübung der weißen Industrienationen. Sie nehmen diese Gaben huldvoll wie einen Tribut entgegen und erheben zusätzliche Finanz- oder Zollabgaben von ihren Wohltätern. Der Verdacht stellt sich zudem ein, daß unter dem Mantel der Humanität auch beachtliche Mengen Kriegsgerät in Richtung SPLA geschmuggelt werden. Die Transportmaschinen mit dem Wappen »US-AID« genießen einen zweifelhaften Ruf. Manche professionellen Menschenfreunde, die sich hier tummeln, hatten einmal dem von Präsident Kennedy gegründeten Peace-Corps angehört, und in dessen Reihen waren die »undercover«-Agenten der CIA keine Seltenheit. In Afrika besteht für den um Objektivität bemühten Beobachter die Gefahr, vollauf der Spionitis zu verfallen oder dem im Orient so weit verbreiteten Verschwörungswahn, der Zwangsvorstellung des »mu'amarat«.

Von Anfang an wurden wir beim »Welt-Ernährungs-Programm«, das den Zugang zu den Aufständischen des Süd-Sudan mit seinen leichten Flugzeugen überhaupt ermöglicht, durch äußerst freundliche und effiziente Männer und Frauen betreut. Die administrativen Vorbereitungen dieser Fernseh-Expedition standen unter bizarren Vorzeichen. Zunächst mußten wir – um die Reise zur separatistischen SPLA anzutreten – in der sudanesischen Botschaft von Bonn ein Visum für die islamische Republik von Khartum beantragen, das anstandslos gewährt wurde. In Nairobi wiederum erteilte uns das dortige Verbindungsbüro des Rebellen-Generals Garang einen mit Foto und Stempeln versehenen Passierschein. Bevor wir in der weißen Cessna-Maschine des »World Food Program« Platz nahmen – neben unserem Kameragepäck war sie allenfalls noch in der Lage, ein paar Sack Reis zu transportieren – wurde per Funk eine Fluggenehmigung aus Khartum unter Angabe der genauen Route eingeholt.

Die blitzsaubere, mit allen Errungenschaften modernster Kommunikationstechnik ausgestattete Basis Lokichokio ist von trostlosen gelben Hügeln und der verdorrten Turkana-Steppe eingekreist. Die ungezähmten Nomaden, die dort noch in biblischer Unberührtheit verharren und unter dem Druck der mörderischen Dürre zu den räuberischen Bräuchen ihrer Ahnen zurückfinden, hätten diese supermoderne Einrichtung wohl als Invasion von Marsmenschen empfunden, wenn sie vom roten Gestirn und dessen Legende gewußt hätten. Bei der zügigen Abwicklung der Durchgangsformalitäten hatten wir es fast nur mit Engländern zu tun. Die Briten befanden sich an der Nahtstelle ihrer ehemaligen Kronkolonie Kenia und ihres einstigen Kondominiums Sudan im Herzland jener kontinentalen Landbrücke zwischen Kapstadt und

Kairo, von der Cecil Rhodes geträumt hatte und die – nach Einverleibung Deutsch-Ostafrikas – auch tatsächlich ein Vierteljahrhundert lang unter dem Union Jack realisiert worden war.

Diesen Engländern von heute, enterbte Nachzügler des grandiosen Empire, fühle ich mich irgendwie verbunden. Sie sind pragmatisch und – was die Wirkung ihres Einsatzes betrifft – recht illusionslos. Sie merken gleich, daß ich mich nicht sonderlich für die statistische Aufzählung von Mais und Maniok-Transporten interessiere, sondern daß es mir um die Erkundung der politisch-strategischen Situation im Süd-Sudan geht. Ein etwa fünfzigjähriger Schotte, dem man den ehemaligen Offizier anmerkt, erweist sich als hilfreicher Sachkenner. Auf der Landkarte skizziert er die Einflußgebiete von Freund und Feind, malt Kringel um die Restpositionen der Nordisten, die von Rebellen umzingelt sind und nur noch aus der Luft versorgt werden können. Bereitwillig äußert er sich zur flagranten Intervention Ugandas. Meiner Frage nach der diskreten Koordinierung durch die Amerikaner begegnet er mit vielsagendem Lächeln. Wie sehr unterscheidet sich doch die müde, aber würdige Skepsis der ehemaligen Kolonialherren – bei Franzosen und Portugiesen habe ich ähnliche Gestalten angetroffen – von dem burschikosen Auftreten mancher Amerikaner in dieser Region, von deren ungebrochenem Sendungsbewußtsein und jener hemdsärmeligen Unbekümmertheit, die man als sympathisch und irritierend zugleich empfindet.

Vor dem Schalter neben der Rollbahn drängen sich Neuankömmlinge aus Uganda und dem Sudan. Sie füllen einen detaillierten Fragebogen aus, auf dem sie erste Symptome der Ebola-Krankheit oder bedenkliche Kontakte mit Infizierten vermelden sollen. »Sie fliegen in die dampfende Sumpfwüste des ›Sudd‹«, belehrt uns die schwarze Kontrollbeamtin vor dem Start. »Nehmen Sie sich in acht. Sie betreten dort eine weltweit einmalige Brutstätte heimtückischer Viren und Bakterien.«

SUDAN

Öl-Bohrung am Gazellen-Fluß

Turalei, im November 2000

Die giftgrüne Sumpffläche des Bahr-el-Ghazal dehnt sich bis zum Horizont. Für Menschen scheint sie nicht geschaffen. Hingegen ist man darauf gefaßt, gewaltige Saurier-Reptile aus dem Schlamm und den schwarzen Wasserlöchern auftauchen zu sehen. Aus einem unerfindlichen Grunde hat uns das »Welt-Ernährungs-Programm« als Reiseziel den Flecken Turalei angeboten, eine kleine Insel in dieser Schilf- und Moorwüste. Die Cessna-Maschine, die uns auf der kurzen, staubigen Piste abgesetzt hat, ist wie ein winziges silbernes Insekt gleich wieder davongeflogen, nachdem sie außer uns auch ein paar Säcke Reis ausgeladen hat.

Turalei ist nur 50 Kilometer vom Bahr-el-Arab, einem anderen, trägen Nebenfluß des Weißen Nil entfernt. Nördlich davon beginnt das riesige Kordofan-Territorium, wo bereits die islamistische, von den Amerikanern als »Schurken-Staat« bezeichnete Republik von Khartum die Oberhand besitzt. Turalei hingegen ist ein vorgeschobener Stützpunkt jener »Sudanesischen Volksbefreiungs-Armee« SPLA des Generals John Garang, deren christliche und überwiegend heidnische Niloten-Stämme seit bald einem halben Jahrhundert ihren erbitterten Sezessionskrieg gegen den arabisierten Norden führen. Die paar Männer, die wir in Turalei zu Gesicht bekommen und die sich gegenüber Fremden eher mißtrauisch verhalten – riesige, hagere, pechschwarze Gestalten, die im Durchschnitt zwei Meter messen – tragen Tarnuniformen und sind mit der unvermeidlichen Kalaschnikow bewaffnet. Andere, kaum bekleidet, halten noch den Speer ihrer kriegerischen Ahnen des Dinka-Stammes in der Faust.

Der Ire Joe, der uns im Auftrag des »World-Food-Programm« begleitet, ein beleibter Veteran mit dreißigjähriger Afrikaerfahrung, kommt mit dem Aufbau seines Zeltes nicht zurecht, nachdem uns ein Ziegen-Kraal als Behausung zugewiesen wurde. Dieser schrullige, aber hochsympathische Betreuer ist ganz städtisch gekleidet, als wolle er an einem Sonntag in Dublin zur Messe gehen. Er zeichnet sich durch rührende Hilflosigkeit aus. Für seine Verpflegung hat er nur eine Büchse Corned Beef mitgebracht. Und dennoch, im Schwarzen Kontinent kennt er sich gut aus.

»Saurier werden Sie hier nicht finden«, belehrt uns Joe, »aber der Morast, durch den die Eingeborenen bis zur Hüfte eintauchen, um zur Nachbarinsel zu gelangen, wimmelt von Schlangen. Auch Krokodile gibt es hier. Die wahren Monster jedoch, die demnächst aus dieser feuchten Einöde herauskriechen werden, sind die Bohr-Anlagen, die Fördertürme der großen Petroleum-Gesellschaften.« Der Krieg um den Sudan, so hatte mir ein katholischer Missionar schon vor unserem Aufbruch aus dem Grenzort Lokichokio in Nord-Kenia gesagt, wird längst nicht mehr im Namen der Religion – Halbmond gegen Kreuz – geführt, sondern es geht mit wachsender Unerbittlichkeit um die Besitznahme der riesigen Ölfelder, die im »Sudd« des Bahr-el-Ghazal, des Gazellen-Flusses, geortet wurden und deren Umfang mit dem Reichtum Nigerias vergleichbar sein soll. Im Umkreis der Flecken Aweil und vor allem Bentiu ist die Ausbeute bereits gewinnbringend in Gang. – »Wo ein Aas ist, da sammeln sich die Geier«, zitierte der Geistliche die Heilige Schrift.

Die Amerikaner, die anfangs im Wettstreit um das Schwarze Gold mit Chevron die Nase vorn hatten, fielen zurück, ließen sich durch die kanadische Tarn-Firma »Talisman« vertreten, als ihre Frontstellung gegen die angeblichen Terroraktivitäten des islamistischen Regimes von Khartum zu gezielten Kampfeinsätzen, sogenannten »covered actions« der CIA mit Hilfe der ugandischen Armee überging. Die Sowjetunion war als Gegengewicht nicht mehr vorhanden, da trat plötzlich und überraschend ein neuer

»global player« auf den Plan, die Volksrepublik China, die im Verbund mit Malaysia in Rekordzeit den Bau einer Pipeline über 1500 Kilometer von Bentiu bis Port Sudan vollendete und heute bereits in der Lage ist, 250 000 Barrel Rohöl pro Tag zum Hafen am Roten Meer zu pumpen. Bei den undurchsichtigen Beteiligungen an den diversen Konsortien stehen die Erben Mao Zedongs im Begriff, sich den Löwenanteil zu sichern, während die Franzosen, die mit Total-Fina-Elf bei Melut eine Konzession erworben haben, mit ihren Bohrungen noch nicht beginnen konnten. Für sie klingt die Nachbarschaft des Fleckens Faschoda wie ein böses Omen.

Der grauhaarige schwarze Dorfvorsteher, mit dem ich am Ende doch noch ins Gespräch komme, ist von Sorgen geplagt. »Wenn die Erdöl-Ingenieure bei uns auftauchen, werden sie zunächst aus Sicherheitsgründen die gesamte Bevölkerung vertreiben und sich in ihren Förderanlagen wie in Festungen verschanzen. Bisher hatten wir andere Ängste«, fährt er fort; »da kamen zur Trockenzeit die ›Murahilin‹, die arabisierten Nomaden des Kordofan herangeritten und plünderten, was immer sie vorfanden.« Dabei wird wohl auch jener fiktive Sklavenhandel inszeniert, der die zahlreichen karitativen Organisationen, die im Süd-Sudan ihre Daseinsberechtigung und teilweise auch ihr materielles Auskommen suchen, dazu veranlaßt, für jeden »Sklaven« eine Loskaufsumme von 50 US-Dollar zu zahlen. Ein vorzügliches Geschäft für die »Murahilin«. Noch schmerzlicher seien die Einfälle des aus Osten vordringenden Niloten-Volkes der Nuer unter ihrem »War Lord« Riak Masar, die seit langem mit den Dinka – trotz enger rassischer und religiöser Verwandtschaft – auf dem Kriegsfuß leben und ihnen die Kühe wegtreiben; letzteres sei fast schlimmer als Menschenraub.

Wir lassen die Stimmung dieser urwäldlichen Landschaft auf uns einwirken. Die Menschen hier – so scheint es – haben sich zu amphibischen Wesen entwickelt. Immer wieder verharren die riesigen, hageren Dinka über Stunden völlig reglos auf einem Bein, wie Sumpfvögel oder Störche. Der linke Fuß ist dann an das rechte Knie angewinkelt, und der unvermeidliche lange Stab dient als Stütze. Die Frauen haben sich – wohl im Kontakt mit der arabisierten Nachbarschaft des Kordofan – wann immer sie es können, farbenprächtige Textilien übergeworfen, die sie bis zu den Schultern raffen, wenn sie das trübe Moorwasser durchwaten.

In unserem Rund-Kraal werden wir von Ziegen belästigt. Normalerweise finden sie hinter der Umzäunung Schutz vor den seltenen Raubkatzen, die es in dieser Gegend noch gibt. Auf Anordnung des Ältesten bringt uns eine pechschwarze Dinka einen Krug mit gekochtem Wasser. Aber wir haben einen reichlichen Flaschenvorrat garantiert sauberen Mineralwassers mitgebracht und lassen uns auf kein Wagnis ein. Sogar in dieser Einöde von Turalei tragen die Kinder oft T-Shirts, die von humanitären Organisationen verteilt wurden. Da wird vor allem vor Polio, vor Kinderlähmung, gewarnt, aber am meisten schreckt uns der ständige Verweis auf die hier weitverbreiteten Guinea-Würmer, deren Infektion man angeblich relativ leicht vermeiden kann, indem man das Trinkwasser durch ein gewöhnliches Tuch filtert und die Eier somit aussondert. Dennoch geschieht es den Eingeborenen immer wieder, daß sich diese abscheulichen Parasiten in ihren Körpern entwickeln und an irgendeiner Stelle aus der Haut nach außen wachsen. Die häufigste Todesursache ist die Malaria in den unterschiedlichsten Variationen, aber auch Tuberkulose, Bilharzia, Amöben-Ruhr, Lepra und neuerdings Aids. Alle nur erdenklichen Mikroben und Viren fordern ihre Opfer.

Mit Joe habe ich mich inzwischen ausreichend angefreundet, um ihm auch unbequeme Fragen zu stellen. Allein das Welt-Ernährungs-Programm gibt im Süd-Sudan für seine Hilfsaktionen eine Million US-Dollar pro Tag aus. »Wie kann man in der Region des Bahr-el-Ghazal von Hungersnot reden?« frage ich den Iren. »Stellen Sie sich vor, in diesen unendlichen Sümpfen würden Chinesen oder Kambodschaner leben. Sie hätten die Wildnis längst in eine wohlgeordnete, blühende Reislandschaft verwandelt, deren Ernten halb Afrika ernähren könnten.« Eben noch hatte uns ein einheimischer Bauer ein paar kümmerliche Sorgum-Dolden, seinen Vorrat an Hirse, gezeigt. Er lamentierte über die bevorstehende Mangelperiode, die sein Stamm nur dank der Luftversorgung diverser NGOs überstehen könne.

»Sie werden es nicht glauben«, sagt Joe; »diese Niloten weigern sich, irgendeine Frucht anzubauen, die nicht ihrem herkömmlichen Speiseplan entspricht. Überall in Afrika pflegen die Bantu-Völker Maniok zu pflanzen, der hier hervorragend und fast ohne menschliche Arbeitsleistung gedeiht. Aber diesen Import aus Amerika verschmähen die Dinka ebenso wie den Mais, der hier ebenfalls prächtig sprießen würde. An die Anlage von Reisfeldern denken sie überhaupt nicht.« Aus den benachbarten Hütten klingt das Stampfen der schweren Kolben, mit denen die Frauen in mühevoller Arbeit den Sorgum zermahlen. Im Wasser des Bahr-el-Ghazal sind ein paar Männer dabei, wie in frühester Steinzeit die Fische mit dem Speer zu erlegen. Vergeblich haben sich ausländische Experten darum bemüht, ihnen die Nützlichkeit von Netzen beizubringen.

»Was nun die gewaltige Anzahl von Rindern betrifft, die Sie überall entdecken, so könnte man vollends verzweifeln. Sie kämen niemals auf die Idee, eine Kuh zu schlachten. Hühnerfleisch verweigern sie ebenfalls, und ihre Frauen dürfen auf Grund irgendeines Tabus keine Eier essen. Da bleibt nicht viel übrig auf dem Speiseplan«, fügt Joe achselzuckend hinzu, »nach und nach bemächtigt sich dieser Völkerschaften eine passive Lebenseinstellung von Bedürftigen, das was die Franzosen ›une mentalité d'assistés‹ nennen.«

Der Afrika-Kenner Joe, der so unbeholfen wirkt, ist über die militärische Situation im süd-sudanesischen Aufstandsgebiet bestens informiert. Bereitwillig hält er mir einen Lagevortrag. Die islamistische Regierung von Khartum ist offenbar unfähig, der Sezession der Provinzen Bahr-el-Ghazal, Lakes, Jonglei, West- und Ost-Äquatoria Herr zu werden. Südlich von Malakal verfügen die arabisierten Nordisten nur noch über vereinzelte, umzingelte Stützpunkte, die aus der Luft versorgt werden müssen. Die Situation hat sich seit Ausbruch der ersten ethnisch-religiösen Unruhen, die unmittelbar nach der Unabhängigkeit in der südlichsten Provinzhauptstadt Juba begannen, für die jeweiligen Machthaber Khartums Schritt für Schritt verschlechtert. Der Bürgerkrieg, der 1972 infolge eines großzügigen Autonomie-Abkommens vorübergehend abgeflaut war, brach 1983 unversöhnlich und grausam wieder aus, als Staatschef General Jaafar Numeiri – ursprünglich ein Günstling der Amerikaner – die Einführung der »Scharia«, der koranischen Gesetzgebung in ihrer unerbittlichsten Auslegung auch für die Christen und Heiden verfügte. Von nun an übernahm beim kriegerischen Niloten-Volk der Dinka der in China ausgebildete »General« Garang das Kommando über die Volksbefreiungsarmee SPLA. Er genoß weltweite Sympathie. Für die »Rebellen« änderte sich die Situation grundlegend, als nach einem wirren »demokratischen« Zwischenspiel in Khartum General Omar Hassan Ahmed-el-Bashir im Jahr 1989 durch einen Putsch an die Macht gelangte und mit Hilfe seines damaligen geistlichen Mentors Scheikh Hassan-el-Turabi einen islamischen Gottesstaat proklamierte.

Obwohl dieses fundamentalistische Regime gegenüber den Nicht-Muslimen des Sudan eine weit größere Toleranz walten ließ als der borniert General Numeiri, brachte es den Zorn und das Mißtrauen Washingtons gegen sich auf. Der Sudan wurde kurzerhand als »rogue state«, als potentieller Komplize der Mullahs von Teheran, ja als Verbündeter jener panislamischen Kampfgruppen angeprangert, die man im ganzen »Dar-ul-Islam« als »Afghanen« bezeichnet. Der Kalte Krieg ging ja ohnehin zu Ende, die Sowjetunion brach auseinander, und die US-Diplomatie deklarierte die weltweite islamistische Erweckungsbewegung zum neuen »Empire of evil«.

Das befreundete Uganda des Präsidenten Yoweri Museveni wurde als Drehscheibe und rückwärtige Basis für die systematische Niederkämpfung der Regierungsgarnisonen Khartums im Süd-Sudan ausgebaut. Auch Israel beteiligte sich an dieser Aktion. Die ehemals kommunistischen, aber christlich getauften und nunmehr zu den Idealen westlicher Demokratie bekehrten Präsidenten von Äthiopien und Eritrea schlossen sich dieser Umzingelung an. Im Jahr 1997 ging die ugandische Armee von der bislang diskreten Unterstützung der sudanesischen Volksbefreiungsarmee zur offenen Intervention über. Mit überlegener Feuerkraft, unter Einsatz starker Panzerverbände wurden die Positionen des General Bashir in der West-Äquator- und der südlichen Bahr-el-Ghazal-Provinz durch die vereinten Streitkräfte Musevenis und Garangs überrannt. Gleichzeitig verstärkte sich von Osten der Druck konkurrierender Aufstandsbewegungen bei den Niloten-Stämmen der Nuer und der Shilluk, denen der tätige Beistand von Addis Abeba und Asmara zugute kam.

In Washington hatte man sich wohl in der Hoffnung gewiegt, durch diese systematische Kampagne das verhaßte Fundamentalisten-Regime von Khartum zu Fall zu bringen. Nur so erklären sich die gewaltigen Lieferungen von Kriegsmaterial, die sowohl für Uganda als auch für Äthiopien und Eritrea bereitgestellt wurden. Offenbar hatte niemand damit gerechnet, daß Präsident Museveni seine Haubitzen und Tanks vorrangig zu einem Eroberungs- und Plünderungsfeldzug in der benachbarten Kongo-Republik einsetzen würde. Die beiden Staatschefs von Äthiopien und Eritrea wiederum, Meles Zenawi und Isaias Afwerke, die bislang als unzertrennliche Blutsbrüder galten, brachen plötzlich – statt in Richtung Khartum zu marschieren – den absurden Territorialstreit um einen Fetzen Steppe im Norden von Tigre vom Zaun. Sie bekriegten sich mit mörderischer Rage und trieben mindestens 100 000 ihrer Soldaten in den Tod.

Unser Freund Joe hantiert wie ein Stratege mit einem Akazienzweig auf der Landkarte. Trotz des spektakulären Scheiterns der amerikanischen Offensivplanung war es um die Streitkräfte der nördlichen Regierung nicht sonderlich gut bestellt. Immer wieder gingen wichtige Ortschaften verloren. Die ursprünglich relativ klaren Fronten zwischen Muslimen auf der einen, Ungläubigen oder »Kafirin« auf der anderen Seite, hatten sich zu einem Knäuel altangestammter tribalistischer Feindschaften verstrickt. Es entfesselten sich ungezügelte Raubinstinkte, die sich jeder rationalen Analyse entzogen. Der Armee von Khartum war es immerhin gelungen, eine Kette von Stützpunkten längs des Weißen Nil bis zur Stadt Juba zu halten. Südlich der rein muslimischen Steppenregion Darfur und Kordofan räumte sie dem Schutz des Erdölförderungsgebiets zwischen Aweil und Bentiu absolute Priorität ein und nahm dafür die militärische Assistenz diverser Bündnispartner – darunter die Volksrepublik China – in Anspruch. Die südlich des Bahr-el-Arab isolierten Garnisonen hingegen mußten mit Hilfe ukrainischer oder russischer Antonow- und Iljuschin-Maschinen aus der Luft beliefert werden.

Nur in Richtung auf die unverzichtbare Schlüsselposition Wau am schlammig-stagnierenden Jur-Fluß wurde, so berichtet Joe, alle paar Monate die existierende Eisenbahnlinie wieder aktiviert. Ein waffenstarrender, mit Panzerplatten geschützter Zug transportiere dann Munition und Lebensmittel für die stets bedrängten Muslim-Soldaten. Der Lokomotive voran rollt – als »Minenhund« gewissermaßen – ein unbemannter Wagon, der auch Schienen und Schwellen für die unentbehrlichen Reparaturen geladen hat. Die Dampfroß-Expedition wird zusätzlich durch ein abenteuerliches Aufgebot berittener arabischer Krieger abgeschirmt, ganz in Weiß gekleidete Nomaden vom Stamm der Razeigat und Missiriya. Diese afrikanisch-orientalische Wildwest-Inszenierung hätte ich allzu gern mit eigenen Augen bestaunt. Das sei doch nur antiquierte Folklore, winkt der Ire ab. Wirklich ernst werde es erst im Umkreis der Erdöl-Pipeline, die von Bentiu über Ubayyid und Khartum nach Port Sudan oder »Bur Sudan« am Roten Meer führt und angeblich von 5000 bewaffneten Chinesen bewacht wird.

Der Abendhimmel verfärbt sich gelb und violett. Die Sonne versinkt im freien Fall hinter der platten Horizontlinie, und das Grün der Sumpfwüste erstarrt in bedrohlichem Schwarz. Zahllose Glühwürmchen flimmern über unseren Zelten. Jenseits des breiten Wasserarms, der durch das Schilf fast zugewachsen ist, beginnen die Dorfbewohner ihr abendliches Fest. Die Trommeln dröhnen zu uns herüber. Dazu gesellt sich das grelle Kreischen der Frauen, der düstere Chorgesang der Männer, der klagende Laut von Büffelhörnern. Ein Scheiterhaufen lodert dort hoch. Die Öffnung zu unserem Kraal wird von einem bewaffneten Dinka durch ein Dornengeflecht versperrt. »Gegen streunende Tiere – against roving animals«, erklärt er. In Keilformation fliegt ein verspäteter Zug großer schwarzer Vögel nach Westen. Plötzlich fühle ich mich versetzt in die Zustände menschlicher Frühentwicklung, wie sie im Film »La guerre du feu«, zu deutsch »Am Anfang war das Feuer«, dargestellt wurden.

Joe hat inzwischen unserem Whisky kräftig zugesprochen. Da lösen sich die Zunge und der berufliche »restraint«. »Meinen Sie, wir wären uns hier der Aussichtslosigkeit unseres Unternehmens nicht bewußt?« murmelt er vor sich hin. »In welcher Eigenschaft sind wir ›relief workers‹ denn hier angetreten? Wir sind zur Fremdenlegion der Humanität, zu Alibi-Figuren einer plakativen Nächstenliebe geworden. Das ist unser heuchlerischer Beitrag zur viel gerühmten solidarischen Globalisierung. Jenseits dieser schönen Fassade stinkt es nach Öl und Krieg, nach Blut und Profit.«

*

Beim Abflug von Turalei habe ich den Piloten, einen indischen Sikh unter grünem Turban, gebeten, mit seiner Cessna ein paar weite Schleifen zu drehen. Rund um das Fördergebiet des Petroleums haben die Regierungstruppen und die mit ihnen kooperierenden privaten Sicherheitsfirmen Raketen und Flak aufgebaut. Sie haben die Sperrung des Luftraums angeordnet. Ich muß an die Befürchtung des Ortsvorstehers von Turalei denken: »Wehe uns, wenn das sogenannte Schwarze Gold auch hier sprudeln sollte; schon am nächsten Tag würden unsere Hütten verbrannt und die Bevölkerung vertrieben.« Die endlose Spinal-Schüssel des Sudd, wo die Nebenarme des Weißen Nil sich wie träge Schlangen durch das Schilf mühen, erscheint jetzt noch beklemmender, denn die Wahrscheinlichkeit ist groß, daß die Prospektoren im Bahr-el-Ghazal auf zusätzliche Funde stoßen werden.

So gebe ich dem Sikh die Richtung der Ortschaft Gogrial an. Dort war den gefürchteten Dinka-Kriegern der Befreiungsarmee noch vor wenigen Wochen ein spektakulärer Handstreich gelungen. Gogrial ist nur 50 Kilometer südwestlich der Bohrtürme von Aweil gelegen. Trotz der Waffenlieferungen, die Khartum aus der Islamischen Republik Iran und mehr noch aus der Volksrepublik China erhält, ist diese wichtige Stellung verlorengegangen. Die Partisanen hatten sich einer originellen Kriegslist bedient. Sie hatten die Wanderung einer großen Rinderherde genutzt, um – zwischen den Tieren versteckt – ins Innere der befestigten Zitadelle zu gelangen. Im Sudan wurde die »trojanische Kuh« erfunden.

Auch die Stadt Wau, eine riesige Ansammlung runder Strohhütten, sichten wir in der flimmernden Mittagsglut. Auf der leeren Bahnstrecke, die nach Nordwesten weist, entdecken wir jedoch keinen einzigen Wagon und nicht die geringste Spur von jener Reiter-Fantasia der »Murahilin«. In dem Maße, wie wir nach Südosten abdrehen, verändert sich die Vegetation. Der Sumpf geht allmählich in eine mit lockeren Baumgruppen bestandene Savanne über. Flach wie ein Tisch erstreckt sich der karge Busch bis zum Horizont. Hier wird man gewahr, daß die Republik von Khartum fünfmal so groß ist wie Frankreich. In weiten Abständen tauchen die Kraale der Eingeborenen auf. Zahllose Viehherden schimmern gelblich-weiß aus dem allmählich verblassenden Grün der Mango- und Baobab-Bäume, der Stechpalmen und Akazien. Die Wolken malen schwarze Flecken auf die Landschaft.

In dem Dorf Mapel, wo irgendeine UNO-Nebenstelle eine Sanitätsstation unterhält, legen wir eine kurze Pause zum Auftanken unserer Maschine ein. Wir sind nicht weit vom Tonj-Fluß entfernt und haben das östlichste Siedlungsgebiet der Niam-Niam erreicht. Der Name »Niam-Niam« löst vor allem im französischen Sprachgebiet Heiterkeit aus. Mit diesem Ausdruck geben die Kinder, auch manche Erwachsene zu verstehen, daß ihnen eine Mahlzeit vorzüglich gemundet hat. Die allerwenigsten wissen, daß das Wort »Niam-Niam« ursprünglich eine gefürchtete Völkerschaft von Kannibalen bezeichnete, die von dem deutschen Afrikaforscher Georg Schweinfurth um das Jahr 1870 zwischen dem Ouellé-Fluß am oberen Kongo und dem besagten Tonj-River im südlichen Bahr-el-Ghazal entdeckt und ausführlich beschrieben wurde. Es geht mir hier wirklich nicht darum, die Afrikaner als »Menschenfresser« zu verleumden, wohl wissend, daß keine der heute existierenden »Rassen« – welcher Hautfarbe auch immer – sich dieser Art der Ernährung oder des kultischen Opfers in einer frühen Entwicklungsphase verweigert hat.

Im Schwarzen Erdteil – von der Guinea-Küste bis zum Indischen Ozean – ist der Brauch längst nicht ausgestorben, eine durch besondere Fähigkeiten ausgestattete Person mit feierlichem Zauberritual zu töten und deren Lebenskraft spendende Organe – meist handelt es sich um Leber oder Herz – in einem quasi religiösen Akt zu verzehren. Die Mythen der Menschheit reichen in unergründliche Tiefen. Bei dem so drollig klingenden Niam-Niam ging es jedoch offenbar um eine ganz triviale tägliche Form der Nahrung. Georg Schweinfurth notierte, daß diese Anthropophagen – im Gegensatz zu den vielen überwiegend vegetarisch lebenden Niloten – voll auf den Genuß von Fleisch ausgerichtet waren. »Ich kann behaupten«, so schreibt der deutsche Afrikaforscher, der durch die Evolutionstheorien Darwins stark beeinflußt war und sich für seine anthropologischen Studien eine beachtliche Schädelsammlung zugelegt hatte – »daß die Niam-Niam gewisser Provinzen Kannibalen sind, und zwar ohne Einschränkung und bei jeder Gelegenheit. Sie machen aus dieser schauerlichen Neigung auch kein Geheimnis, schmücken sich mit den Zähnen ihrer Opfer und mischen die Schädel der Unglücklichen, die sie verspeist haben, mit ihren übrigen Jagdtrophäen.« Der frühe Entdecker, der das Werk Heinrich Barths fortsetzen wollte, die Sprache der Eingeborenen erlernte und bemerkenswerte botanische wie zoologische Studien anstellte, besaß eine Vorliebe für den heute so oft zitierten Stamm der Dinka. Dieses Nil-Volk hätte auf die Niam-Niam mit bodenloser Verachtung herabgeblickt. Der Name Niam-Niam sei übrigens dem Vokabular der Dinka entliehen und bedeute so viel wie »Vielfraß«. Das Wort sei im Sudan so eng mit der Vorstellung von Kannibalismus verbunden, daß er all jene Stämme betreffe, die der Antropophagie verdächtig seien. Die von Schweinfurth minuziös aufgezählten Formen der Menschenfleisch-Zubereitung und -Aufbewahrung wollen wir dem Leser ersparen.

Der »Baum der lachenden Frauen«

Rumbek, im November 2000

Von den grob gefügten braunen Backsteinbauten, die die britische Kolonialverwaltung früher einmal in Rumbek, ihrem Zentralsitz, der Provinz Bahr-el-Ghazal hinterlassen hatte, sind nur noch Trümmer übrig. Die einheimische Dinka-Bevölkerung stört das wenig. Sie lebt wie eh und je in ihren runden Grashütten, deren dreifach geschichtete Dächer gegen die Wasserkaskaden der Regenzeit schützen. In Ermangelung einer Versammlungshalle hat sich eine Menge von etwa zweihundert Menschen im Schatten eines riesigen Mango-Baumes geschart. Dort wird Gericht gehalten. Von dem früheren »Court of Justice« der Engländer steht nur noch ein zerschossenes Portal.

Diese pechschwarzen Dinka, darauf hatte schon Schweinfurth verwiesen, sind eine der interessantesten Rassen Afrikas. Zunächst einmal fallen sie durch ihren riesigen Wuchs auf. Der Durchschnitt der Männer dürfte bei zwei Meter liegen, und eine Höhe von 2,20 Meter ist durchaus keine Seltenheit. In dieser Runde von Hünen kommt man sich als weißer Pygmäe vor. Die dürren Beine der Dinka zeichnen sich durch besondere Länge aus, der Brustkorb hingegen ist kurz geraten. Die Körper sind extrem sehnig und mager, ja die Knochen der Schulterpartie treten wie Kanten hervor. Sie gleichen tatsächlich aus der Ferne stelzigen Sumpfvögeln und haben sich wie diese der amphibischen Umgebung, den fauligen Wassermassen des Weißen Nil voll angepaßt. Die meisten Männer stecken in hellgrünen Kattun-Kitteln, die bis zu den Knöcheln reichen und – aus Uganda importiert – zu einer Art Tracht geworden sind, die ursprüngliche Nacktheit wurde weitgehend verdrängt. Die Frauen – oft in grell-bunte Tücher gehüllt – wirken schmächtig, fast eckig, entbehren jeder Attraktivität. Die zahllosen Kinder erscheinen auf den ersten Blick rachitisch und unterernährt, aber auch diese Auszehrung entspricht dem ethnischen Typus. An dieser Stelle sei angemerkt, daß manche Fernsehreporter, die in den Elendszonen Afrikas mit voyeuristischer Insistenz immer wieder die zu Skeletten geschrumpften Kinder neben relativ gut genährten Müttern vorführen, in vielen Fällen ihr Objektiv nicht etwa auf Verhungernde richten, sondern auf Seuchenopfer von Malaria oder Tuberkulose.

In brütender Hitze wird in Rumbek Recht gesprochen. Vier alte Männer bilden das Tribunal. Einer von ihnen trägt sogar noch die zerzauste Perücke eines früheren englischen »Judge« auf dem Kopf. Die Argumente der Kläger werden mit großer Beredsamkeit vorgetragen, und die Würde bleibt stets gewahrt. Es geht fast immer um die Zahl von Kühen, die bei einer Eheschließung oder bei einer Scheidung nicht vereinbarungsgemäß abgeliefert wurden. Das Vieh bleibt hier noch die maßgebliche Währung. Alle denkbaren Konflikte menschlichen Zusammenlebens werden auf diese Weise ausgetragen. Die Autorität der Alten und Weisen ist unbestritten. Drei Zivilisten, mit verrosteten Kalaschnikows bewaffnet, treten als Ordnungshüter auf. Sie verharren ebenso unbeteiligt wie die zahllosen Büffel – kräftige Tiere, den Zebu nicht unähnlich mit weißem Fell, mächtigen Hörnern –, die zum Alltag der Dinka gehören und sich unbekümmert in ihrer Mitte bewegen.

Die Gesichtszüge dieser Menschen faszinieren uns. Der Ausdruck ist starr, verschlossen und hart. In ihrer Unbeweglichkeit wirken sie gar nicht afrikanisch. Beinahe furchterregend sind die Augen, die uns aus tiefgelegenen Höhlen anblicken, ohne ein einziges Mal zu zucken. Die Bindehaut ist durch irgendein Sumpffieber gerötet. Wenn man ebenso unbeweglich zurückstarrt, zeichnet sich am Ende bei den Jüngeren ein fast entschuldigendes Lächeln ab. Die Frauen hingegen bleiben auf Abstand. »Ihr flößt den Weibern Furcht ein«, erklärt uns ein Greis, der an einer selbstgeschnitzten Pfeife mit schlichter Kupferverzierung schmaucht.

Die meisten Angehörigen dieser Niloten-Völker, die sich der Islamisierung erfolgreich widersetzten, sind Animisten, sind »Heiden« geblieben. Eine Minderheit bekehrte sich zum Christentum. Bei den im Osten, längs der äthiopischen Grenze siedelnden

Nuer sind diverse protestantische Sekten stark vertreten. Bei den Dinka waren die katholischen Missionare relativ erfolgreich. Doch diese importierten Religionen tun sich schwer in einem Land, dessen Häuptlinge oft dreißig Frauen ihr eigen nennen. Selbst der uns begleitende Bürgermeister von Rumbek, ein westlich erzogener Mann, ist zur Zeit mit drei Gattinnen gesegnet, von denen eine – man kommt hier aus der Verwunderung nie heraus – in der fernen, feindlichen Hauptstadt Khartum lebt. Der Ortsvorsteher geleitet uns zum Markt, wo billiger Schund, meist aus Uganda kommend, feilgeboten wird. Die kompakte Menge, die unsere Dreharbeiten schweigend verfolgt, könnte bedrohlich wirken, wenn wir uns als Gäste nicht höchsten Schutzes erfreuten. Jedenfalls haben sich die arabischen Sklavenhändler, die noch vor hundert Jahren von Süden und von Norden her – von der ostafrikanischen Insel Sansibar und von Khartum – an den Oberlauf des Weißen Nil vorstießen, am Widerstand der Dinka stets die Zähne ausgebissen und schwere Verluste erlitten. Sie fürchteten sich vor diesen nackten Riesen, die im ausgehenden 19. Jahrhundert sogar die fanatische Derwisch-Armee des »Mahdi« in Schach gehalten hatten.

Der Bürgermeister verweist auf das Trümmerfeld seiner Stadt. Bis 1997 habe sich hier eine Brigade der Muslime aus dem Norden in isolierter Stellung behauptet. Aber dann sei die Volksbefreiungsarmee, die SPLA des Generals Garang zum Angriff angetreten. Die Soldaten aus Khartum seien im Kampf getötet worden oder bei ihrer Flucht in den Sümpfen umgekommen. Die systematische Zerstörung sämtlicher Gebäude europäischer Konstruktion war angeblich das Werk der »Nordisten«, die die Mauern niederrissen, um Befestigungen zu bauen. Doch die meisten Verwüstungen dürften durch die mit der SPLA verbündeten Interventionstruppen aus Uganda verursacht worden sein, die mit ihren Panzerkanonen den Sieg Garangs ermöglichten. Ein paar zerschossene Tanks sowjetischer Bauart sind in den Stellungen liegengeblieben und werden als Trophäen vorgeführt. Ich entdecke zwei Armee-Lastwagen vom Typ IFA, die einst zur Standardausrüstung der Nationalen Volksarmee gehörten.

Am Abendhimmel ballen sich schwarze Wolken zusammen. Wir eilen in das Camp der Unicef zurück, wo wir ein spartanisches, aber sauberes Quartier gefunden haben. Regen prasselt plötzlich wie eine warme Dusche herunter. In Rumbek haben die Vereinten Nationen eine Art weltliche Missionsstation errichtet, aber welche präzise Hilfeleistung sie erbringen, haben wir bei aller Wertschätzung für die Gastlichkeit, die uns dort zuteil wurde, nicht herausgefunden. Kurz zuvor hatte ich das Krankenhaus des Malteser-Hilfswerks aufgesucht, mich dort mit dem zuständigen afrikanischen Arzt unterhalten und festgestellt, daß die im Stil der afrikanischen Kraale errichteten Stationen kaum Kranke oder Verwundete beherbergten.

Beim Pflegepersonal hatte ich mich nach den Bombardierungen erkundigt, denen Rumbek vor einem Jahr durch die Luftwaffe von Khartum ausgesetzt war und die der Bürgermeister als Akt hemmungsloser Barbarei geschildert hatte. Hier werde ich eines Besseren belehrt. »Damals haben uns die Flugzeuge des Nordens – alte, schwerfällige Antonow – tatsächlich mehrfach heimgesucht. Aber beim Anflug machten sie einen solchen Lärm, daß wir sie schon von weitem hören und Deckung suchen konnten«, erfahre ich von einer alten afrikanischen Missionsschwester. »Die Piloten waren wohl Ukrainer und gingen kein Risiko ein. Sie klappten einfach die hintere breite Ladeluke ihrer Maschinen auf und ließen die Bomben auf gut Glück über der ausgedehnten Siedlung niedergehen. Viel Unheil haben sie nicht angerichtet.« – So, wie er geführt wird, kann dieser Krieg ewig dauern.

*

Das große »Cattle Camp«, das Viehlager, wo die Hochzeit stattfinden soll, trägt einen schönen Namen. Die Lichtung im Busch heißt bei den Dinka »Billing Daldier – Baum der lachenden Frauen«. Dorthin zu gelangen ist nicht einfach. Etwa vierzig Kilometer folgen wir der roten Laterit-Piste nach Osten. Dann biegt der robuste Landrover jäh nach links ab, quält sich durch ein Gestrüpp aus Unterholz, Stachelpalmen und Zwergbäumen. Am hinderlichsten sind die Termitenhügel. Gegen die Scheiben klatschen immer wieder Zweige, die mit langen, gefährlichen Dornen bewehrt sind. Daß überhaupt ein Durchkommen ist, verdanken wir nicht den Buschmessern der Niloten, sondern den zahlreichen Rinderherden, die sich Trampelpfade zur nächsten Wasserstelle geschaffen haben. Die Hirten achten auf Abstand zu den morastigen Flüssen dieser feuchten Region, wo die Moskito-Schwärme zur tödlichen Plage werden.

Bei einer solchen Expedition zollt man der Ausdauer, dem Mut der europäischen Afrika-Entdecker des späten 19. Jahrhunderts uneingeschränkte Bewunderung. Die Hochzeitsgäste von »Billing Daldier« sind in festlicher Stimmung. Sie haben sich alle – wie Schweinfurth es bereits schilderte – mit Asche aus verbranntem Kuh-Dung beschmiert und bewegen sich in ihrer gedämpften Fröhlichkeit wie Gespenster. Die Frauen sind in einer langen Reihe angetreten, singen einen monotonen, stets wiederholten Refrain, der gelegentlich von grellen Schreien unterbrochen wird. Die Chor-Leiterin hebt wie zur Belehrung immer wieder den rechten Zeigefinger. Weibliche Schönheit ist hier nicht anzutreffen. Die Busen sind platt und ausgezehrt, die Beine knochig und dürr. Die Männer tragen meist den grünen Kaftan. Sie alle überragen uns um Kopfeslänge. Ich prüfe Gesichter und Wuchs auf ethnische Ähnlichkeit mit den angeblichen Vettern aus Ruanda und Burundi, mit den Tutsi. Aber da sind wenig gemeinsame Züge festzustellen. Die Tutsi dürften der Oromo-Bevölkerung des süd-äthiopischen Hochlandes näher verwandt sein als den Stämmen des Weißen Nil.

Die Inszenierung dieser Feierlichkeit, die keine Ausgelassenheit zuläßt, wird durch die Präsenz der großen weißen Kühe, deren Hörner und wuchtigen Buckel beherrscht. Der Preis der Braut wird natürlich in Vieh entrichtet, er beträgt ursprünglich 200 Kühe und wird dann auf 170 heruntergehandelt. Dem liegt ein kompliziertes Verrechnungssystem zugrunde, denn nicht nur der Vater, auch die Onkel des Bräutigams sind am Geschäft beteiligt. Die Betreuung unseres Kamera-Teams obliegt der Respektsperson dieser Sippe, einem baumlangen Oheim, der fließend englisch spricht, sich in Khartum und London eine gewisse

Weltläufigkeit zugelegt hat und angeblich sogar Ethnologie studierte. Den ererbten Stammesbräuchen, so stellen wir fest, ist er treu geblieben.

Inmitten der Kühe und der hüpfenden Frauen entdecken wir schließlich die Hauptperson des Tages, den Freier. Von seiner künftigen Frau, die hinter Strohhütten und einem Gewirr feindselig nackter Äste verborgen bleibt, wird er bis zum späten Abend ferngehalten. So steht er ziemlich einsam da, dieser lange, dürre Hochzeiter, zunächst nur mit einem Lendenschurz bekleidet, von Kopf bis Fuß mit weißer Asche beschmiert. Am Seil hält er einen gewaltigen Stier mit bizarr verformten, wehrhaften Hörnern und mächtigen Hoden. Das Tier blickt unbeteiligt und fast majestätisch auf den Ablauf des Rituals. Der Bräutigam hat unterdessen einen eintönigen, endlosen Singsang angestimmt. Er preist die Tugenden seines schönsten Tieres an, die er auf sich selbst überträgt. Der Stier ist gewissermaßen sein Vorbild. Dieser äquatoriale »Minotaurus« sei beharrlich und treu, zuverlässig und klug, gerecht und mutig. Er verfüge über eine unvergleichliche Zeugungskraft. Der junge Mann wird von den grau geschminkten Frauen beiseite genommen. Auf seinem Kopf befestigen sie eine Art Laubhelm, und die Lenden gürten sie mit einem Leopardenfell. In der Hand hält er eine Lanze. In weitem Abstand stehen die Männer, ebenfalls mit Speeren bewehrt. Es bietet sich ein urzeitlich anmutendes Schauspiel, und das Ganze wird eingerahmt, eingekeilt in die weiße Fellmasse, das imposante Hörner-Dekorum der sich herrschaftlich gebärdenden Viehherde.

Der Onkel belehrt uns über die geradezu sakrale Bedeutung, die das Rind im Leben dieser Hirtenvölker einnimmt. Der Besitz einer möglichst zahlreichen Herde entscheidet über Armut oder Reichtum, über Ansehen oder Geringschätzung. Die Milch der Kühe spielt eine unentbehrliche Rolle im Nahrungshaushalt der Dinka. Bei manchen Clans sauge man auch – wie bei den Massai – das Blut der lebenden Tiere an. Eine Schlachtung der Tiere oder der Verzehr von Rindfleisch seien hier jedoch total ausgeschlossen, mit einem strengen Tabu belegt. Das käme einem Sakrileg, einem Frevel gleich, würde alle Sitten- und Wertvorstellungen zutiefst verletzen. Während ich dem »Ethnologen« lausche, fällt mir eine Bemerkung des amerikanischen Autors John Gunther ein. Sein Buch »Inside Africa« war 1955 erschienen und hatte mir bei meiner ersten Durchquerung des Schwarzen Erdteils wertvolle Hinweise gegeben. Über die fast familiäre Bindung vieler sudanesischer Hirtenvölker an ihre Herden und das kategorische Speiseverbot hatte Gunther – mit einem Anflug angelsächsischen Humors – den absurden Vergleich mit einem kalifornischen Businessman bemüht, der seiner eigenen Tochter die Gurgel durchschneiden würde, um sie am folgenden Tage zu verzehren. Immerhin soll es vorkommen, daß aus Gründen magischen Kräftegewinns ein besonders prächtiger Stier getötet und dessen Leber als Sakral-Speise gereicht wird.

Die Nahrungsvorschriften der Niloten sind von fast talmudischer Strenge. So stellte bereits Georg Schweinfurth fest, daß die Dinka Krokodilfleisch und Krabben verschmähen, daß aber auch Ziegen verpönt sind und daß das Essen von Hunden bei ihnen auf ähnlichen Ekel stoße wie die kannibalischen Bräuche der Niam-Niam. Am »Baum der lachenden Frauen« erzählt man mir auch, daß alte Stammesbräuche, die teilweise schon in Vergessenheit gerieten, wieder aufleben. So lassen sich die Jünglinge die Zähne des Unterkiefers mit dem Speer ausschlagen. Dadurch würden sie unfähig, rohes Fleisch zu verschlingen; vor allem werde damit der Abstand des Menschen zur Tierwelt betont. Bei vielen Knaben entdecke ich, daß sie sich horizontale Krieger-Narben in äußerst schmerzhafter Prozedur auf die Stirnhaut kerben ließen, eine fast indianisch wirkende Übung zur Erprobung von Härte und Leidensfähigkeit. Wir verlassen die Vermählungsfeier lange vor ihrem Abschluß, wohl wissend, daß der geheimnisvolle Höhepunkt erst in der späten Nacht erreicht würde.

*

Das Gespräch mit den Zivil- und Militärbehörden der Süd-sudanesischen Volksbefreiungsbewegung (SPLA) findet – wie könnte es anders sein – im Schatten eines mächtigen Baumes statt. General John Garang halte sich zur Zeit in Nairobi auf, so heißt es.

Bei dem Provinzgouverneur von Bahr-el-Ghazal, Deng Alor, und dem Militärbefehlshaber der sogenannten Dritten Front, Majak Agot, dessen Autorität bis in die Umgebung von Juba reicht, habe ich es mit selbstbewußten, europäisch gebildeten Persönlichkeiten zu tun. Beide messen zwei Meter zwanzig. In der letzten Phase des prekären Autonomie-Kompromisses zwischen 1972 und 1983 haben sie mit der Regierung von Khartum zusammengearbeitet. Der Gouverneur, der einen gut geschnittenen Safari-Anzug trägt, war sogar als Diplomat tätig. Der General, dessen grüner Offiziersrock mit den roten Kragenlitzen dem britischen Modell entspricht, hat seine erste Ausbildung wohl auch im Norden erhalten, bevor er – wie sein oberster Chef Garang – sein Training im Partisanenkrieg bei den chinesischen Instrukteuren der Volksbefreiungsarmee ergänzte. Es ist noch ein Geheimdienst-Chef zugegen. Der Mann ist wesentlich kleiner gewachsen und wirkt nicht sonderlich sympathisch.

Deng Alor ist kein Freund von Geheimniskrämerei. Die SPLA würde auch eine Konföderation mit dem Norden akzeptieren, aber die komplette Unabhängigkeit des Südens wäre natürlich bei weitem vorzuziehen. Der Gouverneur beklagt sich über die Unterstützung, die dem »fundamentalistischen« Regime des General Omar-el-Bashir aus den arabischen Bruderstaaten und mehr noch aus Teheran und Peking zuteil würde. Die USA genießen bei dieser Aufstandsbewegung nur begrenztes Vertrauen. Auch heute sei zu befürchten, daß die Wirtschaftsinteressen Amerikas am Ende den Ausschlag geben könnten. Der Sudan verfügt über ein Quasi-Monopol für Gummi arabicum, und dieser Pflanzenextrakt sei unentbehrlich für die Herstellung von Coca- und Pepsi Cola. Der von Washington lauthals verkündete Boykott gegen das »Schurken-Regime« von Khartum müsse relativiert werden. In Rumbek wisse man, daß der US-Konzern Chevron, der seit langem die Förderungskonzession für Petroleum im Umfeld von Aweil besitze, nur auf Tauchstation gegangen sei.

Ich erwähne nur kurz, daß ich im November 1994 die Gelegenheit hatte, ein Gespräch mit Präsident Omar-el-Bashir zu führen, der durchaus nicht wie ein rasender Derwisch wirkte. Der General unterstellte seinem Gegenspieler Museveni von Uganda, mit Hilfe der USA ein »Hima-Großreich« zwischen Nil und Kongo zu errichten. Museveni fühle sich als »afrikanischer Bismarck«, in Wirklichkeit sei er nur ein kriegslüsterner Tutsi wie sein Komplize Kagame von Ruanda. Die Regierung von Khartum hatte mich damals sogar in ihre belagerte Festung Juba im äußersten Süden einfliegen lassen, wo ich an einer politisch-religiösen Dhikr-Veranstaltung teilnahm und ein paar Stunden lang in die Welt des Mahdi Ahmed Mohammed und die Glaubenstrunkenheit seiner Ansar zurückversetzt wurde.

Auch der geistliche Inspirator der Islamischen Revolution im Sudan, Scheikh Hassan-el-Turabi, ließ sich in keiner Weise mit der prophetischen Figur des Ayatollah Khomeini vergleichen. Er begegnete mir als freundlicher, stets lächelnder Gastgeber. Sein Hang zum Monolog grenzte an Geschwätzigkeit. Es kam mir damals grotesk vor, daß dieser schwächlich wirkende Prediger, den ein französischer Kollege als Exotenprodukt des Quartier Latin bezeichnete, die Großmacht USA in fiebrige Unruhe versetzt hatte.

Im übrigen ist Turabi seit November 1994 – nach einer kurzen Machtprobe mit Präsident Bashir – schrittweise kaltgestellt worden. Heute steht er nicht mehr an der Spitze der »National-Islamischen Front«, und auch als Parlamentspräsident wurde er abgesetzt. Er lebt jetzt angeblich unter Hausarrest abseits des politischen Geschehens von Khartum. Da er über großen Besitz an Baumwollfeldern verfügt und überdies noch mit der Schwester des Oppositionsführers Sadiq el Mahdi verheiratet ist, kann er sich wohl in Ruhe seinen Meditationen hingeben. General Bashir hat sogar unlängst eine lockere politische Zusammenarbeit mit seinem Gegenspieler el Mehdi und dessen »Umma«-Partei wiederaufgenommen. Auch mit Kairo hat Khartum sich zumindest oberflächlich versöhnt, seit Hosni – el Mubarak –, der starke Mann Ägyptens, ein angeblich von Sudanesen inszeniertes Attentat gegen seine Person ad acta legte. Die Praxis des »kissing and killing« ist auch am oberen Nil zu Hause. Ob sich am Ende ein modus vivendi zwischen Washington und dem »Schurkenstaat«

Sudan finden lassen wird, dürfte wesentlich davon abhängen, ob die vom jetzigen US-Vizepräsidenten Dick Cheney patronierten Öl-Multis bei der Erschließung der Reichtümer des Bahr-el-Ghazal ihre Ansprüche verwirklichen können und nicht durch die protestantischen Fundamentalisten in USA, die die Unterstützung ihrer christlichen Glaubensbrüder der SPLA bei George W. Bush durchsetzen möchten, daran gehindert werden. Menschenrechte und Demokratie würden in einem solchen neuen Kontext kleingeschrieben. Der Krieg im Süden dürfte durch eventuelle taktische Kursveränderungen Khartums kaum berührt werden und in diesem archaischen Umfeld ständig neue Nahrung finden.

General Majak Agot, der bei seinem Briefing von dem Kommandeur des Wehrbezirks Rumbek assistiert wird, bestätigt den »Frontverlauf«, wie er mir bereits von den britischen Experten in Lokichokio beschrieben wurde. In den Jahren 1997 und 1998 hat die SPLA praktisch die gesamte West-Äquatorial-Provinz freigekämpft. Vor allem bei der Eroberung der Regierungsfestung Yei wurde den Nordisten eine schwere Niederlage beigebracht. Jetzt stütze sich Khartum nur noch auf die beiden strategischen Eckpunkte Wau und Juba. Was Agot nicht erwähnt, ist das massive Eingreifen der regulären ugandischen Streitkräfte auf seiten der Rebellen. Sie wurden von amerikanischen Militärexperten, deren rückwärtige Basis sich in der Ortschaft Gulu befand, beraten, ja befehligt.

Die chinesische und iranische Waffen-Kooperation mit den Streitkräften des General Bashir zeichne sich hingegen durch mangelnde Effizienz aus. Es wurden wohl moderne Kampfflugzeuge und Hubschrauber von Peking geliefert. Doch die Bombardierung des Südens finde immer noch – wenn überhaupt – mit Hilfe schwerfälliger Antonow-Maschinen statt. Zur angeblichen Präsenz von 5000 chinesischen Soldaten längs der Öl-Pipeline will Majak Agot sich nicht äußern. Die Frage, ob seine Truppe in der Lage wäre, diese Transportlinie des Schwarzen Goldes zu sabotieren, beantwortet er mit »no comment«.

Am nächsten Morgen läßt der Stadtkommandant von Rumbek, Major Matur Chut, ein grasgrün uniformierter Koloß, seine Garnison vor unserer Kamera antreten und exerzieren. Das strikte britische Reglement ist bei dieser buntgescheckten Truppe, die mit uralten Kalaschnikows und einer einzigen Panzerfaust hantiert, zur Karikatur verkommen. Die Füße der Soldaten stecken in Gummistiefeln oder Sandalen. Doch man unterschätze diese Buschkrieger nicht, die sich am Anfang ihrer Rebellion den Namen der gefürchteten Giftschlange »Anyanya« zugelegt hatten. Matur Chut richtet ein paar markige Worte an seine Leute, deren Körperlänge zwischen zwei Meter zwanzig und ein Meter sechzig variiert. Er belobigt zunächst ihre Tapferkeit. Dann verweist er auf die Gäste aus Deutschland. »Ihr müßt euch ein Beispiel an den Deutschen nehmen und an ihrer Fähigkeit, die Wiedervereinigung ihres Landes zu vollbringen.« Ich wundere mich, daß an dieser Stelle – wie mir scheint – die Aussöhnung mit Khartum, ja die politische Integration des Gesamt-Sudan gefordert wird. Da belehrt mich der Dolmetscher eines Besseren. »Der Major meint nicht den Zusammenschluß von Nord- und Süd-Sudan, sondern die mangelnde Solidarität unter den sich befehdenden Stämmen unserer Süd-Region.« Tatsächlich sollen die ererbten Feindschaften zwischen den zutiefst unterschiedlichen Ethnien des Bahr-el-Ghazal mehr Opfer gefordert haben als die Abwehrkämpfe gegen die muslimischen Eroberer aus dem Norden.

Ganz spontan geht der Exerzier-Drill in afrikanischen Tanz und Gesang über. Jetzt sind die schwarzen Männer, die hier zusammengetrommelt wurden, um uns die tribale Brüderlichkeit der Volksbefreiungsbewegung vor Augen zu führen, voll in ihrem Element. Zum ersten Mal – in diesem kriegerischen Rausch – entdecke ich lachende, fröhliche Dinka. Ob sich unter jenen klein und gedrungen gewachsenen Soldaten, die keine Niloten sein können, wohl Angehörige des berüchtigten Niam-Niam-Stammes befinden?

*

Unsere Unterkunft bei der Unicef von Rumbek ist ein wohltuendes Refugium. Bevor irgendein Besucher diese Oase der Hygiene betritt, reinigt er sich sorgfältig die Hände mit Sagrotan. Die hier beschäftigten Angestellten der Vereinten Nationen – überwiegend Briten, Kanadier, Australier – geben mir manches Rätsel auf. Sie versuchen gar nicht, eine humanitäre »Message« überzubringen. Von einer besonderen Begeisterung für die amerikanischen »Vettern« aus der Neuen Welt kann keine Rede sein. Es ist angeblich zu Differenzen mit dem amerikanisch gesteuerten Dachverband »Lifeline Sudan« gekommen, und wer weiß, zu welchem Zweck die aufdringliche Assistenz aus USA in Wirklichkeit geflossen ist?

Eine australische Mitarbeiterin, die auf ihren langen Aufenthalt in der Äquator-Provinz mit unverhohlener Skepsis zurückblickt, hat mir den Artikel der Amerikanerin Sue Lautze, Direktorin eines »Famine Centers« zugesteckt, der im Oktober 2000 in der »International Herald Tribune« publiziert wurde. Ich zitiere nur eine Passage: »Seit der Unabhängigkeit des Sudan 1956 haben regierungsfeindliche Rebellen – oft aus guten Gründen – gegen unterschiedliche Regime nördlicher Unterdrückung gekämpft. Eine fragwürdige Unterbrechung der Feindseligkeiten begann 1973. Die später folgende, bis heute andauernde Kriegsphase brach über die Frage aus, wie die bislang ungenutzten Öl-Reserven des Südens gefördert werden könnten, und über die Einführung der islamischen Gesetzgebung, der Scharia, durch die zu jener Zeit pro-amerikanische Regierung des Sudan. Während des Kalten Krieges, solange der Sudan strategische Bedeutung besaß, hatten die USA die zunehmend fundamentalistische Ausrichtung der Regierung von Khartum schlicht ignoriert und die Rebellenaktivität der Südisten verurteilt. Entwicklungsgelder und humanitäre Hilfe flossen großzügig dem Norden zu, während der Süden dem Hunger ausgeliefert blieb. Aber mit Ende des Ost-West-Konfliktes und der Machtergreifung des neuen fundamentalistischen Regimes der ›National-Islamischen Front‹ im Jahre 1989 in Khartum, wechselten die Vereinigten Staaten radikal ihre Politik. Ihre bislang ›anti-südliche‹ Einstellung wurde ›anti-nördlich‹. Die Leiden der von Washington plötzlich neuentdeckten christlichen Brüder wurden zum populären Thema für konservative US-Politiker und Hilfs-Organisationen. In der verflossenen Dekade haben die Vereinigten Staaten dem Sudan mit mehr als einer Milliarde Dollar für ›humanitarian assistance‹ beigestanden. Ein großer Teil davon sollte dazu beitragen, die Wunden des Südens zu heilen, eine eher heuchlerische Geste angesichts der amerikanischen Verantwortlichkeit für den endlosen Abnutzungskonflikt im Sudan.«

Joe hat ein abendliches Zusammentreffen mit dem obersten Richter des Süd-Sudan und einer Auswahl einheimischer Intellektueller arrangiert. Ich bin vom akademischen Niveau und von der Kompetenz dieser Runde angenehm überrascht. Der »Chief Justice« trägt trotz der Hitze einen dunklen Anzug, und auch die anderen sind europäisch gekleidet. Ärzte, Lehrer und Juristen sind zu der Begegnung im Garten des Unicef-Zentrums gekommen. Sie gehören wohl alle dem Dinka-Volk an. Natürlich führt der Oberste Richter Bullen Panchol das Wort. Er bestätigt, daß Washington bis zum Putsch des islamistischen Generals Omar-el-Bashir in Khartum in deklarierter Gegnerschaft zur SPLA und zu John Garang gestanden hätte. Zu jener Zeit habe sich die Volksbefreiungs-Bewegung ganz offen zum Marxismus-Leninismus bekannt und Kontakt mit Moskau oder Peking gesucht. Es sei eine mühsame Aufgabe, das bisher im Süden praktizierte Justizsystem, das sich noch auf volksdemokratische Vorbilder des kommunistischen Ostblocks ausgerichtet hatte, durch eine neue Ordnung des »demokratischen Pluralismus« und der liberalen Marktwirtschaft zu ersetzen, wie es die amerikanischen Freunde verlangten. Später wird eingeräumt, daß die tatsächliche Leitlinie der Rechtsprechung in Bahr-el-Ghazal unabhängig von allen ideologischen Kursschwankungen durch Reminiszenzen britischer Kolonisierung und vor allem durch das afrikanische Brauchtum geprägt bliebe.

In diesem Kreis wird in vorzüglichem Englisch offen über die internen Widersprüche der südlichen Rebellion gesprochen. Der Tribalismus stellt weiterhin das Hauptproblem dar. Der Führungsanspruch der SPLA unter dem Dinka-General Garang werde von den anderen Niloten-Stämmen radikal abgelehnt. So kam es bei den Nuer zur Gründung der »Süd-Sudanesischen Unabhängigkeitsbewegung« SSIM durch den Dissidenten Riak Masar, und der schloß sich auch die Mehrzahl der Shilluk unter einem gewissen Lam Akol an. Anfangs sei die Position dieser Bürgerkriegsfraktion recht stark gewesen, solange sie sich auf die Unterstützung Äthiopiens verlassen konnte. Doch spätestens seit dem absurden Grenzkrieg mit Eritrea seien diese Verbündeten abhanden gekommen. Weite Teile der SSIM hätten sich auf einen Waffenstillstand mit Khartum eingelassen. Von einem Religionskrieg zwischen Islam und Christentum, wie er in den westlichen Medien beschrieben werde, könne keine Rede mehr sein. Selbst in den Nuba-Bergen, deren athletische Eingeborene Leni Riefenstahl so begeisterten und wo die Not am größten sei, verliefen die Fronten kreuz und quer.

Ob sich denn die streng islamistische Ausrichtung des Bashir-Regimes abgemildert habe, seit Scheikh Hassan-el-Turabi, der als Parlamentspräsident und Inspirator der »National-Islamischen Front« die Rolle eines religiösen Einpeitschers gespielt hatte, aus dem politischen Leben gedrängt und durch die Militärs von Khartum kaltgestellt wurde? Da habe sich nichts geändert, antwortet der Chief Justice. Selbst der von den Amerikanern als blinder Fanatiker geschilderte Turabi sei ja bei der Ausübung der koranischen Justiz weit toleranter gewesen als der frühere Diktator Numeiri, der das Abhacken von Gliedern und die Todesstrafe durch Steinigung wieder eingeführt hatte. Omar-el-Bashir und Hassan-el-Turabi hingegen hätten angeordnet, daß die Scharia nicht auf die Ungläubigen, die »Kafirin«, anzuwenden sei, was unkontrollierbare, regionale Übergriffe natürlich nicht ausschließe.

»Sie können sich vorstellen, daß wir auf unsere arabisierten Landsleute im Norden nicht gut zu sprechen sind, wo doch bei den Arabern traditionell das gleiche Wort ›Abid‹ für ›Neger‹ und für ›Sklaven‹ steht«, mischt sich ein Arzt ein. Die westliche Propaganda mache es sich wirklich zu leicht. Die Legende vom Chef-Terroristen Osama Bin Laden solle ernsthaft überprüft werden. Die Führung der SPLA habe mit Verwunderung von dem flagranten Irrtum der amerikanischen Streitkräfte erfahren, als 1998 auf Grund einer Fehlinformation der CIA die Fabrik für pharmazeutische Heilmittel »El Shifa« bei Khartum als angebliche Produktionsstätte chemischer Gifte durch Lenkwaffen zerstört wurde.

Weder von den Franzosen, die der Nord-Armee als Entgelt für Petroleum-Konzessionen Informationen ihrer Luftaufklärung im Süden zuspielten, noch von den Engländern haben die »Intellektuellen« von Rumbek eine hohe Meinung. Der letzte britische Civil Secretary, Sir James Robertson, der für das Anglo-Ägyptische Kondominium zuständig war, habe auf Weisung Londons, wo man damals um die Gunst der Araber-Liga buhlte, alle Versprechen einer weitgehenden Selbstverwaltung, die man der Süd-Region vorgegaukelt hatte, über Bord geworfen. Der sudanesische Einheitsstaat, der Kern allen Übels, sei bei der Unabhängigkeitsgewährung im Jahr 1956 von Großbritannien zusammengeschweißt worden. Seitdem sind die Waffen nie verstummt. Die Sezessionsbewegung des Südens leide auch darunter, daß die »Organisation für Afrikanische Einheit«, deren Mitglieder fast ausnahmslos durch ethnischen oder konfessionellen Zerfall bedroht sind, sich weiterhin verzweifelt an den Erhalt der widernatürlichen, durch die Kolonialisten gezogenen Grenzen klammert. Von dort sei keine Unterstützung zu erwarten. Die Chinesen wiederum, die enge Beziehungen zu Garang gepflegt hatten, seien durch dessen pro-amerikanische Kehrtwendung zutiefst enttäuscht und wüßten sehr wohl, daß sie ihre ambitionierten Erdöl- und Rüstungsgeschäfte – beides läuft parallel – nur mit der international anerkannten Regierung von Khartum tätigen können. Peking habe jeden Kontakt zur SPLA abgebrochen. Die vorsichtig geäußerte Hoffnung auf eine eventuelle Schlichtung von seiten der Europäischen Union muß ich leider ins Reich der Illusionen verweisen.

Die Konversation wendet sich nunmehr der britischen Empire-Vergangenheit zu, die die Anwesenden allenfalls als Kinder erlebt hatten. Ganz negativ ist die Fremdherrschaft nicht im Gedächtnis haftengeblieben. In wirtschaftlicher und kultureller Hinsicht habe Albion diesen verlorenen Winkel Afrikas zwar grob vernachlässigt, aber das lockere System des »indirect rule« sei von den Niloten als recht erträglich empfunden worden. Im Rückblick wird vor allem als rettende Wohltat empfunden, daß der britische General Lord Kitchener of Khartum im ausgehenden 19. Jahrhundert dem religiösen Ausdehnungsdrang der »Ansar« des Mahdi in der Schlacht von Omdurman ein Ende gesetzt und die fanatischen Derwische unterworfen habe. Damit sei auch dem arabischen Sklavenhandel das Handwerk gelegt worden, der Ostafrika seit Jahrhunderten heimsuchte.

Von der britischen Sudan-Präsenz entwirft der Oberste Richter ein leicht amüsiertes Gemälde, gibt ein paar Anekdoten zum besten, hält sich dabei jedoch an die überlieferten Fakten. Beim »Sudan-Civil-Service« hatte sich ein ganz besonderes Verwaltungs-Corps herausgebildet. Die Kandidaten wurden in London ohne schriftliche Examen engagiert. Maßgeblich für die Rekrutierung sollten Charakterfestigkeit und Körperkraft sein. Das Gehalt dieser Beamten, die nicht dem Colonial-Office zugerechnet wurden, war für britische Verhältnisse ungewöhnlich hoch. Ein jährlicher Heimaturlaub von achtzig Tagen sollte die Beschwernisse des Service aufwiegen. Der Süd-Sudan war die ausschließliche Domäne einer Handvoll weißer Administratoren, deren Autorität sich oft auf ein Gebiet von der Größe Englands erstreckte. Man nannte diese einsamen Sonderlinge, die im Schlamm des Bahr-el-Ghazal Dienst taten, »the bog barons«, die Sumpf-Barone. Es wurde von ihnen verlangt, daß sie sich den Eingeborenen trotz der Hitze in voller Uniform, gestiefelt und gespornt präsentierten. Eine Stunde lang hatten sie täglich auszureiten, um die Afrikaner zu beeindrucken. Schon mit 48 Jahren konnten sie mit voller Pension ins Mutterland heimkehren. John Gunther erwähnt in seinem Buch, wie diese Abenteurer des Empire von einem ihrer letzten Vorgesetzten beschrieben wurden: »Natürlich schickten wir die schlauen Burschen – the clever lads – in die Nord-Provinzen des Sudan. Der Süden war kein Aufenthaltsort für einen gescheiten Mann. Ein normaler Mensch wäre dort verrückt geworden. Für den Süden brauchten wir wackere, solide Jungens – ›brave solid chaps‹, aber – ›by Jove‹ – was für prächtige Jungens haben wir doch dort hingeschickt!«

Der einstige gesellschaftliche Treffpunkt für diese Verbannten des Süd-Sudan war das Verwaltungszentrum Juba am Oberlauf des Weißen Nil am Bahr-el-Djebl. Dort wurden alle paar Monate Gala-Dinners und Bälle veranstaltet, und dabei bemühte man sich um imperiale Allüre. Zur Verfügung stand das legendäre »Juba-Hotel«, wo man zwar weder Klimaanlagen noch Refrigerators kannte, wo dem schwarzen Personal jedoch ein perfekter Service eingebleut wurde. Die Beamten und Offiziere erschienen in Parade-Uniform, die Damen in relativ extravaganter Abend-Toilette. Angeblich sei es – nach gewaltigem Whisky-Konsum, der den britischen »restraint« wegspülte – im »Juba-Hotel« zu rauschenden, lärmenden Festen gekommen.

ANGOLA

»Die Überreste unserer Toten«

Luena, im Februar 2001

Wer kommt schon nach Luena? Der südafrikanische Pilot unserer kleinen Maschine hat Busch- und Kriegserfahrung. In engen Spiralen ist er über der holprigen Rollbahn niedergegangen. Er weiß, daß die Rebellen der Unita-Bewegung die Stadt Luena – im östlichen Hochland Angolas gelegen – fest umklammert halten. Der Aktionsradius der eingeschlossenen Regierungsarmee des Präsidenten dos Santos variiert zwischen zehn und nur drei Kilometern. Am Rande des Flugplatzes sind die Wracks von drei großen russischen Antonow-Transportern aufgereiht. Aber nicht die Gewehre der Aufständischen, die gelegentlich losbellen, wurden ihnen zum Verhängnis, sondern die Volltrunkenheit der russischen Piloten. Wer sich in den öden Straßen von Luena bewegt, kann sogar Verständnis dafür aufbringen, daß diese Söldner aus der ehemaligen Sowjetunion, die mit Ungeduld das Ende ihres Kontrakts und die Auszahlung ihrer Prämie erwarten, die Langeweile und das Heimweh im Suff ertränken.

An eine Versorgung auf dem Landweg ist für die 160 000 Einwohner dieser Ortschaft – 80 000 davon sind Flüchtlinge – überhaupt nicht zu denken. Von der kongolesischen Katanga-Provinz im Osten ist Luena 300 Kilometer, von der Atlantik-Küste mit dem Hafen Lobito etwa 800 Kilometer entfernt. Da gibt es kein Durchkommen. Trotzdem erscheint das Militäraufgebot zum Schutz dieses strategischen Außenpostens gering. In den baumbestandenen breiten Alleen, die die portugiesischen Kolonisatoren gezogen und mit hübschen Villen gesäumt haben, ist das Leben fast zum Erliegen gekommen.

Blau uniformierte Polizisten bestimmen das Straßenbild sowie streunende Kinder und schwarze Ziegen. Die zahlreichen Bein-Amputierten – Opfer der überall verstreuten und verscharrten Minen –, die sich auf Krücken durch diese Gespensterkulisse schleppen, erhöhen den Eindruck des Niedergangs. Mit den schmucken Häuschen der portugiesischen Kolonisten haben die Eingeborenen – überwiegend Angehörige des Lunda- und des Ovimbundu-Stammes nicht viel anfangen können. Sie hatten sich nach der überstürzten Flucht der Europäer im Jahr 1975 dort provisorisch eingerichtet, die Wohnsubstanz schnell verwüstet und sind dann großenteils in die strohbedeckten Rundhütten zurückgekehrt, wo sie sich heimisch fühlen und bei extremer Bescheidenheit des Mobiliars auf Sauberkeit achten.

Das Auf und Ab des Bürgerkrieges hat auch Luena nicht verschont. Zu schweren Kämpfen ist es hier aber nicht gekommen. Für die Zuwanderer aus dem fernen Lusitanien, deren Präsenz an der angolanischen Küste ein halbes Jahrtausend gedauert hatte, aber die sich erst sehr spät zur Besiedlung des Hinterlandes aufrafften, muß das Leben in dieser Höhe von 1300 Metern und einer landwirtschaftlich ergiebigen Umgebung recht angenehm gewesen sein. Es gab sogar ein großes öffentliches Schwimmbad und ein riesiges Kino-Theater. Beide Anlagen sind bereits so verfallen wie im heutigen Europa die Thermen und Amphitheater des Imperium Romanum.

Nur ein Gebäude ist prächtig renoviert und in leuchtendem Rosa neu gestrichen worden. Der Gouverneurssitz am Zentralplatz gibt noch Kunde von der urbanistischen Begabung der Portugiesen. Dem Behördenbau gilt unser erster Besuch. Der Gouverneur der Provinz Moxico überrascht durch seine Eleganz. Er trägt einen gutgeschnittenen dunklen Anzug und drückt sich in fehlerfreiem Portugiesisch aus. Sein Name Antonio dos Santos Liberdade klingt wie ein politisches Programm. Ohne Umschweife kommen wir auf die hoffnungslose Situation dieser Region zu sprechen. »Sie befinden sich hier in der Höhle des Löwen«, beginnt der Beamte, der der ehemals marxistischen Partei MPLA (Volksbewegung für die Befreiung Angolas) und dem Mbundu-Volk angehört; »in der Provinz Moxico wurde in den letzten Jahren der portugiesischen Kolonisation die Oppsitions- und Bürgerkriegspartei Unita (Nationale Union für die totale Unabhängigkeit Angolas) unter dem Arzt Jonas Savimbi gegründet, und hier hat er – mitsamt der Nachbar-Provinz Malanje – seine stärksten Positionen behauptet.« Beim Ovimbundu-Volk besäße dieser Rebell, der spätestens nach der Unabhängigkeit Angolas im Jahr 1975 die volle Unterstützung der Amerikaner und sogar des südafrikanischen Apartheid-Regimes gegen die offizielle MPLA-Regierung von Luanda genossen hatte, weiterhin seinen stärksten Rückhalt. An dieser ethnischen Bindung habe sich wenig geändert, seit Washington unter Präsident Clinton nach dem Ende des Kalten Krieges seinen verläßlichen Verbündeten Savimbi fallenließ und mit dem ehemals kommunistischen Regime des Staatschefs Eduardo dos Santos gemeinsame Sache machte. Man dürfe Savimbi, auch wenn er inzwischen 69 Jahre alt sei, nicht unterschätzen. Dieser bärtige Machtmensch, der sich stets mit einem schwarzen Barett und in Tarnuniform photographieren läßt, verfüge bei der Bevölkerung über ein geradezu magisches Charisma. Keiner kenne sich in der Partisanentaktik besser aus. Er wurde militärisch in China ausgebildet und sei den Thesen Mao Zedongs vom Volksbefreiungskrieg treu geblieben. »In meinem Verwaltungsgebiet hat die Unita es immerhin geschafft, von 21 Gemeinden 13 unter ihre Kontrolle zu bringen«, bestätigt der Gouverneur.

Mit welchen Mitteln Savimbi denn in der Lage sei, seinen Krieg weiter zu finanzieren, frage ich. »Mit Diamanten natürlich«, lautet die Antwort. »Über den Petroleum-Reichtum Angolas, der sich im Küstengebiet konzentriert, übt unsere Regierung in Luanda die Oberhoheit aus und schirmt mit Hilfe des neuen amerikanischen Verbündeten diese Ölfelder gegen die Rebellen ab.« Aber nördlich von Moxico befinden sich die großen Diamanten-Reviere von Lunda Sul und Lunda Norte, wo sich das internationale Förderungskonsortium Capoca mit brasilianischer, israelischer und sogar russischer Beteiligung etabliert hat. In Wirklichkeit würde wohl der Minen-Gigant Anglo-American-de Beers auch hier den größten Profit davontragen.

Diese ausländischen Schürfplätze würden nicht etwa durch angolanische Verbände der Regierungsarmee FAA (Forças Armadas Angolanas), sondern viel effizienter durch anonyme Wach- und Söldner-Mannschaften vor dem Zugriff der Unita-Guerilleros abgesichert. Doch niemand sei in der Lage, das endlose Buschland Savimbi streitig zu machen, und dort fänden sich noch genügend hochkarätige Edelsteine, um die Versorgung der Rebellen und deren Waffeneinkäufe sicherzustellen. »Schauen Sie auf die Landkarte«, fährt der Gouverneur fort; »der Zugang zum Kongo ist für uns versperrt, und weiter im Südosten befindet sich die Republik Sambia, deren Staatschef Frederick Chiluba mit Doctor Jonas Savimbi finanziell assoziiert und familiär verschwägert ist. Kein Wunder, daß er sein Territorium für Rüstungs-Transite zugunsten der Unita offenhält.«

Auch Luena, so erfahre ich von dos Santos Liberdade, war in den neunziger Jahren vorübergehend – wie fast alle Städte des Binnenlandes – von den Partisanen Savimbis überrannt worden. Das Kriegsglück wendete sich erst zugunsten des MPLA-Regimes, als dessen Streitkräfte – gegen klingende Münze und dank ihrer unermeßlichen Erdöleinnahmen – mit modernsten Waffen, Hubschraubern, Kampfflugzeugen und Panzern aus dem unerschöpflichen post-sowjetischen Rüstungsarsenal ausgestattet wurden. Zudem ließen sich ausländische »mercenaries« in wachsender Zahl anwerben.

In dieser Stunde extremer Bedrängnis habe sich die kriegerische Begabung Jonas Savimbis voll entfaltet. Er habe sich gehütet, sein Potential bei der Verteidigung der eroberten Ortschaften zerschleißen und dezimieren zu lassen. Seine Truppe habe sich im Busch und in der Savanne zerstreut, sei gewissermaßen auf die zweite Phase des von Mao Zedong vorgegebenen Volksbefreiungskrieges zurückgefallen, das offene Land beherrschend, die größeren Siedlungen abschnürend. So sei er weiterhin für Luanda ein extrem ernstzunehmender Gegner, ja ein furchterregendes Schreckgespenst geblieben.

Unser Lunda-Chauffeur, der portugiesisch und tschechisch spricht – er war zu Ostblockzeiten in irgendeiner Prager Sicherheitszentrale ausgebildet worden –, steuert uns zur obligaten Besichtigung der Flüchtlingssiedlungen am Stadtrand. Sehr weit können wir ja ohnehin nicht fahren, sonst würden wir eventuell von Unita-Vorposten umringt oder beschossen. Das »Refugee-Camp« ist trostlos, aber Symptome von Hungersnot können wir nicht feststellen. Auf diesem fruchtbaren Boden des Plateaus gedeihen die Feldfrüchte fast ohne menschliches Zutun. Vor allem Mais und Maniok wachsen prächtig. Die Landarbeit wird allerdings durch die zahllosen Minen behindert, die überall versteckt liegen und ständig neue Opfer fordern.

Die Menschen in den Rundhütten begegnen uns freundlich. Warum sie aus der benachbarten Diamanten-Provinz Lunda Sul hierher geströmt seien, wollen sie nicht verraten. Vielleicht waren es ja gar nicht die Ausschreitungen der Unita – wie immer kolportiert wird –, die diesen Massenexodus auslösten, sondern die systematische Vertreibungsaktion der Regierungsbehörden, die in jedem Ovimbundu oder Lunda einen potentiellen Sympathisanten Savimbis sahen und den Anhängern der Unita das Lebenselement abgraben wollten. Laut Mao Zedong sollte der Partisan sich ja bewegen wie der »Fisch im Wasser«. Selbst in diesen Behelfslagern geben wohl bei Nacht die Emissäre der Rebellen den Ton an, während bei Tag die offiziellen Beamten ihre prekäre Autorität ausüben.

Bevor wir in die armselige Pension fahren, wo wir übernachten sollen – fließendes Wasser gibt es nicht, und die halbwegs zuverlässige Elektrizitätsversorgung verdanken wir nur der Nachbarschaft des gefürchteten Sicherheitsdienstes –, fordere ich unseren »Tschechen« zu einer Stadtrundfahrt auf. Die Mauerinschriften aus besseren Zeiten sind halb verwaschen. »Angolaner, seid geeint gegen die Feinde des Friedens«, lese ich dort, und an anderer Stelle: »Aufspüren, Denunzieren und Bekämpfen der Savimbi-Anhänger ist Pflicht eines jeden Bürgers.« Luena, so scheint mir, gleicht einer Begräbnisstätte.

Das liegt nicht nur an der zerschossenen Kirche jenseits eines verwilderten Friedhofs, wo portugiesische Namen auf den umgestürzten Gedenktafeln und Kreuzen zu erkennen sind. Mit Rücksicht auf die allgegenwärtige Minengefahr verzichten wir auf den Gang zum Gotteshaus. An einem vereinsamten Rondell ist das Grabmal des »Unbekannten Soldaten« zu besichtigen, ein primitiver Sarkophag aus Zement, den man gelb-rot angepinselt und mit dem Wort »Huldigung« versehen hat. Aber eine andere Gedenkstätte ist weit eindrucksvoller. Einige Felsbrocken sind zu einem Mahnmal aufgeschichtet worden, und neben der schwarzroten Fahne Angolas mit dem gelben Stern hängt auch ein Wimpel mit dem blau-weiß gestreiften Staatsemblem der Volksrepublik Kuba.

Die Inschrift auf der Bronzetafel soll das kämpferische Engagement und den revolutionären Opfermut jener kubanischen »Internacionalistas« verherrlichen, die bei ihrem massiven Einsatz auf seiten der hiesigen Kommunisten in den Jahren 1975 bis 1990 in Angola gefallen sind. Der Text trägt die Unterschrift Raul Castros, des unbedeutenden Bruders des Lider Maximo Fidel, und lautet: »Am Tag, an dem unsere Präsenz nicht mehr notwendig sein wird, werden wir nur die unzerstörbare Freundschaft mit diesem großen Volk und die Überreste unserer Toten hier zurücklassen.«

Diese Gedenkstätte ruft eines der zynischsten Kapitel moderner Macht- und Ausbeutungspolitik in Afrika ins Gedächtnis. Unmittelbar nach dem Zusammenbruch der portugiesischen Kolonialherrschaft und der Unabhängigkeitsproklamation Angolas hatten sich die Marxisten der MPLA der Regierungsgebäude der Hauptstadt Luanda bemächtigt. Aber von zwei Seiten drohte ihnen der Untergang. Aus Norden rückte die Kongo-Armee Marschall Mobutus mitsamt der Bakongo-Stammesbewegung FNLA auf die angolanische Hauptstadt heran. Von Süden wiederum drangen weiße Südafrikaner im Verbund mit den Unita-Partisanen Jonas Savimbis über Benguela längs der Küste vor. In dieser Stunde höchster Bedrängnis ließ Fidel Castro mit logistischer Unterstützung Moskaus Tausende seiner kubanischen »Freiwilligen« sowie Soldaten der marxistischen Republik Guinea einfliegen. Eine beachtliche logistische Transportleistung, die nur möglich war, weil Washington an den Nachwehen des gescheiterten Vietnam-Feldzuges litt und durch die Verwicklung Präsident Nixons in den Watergate-Skandal gelähmt war. Mit Hilfe der »Brigadistas« Fidel Castros wurde die pro-sowjetische MPLA mit knapper Not stabilisiert. Vor allem riß sie die Kontrolle über die reichen Erdölvorkommen von Cabinda an sich, die damals schon durch die amerikanische Firma Gulf Oil – später durch Chevron – gefördert wurden.

Es kam dann folgender Teufelspakt im Zeichen eines total enthemmten »Raubtier-Kapitalismus« zustande: Um die Ölfelder und Off-shore-Anlagen von Cabinda gegen die Rebellenbewegungen Unita und FLEC (Front für die Befreiung der Exklave Cabinda) abzusichern, wurden bewährte internationale Söldner-Firmen wie etwa »Defence Systems Limited« angeheuert und US-Special Forces eingesetzt. Die Royalties und Gewinnbeteiligungen, die von dem US-Konzern Gulf Oil an die offiziell zuständige MPLA-Regierung in Luanda abgeführt wurden, ermöglichten es den angolanischen Marxisten, den Kampfeinsatz der kubanischen Verbündeten im eigenen Land zu finanzieren. Deren Zahl wuchs schnell auf 30000 Mann an. Nur diesen Subventionen des US-Konzerns war es zu verdanken, daß die pro-westliche Aufstandsbewegung Unita des Doctor Savimbi, die ihrerseits über engste Kontakte zur amerikanischen CIA verfügte und sogar aus Washington und Pretoria Geld und Waffen erhielt, in Schach gehalten wurde. Es entstand jenes bluttriefende militärische Patt zwischen den Bürgerkriegsparteien, das bis zum heutigen Tag andauert.

In der schmuddeligen Bar unserer Pension, wo zu abendlicher Stunde Alkohol ausgeschenkt wird, ist eine Gruppe Afrikaner und Mulatten vor dem Fernsehgerät versammelt und kommentiert schreiend die Übertragung eines Fußballspiels. Sogar CNN ist auf diesem Apparat zu empfangen. Wer kann da noch am Triumph der Globalisierung zweifeln? Ein angolanischer Major des Sicherheitsdienstes ist mit unsicheren Schritten an die Theke getreten. Sein Gesprächspartner ist ein kleiner, rundlicher Polizist in Zivil, der stark portugiesisch durchmischt ist und mit seinem

Rattenprofil noch beunruhigender wirkt als der Offizier, der dauernd mit seiner Waffe gestikuliert. »Hier in der Provinz Moxico ist die Schlange Savimbi zur Welt gekommen, und hier müssen wir ihr den Kopf zertreten«, schreit der Major in die Runde, »aber überall in Luena sind ja seine Agenten versteckt.« Kein Wunder, daß Gouverneur dos Santos Liberdade seinen Personenschutz nicht diesen undisziplinierten MPLA-Genossen überläßt, sondern sich in militärischen Fragen durch einen authentischen portugiesischen Offizier beraten läßt, der aus Lissabon abkommandiert wurde.

Die Atmosphäre in der Pension wird ungemütlich. So brechen wir vor Einbruch der Dämmerung zu einem kurzen Ausflug auf. Der Bahnhof von Luena ist nur ein paar hundert Schritte entfernt. Diese Eisenbahnlinie führte zu Kolonialzeiten von der angolanischen Küstenstadt Benguela bis Elisabethville, der Hauptstadt der kongolesischen Grubenprovinz Katanga, die heute Lubumbashi heißt. Der Zugverkehr ist seit Jahren zum Erliegen gekommen. Die Schienen sind verrostet. Die Schwellen wurden herausgerissen und dienen den Katen der Eingeborenen als Umzäunung. Ein Dutzend verrotteter Waggons sind in Luena gestrandet, und afrikanische Familien haben sich darin eingenistet. Zwischen den Gleisen wachsen zu meiner Überraschung wunderschöne Sonnenblumen.

In der weiträumigen Abfertigungshalle, die relativ gut erhalten ist, bleibt eine Gedenkplatte übrig. Daraus geht hervor, daß der portugiesische Generalgouverneur noch im Jahr 1972 – zwölf Jahre nach den ersten Massakern an weißen Siedlern und nur drei Jahre vor der endgültigen Auflösung des lusitanischen Kolonialreiches – mit unbeirrbarer Zuversicht in den ewigen Verbleib seiner Nation in Afrika die feierliche Einweihung dieses neuen Bahnhofsgebäudes vollzogen hatte. »Angola é nossa – Angola gehört uns«, diese Hymne der Beharrung wurde wohl damals am Rande des Abgrundes noch von den paar hundert Portugiesen Luenas angestimmt.

Den Anfang des afrikanischen Stammesaufstandes gegen Lissabon und auch das tragische Ende der portugiesischen Herrschaft

– die beiden Entscheidungsphasen 1961 und 1974 – hatte ich an Ort und Stelle erlebt.

»Angola é nossa«

Rückblende:
Lissabon, im Juni 1961

Allmählich entdecken die Portugiesen, daß sie sich im Kriegszustand befinden. Im März 1961 war im Norden Angolas, dieser als »Provinz« bezeichneten Kolonie, der Aufstand der Bakongo ausgebrochen. Die Überseeverwaltung des Diktators Oliveira de Salazar wollte sich nicht in die Karten schauen lassen. Mein Visumsantrag für Angola beim zuständigen Ministerium in Lissabon, wohin ich deswegen gereist war, wurde zunächst abgelehnt. Auf den Hafenkais des Tajo stehen Militärlastwagen, Jeeps und ein Panzerspähwagen – natürlich aus NATO-Beständen – zur Verschiffung nach Afrika aufgereiht. Die Badegäste, die am Wochenende an den Strand von Cascais fahren, sehen sich bei diesem Anblick vielsagend an. Das Gespräch in der Schnellbahn von Estoril, in deren Endstation »Cais de Sodre« kürzlich eine Bombe explodierte, kommt unvermeidlich auf Angola. Die grün-schwarzen Taxis in Lissabon tragen neuerdings auf der Hinterscheibe einen Klebstreifen mit der Aufschrift: »Angola é Portugues – Angola ist portugiesisch.«

Die Zeitungen in Portugal unterliegen einer Zensur ohne Komplexe. In jeder Ausgabe ist auf der ersten Seite gut sichtbar vermerkt, daß die Behörde den Inhalt des Blattes geprüft und für harmlos befunden habe. Die so kontrollierten Blätter Lissabons sorgen dafür, daß der Kampf in Angola nicht vergessen wird. Jeden Tag ist dort vom Einsatz der »heldenmütigen portugiesischen Soldaten und Siedler« zu lesen. Auch wenn die Presse sich auf die Wiedergabe amtlicher Kommuniqués beschränkt und den Krieg in Zentralafrika mit einem Pathos beschreibt, das vergeblich an die »Lusiaden« des portugiesischen Nationaldichters Camões anzuknüpfen sucht, läßt die Zeitungslektüre doch keinen Zweifel darüber, wie ernst und blutig die Vorgänge in Angola sind. Bunte Landkarten der umstrittenen Überseeprovinz werden an allen Ecken der Avenida da Liberdade angeboten. Die Khaki-Uniform der Kolonialtruppen gehört zum Straßenbild der Hauptstadt.

Seit den napoleonischen Feldzügen hat Portugal nicht mehr Krieg geführt, wenn man von der symbolischen Teilnahme am Ersten Weltkrieg absieht. Seit mehr als dreißig Jahren untersteht das Land dem strengen und knauserigen Schulmeister-Regime des schweigsamen Diktators Oliveira de Salazar, dessen oberstes Streben darauf gerichtet ist, die Finanzen in Ordnung und die Opposition in Schach zu halten. Portugal hat von der großen aktiven Geschichte, in die es unter Heinrich dem Seefahrer so glorreich eingetreten war, längst Abschied genommen. Ein müdes Volk, so scheint es, lebt an der Mündung des Tajo.

Mit den Hiobsbotschaften aus Angola ist etwas in Bewegung geraten. Zunächst haben die Portugiesen ganz anders auf den Aufstand der Schwarzen reagiert als die übrigen Kolonialmächte. Engländer, Franzosen und Belgier waren seit dem Zweiten Weltkrieg Kolonisatoren mit schlechtem Gewissen; sie waren beeindruckt, angekränkelt – wie die Portugiesen sagen würden – von den großen Schlagworten der Zeit: Gleichheit aller Menschen, Selbstbestimmungsrecht der Völker, Legitimität des farbigen Nationalismus. Für die Portugiesen hingegen blieb die Kolonialherrschaft ein Gottesgnadentum, auch wenn man die überseeischen Besitzungen in »Provinzen« umgetauft hatte. Nach 500 Jahren Kolonialgeschichte ist Portugal in keiner Weise kolonialmüde. Selbst die Opposition gegen den 71jährigen Salazar hat sich beinahe geschlossen hinter dessen Afrika-Politik gestellt.

In Lissabon macht man sich große Illusionen. 15 000 Mann Militär stehen bereits in Angola. 25 000 Soldaten sollen insgesamt dort eingesetzt werden. Aber was bedeutet das in einer afrikanischen Wildnis, die vierzehnmal größer ist als das Mutterland? Frankreich hat zu diesem Zeitpunkt in Algerien 500 000 Mann unter Waffen und wird nicht Herr über die »Fellaghas«, obwohl nur das Mittelmeer zwischen Algier und Marseille liegt. Die Portugiesen lassen sich durch militärische oder wirtschaftliche Argumente nicht beeindrucken. Es steckt viel Härte in diesem unscheinbaren, immer traurigen Menschenschlag. Die Partisanen-Banden der Bakongo haben nach offiziellen Schätzungen etwa tausend weiße Portugiesen umgebracht. Wenn man dagegen hält, daß den Kongo-Wirren nicht mehr als ein Dutzend Belgier zum Opfer fielen, daß der Mau-Mau-Schrecken in Kenia allenfalls sechzig Weißen das Leben kostete, mag man ermessen, welche Kräfte in Angola entfesselt sind. Trotzdem betrachten die Portugiesen es als Landesverrat, wenn ein männlicher weißer Siedler die bedrohte Überseeprovinz verläßt. Die Flüchtlinge, die auf den heimkehrenden Truppentransporten in Lissabon an Land gehen, sind fast ausschließlich Frauen und Kinder.

Gegen den Buschkrieg der Schwarzen sind die Portugiesen in Angola mit großer Härte vorgegangen. Man schätzt, daß mindestens 20 000 Eingeborene umgebracht wurden. Im Gespräch wird kein Portugiese diese Zahl mit Entrüstung von sich weisen. »Die Neger sollen jetzt einmal spüren, was ein richtiger Kolonialfeldzug ist«, sagen die Caféhaus-Strategen an der Avenida da Liberdade.

»Bisher haben Franzosen, Engländer und Belgier immer Schritt für Schritt nachgegeben. Aber wir machen ernst.« Große Hoffnungen werden auf die Trockenzeit gesetzt, wenn das mannshohe Elefantengras, in dem die Stammeskrieger Versteck fanden, in riesigen Savannenfeuern aufgehen wird.

Daß dieser Feldzug trotz vorübergehender Erfolge auf Dauer aussichtslos ist, darf öffentlich nicht gesagt werden. Es ist ja nicht nur Angola bedroht. Im Südosten Afrikas erstreckt sich das riesige Mosambik, wo die Portugiesen demnächst Nachbarn des unabhängigen afrikanischen Staates Tansania werden. In Westafrika, gleich neben der Republik Sekou Tourés, liegt Portugiesisch-Guinea, wo jeden Tag blutige Überraschungen fällig sind. Schließlich befindet sich nördlich der Kongo-Mündung die Exklave Cabinda durch den ehemals belgischen Kongo-Flaschenhals vom restlichen Angola getrennt. Hier werden ebenfalls erste Partisanen-Aktionen gemeldet.

In den portugiesischen Ministerien hängen Plakate, die die Überseeprovinzen auf eine Karte Europas projizieren, vom Atlantik bis tief nach Rußland. Darüber steht der Satz: »Portugal ist kein kleines Land.« Darum geht es tatsächlich. Nur der Besitz von Angola und Mosambik hindert Portugal daran, in die bescheidene Rolle eines armen und schmächtigen europäischen Randstaates zurückzufallen. Ohne seine Kolonien erscheint Portugal wirtschaftlich kaum lebensfähig. Gehen diese Gebiete verloren, so bleibt nur ein Küstenland mit Folklore für Touristen, wo Vinho Verde getrunken und Fado gesungen wird.

Die brennenden Dörfer von Uige

Rückblende:
Leopoldville, im Juli 1961

Der Angola-Aufstand ist noch keine vier Monate alt, aber schon ist unter den Exilgruppen der Kampf um Einfluß und Macht entbrannt. Zwei Organisationen sind es vor allem, denen es gelang, die Aufmerksamkeit der Weltöffentlichkeit auf sich zu lenken. In Leopoldville hat die »Uniao dos Populaçoes de Angola«, die Volksunion von Angola (UPA), ihr Zentralbüro etabliert, während ihre Rivalin, die MPLA, »Movimento Popular para a Libertaçao de Angola« – zu deutsch »Volksbewegung zur Befreiung Angolas« – in der Guinea-Hauptstadt Conakry ihren Sitz aufschlug.

Diese Lokalisierung ist charakteristisch für die ideologische Ausrichtung und die Wirksamkeit der beiden Bewegungen. Leopoldville liegt in unmittelbarer Nachbarschaft des heiß umkämpften Distriktes Uige in Nord-Angola. Vom Kongo aus läßt sich am günstigsten der Nachschub organisieren. Der Kontakt mit Flüchtigen und Freischärlern ist unkompliziert. Die UPA gilt als die treibende Kraft hinter dem Buschkrieg in Angola. Ihr Führer Holden Roberto hat sich zum Oberbefehlshaber einer »Angolanischen Befreiungsarmee« proklamiert. Dieser Holden Roberto, der in dem bescheidenen Parteilokal der UPA ganz unzeremoniell anzutreffen ist, gibt allen Besuchern Rätsel auf. Der Mann sieht in keiner Weise wie ein Partisanen-Kommandeur aus. Hingegen merkt man dem aus Carmona gebürtigen 37jährigen Afrikaner die Erziehung amerikanischer Baptisten-Missionare und seine untergeordnete Anstellung als Buchhalter bei den belgischen Kongo-Behörden an. Holden Roberto ist eine schwache Figur. Um das zu kompensieren, pflegt er wohl seine auffällige Ähnlichkeit mit Patrice Lumumba.

Roberto, der neben Portugiesisch auch Englisch und Französisch geläufig spricht, hat Reisen nach Europa und nach den Vereinigten Staaten unternommen. In den liberalen Kreisen der USA findet er beachtliche Unterstützung. Die Portugiesen stellen ihn als verkappten Kommunisten hin. Bei den Afrikanern gilt er als Exponent eines pro-amerikanischen Kurses. Roberto weigert sich beharrlich, an den Tagungen der radikalen afrikanischen Nationalisten und Neutralisten teilzunehmen.

Die Guerilla-Führer der UPA, die gelegentlich nach Leopoldville zu Koordinierungsgesprächen kommen, wirken wie plumpe Hinterwäldler, gemessen an den wortgewandten Intellektuellen der rivalisierenden »Volksbewegung für die Befreiung Angolas«. Der MPLA-Vorsitzende Mario de Andrade hat in Portugal und Frankreich studiert. Es fließt nicht nur afrikanisches Blut in seinen Adern. Der zweite Mann im Komitee von Conakry ist Luiz de Azevedo, ein massiver, tiefschwarzer Afrikaner, der in Portugal als Doktor der Medizin promovierte. Von den sogenannten »Assimilados«, jenen wenigen Schwarzen, die auf Grund ihres europäischen Bildungsstandes von den Portugiesen als vollwertige Staatsbürger anerkannt wurden, stehen zweifellos die meisten auf seiten der MPLA. Mario de Andrade hat begriffen, wie sehr es ihm im Ausland schadet, als radikaler Marxist, als Verbündeter des Ostens eingestuft zu sein. Seine Reisen nach Moskau und in andere kommunistische Hauptstädte, seine engen Bindungen an den sozialistischen Staat Sekou Tourés brachten ihm auch bei den gemäßigten Afrikanern den Ruf eines Linksextremisten ein. Andrade versucht, dem entgegenzuwirken, so gut er kann. Aber in seinem Schatten bewegt sich sein designierter Nachfolger, der hochbegabte Ideologe

Agostinho Neto, und der ist – wie es heißt – in roter Wolle gefärbt. Die MPLA findet ihre Anhängerschaft in Angola überwiegend beim schwarzen Stadtproletariat. Im Busch dominiert die UPA. Für Holden Roberto ist die MPLA bislang nur auf internationalem Terrain ein ernstzunehmender Gegner bei dem erbitterten Ringen der Emigranten-Organisationen um Geld, Waffen und Anerkennung.

Luanda, im Juli 1961

Auf Umwegen bin ich doch noch nach Angola gereist. In Brazzaville war es mir gelungen, bei der portugiesischen Vertretung ein Visum zu erschleichen, indem ich mich als Lehrer und als Tourist deklarierte. Bei meiner Ankunft in Luanda bemühte ich mich, nicht aufzufallen. Zwei Jahre zuvor, im Frühjahr 1959, als Unruhen und Revolten der Schwarzen noch unvorstellbar schienen, hatte ich Angola schon einmal, damals ganz offiziell als Journalist, bereist. Mein Name und Beruf mußten der PIDE, der »Policia Internacional de Defesa do Estado«, der einzigen perfekt organisierten Behörde des Salazar-Staates, bekannt sein. Die Hauptstadt Angolas erschien mir bei diesem Wiedersehen immer noch als die schönste Stadt in Schwarz-Afrika mit ihren pastellfarbenen Häusern, den schattigen Alleen und der herrlichen Marina. Die Eingeborenen-Viertel hingegen, die »Musseques«, waren wohl die armseligsten des ganzen Kontinents.

Dieses Mal verzichtete ich auf den Besuch der Freizeit-Idylle jenseits der Lagune. Statt im Sand zu liegen, Camaroes und Vinho Verde zu bestellen und das gute Leben zu genießen, das auch durch die Vielzahl der Armee-Uniformen nicht beeinträchtigt wurde, suchte ich nach Möglichkeiten, in den Norden, in die Aufstandszone zu gelangen.

Der Zufall war auf meiner Seite. In der Bar des »Hotel Continental« kam ich mit einem einsamen portugiesischen Luftwaffen-Major ins Gespräch, der mich offenbar mit einem Offizier aus dem Stab der französischen Militärberater in Brazzaville verwechselte. Ich beließ ihn in diesem Glauben, erwähnte mein Interesse an einer vergleichenden Studie über die Partisanenbekämpfung in Angola und in Algerien, wo ich mich tatsächlich ein paar Wochen zuvor aufgehalten hatte, und äußerte meinen Wunsch, das Krisengebiet im Norden zu inspizieren. Ich solle über den Stützpunkt Negage nach Carmona (heute Uige) aufbrechen, riet mir der Major. Jeden Vormittag, etwa um neun Uhr, starte eine Transportmaschine nach Negage. Ich solle mich auf ihn, Major Lopez berufen, mir vorher jedoch eine Unbedenklichkeitsbescheinigung beim Militär-Kommando im Fort São Miguel holen.

Am späten Nachmittag sitze ich zum Aperitif an der Avenida Marginal. Wieder sind auf den Hafenkais portugiesische Soldaten aus dem Mutterland ausgeladen worden. Das Bataillon in Khaki-Uniform wird von einem schwarzen Musikzug begrüßt. Die Zuschauer sind ausschließlich Portugiesen. Luanda erfährt nur aus den Zeitungen vom Buschkrieg im Innern. Wer Angola nach dem Straßenbild seiner Hauptstadt beurteilt, muß fehlgehen. Wären nicht die gesprenkelten Uniformen der Fallschirmjäger und am Wochenende jene Zivilisten, die sich in Hinterhöfen und vor Affenbrotbäumen im Pistolenschießen üben, könnte man weiterhin die »Marginal« für eine friedliche afrikanische Copacabana halten.

In den Lobbys der Hotels spürt man schon eher, was im Innern vor sich geht. Da trifft man Pflanzer, die ihre Familie in Sicherheit brachten und bereitwillig über die Zustände in der Provinz berichten. Sie erzählen von Wegsperren der Aufständischen, die teilweise schon 80 Kilometer nördlich von Luanda beginnen. Im Flüsterton – denn die Ohren der PIDE sind überall – wird über die letzte Verhaftungswelle bei den Eingeborenen im Süden berichtet, wo bisher alles ruhig war. Unter den wohlhabenden Hotelgästen in Luanda kommt Unruhe auf. Die Geschäfte liegen lahm. Vor den Bankschaltern stehen vom frühen Morgen an lange Schlangen. Die Angola-Portugiesen dürfen pro Monat und Kopf lediglich 1500 Escudos ins Mutterland überweisen. Der Angola-Escudo ist gegenüber der Mutterlandswährung bereits um ein Drittel entwertet. Die Militärausgaben für den afrikanischen Feldzug übersteigen die finanziellen Mittel Portugals.

Der damals größte Reichtum Angolas, die Kaffee-Ernte im

Norden, kann bereits abgeschrieben werden. Zwar geben die Behörden vor, sie könnten rund dreißig Prozent trotz des »Terrors« der schwarzen Rebellen bergen. In Wirklichkeit wird man sich mit zehn oder fünfzehn Prozent der normalen Ernte begnügen müssen. Die Aufständischen sind dabei, die »Kaffeeschlacht« zu gewinnen. Noch klammert sich Luanda an Illusionen. Aber im Hauptquartier auf der Höhe von São Miguel wissen die Offiziere um die Unzulänglichkeit des eigenen Aufgebots. Lediglich 9000 portugiesische Soldaten standen bisher in Angola. Davon waren rund 6000 seit Beginn des Aufstandes nach Afrika verschifft worden. Von der ursprünglichen Eingeborenentruppe in Höhe von 15 000 Mann waren nach dem Ausscheiden von Überläufern und unzuverlässigen Elementen 6000 schwarze Soldaten übriggeblieben. Im Augenblick werden 4000 Mann weitere Verstärkungen aus dem Mutterland erwartet. Damit ist die portugiesische Armee noch längst nicht in die Lage versetzt, die angekündigte Offensive im Norden einzuleiten. Die Luftwaffe führt unterdessen Vergeltungsangriffe gegen verlassene Dörfer. In den Transportmaschinen vom Typ DC-3 fehlt es an Fallschirmen, so daß Waffen und Proviant für vorgeschobene eigene Stellungen in Decken gewickelt und auf gut Glück abgeworfen werden.

Im Fort São Miguel habe ich mich wohlweislich nicht vorgestellt, aber am nächsten Morgen stand ich – von Kopf bis Fuß in Khaki gekleidet – in einer Reihe portugiesischer Offiziere und Unteroffiziere am Flugplatz, um eine DC-4 nach Norden zu besteigen. Meine Zielstrebigkeit täuschte die Militärpolizei, zumal ich mich auf Major Lopez berief und mit einem Pariser Dokument fuchtelte, das den blau-weiß-roten Querstreifen trug. Im Flugzeug war ich der einzige Zivilist und bangte bis zum verzögerten Start, ob die PIDE mich nicht doch in letzter Minute identifizieren würde.

Endlich flogen wir ab und landeten nach knapp zwei Stunden auf der Rollbahn von Negage, einem trostlosen Militärstützpunkt, der auf drei Seiten vom Busch bedrängt wurde. Die mit mir reisenden Militärs wurden von ihren Fahrern oder Ordonnanzen abgeholt. Ich stand allein mit meinem Sturmgepäck in der Hand auf dem Stahlmaschennetz der Startpiste. Da entdeckte ich einen Lastwagen, der von einem portugiesischen Zivilchauffeur und zwei Schwarzen mit blökenden Schafen beladen wurde. Nach kurzer Absprache und Entrichtung einer mäßigen Gebühr kletterte ich in die Fahrerkabine. Er müsse mit seiner Fracht, die für das Proviant-Amt der Armee bestimmt sei, ohnehin nach Carmona und wolle mich dort gern absetzen, sagte der Fahrer Mario, ein schlichter Mann mit Stoppelbart. Seine schußbereite Jagdflinte und seinen Revolver schob er zur Seite, um mir Platz zu machen. Ich müsse allerdings das Risiko auf mich nehmen und allein mit ihm durch das Guerilla-Gebiet rollen, denn er habe weder Lust noch Zeit, auf den geschützten Konvoi zu warten.

Wir ließen die geparkten Jäger vom Typ Harvard, die veralteten Bomber vom Modell PV-2 hinter uns und kurvten über eine staubige Schotterpiste nach Carmona. Auf der ganzen Strecke begegneten wir keinem Fahrzeug und keinem einzigen Menschen, ob weiß oder schwarz. Beim Anblick der ersten Eingeborenendörfer nahm Mario die Flinte in die linke Hand. Die Hütten brannten lichterloh. Wir passierten eine ganze Kette von armseligen verwüsteten Ortschaften. Auch die paar Steinhäuser und »Lojas«, die Faktoreiläden der ansässigen Portugiesen, waren zerstört und trugen die Spuren von Kugeleinschlägen. Auf geschwärzten Mauerstümpfen standen die Buchstaben UPA. Portugiesische Soldaten und Milizionäre mußten hier in den letzten zwei Tagen ein grausames Strafgericht abgehalten haben.

Die Reise war beklemmend. Der Himmel hatte sich verdüstert. Nebel kam auf, als wir die ersten Straßensperren von Carmona erreichten. Die Offiziersmesse war im »Grande Hotel do Uige« untergebracht. Beim Empfang legte ich meinen Paß mit gültigem Visum vor. Ein weiteres Versteckspiel wäre sinnlos gewesen. Die portugiesischen Offiziere quittierten die Präsenz eines ausländischen Journalisten mit erstauntem Achselzucken und nahmen mich dann brüderlich in ihrer Runde auf. Sie trugen zum Teil die gleiche Tarnuniform wie ihre französischen Kollegen in Algerien. Mehrere von ihnen hatten dort Ausbildungskurse für Partisanenbekämpfung absolviert. Sie hatten sogar die gescheckte »Bigeard-

Mütze« mit Nackenschutz übernommen, die für die französischen Paras in Nordafrika typisch war.

Carmona (heute Uige), im Juli 1961

Das ist also die vielgerühmte Trockenzeit in Nord-Angola. Schwer hängende, grau-schwarze Wolken lasten über den nahen Urwaldhöhen. Mit Einbruch der Dämmerung sind dichte Nebelschwaden bis an die Stadtgrenze von Carmona herangezogen. Auf dem Asphalt der Hauptstraße, der Avenida Fereira, geht ein feiner Sprühregen nieder. Die Trockenzeit in Nord-Angola bringt den »Cacimbo«, diesen feucht-kühlen Dunst mit sich. Der Flugverkehr auf den Rollbahnen des Nordens, die oft höher als 1000 Meter liegen, ist tagelang gelähmt. Die Landschaft versinkt in unsagbarer Traurigkeit.

Die feuchte Nacht in Carmona ist auch den ortsansässigen Portugiesen unheimlich. Im rechteckig gezogenen Stadtzentrum mit der modernen Zweckarchitektur sind die Kolonisten unter sich. Etwa 2000 Europäer und portugiesische Mulatten wohnten in normalen Zeiten in Carmona. Die meisten Männer sind geblieben. Sie haben die grüne Armbinde der Miliz angelegt, eine Baskenmütze übergestülpt und die Maschinenpistole unter den Arm geklemmt, die der »Jefe do Posto« an sie verteilte. Es sind rauhe Gestalten, diese Portugiesen des Distrikts Uige, die heute auf die Rebellen in der Umgebung der Stadt ebenso unermüdlich Jagd machen wie früher auf Antilopen und Gazellen. Wenn sie in Gruppen unter dem Neonlicht einer Bar sitzen, glaubt man sich in den spanischen Bürgerkrieg zurückversetzt.

Früher lebten 25 000 Afrikaner in und um Carmona. Heute sind allenfalls auf den nahen »Fazendas« noch schwarze Kontrakt-Arbeiter aus dem Süden zu finden, meist Männer des Lunda-Stammes, deren Feindschaft gegen die Völker des Nordens zur Stunde noch stärker ist als ihre Abneigung gegen die portugiesischen Kolonisatoren. Aber wohin sind die Einheimischen von Nord-Angola verschwunden?

In den verstreuten Buschdörfern und Pflanzungen von Uige hat Mitte März der Aufstand gräßlich gewütet. Über Nacht, ohne jede Vorwarnung fielen schwarze Rebellen über die verstreuten Europäer her, massakrierten sie wahllos – Männer, Frauen und Kinder – mit dem langen Buschmesser, der »Catana«. Viele Weiße wurden mit Kreissägen bei lebendigem Leibe in Scheiben geschnitten. Die Vergeltung der Portugiesen war gnadenlos. Die Eingeborenendörfer liegen jetzt leer und verlassen, weil die Afrikaner von den Portugiesen kein Pardon erwarten. Es werden keine Gefangenen gemacht. Ganze Siedlungsgebiete wurden als Kollektiv schuldig befunden. Wer irgendwie verdächtig erschien, wer auch nur lesen und schreiben konnte, stand mit einem Fuß im Grab. Die Zahl von 20 000 Toten bei den schwarzen Angolanern dürfte eher untertrieben sein.

»Wie war das nur möglich?« fragen heute noch die Portugiesen, wenn sie abends fern von ihren Familien, die meist nach Portugal heimgeschickt wurden, mißmutig und gelangweilt beim Vinho Verde sitzen. »Selbst im Belgisch-Kongo ist so etwas nicht passiert. Dort haben die Neger die Weißen geschreckt, haben sie gelegentlich mißhandelt, aber kaum jemals einen Belgier umgebracht. Was ist bei uns fehlgelaufen?« Die Antwort geben sie teilweise selbst. Die Schwarzen in Angola wußten, daß man ihre Kolonialherren nicht aus dem Land ekeln könnte. Die waren nicht nach Afrika gekommen, um in wenigen Jahren möglichst viel Geld zu sparen, das sie dann – in die Heimat zurückgekehrt – friedlich verzehren würden. Viele Lusitanier leben unter recht armseligen Bedingungen seit Generationen im schwarzen Kontinent. Sie haben dort ohne Hoffnung auf Wiederkehr Wurzeln geschlagen. Sie verteidigen in Angola mehr als einen hohen Lebensstandard, sie verteidigen ihre Existenz. Die Afrikaner wußten, daß nur nackter Terror die Portugiesen zwingen könnte, ihre Pflanzungen, ihre Handwerksbetriebe, ihre »Lojas« zu räumen.

Es gibt andere Motivationen für diesen Aufstand, die die Kolonisten sich nicht gerne eingestehen. Sie machen es sich leicht, wenn sie die ganze Tragödie auf Agitatoren abwälzen, die von außen, aus dem Kongo, nach Angola eingesickert seien. Gewiß, ohne die zündende Wirkung des afrikanischen Nationalismus jenseits der Grenzen wäre die Rebellion in Angola niemals über eine lokale Stammeserhebung, einen afrikanischen »Bundschuh« hinausgewachsen. Die Ursachen lagen im wirtschaftlichen Ausbeutungssystem der portugiesischen Kolonisation. Da waren die brutalen Rekrutierungsmaßnahmen der Zwangs- oder Kontraktarbeit, wie man euphemistisch sagte. Körperliche Züchtigung war an der Tagesordnung. Besonders unerträglich war das Schicksal der kleinen Kaffeepflanzer im Norden. Sie waren der Willkür des örtlichen Verwaltungsvorstehers, des »Jefe do Posto«, oder, was noch schlimmer war, des ansässigen portugiesischen Loja-Besitzers ausgeliefert, bei dem die meisten Eingeborenen verschuldet waren und der oft als Agent der Staatspolizei agiert.

Den letzten Anstoß zur Revolte gab eine von der Verwaltung verfügte Baumwollaktion. Jeder schwarze Kleinbauer wurde angehalten, seine bisher der Maiskultur vorbehaltene Rodungsfläche mit Baumwolle zu bepflanzen. Theoretisch sollte für die geerntete Baumwolle ein geringes, gerade noch tragbares Entgelt gezahlt werden. In Wirklichkeit wurden sie um den Ertrag fast hundertprozentig betrogen. Die Folge war, daß die erbitterten Schwarzen die Baumwollpflanzen ausrissen und von neuem Mais pflanzten. Der Mais wiederum wurde von der Verwaltung gewaltsam vernichtet. In jenen Monaten häufte sich der Zündstoff.

Dem portugiesischen Kommando wird es kaum gelingen, in den verbleibenden zwei Monaten bis zum Beginn der Regenzeit eine gründliche Änderung der Lage zu erzwingen. Die Aufständischen greifen zwar nicht mehr geschlossene portugiesische Siedlungen an. Sie überfallen isolierte Kaffeeplantagen, stürmen mit geschwungener »Catana« auf die letzten Fahrzeuge von Militärkonvois, sabotieren das ohnehin erbärmliche Straßennetz. Noch sind die Partisanen schlecht gerüstet. Neben Buschmessern und Speeren treten altertümliche Vorderlader in Aktion. Die wenigen modernen Feuerwaffen werden oft den Weißen abgenommen oder von schwarzen Überläufern in den Wald gebracht. Zusätzliche Gewehre werden den Rebellen von Soldaten der benachbarten Kongo-Armee verhökert. Hingegen wurden noch keine Waffen aus dem Ostblock aufgespürt. Die portugiesische Behauptung, unter den gefangenen Rebellen befänden sich Agitatoren und Ausbilder aus Ghana, wurde in Lissabon frei erfunden. Der Aufstand bleibt übrigens nicht auf das Volk der Bakongo beschränkt. Auch die Stämme der Ambuila und Dembos gehen allmählich zu den Guerilleros über. In Zentral-Angola greift die Unsicherheit längs der Benguela-Bahn um sich.

Die Nacht ist über Carmona hereingebrochen. Am Rand der Stadt kauern die Posten hinter Sandsäcken und Bretterverschalungen. Scheinwerfer strahlen den undurchlässigen »Cacimbo« an. Vier Kilometer nach Osten fällt zur gleichen Stunde eine kleine Gruppe von Guerilleros über eine isolierte Kaffee-Fazenda her. Die Besitzer übernachten vorsorglich in der Stadt Carmona, aber die Kontrakt-Arbeiter vom Lunda-Stamm werden mit der Catana in Stücke gehauen, soweit sie nicht in die Nacht entkommen. Zwei schwarze Wächter mit Gewehren sind zu den Rebellen desertiert.

Im »Grande Hotel do Uige«, wo es zu jeder Mahlzeit Stockfisch gibt, wird nur halblaut geredet. Neben den Cangaceiro-Gestalten der bewaffneten Zivilisten erscheinen die Offiziere als ausgesprochen feine Leute. Die meisten kommen aus dem Mutterland. Sie sehen diesen Krieg mit anderen Augen, und schon spürt man eine unterschwellige Spannung zwischen Armee und Miliz. Die reguläre Truppe möchte die willkürlichen Vergeltungsgreuel gegen die schwarze Bevölkerung einschränken. Aber auch die Soldaten sind schon Gefangene in dem unerbittlichen Wechselspiel von Terror und Gegenterror. Die Masse der Eingeborenen lebt hungernd und frierend in den Wäldern. Sie folgen ihren nationalistischen Predigern. Ein Hauptmann, der gerade aus Mittel-Angola nach Carmona versetzt worden ist, erzählt folgendes Erlebnis: Seine Kompanie hatte im Umkreis von Nova Lisboa (heute Huambo) ein paar schwarze »Terroristen« auf frischer Tat ertappt. Ihnen wurde kein langer Prozeß gemacht. Bevor sie erschossen wurden, riefen diese Partisanen nicht nur »Angola é nossa – Angola gehört uns«; sie schrien auch »Viva Lumumba!«

Ab zehn Uhr abends liegen die Straßen von Carmona ausgestorben unter den Bogenlampen. Bei Tage hatten die in Pastellfarben gestrichenen Häuser ganz freundlich aus dem Grau des »Cacimbo« geleuchtet. Bei künstlichem Licht wirkt dieser Farbaufwand in Pistaziengrün, Himmelblau und Ocker wie eine schlechte Kulisse, vor allem der Wasserturm, der bonbonrosa angemalt ist. Auf der Chaussee herrschen um diese Stunde die Hunde. Früher wurden sie von den Portugiesen mit Steinwürfen verjagt. Heute werden sie als zuverlässige Aufpasser geschätzt. Der »Cacimbo« hängt so dicht vor dem Stadtausgang, daß man sich lieber auf den Instinkt der Tiere verläßt als auf die Wachsamkeit der Posten. Wer weiß, wie viele schwarze Partisanen um diese Zeit an den nahen Waldlichtungen lauern und fasziniert auf die Lichter von Carmona starren.

Luanda, im Juli 1961

Natürlich konnte mein Eintreffen in Carmona der örtlichen PIDE-Antenne nicht entgehen. Ein Eilbericht nach Luanda war unterwegs. Hätte der Cacimbo den Flugverkehr nicht gelähmt, wäre ich vermutlich umgehend zurückgeschickt worden. So verzögerte sich meine Rückkehr um zwei Tage. Bei der Ankunft in Luanda war ich auf die Präsenz von Sicherheitsbeamten am Flugplatz gefaßt. Aber die waren nicht zur Stelle. Im Hotelzimmer stellte ich fest, daß mein Koffer durchwühlt worden war, ohne daß man sich die Mühe gemacht hätte, das zu verheimlichen. Als ich das »Continental« verlassen wollte, um zum deutschen Konsul Bornemann zu fahren, hielten mich zwei stämmige, bäuerlich wirkende Zivilisten an. »Begleiten Sie uns zu unserer Dienststelle!« sagte der Ältere. »Sie haben sich ohne Erlaubnis in die Sperrzone des Nordens begeben. Wir müssen Sie dazu verhören.«

Zwischen den beiden Sicherheitsbeamten eingekeilt, wurde ich in einen höhergelegenen Stadtteil gefahren. Wir hielten unterhalb des Forts San Miguel in einer abschüssigen Gasse. Das Haus, in dem die PIDE untergebracht war, fiel in keiner Weise auf. Eine einstöckige Villa im Kolonialstil. Die Bewachung war diskret. Beim Eintritt stellte ich fest, daß die Leuchttafel des Fahrstuhls mehrere unterirdische Etagen anzeigte. Die Keller mußten tief in den Felsen hineingehen. Dort befanden sich wohl die Verhörzellen und die Foltereinrichtungen, für die die PIDE berüchtigt war.

Doch ich spürte gleich, daß ich keine Mißhandlungen zu befürchten hatte. Meine Wächter führten mich in einen komfortablen Büroraum, boten mir einen Sitz an und überließen mich drei jungen Leuten in gut geschnittenen Anzügen. Einer von ihnen sprach französisch. Er lehnte meine Forderung nach sofortiger telefonischer Verständigung des deutschen Konsuls strikt ab, behandelte mich aber ansonsten mit großer Höflichkeit. Ich gehörte zur »non torturable kind«, wie Graham Greene gesagt hätte, zu jener Kategorie von Häftlingen, die nicht gefoltert werden. Das Kreuzverhör dauerte dennoch bis in die späte Nacht. Immer wieder wollten die PIDE-Beamten wissen, wie ich nach Negage gelangt sei. Ich gab wahrheitsgemäß an, daß ich diesen Ausflug der eigenen Dreistigkeit verdankte, hütete mich jedoch, den Major Lopez zu erwähnen. Die Polizisten wunderten sich hartnäckig über meine reibungslose Fahrt von Negage nach Carmona mitten durch das brennende Bandengebiet. Welche Komplizenschaft ich da genossen hätte? Ich verwies immer wieder auf den Lastwagenfahrer mit seinem Schafstransport. Am Ende schienen sie mir zu glauben. Der französischsprechende Polizist plädierte wohl zu meinen Gunsten. Als ein finster blickender Vorgesetzter hereinkam und zum zwanzigsten Mal nach geheimnisvollen Gefährten meiner Reise forschte, antwortete dieser Dolmetscher mit schallendem Gelächter: »Schafe waren es – eram borregos!«

Im Gang hörte ich, wie andere Gefangene – im Gegensatz zu mir offenbar mit Handschellen gefesselt – in den Fahrstuhl gestoßen wurden. Mein Verhör hatte sich nach und nach entspannt, ging in Konversation über. Von den drei ursprünglich anwesenden Beamten war nur einer geblieben. Dafür traten zusätzliche PIDE-Agenten in das Büro, musterten mich neugierig und verschwanden wieder. Sie sahen nicht aus wie Henkersknechte. Sie hatten ganz alltägliche Gesichter. Sogar ein Kapuzinerpater mit brauner

Kutte und Rauschebart war dabei, ob echt oder verkleidet, blieb ungewiß.

»Wir werden Sie vorerst nicht in Ihr Hotel zurückkehren lassen«, verkündete der Dolmetscher gegen zwei Uhr nachts, nachdem er im Nebenzimmer endlos telefoniert hatte. »Sie haben gegen das Gesetz verstoßen und werden in eine Gefängniszelle eingewiesen. Morgen Mittag setzen wir Sie in das erste Flugzeug nach Brazzaville.«

Man führte mich auf die Straße. Dort wartete die Limousine mit denselben beiden Männern, die mich nachmittags eingeliefert hatten. Der joviale junge Dolmetscher setzte sich neben mich. Es war dennoch eine bedrückende Fahrt durch die leeren, neonerleuchteten Avenidas von Luanda. Wir rollten auf der breiten Marginal am Meer entlang, gerieten dann in ein ärmliches Hafenviertel. Außer patrouillierenden Soldaten war keine Seele zu sehen. Schließlich hielten wir vor dem eisenbeschlagenen Portal einer Festung. Das historische Fort war als Gefängnis berüchtigt und trug den Namen São Paulo. Es handelte sich um eben jenes Kerkergemäuer, gegen das ein Trupp schwarzer Desperados am 4. Februar 1961 erfolglos angestürmt war. Sie hatten damit das Signal zum nationalen Befreiungskampf Angolas gegeben.

Ein alter, übermüdeter Wächter geleitete mich durch hallende Gewölbe zu einer Einzelzelle. Die Pritsche, die er mir anwies, war mir zu Ehren mit einem schmuddeligen Laken bedeckt. Der »Dolmetscher« verabschiedete sich. »Ich hole Sie morgen früh wieder ab«, sagte er, und dann mit einem Augenzwinkern: »Sie sind übrigens nicht ohne Beistand geblieben. Der deutsche und der französische Konsul haben sich gegen Mitternacht energisch für Sie eingesetzt.« Die schwere Tür fiel zu. Der Schlüssel drehte sich. Riegel wurden vorgeschoben. Ich befand mich allein unter einer schwachen Glühbirne, die nicht ausgeschaltet wurde und eine Vielzahl von Moskitos anlockte. Mit Genugtuung beobachtete ich, wie an den rissigen Zellwänden geschmeidige kleine Echsen mit langen Zungen Jagd auf die Insekten machten.

Am frühen Morgen wurde ich tatsächlich abgeholt. Vor dem

Portal drängten sich schwarze und farbige Familienangehörige – auch zwei weiße Frauen waren darunter – mit Körben von Nahrungsmitteln für die Häftlinge. Das PIDE-Büro unterhalb des Fort San Miguel sah jetzt noch harmloser aus als bei meiner ungewissen Ankunft am Vortag. Im Raum, wo ich verhört worden war, wurde mir ein kräftiges Frühstück serviert. Kurz darauf trat der deutsche Konsul Jürgen Bornemann ein, der bis zu meinem Abflug aus Luanda keine Minute mehr von meiner Seite weichen sollte. Er ließ meinen Koffer aus dem »Hotel Continental« in seine Kanzlei an der Marginal kommen. Vom kleinen Balkon des Konsulats blickte ich auf den Vorbeizug einer Infanterie-Einheit, die gerade aus dem Mutterland eingetroffen war und mit dem für die portugiesische Armee typischen, breitbeinigen Paradeschritt auf ihre Kaserne zu marschierte. Aus Lautsprechern dröhnte die bombastische Hymne »Angola é nossa«, die als konspiratives Geflüster beginnt und dann – von Fanfaren untermalt – zu einem gewaltigen Massenaufschrei portugiesischer Kolonialbehauptung anschwillt: »Angola é nossa – Angola gehört uns.« Eine Vielzahl weißer und brauner Zivilisten war dieses Mal zusammengeströmt, um der Truppe Beifall zu spenden. In der Menge entdeckte ich – als harmlose Passanten getarnt – jene Spitzel der PIDE, die mich in der vergangenen Nacht so neugierig begafft hatten, darunter auch den bärtigen Kapuziner.

Auf der Fahrt zum Flugplatz von Luanda diskutierte ich mit dem Konsul über die Aussichten dieses Kolonialkrieges. Die ansässigen Deutschen, die meist adligen Kaffeepflanzer an der Spitze, waren weiterhin guten Mutes. Die Portugiesen würden niemals aufgeben, so beteuerten sie, und fluchten auf die défätistische Presse des Auslandes. Mein Urteil lautete anders. Durch Indochina-, Nordafrika- und Kongo-Erfahrungen gewitzt, räumte ich dem Salazar-Regime etwa fünf Jahre ein, ehe für Portugal die Stunde des Rückzugs aus Angola schlüge. Meine Endprognose sollte sich als korrekt erweisen, aber im Zeitablauf habe ich mich damals erheblich verschätzt. Dreizehn Jahre hat die Kolonialherrschaft Lissabons noch gedauert, ehe die Nelken-Revolution der portugiesischen Offiziere am 25. April 1974 dem »Estado Novo«

des Salazar-Erben Gaetano ein Ende setzte und das von Heinrich dem Seefahrer ererbte Imperium den afrikanischen Nationalisten überließ.

Abschied nach 500 Jahren

Rückblende:
Lissabon, im August 1974

Wieder beginnt alles in Lissabon. Am Abend vor unserem Abflug nach Angola haben wir uns im »Teatro Maria Matos« ein revolutionäres »Musical« angesehen, das den Sturz der fünfzigjährigen Salazar-Diktatur zelebriert, eine harte, derbe Satire. Bigotte Bäuerinnen und Bürgerinnen veranstalten zu Ehren des Junggesellen und Kleriko-Faschisten Oliveira de Salazar einen Reigen, tragen Plakate mit den Aufschriften: »Die Mütter Portugals beten für Salazar und danken ihm.« – »Mit Salazar und der Jungfrau Maria wird Portugal stets groß sein.« Schließlich, in Anspielung auf das asketische Zölibat des Regierungschefs: »Gesegnet sei die fruchtbare Keuschheit Salazars.«

Antiklerikale Leidenschaft schwingt mit, wenn ein Bischof in feuerrotem Ornat mit der Jungfrau von Fatima im Hintergrund das Volk zum Gehorsam vor der weltlichen und kirchlichen Hierarchie aufruft: Gehorsam der Frau vor dem Mann, Gehorsam des Dieners vor dem Lohnherrn, Gehorsam des Schwarzen vor dem Weißen.

Es folgt eine Zirkusszene im Stil Fellinis: ein aufgeputschtes Weib, das die Pseudoverfassung nach Maßgabe des »Estado Novo« darstellt; ein Menschenaffe, der mit der Fistelstimme des verstorbenen Diktators Salazar fromme Platitüden verliest; das geknechtete Volk als trauriger Clown; im Hintergrund die Folterknechte der PIDE. Mit Hilfe der »drei F«, so hört man auf der Bühne, habe er die Portugiesen um ihr politisches Bewußtsein gebracht: mit Hilfe von Fußball, Fatima und Fado.

In der Endszene wird der Krieg in Afrika dargestellt. Ein Kolonialist in Khakihemd und Tropenhelm verkündet: »Angola é nossa!« Eine Sklavenstimme erläutert, daß die Bodenschätze der portugiesischen Kolonien längst internationalen Monopolen verpfändet seien. Doch der Kolonialist proklamiert weiter: »Portugal nao se vende – Portugal wird nicht ausverkauft.« Ein junger portugiesischer Rekrut begegnet dem Aufstand der Schwarzen. Er mäht viele Freiheitskämpfer mit seiner Maschinenpistole nieder. Aber da stehen immer neue afrikanische Nationalisten auf, und der weiße Soldat fällt als sinnloses Opfer der schwarzen Revolution. Als Finale singen Schauspieler und Zuschauer, in begeistertem Chor vereint, den utopischen Vers, der mir bereits aus dem Chile Salvador Allendes vertraut war: »Un povo unido jamas sera vencido – ein geeintes Volk wird nie besiegt werden.« Ein Kind tritt nach vorn mit der roten Nelke der Freiheit in der Hand. In diesen Tagen bewegt sich ganz Portugal in einem romantischen Taumel. Die Hauptstadt am Tajo ist von oben bis unten mit widersprüchlichen politischen Parolen zugeschmiert. Nach einem halben Jahrhundert der Knechtschaft explodiert die freie Meinungsäußerung und versetzt dieses sonst so besonnene, etwas scheue Volk in einen Rausch der Begeisterung. Manches erinnert mich an die Revolte des Quartier Latin im Mai 1968. Aber in Lissabon sind nicht Studenten und Intellektuelle die treibende Kraft, sondern jene Offiziere der Afrika-Armee, die dreizehn Jahre lang die Bürde des aussichtslosen Feldzuges und die Verbohrtheit eines mumifizierten Regimes auf ihren Schultern getragen haben.

Ist es nicht paradox, daß diese Revolution weiterhin durch den ultrakonservativen General de Spinola repräsentiert wird, der noch vor kurzem in Portugiesisch-Guinea mit erstaunlich liberalen Reformen versucht hatte, dem schwarzen Nationalismus den Wind aus den Segeln zu nehmen? Im Hintergrund agiert die kleine, vorzüglich organisierte kommunistische Kaderpartei unter Führung des stahlharten Ideologen Alvaro Cunhal, der elf Jahre in den Kerkern der PIDE schmachtete. Mein alter Bekannter Frank Carlucci, ehemaliger Konsul in Elisabethville, nun zum Botschafter der USA in Lissabon avanciert, hat alle Mühe, Henry Kissinger von der totalen Boykottierung der turbulenten Offizierskomitees am Tajo abzubringen, die zwar rote Nelken schwenken und sich progressiv gebärden, aber mit Moskau nicht viel im Sinn haben.

Uige (früher Carmona), im August 1974

In Luanda haben wir keine Zeit verloren und sind gleich nach Norden aufgebrochen. Die Kaffeeplantage Hasso von K.s liegt in der Nähe jener Stadt Carmona, die ich 1961 als unerwünschter Beobachter aufsuchte. Dieses Mal bin ich mit allen Segnungen des leutseligen Oberkommandos im Fort San Miguel ausgestattet. Über dem Herzland des schwarzen Aufstandes – im Dreieck zwischen Bolongongo und Nambuangongo – lastet weiterhin Unsicherheit. Die portugiesischen Truppen haben seit Ende Juli weisungsgemäß jede Offensiv-Aktivität eingestellt. Jetzt sickern die schwarzen Partisanen in Landstriche ein, die ihnen bislang verriegelt waren. Rein militärisch gesehen, haben die Portugiesen diesen dreizehnjährigen Buschkrieg in keiner Weise verloren. Die Armeeführung Lissabons hat jedoch – ähnlich wie seinerzeit de Gaulle in Algerien – die politische Ausweglosigkeit ihres verbissenen Kraftaktes in Afrika eingesehen.

Hasso von K. gehört zu jenen deutschen Pflanzern, die sich bislang ein portugiesisches Einlenken in Angola nicht vorstellen konnten. Die Welt ist für ihn auf wunderbare Weise heil geblieben. Vermutlich fehlt ihm die intellektuelle Wendigkeit, um sich die dramatischen Konsequenzen der Nelken-Revolution auszumalen. Mit ausgreifenden Schritten, rot verbranntem Gesicht und leicht vorgebeugten Schultern inspiziert er die Weiten seiner Fazenda. Frau und Kinder sind bei ihm geblieben. Nachts verrammelt er sich in einem festungsähnlichen Turm mit Schießscharten und Scheinwerfern. Unser Team bezieht in den komfortablen, aber ungeschützten Gästezimmern Quartier.

In der frühen Morgendämmerung – der Nebel ist eiskalt und dringt bis in die Knochen – sammeln sich die schwarzen Tagelöhner und Saisonarbeiter vor den Lagerschuppen. Sie bieten einen erbarmungswürdigen Anblick, schnattern vor Kälte unter der groben Decke, die sie um die Schultern tragen, nehmen stumpf die Gefäße in die Hand, mit denen sie in die nassen Kaffeestauden entlassen werden, um im Akkord zu pflücken. Die Atmosphäre einer Sklavengesellschaft hat sich hier erhalten. Portugiesische Mittelsmänner, Menschenhändler unserer Tage, haben diese armseligen Lunda-Neger im Süden Angolas für lächerlichen Lohn rekrutiert. Ein Teil des Aufgeldes kassieren ohnehin die Häuptlinge. Die Balunda sind widerwillig in das unsichere Aufstandsgebiet im Norden gekommen, wo sie in feindlicher Umgebung arbeiten. Die ortsansässigen Schwarzen vom Volk der Bakongo sind längst in den Dschungel geflüchtet und rächen sich, wann immer sie können, an den unfreiwilligen Eindringlingen.

Bis zum Umsturz in Lissabon konnte sich Hasso von K. auf den bewaffneten Schutz und die Funkverbindung verlassen, die ihm die Rotte der »Voluntarios«, kaum fünf Kilometer von seiner Plantage entfernt, gewährte. Diese freiwillige Miliztruppe, auch »Guardia rural« genannt, setzt sich zum Teil aus Söldnern zusammen, Weiße, Braune und Schwarze gemischt. Ich suche sie in ihrem befestigten Lager, ihren verschmutzten Baracken auf. Die Typen würden einem Italo-Western alle Ehre machen. Sie stehen den jüngsten Ereignissen ratlos gegenüber. Ihr buntgescecktes Gemeinschaftsleben bietet ein trügerisches Bild rassischer Verbrüderung. Die »Voluntarios« sind viel grausamer gegen die Rebellen vorgegangen als die reguläre Truppe, die mit Dégoût auf diese verwilderten, waffenstarrenden Zivilisten herabblickt. Jetzt hoffen die Männer der »Guardia rural«, daß sich die 400 000 Weißen Angolas vielleicht doch noch verzweifelt gegen die »Kapitulationspolitik« Lissabons aufbäumen werden, ähnlich wie das die Portugiesen von Mosambik bereits vergeblich geprobt haben. Die »Voluntarios« träumen wohl davon, aus Angola ein zweites Rhodesien zu machen, wo ihnen Ian Smith – zur Wahrung der »white supremacy« – die Auflehnung gegen das Mutterland vorexerziert hat. Noch sind sie nicht demoralisiert genug, um widerspruchslos die portugiesische Fahne einzuholen und sich der Unvermeidlichkeit der schwarzen »Independencia« zu beugen.

Anders die portugiesische Armee. Die Wehrpflichtigen aus dem Mutterland dienen gemeinsam mit Afrikanern in gemischten Einheiten. Bei ihnen klingt das Propagandaplakat »Angola, meu amor – Angola, meine Liebe« wie bitterer Hohn. Die weißen Soldaten langweilen sich, zählen die Tage bis zur Heimkehr und Entlassung. Sie sind nicht mehr bereit, ihr Leben für die Sicherheit der wohlhabenden europäischen Pflanzer zu riskieren.

Am Nachmittag kommen unverhoffte Besucher zu Hasso von K. auf die Fazenda. Diese bewaffneten Schwarzen aus dem Busch haben sich mit portugiesischen Uniformstücken kostümiert. Sie sind Partisanen der »Nationalen Befreiungsfront von Angola«. »Frente Nacional de Libertaçao de Angola« (FNLA), so lautet die Nachfolgeorganisation der UPA Holden Robertos, in der sich weiterhin die Bakongo sammeln. Seit die Portugiesen nicht mehr kämpfen, suchen die Guerilleros die europäischen Kaffeepflanzer auf, versprechen ihnen Schutz und versichern sogar, im Angola von morgen sei brüderlicher Platz für Schwarze, Weiße und Mulatten. Nebenbei treiben sie bei den Fazenderos und ihren Verwaltern Abgaben in Naturalien oder in bar ein. Sie wirken lächerlich, diese paar Buschkrieger. Der Anführer ist mit einer alten Sten-Maschinenpistole bewaffnet. Zwei Kinder begleiten ihn. Sie spielen Soldat. Das Grüppchen bekennt sich zu Holden Roberto, der weiterhin in seinem Hauptquartier von Kinshasa verharrt. Während die Sendboten der Befreiungsarmee auf der Pflanzung palavern und sich leutselig geben, stehen ihre Gefährten im nahen Dickicht im Anschlag.

Luanda, im August 1974

In den Offizierskasinos von Luanda geht es hoch her. Die portugiesische Armee ist auf ihre plötzliche Machtergreifung schlecht vorbereitet. In Angola ist eine links-extreme Fraktion zum Zuge gekommen, deren Junta-Chef, Rosa Coutinho, ein hemdsärmeliger Yul-Brynner-Typ mit kahlgeschorenem Schädel, eben vom Fregattenkapitän zum Admiral befördert wurde. Aus Lissabon ist ein junger Major als bevollmächtigter Emissär des »Movimento das Forzas Armadas« in die afrikanische »Provinz« entsandt worden. Er umarmt Rosa Coutinho mit dem landesüblichen »Abraço«. Hinter der zur Schau gestellten Euphorie verbergen sich erbitterte Feindschaften und die Sorge um die Zukunft.

Die Afrikaner waren unmittelbar nach der Nelken-Revolution vom 25. April in Luanda auf die Straße gegangen. Anhänger von MPLA und FNLA veranstalteten getrennte Jubelfeiern. Doch die Armee hat erst einmal die Ordnung wieder hergestellt und die brodelnden Eingeborenenviertel, die Musseques, unter Kontrolle gebracht. Es kam zu heftigen Auseinandersetzungen, wenn die patrouillierenden Soldaten aus dem Mutterland von den Schwarzen nach der Berechtigung ihres bewaffneten Eingreifens gefragt wurden, wo Lissabon doch ein offizielles Unabhängigkeitsversprechen gegeben hatte. Die wirkliche Tragödie beginnt nachts in den Musseques, wenn weiße Rechtsextremisten der FRA, einer bewaffneten »Widerstandsbewegung«, im Verbund mit Todesschwadronen der Polizei Jagd auf die einheimischen Nationalisten machen. Bei Tage spielen hier die Kinder unter den Parolen und Wandmalereien der Unabhängigkeit. Nach Einbruch der Dunkelheit feuert die Armee ohne Warnung auf alle verdächtigen Schwarzen, obwohl keine Ausgangssperre verhängt ist. Die wenigen Weißen, die unter kümmerlichen, fast afrikanischen Bedingungen in den Musseques wohnen, bangen ihrerseits um ihr Leben. Fast alle portugiesischen »Lojas«, die Läden der Trödler und Wucherer, die bei den Eingeborenen besonders verhaßt sind, wurden niedergebrannt.

Die weiße Untergrundorganisation FRA, die an die OAS der Algier-Franzosen anknüpft, beschuldigt die linken Offiziere, Angola dem Weltkommunismus auszuliefern. »Raus mit Admiral Coutinho! In Angola ist kein Platz für Verräter!« lesen wir auf dem Sockel des bombastischen Kriegerdenkmals im Stadtzentrum. Die Bandenkämpfe haben sich so verschärft, daß viele Schwarze aus den Musseques zum Bahnhof rennen und dort die wenigen ausfahrenden Züge belagern. Sie strömen in die Gegenden Mittel- und Süd-Angolas zurück, aus denen sie stammen, und streuen auch dort die Saat der Revolution.

Im südwestlichen Hochland – bei den Stämmen der Ovimbundu und Balunda – profiliert sich unterdessen ein Partisanenführer bemerkenswerten Formats. Bisher war Jonas Savimbi, Führer der Unita – das heißt, der »Union für die totale Unabhängigkeit Angolas« –, nur den Experten bekannt gewesen. Seine tödlichen Rivalen, die Propagandisten der marxistisch gefärbten MPLA, werfen Savimbi vor, er habe sich als Guerilla-Kommandant mit den »Flechas«, den schwarzen Spezial-Kommandos der Portugiesen, auf stillschweigende Koexistenz, auf einen Modus vivendi eingelassen. Aber die portugiesischen Militär wissen, daß die Unita in den letzten Monaten des Buschkrieges ihr gefährlichster, ungreifbarer Gegner war.

Die weißen Extremisten der »bewaffneten Widerstandsfront« klammern sich an die Illusion, Savimbi könne – trotz seiner Militärausbildung in Rot-China – die Rolle eines »angolanischen Tshombe« spielen und die wertvolle Südregion für sie abspalten. Die nach Luanda geflüchteten Siedler haben sich zu Protestmärschen formiert und lassen Jonas Savimbi hochleben. Sie sind bis zum Fort San Miguel gezogen und in den Palast des Gouverneurs eingedrungen, wo jetzt Rosa Coutinho amtiert. Im Sitzungssaal ist der Admiral in voller Uniform den weißen Aufrührern entgegengetreten, eiskalt, mit schneidender Verachtung. Er ist auf einen Schreibtisch gesprungen und hat die schäumenden Extremisten zur Ordnung gerufen, ja, er hat sie beschimpft. Statt den »roten« Coutinho aus dem Fenster zu stürzen, haben die wilden Männer der FRA klein beigegeben und sind davongezogen wie geprügelte Hunde.

Über Vertrauensleute ist es uns gelungen, eine Kaderversammlung afrikanischer Nationalisten in den Musseques zu filmen. An der Wand hängen die gelb-weiß-roten und die schwarz-roten Fahnen der beiden großen Unabhängigkeitsbewegungen FNLA und MPLA. Eine Koalition zwischen diesen sich bekämpfenden Parteien soll in letzter Stunde realisiert werden. Aber die Versöhnung will nicht gelingen. Zu viel Blut ist geflossen. Zu viel Verrat wurde verübt. Die Portugiesen wissen tatsächlich nicht, welchem schwarzen Lager sie die Schlüssel zur Unabhängigkeit aushändigen sollen.

Die MPLA gilt mehr denn je als marxistische, pro-sowjetische Bewegung. In ihrer Führung befinden sich weiterhin zahlreiche Mulatten und jene wenigen schwarzen Intellektuellen, die sich der portugiesischen Zivilisation anpassen durften und als »Assimilados« anerkannt wurden. An ihrer Spitze steht seit einigen Jahren der Arzt Agostinho Neto. Kein Wunder, daß die portugiesische Offiziers-Junta diese Männer begünstigt, die auch nach der »Independencia« eine gewisse Gewähr für den Bestand eines großen lusitanischen Kultur- und Interessenraums in Afrika bieten. Das fällt ihnen um so leichter, als die MPLA bislang im wesentlichen eine Exilorganisation war, im Buschkrieg stets den kürzeren zog und nur im Dembos-Gebirge nordöstlich von Luanda einen nennenswerten Maquis aufziehen konnte.

Die FNLA hingegen, die alte UPA des Rebellenführers Holden Roberto, präsentiert sich weiterhin als finsterer Zusammenschluß afrikanischer Stammeskrieger. Sie rekrutiert ihre Gefolgsleute ausschließlich beim Volk der Bakongo. Manche Kader der FNLA, die in der nahen Republik Zaire von Präsident Mobutu systematisch unterstützt werden, huldigen neuerdings – so gut sie können – dem Gedankengut Mao Zedongs. Chinesische Ausbilder wurden bei ihnen gesichtet.

In der Musseque-Hütte von Luanda schlägt die Verbrüderungsszene der künftigen Bürgerkriegsparteien nach kurzem Palaver in offene Feindschaft um. Ein bulliger Guerilla-Führer der FNLA schiebt die dialektischen Argumente der bebrillten Agitatoren der MPLA mit drohender Gebärde beiseite. Er beschimpft die portugiesisch geprägten Marxisten als Neo-Kolonialisten. »Wir müssen zu unseren afrikanischen Wurzeln zurückkehren und beim Aufbau unserer Wirtschaft von Null ausgehen«, dröhnt er; »wir müssen handeln wie Mao Zedong: aus eigener Kraft!«

Cabinda, im August 1974

Die Exklave von Cabinda ist nach dem Berliner Kongreß nur per Zufall dem portugiesischen Kolonialreich zugeschlagen worden.

Durch einen schmalen Küstenstreifen des ehemals Belgischen Kongo ist dieser Zipfel zwischen Atlantik, Kongo-Mündung und Mayombe-Urwald vom eigentlichen Angola getrennt. Sowohl die Republik Zaire des General Mobutu als auch die marxistisch-leninistische Volksrepublik von Kongo-Brazzaville haben ein begehrliches Auge auf dieses winzige, aber reiche Territorium geworfen. Als wir in Cabinda landeten, wurden wir von Sprechern einer örtlichen Befreiungsbewegung, FLEC genannt, über den historischen Anspruch Cabindas auf gesonderte staatliche Existenz aufgeklärt. Aber schon hatte die »Organisation für Afrikanische Einheit« zu verstehen gegeben, daß sie auch in diesem Fall auf strikte Respektierung des ererbten kolonialen Besitzstandes wachen würde.

Cabinda verspricht ein giftiger Zankapfel zu werden. Auf dem vorgelagerten Festlandsockel beutet die amerikanische Gulf Oil ergiebige Petroleum-Vorkommen aus. Die Förderanlagen werden bis auf weiteres von der portugiesischen Armee strengstens bewacht. Nach mühsamer Fahrt gelangten wir zum letzten portugiesischen Außenposten im Grenzgebiet des Kongo-Brazzaville. Das hochgewölbte Laubdach des Mayombe verdunkelte den Himmel. Wir fühlten uns von den kolossalen Baumstämmen, vom äquatorialen Dickicht erdrückt. Ein langer portugiesischer Hauptmann mit schütterem Bart, mit traurigen, malariagelben Augen – ein lusitanischer Don Quijote – bewirtete uns im Kartenraum.

»Es wird Zeit, daß wir abrücken«, sagte der Hauptmann und legte eine krächzende Schallplatte mit dem schwermütigen »Fado Pinoya« auf. »Demnächst massakrieren die Schwarzen von Angola sich untereinander ohne unser Zutun. Unser Abschied wird keinen Dichter vom Rang eines Luis de Camões inspirieren. Die Zukunft Portugals liegt nicht mehr in Afrika, sondern in Europa.« Wieder einmal – wie so oft in meinem Reporter-Leben – wurde ich Zeuge einer Flaggeneinholung, einer Abdankung europäischer Macht, empfand ich mich als Gefährte des Rückzugs.

Diamanten, Blut und Öl

Luanda, im Februar 2001

Ein Vierteljahrhundert ist seitdem vergangen – genau gesagt 27 Jahre. Und da sitze ich im neuerbauten »Hotel Méridien« und blicke auf das große Hafenportal, hinter dem einst die portugiesischen Soldaten zu den Klängen »Angola é nossa« an Land gingen. Zur Linken erstreckt sich die Küstenfront, die »Marginal«. Deren Repräsentationsbauten sind verwahrlost, aber insgesamt erhalten geblieben. Nur die »Banco de Angola« mit ihrer lusitanischen Ornamentik wurde in Rosa und Weiß neu gestrichen. Die emsige Geschäftigkeit von einst, die mediterrane Atmosphäre der Straßencafés gehören der Vergangenheit an. Dennoch ist Luanda alles andere als eine erloschene Metropole. Der Kontrast zur tragischen Vereinsamung, zur Todesstimmung in den Ortschaften des Binnenlandes könnte größer nicht sein. Die Straßen strotzen von afrikanischem Leben, quellen über mit ihrer Bevölkerung von fünf Millionen Menschen – zehnmal mehr als am Unabhängigkeitstag. Der hupende Blechstrom der Autokolonnen will nicht abreißen und staut sich in den Umgehungsgassen.

Aber der Charme ist verlorengegangen. Ich habe den Fahrer Pedro, der sich irgendwann zur ideologischen Schulung in der DDR aufgehalten hatte und recht gut deutsch spricht, zu einem nostalgischen Ausflug aufgefordert. Unser Ziel ist das Gefängnis São Paulo, wo mich die portugiesische PIDE einst für eine Nacht eingesperrt hatte. Aber das Festungsgebäude, das mir damals recht bedrohlich vorkam, erscheint jetzt fast banal. Das liegt vielleicht an den häßlichen Plattenbauten, die von kubanischen Architekten im Umkreis aufgezogen wurden und die Wachtürme von São Paulo überragen. Vor allem aber ist die Verharmlosung dieses Zuchthauses, wo auch heute noch gefoltert wird, auf den frischen Anstrich ganz in Rosa zurückzuführen. Ich muß an die Hutu-Sträflinge in Ruanda denken, die »Flamingos«, deren rosa Häftlingstracht ähnlich irreführend wirkte. Nur das riesige, rostige Eisentor, das den Zugang zur Festung versperrt, flößt böse Ahnungen ein.

Die geschmackvollen alten portugiesischen Villen – mit Kachel-Ornamenten rundum geschmückt – sind zwar nicht verschwunden, aber sie sind gegen Plünderung und Gewalt hinter Drahtverhauen und Betonmauern versteckt. Sobald man das ehemalige Kolonial-Zentrum verläßt, beginnt die Elendswelt der Musseques, wo die entwurzelte Landbevölkerung ihre armseligen Quartiere mit zahllosen Ratten teilt und dazu verurteilt ist, fast wie diese Nagetiere zu leben. Dort häufen sich Müll und Kot. Insgesamt gesehen, gilt jedoch nicht mehr die Feststellung eines amerikanischen Reporters, die erst vor einem Jahr im »New Yorker« zu lesen war: »Luanda's own special aroma, without a doubt, is the stench of shit – das spezielle Aroma Luandas ist ohne Zweifel der Gestank von Scheiße.« Wie die Behörden es fertiggebracht haben, in diesem Phantom-Staat, wo die Rebellen einen engen Ring um die Metropole geschlossen haben, eine halbwegs funktionierende Müllabfuhr zu organisieren, ist kaum zu erklären. Aber die Berge aus Kehricht, Exkrementen und Fäulnis jeder Art, die unter der tropischen Hitze dampften, sind aus dem Stadtkern abgeräumt worden.

Unser Kameramann Florian ist Deutsch-Brasilianer, und er blüht in Angola geradezu auf. Er fühlt sich zu Hause. Tatsächlich mutet hier so manches brasilianisch an. Ein Zufall ist es nicht, denn die unzähligen Sklaven, die den portugiesischen Kolonialbesitz in Südamerika durch ihre Arbeitskraft profitabel machen sollten, stammten zum größten Teil aus Angola. Eine gewisse Wechselwirkung ist wohl erhalten geblieben. Es war eine portugiesische Flotte aus Recife im heutigen Brasilien, die Luanda für Portugal im 17. Jahrhundert zurückeroberte, nachdem sich die Holländer dort vorübergehend festgesetzt hatten. An Brasilien erinnert auch die große Anzahl von Mulatten, die sich unentbehrlich gemacht haben und – oft in führender Position – voll integriert scheinen. »Gott schuf den Weißen und den Schwarzen«, heißt es seit langem in Afrika; »den Mulatten schuf der Portugiese.« Wie in Rio de Janeiro oder in São Paulo fällt auch die extrem freizügige Kleidung der meisten jungen Frauen auf, die die schwarzen Schenkel, den Bauch und die Schultern in oft provozierender Weise entblößt tragen.

Gar nicht weit von meinem ehemaligen Gefängnis habe ich mich in der Pfarrei Saõ Domingo mit dem Franziskaner-Pater Amadeu verabredet. Ich treffe einen entspannten, heiteren Mönch an. »Es geht wieder bergauf mit der katholischen Kirche in Angola«, stellt er zufrieden fest. »Sehen Sie sich nur um. Das Priester-Seminar nebenan war durch die Kommunisten der MPLA, die nach der Unabhängigkeit die Macht an sich rissen, in eine marxistische Kaderanstalt, unsere Schule in ein Trainingslager für ›Junge Pioniere‹ umgewandelt worden. Alle ausländischen Missionare wurden aus dem Land gejagt. Heute hat sich alles zum Guten gewendet. Seit Präsident dos Santos nach dem Zusammenbruch der Sowjetunion und dem Abzug seiner kubanischen Schutzherren der atheistischen Ideologie abgeschworen hat und sich – um den Amerikanern zu gefallen – zur kapitalistischen Marktwirtschaft bekehrte, wurden uns unsere Erziehungsstätten zurückgegeben. Viele hohe Parteifunktionäre der MPLA geben sich wieder als praktizierende Katholiken zu erkennen. Die Kirchen sind voll. Bei besonderen Staatsakten wohnt sogar der Präsident in der Kathedrale dem Gottesdienst bei.« Während der kommunistischen Zwangsherrschaft, die immerhin von 1975 bis 1990 dauerte, hatten sich die russischen »Politruks«, die recht zahlreich in Luanda vertreten waren, gegenüber den verbliebenen schwarzen Priestern recht tolerant gezeigt. Die verbohrten Ideologen Fidel Castros hingegen seien extrem schikanös gewesen.

Ich versuche von Padre Amadeu zu erfahren, warum die Christianisierung der Eingeborenen in den afrikanischen Kolonien Portugals weit weniger konsequent betrieben worden sei als in den Besitzungen der spanischen Krone. Immerhin war diese Küstengegend bereits von den kühnen Schiffskapitänen Heinrichs des Seefahrers entdeckt und die Bucht von Luanda im Jahr 1576 als lusitanischer Stützpunkt ausgebaut worden. Es hatte die ganze Dummheit der burischen Kalvinisten Südafrikas dazu gehört, dieses kleine Volk von Weltentdeckern und genialen Navigatoren, die als erste das Kap der Guten Hoffnung umsegelt hatten, als »See-Kaffern« zu beschimpfen.

Aber eine große koloniale Leistung hatte Lissabon in den 500 Jahren seiner Präsenz nicht erbracht. Die portugiesische Herrschaft blieb im wesentlichen auf die Küstengegend beschränkt. Von dort aus – von Luanda und Benguela – verhandelte man mit den »Königen«, den Häuptlingen der großen Stämme des Innern, die aus Gewinngier geradezu erpicht darauf waren, bei ihren verfeindeten schwarzen Nachbarn Gefangene zu machen, ja notfalls auch ihre eigenen Stammes-Untertanen an die europäischen Menschenhändler als Sklaven zu verkaufen. Diese Art des »indirect rule« war sehr viel bequemer als eine formelle Inbesitznahme und Verwaltung weiter, wilder Landstriche. Bis Mitte des 19. Jahrhunderts – dann setzte sich in Europa die Kampagne gegen diese grauenvolle Verschleppung ganzer Völkerschaften endlich durch – sind schätzungsweise Millionen von Sklaven in die Neue Welt verfrachtet worden.

Erst als der Berliner Kongreß 1885 die Aufteilung des Schwarzen Erdteils unter den europäischen Mächten verfügte, sah sich Lissabon veranlaßt, zur Wahrung seines Besitzstandes portugiesische Kolonisten – vorzugsweise ehemalige Sträflinge – ins Landesinnere zu schicken. Danach schoß jedoch die Zahl der weißen Siedler sprunghaft in die Höhe. 1900 waren es weniger als 10 000; der Kaffeeboom nach dem Zweiten Weltkrieg führte zu einer massiven Zuwanderung, und in den letzten Jahrzehnten vor der Unabhängigkeit war der europäische Bevölkerungsanteil fast auf 400 000 geklettert, überwiegend verarmtes Landvolk aus den Elendsregionen des Mutterlandes, Analphabeten, denen das strenge Regime Oliveira de Salazars in Afrika eine Chance bescheidenen Wohlstands bot und vor allem den Auftrag erteilte, die lusitanische Präsenz in dieser »Überseeprovinz« zu konsolidieren. Lang hat diese Euphorie nicht gedauert. Die Proklamation der angolanischen Unabhängigkeit und, mehr noch, der sofort einsetzende grausame Bürgerkrieg zwischen MPLA, FNLA und Unita lösten eine panikähnliche Fluchtwelle aus. Die Masse der Kolonisten strömte in die iberische Metropole zurück. An Ort und Stelle harrte lediglich eine Anzahl portugiesischer Marxisten aus und der beachtliche Bevölkerungsanteil der »Mestiços«, wie hier die Mulatten genannt werden.

Ich hatte mich um ein Gespräch mit Holden Roberto, dem Führer des ersten bewaffneten Widerstandes bemüht, den ich aus früheren Jahren recht gut kannte. Aber der Gründer der »Union der Bevölkerung Angolas« UPA ist heute als alter, gebrochener Mann an sein Bett gefesselt. Seit dem ersten Überschwang der Independencia war es mit seinen Guerilleros schnell bergab gegangen. 1975 hatte er noch gehofft, mit Hilfe der massiven Militärhilfe des Kongo-Potentaten Mobutu die Hauptstadt Luanda im Handstreich einzunehmen. Aber plötzlich und unerwartet stießen seine Buschkrieger auf die professionelle Gegenwehr der in Eile eingeflogenen Kubaner.

Neben dem Kraftprotz Savimbi machte der fast schüchtern wirkende Rebellenführer Holden Roberto eine schwache Figur und war auf Dauer für die MPLA kein ernstzunehmender Gegner. Am Ende hat Roberto sogar seinen Frieden mit dem jetzigen angolanischen Staatschef dos Santos geschlossen, und die paar Abgeordneten seiner »Befreiungsfront« bilden eine kleine gefügige Fraktion im Parlament von Luanda. In dem letzten Interview, das er dem New Yorker Korrespondenten John Lee Anderson vor Jahresfrist gewährte, beklagte sich dieser ehemalige Missionshelfer amerikanischer Baptisten nicht so sehr über die brutale Einmischung von Sowjets und Kubanern, sondern über den Verrat der USA. »Warum haben die Amerikaner nicht wirklich den Dialog zur Beendigung des Bürgerkrieges begünstigt?« hatte er gefragt; »die einzige Erklärung heißt Öl. Was ist mit den Amerikanern vorgegangen? Heute gilt bei ihnen nur noch das Business.«

Petroleum ist Trumpf in Angola. Natürlich gibt es auch eine staatliche Erdölgesellschaft Sonangol, deren Gebäude eindrucksvoller ist als die US-Botschaft von Luanda. Diese ist seltsamerweise – auf einem großen, stark geschützten Terrain – lediglich in Containern untergebracht, so als halte man sich dort jeden Augenblick bereit, die Zelte abzubrechen und die gesamte Einrichtung auf Schiffe zu verladen. Die wirkliche Kommandozentrale befindet sich in dem wuchtigen Gebäude, das die Firma Chevron in der Avenida Lenin errichten ließ, nicht weit entfernt von einem großen Internet-Café, eine Installation, die man hier am wenigsten erwartet hätte. Aber viele Afrikaner legen eine spontane, spielerische Begabung für komplizierte Computer-Manipulationen an den Tag.

Immer wieder habe ich mich nach den Beziehungen der Angolaner zu ihren amerikanischen Protektoren erkundigt, die inzwischen sechs Prozent ihres gesamten Erdölbedarfs aus der sich rasant ausweitenden angolanischen Produktion decken, was der Republik von Luanda den Namen »Chevron-Land« eingebracht hat. Die Reaktion ist meist zurückhaltend. Ob nicht das ebenfalls portugiesisch sprechende, ethnisch und kulturell verwandte Brasilien der große Partner der Zukunft sein könnte, forschte ich weiter, aber auch da war die Antwort zögerlich. Und dann kam die große Überraschung. Unsere engste Bindung und Sympathie gehört weiterhin den Portugiesen, so habe ich häufig vernommen. Die offiziellen Militär-Berater aus Lissabon, die man häufig antrifft, sind beliebter als ihre Kollegen aus Rußland, USA oder Israel. Die »Avenida Marx« wurde bezeichnenderweise in »Avenida Portugal« umbenannt.

Personenkult wird in Luanda nicht betrieben, und das soll positiv vermerkt werden. Dem Präsidenten Eduardo dos Santos wurde kein Denkmal gesetzt. Allenfalls dem Vorgänger und Gründer der MPLA, dem Arzt Agostinho Neto, wird mit einer bescheidenen Bronzebüste gehuldigt. Neto, dem ich einst in seinem Zufluchtsort Brazzaville begegnet war, gehörte zu den angolanischen »Assimilados«, hatte wohl auch portugiesisches Blut geerbt. Der dogmatische Marxist, der sich mit Hilfe Moskaus und Havannas als erster Staatschef des unabhängigen Angola durchsetzen konnte, ist 1979 bereits ums Leben gekommen, als er sich zu einer Tumor-Behandlung in der Sowjetunion befand. Seitdem sind die Gerüchte nicht verstummt, dieser unbequem gewordene Idealist sei dort keines natürlichen Todes gestorben. Auf seinen Nachfolger Eduardo dos Santos hingegen glaubte der Kreml sich hundertprozentig verlassen zu können. In Baku am Kaspischen

Meer war er als Erdölingenieur ausgebildet worden und hatte später in Luanda als Minister amtiert. Einen wirklichen Anhang besaß der stets elegant gekleidete, hochgewachsene Emporkömmling jedoch nicht, und die Tatsache, daß er von der ehemals portugiesischen Insel Saō Tome im Golf von Guinea stammt, macht ihn in Angola auch nicht populärer.

*

Meinen interessantesten Gesprächspartner treffe ich in einem stattlichen Verwaltungsbau aus der Kolonialzeit, im nationalen Hauptquartier der Regierungspartei MPLA. Paulo Texeira Jorge ist mehrere Jahre lang erster Außenminister Angolas gewesen. Jetzt ist er als einer der höchsten Funktionäre der MPLA für die internationalen Beziehungen der Partei zuständig. Der kahlköpfige, lebhafte Mann wirkt auf den ersten Blick wie ein Europäer. Nur bei näherem Zusehen merkt man, daß es sich um einen hellhäutigen »Mestiço« handelt. Er spricht perfekt französisch und hat lange in Paris studiert. Seine Familie kommt aus Benguela. In seiner Argumentation merkt man ihm die Schulung des Quartier Latin an, und schon bald gibt er zu erkennen, daß ihm der politische Opportunismus des jetzigen Regimes, die abrupte Kehrtwendung Eduardo dos Santos vom linientreuen Marxismus-Leninismus zu den amerikanisch diktierten Vorgaben von »Demokratie und Marktwirtschaft« nicht sonderlich behagt. Texeira Jorge traut den USA auch heute noch nicht über den Weg.

Washington hatte sich nach Ende des Kalten Krieges zwischen Ost und West bis 1993 Zeit gelassen, die MPLA-Regierung von Luanda anzuerkennen. Ein Waffenstillstand zwischen dos Santos und Jonas Savimbi, der unter internationalem Druck verwirklicht wurde, sollte im September 1992 nach Abhaltung freier Wahlen endgültig die internen Feindschaften beenden. Aber bei der Urnen-Auszählung geriet Jonas Savimbi in die Minderheit, was er als Wahlbetrug betrachtete. Sein Argwohn mochte berechtigt sein, denn welche UN-Überwachungskommission war schon in der Lage, die Abstimmung in den unruhigen, teilweise gar nicht zugänglichen Provinzen ernsthaft zu prüfen. Der Stimmzettel-Fetischismus des Westens mußte der ungebildeten Bevölkerung ohnehin als eine Anleitung zum Betrug erscheinen. Alle späteren Versuche Washingtons, doch noch eine nationale Versöhnung zu erzwingen, die beiden feindlichen Armeen von MPLA und Unita sogar in einer einheitlichen Streitmacht zu verschmelzen, scheiterten kläglich. Die paar hundert Blauhelme der UNO, die sich als Vermittler betätigen sollten, traten überstürzt den Rückzug aus diesem Hexenkessel an, als die Kämpfe mit verdoppelter Intensität wieder ausbrachen.

Doch dieses Mal hatten sich die Gewichte endgültig verschoben. Hatte Präsident Reagan noch die Unita Jonas Savimbis als verläßlichen Alliierten in der weltweiten Eindämmung des Kommunismus geschätzt und mit jährlichen Subventionen in Höhe von 50 Millionen Dollar unterstützt, brauchte Bill Clinton auf Russen und Kubaner keine Rücksicht mehr zu nehmen. Seine Administration vollzog einen radikalen Frontwechsel. Ähnlich wie sein Vorbild John F. Kennedy besaß Clinton nicht den geringsten Sinn für Loyalität gegenüber früheren Verbündeten. Zudem paßte Eduardo dos Santos als abtrünniger Marxist recht gut in jene Serie von »Clinton-Boys«, denen das Weiße Haus die »Demokratisierung« des Schwarzen Erdteils auftragen wollte.

Jonas Savimbi, der vorübergehend – zwischen 1992 und 1994 – mit seinen Partisanen den größten Teil Angolas und auch die Mehrzahl der Provinz-Hauptstädte okkupiert hatte, sah sich plötzlich mit einer massiven Offensive der Regierungstruppen des Präsidenten dos Santos konfrontiert. Die waren in der Zwischenzeit von Militärinstrukteuren aus aller Welt – vornehmlich auch aus USA – im Umgang mit schweren Waffen geschult worden, verfügten über hunderte sowjetischer Panzer vom Typ T 54 und T 55 sowie über starke Artillerie. Zusätzlich wurden ihnen durch Vermittlung des Pentagons russische oder ukrainische Kampfflugzeuge und Hubschrauber geliefert, die von ex-sowjetischen Piloten geflogen wurden.

Daß Savimbi mitsamt seiner Unita diesen Ansturm überhaupt überleben konnte, verdankte er dem Umstand, daß ihm von di-

1 Der Kongo bei Kisangani im »Herz der Finsternis«.

2 Diamanten-Ankäufer: die Aasgeier des Krieges.
3 Paul Kagame, der neue »Mwami« von Ruanda.

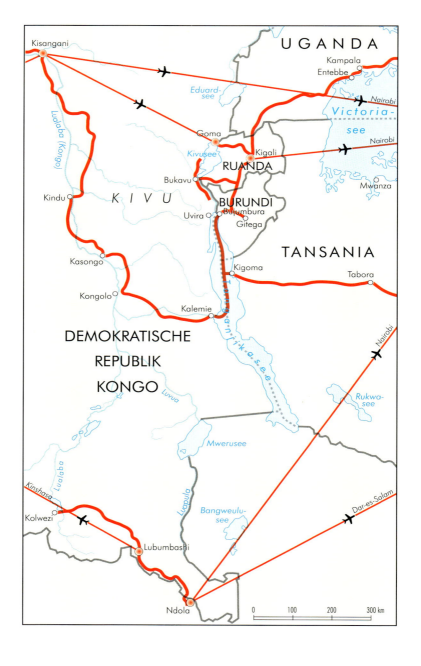

5 »the horror! the horror«.

6 Flüchtlinge sind Massenware.
7 Fremdenlegionäre und UNO-Blauhelme, hilflos am Rande des Völkermordes.

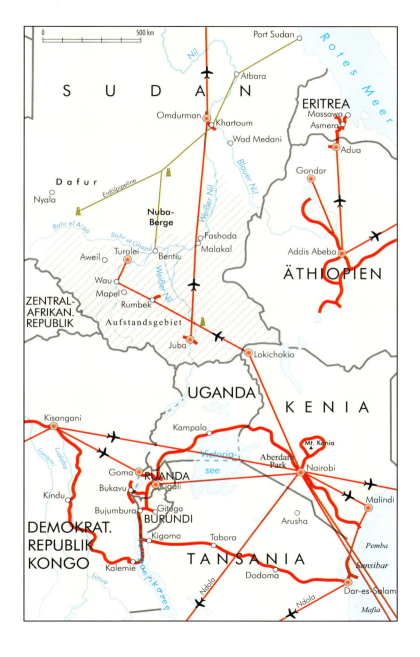

9 Der Autor mit dem Oberbefehlshaber und dem Gouverneur von Bahr-el-Ghazal.
10 Der Bräutigam am »Baum der lachenden Frauen«.

11 Jonas Savimbi, Robin Hood oder Kriegsverbrecher?

12 Petroleum-Bohrung…

13 … und Diamanten-Abbau – der Fluch Angolas.

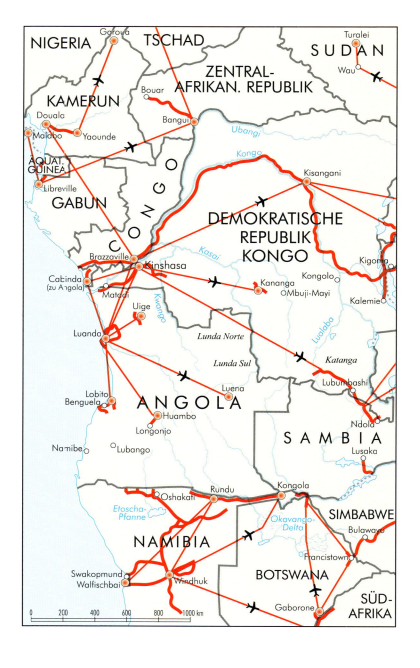

15 Auch das Christentum ist in Afrika gescheitert.
16 Wer redet in Longonjo noch von Karl Marx?

17 Das Martyrium Patrice Lumumbas, des »wahren Sohns Afrikas«.

18 Marschall Mobutu, der »große Leopard«, auf dem Gipfel seiner Macht.

19 Der böse Dämon des ermordeten »Weisen« Laurent Kabila.
20 Der Usurpator Joseph Kabila jr., umringt von seinen »Paten«: Präsident dos Santos von Angola (links), Präsident Mugabe von Simbabwe.

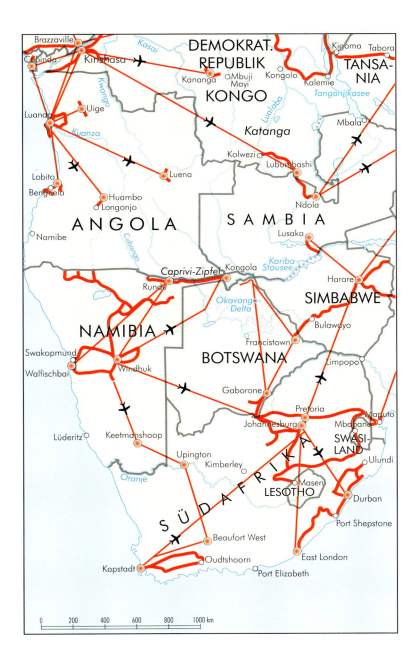

21 Kinder-Soldaten, die schrecklichste Plage des Schwarzen Erdteils.

23 Der Autor mit Sam Nujoma, dem Staatschef von Namibia.
24 »Verschont die Zivilisten!« Eine Wandmalerei auf Providence Island, Liberia..

25 An Rekruten für das »Schlachthaus« herrscht kein Mangel.
26 Der afrikanische Petersdom von Yamoussoukro, Elfenbeinküste.

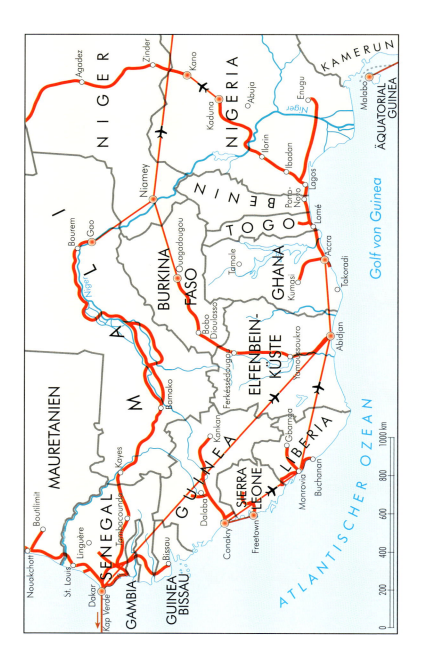

28 Die »West Side Boys« von Freetown im Drogenrausch.
29 Liberia, Sierra Leone, Ruanda – und welches Land ist morgen an der Reihe?

30 Mahnmal zur Umkehr oder Wegweiser in die Zukunft Afrikas?

versen Seiten – dazu gehörte der französische Staatschef François Mitterrand und der Kongo-Diktator Mobutu – diskrete Assistenz zuteil wurde. Zudem verfügte er ja in diversen Provinzen über reichhaltige Diamantenvorkommen, um seinen Widerstand zu finanzieren. Ihm standen die Erträge der individuellen Edelsteinsucher, der sogenannten »Garimpeiros« zur Verfügung, die bei der Durchsuchung von Flußbetten oft erfolgreicher waren als die großen Minen-Gesellschaften. Die Gewinne der Unita aus dem Rohdiamanten-Geschäft wurden im Jahr 1999 auf etwa 300 Millionen US-Dollar evaluiert, was einer Quantität von 1,2 Millionen Karat entspräche.

Der erfahrene Guerilla-Kommandant Savimbi erlag nicht der Versuchung, die massive Überlegenheit Luandas in offener Feldschlacht herauszufordern. Er zog sich – seiner maoistischen Ausbildung getreu – aufs offene Land zurück, lieferte hinhaltende Gefechte. Er brachte es mit seiner bewaffneten Gefolgschaft von etwa 45 000 hochmotivierten und kriegserfahrenen Freischärlern fertig, die Regierungsarmee, die auf 90 000 Soldaten geschätzt wird, in die Defensive zu drängen und in ihren Bollwerken zu belagern. Jonas Savimbi war in den Augen der angolanischen Stammesgesellschaft zur Verkörperung jener alt-afrikanischen Dämonenkräfte geworden, die im Busch, in der Wildnis ihre kriegerische »force vitale« zurückgewinnen. Er profilierte sich als Interessenvertreter der bodenständigen Bantu-Bevölkerung gegen die ihrem afrikanischen Ursprung entfremdeten Städter, die – von der Mbundu-Ethnie abgesehen – ihre Anweisungen von Mulatten oder Mestiços entgegennahmen.

Paulo Texeira Jorge macht sich nicht die geringsten Illusionen über die Wertschätzung, die seine ehemals marxistische Kaderpartei nun plötzlich bei den Amerikanern genießt. Die großen Öl-Multis haben das Kalkül gemacht, daß eine in Luanda und Benguela stark positionierte Regierung eher in der Lage ist, über die immensen Off-shore-Vorkommen längs der Atlantischen Küste zu verfügen als die im Hinterland operierenden Partisanenverbände der Unita. Der UN-Botschafter der USA Richard Holbrooke, der schon auf dem Balkan durch seine hemdsärmeligen

Initiativen einen zweifelhaften Ruhm erworben hatte, forderte nunmehr die Vereinten Nationen zu Sanktionen gegen den langjährigen US-Vertrauensmann Savimbi auf. Die damalige Unterstaatssekretärin Susan Rice – nicht zu verwechseln mit der Sicherheitsbeauftragten des jetzigen Präsidenten George W. Bush, Condoleezza Rice – hatte unverblümt auf einer Pressekonferenz in Luanda erklärt, daß die USA der militärischen Offensive dos Santos ihren »support« gewährten, nachdem eine konkrete Zusage aus Luanda vorlag, die europäischen, das heißt vor allem die französischen Rivalen im Petroleumgeschäft zugunsten der amerikanischen Konsortien aus dem Feld zu schlagen.

»Uns kommen dennoch Zweifel im Hinblick auf Amerika«, nimmt der MPLA-Funktionär wieder auf. »Die USA verscherbeln uns zwar jede Menge Kriegsmaterial und schöpfen damit die geschuldeten Royalties und Beteiligungen am Erdölgewinn wieder ab. Aber Luftaufnahmen über die Stellungen der Unita liefern sie uns nicht. Was die neue Verwaltung unter George W. Bush uns bringen wird, wissen wir nicht. Doch es stimmt bedenklich, daß unlängst ein hoher Unita-Kommandant im Pentagon empfangen wurde.« Im übrigen wisse jedermann, daß der frühere US-Verteidigungsminister und jetzige Vizepräsident Dick Cheney an führender Stellung bei Haliburton vom überaus lukrativen Erdölgeschäft der Firma Chevron profitiert habe. George Bush, so höre man, der Vater des jetzigen Regenten des Weißen Hauses, sei in ähnlicher Weise am Petroleum-Geschäft der großen Multis interessiert und im Kongo an diversen Grubengesellschaften, unter anderem Barrick-Gold, beteiligt. Sogar Bill Clinton wäre seinerzeit zugunsten einer Mining Company aus seinem Heimatstaat Arkansas, die in Zentralafrika operiert, vorstellig geworden. Wie solle einem nicht angst und bange werden bei diesem Siegeszug der Plutokratie?

Ich versuche von diesen Verdächtigungen abzulenken und erkundige mich nach den internationalen Beziehungen Angolas. Nur zu Namibia, so erfahre ich, hätten sich enge brüderliche Beziehungen entfaltet. Ansonsten befinde sich alles in der Schwebe. Die Republik Südafrika stehe in Luanda nicht hoch im Kurs, und der Nachbarstaat Sambia im Südosten verhalte sich feindselig, Frankreich verfüge weiterhin über Geheimkontakte zu Savimbi. Die »Cohabitation« an der Seine führe zu einem diplomatischen Spagat. Während der sozialistische Premierminister Lionel Jospin ein ungetrübtes Verhältnis zu dos Santos anstrebe, neige die Sympathie der Konservativen um Präsident Jacques Chirac weiterhin der Unita zu. »Und wie steht es um Kinshasa? Was halten Sie vom jungen Kabila, der die Nachfolge seines ermordeten Vaters Laurent angetreten hat?« forsche ich weiter. »Dieser Kabila junior ist ein ›illustre inconnu‹, eine Marionette. Vermutlich wird er eine Eintagsfliege bleiben«, lautet die brüske Antwort.

Paolo Texeira Jorge, der fast weiße Angolaner, der um seine revolutionären Ideale betrogene Sozialist, hat mit lateinischer Leutseligkeit auf mich eingeredet. Aber ich ahne, welch tiefe Enttäuschungen er durchlebt hat, seit die Sowjetunion sich auflöste, der Ostblock zerbrach, die Hoffnung auf proletarische Welterlösung sich als Schimäre erwies. Zweifellos trauert er den Zeiten dogmatischer Gewißheiten nach. Irgendwie paßte der kommunistische Totalitarismus ja auch besser zum »dark continent«, wo die Leuchtfeuer der europäisch-amerikanischen Aufklärung wie trügerische Irrlichter flackern.

Niemand hat das besser begriffen als Henry Kissinger, als er schon vor zehn Jahren dissertierte: »Leider gibt es in den Entwicklungsländern nur wenige Beispiele für eine Entwicklung zu demokratischen Regierungsformen. Die Entwicklungsländer sind für den Marxismus so anfällig, weil sich in diesem Rahmen die absolute Macht des Staates sowie starre Strukturen der Disziplin und Autorität begründen lassen, während die überlieferten Lebensformen sich auflösten ... Es wurde deutlich, daß sich der Aufbau neuer Nationen vor allem auf die Fähigkeit stützte, eine politische Autorität zu errichten. Es war eine Ironie der Geschichte, daß sich der Marxismus in den Entwicklungsländern nicht wegen seiner Wirtschaftstheorie als attraktiv erwies, sondern weil er eine Antwort auf das Problem der politischen Legitimität und Autorität gab – eine Formel für die gesellschaftliche Mobilisierung, eine Rechtfertigung für die politische Macht und ein Werkzeug, die Ablehnung der kulturellen und politischen Vorherrschaft durch den Westen als eine Methode zur Herstellung der Einheit zu propagieren.«

Auf der Fahrt zum »Méridien« lasse ich Pedro anhalten, um ein paar Zeitungen zu kaufen. Eine Zeitung kostet in Luanda den stolzen Gegenwert von einem Dollar, was die in manchen europäischen Botschaften gepriesenen Fortschritte lokaler Pressefreiheit – zumal bei achtzig Prozent Analphabeten – stark relativiert. Zu meinem Erstaunen entdecke ich ein Wochenblatt, das in dieser früheren Hochburg des Marxismus-Leninismus den provozierenden Titel »A Capital« trägt. Nach dem Verzicht auf die kommunistischen Leitbilder Marx und Engels mußten die Journalisten von Luanda Ausschau halten nach anderen Kündern menschlichen Fortschritts. So waren sie in dieser Ausgabe von »A Capital« auf den französischen Freigeist Voltaire verfallen und widmeten diesem kämpferischen Repräsentanten von »lumières et progrès«, diesem Streiter gegen klerikalen Obskurantismus, eine ganze Seite. Die braven Redakteure wußten wohl nicht, daß der »Menschheitsbeglücker« Voltaire persönlichen Gewinn aus dem afrikanischen Sklavenhandel der französischen Hafenstadt Nantes gezogen hatte, und dieses menschenverachtende Geschäft mit dem fürchterlichen Satz zu rechtfertigen suchte, »es bestehe ein ebenso großer biologischer Unterschied zwischen dem Weißen und dem ›Neger‹ wie zwischen dem Schwarzen und dem Affen«.

*

Die Voodoo-Priesterinnen erwarten uns am Strand des Atlantik, etwa auf der Höhe von Cabo Ledo. Florian, der mit den schwarzen Zauberbräuchen Brasiliens vertraut ist, hat diese Jünger der Quimbanda-Sekte ausfindig gemacht. Wir haben die Musseques am Südrand von Luanda hinter uns gelassen. Die Küstenlandschaft mit schwarzen Sandbänken, gewaltigen Baobab-Stämmen und dem Mangroven-Dickicht, das sich in die graue Flut des Ozeans hineinfrißt, bietet eine angemessene Kulisse für magische Veranstaltungen. Die schwarzen Weiber haben sich in grellrote Gewänder gehüllt. Die meisten sind alt und abstoßend häßlich.

Ein paar dieser Hexen wälzen sich schon in Trance vor einer ärmlichen Schilfhütte und stoßen durchdringende Schreie aus. Andere erklettern den nächsten Akazienbaum und flattern mit den Armen wie Vögel. Ganz unvermittelt laufen sie auf das Salzwasser zu und nehmen ein rituelles Bad. Florian läßt sich – so gut es geht – den Zeremonienablauf von der Oberpriesterin, einer Greisin mit irrem Blick, erklären. Zur Stunde würden erst die Geister der Toten beschworen, sagt sie, aber bei einbrechender Dunkelheit träten auch die »Heiligen« in Erscheinung. Oder meint sie nicht eher die Dämonen dieser exotischen Unterwelt? Vier Männer, die sich ebenfalls rot kostümiert haben und bislang im Hintergrund verharrten, bringen der Offiziantin einen lebenden Hahn, dem die Alte wie ein reißendes Tier den Kopf abbeißt. Der Hahn wird in der Gemeinde herumgereicht, damit jeder von seinem Blut trinke. Dazu werden den Büffelhörnern klagende Laute entlockt.

Unter den Quimbanda-Jüngerinnen fällt mir eine hellhäutige, halb nackte Mulattin auf. Sie ist schlank, fast elegant gewachsen und befindet sich im Drogenrausch. Bevor der Satanskult am Cabo Ledo seinen Höhepunkt erreicht und eine krude Sexualität sich entfesselt, fordere ich das Kamera-Team energisch zur Rückkehr nach Luanda auf. Zwar wird behauptet, die Strecke sogar bis nach Benguela im Süden sei relativ sicher, aber noch am Vorabend hat uns ein deutscher Entwicklungshelfer berichtet, daß alle Ausländer aus dieser Küstenstadt evakuiert wurden. Unita-Partisanen sind bis in die dortigen Außenviertel vorgedrungen.

Auf der Rückfahrt unterhalte ich mich mit dem Politologie-Studenten Tomas, den wir als »Guide« angeworben haben und der dem nördlichen Bakongo-Volk angehört. Auch Tomas hatte uns zum rechtzeitigen Aufbruch vor Einbruch der Dunkelheit ermahnt. Die Anhänger Savimbis würden nach den schweren Rückschlägen, die sie 1999 bei Andulo erlitten, wieder verstärkt in Erscheinung treten. Selbst bei den Mbundu, die ursprünglich mit der MPLA-Regierung Agostinho Netos sympathisierten, stelle sich allmählich gegenüber dem ehemals pro-sowjetischen, jetzt pro-amerikanischen System, in dem die Mulatten die fetten Profite kassierten, Entfremdung ein. Es geschieht immer wieder, so berichtet Tomas, daß Überland-Busse von den Guerilleros angehalten und kontrolliert würden. Die Schwarzen werden dann allenfalls ausgeplündert, aber die Mestiços oft abgeknallt. Der Student gesteht resigniert, daß seine Ethnie der Bakongo, die 1961 den ersten großen Aufstand gegen die Portugiesen ausgelöst hatte, im Laufe der Jahre jede politische Bedeutung verloren hätte. Das gleiche gelte für seine Stammesbrüder im Kongo-Kinshasa und im Kongo-Brazzaville, wo sie zu Zeiten der Präsidenten Kasavubu und Fulbert Youlou die höchsten Staatsämter besetzt hatten.

Die Angolaner halten mit politischen Meinungsäußerungen nicht zurück. So übt auch Tomas heftige Kritik an der zum Himmel schreienden Korruption, die in Luanda alle Lebensbereiche durchdringt. Er erregt sich über die totale strategische Unfähigkeit der kommandierenden Generale. »Manchmal haben wir den Eindruck, daß alle Beteiligten an der endlosen Fortführung des Bürgerkrieges interessiert sind, weil sie daran verdienen.« Ein angolanischer General kassiert jeden Monat die stattliche Summe von 35 000 US-Dollar, wozu man die Gewinne aus Betrügereien und Erpressungen addieren muß.« Die angolanischen Abgeordneten würden von Staatschef dos Santos bei Laune gehalten und gefügig gemacht, indem man ihnen – neben einem hohen Parlamentariergehalt – eine jährliche Weihnachtsgratifikation von 50 000 US-Dollar auszahle. Jedem Deputierten – auch denen der Opposition – werde zudem alle zwei Jahre eine funkelnagelneue Luxus-Limousine überreicht. Die Marken würden sich dabei abwechseln. Bei der letzten Schenkung seien die teuersten Audi-Modelle geliefert worden, und im Volksmund werde seitdem das Parlament »Auditorium« genannt.

Auch für die Amerikaner bringe die Verewigung des gegenseitigen Gemetzels nur kommerzielle Vorteile. Statt die Förderrechte und Gewinnbeteiligungen der Erdöl-Gesellschaften Chevron und Gulf Oil in harter Währung an die Regierung von Luanda zu entrichten, überschütte man die stets bedrängte MPLA-Bewegung mit

Lieferungen immer neuer Waffensysteme. Die Gewinnspannen bei diesem Rüstungsgeschäft seien auf beiden Seiten gewaltig. Die Franzosen würden ähnlich skrupellos vorgehen, indem sie dos Santos mit der Androhung unter Druck setzten, der Unita Militärhilfe zukommen zu lassen. Nur so ließen sich die zusätzlichen Petroleum-Konzessionen erklären, die dem französischen Konsortium Total-Fina-Elf noch unlängst zugestanden wurden. Der Skandal des »Angolagate« mache in Paris ja Schlagzeilen, fährt der junge Politologe fort, der erstaunlich gut informiert ist. Die Machenschaften des zwielichtigen Bankiers Falcone würden inzwischen die französischen Gerichte beschäftigen, und auf der Linken sei der mißratene Mitterrand-Sohn Jean-Christophe, auf der Rechten der »Neo-Gaullist« Charles Pasqua kompromittiert.

Dennoch habe der Konzern Elf-Aquitaine in seinem verzweifelten Wettkampf mit den übermächtigen amerikanischen Companies recht erfolgreich operiert. Die Franzosen – hier fällt der Name Alfred Sirven – hätten mit beachtlichen Bestechungssummen um sich geworfen, und Präsident dos Santos zähle zu den Nutznießern. Aber es herrschten noch ganz andere Skandale vor. Die Petroleum-Produktion Angolas werde von 780 000 Barrel auf 1,4 Millionen hochschnellen, aber die staatliche Gesellschaft Sonangol werde lediglich mit sieben Prozent dieses gewaltigen Zuwachses abgespeist. Sie habe zudem dem Konsortium Total-Fina-Elf den verheißungsvollsten Förderungsblock 17 im Offshore-Gebiet des Atlantik abgetreten.

Zum Abendessen treffen wir uns im »Méridien«. Nächtliche Spaziergänge sind nicht zu empfehlen. An der Fensterfront, die dem hellerleuchteten Hafen von Luanda zugewandt ist, musiziert ein Orchester – vier Afrikaner und ein Europäer. Natürlich spielen sie zunächst muntere amerikanische Schlager. Aber dann breitet sich Schwermut auf den schwarzen Gesichtern aus. Da klingt mit den schluchzenden Tönen des »Fado« die »Tristeza« der einstigen Kolonialherren auf. Diese lusitanische Volksweise trifft die Stimmung des melancholischen Abends. Florian fragt den weißen Musikanten nach seiner Herkunft. Er sei Kubaner, antwortet der schmächtige, sehr kastilianisch wirkende Mann. Er sei als Soldat Fidel Castros nach Angola gekommen, sei dort hängengeblieben und fühle sich zur Zeit in Luanda wohler als auf seiner Zuckerinsel. Der Kubaner gibt seinen Compañeros ein Signal, und da horchen wir fasziniert auf. Er singt auf spanisch, und die Weise ist mir wohl bekannt. »Aprendimos a quererte desde la historia altuna donde el sol de tu bravura te puso cerca a la muerte – wir haben gelernt, dich zu lieben, seit jener erhabenen historischen Stunde, als die Sonne deines Mutes dich an den Rand des Todes drängte ...« Und wie heißt der Held, der da so überschwenglich und lyrisch verherrlicht wird? Das Lied geht weiter: »Deine revolutionäre Leidenschaft führt dich zu neuen Unternehmungen, und alle hoffen auf die Kraft deines befreienden Arms!« Da löst sich das Rätsel, der Name des Helden hallt durch den Saal: »Commandante Che Guevara!«

Weit intensiver als am Ufer des Tanganjika-Sees, wo er an seinen schwarzen »Genossen« verzweifelte, überlebt der Mythos des Che in jenen Savannen Angolas und Mosambiks, in den Wüsten von Ogaden, wo die kubanischen Brigadistas einen hohen Blutzoll für ihre aussichtslose Sache entrichteten. Ernesto Guevara mochte im urwäldlichen Dschungel der kongolesischen Steinzeitkrieger, der Simba oder Mayi-Mayi eine klägliche Figur abgegeben, als Ritter von der traurigen Gestalt gegen Windmühlen gefochten haben. Aber in einem früheren Jahrhundert frommer Katholizität hätte er das Zeug besessen für einen Heiligen und Märtyrer. Irgendwie ergriffen – exaltiert auch durch die Müdigkeit eines anstrengenden Tages und durch reichlichen Alkohol-Konsum – stimmen wir in den Refrain ein: »Commandante Che Guevara!« Es klingt wie ein Kirchenchoral.

*

Dem Studenten Tomas verdanke ich, daß ich eine ganz andere, bizarre Facette angolanischer Politik kennenlerne. Am frühen Nachmittag bin ich mit dem Abgeordneten Abel Chivukuvuku in der »Cidade Alta« von Luanda verabredet. Er bewohnt ein prächtiges, durch mehrere Leibwächter und Gitter geschütztes Haus.

In der Garage ist neben dem funkelnagelneuen Audi, Attribut seiner parlamentarischen Vorzugsstellung, auch ein hochkarätiger Mercedes, das neueste Citroën-Modell und ein luxuriöser Landrover geparkt. Chivukuvuku trägt dunkelblauen Maßanzug und weißes Hemd.

Er hatte einst zu den engsten Gefährten Jonas Savimbis gezählt, ging jedoch nach dem Scheitern des Lusaka-Abkommens nicht mit seinem Chef in den Busch, sondern gründete die Parlamentsfraktion »Unita Renovada«. Er bekennt sich weiterhin zu dem inzwischen 69jährigen Partisanenführer und nennt ihn nie anders als »Doctor Savimbi«. Chivukuvuku spricht ein fehlerfreies, stark amerikanisch gefärbtes Englisch und macht keinen Hehl aus seinen guten Beziehungen zu gewissen US-Senatoren. Der Salon seiner Villa ist ziemlich geschmacklos, aber extrem aufwendig möbliert.

Der Oppositionsführer, etwa 40 Jahre alt und »good looking«, kommt sofort zur Sache. »Präsident dos Santos hat nicht die geringste Chance, den Krieg zu gewinnen«, beginnt er. »Eine Guerilla, die nicht kurzfristig zerschlagen wird, frißt sich weiter, gewinnt an Kraft. Denken Sie an die Beispiele Vietnam und Afghanistan. Noch vor ein paar Tagen hat Doctor Savimbi den wichtigen Knotenpunkt Quibaxe – knappe 200 Kilometer nordöstlich von Luanda – erobert, der als uneinnehmbar galt. Ausnahmsweise hat er eine Stadt besetzt, vielleicht um der neuen US-Administration unter George W. Bush vor Augen zu führen, daß seine Kampfkraft ungebrochen ist.« Man behaupte neuerdings, die Unita habe im Nordosten die Kontrolle über die Diamanten-Reviere verloren. Aber das stimme so nicht. Wo finde man denn die Edelsteine? In den Städten etwa, wo die MPLA sich verschanzt, oder in den Flußbetten und Savannen, wo die Unita das Terrain beherrscht?

»Jonas Savimbi wird niemals Angola verlassen und in ein goldenes Exil flüchten«, versichert Chivukuvuku. »Er ist mit diesem Land verwachsen, und als afrikanische Urkraft wird er auch von seinen Gefolgsleuten verehrt.« An eine Versöhnung mit dos Santos sei überhaupt nicht zu denken, und deshalb halte er einen originellen Vorschlag bereit: Man solle doch Doctor Savimbi ein klar umrissenes Territorium, einen weitgehend autonomen Bundesstaat überlassen, wo er die Herrschaftsfunktion eines »Königs der Ovimbundu« ausüben könnte. Eine recht seltsame Konstruktion! Wir machen eine politische Tour d'horizon. Der Deputierte bestätigt die psychologischen Spannungen zwischen Südafrikanern und Angolanern. Das unbeschwertere portugiesisch-katholische Temperament seiner Landsleute stehe in krassem Gegensatz zur muffigen Verdrießlichkeit so vieler schwarzer Südafrikaner, die durch den Kalvinismus der Buren stärker geprägt seien, als sie selbst zugeben wollten.

Was den Kongo betrifft, so schlägt er eine lockere Föderation vor, und der junge Joseph Kabila könne froh sein, wenn er mit dem nackten Leben davonkomme. In seiner eigenen zerrissenen und blutenden Heimat bestehe der Unterschied zwischen MPLA-Regierung und Unita-Rebellion im wesentlichen darin, daß letztere die Interessen der Landbevölkerung vertrete und die »authenticité africaine« hochhalte, wie Präsident Mobutu von Zaire gesagt hätte, gegen die privilegierte, kosmopolitische Ausbeuter-Clique von Luanda. Seine Partei, die »Unita Renovada« solidarisiere sich mit dieser Auflehnung der Benachteiligten und Geschundenen. Die Behauptung klingt merkwürdig im Mund eines Politikers, der mit allen materiellen Gütern dieser Welt gesegnet ist und sie hemmungslos zu genießen scheint.

*

»Carnaval é folia é festa é harmonia – Karneval ist Tollheit, ist Fest, ist Harmonie.« In riesigen Lettern prangt die Inschrift über der Marginal. Die offiziellen Stimmungsmacher brüllen die Botschaft über Lautsprecher der vieltausendköpfigen Menge zu, die sich zum »Mardi gras« von Luanda zusammengefunden hat. Die Fastnacht wird in der Hauptstadt Angolas wie ein Staatsakt zelebriert. Wie sollte auch spontane Ausgelassenheit aufkommen bei diesen schwarzen »Jecken«, die seit einem Vierteljahrhundert nur Krieg, Verwüstung und Entbehrung kennen.

Der Umzug beginnt präzis um drei Uhr nachmittags. Kurz zuvor ist ein Geleitzug schwarzer gepanzerter Limousinen an die Ehrentribüne herangefahren. Von zahlreichen Leibwächtern abgeschirmt, läßt Präsident Eduardo dos Santos sich auf einem Sessel nieder. Dieser Landesfremde aus Saõ Tome findet offenbar nicht den geringsten Kontakt zu seinen angolanischen Untertanen. Er bewegt sich steif und feierlich. Das letzte Mal hatte ich ihn vor fünfzehn Jahren in Kinshasa aus der Nähe beobachten können, als er an einer Jubiläumsfeier Mobutus teilnahm. Der Mann sieht immer noch vorteilhaft aus. Es gehen Gerüchte um, er sei an Prostata-Krebs erkrankt. Neben ihm hat seine Frau Platz genommen, die ehemals schönste Stewardeß von Angola Airlines. Die First Lady hat sich seitdem gehen lassen und in wenigen Jahren in eine dicke Matrone verwandelt. Zu Ehren des Tages hat sie einen knallroten »Boubou« angelegt. Vergebens würde man bei dieser »festa« nach dem bisherigen Generalstabschef de Matos Ausschau halten. Der General – ein Mulatte von den Cap Verdischen Inseln – ist in Ungnade gefallen und aus der Armee entlassen worden. Dos Santos versucht indessen, ihn durch Beteiligung an fetten Staatspfründen zu besänftigen und zu neutralisieren, doch das Geflüster über ein Militärkomplott will nicht verstummen.

Das ist eine seltsame Fastnacht! Wer käme schon auf die Idee, in Angola rheinische Fröhlichkeit zu vermuten? Aber hier kommt auch kein Spiegelbild des ethnisch und kulturell verwandten Brasilien auf. Von der erotischen Frenesie, die sich bei diesem Anlaß der Cariocas bemächtigt, fehlt jede Spur. Das Defilee beginnt mit einer Gruppe halbnackter Stammeskrieger, bunt bemalt, mit Speeren und Kalaschnikows bewaffnet. Es folgt eine Tanzgruppe in knallroten Schärpen, die sich um Samba-Rhythmus bemüht. Die diversen Viertel der Hauptstadt haben ihre »Feddels-Züge« zusammengestellt. Sie ziehen in wiegendem Gleichschritt, strikt uniformiert und mit ernsten Gesichtern am Staatschef vorbei und grüßen ihn beinahe militärisch. Jetzt fällt mir ein, welche Veranstaltungen bei diesem »Carnaval« Pate gestanden haben: Die geballten Jugendaufmärsche des Ostblocks. Die FDJ hat in Luanda Nachahmer gefunden. Eduardo dos Santos, zum Götzen erstarrt, winkt huldvoll mit der Gestik eines Breschnew oder Honecker.

Das Ganze wird vom Getöse einer Blaskapelle begleitet, aber die Bevölkerung, die in dichten Reihen Spalier steht, bleibt stumm und spendet kaum Beifall. Eine kuriose Folklore-Einlage fällt aus dem Rahmen, junge Frauen, die sich goldene Kronen übergestülpt haben und mit wallenden Gewändern die Heiligen-Darstellungen des iberischen Kolonialbarocks nachahmen. Sogar die roten Voodoo-Hexen der Quimbanda-Sekte rollen sich jetzt auf dem Asphalt. Dann geht es wieder didaktisch zu: Eine Schulklasse mit Lehrer und schwarzer Tafel soll den Kampf gegen den Analphabetismus ermutigen. Eine Fischerei-Genossenschaft reitet auf einem Walfisch.

Der Tod scheint es den Narren besonders angetan zu haben. Zahlreiche Jecken haben sich ein Skelett übergemalt und gestikulieren mit Sensen. Sie liefern sich Scheingefechte mit schrillen Urwald-Dämonen. Jeder Anflug von Heiterkeit ist längst verflogen, da naht eine kleine Prozession schwarz vermummter Büßer. An das Kruzifix, das sie vor sich tragen, haben sie eine tote Katze genagelt. Mein Nachbar auf der Ehrentribüne, ein hochgestellter, französisch sprechender Mulatte reagiert auf die Gotteslästerung mit der Bemerkung, die »Heilige Inquisition« habe wohl auch ihre positiven Seiten gehabt und solchen Frevel unerbittlich geahndet.

Auch ich bin angewidert. Ich kann an diesem Nachmittag in Luanda nicht ahnen, daß ich wenige Wochen später – nach Europa zurückgekehrt – eine ähnliche »schwarze Messe« im Programm eines deutschen Fernsehkanals entdecken, daß auf dieser Klamaukbühne unserer »Spaßgesellschaft« ebenfalls eine Katze ans Kreuz geschlagen würde und ein als Priester kostümierter Hanswurst, ein sogenannter Entertainer, dazu grölende Obszönitäten von sich gäbe. Wenn schon die christlichen Kirchen Deutschlands gegen solche Exzesse nicht mehr zu protestieren wagen, sollte zumindest der Tierschutzverein einschreiten.

Der Festzug von Luanda fällt wieder in den disziplinierten Marschrhythmus eines volksdemokratischen Jugendtreffens zurück. Dann fordert der Kommerz seine Rechte ein. Riesige Fässer werben für Coca Cola. Unter gelben Schutzhelmen preisen die »Petroleros« die Verdienste des französischen Erdölkonzerns Total-Fina-Elf. Fröhlicher Überschwang ist nirgendwo aufgekommen, und so geht der Mummenschanz zum grauenvollen Dröhnen der Blasinstrumente wie ein gespenstischer, unheimlicher Humbug zu Ende. Ein letztes schwarzes Trauer-Transparent fällt mir auf. »Hommage à Laurent Kabila«, heißt es da, eine Huldigung an den ermordeten Präsidenten der Demokratischen Republik Kongo. Beim Carnaval an der Marginal wie in den endlosen Minenfeldern, die ganz Angola in ein mörderisches Labyrinth verwandeln, führt der Tod Regie.

Die Muttergottes im Minenfeld

Huambo (früher Nova Lisboa), im Februar 2001

Wenigstens ein Portugiese hat ausgeharrt in Huambo. Die einst blühende Hauptstadt der gleichnamigen Provinz im zentralen Hochland von Angola hat seit 1975 mehrfach den Besitzer gewechselt. Ihre prächtigen Avenidas wurden verwüstet und sämtliche Fabrikanlagen der Umgebung mutwillig zerstört. Aber Norton de Matos ist unbeweglich stehengeblieben, überlebensgroß und gebieterisch. Die Querschläger, die die Bäume des umliegenden Parks zerfetzten, haben diesem beleibten Pionier aus Bronze nichts anhaben können. Er trägt hohe Stiefel wie die lusitanischen Siedler seiner Zeit, und der Inschrift entnimmt man, daß Huambo, damals »Nova Lisboa« genannt, erst im Jahr 1922 von diesem resoluten Mann gegründet wurde.

In Huambo hatte viele Jahre später der Rebellenführer Jonas Savimbi seine Regierungszentrale eingerichtet. Die Menschen erinnern sich mit gemischten Gefühlen an die Zeit zwischen 1992 und 1994, als die Unita für Zucht, Ordnung und auch soziale Gerechtigkeit sorgte, dabei aber eine unerbittliche Justiz praktizierte und zur Abschreckung öffentliche Hinrichtungen und Gliederamputationen vornahm. Savimbi hat sich mit seinen Getreuen in den Busch abgesetzt, aber auch aus der Ferne übt dieser bärenstarke Arzt mit dem wild wuchernden Vollbart und dem sardonischen Lächeln eine beklemmende Faszination auf die Einwohner von Nova Lisboa aus, eine Mischung aus Furcht und Bewunderung, gepaart mit der heimlichen Vermutung, daß er eines Tages wieder in sein altes Revier als Sieger zurückkehren könnte. Die Mestiços, die ihm gar nicht gewogen sind, behaupten zwar, daß der Bandenführer in Wirklichkeit längst gestorben sei und daß seine Gefährten seinen Tod verheimlichen. Doch die schwarzen Ureinwohner rühmen weiterhin die ungebrochene Kraft dieses fast 70jährigen Mannes, dessen sexuelle Potenz legendär bleibt. Getreu seiner ursprünglich maoistischen Erziehung hatte er übrigens in seinen Territorien Landwirtschaftskommunen geschaffen und einen für Afrika vorbildlichen Sanitätsdienst aufgebaut.

Auch in Huambo sind wir fast im Sturzflug gelandet, um den Maschinengewehren der Unita zu entgehen, die unweit des Flugplatzes im Anschlag liegen sollen. Wie in Luena gilt unser erster Besuch dem Provinzgouverneur, der hier Antonio Paulo Kassoma heißt und mit seiner schwarzen Glatze, dem enormen Bauch an Laurent Kabila erinnert. Er residiert – wie sein Kollege von Luena – in einem prächtigen, rosa getünchten Kolonialbau alt-portugiesischen Stils. Ringsum herrscht nur Verwüstung. Kassoma ist ein jovialer, gut informierter Administrator. Allein in seiner Provinz sind 300 000 Flüchtlinge zu versorgen, und er betrachtet es als einen Skandal, daß ein von der Natur so gesegnetes Land wie Angola – zweieinhalbmal so groß wie Frankreich, mit zwölf Millionen Menschen recht spärlich besiedelt – sein nacktes Überleben einer Vielzahl von internationalen Hilfsorganisationen verdankt. An die 300 NGOs betätigen sich angeblich hier mit zweifelhaftem Nutzwert, und die Vereinten Nationen sind gleich mit sieben ihrer Unterorganisationen präsent.

»Die Angolaner werden zu Faulpelzen erzogen und verlieren das Gefühl für die eigene Würde. Ich weiß nicht, ob Sie gemerkt haben, wie plötzlich hier in Huambo der mörderische Überschwang des Buschkrieges in Lethargie und Resignation umgeschlagen ist.« Die militärische Situation sei unberechenbar. Bei Tage habe in Huambo die Regierungsarmee und die Polizei der

MPLA natürlich die Oberhand, aber bei Nacht kämen die Unita-Partisanen aus ihren Schlupfwinkeln, und es wimmele von deren Agenten. Von allen Seiten sei die Stadt umkreist. Ein paar Busse und Lastwagen würden es gelegentlich gegen Zahlung hoher Wegezölle bis zur Küste schaffen, aber die schwerbewaffneten großen Versorgungskonvois, die unter Eskorte von Panzerfahrzeugen alle drei bis vier Monate von Benguela aufbrechen, um den Einkreisungsring zu durchbrechen, müßten sich jedesmal auf Verluste gefaßt machen. Dazu käme die wahllose Verminung fast aller Pisten und Agrarflächen. Die Blauhelme der Vereinten Nationen in Stärke von zwei Bataillonen hatten schon 1999 die Konsequenz aus dieser desolaten Lage gezogen; sie haben sich Hals über Kopf verkrümelt.

Kassoma interessiert sich für Deutschland. Es sei unlängst mit deutschen Firmen ein Projekt besprochen worden, um die Benguela-Bahn, die nach Katanga überleitet, wieder zu aktivieren. In Angola werde seit Jahren der Macht- und Einflußkampf zwischen Amerikanern und Franzosen ausgetragen, wie übrigens in manchen anderen Regionen Afrikas. Da brauche man zusätzliche Partner. Allerdings gebe es noch Probleme mit den deutschen Kaffeepflanzern, die oft seit Generationen überwiegend in den Provinzen Uige und Malanje tätig waren, durch die Unruhen zur Ausreise gezwungen wurden und heute auf Entschädigung durch die Regierung von Luanda pochten. Dazu kann ich meine persönlichen Beobachtungen beisteuern. Diese deutschen Plantagenbesitzer hatte ich ja zur Zeit ihres Herren-Daseins und ihrer quasi-unbeschränkten Autorität erlebt, als sie ein Heer von schwarzen Tagelöhnern nicht viel besser behandelten als die Sklaven von einst. Sie hatten viele fette Jahre genossen und entsprechende Gewinne kassiert. Daß sie nun auch noch auf »Wiedergutmachung« klagen, will mir nicht recht einleuchten, und ich geniere mich nicht, diese Meinung zu äußern.

Die »Relief Worker« des Welternährungsprogramms, die unsere Betreuung in Huambo übernommen haben, – die stets heitere Australierin Lynne, »a woman for all seasons«, und Sitta Kai-Kai, eine sehr resolute Dame aus Sierra Leone, die dem Typ

Winnie Mandelas sehr ähnlich kam – haben in der »Pensao Ekumbi« ein Quartier für uns gefunden. Es gibt zwar kein fließendes Wasser, und die Elektrizität fällt immer wieder aus, aber man schläft gut in dieser Höhe von 1700 Metern, wo die Hitze des Tages einer angenehmen nächtlichen Kühle weicht. Im Hinterhof befindet sich eine Art Biergarten, wo zwei Mulattinnen, die in die überwiegend schwarze Dienerschaft integriert sind, bereitwillig über Politik diskutieren und den wenigen Gästen ihre Reize anbieten.

Dort suchen mich auch zwei Kollegen vom örtlichen Rundfunk und ein Redakteur der Zeitung »Jornal de Angola« auf. Das Interview, das sie mir entlocken, kann sie nicht sonderlich befriedigt haben, aber ich erfahre bei dieser Gelegenheit, daß in den Medien über die Linientreue der Mitarbeiter durch Spitzel der MPLA-Partei sorgfältig Buch geführt wird. Mit verlegenem Lächeln teilt mir ein Reporter mit, man täte in Huambo gut daran, sich an die kommentarlose Wiedergabe von Lokalnachrichten zu halten – »chiens écrasés«, wie er es auf französisch ausdrückt. Es sei schon vorgekommen, daß oppositionelle Meinungsäußerung durch anonyme Schlägertrupps zum Verstummen gebracht und eventuell auch vor Mord nicht zurückgeschreckt werde.

*

Die Stadt Huambo ist verödet. Aber der große Markt am Rande einer verlassenen Kirche wimmelt vor Leben. Ein heftiger tropischer Regenguß ist niedergegangen. Das emsige Treiben spielt sich in knöcheltiefem Schlamm ab. Die Hütten der Händler sind mit Plastikbahnen, bestenfalls mit Wellblech abgedeckt. Es riecht nach Armut in dem riesigen Handelsareal, und aus den Lehmbauten der Garküchen strömt der Gestank von faulem Fisch. Bei näherem Hinsehen stellt sich Verwunderung ein. Es ist buchstäblich alles zu haben auf dem afrikanischen Basar, vom funkelnagelneuen Motorrad bis zur Taschenlampenbatterie. In dem schmutzstarrenden Durcheinander läßt sich nach und nach eine gewisse Ordnung erkennen. Man gruppiert sich in Zünften, wenn dieser Begriff hier einen Sinn macht. Die Handwerker haben ihre gemeinsame Gasse – ob es sich nun um die Schneider handelt, deren Nähmaschinen nebeneinander aufgereiht sind, um die Mechaniker, die mit den seltsamsten Reparaturen beschäftigt sind, um die Bäcker, die Brot oder Maniok-Fladen erhitzen.

In dieser bettelarmen, vom Feind umzingelten Provinzhauptstadt, deren Schicksal gar nicht grausig genug geschildert werden kann, gibt es eine breitgestreute Schicht von Schiebern, Hehlern und Kriegsverdienern. Fast alles, was hier angeboten wird, ist Diebesgut, stammt aus den Spenden und humanitären Lieferungen, die von den zahllosen Verbänden selbsternannter Menschheitserretter und hauptberuflicher Katastrophen-Begleiter als extrem teure Luftfracht herangeschafft wurden. Wen wundert es da, daß die Landwirtschaftsproduktion der Provinz zum Erliegen kommt. Die Mehl- und Maissäcke mit den Aufschriften US-Aid, Unicef oder WFP werden bei der Landung entwendet und finden zu Spottpreisen den Weg in den Schwarzhandel. Für die wenigen, die es sich leisten können, stehen die modernsten Erzeugnisse elektronischer Computer- und Kommunikationstechnik im Angebot.

Natürlich gibt es noch ein paar Buden, wo traditionelle afrikanische Medizin und der unvermeidliche Zauberkram der Féticheurs ausgebreitet ist. Ganz so wirkungslos, wie oft behauptet wird, seien diese widerlich anmutenden Tier- und Pflanzensubstanzen übrigens nicht. Am meisten verblüfft jedoch die Aufschichtung aller nur denkbaren Medikamente westlicher Provenienz. Die pharmazeutischen Spenden aus aller Welt sind systematisch geplündert worden. Weder an Antibiotika noch an Anti-Malaria-Pillen oder Impfstoffen – um nur diese zu nennen – herrscht der geringste Mangel. Dabei handelt es sich keineswegs um Ausschußware, wie ich beim Nachprüfen der Fälligkeitsdaten feststelle. Wer in Angola schwer erkrankt und einer hochwertigen Medizin bedarf, sollte nicht in den offiziellen Krankenhäusern danach suchen. Deren Apothekenschränke stehen hoffnungslos leer. Er muß einen Verwandten auf die Eingeborenenmärkte schicken, denn da ist alles vorhanden unter der Voraussetzung, daß ausreichend Geld gezahlt wird.

Bei meinem Besichtigungsgang durch diesen Umschlagplatz

für Diebesgut und Gangstermachenschaften, wo bullige schwarze Schlägertypen mit der unvermeidlichen Baseball-Kappe und Sonnenbrille den Ablauf der Transaktionen argwöhnisch überwachen, bewege ich mich als vereinzelter Europäer völlig gefahr- und problemlos. Immer wieder passiert es in diesem Gewühl, daß ich rüde beiseite geschoben werde. Aber sobald mein Gegenüber erkennt, daß er unabsichtlich einen Weißen angerempelt hat, prallt er einen Schritt zurück, lächelt entschuldigend, und ganz automatisch kommt ihm das Wort »Amigo« über die Lippen. Inmitten dieses Tumults aus Not und Habgier muß ich an jene protzigen Benefiz-Bälle, Gala-Dinners und Spenden-Basars denken, die die übersättigte westliche Wohlstandsgesellschaft marktschreierisch und medienwirksam veranstaltet. Vor dem Hintergrund des hoffnungslosen afrikanischen Elends, das in Huambo kulminiert, erscheinen die philanthropischen Veranstaltungen der »happy few«, die mit der Zurschaustellung praller Scheckbücher und neu erworbener Diamanten-Colliers einhergehen, als Provokation, ja als Mißachtung der Menschenwürde dieser »misera plebs«.

*

Da lobe ich mir die robusten Frauen, die »field worker« diverser Hilfsorganisationen, die in Huambo eine frustrierende Sisyphusarbeit verrichten und dennoch bei guter Laune bleiben. Es ließe sich lange darüber diskutieren, welchen Sinn es macht, daß die UNO für ihre Auslandsprogramme laut Quoten-Bestimmung Angehörige von Entwicklungsländern einsetzen muß, deren Fähigkeiten – falls solche vorhanden sind – mindestens ebenso dringlich in der eigenen Heimat benötigt würden. So erscheint es abstrus, daß Sitta Kai-Kai, die Projektleiterin des World Food Program in Huambo, die aus Sierra Leone stammt, ihre Sachkenntnis und Dynamik nicht in den Dienst ihres westafrikanischen Küstenstaates stellt, der dem Terror der Kinder-Soldaten und der Skrupellosigkeit der Diamantenschmuggler ausgeliefert ist. Aber in Huambo ist die etwa vierzigjährige Sitta im Verbund mit ihrer australischen Kollegin Lynne unserem Kamera-Team außerordentlich behilflich. Sie hat sehr schnell begriffen, daß es uns nicht um statistische Belege ihrer Flüchtlingsspeisungen und »Housing Units« geht. Beim Gouverneur Kassoma steht sie offenbar hoch im Ansehen.

Die Einladung zum Abendessen kommt überraschend. Sitta und Lynne haben gemeinsam ein reichliches Menü – Pizza, Hühnchen, Kartoffelsalat, Nudeln, Früchte zu Bier und Rotwein – in ihrem geräumigen Haus für uns zusammengestellt. Dazu haben sie drei zusätzliche Frauen gebeten, die ebenfalls im Dienste diverser NGOs die Betreuung von Armen und Kranken übernommen haben. Am ruhigsten und unscheinbarsten verhält sich an diesem Abend die Peruanerin Luz, eine Halb-Indianerin, deren Zurückhaltung, gemessen am Temperament der Afrikanerinnen, geradezu phlegmatisch erscheint. Den Ton gibt natürlich Sitta an, aber sie stößt sehr bald auf die unbändige Vitalität ihrer Kollegin Tendy aus Simbabwe, die, etwa gleich alt, einen ganz anderen Typus verkörpert. Tendy, eine üppige Matrone – man verzeihe uns den Vergleich –, sieht aus wie das »Mohrchen« aus dem Bilderbuch. Ihre Fröhlichkeit und ihr Wortschwall sind nicht zu bremsen. Die riesigen Augen, die wie weiße Teller aus dem tiefschwarzen Gesicht leuchten, sind in ständiger Bewegung. Der üppige Mund kommt nie zur Ruhe, entblößt eine Reihe makelloser Zähne. Die bloßen Oberarme sind mächtig wie Schenkel. Die Simbabwerin strahlt Wärme und Lebensfreude aus. Ganz anders tritt die junge Amaha aus Nigeria auf. Sie ist schlank, fast knabenhaft gewachsen. Ihr dunkles Gesicht ist von strengem Zuschnitt und die Redseligkeit ihrer beiden afrikanischen »Schwestern« – sie reden sich untereinander stets als »sisters« an – ist ihr fremd.

Dieses Frauen-Dinner wird mir im Gedächtnis bleiben. In der gottverlassenen Stadt Huambo kommt Ausgelassenheit auf. Sitta und Tendy liefern sich immer neue Wortgefechte, erhitzen sich, schreien sich beinahe an, aber präzis zu dem Zeitpunkt, wo ein ernster Streit zu befürchten wäre, brechen sie in das schallende afrikanische Gelächter aus, das alle Differenzen hinwegfegt. Von weiblicher Unterwürfigkeit, wie sie den schwarzen Frauen oft von oberflächlichen Beobachtern nachgesagt wird, ist keine Spur zu merken. Die weißen männlichen Gäste kommen kaum zu Wort. Die Konversation findet ausschließlich auf englisch statt. Die Australierin Lynne wendet sich gleich der Politik zu, als sie von Tendy nach ihrer Einstellung zur britischen Krone befragt wird. Die WFP-Angestellte aus Melbourne, die wohl irischer Abstammung ist, gibt sich als resolute Republikanerin zu erkennen. Sie war vor ein paar Jahren zutiefst schockiert gewesen, als Lady Diana sich für ein paar Stunden nach Huambo hatte einfliegen lassen, um ihrer Stiftung für Opfer von Landminen Auftrieb zu geben, vor allem aber, um sich in ihrer Eitelkeit zu sonnen. Lady Di sei – auf eigenen Wunsch – durch eine ganze Armee von Photographen und Kameraleuten begleitet gewesen, und da stehe es der britischen Öffentlichkeit doch wohl schlecht an, wenn sie nachträglich die professionelle Indiskretion der »Paparazzi« für den tödlichen Unfall der Prinzessin am Seine-Ufer verantwortlich mache.

Der Rotwein steigert das Mitteilungsbedürfnis. Uns wird ein unverhoffter kurzer Einblick in afrikanische Mentalität gewährt. Die Konversation wendet sich den diversen Staats- und Regierungschefs des Schwarzen Erdteils zu. Sitta und Tendy machen sich einen Sport daraus, für ihre jeweiligen Potentaten nach passenden Gefährtinnen oder Gemahlinnen Ausschau zu halten. Dabei fallen Namen und Kandidaturen, die uns kaum bekannt sind, bei den Frauen jedoch große Fröhlichkeit auslösen. An der Person Robert Mugabes, des Staatschefs von Simbabwe, scheiden sich die Geister. Tendy steht fest auf seiner Seite. Als Sitta sich darüber entrüstet, daß Mugabe zu dem Zeitpunkt, an dem seine Frau hoffnungslos an Krebs erkrankte, ein Verhältnis mit seiner jungen Sekretärin eingegangen ist, kommt es bei Tendy zu einer Explosion empörten Widerspruchs. Wie könne man so kleinkariert argumentieren? »After all, Mugabe needs it. He is an African man.« – Mugabe müsse sich doch sexuell ausleben. Er sei doch ein afrikanischer Mann.

Kurz danach bricht der Streit über Nelson Mandela aus, den Nationalhelden Südafrikas und ersten schwarzen Präsidenten seiner Republik. Sitta gehört zu den begeisterten Fans dieses

Xhosa-Häuptlings, der trotz seiner endlosen Kerkerhaft unter dem Apartheid-Regime die Größe aufgebracht hat, gegenüber seinen weißen Peinigern Mäßigung und Versöhnung walten zu lassen. Aber da ist das »Mohrchen« aus Simbabwe ganz anderer Ansicht. Nelson Mandela sei doch im Gefängnis von Robben Island einer Gehirnwäsche unterzogen worden. Dieser vergreiste ehemalige Widerstandskämpfer sei nur noch der Schatten seiner selbst, »a vegetable – ein Gemüse«. Von den weißen Kapitalisten Südafrikas sei er zudem bestochen worden. »Die wirkliche Freiheitsheldin Südafrikas«, schmettert Tendy mit ihrer mächtigen Bantu-Stimme, »die wahre Kämpferin ist doch Winnie Mandela gewesen. Die hat zwar mit tausend Männern im Bett gelegen, während Nelson hinter Schloß und Riegel saß, aber sie hat der ›black liberation‹ den entscheidenden Impuls gegeben.«

Um auch die schweigsame Nigerianerin Amaha in das Gespräch einzubeziehen, frage ich sie nach ihrer Herkunft in dieser riesigen Föderation von 120 Millionen Menschen. »Ich bin aus der Ostregion«, antwortet Amaha selbstbewußt, »ich bin eine Ibo.« – Schon reißt Sitta wieder das Wort an sich: »Eine Ibo bist du, Schwester? Na ja, euer Stamm ist ja dafür bekannt, daß er sich auf jede Art von Handel versteht, daß ihr eure Geschäftspartner regelmäßig über den Tisch zieht.« Doch da belebt sich die junge Nigerianerin. »Wir Ibos sind ganz anders als ihr übrigen Afrikaner«, erwidert sie zornig; »ihr stürzt eure Länder in absurde Stammesfehden und dann laßt ihr euch durch das Ausland füttern, dann drängt ihr euch an die Tröge des Welt-Ernährungsprogramms und anderer Spender. Wir Ibos hingegen haben einen glorreichen Unabhängigkeitskrieg gegen eine erdrückende Übermacht geführt. Wir standen im Begriff, mit unserem Staat ›Biafra‹ ein Modell für ganz Afrika zu gründen mit eigenen Wirtschaftsstrukturen, eigenem Erziehungssystem und sogar eigenen Waffenfabriken. Am Ende haben uns die Haussa und die Yoruba mit angelsächsischer und sowjetischer Unterstützung ausgehungert und plattgewalzt. Aber heute haben wir uns schon wieder nach oben gekämpft, und Nigeria wird unseren wachsenden Einfluß noch zu spüren bekommen.«

Die Kontroverse hat einen kritischen Punkt erreicht, und wie auf Kommando stimmen Tendy und Sitta ihr dröhnendes Gelächter an, das jeden Streit auslöscht und keinen Widerspruch duldet. Wir verabschieden uns mit braven Wangenküssen von den gastlichen afrikanischen »sisters«.

Longonjo, im Februar 2001

Ein seltsamer Krieg ist das. Von Huambo aus haben wir tatsächlich 50 Kilometer nach Südwesten zurückgelegt. Bis Longonjo könnten wir uns mit relativer Sicherheit bewegen, hatte uns Sitta Kai-Kai versichert. Wegen der Minen sollten wir uns allerdings auf der Schotterpiste an die Radspuren anderer Fahrzeuge halten. Vergeblich habe ich nach Verteidigungsstellungen der Regierungstruppen Ausschau gehalten. Außer ein paar Sandsack-Bunkern ist da nichts zu sehen, und auch schwere Waffen sind uns nicht begegnet. Die blauen Uniformen der Polizisten sind zahlreicher als die Tarnjacken der »Forças Armadas Angolanas«. Das Kriegsgerät dieser MPLA-Armee scheint sich auf die unvermeidliche Kalaschnikow und ein paar Panzerfäuste zu beschränken.

Dabei weiß ich aus zuverlässiger Quelle, daß die Angolaner auf diversen Umwegen mit Panzern, Kampfflugzeugen und Helikoptern massiv beliefert wurden, daß moderne Hubschrauber russischer Fabrikation mit ihren Raketen entscheidend dazu beigetragen haben, in der von Luanda kontrollierten Randzone der Kongo-Provinz Kasai den Vormarsch der Elitetruppe des Präsidenten Kagame von Ruanda zu stoppen. In dieser offenen Savanne sei sogar Napalm abgeworfen worden, um die Tutsi zum Rückzug zu zwingen. Die Piloten stammen meist aus Rußland und der Ukraine, und ihr Vorgehen erinnert in mancher Beziehung an die Partisanenbekämpfung in Tschetschenien. Was hingegen die Region von Huambo betrifft, so stehen sich hier zwei Gespenster-Armeen gegenüber. Gerade diese Unsichtbarkeit macht die Situation jedoch gefährlich und unberechenbar.

Bei Caala verlassen wir die Straße, die weiter nach Namibe führt. Der Ort selbst bietet das übliche Bild der Verwüstung und Verlassenheit. Die schwarzen Polizisten mustern uns mißmutig. Unser Fahrer vom World-Food-Program zeigt stolz auf die Flüchtlingslager neben dem Flecken Lepi. Die Holzhütten sind schnurgerade und sauber aneinandergereiht. Auf Lepi zu bewegt sich eine endlose Kolonne schwarzer Menschen. Alle drei Tage wird dort Nahrung ausgeteilt. Es geht dabei sehr diszipliniert zu. Der Krieg in Angola pendelt hin und her zwischen barbarischen Ausbrüchen eines kollektiven Amoklaufs und längeren Zwischenphasen der Erschöpfung und Nonchalance.

Bis Lepi erstreckt sich die monoton grüne Savanne. Aber danach kommt Relief in das unendliche Plateau, dessen Boden so fruchtbar ist, daß hier Nahrung für halb Afrika geerntet werden könnte, so behaupten die Agronomen. Weit und breit ist keine Siedlung zu entdecken. Ganz unvermittelt ragen gewaltige schwarze Felsbrocken wie Asteroide aus dem Busch, als seien sie mit gigantischer Urkraft in die Hochebene geschleudert worden. In den Wiesen leuchten lila und gelbe Blüten neben prächtigen Sonnenblumen. Der düstere Himmel ist aufgerissen, läßt ein paar weiße Sonnenstrahlen durch. Über dem Dorf Longonjo leuchtet ein Regenbogen auf.

Wie kommt es, daß ich mich plötzlich nach Brasilien versetzt fühle, daß ich jenseits der modrigen, bunt getönten Häuserzeilen von Longonjo, die sämtlich Einschußnarben des Häuserkampfes aufweisen, unwillkürlich Ausschau halte nach den romantisch-grausamen Reitergestalten der »Cangaceiros«. Es sind bestenfalls 300 Einwohner zurückgeblieben, tiefschwarze Ovimbundu, die dem weißen Ausländer mit Höflichkeit begegnen. Über dem Ort, dessen steile Gassen direkt in den offenen Himmel zu führen scheinen, liegt die Schwermut einer verlorenen Idylle. Die Kinder bleiben auf Distanz, lächeln und winken uns zu. Nur ein brauner, zotteliger Hund heftet sich mir an die Fersen.

In Ermangelung anderer Ziele wende ich mich der katholischen Kirche zu. Auf der abbröckelnden Mauer entziffere ich eine verwaschene Inschrift: »Viva o Marxismo-Leninismo!« Die Köpfe von Karl Marx, von Lenin und des angolanischen Kommunisten Agostinho Neto sind nur noch in vagen Konturen zu erkennen. Die Kirche von Longonjo ist zur Hälfte verwüstet, aber dieser Frevel wird durch die Blütenpracht der feuerroten Flamboyants, der violetten Jacaranda-Bäume aufgewogen, die sich von allen Seiten um das Gotteshaus drängen. Auf dem Altar thront eine lächelnde Madonna im üblichen Kolonial-Barock. Noch trägt sie ihre Krone und den triumphierenden Titel »Rainha do Mundo – Königin der Welt«. Die Füße der Gottesmutter ruhen auf einer Erdkugel, und dort sind die einstigen Besitzungen Portugals in Afrika durch grelle Farben besonders hervorgehoben. Die letzten Gläubigen haben zwei Sträuße mit welkenden Blumen vor dem Tabernakel aufgestellt. Zwischen den verstaubten Holzbänken entdecke ich eine afrikanische Trommel. Auf der Suche nach der Sakristei stoße ich auf eine überlebensgroße Herz-Jesu-Statue aus Stein. Der Erlöser, so scheint mir, fixiert mich mit einem starren Lächeln. Die rechte Hand, die er zum Segen erheben möchte, wurde durch eine Granate abgerissen.

KONGO II

Der böse Zauber Laurent Kabilas

Kinshasa, im März 2001

Ein gigantischer schwarzer Pfeiler, ein mißratener Eiffel-Turm aus Beton versperrt den purpurfarbenen Abendhimmel. Dieses monströse Denkmal war noch von Marschall Mobutu zu Ehren Patrice Lumumbas gleichzeitig mit dessen Proklamation zum kongolesischen Nationalhelden in Auftrag gegeben worden. Es wurde nie vollendet. Angeblich hatte man das Geld unterschlagen, der italienische Baumeister versagt, war das Projekt zu teuer geworden. In Wirklichkeit fühlte sich Mobutu schon wieder stark genug, um auf eine solche posthume Huldigung an seinen ermordeten Gegenspieler zu verzichten. Das Monument blieb ein Torso, aber es besitzt so gewaltige Dimensionen, daß es von allen Stadtvierteln Kinshasas zu sehen ist. Es wurde zum Wahrzeichen der Hauptstadt. Sogar vom Präsidentenpalast auf der Ngaliema-Höhe blickt man auf dieses häßliche Gebilde, das sich wie ein mahnend erhobener Finger in den dunstigen Äquator-Himmel bohrt. Der klotzige Sockel ruht auf einer Art Autobahnzufahrt, »l'échangeur« genannt. Nach allen Seiten heben sich geschwungene Betonkonstruktionen wie überdimensionale Ski-Schanzen ab. Die oberste Spitze läuft wie eine Zigarrenhülse aus.

Seltsam, wie heute – angesichts des bodenlosen Unheils, in das die Demokratische Republik Kongo gestürzt ist – der Kult um Patrice Lumumba wieder auflebt, ja zur Richtschnur einer jeglichen politischen Erneuerungs-Utopie geworden ist. Der Revolutionär aus Stanleyville ist, so zynisch es klingen mag, rechtzeitig ermordet worden, blieb verschont von der unvermeidlichen Korruption, von den despotischen Exzessen, denen auch er – wenn er überlebt hätte – anheimgefallen wäre. In der Fäulnis von Kinshasa trifft der Buchtitel von Anna Seghers »Die Toten bleiben jung« auf diesen afrikanischen Politiker zu. Man möchte hinzufügen: »Nur die Toten bleiben jung.«

Ich war dankbar, als mich ein Wagen der Botschaft bei meiner Ankunft aus Luanda am Flugplatz Ndjili abholte. Sonst hätte ich endlose und höchst kostspielige Einreiseprozeduren durchlaufen müssen ohne Gewähr, mit meinem kompletten Gepäck das rettende »Hotel Memling« zu erreichen. Der Airport wird von Soldaten aus Simbabwe militärisch abgeschirmt. Diese Truppe des Präsidenten Robert Mugabe, die dem Kongo-Usurpator Laurent Kabila 1997 zu Hilfe eilte, war es auch, die den letzten verzweifelten Ansturm des Tutsi-Oberst Kabarere in ihrem konzentrischen Artilleriefeuer längs der Straße nach Ndjili zusammenbrechen ließ.

Die Kongo-Metropole hat sich bis an den Rand des Flugplatzes herangeschoben. Sechs Millionen Menschen bewegen sich dort in der Abenddämmerung wie ein riesiger Termitenhaufen. Neben den armseligen Blechhütten reihen sich Tausende winziger Verkaufsstände mit allem nur denkbaren Ramsch aneinander. In Ermangelung von Elektrizität sind überall Kerzen angezündet worden. Ein Massenflug von Glühwürmchen scheint sich der asphaltierten Savannenpiste bemächtigt zu haben, und dann wirkt das Ganze wie ein endloser Friedhof am Allerseelen-Fest. Aus dem Auto halte ich nach politischen Proklamationen Ausschau. Vor allem sind es Banderolen mit Werbung für Mobil-Telefone, E-Mail und Internet, die sich über die Fahrbahn spannen. Eine Reklame wiederholt sich immer wieder mit großen Lettern und einem glücklich lächelnden Mohrenkopf: »Je suis connecté au meilleur réseau cellulaire Celtel: A moi la parole – Ich bin an das beste Handy-System Celtel angeschlossen: Ich habe das Wort!«

Doch dann entdecke ich das schwarz-weiße Plakat, das den selbsternannten Staatspräsidenten Laurent Désiré Kabila verherrlichen soll. Vor zwei Monaten erst, am 16. Januar 2001, ist dieser Gewaltmensch im Marmor-Palast seines Vorgängers Mobutu Sese Seko ermordet worden. Die offizielle Staatstrauer ist längst beendet, aber noch immer klebt überall das Porträt dieses Tyrannen – der gewaltige kahle Schädel mit dem lauernden Blick – an den Mauern der Hauptstadt. Kabila wird aus unerfindlichen Gründen in allen offiziellen Verlautbarungen und auf diesem Poster als »Mzee«, als »der Weise« verehrt. Doch die Masse der Kongolesen lebt weiterhin in Angst vor diesem bösen Dämon und seinen Zauberkräften.

Ein seltsames Schicksal weist mir das »Hotel Memling«, im Herzen der früheren Europäerstadt gelegen, als Unterkunft zu. Schon 1956 war ich dort abgestiegen. Damals hatte ich, gefolgt von einem schwarzen Koffertäger, die Distanz vom »Beach«, von der Anlegestelle der Kongo-Fähre aus Brazzaville, zu Fuß zurückgelegt. Das »Memling« ist unlängst durch die Luftlinie Sabena aufwendig restauriert und modernisiert worden. Der klimatisierte Luxus dieser Schutzburg für zahlungskräftige Ausländer kontrastiert mit dem afrikanischen Elend, das sich ringsum ausbreitet. Bis an das verchromte Eingangsportal drängt sich die armselige, aber auch leutselige Schar von Bettlern und Zigarettenhändlern, von Geldwechslern und Taschendieben, von Souvenir-Händlern und Sonntagsmalern, von Krüppeln und Ganoven. Sie werden durch ausgesucht kräftige Portiers in Schach gehalten.

In diesem Gewühl sortiert der schwarze Empfangschef des Hotels meinen Fahrer Faustin aus, der mir von nun an mit seinem klapprigen, immerhin klimatisierten Citroën zur Verfügung steht und sich sehr bald als unentbehrlich erweist. Faustin ist ein etwa dreißigjähriger agiler Kongolese, der mit jeder Situation fertig wird und sehr schnell mein Vertrauen gewinnt. Er redet mich – nach Eingeborenenbrauch und als Zeichen des Respekts vor meinem Alter – mit »Papa« an, was mich belustigt, muß ich doch an jenen Staatschef der Zentralafrikanischen Republik, Jean-Bedel Bokassa denken, der – bevor er als angeblicher Kannibale in Bangui eingekerkert wurde – mit irrsinnigem Prunk im Jahr 1977 die Krönung Napoleon Bonapartes imitiert und sich zum Kaiser von Zentralafrika proklamiert hatte. Bokassa hatte den von ihm abgöttisch verehrten General de Gaulle ebenfalls stets mit »Papa« angesprochen, bis dieser ihn freundlich zurechtwies: »Voyons, Bokassa, je ne suis pas votre père – Hören Sie mal, Bokassa, ich bin doch nicht Ihr Vater.«

Unter dem armen Volk, das das »Memling« stets belagert, spricht sich schnell herum, daß ich mich auf keine Geschäfte einlasse und auch kein geeignetes Opfer für »Pickpockets« bin. Im übrigen stehe ich ja jetzt unter dem Schutz meines Fahrers, und sobald ich über die Hotelschwelle trete, ertönt der vielstimmige Ruf: »Faustin, wo ist denn Faustin?«, bis man ihn in einer Kaschemme oder auch im nahen Internet-Café gefunden hat.

Mein erster Ausflug, so weise ich Faustin an, soll mich zu jener großen gelben Villa am Kongo-Ufer führen, wo ich im Verlauf des dramatischen Jahres 1960 der nunmehr legendären Gestalt Patrice Lumumbas so oft begegnet war. In dieser Residenz des früheren belgischen Generalgouverneurs hatte der erste schwarze Regierungschef seinen Amtssitz eingerichtet. Es ging in jener frühen und turbulenten Phase der Unabhängigkeit noch recht burschikos und ungezwungen zu zwischen den Pressevertretern und den frischgebackenen afrikanischen Exzellenzen. Hinzu kam, daß Lumumba früher einmal von Stanleyville aus als »stringer« für die französische Nachrichtenagentur AFP gearbeitet hatte. Von dieser Berufsgattung blieb er offenbar so fasziniert, daß ihm – während seiner halbjährigen Amtszeit als Premierminister – die tägliche Pressekonferenz wichtiger erschien als die Kabinettssitzungen.

Dabei lieferte Lumumba immer wieder Beweise seines taktischen Geschicks. Trotz aller Heftigkeit ließ er sich nicht zu unbedachten Äußerungen hinreißen, zur großen Enttäuschung all jener, die ihn gern zu anti-amerikanischen Brandreden aufstacheln wollten. Dieser schwarze Nationalist blieb Anhänger des »positiven Neutralismus«. Der Premierminister verfügte nur über ein begrenztes französisches Vokabular. Er trug seine Anklagen mit ruhiger, eindringlicher Stimme vor. Aufgrund gewisser Artikulationsschwierigkeiten sagte er stets »Blèges« statt »Belges«. Sein Standardsatz, der auf keiner Pressekonferenz ausgelassen wurde, lautete: »Les Belges n'ont rien compris à la psychologie africaine – Die Belgier haben von der afrikanischen Psychologie nichts begriffen.« Im Munde Lumumbas wurde diese Elementarwahrheit verzerrt zu dem Ausspruch: »Les Blèges n'ont rien compris à la pisskologie africaine.« Das reichte aus, um bei Reportern und Photographen helle Freude zu stiften. Dennoch war er ein meisterhafter Rhetor. Wenn er antwortete, warf er den Kopf zurück, und es spielte oft ein triumphierendes Lächeln um seinen Mund. Es gehörte schon einige Voreingenommenheit dazu, auf sein »Mephisto-Bärtchen« zu verweisen, die rollenden Augäpfel hinter den dicken Brillengläsern als beängstigend zu empfinden oder ihn gar als einen »schwarzen Lenin« zu bezeichnen, wie das so mancher weiße Korrespondent immer wieder tat.

»Statt zu regieren, hält dieser Mann Pressekonferenzen ab«, schimpften die Ratgeber aus Ghana, deren Enttäuschung über Lumumba wuchs. Doch der Premierminister war ein realistischer Demagoge. Er wußte, daß nur die heftigsten Kampfparolen gegen die Kolonialisten die Völkerschaften des Kongo zusammenschweißen konnten. Hätte er sich mit konkreten Vorschlägen zum wirtschaftlichen und politischen Aufbau befaßt, dann wäre seine disparate Gefolgschaft schnell auseinandergelaufen. Lumumba brauchte den belgischen Popanz, um die Einheit seines riesigen Landes zu wahren, um mit Hilfe des Ausnahmezustandes die eigene Herrschaft zu festigen. Nur fragte man sich besorgt in Leopoldville, wer nach den Belgiern als Sündenbock in Frage käme, um die politische Stimmung weiterhin auf dem Siedepunkt zu halten. Schon wurden die Vereinten Nationen als Zielscheibe genannt. Generalsekretär Dag Hammarskjöld fühlte sich persönlich anvisiert.

Lumumba war ganz und gar Bantu, der »wahre Sohn Afrikas«. Er maß der verbalen Beschwörung eine fast magische Bedeutung bei, glaubte wohl, daß das Wort die Tat erzwingen könne. Tatsächlich war seine Rhetorik bis zum Ende seine wirksamste Waffe. Weil seine Gegner die Zündkraft seiner Rede fürchteten, sahen sie keinen Ausweg als seine Beseitigung. Sie machten ihn im wahrsten Sinne des Wortes »mundtot«.

Es war eine extravagante Situation damals am Kongo entstanden, »halb Rüpelspiel, halb Tragödie«, wie der britische Premier Macmillan es beschrieb. Wäre der englische Autor Evelyn Waugh noch am Leben gewesen, hätte er über die Ereignisse in Zentralafrika in ähnlich ätzender Form berichten können wie über den Abessinien-Krieg von 1936. Die agierenden Personen in Leopoldville waren durchaus würdig, in der Nachfolge von »Scoop« oder »Black Mischief« zu figurieren. Mancher weiße Reporter hätte den Redaktionen des »Daily Brute« und des »Daily Beast« alle Ehre gemacht.

Den Vogel schossen jedoch die Amerikaner ab. Erst zwanzig Jahre später wurden die geheimen Anweisungen der CIA, die »Congo Cables«, durch Madeleine Kalb veröffentlicht, das volle Ausmaß des Komplotts enthüllt, das in Langley, in der Absicht, Lumumba zu beseitigen, geschmiedet worden war. Leider bin ich nicht der seltsamen Gestalt begegnet, die unter dem Decknamen »Joe from Paris« – in Wirklichkeit hieß er wohl Sidney Gottlieb – im Herbst 1960 vom amerikanischen Geheimdienst an den Kongo entsandt wurde, um Patrice Lumumba aus dem Weg zu räumen. In enger Zusammenarbeit mit dem CIA-Residenten Larry Devlin war er beauftragt, sich in die Umgebung des Regierungschefs einzuschleichen und dessen Zahnpasta eine tödliche Dosis Gift beizumischen. Der Anschlag mißlang – wie später ähnlich lächerliche Aktionen gegen Fidel Castro. Das Gift, das auf Grund langer Lagerung seine Wirkung verloren hatte, wurde von Devlin persönlich in den Kongo geworfen.

Daß sich der ehemalige CIA-Agent dieser unrühmlichen Episode später vor laufender Kamera brüsten und sich – gemeinsam mit seinem belgischen Kollegen – des Mordkomplotts gegen Patrice Lumumba rühmen sollte, ist wohl nur durch die Tendenz ehemaliger Geheimdienst-Prominenter zu erklären – man denke an den Deutschen Reinhard Gehlen, die Franzosen de Marenches und Aussaresses sowie die zahlreichen britischen »Überläufer« – die langen Jahre erzwungener Geheimhaltung durch späte, hemmungslose Publicity zu kompensieren. In der eindringlichen Fernsehdokumentation »Mord im Kolonialstil«, die für das Deutsche Fernsehen unlängst produziert wurde und zu der der Autor mich mehrfach befragt hatte, beanstande ich lediglich, daß er meine Beurteilung des kongolesischen Premierministers grob verfälscht wiedergegeben hat und den blutrünstigen Aussagen subalterner belgischer Folterknechte übertriebene Bedeutung einräumte.

»Lumumba ist ganz Afrika«

Der Weg zur gelben Villa am Strom, zu jener Stelle, wo der Kongo sich allmählich zum »Pool« weitet, bleibt uns an diesem heißen Märztag 2001 versperrt. Faustin hatte mich gewarnt. Die gesamte Umgebung des Marmorpalastes ist seit geraumer Zeit militärisches Sperrgebiet. Es sind nicht etwa Kongo-Soldaten, die mehrheitlich die Sicherung dieses Machtzentrums übernommen haben, sondern die Eindringlinge aus Angola und Simbabwe. Auf etwa 8000 Mann wird die Truppenpräsenz des angolanischen Präsidenten dos Santos im Großraum Kinshasa geschätzt. Im »Camp Kokolo« ist die Verfügungstruppe Mobutus entwaffnet worden. Vergeblich versuche ich, wenigstens bis zu der Höhe durchzudringen, wo dem unermüdlichen, gewalttätigen Entdecker Zentralafrikas, Henry Morton Stanley, den die Schwarzen »Bula Matari – Felszertrümmerer« nannten, einst ein Denkmal errichtet worden war. Statt seiner ragt nach der Unabhängigkeitserklärung ein nackter Afrikaner aus Bronze, mit Speer und Schild bewaffnet, über dem großen »Zadi« und verharrt in siegreicher Pose. Aber auch zu ihm ist kein Durchkommen.

Irgendwie erinnert mich diese rigorose Straßenblockade an mein letztes Zusammentreffen mit Patrice Lumumba Ende September 1960. Er war ringsum eingekreist durch die schwarzen Soldaten der ehemaligen »Force Publique«, die ihm nach dem Leben trachteten und Maschinengewehre auf seinen Amtssitz gerichtet hielten. Es mußte schlecht stehen um den belagerten

Regierungschef. Er hatte mich zu einem exklusiven Fernsehinterview zugelassen. Es war mein erstes Experiment mit diesem neuen Medium. Der Saarländische Rundfunk hatte ein Team nach Leopoldville geschickt.

Im Innern der Residenz frappierte mich die Einsamkeit Lumumbas. Nur wenige Getreue waren bei ihm geblieben. Er öffnete uns selbst die Tür zu seinem Büro mit den Mahagonimöbeln und den gelb bezogenen Sesseln. Sein Lächeln wirkte erstarrt, aber seine Liebenswürdigkeit war bestechend. Aus dem Fenster blickte er auf die Blauhelme aus fünf Ländern Afrikas, die ihn angeblich schützen sollten. Mit Geduld ließ der Premierminister die schleppende Installierung von Kameras und Scheinwerfern über sich ergehen. Dann fiel der Strom aus, und die Handlampen mit den schwachen Batterien spendeten nur unzureichend Licht. Draußen wurde der Kongo von gewaltigen Blitzen erhellt.

Natürlich kannte Lumumba mich von den zahllosen Pressekonferenzen. Ohne Spannungen waren diese Veranstaltungen nicht abgelaufen. »Aus Ihrer Frage spricht eine typisch kolonialistische Haltung«, hatte er mich eines Tages getadelt, als ich mich nach den Unruhen in Kasai erkundigte. Trotzdem war eine gewisse Vertrautheit zwischen uns entstanden, und an diesem gewittrigen Nachmittag begegneten wir uns in einer fast brüderlichen Stimmung. Der Mann war gehetzt, verfemt, sein Leben bedroht, und das genügte, um ihn sympathisch erscheinen zu lassen.

Patrice Lumumba unternahm den Versuch, die Weltöffentlichkeit zu seinen Gunsten umzustimmen. Der Premierminister – das zeigte er schon in den ersten Aussagen seines Interviews – wollte auch im Westen Sympathien sammeln. Seit er nicht mehr auf die Ratgeber aus Guinea hörte, die ihn zu radikalen Stellungnahmen verleiteten, sondern auf Empfehlungen aus Ghana, gab er sich als kongolesischer Patriot, der mit allen politischen Richtungen einträglich zusammenarbeiten möchte, der darüber wachte, daß der Kongo nicht einseitig in das Fahrwasser des Ostens geriet.

Lumumba stimmte mit dem damaligen Ghana-Präsidenten Kwame Nkrumah darin überein, daß die Vereinten Nationen am Kongo ausschließlich durch afrikanische Truppenkontingente vertreten sein sollten. »Wir Afrikaner kennen unsere eigenen Probleme am besten, und unter uns Afrikanern wird es auch nicht zu Mißverständnissen kommen, wie sie leider gelegentlich hier mit den Vertretern anderer Nationen aufgetreten sind«, sagte er. Auf meine Frage nach den weiteren Etappen des gesamt-afrikanischen Kampfes gegen die Kolonialherrschaft ging Lumumba nur sehr zurückhaltend ein. Er hütete sich, Angola, Rhodesien oder Südafrika zu nennen. »Sicher müssen alle afrikanischen Völker frei und unabhängig werden«, antwortete er, »aber die genaue Marschroute liegt noch nicht fest. Das hängt auch von der weiteren Entwicklung am Kongo ab.«

Das Fernseh-Team war schon dabei, die Geräte abzubauen, da lud mich der Premierminister zu einem Zwiegespräch in die Sesselecke ein. Es war seine letzte Aussage vor einem Journalisten. Sein Gesicht war ernst geworden. »Wie sehen Sie Ihre persönliche Zukunft?« forschte ich. Er schwieg eine Weile. Die sonst so unruhigen Augen blickten sehr gelassen, fast mit einer religiösen Verinnerlichung an mir vorbei. »Es sieht schlecht aus für mich«, gab Lumumba zu; »vielleicht werde ich für die Einheit und Unabhängigkeit meines Landes sterben müssen«, sagte er wörtlich; »vielleicht muß ich dem Kongo durch meinen Opfertod den größten Dienst erweisen. Afrika braucht einen Märtyrer.«

*

Wenige Wochen nach diesem letzten Gespräch hatte Lumumba mit Hilfe ägyptischer Diplomaten versucht, nach Stanleyville zu entkommen, wo sein Vertrauensmann Antoine Gizenga eine Gegenregierung gebildet hatte und die Gunst des Ostblocks genoß. Die Flucht war gut organisiert. Die Soldaten Mobutus, die seit Wochen die Residenz am Strom umstellten, hatten sich vor der Dusche eines Gewitterregens unter die Veranden der umliegenden Verwaltungspavillons zurückgezogen. Zu diesem Zeitpunkt suchte die Limousine mit dem Premierminister überraschend das Weite. Oder war er auf einem Boot entronnen? Seine Freunde in Afrika und in aller Welt triumphierten. Radio Moskau verkündete schon frohlockend, Lumumba sei jetzt in Sicherheit, er habe die Grenze von Kasai erreicht. Das Ausland hatte die Rechnung ohne den neuen Sicherheitschef Mobutus, Major Pongo, gemacht, der sich in Begleitung von nur sechs Soldaten dem Flüchtigen an die Fersen heftete und ihn an einer Flußfähre einholte.

Lumumba wurde nach Leopoldville zurücktransportiert. Gefesselt, in zerrissenem Hemd, ohne Brille wurde er auf einem Armeelastwagen der johlenden Menge zur Schau gestellt. Das Lenin-Bärtchen hatte man ihm abrasiert. Die uniformierten Häscher traten dem Kauernden in die Hüften, zerrten ihn an den Haaren. Die kurzsichtigen Augen Lumumbas drückten eher Erstaunen als Entsetzen aus. Ein Photograph hielt die Szene fest. Das Bild des geschundenen Nationalhelden ging rund um die Welt. Es bleibt bis zum heutigen Tag die symbolträchtige Ikone der afrikanischen Befreiung.

An jenem frühen Dezembertag 1960 schien das Schicksal Lumumbas besiegelt. Mobutu brüstete sich als starker Mann. Die Zellentür des Militär-Camps Hardy von Thysville fiel – so mußte man annehmen – hinter einem gebrochenen Mann ohne Zukunft ins Schloß. Aber kaum war ein Monat verflossen, da hoben in der ganzen Republik die Lumumba-Anhänger wieder das Haupt. Im »Hotel Royal«, wo der Inder Dayal, der neue Bevollmächtigte Hammarskjölds, ganz offen mit dem gestürzten Regierungschef sympathisierte, aber auch in jenen westlichen Botschaften, wo man für Mobutu und Kasavubu aktiv die Karten mischte, setzte sich die Überzeugung durch, daß für Lumumba kein Ersatz und auch kein ebenbürtiger Gegner da war. »In vier Wochen spätestens«, so munkelten die Diplomaten aus den NATO-Ländern resigniert, »ist Lumumba wieder im Sattel.« Eigenartig war es schon, daß dieser angeblich entmachtete Mann aus seiner Kerkerzelle in Thysville die halbe Kongo-Republik beherrschte. Lumumba war gefangen, doch seine Gefolgsleute hatten sich in Stanleyville behauptet. Sie hatten die Kivu-Provinz unter ihre Kontrolle gebracht und waren in Nord-Katanga eingefallen. Lumumba war gefangen, doch sein Schatten, sein Gespenst, ging weiter im Regierungsviertel Kalina um. Aus der gelben Villa am

Strom war eine Art afrikanischer Kyffhäuser geworden. Statt der Raben der Barbarossa-Sage kreisten bei Sonnenuntergang winzige Fledermäuse mit piepsigem Gekreisch um die Residenz.

Am 17. Januar 1961 schlug die Meldung wie eine Bombe in der aufgeregten Journalisten-Runde von Leopoldville ein. Patrice Lumumba, so hieß es, sei in einen Kerker Katangas transferiert worden. Seine Präsenz in der Haftzelle des Militärlagers Thysville war zu bedrohlich geworden. Wer konnte schon garantieren, daß er dort nicht von meuternden Soldaten befreit und als triumphierender Volksheld nach Leopoldville zurückgebracht würde? Die Verschleppung des gestürzten Premierministers nach Katanga – so hörte man aus der brodelnden Gerüchteküche – sei von Kasavubu und Mobutu angeordnet und mit Hilfe belgischer »Spezialisten« durchgeführt worden. Wo Lumumba in Katanga gefangengehalten wurde, wußte niemand. Er befand sich angeblich im Gewahrsam seines Todfeindes Tshombe und mußte das Schlimmste befürchten.

Die tragische Entführung nach Katanga, nur ein Jahr nach seinem kometenhaften Aufstieg, war dazu angetan, das mystische Gemüt der afrikanischen Massen aufzuwühlen. Die Gefängniszelle hat dem Prestige eines Politikers noch nie geschadet, wohl aber dem Ansehen des Kerkermeisters. Schon verglich der Volksmund den Häftling Tshombes mit einem wundertätigen Vorgänger. Simon Kimbangu, ein Prophet des Bakongo-Volkes und Prediger des schwarzen Erwachens, hatte ein halbes Menschenleben hinter den Gittern von Jadotville im Kerker verbracht und war dort zu Zeiten der Belgier gestorben. Seinem religiösen und politischen Einfluß hatte das keinen Abbruch getan.

Je hoffnungsloser der Staat in Anarchie und Elend versank, desto leuchtender erschien vielen einfachen Kongolesen die Gestalt ihres Premierministers. Im Grunde seines Herzens machte der Schwarze ja nicht die Machtkämpfe seiner Politiker für das Unglück seines Landes verantwortlich. Für ihn war der böse Fetisch des weißen Mannes an allem schuld, und der rächte sich dafür, daß der Eingeborene nach der verbotenen Frucht, nach der erlösenden magischen Kraft der »Indépendance« gegriffen hatte. Ähnlich wie die Katechumenen der Kimbangu-Sekte bei ihrem religiösen Einführungsunterricht hätten die Lumumba-Anhänger auf die Frage: »Warum ist Patrice Lumumba verhaftet worden?« antworten können: »Um Zeugnis abzulegen von der Freiheit und Würde des schwarzen Mannes, deshalb mußte Patrice Lumumba eingekerkert werden; denn zur vorbestimmten Zeit erwählte Gott einen Menschen der schwarzen Rasse, um sein Volk aus der Knechtschaft zu führen ...«

*

Warum ich mich zurückblickend so intensiv mit dem Schicksal dieses Vorkämpfers afrikanischer Emanzipation beschäftige? Weil der Märtyrer Patrice Lumumba mehr denn je wieder präsent ist im politischen Leben Kinshasas. Schon wird sein Untergang mit der Ermordung Laurent Kabilas in einen mysteriösen Zusammenhang gebracht. Faustin hat mir eben das Flugblatt der »Vereinten Lumumbisten-Partei – Parti Lumumbiste Unifié« – zugesteckt, deren Generalsekretär kein anderer ist als Antoine Gizenga, der ehemalige Statthalter von Stanleyville. Schon der Name Lumumba ist ein Programm, und warum sollte ich nicht eine sehr persönliche Anekdote aus meinem Korrespondentenleben zum Besten geben, die uns in den Januar 1961 zurückversetzt:

Ich war in meinem Zimmer des »Hotel Regina« während der Siesta fest eingeschlafen, nachdem ich zwei besonders hartnäckige Kakerlaken vom Kopfkissen verjagt hatte. Da schrillte das Telefon. »Un Monsieur vous demande«, sagte die Vermittlung. Es meldete sich eine Stimme mit afrikanischem Akzent. »C'est Marcel«, meldete sich der Anrufer. Er könne aus Sicherheitsgründen nur seinen Vornamen nennen. Ich wußte sofort, mit wem ich sprach. Marcel Lengema war einer der klügsten Politiker am Kongo, ein persönlicher Vertrauter Patrice Lumumbas aus dessen Kinderjahren. Ich war ihm ein Jahr zuvor auf einem Panafrikanischen Kongreß in Tunis zum ersten Mal begegnet, und wir hatten gleich miteinander sympathisiert. Er entstammte einer Häuptlingsfamilie aus der Gegend von Stanleyville. Sein Vater hatte als Korporal der belgischen Kolonialtruppe gegen die Askari Lettow-

Vorbecks in Deutsch-Ostafrika gekämpft und deshalb das Wohlwollen der flämischen Administration genossen.

Marcel war ein wohlerzogener junger Mann. Neben seinem ungestümen, überreizten Weggefährten Lumumba wirkte er gelassen, fast weise. Obwohl er nur am Rande der offiziellen Regierung fungierte, waren mir seine Sachkenntnis und sein Rat oft wertvoll gewesen.

An diesem Nachmittag schluchzte er vor Erregung. »Sie haben die Meldung gehört?« fragte er. Ich bejahte. Einem offiziellen Kommuniqué zufolge war Lumumba gemeinsam mit seinen Leidensgenossen Mpolo, dem ehemaligen Jugendminister, und Okito, dem Senatspräsidenten, aus der Haft in Katanga geflohen. Angeblich konnten sie aus dem Gehöft nahe der Angola-Grenze, wo sie zuletzt gefangengehalten wurden, ausbrechen. Sie hatten, so hieß es, ihre Wächter überwältigt und waren in einer schwarzen Limousine unter Mitnahme von zwei Gewehren entkommen. Ich wiederholte am Telefon diese Version, die bereits über die Fernschreiber tickte.

»Das ist doch eine schamlose Lüge«, brauste Lengema auf. »Sie haben Lumumba umgebracht; sie haben ihn ermordet. Ich bitte Sie inständig, teilen Sie der Weltöffentlichkeit die Wahrheit mit. Lumumba ist tot. Er ist für seine Ideale gestorben, als Held.« Ich fragte den Kongolesen, wo ich ihn in den nächsten Tagen erreichen könnte. »Ich muß jetzt untertauchen, mich in der Cité verstecken«, antwortete er. Ich bot ihm meine Hilfe an, aber das lehnte er ab. »Sie müssen die Hiobsbotschaft publik machen, nur das zählt«, beschwor er mich; dann hängte er ein.

In aller Eile streifte ich Hemd und Hose über und eilte zum »Beach«. Die Fähre setzte mich nach Brazzaville über. Um vier Uhr nachmittags stand stets eine Radiofrequenz über Paris nach Saarbrücken offen, von wo meine Kommentare an die übrigen Hörfunk-Stationen der ARD übermittelt wurden. Die Verbindung klappte auch diesmal reibungslos. Etwas atemlos gab ich meiner Heimatredaktion den »Scoop«, die Ermordung Lumumbas, durch. Doch am anderen Ende der Leitung – 6000 Kilometer entfernt – stieß ich auf Skepsis. Keine der großen Nachrichten-Agenturen hatte den Tod des kongolesischen Regierungschefs gemeldet. Alle redeten hingegen von seiner gelungenen Flucht. Von den neun Sendern der ARD haben sich an jenem Abend nur drei dazu aufgerafft, meine Exklusiv-Nachricht ihren Hörern weiterzugeben.

*

Die wahre Geschichte von Lumumbas Tod habe ich erst ein paar Monate später im April 1961 erfahren. Ich wohnte zu dieser Zeit in einem Apartment-Haus hinter dem »Hotel Memling«. Mein schwarzer Diener Maurice teilte mir eines Tages mit, ein gewisser »Monsieur Barnabé« habe in meiner Abwesenheit vorgesprochen, sich als Freund des Sicherheitschefs Nendaka bezeichnet und mich gebeten, am späten Abend in den Nightclub »Afro-Négro« zu kommen. Sehr empfehlenswert war dieser Treffpunkt nicht, und Nendaka war eine mächtige, aber zwielichtige Figur. Der »Afro-Négro« war vor kurzem eröffnet worden, verfügte über ein vorzügliches Orchester, galt aber ansonsten als Jagdrevier einer gehobenen Kategorie schwarzer Freudenmädchen. Wer sich als Weißer in diese Nahkampfdiele begab, geriet schnell in den Ruf »de s'encanailler«. Es stank dort nach Schweiß, Bier und Qualm.

Ich hatte mich kaum durch das Gewühl kreischender Mädchen und verzückt tanzender Afrikaner zu einem freien Tisch durchgedrängt und einen wäßrigen Whisky bestellt, da setzte sich ein hünenhafter bärtiger Kongolese mit knallbuntem Hawaii-Hemd zu mir. »Mein Name ist Barnabé«, sagte er und warf einen mißtrauischen Blick auf die angetrunkene Runde von Belgiern, die sich am Nebentisch zuprostete. Im Gedröhn des Cha-Cha-Cha war die Gefahr gering, daß jemand zuhören konnte. »Ich habe zwar behauptet, ich sei von Nendaka geschickt«, begann Barnabé, »aber ich habe mit diesem mörderischen Polizisten nichts zu tun. Im Gegenteil. Nendaka würde mich sofort verhaften lassen, wenn er wüßte, daß ich hier bin. Meine Freunde sind die Revolutionäre von Stanleyville, und in deren Auftrag soll ich Ihnen die tatsächlichen Umstände der Ermordung Patrice Lumumbas berichten.«

Seine Schilderung war faszinierend: Anfang Januar 1961 seien Kasavubu und Mobutu zu der Überzeugung gelangt, daß nur eine Entfernung Lumumbas aus dem brodelnden Militärlager von Thysville die Gefahr seiner neuerlichen Machtergreifung bannen könnte. Am 17. Januar wurde ein belgisches Flugzeug requiriert, Lumumba sowie seine Gefolgsleute Mpolo und Okito unter strikter Bewachung an Bord gebracht. Das Ziel des Fluges war jedoch nicht die Katanga-Hauptstadt Elisabethville gewesen, wie seitdem hartnäckig behauptet wird. Tshombe habe sich energisch geweigert, den prominenten Gefangenen entgegenzunehmen, den man ihm unter dem Code-Satz »le coli est envoyé – das Paket ist abgeschickt« angekündigt hatte. Moise Tshombe habe sogar den Flugplatz von E-ville sperren lassen, um einen Landeversuch dieser kompromittierenden Fracht zu verhindern. Deshalb nahm der Gefangenentransport Kurs auf Bakwanga, die Hauptstadt des Diamantenstaates Albert Kalondjis, eines Politikers, der sich inzwischen in einer Anwandlung akuter Paranoia zum »Kaiser von Süd-Kasai« hatte ausrufen lassen.

Das kongolesische Wachkommando, das sich aus eingeschworenen Stammesfeinden des gestürzten Premierministers zusammensetzte, begann ein gräßliches Spiel, sobald das Flugzeug in Kitona abgehoben hatte. Die Soldaten schlugen mit Gewehrkolben auf die Häftlinge ein und traktierten sie mit Fußtritten. Die Marter-Szenen waren so unerträglich, daß die beiden belgischen Piloten drohten, an ihren Ausgangspunkt zurückzufliegen, falls die Mißhandlungen nicht sofort aufhörten. Zu diesem Zeitpunkt war Lumumba bereits blutüberströmt zusammengebrochen.

»Was hatte Kalondji mit Lumumba vor?« fragte ich. Barnabé stieß ein grell bemaltes Mädchen beiseite, das versuchte, sich ihm auf den Schoß zu setzen. »Kaiser Kalondji bereitete sich auf seine große Stunde vor«, fuhr er fort, »auf die gnadenlose Abrechnung mit seinem Todfeind. Er hatte die Baluba-Häuptlinge von Süd-Kasai um sich versammelt. Sie wollten Lumumba nicht nur feierlich hinrichten, sie waren entschlossen, seinen Leichnam zu verspeisen.« – Ich schüttelte den Kopf. »Jetzt geht wohl doch die Phantasie mit Ihnen durch«, mahnte ich Barnabé, der aber überlegen abwinkte. »Wann werdet ihr Weißen endlich begreifen, was in Afrika vorgeht? Natürlich wollten die Baluba-Häuptlinge Lumumba nicht aufessen, weil sie Hunger hatten. Sie sind lange genug in Afrika, um zu wissen, daß die Anthropophagie – dort wo sie praktiziert wird – einer sakralen Handlung gleichkommt, daß sie wie eine mystische Vereinigung zelebriert wird. Mit der Leber und dem Herzen des Getöteten nimmt der Kommunikant, wenn Sie mir diesen Ausdruck gestatten, die Lebenskraft, die ›force vitale‹ des Geopferten in sich auf. Er macht sich dessen magische Gaben zu eigen. Im Falle Lumumbas wollten Kalondji und seine Kumpanen der gewaltigen Zauberkunst, des Charismas dieses mächtigen Volkstribuns teilhaftig werden.«

»Aber Kolondji ist doch Christ, er ist auf eine Missionsschule gegangen«, protestierte ich. Barnabé sah mich nachdenklich, mit einem seltsamen Lächeln an. »Sie halten mich vielleicht für einen kleinen Gangster oder einen Zuhälter mit politischen Ambitionen«, sagte er. »In Wirklichkeit war ich Seminarist, habe es bis zum Diakonat gebracht. Das Menschenopfer, das sollte doch auch für euch Europäer ein gewohntes Ritual sein. Wie heißt es bei der eucharistischen Wandlung? Ecce enim corpus meum – dieses ist wahrlich mein Leib. Mysterium fidei. Mit dem christlichen Geheimnis der Transsubstantiation haben wir Afrikaner nie ein Glaubensproblem gehabt.«

»Wie ging es weiter mit Lumumba?« forschte ich. Barnabé lächelte wieder. »Beruhigen Sie sich. Der Nationalheld des Kongo ist nicht im Magen von ein paar Baluba-Kriegern geendet.« Als das Flugzeug zur Landung in Bakwanga ansetzte, entdeckten die belgischen Piloten, daß die Rollbahn durch UN-Soldaten aus Ghana blockiert war. Sie starteten durch. Jetzt blieb ihnen nichts anderes übrig, als doch nach Elisabethville zu fliegen. Über Funk kam es zu Kontroversen mit dem Kontrollturm von E-ville. Am Ende des Palavers erteilte Innenminister Munongo die Landeerlaubnis. Im Gegensatz zu Tshombe wollte sich dieser Nachkomme des gefürchteten Lunda-Königs Msiri die Beute nicht entgehen lassen. Die Maschine wurde ans äußerste Ende der Piste dirigiert und militärisch abgeschirmt. Zwischen Bakwanga und

Elisabethville waren die Gefangenen erneut gequält worden. Als die Maschine ausgerollt war und die Hinterluke sich öffnete, wurde Patrice Lumumba als blutiges, zuckendes Bündel auf den Beton geworfen. Ein Lastwagen der Katanga-Gendarmerie fuhr mit den drei bestialisch Gefolterten davon. Ein belgischer Capitaine soll Lumumba den Gnadenschuß gegeben haben. Die zerstückelte Leiche des kongolesischen Premierministers wurde dann in eine Grube mit ungelöschtem Kalk versenkt, damit keine Reliquien von ihm übrigblieben. Moise Tshombe sei über die Vorgänge, deren politische Folgen er ermessen konnte, zutiefst bestürzt gewesen. Er ließ die Falschmeldung verbreiten, die drei Verschleppten seien im Zuchthaus von Jadotville eingesperrt worden. Als diese Darstellung nicht länger aufrechtzuerhalten war, erfand er die Geschichte von der angeblichen Flucht Lumumbas in Richtung Angola und seine Ermordung durch Lunda-Krieger.

Barnabé stand auf und verabschiedete sich brüsk. »Ich werde von der Sûreté gesucht«, sagte der ehemalige Seminarist; »hier im ›Afro-Négro‹ wimmelt es von Spitzeln.« Nie wieder habe ich von diesem mysteriösen Emissär gehört. Aber seine Aussagen über den Tod Lumumbas – insbesondere die Bakwanga-Episode, die mir in jener Nacht so extravagant erschienen – wurden mir später von verschiedenen zuverlässigen Quellen im wesentlichen bestätigt. Auch ich verließ das lärmende Lokal und ging auf meinen geparkten Volkswagen zu. Die Nacht war klebrig heiß. Aus dem »Afro-Négro« dröhnte der »Indépendance-Cha-Cha-Cha«.

Matata ezali-te

Kinshasa, im März 2001

Nach meiner gescheiterten Erinnerungstournee lasse ich mich von Faustin zum »Memling« zurückfahren. Wir nähern uns dabei dem verwaisten Parlamentsgebäude, und ich stelle mit Verwunderung fest, daß die »Avenue du Parlement« unlängst umgetauft wurde. Sie heißt jetzt »Avenue Baudouin Ier« und huldigt dem belgischen König, der dem Kongo die Unabhängigkeit konzedierte. Vor der Volksvertretung ist in aller Hast ein provisorisches Mausoleum aus groben Felsbrocken errichtet worden. »Hier liegt Laurent Kabila begraben«, erklärt der Chauffeur.

Über den leiblichen Resten des »Mzee«, des Weisen, weht ein Dutzend Flaggen der Demokratischen Republik Kongo. Doch das ist nicht mehr das grün-gelbe Banner mit schwarzer Faust und lodernder Fackel, das Präsident Mobutu, der »große Leopard«, seiner Republik Zaire als militantes Symbol des Fortschritts verliehen hatte. Unmittelbar nach seiner Machtergreifung hatte Kabila nicht nur den Namen »Zaire« wieder in »Kongo« umbenannt. Er hatte auch auf die ursprüngliche Fahne der belgischen Kolonisation zurückgegriffen. Nun flattert über den Monumenten und Regierungsämtern Kinshasas wieder das einheitlich blaue Tuch mit dem großen gelben Stern im Zentrum. Der Kongo hat zurückgefunden zum Emblem des Menschenschinders und Ausbeuters Leopold II., zum Symbol jenes Horror-Staates, dem im »Herz der Finsternis« ein literarisches Denkmal gesetzt wurde.

Leopoldville, die ehemals so flämisch-propere Hauptstadt von Belgisch-Kongo ist zu »Kinshasa, la poubelle – die Müllhalde« geworden. Inmitten der flächendeckenden Anhäufung von Verfall und Dreck erscheint das »Memling« als provozierende Oase des Komforts. In der Bar des Hotels, die stark klimatisiert ist, geht es überaus gediegen zu. Die kongolesische Oberschicht kann dort ihrer Vorliebe für elegante Kleidung und maßgeschneiderte Anzüge – ungeachtet der draußen brütenden Hitze – frönen. Ich bin mit einem »mystery-man« verabredet – wir wollen ihn Gilbert Gambo nennen –, der bei allen einschlägigen Diensten als Quelle wertvoller Informationen und Kontakte hoch im Kurs steht. Ein wenig erinnert mich dieser kräftig gewachsene, gepflegte Mann mit dem kaffeebraunen Teint und der hohen Stirn an meinen ehemaligen Gefährten Marcel Lengema, der – wie ich erfahren habe – inzwischen in seiner Heimatstadt Kisangani an Krebs gestorben ist.

Gilbert Gambo habe ich kein einziges Mal lachen sehen. Er

bleibt stets auf Distanz. »Was wünschen Sie?« spricht er mich ohne Umschweife an; »wen wollen Sie treffen, was wollen Sie erfahren?« Gleichzeitig nennt er den Preis für seine Recherchen-Arbeit, und der ist – in Hundert-Dollar-Scheinen zahlbar – exorbitant hoch. Ich frage ihn nach den prominenten Figuren der Lumumba-Zeit, die eventuell noch am Leben wären. »Sie sind fast alle noch vorhanden«, antwortet er, »ob es sich nun um den linksradikalen Antoine Gizenga aus Stanleyville handelt, der allerdings schwer krank ist, oder um den ersten Außenminister des Kongo, Justin Bomboko. Der damalige Informations-Chef, Anicet Kashamura, der grausame Polizeichef Victor Nendaka, der einflußreiche Innenminister Christophe Gbenye und viele andere, sie sind alle noch da.« Sogar der einstige Rebellenführer Gaston Soumialot, der die wilden »Simba« oder »Mayi-Mayi« befehligte, habe in der Hauptstadt irgendwo Unterschlupf gefunden. Marschall Mobutu sei zwar dreißig Jahre lang ein absoluter Diktator gewesen, aber kein blutrünstiger Tyrann. Nur in extremen Ausnahmefällen habe er seine politischen Gegner hinrichten lassen. Den meisten von ihnen hingegen habe man gutdotierte Posten angeboten und sie – falls sie unbequem wurden – gemäß dem Prinzip der »Drehtür« vorübergehend nach Brüssel exiliert. So ist er auch mit seinem Rivalen Karl I. Bond verfahren. Selbst der Oppositionsführer Etienne Tshisekedi, den die Amerikaner gegen Mobutu vorübergehend ins Spiel brachten, sei niemals ernsthaft gefährdet gewesen. Da war Laurent Kabila während seiner kurzen Amtszeit an der Spitze der Republik auf eine ganz andere, eine brutale, mörderische Art mit seinen Gegnern umgesprungen.

Gilbert mag vierzig Jahre alt sein. Er hat Jura studiert, spricht ein fehlerfreies Französisch und war Chef der Jugendbewegung »Jeunesses lumumbistes«. Er gehöre der gleichen Stammesfamilie der Batetela an wie Lumumba, erwähnt er nebenbei. Wir einigen uns schnell auf eine kleine Liste von Politikern, mit denen ich alte Beziehungen aufnehmen möchte. Mein Hauptinteresse gilt natürlich der Gegenwart. »Wer hat in Wirklichkeit Laurent Kabila umgebracht?« lautet meine dringlichste Frage, »und wer ist in Wirklichkeit sein Sohn Joseph, der zehn Tage nach dem Tod seines Vaters wie durch einen Zauberstab als dessen Nachfolger in das Amt des Staatspräsidenten gehievt wurde?« Mein Informant sieht sich mißtrauisch in der Runde um. »Hier gibt es zu viele Lauscher«, erwidert er. »Morgen Vormittag werde ich für Sie ein Treffen mit dem Ex-Außenminister Bomboko arrangieren. Dort können wir uns in aller Offenheit unterhalten.«

In der »Memling-Bar« sind auch ein paar Europäer in Gespräche mit Einheimischen vertieft. »Amerikaner werden Sie hier kaum treffen«, erklärt Gilbert. »Die wurden von ihrer Botschaft zu äußerster Vorsicht angehalten, obwohl vor gar nicht langer Zeit hier im ›Memling‹ eine ganze Etage für die geheimnisumwitterte Söldner-Organisation ›Executive Outcomes‹ mitsamt ihren ›Schattenmännern‹ aus USA angemietet war.« Die Belgier seien wieder relativ stark im Geschäft, und sie würden sogar eine gewisse Sympathie bei der Bevölkerung genießen.

Diese seltsame Vorliebe für die einstigen Kolonisatoren war mir schon durch Faustin bestätigt worden. Wie es denn zu erklären sei, daß innerhalb der Frankophonie die Belgier – früher als »sales Flamands« beschimpft – den Vorrang vor den im Kongo weniger kompromittierten Franzosen genössen, erkundige ich mich. Nicht ohne Eitelkeit antwortet mir Gilbert Gambo mit dem lateinischen Einleitungssatz des »Bellum Gallicum« Julius Caesars: »›Gallia est omnis divisa in partes tres, quarum unam incolunt Belgae – ganz Gallien ist in drei Regionen geteilt; eine davon besiedeln die Belgier.‹ Es gibt da ererbte Bindungen – ›affinités électives‹ oder ›Wahlverwandtschaften‹, wie Ihr Dichter Goethe sagen würde.« Ich habe es offenbar mit einem hochgebildeten Mann zu tun. Wir verabreden uns für zehn Uhr am kommenden Vormittag in der Wohnung Justin Bombokos. Die befindet sich seltsamerweise innerhalb des nahen Gebäudekomplexes der belgischen Botschaft. »Er hat dort Zuflucht gefunden«, erklärt Gilbert; »Brüssel hat Bomboko aus der Vergangenheit manches zu verdanken und gewährt ihm Sicherheit vor eventuellen Anschlägen.«

Faustin hat inzwischen ein Sortiment der in Kinshasa erscheinenden Zeitungen aufgekauft. Davon gibt es immerhin ein knappes Dutzend, auf schlechtem Papier gedruckt und in einem oft drolligen Französisch redigiert. Die Vielfalt der Meinungen, die sich dort kundtut, ist verblüffend. Die kongolesische Presse übt sich in Vorsicht und Wagemut zugleich. Der neue Präsident Joseph Kabila jr. wird nicht frontal angegriffen. Aber sein mangelndes Durchsetzungsvermögen, seine Machtlosigkeit werden beklagt. Mit Erheiterung entdecke ich in der Zeitung »Nation« einen Artikel des ehemaligen Informations- und Kultur-Ministers Anicet Kashamura. Er war seinerzeit wegen seiner sexuellen Triebhaftigkeit bei der ausländischen Presse berühmt. Seine Schäferstündchen spielten sich meist im Sekretariat ab, so daß er für die Reporter schwer zugänglich war. Dieser exzentrische Politiker mußte zur Zeit Mobutus vorübergehend nach Frankreich flüchten, und dort war ich Kashamura bei Dreharbeiten im Pariser Bordell-Viertel der Rue Saint-Denis in den späten sechziger Jahren zufällig begegnet. Mit dem Personengedächtnis, das viele Afrikaner auszeichnet, hatte mich Kashamura sofort wiedererkannt. Er war nur noch ein Schatten seiner selbst, trank gierig den Cognac, den ich ihm offerierte, war fast zum Clochard heruntergekommen.

Aber heute publiziert Kashamura wieder in den Kolumnen seiner Heimat-Presse. Im Gegensatz zu den meisten Kommentatoren, die sich von Joseph Kabila diskret distanzieren und ihn auf Grund seiner angelsächsischen Erziehung in Uganda und Tansania spöttisch »Jeff Kab« nennen, wirbt Kashamura ziemlich schamlos um die Gunst des neuen Staatschefs, der mit seinen 29 Jahren noch nicht das verfassungsrechtlich vorgeschriebene Alter seiner hohen Funktion erreicht hat. »In der Politik gibt es keine Reife des Alters«, biedert sich der ehemalige Minister Lumumbas an und erwähnt als Beispiel frühzeitiger Berufung die musikalische Begabung des siebenjährigen Wolfgang Amadeus Mozart. Es folgt eine konfuse Aufzählung historischer Gestalten, darunter auch Rosa Luxemburg mit dem dubiosen Ausruf: »Sind die Massen denn reif?« Am Ende dieser Galerie großer Männer und Frauen – über Lenin und de Gaulle zu Hassan II. von Marokko und Präsident Senghor von Senegal – steht tatsächlich die lobende

Erwähnung des belgischen Königs Leopold II., der – laut Kashamura – mit 33 Jahren bereits die Gründung seines Kolonialimperiums – »les Indes noires« – im Herzen Afrikas grandios betrieben habe. Grotesker kann die Geschichtsverfälschung kaum stattfinden.

Die Karikaturisten von Kinshasa lassen immer noch ihre Wut an den verhaßten Tutsi-Kriegern des Ruanda-Präsidenten Kagame aus. Vor allem erforschen die Reporter wie unermüdliche Spürhunde die wahren Umständen der Ermordung Laurent Kabilas. Da gibt es kein Tabu. Den seltsamsten Gerüchten wird nachgegangen. Im Verhältnis der Journalisten zum toten Mzee, wie er devot genannt wird, tut sich ein krasser Widerspruch auf. Einerseits wird Laurent Kabila als Opfer des internationalen Kapitalismus glorifiziert; andererseits enthüllt das Blatt »Potentiel« in dicken Lettern, daß dieser Potentat sich in seiner zweijährigen Amtszeit um 1,2 Milliarden US-Dollar bereichert habe, eine reife Leistung, hatte doch der »Kleptokrat« Mobutu in dreißigjähriger Herrschaft »nur« vier Milliarden Dollar beiseite geschafft. Dennoch ist der unheimliche Mzee, dieses tückische Gespenst, dessen ungerächtes Blut weiterhin die Kongo-Intrigen vergiftet, in die afrikanische Mythenwelt eingegangen. Was immer man gegen diesen Polit-Gangster einwenden mag, sein ganzes Leben lang hatte er sich als Erbe und Rächer Lumumbas dargestellt. Wer außer ihm hatte dem pro-amerikanischen Regime Mobutus unentwegt im Umkreis des Tanganjika- und Kivu-Sees mit seinen zerlumpten Partisanenhaufen hinhaltende Scharmützel geliefert?

In der »Revue Liberté« entdecke ich den hymnischen Gesang des Dichters Nestor Diambwana, der eine religiös anmutende »Dualität« zwischen den beiden Märtyrern herstellt: »Kongolesisches Volk!« so beginnen die konfusen Verse; »Patrice Lumumba ist Dein Held. Heute ist Laurent Kabila Dein Held. Wache auf, kongolesisches Volk, wache auf!« Und weiter heißt es: »Der Gott der Liebe wird Kabila nicht töten, ebensowenig wie er Lumumba getötet hat. Die Werke der Männer Gottes sind unsterblich wie auch die Werke unseres Erlösers unsterblich sind.« Wie hatte doch Jean-Paul Sartre gesagt: »Seitdem Lumumba tot ist, hört er auf, eine Person zu sein. Er wird zu ganz Afrika.«

*

Faustin hat mich an der belgischen Botschaft abgesetzt. Vom »Memling« ist sie nur ein paar hundert Schritte entfernt, aber der Fahrer ist wie ein Leibwächter um meine Sicherheit besorgt. Die Kontrolle am Eingang der »Ambassade« ist unerbittlich. In der Etage, in der der einstige Außenminister Bomboko mit seiner Familie wohnt, erwartet mich Gilbert. Die Möblierung des großen Salons wirkt sehr flämisch. Bomboko selbst ist ein beleibter, älterer Herr geworden. Er trägt ein grellbuntes Hemd, wie die Afrikaner es mögen. Auf seinem Gesicht haben sich tiefschwarze Flecken gebildet. Doch seine geistige Regsamkeit ist voll erhalten. Er holt zu einer umständlichen Schilderung der Kongo-Entwicklung aus, aber Gilbert unterbricht ihn rechtzeitig. »Es wird Sie beide interessieren, was ich über die tatsächlichen Umstände der Ermordung Laurent Kabilas herausgefunden habe«, sagt er. Doch Bomboko läßt erst durch seine junge Frau ein üppiges Frühstück servieren. »Es ist afrikanischer Brauch, daß zuerst gegessen wird«, meint er. Dabei gießt er uns Champagner ein, vielleicht auch nur Schaumwein oder Mousseux, aber mit einem Schlag kommt mir die Erinnerung.

Es war im Frühjahr 1961. Mobutu, gerade zum Generalleutnant befördert, reiste mit großer militärischer und journalistischer Eskorte auf einem Kongo-Dampfer von Coquilhatville in der Äquator-Provinz nach Leopoldville zurück. Die Sonne ging über dem schwarzen Urwald auf. Mobutu stand neben Außenminister Bomboko am Bug des Schaufelbootes. Eine schwarze Ordonanz brachte schon damals Champagner. Da nahm Bomboko die Flasche prüfend in die Hand und fuhr den Servierer an: »Imbécile, du Dummkopf, weißt du nicht, daß der General morgens nur ›Champagne Brut‹ trinkt?«

Endlich kann Gilbert Gambo zu seinen Enthüllungen ausholen. Zunächst befaßt er sich mit der Person Joseph Kabilas, der seinem Vater Laurent – nur zehn Tage nach dessen Ermordung –

als Staatschef der Kongo-Republik gefolgt ist. Wer diesen jungen, scheuen Mann, einen Landesfremden, der das Französische nur mühsam und die in Kinshasa übliche Lingala-Sprache überhaupt nicht beherrscht, in diese Position befördert hat, sei heute noch rätselhaft. »Präsident« Joseph Kabila hat sich nicht im Marmor-Palast etabliert. Er hat sein Quartier im Gebäudekomplex der »Union für Afrikanische Einheit« aufgeschlagen. Seine Leibgarde besteht nicht etwa aus Kongolesen, sondern aus einer Elitetruppe von Simbabwern, die ihrem eigenen Staatschef Robert Mugabe entscheidenden Einfluß am Kongo verschaffen.

Jeder Kongolese kennt die Familiengeschichte des Thronfolgers Joseph. Im Volksmund nennt man ihn den »Tutsi«, weil er auf Grund der Stammeszugehörigkeit seiner Mutter eindeutig dem Typus dieser hamitisch-nilotischen Ethnie entspricht. Doch auch der leibliche Vater Joseph Kabilas sei nicht etwa der zu unförmiger Leibesfülle angeschwollene ehemalige Rebellenführer Laurent Kabila, der dem Bantu-Volk der Baluba angehörte, sondern einer von dessen Tutsi-Feunden, der im Kampf gefallen war, dessen Witwe Laurent Kabila geheiratet und dessen Sohn Joseph er adoptiert hatte. Mochte der junge Generalmajor Joseph Kabila auch seinerzeit als Stabschef der Kongo-Armee unter seinem »Vater« Laurent in Katanga gegen die Ruander gekämpft und dort übrigens schmähliche Schlappen erlitten haben, so ändert das nichts an der Tatsache, daß die Kongolesen nunmehr die Untertanen eines dubiosen Staatschefs geworden sind, der der Rasse ihrer ärgsten Feinde entstammt.

»Die Europäer werden uns Afrikaner nie verstehen«, wendet sich Gilbert zu mir; »Sie können sich gar nicht vorstellen, welchen traumatischen Belastungen die gesamte Kongo-Bevölkerung durch den gewaltsamen, immer noch ungeklärten Tod Laurent Kabilas ausgesetzt ist.« Der Mzee selbst ist – trotz aller marxistischen Lehrgänge seiner Jugendjahre, unter anderem in der DDR – zutiefst den Fetisch- und Zauberbräuchen seines Erdteils verhaftet geblieben. Er nahm nie die linke Hand aus seiner Hosentasche, wo er einen wundertätigen schützenden Talisman umklammerte. Bei seiner einzigen Begegnung mit dem bereits vom Tod gezeichneten Mobutu hat Kabila seinem Vorgänger kein einziges Mal in die Augen gesehen, weil er immer noch den unheilbringenden Blick des mächtigen »Leoparden« fürchtete.

Über das Attentat gibt Gambo eine Schilderung zum Besten, für die sich kein Ausländer verbürgen möchte, die aber seinen Landsleuten durchaus plausibel erscheint: Zunächst habe die Sekretärin Laurent Kabilas, der er absolut vertraute, einen Revolver in ihrer Schublade versteckt. Am 16. Januar 2001 meldete sich ein schwarzer Amerikaner – möglicherweise ein Angehöriger des militärischen Geheimdienstes DIA –, um dem Staatschef höchstpersönlich eine extrem wichtige Mitteilung aus Washington zu überbringen. Dieser Amerikaner, der auf Waffen untersucht worden war, nahm im Vorzimmer den Revolver der Sekretärin an sich, ging auf Kabila zu und tötete ihn durch mehrere Schüsse. Der persönliche Stabschef des Präsidenten, Oberst Eddy Kapend, war am Komplott beteiligt und bei der Erschießung zugegen. Er hinderte den treuen Leibwächter Kabilas, einen gewissen Rachidi, am Betreten des Präsidialbüros. Als Rachidi um Hilfe rief, wurde er durch Colonel Kapend erschossen und des Mordes an Kabila bezichtigt. Unterdessen hatte der unbekannte Afro-Amerikaner unbehelligt seine Peugeot-Limousine bestiegen und war entkommen.

Eine reine Erfindung? Immerhin sind sämtliche oben erwähnten Personen sowie eine Reihe höchster kongolesischer Militärs, darunter der Geheimdienstchef, verhaftet und in ein Gefängnis von Katanga eingeliefert worden. Die Untersuchungskommission über den Mord an Kabila wird bezeichnenderweise von einem Offizier aus Simbabwe geleitet.

*

Das alles klingt abenteuerlich. Gilbert hat nicht umsonst Jura studiert. »Cui bono?« Er stellt die Frage, wem das Verbrechen genützt habe. Es sei doch allgemein bekannt gewesen, daß der Mzee sich mit seinen früheren amerikanischen Gönnern überworfen hatte. Um an die Macht zu gelangen, hatte er den großen Konsortien aus USA und deren afrikanischen Tarnfilialen fast sämtliche

Mineralreichtümer des Kongo ausgeliefert. Er habe auch vor der Plünderung der para-staatlichen Grubengesellschaft Gécamines nicht haltgemacht. Schon im fernen Goma habe dieser ehemalige Gefährte Che Guevaras den Ausverkauf seiner Heimat betrieben. Sogar die Erdöl-Prospektion von Moanda an der Kongo-Mündung sei in amerikanische Hände übergegangen.

Meine beiden afrikanischen Gesprächspartner kommen überein, daß die internationalen Multis, gestützt auf ihre Privatarmeen, sich bereits als die Herren Zentralafrikas aufführten. Sie bewegten sich auf den Spuren Leopolds II. von Belgien und spielten ohne Skrupel die sich befehdenden Bürgerkriegsparteien gegeneinander aus. Der merkantile Imperialismus besaß Interesse an der permanenten Ausweitung des Konflikts. Gegen Edelsteine und strategische Rohstoffe hätten sie den Afrikanern veraltete, überwiegend im Ostblock erworbene Waffen geliefert, so, wie zu Zeiten der frühen kolonialen Ausbeutung den unwissenden Häuptlingen für kostbares Elfenbein und für Kautschuk billige Kattun-Ware und Glasperlen angeboten wurden.

Doch Laurent Kabila habe sich am Ende doch nicht als die willfährige Marionette erwiesen, für die man ihn hielt. War in diesem brutalen Machtmenschen und notorischen Betrüger doch noch ein Funken kongolesischen Nationalgefühls übriggeblieben? Lehnte sich im Unterbewußtsein die ihm anerzogene marxistische Ideologie gegen die Exzesse des internationalen Kapitalismus auf? Jedenfalls erklärte er alle von ihm unterzeichneten Konzessionen und Übereignungen für null und nichtig. Gegen den Willen der Amerikaner hatte er mehr als 10 000 Soldaten aus Simbabwe ins Land gerufen und vertraute ihnen die extrem profitable Verteidigung der Diamantengruben von Mbuji-Mayi an. »Ich werde meine Signatur unter den Verzichtsabkommen nicht honorieren, auch wenn ich sterben muß wie Lumumba«, hatte er seinen engsten Mitarbeitern anvertraut.

Die diversen Presseorgane von Kinshasa diskutieren den vermutlichen Ablauf des Attentats in allen Details. Das ursprünglich ausgestreute Gerücht, Laurent Kabila sei durch eine Laune seiner unberechenbaren »Kadogo«, der Kinder-Soldaten, ums Leben gekommen, wurde als barer Unsinn entlarvt. Hingegen verweist die Zeitung »Demain le Congo«, um nur diese zu nennen, auf die enge tribale Verflechtung der beiden Hauptverschwörer, des Oberst Eddy Kapend und des General Yaw, der die kongolesische »Interventionstruppe« FIS in Kinshasa befehligte.

Vielleicht hätten die unersättlichen Businessmen aus USA gut daran getan, sich an die profunden Landeskenntnisse jener katholischen Augustiner-Patres zu halten, die mir tags zuvor ihre eigenen Erfahrungen mitgeteilt hatten: »In den Augen der Afrikaner besitzt ein schriftlicher Vertrag keinen bindenden Wert und enthält keine Verpflichtungen. Kredite werden grundsätzlich nicht zurückgezahlt, denn nach hiesiger Auffassung heißt es: Was einmal gegeben wurde, darf nicht zurückgefordert werden.« Kabila hätte doch wissen müssen, daß seine Falschspielertricks ihm auf Dauer nichts einbringen würden, daß ein afrikanischer Potentat nicht ungestraft die allmächtigen amerikanischen Finanziers an der Nase herumführen könnte, so hatte ich erwidert. Da erzählte mir Pater Bernard jene Fabel, über die wir uns schon zu Lumumbas Lebzeiten amüsiert hatten: Ein Savannenbrand war auf dem Südufer des Kongo ausgebrochen und jagte die gesamte Tierwelt über den schützenden Strom nach Norden. Als das mächtige Flußpferd in die Fluten eintauchen wollte, wurde es von dem Skorpion, einem notorischen Nichtschwimmer angebettelt, es möge ihn doch auf seinem breiten Rücken in Sicherheit bringen. »Aber wer garantiert mir, daß du mir nicht einen tödlichen Stich versetzt?« fragte der Hippopotamos. »Ich schwöre es dir«, antwortete der Skorpion; »im übrigen würde ja dein Tod auch meinen Untergang bedeuten.« Die beiden trieben dem rettenden Gegenufer zu, da spürte das Flußpferd einen fürchterlichen Schmerz. Der Skorpion hatte zugestochen. »Jetzt sterben wir beide, jetzt versinkst auch du im Strom«, klagte das Flußpferd; »was hast du dir dabei gedacht?« Die Erwiderung des Skorpions klang ungerührt und zynisch: »Mais c'est le Congo – So ist eben der Kongo!«

*

Die Gerüchteküche von Kinshasa brodelt weiter. Man mag mir vorwerfen, daß ich mich allzu bereitwillig in das afrikanische Palaver eingelassen hätte. Meine Hauptinformationsquelle, Gilbert Bango, könne doch so seriös nicht sein, wenn er sich auf den Werbeblättern für die von ihm gegründete »Partei der kongolesischen Wiedergeburt« als »l'homme qu'il faut«, als »der Mann, den wir brauchen«, vorstellt und die Devise: »Gott, Solidarität, Vaterland« herausgibt. Aber in Zentralafrika bestätigt sich immer wieder der französische Spruch: »La réalité dépasse la fiction – Die Wirklichkeit übertrifft das Vorstellungsvermögen.« Ich greife deshalb etwas vor und zitiere Exzerpte aus einem Bericht, den der Generalsekretär der Vereinten Nationen am 12. April 2001 an den Vorsitzenden des Weltsicherheitsrates richten sollte. Da heißt es wörtlich:

»Die Regierung der Demokratischen Republik Kongo stützt sich auf seine Bodenschätze und Gruben-Industrie, um den Krieg zu finanzieren. Zwischen 1998 und Anfang 2001 basierte die Strategie zur Kriegsfinanzierung auf drei Säulen, nämlich: a) Beschaffung von ›cash‹ durch die Übertragung von Monopolen; b) direkte und indirekte Geldbezüge von staatlichen und privaten Gesellschaften; c) Schaffung von ›joint ventures‹ zwischen eigenen ›parastatals‹ und ausländischen Gesellschaften, die in verbündeten Ländern beheimatet sind ...«

»Ein Diamanten-Monopol wurde der (israelischen) Gesellschaft ›International Diamond Industries‹ (IDI) eingeräumt. Laut Regierungsangaben war das Ziel dieser Monopolgewährung zweifacher Art: erstens, schnell an das Geld zu kommen, um die benötigten Waffen zu kaufen und anstehende Probleme mit den Alliierten zu regeln; zweitens, um Zuzug zu militärischer Ausrüstung und ›intelligence‹ aus Israel zu gewinnen auf Grund der engen Beziehungen, die der Direktor der IDI, Dan Gertler, mit Generalen der israelischen Armee unterhielt. Dieses Geschäft gestaltete sich zu einem Alptraum für die Regierung der Demokratischen Republik Kongo und zum Desaster für den internationalen Diamantenhandel ... Verschiedenen Quellen zufolge hat IDI lediglich drei Millionen US-Dollar statt zwanzig Millionen bezahlt und lieferte keine militärische Ausrüstung.«

Über die Geschäftsbeziehungen zwischen Simbabwe und dem Kongo wird in dem gleichen Rapport festgestellt, daß die Einnahmen der beiden staatlichen Grubengesellschaften »Société Minière de Bakwanga« MIBA und »Générale des Carrières et des Mines« (Gécamines) zum Ankauf von Waffen und zur Besoldung der im Kongo stehenden Soldaten aus Simbabwe benutzt wurden, während Präsident Mugabe gleichzeitig im Rahmen eines breit angelegten »joint venture« die private Vermarktungsgesellschaft Osleg ins Leben rief.

Der Experten-Bericht kommt zu folgenden Konklusionen: »Der Konflikt in der Demokratischen Republik Kongo dreht sich im wesentlichen um Zugang, Kontrolle und Verkauf von fünf Schlüssel-Mineralien: Coltan, Diamanten, Kupfer, Kobalt und Gold … Die Ausbeutung der natürlichen Reichtümer des Kongo durch ausländische Armeen ist zum System geworden. Plünderung, Raub und ›racketeering‹ sowie die Bildung krimineller Kartelle sind in den besetzten Gebieten zur Verhaltensregel geworden. Die kriminellen Zusammenschlüsse verfügen über Verzweigungen und Verbindungen in der ganzen Welt, und sie stellen für die Sicherheit der Region ein überaus ernstes Problem dar. Die Rolle des Privat-Sektors bei der Ausbeutung der Natur-Ressourcen und der Fortführung des Krieges ist entscheidend gewesen. Eine Anzahl von Gesellschaften wurde hier involviert und haben den Krieg unmittelbar angeheizt, indem sie die Beschaffung von Rohstoffen mit Waffen bezahlten.«

Natürlich äußert sich die Expertengruppe der Vereinten Nationen nicht eindeutig über die Hintergründe des Attentats gegen Laurent Kabila und die möglichen Motive. Einige Tatsachen werden jedoch offengelegt, die für sich selber sprechen. In seinem Antagonismus zu den USA hatte Laurent Kabila sich auf extrem gefährliches Gebiet begeben: »Die Regierung der Demokratischen Republik Kongo hat in ihrem Bemühen, ihr Territorium zu verteidigen und die Versorgung mit Kriegsmaterial zu sichern, einen Kontrakt im Wert von mehreren Millionen US-Dollars mit der Volksrepublik China abgeschlossen. Laut offiziellen Quellen in Kinshasa … wurde als Gegenleistung eine Minenkonzession an ein chinesisch-kongolesisches Joint Venture vergeben. Darüber hinaus hat die Kongo-Regierung einen Deal mit der Demokratischen Volksrepublik Korea (Nord-Korea) geschlossen, die Soldaten der Demokratischen Republik Kongo militärisch ausbildet, und als Gegenleistung – so wird angenommen – eine Grubenkonzession in der Gegend von Shinkolobwe gewährt, die reich an Uranium ist.«

Hier muß hinzugefügt werden, daß in diesen Uranium-Gruben von Shinkolobwe in Katanga während des Zweiten Weltkrieges das Rohmaterial für den Bau der ersten amerikanischen Atombomben gewonnen wurde, die über Hiroshima und Nagasaki gezündet wurden. Die Reaktion Washingtons auf diese Provokation ist leicht vorstellbar.

Noch ein aufschlußreiches Detail zur unmittelbaren Vorgeschichte des Mordanschlags auf Präsident Kabila wird in dem Bericht an den Sicherheitsrat erwähnt: »Gewissen Quellen zufolge wurde (zu Beginn des Jahres 2001) eine Konzession über Kobalt und Kupfer an das KMC-Konsortium des (weißen) Staatsbürgers von Simbabwe, Billy Rautenbach, vergeben. Verschiedene kongolesische Minister hatten diesen Vertrag bereits zwei Tage vor der Ermordung Laurent Kabilas signiert. Es fehlte nur noch seine Unterschrift.«

»Die Methoden des Präsidenten Laurent Désiré Kabila, seine Rolle bei der Fortsetzung des Krieges haben seinen Tod überlebt«, heißt es weiter in der Mitteilung an den Weltsicherheitsrat. »Als Chef der ›Allianz der Demokratischen Kräfte zur Befreiung des Kongo-Zaire‹« – (einer Rebellen-Organisation gegen den damaligen Staatschef Mobutu, die mit dem Segen der USA und der aktiven Hilfe Präsident Kagames von Ruanda 1997 in der ost-kongolesischen Stadt Goma die Regierungsvollmacht für ganz Zaire beanspruchte) – »schuf er einen Präzedenzfall, indem er illegalen Transaktionen den Schein von Legalität und Legitimität verlieh. Während seines Vormarsches auf Kinshasa vergab er Gruben-Konzessionen, obwohl er dazu gar keine Autorität besaß. Mit diesen gleichen Methoden versuchen weiterhin verschiedene bewaffnete Gruppen die Macht an sich zu reißen.«

Die Kongo-Tragödie droht zu einem exemplarischen Fall für ganz Afrika zu werden. In meinem Gepäck führe ich eine vergilbte Broschüre mit, die ich Anfang 1963 in der Bibliothek der »Union Minière« von Kolwezi aufgestöbert hatte, als der Katanga-Staat Tshombes vor dem Ansturm der UNO endgültig kapitulieren mußte. Die Studie schildert die Berliner Konferenz, die im Februar 1885 zu Ende gegangen war und die sich – entgegen einer weitverbreiteten Meinung – nur sehr oberflächlich mit der Aufteilung Gesamt-Afrikas unter den europäischen Mächten, dafür aber um so intensiver mit den Verhältnissen im riesigen Kongo-Becken befaßt hatte. Von den 35 Paragraphen des von Bismarck patronierten und geschickt manipulierten Konferenzprotokolls waren 25 dem Kongo und seinem neuen Schirmherrn, König Leopold II. von Belgien, gewidmet, der dieses neutralisierte Territorium im Namen der von ihm gegründeten »Gesellschaft zur Erforschung Zentralafrikas« in Besitz nahm. Die Grenzen der weißen Kolonisation waren damals von den Europäern unter Mißachtung aller geographischen und ethnischen Realitäten oft mit dem Lineal gezogen worden. Kein Afrikaner wurde befragt. Von dem Entdecker Stanley, der im Auftrag Leopolds II. agierte, war lediglich erwartet worden, daß er die fragwürdige Zustimmung von 450 Stammeshäuptlingen, die weder lesen noch schreiben konnten, in irgendeiner Form beibrachte.

Am heftigsten war um den Zugang des späteren Belgischen Kongo zum Atlantischen Ozean gerungen worden. Weder die altetablierten Portugiesen noch die Franzosen, die kurz zuvor – dank der Expedition ihres Marineoffiziers Savorgnan de Brazza – am Unterlauf des Kongo Fuß gefaßt hatten und sich auf einen Schutzvertrag mit dem Stamm der Bateke beriefen, gönnten Leopold den Zugriff auf das Mündungsgebiet. Bismarck gab den Ausschlag zugunsten des belgischen Monarchen. Auf eine zusätzliche französische Besitznahme im Gebiet des Kwilu-Niari hatte Leopold II. wütend reagiert, indem er seinem zentralafrikanischen Imperium völlig eigenmächtig mit einem kräftigen Strich seines Rotstiftes einen Fetzen Savanne im äußersten Süden hinzufügte, das heutige Katanga oder Shaba. Niemand ahnte damals, daß dort die weitaus reichsten Erzvorkommen des Kongo schlummerten.

Hat sich im Schwarzen Erdteil so viel verändert seit jener historischen »Glanzstunde« des europäischen Imperialismus in Berlin?

*

Meine Überfahrt nach Brazzaville ist im Dschungel einer unbeschreiblichen Bürokratie gescheitert. Dabei verfüge ich über die notwendigen Visen, und Faustin hat sich bei den kongolesischen Immigrationsbehörden von Kinshasa mit einer Energie eingesetzt, die ich ihm gar nicht zugetraut hätte. Am Ende wird er gegenüber den korrekten, aber auf systematische Verweigerung dressierten Beamten beinahe aggressiv. Sie drücken sich nämlich vorzugsweise auf englisch oder Suaheli aus und haben bei dem sehr nationalbewußten Chauffeur den Verdacht geweckt, sie seien eingeschleuste Banyamulenge aus Kivu oder gar verkappte Tutsi aus Ruanda. »Die Leute Kabilas haben alle eines gemeinsam«, so schimpft er, »sie sind dumm und faul.«

Vergeblich haben wir uns zum »Beach«, zum Landeplatz der Kongo-Fähre begeben, wo ein lautstarkes Gewühl stattfindet. Um mich nicht der brütenden Sonne auszusetzen, werde ich immerhin in eine bequeme, klimatisierte Vip-Lounge – gegen klingende Münze, versteht sich – gebeten, wo ich die Ehre genieße, neben einem berühmten schwarzen Sänger, einem Idol der Massen, zu warten. Der bereits angegraute, gutaussehende Pop-Star wirkt recht umgänglich, wie ich überhaupt in dieser Runde als einziger Weißer mit einer ausgesuchten Courtoisie behandelt werde, wie man sie in Europa vergeblich suchen würde.

Nach einer Stunde Wartezeit und dem Vorschlag eines Zöllners, ich solle mein gesamtes Bargeld bei ihm bis zu meiner Rückkehr aus Brazzaville hinterlegen, breche ich das Unternehmen übelgelaunt ab. Auf dem nördlichen Gegenufer der einst französischen Kolonie Kongo-Brazzaville, die mir von früher so vertraut ist, habe ich nur weißschimmerndes Gemäuer und die Staatsflagge erspähen können, ein knallrotes Tuch, in dessen Ecke zwei goldene Hacken, das Arbeitsgerät des afrikanischen Bauern, dargestellt sind. Patrice Lumumba hatte von diesem ihm damals feindlich gesonnenen Schwester-Staat mit seinen zwei bis drei Millionen Einwohnern und einem Territorium, das immerhin dem Umfang Deutschlands entspricht, spöttisch als »République-quette« gesprochen. Während der langen Epoche der Mobutu-Herrschaft über Zaire hatte sich im Jahr 1979 ein gewisser Oberst Denis Sassou-Nguessou vom Stamm der Mboshi am Ende einer Serie politischer Turbulenzen an die Macht geschossen und dem »proletarischen Internationalismus« verschrieben. »Die Volksrepublik Brazzaville«, hieß es herausfordernd in den Broschüren seiner marxistisch-leninistischen »Partei der Arbeit«, »bildet einen roten Fleck im Schwarzen Afrika«.

Seit der Unabhängigkeit ist dort der landwirtschaftliche Anbau um neunzig Prozent zurückgegangen. Die Landflucht ließ die Hauptstadt Brazzaville, wo sich während der wechselvollen Entwicklung Zaires noch lange Zeit eine stark französisch geprägte Insel provinziellen Komforts und gallischen »savoir vivre« erhalten hatte, auf eine halbe Million Menschen anschwellen. Trotzdem konnte man sich im Eingeborenenviertel Poto-Poto als einzelner Europäer ohne jedes Risiko auch bei Nacht zu Fuß bewegen. Hatte der Kongo-Brazzaville Glück gehabt, als auch vor seiner schmalen Atlantikküste bei Pointe-Noire reiche Erdöl-Funde geortet wurden? Bis zum Ende der Ost-West-Konfrontation hielt sich die Rivalität der in diesem Raum wetteifernden Mächte in Grenzen. Die Pariser Regierung fand sich mit den weltrevolutionären Ambitionen der »Républiquette« sehr gelassen ab.

Aber ab 1990 traten auch hier in gnadenloser Härte die Konflikte zwischen amerikanischen und französischen Petroleum-Interessen zu Tage. Mit Hilfe »demokratischer« Wahlen brachte Washington seinen Favoriten Pascal Lissouba an die Macht, und so bedurfte es eines mörderischen Bandenkrieges zwischen den Milizen Lissoubas, den »Zoulous«, und den Freischärlern Nguessous, den »Cobras«, um 1997 eine Wende zugunsten Frankreichs herbeizuführen. Die Erdölgesellschaft Elf-Aquitaine soll dem »Marxisten« Sassou-Nguessou mit 150 Millionen US-Dollars unter die Arme gegriffen haben, doch auch auf der anderen Seite war es keineswegs koscher zugegangen. Schon 1994 hatte die israelische Sicherheitsfirma Levdan, wie der amerikanische Geheimdienst-Experte Wayne Madsen berichtet, einen 50-Millionen-Dollar-Kontrakt mit Lissouba zur Verstärkung seiner Armee und Leibgarde abgeschlossen, was mit Sicherheit in Abstimmung mit dem Pentagon geschah. Daß französische Fremdenlegionäre, die am Flugplatz von Brazzaville stationiert waren, auf Weisung Präsident Chiracs den Cobra-Milizen Nguessous während der Kämpfe von 1997 zur Seite standen, kann ebenfalls vermutet werden.

Möglicherweise schickte die CIA sich an, durch Einsatz von Söldnern der ihr nahestehenden Gesellschaft Dyncorp in den Machtkampf von Brazzaville einzugreifen – die Firma soll über ein Angebot von 2400 ehemaligen Berufssoldaten und zum Teil kriminell vorbelasteten »Spezialisten« verfügen – da mischte sich überraschend die Republik Angola ein, schlug sich auf die Seite Oberst Nguessous und trug mit ihren Panzern die Entscheidung davon. Präsident dos Santos hatte den US-Freund Lissouba in Verdacht, die Loslösung der Petroleum-Exklave Cabinda zu betreiben, die durch einen Streifen kongolesischen Territoriums vom eigentlich angolanischen Staatsgebiet getrennt ist.

Vermutlich wäre ich beim Wiedersehen mit Brazzaville von Schwermut überkommen worden. Die einst so attraktive Stadt soll in weiten Teilen verwüstet sein, und von »douceur de vivre« sei keine Spur mehr. Aber ich hätte gern an Ort und Stelle nachgeprüft, ob drei beziehungsreiche Denkmäler die Bürgerkriegsschießerei überdauert haben. Im Dezember 1984 hatte ich sie noch unversehrt vorgefunden. Zunächst handelt es sich um eine hohe Mauer aus Naturstein, die dem ersten französischen Kolonisator Zentralafrikas, dem Marineoffizier Savorgnan de Brazza und seinen Gefährten gewidmet war. »A Savorgnan de Brazza et à ses compagnons«, stand dort in großen Lettern. In Brazzaville tat man sich – zumindest in den sechziger Jahren – leichter mit der Vergangenheitsbewältigung als in Leopoldville.

Im Gegensatz zu dem skrupellosen Abenteurer Henry Morton

Stanley und dessen finanzbesessenem Auftraggeber König Leopold II. von Belgien war der gebürtige Italiener Savorgnan de Brazza wie ein Friedensstifter – die Afrikaner nannten ihn »Vater der Sklaven« – ins Herz Afrikas vorgedrungen. Über den Territorien Gabun, Oubangui-Chari sowie auf dem Nordufer des Kongo hatte er die Trikolore gehißt. Er wurde lediglich von einer kleinen Truppe senegalesischer Tirailleurs begleitet, die angeblich nie einen Schuß abfeuerten. Der Oberhäuptling Makoko des Bateke-Volkes, dem die grausigen Ausbeutungsmethoden auf den belgischen Kautschukplantagen zu Ohren gekommen waren, begrüßte Brazza beinahe herzlich. Der hochmütige, kühne Stanley blickte voller Verachtung auf den gallischen Beauftragten, der – fieberkrank, mit ärmlichen Mitteln, fast gewaltlos – der Dritten Republik ein Territorium unterstellte, das die Ausmaße des französischen Mutterlandes übertraf. Savorgnan de Brazza sei ein Asket, eine Art Missionar in Uniform gewesen, bestätigen die angelsächsischen Kolonialhistoriker. In den Augen Stanleys war dieser Italo-Franzose ein »Tramp«, ein »va-nu-pieds« – ein Barfüßer.

Immerhin hat sich der von seiner »humanitären Mission« geradezu besessene Offizier und Freigeist den mächtigen französischen Wirtschaftsvertretern in den Weg gestellt, die aus Französisch-Äquatorial-Afrika eine ähnlich bluttriefende Domäne für Kautschuk und Elfenbein machen wollten, wie das den Auftraggebern des legendären Romanhelden Kurtz auf dem südlichen Ufer des Großen Stroms gelungen war. Als Brazza – bei einem letzten Versuch, dem Zugriff der Konzessionsgesellschaften am Oubangui-Fluß zuvorzukommen – einer Tropenkrankheit erlag, war sein Nimbus bei den dortigen Schwarzen groß genug, daß ein Jahrhundert später die Hauptstadt noch nach ihm benannt bleibt.

Nicht weit von der Gedenkstätte Brazzas blickt die Büste Charles de Gaulles auf die Kongo-Schnellen. Die marxistischen Militärs hatten sie nicht gestürzt und ließen auch weiterhin die sogenannte »Case de Gaulle« pflegen, wo der gegen Pétain revoltierende General im Sommer 1940 den Amtssitz des »Freien Frankreich« etablierte. In der französischen Darstellung des Zweiten Weltkrieges wird de Gaulle häufig als »l'homme de Brazzaville«, der »Mann von Brazzaville« bezeichnet. Am Kongo-Ufer bestätigte er während des Krieges den Anspruch der afrikanischen Untertanen Frankreichs auf politische Gleichberechtigung, installierte den schwarzen Gouverneur Félix Eboué an der Spitze der Tschad-Kolonie, schaffte die Zwangsarbeit, die »corvée« für Eingeborene ab. Nachdem er 1958 im Gefolge der Algerien-Krise wieder zur Macht gekommen war, hielt de Gaulle in Brazzaville jene große programmatische Rede, die den afrikanischen Territorien der Union Française den Weg zur staatlichen Unabhängigkeit öffnete. Der Mythos des »Generals« hatte in der Vorstellungswelt der dortigen Afrikaner eine solche Dimension angenommen, daß sie ihm am Kongo als Fetisch »N'gol« huldigten.

Schließlich hatten die roten Revolutionäre vor dem Bahnhof von Brazzaville, wo ich zum ersten Mal im Jahr 1956, aus Pointe-Noire kommend, eingetroffen war, zu Ehren ihrer »Volkserhebung« ein mächtiges Standbild aufgestellt. Ein grotesk verzerrter, kurzbeiniger Afrikaner mit niedriger Stirn und vorstehendem Gebiß – etwa zehn Meter hoch – zerriß seine Ketten, Symbol der Befreiung vom Kolonialismus. Dieses Monstrum, das dem athletischen, schönen Wuchs der meisten kongolesischen Männer in keiner Weise gerecht wurde, war von einem afrikanischen Bildhauer im westfälischen Münster entworfen und in der Bundesrepublik in Bronze gegossen worden. Beim Transport stellte man fest, daß dieses Monumental-Werk in kein Flugzeug paßte. Die Statue mußte zersägt und in Brazzaville wieder zusammengeschweißt werden, eine Operation, die deutliche Narben auf dem grau und fleckig getönten Riesen hinterließ. Der Mutterwitz der Kongolesen hatte sich dieser Darstellung bereits bemächtigt. »Der Mann mit den zerrissenen Ketten aus Eisen«, so spotteten sie, »beweist, daß wir Kongolesen alles kaputtkriegen.«

Die Schlamperei der Behörden hat meinen Ausflug vereitelt. Eine »sentimentale Reise« wäre es ohnehin nicht geworden. Bei der Rückfahrt zum Hotel fällt mir unweit der Fährstelle eine angolanische Artilleriestellung auf, deren Rohre präzis auf das mächtige Gebäude der französischen Botschaft von Brazzaville jenseits des Stroms gerichtet sind. Die Kooperation zwischen Luanda und Paris – wie alle anderen Zweck-Allianzen im Schwarzen Erdteil – steht eben doch auf schwankenden Füßen.

*

Da uns das nördliche Ufer verwehrt ist, wage ich mich mit Faustin in das Hafenviertel Ndolo südlich des Stroms. Wir lassen den leeren Sockel hinter uns, auf dem einmal Leopold II. in Bronze gestanden hatte und passieren das unbeschreibliche Gedränge des »Markts der Diebe«, wo alle nur denkbare Ware feilgeboten wird. Vor dem Bahnhofsgebäude der Otraco halten wir kurz an. Dort entziffere ich auf einer Gußeisen-Platte die Inschrift: »133 Europäer, 1800 Afrikaner und Asiaten – in memoriam – 1898 bis 1948.« Gemeint sind die Arbeiter und Ingenieure, die beim Bau der Bahnstrecke Leopoldville–Matadi ums Leben kamen. Gleich neben dieser Gedenktafel – sie fast verdeckend – klebt eine bunte Reklame für Primus-Bier.

Dann folgen wir einer Chaussee, die mit tiefen Schlaglöchern den Strom in einem Abstand von etwa zweihundert Metern begleitet. Die zahllosen Verkehrspolizisten, die wie Kanarienvögel schreiend-gelb uniformiert sind, versuchen erst gar nicht, des Durcheinanders Herr zu werden und die Lastwagen durchzuwinken, die sich ineinander verschachteln. Als »Wegelagerer« bezeichnet Faustin die Ordnungshüter, die – wie er zugibt – mit einem Monatsgehalt von umgerechnet zehn Dollar – falls diese ausgezahlt werden – ohne tägliche Erpressung gar nicht auskommen könnten. Schon Gilbert hatte mir gesagt, daß die Bezüge der Beamten so erbärmlich seien, daß sich deren Töchter häufig der Prostitution zuwenden.

In Ndolo schieben sich die Wellblech-Baracken auf langen Stegen wie Pfahlbauten bis weit in den Strom. Das Wasser ist entsetzlich verseucht und stinkt infernalisch. Die Geschäftigkeit, die dicht gedrängte schwarze Misere sind beklemmend und würden bedrohlich wirken, wenn Faustin mir nicht mit der ihm eigenen Unbekümmertheit zur Seite stände. Wir wühlen uns ein paar Kilometer im Schneckentempo durch diesen menschlichen Brei. Das Brummen und Rattern der LKWs wird immer wieder übertönt durch dröhnende afrikanische Tanzmusik, die aus irgendwelchen Lautsprechern dringt. Der Fahrer biegt nach links ab, und nach kurzer Kontrolle erhalten wir Zugang zum »Club Nautique«, wo sich eine exklusive Oase des Wohlstandes erhalten hat. Die Segeljachten und Motorboote der begüterten Schieber-Klasse liegen wohl behütet aneinandergereiht. Von hier aus starteten wir in den frühen sechziger Jahren mit befreundeten Belgiern, um zur Sandbank mitten im Fluß überzusetzen, wo die Strömung so stark ist, daß keine Bilharzia zu befürchten war. Wir picknickten dort und fuhren Wasser-Ski, während es in der nahen Metropole brodelte. Bei einem dieser Ausflüge fand der deutsche Botschafter Soehring den Tod, als er beim Bad im Kongo entweder einem Hitzschlag erlag oder – was wahrscheinlicher ist – von einem Krokodil in die Tiefe gezerrt wurde.

Unser nächstes Ziel ist eine afrikanische Bierhalle, wo schon am Nachmittag getanzt wird. Ich bin der einzige Europäer weit und breit, aber das stört niemanden. Wir setzen uns an einen brüchigen Holztisch, und man serviert uns, ohne zu fragen, ein Primus-Bier. Ein paar Kongolesen bewegen sich wie in Ekstase zu den Klängen afrikanischer Schlager, die einem durchaus gefallen könnten, wenn die Lautstärke nicht das Trommelfell zu sprengen drohte. Drei oder vier Mädchen haben sich auf den Bretterboden begeben, kreisen langsam und anmutig, sind dabei so in sich gekehrt, als ständen sie unter Drogen. Bei Nacht sind diese Schuppen, von denen es in Ndolo ein paar Dutzend gibt, überfüllt, und die Stimmung werde dann unberechenbar, belehrt mich Faustin. Mir fällt auf, daß die spontane kongolesische Fröhlichkeit von ehedem in diesen Brutstätten von Aids und Gewalt einer düsteren Trance gewichen ist.

Die Sonne senkt sich über Kinshasa, als ich von meinem hochgelegenen Hotelfenster auf die Prachtallee blicke, die früher Boulevard Leopold II. hieß und in »Boulevard du 30 juin« – das Datum der Unabhängigkeit – umgetauft wurde. Dieses Viertel ist mir von früher extrem vertraut. In dem nahen Etagenbau, der heute vom Tropenregen geschwärzt und durch aushängende Wäsche verunziert ist, hatte ich ein recht wohnliches Appartement bezogen. Aber irgendwie erkenne ich die Stadt nicht mehr. Das Postamt, wo wir einst Schlange standen, um unsere Telexe abzusenden, ist knallblau gestrichen worden. Neue Gebäude sind inzwischen hochgeschossen, wurden oft nicht fertiggestellt. Eine riesige weiße Satellitenschüssel verrostet wie eine trügerische Zukunftsvision neben zwei unbeweglichen Baukränen. Das Hochhaus der Grubengesellschaft »Gécamines« – »Gesellschaft für die Kommerzialisierung der Gruben« – beherrscht wie eine anmaßende Festung den ehemaligen Boulevard Leopold. Im Hintergrund erblicke ich den großen Strom. Die breite Flut wird durch das späte Licht rötlich gefärbt, als habe eine der biblischen Plagen Ägyptens den Kongo heimgesucht und das Wasser in Blut verwandelt.

*

Christophe Gbenye erwartet mich in seinem stattlichen Haus auf der Höhe von Binza. Es hatte wohl einem begüterten Flamen gehört und ist im Stil des »Gelsenkirchener Barocks« möbliert. Nach vierzig Jahren begegne ich wieder dem ehemaligen Innenminister Patrice Lumumbas, der heute an der Spitze des »Mouvement National Congolais« neben manchem anderen das Erbe des gemeuchelten »Erweckers« beansprucht. Gbenye hatte sich damals durch überstürzte Flucht nach Stanleyville retten können, wo sich die pro-sowjetische Gegenregierung Gizengas gebildet hatte. Die ultra-marxistischen Ideen, die dort vorherrschten, hatte er zwar nie geteilt, aber seine Abneigung gegen die »Yankees« ist lebendig geblieben. Gleich zu Beginn holt Gbenye, dem man seine siebzig Jahre überhaupt nicht anmerkt, zu einer abenteuerlichen Behauptung aus: »Wissen Sie, warum die weißen Amerikaner in ganz Afrika das Chaos und das Elend schüren? Sie wollen ihren eigenen Schwarzen vor Augen führen, daß die ›Neger‹ selbst in ihrem Ursprungskontinent zur Selbstverwaltung gar nicht fähig sind und damit die Minderwertigkeitskomplexe der ›Afro-Americans‹ wachhalten.« Gbenye ist ein kraftvoller, kämpferischer Greis von hoher Statur. Er nimmt kein Blatt vor den Mund, während mein Begleiter Gilbert Bango, der mir diesen Kontakt verschafft hat und offensichtlich das volle Vertrauen Gbenyes genießt, sein undurchdringlichstes »poker-face« aufsetzt.

Die »Thronbesteigung« des Adoptiv-Sohnes Jeff Kabila als Nachfolger eines dubiosen Abenteurers erheitert und irritiert Gbenye zugleich. Ganz ungeschickt sei dieser junge Mann ja nicht, und er habe von seinem trickreichen Ziehvater Laurent wohl einiges gelernt. So stelle sich der neue Präsident jetzt dem Westen als Garant des Abkommens von Lusaka dar, das 1999 den Abzug aller fremden Truppen aus dem Kongo, eine starke Präsenz der Vereinten Nationen und die Abhaltung freier Wahlen stipulierte. Joseph Kabila, ein authentischer Tutsi, mache neuerdings Front gegen sein eigenes Volk, vermeide es jedoch, gleichzeitig mit der Räumung des Ost-Kongo durch Ruanda und Uganda, die Evakuierung des West-Kongo durch die Simbabwer und Angolaner zu verlangen. Aus guten Gründen übrigens, denn seine persönliche Leibwache bestehe weiterhin aus Soldaten Robert Mugabes, und er würde nicht lange an der Macht beziehungsweise am Leben bleiben, wenn er der Feindschaft der Kongolesen ausgeliefert wäre.

Noch erstaunlicher erscheint diesem routinierten Veteran die massive militärische Präsenz der Angolaner am unteren Kongo: »Sie kennen doch die Situation in unserem Nachbarland, wo Präsident dos Santos mit Mühe die isolierten Städte gegen die Aufstandsbewegung Unita verteidigt. Parallel dazu betreibt Luanda eine geradezu imperiale Außenpolitik. Angolanische Truppen kontrollieren Kinshasa und die Flußmündung bei Matadi; sie stehen im Kongo-Brazzaville und sichern dort ihre Hoheit über die erdölreiche Exklave Cabinda ab; sie halten Teile der westlichen Kongo-Provinz Kasai besetzt, um Savimbi den Nachschub abzuschneiden. Sogar in Nord-Namibia sind die Angolaner militärisch präsent und paktieren mit dem dortigen Staatschef Sam Nujoma.«

Ein wirkliches Wunder sieht er darin, daß der afrikanische Staat Simbabwe in der Lage war, binnen zehn Tagen eine Streitmacht von rund 13000 Mann mitsamt Panzern und Artillerie über eine Entfernung von 2000 Kilometern in den Diamanten-Bezirk Mbuji-Mayi einzufliegen, mit Hilfe ukrainischer oder russischer Chartermaschinen natürlich. Angesichts dieser logistischen Leistung kann man sich über die Unfähigkeit der Europäischen Union empören, für ihre geplante Interventionstruppe ausreichende eigene Kapazität für Lufttransporte zu beschaffen; aber diese Überlegung behalte ich für mich.

Christophe Gbenye hat mich in Gegenwart von drei Mitarbeitern, vermutlich Verwandte, empfangen, die sich auf seinen Wunsch in das Gespräch einmischen. Vor allem ein junger Mann namens Gaspard, der an der Universität Louvain studiert hat, tut sich dabei hervor. Er habe von seinen belgischen Professoren gelernt, daß zum Zeitpunkt der Aufteilung Afrikas die europäischen Mächte bei der Berliner Konferenz von 1885 als moralische Rechtfertigung ihrer Eroberungsfeldzüge das Programm der »drei C« aufgestellt hatten: civilisation, christianisation, commerce. Ob sich denn das heutige Vorgehen der Vereinigten Staaten von jener Epoche des europäischen Imperialismus vor hundert Jahren nennenswert unterscheide? An Stelle des Ausdrucks »Zivilisation«, der der »political correctness« unserer Tage nicht mehr entspräche, sei der Begriff der »Demokratisierung« getreten. Das Wort »Christianisierung« sei durch »Menschenrechte« ersetzt worden. Das dritte Prinzip, der »Kommerz« bleibe allerdings voll erhalten und sei das einzig Wahrhaftige an diesem heuchlerischen Projekt. »Im übrigen wird im Westen, wo die Medien sich neuerdings über die Kinderarbeit in Afrika entrüsten, wohlweislich verschwiegen, daß in den Coltan-Gruben der Kivu-Provinz, die auf Weisung des State Department durch die Tutsi-Soldaten Ruandas okkupiert und ausgebeutet werden, vornehmlich gefangene Hutu-Kinder in den engen Schächten wie Sklaven schuften müssen«, empört sich Gaspard; »in den Stollen der Diamanten-Minen Angolas werden ebenfalls Minderjährige auf Grund ihres kleinen Wuchses als bevorzugte, billige Arbeitskraft eingesetzt, und das mit voller Kenntnis der internationalen Finanzwelt.«

Was denn von dem stillschweigenden Bündnis zu halten sei, das der »Tutsi« Joseph Kabila mit den Überlebenden der Hutu-Miliz »Interahamwe« oder den Steinzeitkriegern der »Mayi-Mayi« eingegangen sei, frage ich. Da zieht Gbenye wieder das Wort an sich: »In Washington hat man eben erkannt, daß Kinshasa wichtiger ist als Kigali, daß der Kongo ein ganz anderes Gewicht besitzt als das winzige Ruanda.« Der Verrat an früheren Verbündeten sei dort ja eine geläufige Praxis, wie noch der Fall Mobutu oder Savimbi bewiesen haben. Was nun die Mayi-Mayi betreffe, die sich vor feindlichen Kugeln mit ihrer »Dawa« zu schützen glauben, so solle ich wissen, daß ähnlicher Fetischismus auch bei den regulären Einheiten der Kongo-Armee gang und gäbe sei. Zum Abschied versichert der alte Lumumbist, daß er für mich ein Treffen mit dem ehemaligen Revolutionsführer Gaston Soumialot arrangieren werde, der mich 1964 am Tanganjika-See aus den Klauen seiner wilden Simba gerettet hatte. »Den Ausdruck ›Simba‹ sollten Sie heute nicht länger verwenden«, fügt er lächelnd hinzu; »jetzt sagt man wieder ›Mayi-Mayi‹, wie zur Zeit der deutschen Kolonisation in Ost-Afrika. Das Wort ›Simba‹ oder ›Löwe‹ bezeichnet heute den populärsten Fußballclub Kinshasas.«

*

Den treuen Gefährten Faustin habe ich am Sonntag aufgefordert, so weit wie möglich Abstand zu der erdrückenden Atmosphäre der menschenwimmelnden Cité und auch zum abgeschirmten Botschaftsviertel Gombe zu gewinnen. Ich möchte in Richtung Kenge das östliche Vorfeld der Hauptstadt erkunden. Der Fahrer schreckt dieses Mal vor dem Ausflug über Land zurück. Am Vortag hatten wir – bei der Rückfahrt von Gbenyes Villa – ermessen können, wie plötzlich die Stimmung in unkontrollierte Gewalttätigkeit umschlagen kann. Ein Militärfahrzeug war mit einem öffentlichen Verkehrsbus zusammengeprallt. Unter den Soldaten – ob es Kongolesen oder Angolaner waren, konnte ich nicht feststellen, da sie die gleiche Uniform tragen – gab es keine Verletzten. Aber mit einem Schlag stürzten aus den benachbarten Häusern wild gestikulierende Bewaffnete heraus, die mit ihren Gewehrkolben den Chauffeur und die völlig unbeteiligten Passagiere des Autobus brutal malträtierten. Wir hatten schnell das Weite gesucht. Der Ort, wo sich der Zwischenfall ereignete, hieß sinnvollerweise »Rue de la Haute Tension – Straße der Hochspannung«. Erschwerend kommt hinzu, daß der kongolesische Photograph, den ich angeheuert hatte, um ein paar harmlose Stimmungsaufnahmen zu machen – von militärischen Objekten war überhaupt nicht die Rede –, sich kategorisch weigerte, mit uns zu kommen. Der Anblick einer Kamera löse bei den Ordnungshütern feindselige Reaktionen aus; zu viele seiner Kollegen seien bei ihrer Arbeit verhaftet und verprügelt worden.

Nach einigen Kilometern – wir hatten den Flugplatz Ndjili hinter uns gelassen – verstehe ich Faustins Bedenken. Immer wieder werden wir von zerlumpten Militär- und Polizeisperren aufgehalten, umständlich kontrolliert und erst nach Errichtung einer beachtlichen Dollar-Summe grinsend durchgewinkt. Über einem Schlagbaum lese ich das Plakat: »La victoire est certaine – Der Sieg ist gewiß.« Welcher Sieg? Nach etwa fünfzig Kilometern ist die Expedition zu Ende. An einer Gaststätte, die den Namen »Le petit Paradis« trägt, haben wir die Ortschaft Maluku am Kongo-Ufer erreicht.

So hatte ich den großen Strom stets in Erinnerung, seine braunschäumende Strömung, die lila Wasserhyazinthen, die wie zu einem unaufhörlichen Begräbnis dem Stanley-Pool zutreiben, die Pirogen der Fischer und die lärmenden schwarzen Kinder, die ungeachtet der Krokodile im Fluß planschen. Überladene Lastkähne, mit Maniok, Palmöl, Erdnüssen, Schafen und Ziegen beladen, quälen sich flußaufwärts in Richtung Mbandaka. Jenseits des Wassers zittern die Baumgruppen wie eine Fata Morgana.

Wir haben uns ein lokales Gericht, »Cossa-Cossa au Pili-Pili«, scharf gewürzte Krabben, bestellt. Zu uns gesellt sich plötzlich – unter einem breiten Strohhut – ein schwarzer Doppelgänger des französischen Chansonniers Georges Brassens. Der Sänger mit dem dichten Schnurrbart nimmt seine Gitarre auf. Er trägt mit weicher, männlicher Stimme und einem gewinnenden Lächeln das Lied der Edith Piaf vor: »Je ne regrette rien.« Es folgt ein kongolesischer Schlager: »Matata ezali-te«, ein höchst unzeitgemäßer Text, denn in der Übersetzung besagt er: »Bei uns gibt es keinen Krawall, bei uns gibt es kein Problem.«

Nach meiner Rückkehr ins »Memling« erzähle ich Etienne de C., einem französischen Diplomaten, von meiner idyllischen Exkursion nach Maluku. Ich hatte seinen Vater, der als Hauptmann im Stab des Generals Navarre Dienst tat, in der letzten tragischen Phase des französischen Indochina-Krieges kennengelernt. »Sie sind da in eine äußerst gefährliche Ecke geraten«, wendet Etienne ein; »ein paar Kilometer weiter haben Militärausbilder aus Nord-Korea ihr geheimes Lager errichtet, und bei Nacht kommen Stoßtrupps der ehemaligen Mobutu-Armee vom nördlichen Gegenufer, aus der einst französischen Kolonie über den Strom, um Unruhe zu stiften.« Im übrigen sei die Gegend in Verruf geraten, weil dort in letzter Zeit diverse Fälle von Ritualmorden und Kannibalismus gemeldet wurden.

Drei Offiziere der UNO mit dem blauen Barett haben die Bar betreten, ein Inder, ein Kenianer, ein Sambier, wie man an den Wappen auf den Ärmeln erkennt. Der Franzose mustert sie mißmutig. »Da sind sie also, die neuen Helden der UNMOC«, sagt er ironisch. »5000 Uniformierte wollen die Vereinten Nationen an den Kongo schicken, in dieses riesige Land, das so groß ist wie ganz Europa. Im Zwergstaat Sierra Leone werden dagegen 17500 Blauhelme stationiert.« Joseph Kabila hat sich mit der dringenden Bitte an UN-Generalsekretär Kofi Annan gewandt, seinen Kongo-Einsatz doch auf mindestens 20000 Mann zu verstärken. Er hat am East River geringes Echo gefunden. Der junge Staatschef klammert sich geradezu an die Weltorganisation, von der er sich Rettung und Schutz erhofft. »Es wird da ein merkwürdiges Possenspiel getrieben«, mokiert sich der Botschaftsrat; »und alle beteiligen sich daran.« In Paris würde Joseph Kabila mit allen Ehren von Jacques Chirac empfangen, in Brüssel vom König, eine im Grunde völkerrechtswidrige Geste, die aber den Interessen der ehemaligen Kolonialmächte entspreche. In Washington treffe er nur mit Secretary of State Colin Powell zusammen. Was die Deutschen bewegt habe, diesen afrikanischen »Strohmann« dem Bundeskanzler und sogar Präsident Johannes Rau vorzuführen, erscheine ihm schleierhaft. »Es wird interessant sein zu beobachten, wie dieser politische Novize sich aus den Fängen der ihn bewachenden Simbabwer zu lösen versucht.«

»Seit Jacques Foccart, die graue Eminenz de Gaulles seines Amtes enthoben wurde, gibt es in Frankreich keine kohärente Afrika-Politik mehr«, fährt Etienne de C. fort. »Die Kongo-Krise wuchert aus, hat neben Kongo-Brazzaville auch die Zentralafrikanische Republik von Bangui erfaßt, wo – nach Rückführung der französischen Garnison – anarchische Zustände eingerissen sind.« Schon werden neue Fehlinformationen – er benutzt das Wort »intoxication« – in den Medien lanciert. Kofi Annan, der für seine Wiederwahl als UN-Generalsekretär der Zustimmung Washingtons bedürfe, arbeite zwar an einem Bericht über die schändliche Ausbeutung der Demokratischen Republik Kongo durch Ruanda, Uganda und sogar durch die im Chaos versunkene Republik Burundi. Doch die wahren Drahtzieher und Profiteure jenseits des Atlantiks würden in diesem Rapport überhaupt nicht erwähnt. Etienne verweist mich auf ein konkretes Beispiel. Bei ihren Recherchen für den Weltsicherheitsrat hätten die UN-Experten das strategische Mineral Coltan, das für alle möglichen Zwecke der High Technology tauge, als »Motor des Krieges« am Kongo bezeichnet. Auch Pyrochlor wird genannt, das zur Stahlveredelung benutzt wird. Nun liegen den europäischen Nachrichtendiensten schlüssige Dokumente vor, denen zufolge Washington – zumal in der Person der Unterstaatssekretärin Susan Rice – seine damaligen Verbündeten der Ruanda-Armee gebieterisch aufgefordert hatte, sämtliche Vorkommen dieser hochwertigen Rohstoffe im Handstreich zu besetzen und deren Abbau mit allen Mitteln zu forcieren.

Seit die Beziehungen zum Präsidenten von Ruanda, Paul Kagame, sich fühlbar abgekühlt haben, wirft man den Offizieren der Tutsi-Armee vor, am Export von Coltan etwa 300 Millionen Dollar verdient zu haben. Wohlweislich wird verschwiegen, daß die Auftraggeber, die Ankäufer, die realen Nutznießer dieses Geschäfts, im Pentagon sitzen. Mit der Gründung von ein paar ruandisch-kongolesischen Tarnfirmen sei ein abgekartetes Spiel eingefädelt worden, an dem der Rebellenführer Laurent Kabila, damals noch ein Protégé der US-Diplomatie, maßgeblichen Anteil hatte.

»Frankreich hat längst seine Erfahrungen mit den rüden Methoden des amerikanischen Business in Afrika gemacht«, fährt der Botschaftsrat fort. »Jetzt sind wohl die Deutschen an der Reihe.« Neuerdings müsse ein obskurer deutscher Geschäftsmann, ein gewisser Karl-Heinz Albers, der seine Schürfkonzession im Ost-Kongo schon in den achtziger Jahren, also zur Zeit Marschall Mobutus erworben hatte, als Sündenbock und skrupelloser Lieferant von Coltan und Pyrochlor herhalten. »An die Verästelungen des militärisch-industriellen Komplexes in USA trauen sich die Rechercheure der Vereinten Nationen nämlich nicht heran«, meint Etienne de C., »und sie hüten sich, Roß und Reiter zu nennen.« Was nun die bevorstehende Verstärkung der Blauhelme angehe, so werde die Weltorganisation für ihr neues Kongo-Abenteuer auf Truppenkontingente zurückgreifen müssen, deren militärische Qualität extrem gering sei. Von den ärmsten Staaten der Dritten Welt würden sie zur Aufbesserung ihrer internen Finanzlage wie Söldner nach Zentralafrika verfrachtet. Was nun die vorgesehenen »demokratischen Wahlen« betrifft, so solle Kofi Annan den engsten Verbündeten der USA – etwa Ägypten oder Saudi-Arabien – eine vergleichbare Respektierung der »human rights« abverlangen wie den hilflosen Kongolesen. Wie hatte doch de Gaulle die Weltorganisation verächtlich genannt: »le machin – das Dingsda«. Mit diesem »mot de la fin« verabschiedet sich Etienne.

Ich habe mich zur Entspannung in meinem Zimmer niedergelegt und verfolge die Nachrichtensendung von CNN. Doch der Anblick der drei Blauhelm-Offiziere in der Bar läßt mich nicht los, ruft zwangsläufig Assoziationen mit der ersten UNO-Expedition zurück, deren Augenzeuge ich Anfang der sechziger Jahre war. 30 000 vorzüglich bewaffnete Soldaten hatten sich damals auf Weisung Generalsekretär Dag Hammarskjölds nach Leopoldville in Bewegung gesetzt. Sie sollten die Ordnung wieder herstellen und der Sezession der Grubenprovinz Katanga unter dem Separatisten Moise Tshombe ein Ende setzen. Dabei begnügten sich die Vereinten Nationen nicht mit einer »peace keeping mission«; sie holten zu einer – an afrikanischen Verhältnissen gemessen – gewaltigen Materialschlacht aus. Im Rückblick erscheinen mir die Tagebuchnotizen aus dem Dezember 1961 wie Episoden eines grausamen Schelmen-Romans.

Blauhelme und Söldner

Rückblende:
Elisabethville (heute Lubumbashi), im Dezember 1961

Den ersten Katanga-Feldzug der Vereinten Nationen im September 1960 hatte ich auf Grund meiner Kriegsberichterstattung in Algerien verpaßt. Dieses Mal wollte ich dabeisein. Die Nachricht vom erneuten Ausbruch der Kämpfe hatten wir aus dem einzigen Rundfunkgerät des Hotels »Kaiserhof« in Dar-es-Salam vernommen. Da kehrte ich den Unabhängigkeitsfeiern Tansanias, des ehemaligen Deutsch-Ostafrika, den Rücken und buchte die erste Maschine nach Ndola, der nord-rhodesischen Grubenstadt nahe der Katanga-Grenze. Sie würde am nächsten Morgen starten. Ich trat den Flug mit einer Gruppe meist britischer Kollegen an.

An Bord kam ausgelassene Stimmung auf. Das Flugzeug wurde von Böen geschüttelt, und meine angelsächsischen Begleiter ließen die Whiskyflaschen kreisen, obwohl es noch nicht Mittag war. Unter diesen Presseleuten von Fleet-Street, die durch ein Kontingent lang etablierter Afrika-Spezialisten mit Sitz in Nairobi oder Salisbury verstärkt worden waren, stellte sich Jagdfieber ein. Das Katanga-Abenteuer, in das sie sich begierig stürzten, mochte für sie wie ein Schulausflug wirken. Diese selbstbewußten, oft skurrilen Männer hatten in der Mehrzahl den Zweiten Weltkrieg intensiv erlebt. Sie waren zugegen gewesen, als die Schwarzhemden Mussolinis in Äthiopien kapitulierten, als die japanische Offensive sich in Burma totlief. Sie hatten in Nordafrika und Italien gekämpft. Rückblickend erschienen ihnen diese Leutnantserinnerungen wohl als die »besten Jahre ihres Lebens«. In Katanga glaubten sie vielleicht, ein Stück ihrer Jugend wieder einzuholen.

Während des Flugs hatten sie mir ausführlich den Ablauf des ersten Katanga-Feldzugs der Vereinten Nationen im letzten September geschildert und sich – ob so viel militärischer Stümperei – vor Lachen auf die Schenkel geschlagen. Ein Ruhmesblatt war die Aktion der Weltorganisation gewiß nicht. Schon im August war der neu ernannte UN-Beauftragte für Katanga, der Ire Connor O'Brien mit Waffengewalt gegen Moise Tshombe vorgegangen und hatte ihm die Entlassung aller »weißen Söldner« befohlen. Radio- und Postgebäude von Elisabethville wurden vorübergehend durch die Blauhelme besetzt. Tatsächlich wurden zahlreiche europäische Offiziere der Katanga-Gendarmerie, meist Belgier, verhaftet und abgeschoben. Doch der harte Kern der »Affreux« – der »Abscheulichen« – entzog sich dem Zugriff O'Briens. Ein Teil von ihnen schlug sich ohnehin im Nordosten Katangas mit bewaffneten Banden des Tshombe-feindlichen Baluba-Stammes herum und brannte deren Dörfer nieder. Die hochprofessionellen Para-Kommandos aus Frankreich und Belgien – eine Hundertschaft insgesamt – waren rechtzeitig untergetaucht.

*

Die Zeit drängte für Dag Hammarskjöld. Auf der Generalversammmlung der Weltorganisation am 19. September in New York wollte er den Amerikanern, vor allem auch den Russen, die seine Ablösung als Generalsekretär forderten, einen klaren Sieg in Elisabethville melden. O'Brien, ein irischer Intellektueller, der als hitziger Wirrkopf bekannt war, paradierte gern in den Panzerfahrzeugen der »Friedenstruppe«. Er zweifelte keine Sekunde am Erfolg seiner weit überlegenen Bataillone. Um der Sezession Tshombes endgültig den Garaus zu machen, holte der indische General Raja am 13. September zur Operation »Morthor« aus. Der Separatist Moise Tshombe, dessen unheimlicher Innenminister Munongo sowie drei weitere Kabinettsmitglieder von Elisabethville sollten festgenommen, die Katanga-Gendarmerie in blitzschnellem Zugriff entwaffnet werden. Nach New York hatte General Raja gekabelt, die ganze Angelegenheit sei in zwei Stunden ausgestanden. Aber es kam ganz anders. Munongo flüchtete nach Rhodesien. Tshombe war unauffindbar. Seine schwarzen Truppen, und vor allem deren weiße Chargen erwiesen sich als hartnäckige und listenreiche Gegner.

Die Kämpfe dauerten bereits fünf Tage, als Dag Hammarskjöld, der von New York nach Leopoldville geeilt war, sich entschloß, nach Ndola zu fliegen, um dort mit Moise Tshombe zusammenzutreffen und einen Waffenstillstand auszuhandeln, eine Entscheidung, die Connor O'Brien, der um eine Übertreibung nie verlegen war, mit dem Gang Neville Chamberlains nach München auf dem Höhepunkt der Sudeten-Krise verglich. Neun Meilen vom Flugplatz Ndola entfernt zerschellte die Maschine Hammarskjölds in der Nacht zum 18. September 1961 im afrikanischen Busch. Es gab keine Überlebenden. Das Rätselraten über die Ursachen dieses Absturzes ist bis auf den heutigen Tag nicht verstummt.

Meine britischen Kollegen hatten dezidierte Meinungen. Die damals in UN-Kreisen und von der New Yorker Presse verfochtene These, das Flugzeug Hammarskjölds sei durch das einzige Militärflugzeug, über das Tshombe verfügte, durch die ominöse Fouga-Magister abgeschossen worden, verwiesen sie in den Bereich der Lächerlichkeit. Für Nachtflüge war diese Maschine überhaupt nicht geeignet. Hingegen deutete alles darauf hin, daß die total übermüdeten schwedischen Piloten, die aus Sicherheitsgründen von der normalen Flugroute nach Osten abgewichen waren und jeden Funkkontakt abgebrochen hatten, den Anflug auf Ndola falsch einschätzten und die Rollbahn verfehlten. Die Gerüchte, daß es im Flugzeug des Generalsekretärs, der sich offenbar in einem Zustand tiefer Depression befand, zu gewalttätigen Auseinandersetzungen gekommen sei, wurden nie offiziell bestätigt.

Dag Hammarskjöld habe am Kongo eine unglückliche Hand gehabt, stellten die englischen Beobachter fest. Dieser nach außen so kühle Mann, dem ein Reporter aus Salisbury paranoische Züge, ja – wie sich an seinen späten Dichtungen ablesen lasse – welterlöserische Ambitionen unterstellte, habe sich durch eingefleischte Antipathien leiten lassen. Lumumba sei ihm ein Greuel gewesen. Ähnlich allergisch habe sein indischer Vertrauensmann Dayal auf Mobutu reagiert, und beim Iren O'Brien steigerte sich die Abneigung gegen Tshombe fast zur Hysterie.

*

In Ndola haben wir dickbäuchige, halb verrottete amerikanische Limousinen gemietet, um nach Elisabethville weiterzufahren. Neue Wagen wollten die Verleihfirmen für dieses waghalsige Unternehmen nicht zur Verfügung stellen. Die Sicherheitsprämien auch für unsere morschen Vehikel waren horrend hoch. Nach der Treibhaus-Hitze von Dar-es-Salam fröstelten wir unter dem kühlen, bleigrauen Himmel der rhodesischen Savanne. Die Landschaft, die an uns vorüberglitt, war von betrüblicher Einförmigkeit: struppiger Busch, schmutzig grün, von braunen Termitenhügeln überragt. Die Dörfer der Eingeborenen wirkten nicht einmal exotisch. Die schwarze Bevölkerung war europäisch gekleidet und winkte unserem Konvoi mit ausdruckslosen Gesichtern – ohne die übliche afrikanische Lebhaftigkeit – nach. Auf rhodesischer Seite wurde diese triste Hochebene gelegentlich durch die gewaltigen Gruben- und Schmelzanlagen des »Copper-Belt« unterbrochen. Das Städtchen Kitwe fiel uns durch den gepflegten Wohlstand seiner englischen Villenviertel und ein stattliches Einkaufszentrum auf. Die Grenzkontrolle – von einem überkorrekten britischen Polizeioffizier und seinen schwarzen Hilfskräften durchgeführt – war kulant. Jenseits des Schlagbaums war die kongolesische Zoll- und Wachstation verlassen. Der Name Kipushi – so hieß die Übergangsstelle – prägte sich mir ein.

Mehr als ein paar Stunden waren wir nicht gefahren, und schon erreichten wir die Vororte von Elisabethville. In der Ferne hörte man sporadische Schießereien. Die Eingeborenensiedlungen auf beiden Seiten der Asphaltstrecke waren in den ersten Unruhetagen nach der Unabhängigkeit niedergebrannt worden. Sehr bald nahmen uns baumbestandene Alleen auf und ein großzügig angelegtes Straßen-Schachbrett, wo die schwarzen Passanten als Fremdlinge erschienen. Wir waren auf der Hut, hielten wie Sioux-Indianer Ausschau nach Straßensperren und Schützengräben. Drei Tage zuvor hatten die Gurkhas der UN-Armee die »Road-Blocks« der Katanga-Gendarmerie gestürmt, die den Zugang zum Flugplatz blockierten. Aber Blauhelmen begegneten wir nicht auf unserer Strecke, die von einem Ortskundigen sorgfältig studiert und so angelegt war, daß wir den Kontrollen der Weltorganisation ein Schnippchen schlugen.

Schwarze Gendarmen in dunkelgrüner Kampfuniform, gut bewaffnet und relativ diszipliniert, ließen uns passieren. Sie hielten uns wohl für Söldner. Auf einem Rasen – ganz in der Nähe des »Hotel Leo II« – hatte ein Sergeant einen Granatwerfer in Stellung bringen lassen. Er half mit kräftigen Fußtritten nach, um dem Rohr die gewünschte Richtung zu geben. Zielen war ohnehin Glückssache. Dann ließ er mit dem Ausdruck tiefer Befriedigung in kurzen Abständen seine Granate in die aufgerichtete Mörsermündung fallen. Die Geschosse schwirrten in Richtung Bahnhof und Bahnlinie ab, wo sie dumpf explodierten. »Dort befinden sich die vordersten schwedischen Stellungen«, kommentierte der Unteroffizier und freute sich.

Die UN-Armee ihrerseits zierte sich nicht. Die verschreckten belgischen Familien im »Hotel Leo II« erzählten von Artilleriebeschuß und Tieffliegerangriffen der Friedenstruppe. Sogar ein Krankenhaus war getroffen worden. Es hatte Verwundete und Tote unter der Zivilbevölkerung gegeben. An der Spitze einer kleinen Prozession hatte ein dicker Belgier ein totes schwarzes Kind in den Armen getragen und Flüche gegen die »Mörder-Organisation von Manhattan« gebrüllt.

Den französischen Fallschirmoffizieren, die aus der Armee ausgestoßen worden waren, nachdem sie sich in Algerien gegen de Gaulle aufgelehnt hatten, wurde in Katanga eine Art Bewährungsprobe geboten. Der geheimnisumwitterte Afrika-Beauftragte des Elysée-Palastes, Jacques Foccart, hatte vom General die

Weisung erhalten, die durch die Verdrängung der Belgier in Katanga entstandene Lücke zu füllen und Frankreichs Interessen im frankophonen Teil des »Kupfergürtels« geltend zu machen. Ein paar Monate zuvor hatte Colonel Roger Trinquier noch versucht, die Katanga-Gendarmerie und somit den gesamten Separat-Staat unter französische Kontrolle zu bringen. Ich hatte ihn leider verpaßt. Im Jahr 1946 war Trinquier als Capitaine im »Commando Ponchardier« mein unmittelbarer Vorgesetzter in Indochina gewesen. In Algerien hatte er sich Anfang 1961 in den Generalsputsch gegen de Gaulle verwickeln lassen, und nun war er in Zentralafrika mit seiner neuen »mission impossible« gescheitert. Die Belgier hatten sich ihm resolut in den Weg gestellt.

Gleich nach unserer Ankunft in Elisabethville – ich war auf der Suche nach einer Unterkunft, denn das »Hotel Leo II« war mit Flüchtlingen überfüllt – stieß ich auf Major de La Bourdonnais. Ein Jahr zuvor hatte ich ihn im Gouvernement Général von Algier getroffen, wo er die Überwachung der arabischen Kasbah koordinierte. Ähnlich wie die britischen Presseveteranen waren die kriegserfahrenen französischen Paras über die Kriegführung des UN-Konglomerats verblüfft. Insbesondere das militärische Verhalten der Schweden und Iren löste kopfschüttelnde Heiterkeit aus. Wo hatte man es in Afrika schon einmal erlebt, daß eine spärlich bewaffnete schwarze Truppe – in diesem Fall die Katanga-Gendarmerie – eine gewaltig überlegene weiße Streitmacht in Schach hielt? Überall sonst hatte die Faustregel gegolten, daß man mit einer Kompanie europäischer Elitesoldaten einen mittleren afrikanischen Staat destabilisieren konnte, sofern die Supermächte sich nicht einmischten.

*

Drei Wochen lang habe ich den zweiten Katanga-Feldzug der Vereinten Nationen »gecovered«, wie man im Presse-Jargon sagt. Es war eine Zeit grotesker Verwirrung. Mit Max Clos, einem Kollegen des Pariser »Figaro« – später sollte er dessen Chefredakteur werden – war ich aus den frühen Jahren des französischen Indochina-Krieges befreundet. Wider Erwarten hatte er zwei Zimmer im »Hotel Albert« für uns gefunden. Ein schüchterner Schwarzer händigte uns die Schlüssel aus und ward nicht mehr gesehen. Die Straße vor unserer Herberge, die zum Bahnhof Elisabethville führte, war verdächtig leer. Unmittelbar hinter den Gleisen hatten sich die Vorposten der Vereinten Nationen eingegraben. Die schwedischen Blauhelme fuhren dort Patrouille in ihren lächerlichen »Badewannen«, so nannte man ihre nach oben weit geöffneten Transportpanzer.

Gleich am zweiten Morgen wurden wir jäh aus dem Schlaf gerissen. Eine Granate war durch das Wellblechdach geschlagen und auf unserer Etage in einem Nebenzimmer explodiert. Max kam mir gipsverkrustet auf dem Gang entgegen. Auch in meinem Zimmer war der Mörtel von der Wand gefallen und die Scheiben geplatzt. Der geringe Widerstand, den das leichte Regendach dem Sprengstoff bot, hatte Schlimmeres verhütet. Ein Verbleiben im »Hotel Albert« war wenig ratsam. So verlagerten wir unser Quartier in die verlassene Wohnung eines geflüchteten belgischen Beamten. Zwar war dieses Appartement im obersten Stockwerk gelegen, aber die Betondecke flößte Vertrauen ein.

Gegen Moise Tshombe war manches einzuwenden, Mut konnte man dem Katanga-Chef nicht absprechen. In seiner großzügigen Residenz mit dem englisch gepflegten Garten empfing er seine Besucher mit großer Gelassenheit. Er ging stets hochelegant in dunkle Nadelstreifenanzüge gekleidet. Als Sohn des reichsten Schwarzen von Belgisch-Kongo hatte er den Luxus nicht erst am Tag der Unabhängigkeit kennengelernt. Wenn er diplomatische Vertreter, Industrielle oder Journalisten bewirtete und Cocktails serviert wurden, strahlte sein breites Gesicht Zuversicht aus. Daß die Schießerei zwischen seinen Gendarmen und den UN-Truppen nur ein paar hundert Meter entfernt stattfand, schien ihn nicht zu beeindrucken. Mit seiner sonoren Stimme hätte Tshombe einen prächtigen Interpreten für »Old Man River« abgegeben.

Unter den Gästen trafen wir häufig Frank Carlucci wieder, der zum amerikanischen Konsul in Elisabethville ernannt worden war und dort eine Schlüsselrolle spielte. Er war der rechte Mann für diese absurde Situation: Eine Sezessionsregierung, die ihre volle Souveränität proklamiert hatte, fungierte in einer von gegnerischen Kräften eingekreisten und zur Hälfte besetzten Hauptstadt. Auch der französische Generalkonsul Lambroschini war unser regelmäßiger Gesprächspartner. Als wir wieder einmal zu ihm unterwegs waren, wurden wir durch das raschelnde Einflugsgeräusch schwedischer oder äthiopischer Mörsergranaten überrascht. Hinter einer kleinen Mauer suchten wir Deckung und warteten das Ende der Detonationen ab. Lambroschini hatte seinen Kellerraum mit Matratzen verrammelt. »Diese Friedensengel schießen mit Vorliebe auf mein Generalkonsulat«, schimpfte er zur Begrüßung. »Sie meinen wohl, die französischen ›mercenaires‹ geben sich bei mir Stelldichein.« Der Generalkonsul hatte allen Grund, auf der Hut zu sein. Während der ersten bewaffneten Katanga-Runde im September war er im Einkaufszentrum von Elisabethville aus dem Hinterhalt beschossen worden. Die Kugelgarbe der Maschinenpistole hatte zwar Kopf und Herz verfehlt, aber seine Schulter war mehrfach getroffen worden. Lambroschini hatte vier Wochen im Spital verbracht. Den Attentäter hatte niemand gefaßt.

Um die französischen Offiziere zu finden, deren Aktionen laut Überzeugung der UN-Verantwortlichen von ihrem Konsul koordiniert wurden, mußten wir uns in die Vororte der Provinzhauptstadt begeben. Dort verteidigten die Katanga-Gendarmen ihre lächerlich schwachen Positionen gegen die Hauptstreitmacht der Weltorganisation. Der eine oder andere Franzose war mir aus Algier oder Indochina bekannt. Die eindrucksvollste Gestalt war Colonel Faulques, Berufsoffizier der alten Kolonialarmee. Er war zutiefst davon überzeugt, daß er in Katanga ein Bollwerk gegen den Weltkommunismus behauptete, daß er die Afrikaner vor der marxistischen Verseuchung schützte. Unter den Söldnern, den »Affreux«, waren die Reisläufer und Tunichtgute in der Überzahl. Aber Faulques repräsentierte einen mönchischen, fast asketischen Soldatentypus und hielt seine Landsleute in strenger Disziplin.

Zwischen französischen und angelsächsischen Freiwilligen gab es wenig Kontakt oder Sympathie. Die Südafrikaner genossen einen besonders zweifelhaften Ruf. Militärisch waren sie schlecht trainiert, und ihre rassistische Grundeinstellung irritierte die Franzosen, die es gewohnt waren, mit ihren schwarzen Kolonial-Muskoten und jetzt mit den Katanga-Gendarmen rauh, aber stets brüderlich umzugehen. Das Verhältnis der französischen Paras zu den offiziellen belgischen Kolonialoffizieren war gespannt und mißtrauisch. Hingegen entwickelte sich zwischen den flämischen »Affreux«, die früher als Parachutisten gedient hatten, und den »soldats perdus«, die eine Revanche für Algerien suchten, eine fröhliche Kumpanei. Es machte ihnen Spaß, dem schwerfälligen Militäraufgebot der Weltorganisation immer wieder eins auszuwischen.

Wie grotesk das Kräftemißverhältnis war, ließ sich am Luftwaffenaufgebot der UNO ermessen. Die einzige Maschine Katangas, die legendäre Fouga-Magister, die für alle Rückschläge der Blauhelme und für den Tod Hammarskjölds verantwortlich gemacht wurde, verrottete auf irgendeiner vergessenen Rollbahn. Unterdessen demonstrierten schwedische, indische, äthiopische Piloten mit ihren modernen Jets eine gefahrlose Luftüberlegenheit.

*

Post- und Radiostation von Elisabethville waren in beiden Feldzügen Hauptziele der UN-Offensive gewesen. Die Gebäude waren von Granat- und Raketeneinschlägen gezeichnet. Von hier zu telexen oder gar eine Hörfunkleitung nach Europa herzustellen, war ein langwieriges und meist vergebliches Bemühen. Ich zog es deshalb vor, mich zweimal in der Woche an das Steuer meiner klapprigen amerikanischen Limousine zu setzen und an den Stellungen der UNO vorbei, auf immer neuen Schleichwegen, nach Nord-Rhodesien zu kutschieren. Die Strecke nach Kitwe über den Grenzposten Kipushi nahm nicht mehr als drei Stunden in Anspruch. Der eine oder andere Korrespondent ist auf dieser Tour unter Beschuß geraten. Die schwedischen Straßenposten waren aus Angst und Nervosität ebenso »trigger-happy« wie die Katangesen. Es gab ein paar Verwundete, aber ich hatte stets Glück.

Der Kontrast zwischen den umkämpften, verwahrlosten Außenvierteln von Elisabethville und den blitzsauberen Straßen von Kitwe, wo die »pax britannica« voll erhalten und durch angelsächsisches Phlegma noch überbetont wurde, beeindruckte mich immer wieder. Das »Hotel Edinburgh«, wo lediglich die Zimmer-Boys Afrikaner waren, hielt unerschütterlich den alten Kolonialstil hoch. Wir kamen verdreckt und übermüdet aus Katanga, aber niemals hätte uns der Butler ohne Krawatte in die Bar oder in das Restaurant eingelassen. Die in Kitwe ansässigen Briten betrachteten unseren Wegelagerer-Look mit Geringschätzung. Sie meinten wohl, daß wir alles dramatisch übertrieben. Vielleicht erschienen wir ihnen auch als Vorboten des Unheils, als unfreiwillige Künder jenes »wind of change«, den ihr eigener konservativer Premierminister Harold Macmillan für den südlichen Teil Afrikas angekündigt hatte.

In Kitwe gab es nie Pannen oder Verzögerungen bei der Überspielung meiner Hörfunk-Reportagen aus dem Studio der »Rhodesian Broadcasting«. Danach flanierte ich durch das europäische Geschäftszentrum mit seinen spießigen Auslagen, ging auf ein Bier in die Bar neben dem »Edinburgh«, wo weder Schwarze noch Frauen zugelassen waren und wo jeder Zublick von außen durch blinde Glasziegel versperrt war, als handele es sich um ein Bordell.

Am nächsten Morgen ging die Fahrt durch Savannen, Dörfer und Termitenhügel zurück. Kurz vor dem Grenzübertritt ragten die Fördertürme einer britisch geführten Kupfermine. Am Grubentor – dort wo die schwarzen Arbeiter die Asphaltstraße zu überqueren pflegten – wurden die Automobilisten durch ein Verkehrsschild gewarnt: Ein schwarzes Strichmännchen war darauf abgebildet und darunter stand »Natives crossing«, so wie am Rand der großen Farmen Rhodesiens die Straßenzeichen eine Kuh darstellten mit der Aufschrift »Cattle crossing«.

*

Neben Gurkhas und Äthiopiern stellten die indischen Doghras und die Malaien die besten Elemente der Eingreiftruppe. Letztere patrouillierten auf Panzerspähwagen vom Typ Ferret. Die malaiischen Offiziere waren besonders schmuck uniformiert. Inzwischen war das Durcheinander von Freund und Feind total. Die Linien hatten sich aufgelöst, so daß wir zwischen den verschiedenen Kommandoposten hin und her pendeln konnten. Die Malaien hatten – ungeachtet ihrer muslimischen Religionszugehörigkeit – die Journalisten von Elisabethville in der von ihnen okkupierten Villa zu einer Art Vorweihnachtsfeier eingeladen. Sie servierten asiatisch zubereiteten Curry und englischen Plumpudding. »Diese Malaien haben ein schlechtes Gewissen«, bemerkte ein italienischer Kollege am Rande der Party. Die Story war mir bekannt und von offizieller UN-Stelle verbürgt: Die gleiche Panzereinheit der Malaien, die uns in Elisabethville bewirtete, hatte sich vor einem Monat in Kindu, in der Urwald-Zone von Maniema aufgehalten, als dort eine Gruppe von dreizehn italienischen Militärpiloten landete. Diese Italiener gehörten zum Personal der Vereinten Nationen. Doch die in Kindu stationierte kongolesische Soldateska, deren Loyalität täglich zwischen Leopoldville und Stanleyville, deren Stimmung zwischen Wut- oder Angstreflexen schwankte, witterte Verrat und hielt die Neuankömmlinge für weiße Söldner oder verkleidete belgische Paras.

Es kam zu einer gräßlichen Szene. Die Italiener wurden zusammengeschlagen, in einen Kerker geworfen, ohne daß die Malaien ihnen zu Hilfe kamen. Sie hatten keinen Befehl, gegen die Kongolesen einzugreifen, und verhielten sich in beschämender Weise passiv. Die dreizehn Italiener wurden in ihrem Haftlokal von einer wild tobenden Wachmannschaft buchstäblich geschlachtet. Ihre Körper und Glieder wurden in Stücke zerhackt. Zum Teil wurden diese blutigen Stummel den Krokodilen im nahen Lualaba-Fluß zum Fraß vorgeworfen. Aber es kam noch entsetzlicher: Auf dem Markt von Kindu wurde das Fleisch der Italiener einer johlenden Menge zum Kauf feilgeboten.

*

Der Offensivbefehl ist wohl in Washington ausgegeben und über New York nach Leopoldville gekabelt worden. Als Speerspitze der Blauhelm-Armee bewährten sich in diesen Tagen kleine, schlitzäugige Männer aus dem Himalaja, das Elitecorps der Gurkha. Mehr als hundert Jahre britischen Drills wirkten auch unter indischem Kommando fort. An der Hüfte hatten diese stämmigen Nepalesen das breite, geschwungene Kampfmesser hängen, den Kukri. Der Ehren-Codex verlangt angeblich, daß der Kukri feindliches Blut vergießen muß, wenn sein Träger ihn einmal gezückt hat.

Jetzt rückten die Gurkhas auf das Stadtzentrum zu, ruhig, systematisch. Das waren keine Schweden oder Iren. Die kleine Gruppe des Colonel Faulques wußte, was die Stunde geschlagen hatte. Die schwarzen Gendarmen liefen auseinander. Die Militärlager der Peripherie fielen unter die Kontrolle der Weltorganisation. Die blaue Kongo-Fahne mit dem gelben Stern, die Flagge Leopolds II. von Belgien, wurde gehißt. Moise Tshombe verlegte sich wieder aufs Taktieren. Er verhandelte, willigte am 17. Dezember in einen Waffenstillstand ein, der seine Truppe vor der totalen Kapitulation bewahrte. Dann flog er unter dem gebieterischen Druck des amerikanischen Botschafters Gullion zum Treffen mit dem Kongo-Regierungschef Adoula nach Kitona, dem Militärstützpunkt am unteren Kongolauf.

Im Abkommen von Kitona behauptete Moise Tshombe seine Autonomie unter der eigenen Flagge mit dem Kupferkreuz. Seine Gendarmen mußten in der Provinzhauptstadt weiteres Terrain preisgeben, aber in Jadotville und Kolwezi gab es keine UN-Präsenz. Die Eingliederung Katangas in den Zentralstaat war längst nicht vollzogen, aber schon breiteten sich in Elisabethville kongolesische Zustände aus. Es mangelte an allem, an Strom und Wasser, an Brot und Maniok. Nach Einbruch der Dunkelheit wurde es lebensgefährlich, auf die Straße zu gehen.

*

Für den Weihnachtsabend haben wir in einem kleinen Kreis von Journalisten aller Nationalitäten eine Art Abschiedsfeier organisiert. Bei einem schmierigen griechischen Restaurateur wurde ein Tisch bestellt. Für harte Dollars hatte er uns Kaninchen-Braten und sauren Wein serviert. Statt Kaninchen haben wir möglicherweise

Katze gegessen. Aber die Stimmung schlug hoch beim flackernden Kerzenlicht, und der Alkohol lockerte die klammen Glieder.

Neben den üblichen Blödeleien wurde auch ein brennendes wirtschaftliches Thema erörtert. In New York war ernsthaft erwogen worden, das Katanga-Regime und dessen belgische Hintermänner durch eine Blockade der Kupferexporte endgültig in die Knie zu zwingen. Die Grenzen nach Rhodesien und Portugiesisch-Angola sollten durch die Blauhelme abgeriegelt und Moise Tshombe eine Transit-Lizenz lediglich unter der Bedingung gewährt werden, daß die hohen Steuereinnahmen aus der Grubenförderung Katangas der Zentralregierung in Leopoldville zuflössen. Ein rechtes Weihnachtsgespräch war das nicht, aber wem war schon nach »white Christmas« zumute, während die Platte Bing Crosbys aus der stinkenden Küche des Griechen schepperte?

Die Blockade des Kupferexportes aus Katanga, so kombinierten die beiden anwesenden Rhodesier, käme den weltweiten US-Konzernen zugute. Der Verdacht wurde geäußert, daß der hohe schwedische UN-Repräsentant Sture Linner ein verkappter Lobbyist der marktbeherrschenden amerikanischen Copper-Investments sei. Selbst der tote Dag Hammarskjöld wurde in solche Mutmaßungen einbezogen. War es nicht verwunderlich, daß die Idee des Kupferboykotts von der Weltorganisation erst fallengelassen wurde, dann allerdings sehr plötzlich, als die belgischen Verhandlungspartner vorschlugen, auch die Kobalt-Produktion auf die Embargo-Liste zu setzen. Die Belgier wußten, daß die Rüstungsindustrie der USA zu 75 Prozent auf die Kobalt-Lieferungen aus Katanga angewiesen war. Von dem Punkt an war von Boykott keine Rede mehr.

Einige letzte Anekdoten über O'Brien und seine Extravaganzen machten die Runde. Es hieß, der streitbare Ire trage sich mit der Absicht, seine Katanga-Memoiren zu verfassen. Aber niemand wäre auf die Idee gekommen, daß er sich nach seinem Ausscheiden aus dem UN-Dienst zu einem Bühnenstück über den Kongo versteigen würde, mit Patrice Lumumba in der tragenden Rolle. Befremdung unter den Zuschauern in Europa, so sollte ich später lesen, löste vor allem jene Szene aus, wo Lumumba die Ministerrunde jäh verließ, um sich im Nebenzimmer durch sexuelle Betätigung Entspannung und neue Energie zu verschaffen. Ganz aus der Luft gegriffen war dieser Theater-Gag angeblich nicht. Schon bei jenem Kaninchen-Essen in E-ville hatte ein amerikanischer Kollege kolportiert, daß Lumumba anläßlich seines Staatsbesuchs in Washington nach Besichtigung der Gästesuite in Blair-House tief enttäuscht gefragt habe: »Mais où sont les femmes? – Wo bleiben denn die Frauen?«

*

Über Elisabethville ging ein kalter Sprühregen nieder. Die Schützenlöcher der letzten Para-Kommandos, die die Linie am Bahndamm hielten, standen voll Schlamm und Wasser. Die Sandsäcke brachen auseinander. Die französischen und belgischen Söldner waren übernächtigt. Sie trugen Stoppelbärte. In Gruppen zu zweit traf man sie gelegentlich in ihren verdreckten Tarnuniformen in einer Bar. Eine Art Euphorie der Verzweiflung hatte sich ihrer bemächtigt, wie sie sich in Situationen der Niederlage gelegentlich bei den Kämpfenden einstellt. Es klang unglaublich: Ein Dutzend kriegserfahrener »Affreux« – gestützt auf eine kleine Truppe treu ergebener schwarzer Gendarmen – hatte den Stadtkern von Elisabethville ein paar Wochen lang gegen das Weltaufgebot unter der blauen Friedensflagge verteidigt. Jetzt war das Ende gekommen.

Requiem für einen Rebellenführer

Kinshasa, im März 2001

Mein Abschied vom Kongo steht bevor. In diesem Leben werde ich dieses Land, das in meiner beruflichen Entwicklung eine entscheidende Rolle gespielt hatte, wohl nicht mehr aufsuchen. Ein wirklich intimes, fast erotisches Verhältnis wie zu Indochina habe ich zum Schwarzen Kontinent ohnehin nie aufbringen können, und die Verwahrlosung von Kinshasa-Leopoldville geht mir weniger zu Herzen als die Verwüstung von Beirut. Dennoch überkommt mich zwei Tage vor dem Heimflug ein Hauch von Wehmut. Über den Kongo hatte ich 1961 mein erstes Buch geschrieben, das das gleiche Wort »Matata« im Titel führte wie das Lied des »schwarzen Brassens« von Mukula. Über den Hörfunk habe ich – man stelle sich das heute vor – meinen journalistischen Durchbruch, endlich im Alter von 36 Jahren, von Leopoldville aus erzielt. Vier Jahre später erhielt ich für die Dokumentation »Die Rächer Lumumbas« meinen ersten Fernsehpreis. Zentrale Figur dieser Filmreportage war der Rebellenführer Gaston Soumialot mitsamt seinen Simba-Kriegern am Ufer des Tanganjika-Sees.

Der Kreis schließt sich. Christophe Gbenye hat den greisen Soumialot in Kinshasa ausfindig gemacht. Er gibt mir zwei seiner jungen Gefolgsleute als Pfadfinder und Beschützer mit auf den Weg. Denn es ist nicht leicht, sich im Gassengewirr des riesigen Slums, dieses »bidonville«, zurechtzufinden, der das ehemals exklusive Residenzviertel Binza heute umklammert. Wir müssen das Auto verlassen, weil die Hütten hier zu eng aneinanderkleben. Die holprigen Schlammpfade sind mit Unrat übersät.

Der Abendhimmel hat sich noch einmal in roter Glut verfärbt, und dann ist die Nacht mit äquatorialer Plötzlichkeit hereingebrochen. Es gibt keine Elektrizität in dieser Elendszone. Zum Schein von Kerzen bewege ich mich fast ohne Sicht durch eine Flut schwarzer Körper und durch ein ganz und gar unafrikanisches Schweigen. Ich habe für meine Begegnung mit Soumialot einen hellen Stadtanzug mit Krawatte angezogen. In dieser Kostümierung muß ich den Eingeborenen unheimlich und fremd vorkommen. Vielleicht wecke ich sogar Assoziationen mit jenem Schreckgespenst, das einst die Cité heimsuchte. »Mundele ya muinda – der Weiße mit dem Licht« – wurde dieser Unhold genannt, der angeblich kleine schwarze Kinder raubte und zu Konservenfleisch verarbeiten ließ. War nicht ein strahlender kleiner Mohr auf den Corned-Beef-Büchsen abgebildet, die die Belgier in den Handel gebracht hatten?

Aber von Feindseligkeit ist ringsum keine Spur. Wir erreichen eine kümmerliche Baracke mit abgeschirmtem Vorhof. Es kommt zu einem ergreifenden Erlebnis. Auf dem Zementboden ruht – in sich zusammengerollt und mit einem Tuch bedeckt – eine Art menschliches Bündel, und dieses Wrack ist niemand anderes als Gaston Soumialot. Seine Verwandten tragen in aller Eile zwei schwere Sessel und ein verschmutztes Sofa herbei. Irgendwo haben sie die Möbel aufgestöbert. Jetzt richtet sich der Greis mit verblüffender Behendigkeit auf und steht mir gegenüber.

Soumialot ist von schwerer Krankheit gezeichnet. Sein Ende ist wohl nicht mehr fern. Der ehemalige Kommandeur der Steinzeitkrieger vom Tanganjika-See, jener finsteren »Mayi-Mayi«, die Stanleyville terrorisierten und den Rückfall in die Steinzeit ankündigten, ist offenbar über mein Kommen informiert, bemüht sich, freundlich und gastlich zu wirken. Im Schein der Karbid-Lampe, die die nackten Lehmwände erhellt, kommen mir seine Gesichtszüge – trotz der fortgeschrittenen Auszehrung – immer noch vertraut vor, vor allem die weit ausladende Kinnpartie. Das Bärtchen von damals hat er abrasiert, und die Leopardenkappe des Rebellenführers ist nur noch eine ferne Erinnerung.

Wir setzen uns nebeneinander auf das Sofa. Er tut so, als würde er mich wiedererkennen. »Sie haben uns damals das Leben gerettet in Albertville«, sage ich, um die Situation aufzulockern. Da lächelt er beinahe gewinnend. Seine Familie hält sich respektvoll auf Entfernung, während der wortkargen Begegnung der beiden Alten. Soumialot hatte nach der belgischen Militärintervention in Stanleyville und dem Zusammenbruch der kommunistischen Gegenregierung über Khartum nach Kairo fliehen müssen. Später setzte er sich sogar nach Kuba ab. Marschall Mobutu, der nicht rachsüchtig war, hatte diesen gescheiterten Revolutionär zehn Jahre später in seine Heimat zurückkehren lassen und ihm eine bescheidene Funktion angeboten. Ganz anders hatte sich Laurent Kabila gegenüber seinem ehemaligen Vorgesetzten und Kampfgefährten verhalten, nachdem er 1997 die Macht in Kinshasa an sich riß. Er hatte den siechen Greis ein paar Tage willkürlich einkerkern lassen.

Nun fristet Soumialot seine letzten Tage als armer Mann. Er

wird von seiner Familie ernährt, während der Kriegsschatz der Simba – angeblich dreißig Tonnen Gold –, den er 1964 bei seiner Flucht nach Khartum in der Nationalbank des Sudan deponiert hatte, dort weiterhin auf Grund des Verschwindens von zwei Unterschriftsberechtigten jedem Zugriff verwehrt bleibt. Die Enkel des alten Mannes hatten mich vorgewarnt, daß er nur noch unzusammenhängend reden könne. So tauschen wir ein paar nichtssagende Höflichkeiten aus. Doch in seinen tiefgelegenen, müden Augen beobachte ich einen Schimmer von Freude und Stolz, noch einmal für ein paar Minuten in seine große kriegerische Vergangenheit zurückversetzt zu sein.

Ich stehe auf, und auch er erhebt sich mühselig. Ich nehme seinen geschrumpften Körper – fast schon eine Mumie – in die Arme und küsse ihn auf beide Wangen. Dem Schädel, den ich dabei berühre, wird man bald nicht mehr anmerken, ob er mit weißer oder schwarzer Haut bespannt war. So feiere ich meinen Abschied vom Kongo, zelebriere ich mein afrikanisches Requiem.

SÜDAFRIKA

Wenn es Nacht wird in Pretoria

Pretoria, im April 2001

Kein Land des Schwarzen Erdteils gibt heute so viele Rätsel auf wie Südafrika, kein Staat ist irreführender. Der erste Eindruck täuscht total. Da findet der Einreisende einen perfekt funktionierenden Flugplatz von Johannesburg vor, wo die Formalitäten auf ein Minimum beschränkt sind. Irgendein Reisebüro hat ihm einen klimatisierten Wagen mit einem verläßlichen schwarzen Fahrer bereitgestellt, der ihn über eine vorzügliche Autobahn nach Pretoria fährt. Im »Hotel Sheraton« empfängt ihn nicht nur Luxus, sondern auch eine gemischtrassige, freundliche Bedienung, die die gelungene Verwirklichung der »Regenbogen-Gesellschaft« zu symbolisieren scheint. In der Hauptstadt Pretoria werden die Rasenflächen, die prächtigen Blumenrabatte ständig gepflegt. An den Ampeln befleißigen sich die Verkehrsteilnehmer einer Disziplin, die in Paris oder gar Rom unvorstellbar wäre.

Von befreundeten Südafrika-Reisenden ist man ja bereits eingestimmt worden. Die Safaris im Krüger-Park bieten weiterhin herrliche Wildlife-Erlebnisse, und in der Umgebung des Kaps der Guten Hoffnung sei die Sicherheit der Weißen weitgehend garantiert. Es lohne sich sogar, eine jener prächtigen Villen mit Schwimmbad zu erwerben, die dort zu Schleuderpreisen angeboten werden, was eigentlich nachdenklich stimmen sollte. Sogar in der Afrikaner-Siedlung Soweto, am Rande von Johannesburg, werden Touristen-Besuche organisiert, ja, es ist chic, in dieser früheren Brutstätte des Rassenkampfes bei »Eingeborenen« zu übernachten.

Tatsächlich erscheint auch mir Soweto – bei Tage zumindest – weit weniger bedrohlich als in den Jahren der Apartheid, als dort die Schulen brannten und die Polizeistationen sich in belagerte Festungen verwandelten. Stößt man auf deutsche Wirtschaftsvertreter, so loben sie in höchsten Tönen das hervorragende Investitionsklima und die hohen Renditen, die sie sich bereits errechnen. Über der Rassenharmonie in Südafrika, die auf so wunderbare Weise nach der Unabhängigkeit gewahrt blieb, ruhe der Segen des großartigen Friedensstifters Nelson Mandela, auch wenn er inzwischen aus seinem Präsidentenamt ausgeschieden sei.

Für die westlichen Medien ist Südafrika offenbar eine »heilige Kuh«. Nirgendwo hat sich unsere Informationsgesellschaft so gründlich blamiert wie bei der Schilderung der dortigen angeblich idyllischen Verhältnisse. Der Zorn der Kommentatoren konzentriert sich hingegen auf den nördlichen Nachbarn Simbabwe und dessen Präsidenten Robert Mugabe, der immer noch nicht seine Machtposition räumen will und nicht aufhört, die 4000 weißen Farmer, die in diesem Land von zwölf Millionen Einwohnern über siebzig Prozent des fruchtbaren Landes verfügen, zu schikanieren und zu enteignen.

Es ist bezeichnend, daß der neue US-Außenminister Colin Powell bei seiner jüngsten Stipp-Visite in Pretoria den amerikanischen Bannfluch gegen Mugabe und die Zustände in Simbabwe schleuderte, wo seit Beginn der gewaltsamen Landbesetzung durch schwarze »Veteranen« sieben Weiße umgebracht wurden, die Lage in Südafrika jedoch kaum erwähnte.

Wenn die Nacht sich über Pretoria senkt, stellt sich die Angst ein, offenbart sich eine unheimliche Wirklichkeit. Die riesige Geschäftsmetropole Johannesburg ist längst von allen Weißen verlassen worden. Aber auch in der ehemaligen Buren-Hochburg Pretoria lebt heute eine ausschließlich schwarze Bevölkerung, soweit die Bantu, die vor der Anonymität der großen verlassenen Gebäude zurückschrecken, überhaupt bereit sind, sich dort einzuquartieren. Die Anhänger des Apardheid-Regime hatten einst großmäulig verkündet, sie würden – bevor sie den »Kaffern« die Macht überließen – den »total onslaught«, die Schlacht um die »Wagenburg«, auslösen. Statt dessen haben sie sich der schwarzen Mehrheit fast demütig unterworfen, als es zum Schwur kam. Hat ihnen diese vernünftige Nachgiebigkeit, die in so krassem Gegensatz zu ihrer früheren rassischen Arroganz stand, die erhoffte Sicherheit gebracht?

Die Weißen von Johannesburg und Pretoria haben sich in eine neue Form von »Laager«-Mentalität zurückgezogen. Weit weg von den Stadtkernen haben sie sogenannte »Compounds« gebaut mit eigenen Geschäften, Schulen, Kirchen und Clubs. Das ganze ist durch perfektionierte Elektronik und private Sicherheitsdienste abgeschirmt. Aber selbst die ausländischen Diplomaten bangen jede Nacht, ob sich nicht doch eine Rotte schwarzer Gewalttäter ihrem Anwesen nähert. »Wenn die einmal im Haus sind«, so wurde mir übereinstimmend berichtet, »gibt es keine Rettung mehr; dann wird jeder Europäer erschlagen, jede weiße Frau – vom zweijährigen Kleinkind bis zur achtzigjährigen Greisin – vergewaltigt.« Es gehe diesen Gangs vor allem um den Geschlechtsverkehr mit Jungfrauen, der – den Aussagen ihrer Medizinmänner zufolge – Schutz und Immunität gegen die mörderisch um sich greifende Aids-Pandemie bieten soll. Dieser schreckliche Aberglaube ist landesweit verbreitet. Er fordert auch in den schwarzen Townships eine wachsende Zahl von Opfern. Bei diesen Horrorszenen handelt es sich nicht um räuberische Plünderungen – nicht einmal die wertvollen elektronischen Geräte werden gestohlen –, sondern um sinnlose Brutalität.

Sowohl bei den Regierungsbehörden als auch bei den ausländischen Vertretungen habe ich mir die präzisen Statistiken verschafft. Seit dem Zusammenbruch des Apartheid-Regimes wurden in Südafrika – überwiegend in isolierten Farmen – über 1100 Weiße umgebracht; 5500 Überfälle fanden statt. An dieser Zahl gemessen sind die britischen Kolonisten in Simbabwe recht glimpflich davongekommen. Genaue Angaben über die schwarzen Opfer der blutigen Anarchie, die sich bei Dunkelheit der afrikanischen Stadtviertel bemächtigt, liegen nicht vor. Die gemischtrassigen Polizei-Patrouillen haben dort längst vor den bewaffneten Banden kapituliert oder ein Auskommen mit ihnen gesucht.

Im Zentralpark von Pretoria ist die Bronze-Statue des Ohm Krüger intakt geblieben, und auf seinem Zylinder hält sich stets eine Taube auf. Aber ringsum auf dem sauber gemähten Rasen lagert die schwarze Freizeitgesellschaft. Ein ähnliches Bild bietet sich im Umkreis des mächtigen Union-Buildings, dessen Turm-Konstruktion einmal die Macht des britischen Empire symbolisieren sollte. Die wenigen Weißen, die aus beruflichen Gründen die ehemaligen Geschäftszentren noch aufsuchen müssen, wirken wie flüchtiges Wild, verharren – wo immer es geht – im relativen Schutz ihrer Auto-Karosserie. Gewiß, mit dieser kollektiven Unsicherheit, der permanenten Befürchtung, am hellichten Tag beraubt zu werden, stehen die Städte Südafrikas nicht allein. In Lagos, Kinshasa, Nairobi ist die Gefährdung für Fremde durchaus vergleichbar. Aber zwischen Transvaal und dem Kap gewinnt die latente Bedrohung eine ganz andere Dimension, wirkt besonders unheimlich, vielleicht auch, weil sie systematisch verheimlicht oder schöngeredet wird.

Der große Exodus der alteingesessenen Europäer hat ja längst begonnen. Wer über einen britischen oder deutschen Paß verfügt, hat seine Ausreise zumindest organisiert. Die weißen Fachkräfte – Ingenieure, Ärzte, Elektroniker – haben keine große Schwierigkeit, in Nordamerika, Australien, Neuseeland eine Niederlassungsgenehmigung zu erhalten. Aber die Masse der Buren hat weder eine doppelte Staatsangehörigkeit noch berufliche Qualifikation vorzuweisen. Vor allem die sogenannten »arme Blanke«, jene Buren, deren Bildungsstand dem des durchschnittlichen Schwarzen entspricht und die früher der Apartheid eine rassisch bedingte Vorzugsstellung verdankten, stehen am Rande des Abgrundes und des Elends. Es dürfte Hunderttausende »arme Blanke« geben.

Die Deutschen, die in Südafrika leben, verweisen stolz darauf, daß die Bundesrepublik in diesem Jahr als erster Handelspartner

Pretorias Großbritannien überrundet hat. Aber den forschen deutschen Unternehmern sollte zu denken geben, daß die großen internationalen Konzerne – an ihrer Spitze Anglo-American und de Beers – ihre Hauptsitze aus Johannesburg weg nach Montreal oder London verlagert haben.

*

Um mir einen persönlichen Eindruck über die Lage in Transvaal zu verschaffen, das ich seit 1961 in regelmäßigen Abständen aufgesucht habe, bin ich zu den deutschen Farmern des Bezirks Rustenburg gefahren. Es handelt sich bei diesen Siedlern nicht um »Kaffern-Schinder«, sondern um fromme evangelische Christen, die ihr schwarzes Personal auch schon zur Zeit der obligatorischen Rassentrennung wohlwollend behandelten. Auch diese redlichen Landsleute, die sich in mühsamer Eigenarbeit ein wunderschönes Heim geschaffen haben, leben in ständiger Furcht vor dem Grauen, das jede Nacht über sie hereinbrechen kann, waren meist auch schon Zielscheibe verfehlter Anschläge. Notgedrungen haben sie Selbstschutz-Verbände gegründet, denn die Hunde taugen nicht mehr zur Abwehr, seit die Einbrecher mit toxischen Spray-Dosen kommen. »Ich selbst und meine Frau werden hier ausharren, solange es geht«, sagt mir einer der Kolonisten, »aber meine Kinder sollen sich ihre Zukunft in Deutschland aufbauen.«

Die krampfhafte Euphorie, die parlamentarische Besuchsdelegationen aus Berlin gern an den Tag legen, wenn sie dieses angeblich gelungene Experiment multikulturellen Zusammenlebens besichtigen, wird von den schwarzen Intellektuellen Südafrikas in keiner Weise geteilt. Selbst die schwarzen Redakteure der ziemlich regierungsfrommen Tageszeitung »The Star« beobachten mit Sorge die zunehmende Verwahrlosung der Massen, die sich um die Früchte der »black power« betrogen fühlen.

Vor allem eine Gruppe hochrenommierter schwarzer Professoren der »University of South Africa« von Johannesburg – die Namen verschweige ich wohlweislich – überrascht mich mit ihren zutiefst pessimistischen Prognosen. Hier herrscht keinerlei

Bewunderung mehr für die versöhnliche Staatskunst Nelson Mandelas vor. Dieser »Nationalheld« habe die Chancen einer wirklichen Veränderung der gesellschaftlichen Strukturen Südafrikas versäumt, ja für die Zukunft blockiert. Bei der afrikanischen Bevölkerung mehren sich angeblich die Vorwürfe, Mandela sei im Gefängnis Opfer einer »Gehirnwäsche« geworden und habe sich in seiner Nachgiebigkeit gegenüber den Weißen, die weiterhin in den Entscheidungsposten der Republik das Sagen hätten, wie ein »Uncle Tom« verhalten.

Nicht einmal die diskriminierende Schaffung der »Homelands« oder »Bantustans« sei grundlegend rückgängig gemacht worden. Welcher Grubenarbeiter aus Transkei könne es sich denn leisten, seine Angehörigen nach Soweto oder Alexandra nachkommen zu lassen? Die Familien würden dabei ihres bescheidenen Landbesitzes in der angestammten Heimat verlustig gehen. Im übrigen wisse niemand, was sich wirklich in den Minen-Schächten rund um Johannesburg abspielt, und die dortigen »Men's Hostels« für Junggesellen seien Ballungsherde für die unaufhaltsame Ausbreitung der Aids-Seuche.

»Wissen Sie, wer bei uns, aber auch bei weiten Teilen der Bevölkerung zur Zeit der populärste afrikanische Politiker ist?« fragt mich ein Akademiker, und nennt Robert Mugabe von Simbabwe, der endlich die weißen Siedler enteigne und gegen den Willen Amerikas seine Soldaten in die reichsten Diamanten-Gruben des Kongo entsandt habe. Überaus zögerlich, fällt das Urteil über Thabo Mbeki, den Nachfolger Mandelas an der Spitze des »African National Congress« und der Republik Südafrika aus. Diesem Politiker aus dem Xhosa-Volk mangele es im Gegensatz zu seinem berühmten Vorgänger an Charisma und rednerischer Begabung. Insgeheim, so fürchten die Weißen, habe er sich Mugabe zum Vorbild genommen, und mit seinem Willen zum politischen Pluralismus sei es wohl auch nicht weit her. Sonst hätte Mbeki nicht versucht, drei seiner wichtigsten Rivalen innerhalb des ANC durch ein absurdes Gerücht über ein mörderisches Komplott gegen ihn zu verleumden. Mit Verwunderung erfahre ich bei meinen Gesprächen – auch mit einfachen Schwarzen –, daß ihnen die Buren psychologisch oft näher stehen als die in Südafrika lebenden Engländer. Bei den Buren wisse man wenigstens, woran man sei, bei den Briten nie.

In ihrem altmodischen, schönen Haus, dessen Fenster sich auf die Weite Transvaals öffnen, habe ich die Schriftstellerin und Nobelpreisträgerin Nadine Gordimer aufgesucht. Von dieser kleinen, schmächtigen Frau geht immer noch unbändige Kraft und heitere Gelassenheit aus. Aus einer jüdischen Familie stammend, hatte sie einen wackeren Kampf gegen die menschenverachtende Gesetzgebung des Apartheid-Regimes geführt und ließ sich nicht einschüchtern. Ob Nadine Gordimer mit der jüngsten Entwicklung Südafrikas glücklich geworden ist, möchte ich jedoch bezweifeln. Sie hat sicherlich die Zeichen schwarz-afrikanischer Despotie, die sich im Schatten des Machtmonopols des »African National Congress« und des Xhosa-Stammes bereits abzeichnen, klarsichtig erkannt, wurde doch unlängst ihr bedeutendstes Buch »July's People« von den neuen Behörden aus dem Lehrplan der Schulen gestrichen. Diese Zensur ist sofort rückgängig gemacht worden. Doch dieser Roman »Julys Leute«, die Geschichte einer weißen, extrem liberalen Familie aus Johannesburg, die vor dem Wüten eines imaginären Bürgerkrieges zwischen Schwarz und Weiß in das Dorf, in den Kraal ihres Haus-Boys flüchtet und dort in tiefer Depression die schier unüberbrückbare Kluft zwischen den Rassen am eigenen Leib erlebt, klingt wie ein unheilvolles Omen für die Zukunft Südafrikas. Das Buch wurde 1980 geschrieben, ging noch von den Spannungen des Ost-West-Konfliktes und einer möglichen Konfrontation zwischen Schwarz und Weiß aus, die – dank Mandela – bisher vermieden wurde. Fast scheint es mir, während ich bei Tee und Gebäck im Wohnzimmer dieser tapferen Autorin saß, als stimme sie mit jenen afrikanischen Universitätsprofessoren überein, die mir beteuerten, der wirkliche Befreiungskampf Südafrikas, die reale Verwirklichung von »black power« stehe erst noch bevor.

Nelson Mandela oder »Uncle Tom«?

Johannesburg, im April 2001

Es ist alles anders gekommen, als Nadine Gordimer es 1980 befürchtete. Südafrika ist nicht einem Vernichtungskampf zwischen Schwarz und Weiß anheimgefallen und auch nicht zu einem Kriegsschauplatz des Ost-West-Konflikts geworden. Das Union Building von Pretoria wurde nicht durch Bomben verwüstet, und um den Besitz des »Carlton Hotel«, der luxuriösesten Unterkunft von Johannesburg, wurden keine erbitterten Straßenkämpfe geführt. Wie ein Spuk hat sich das Apartheid-Regime aufgelöst. Der schwarze Nationalistenführer Nelson Mandela und der Buren-Präsident Frederik de Klerk haben 1993 – unter dem einstimmigen Jubel der Weltöffentlichkeit – den Friedens-Nobelpreis entgegengenommen. Im Union Building geben heute überwiegend schwarze Minister des »African National Congress« den Ton an. Das exklusive »Carlton Hotel« hingegen – eine frühe Begegnungsstätte rassischer Toleranz in den achtziger Jahren – ist geschlossen und verwaist. Niemand könnte mehr die Sicherheit, ja das Leben der Gäste – ob weiß oder schwarz – garantieren. Ähnlich ist es dem Stadtteil Hillbrow auf den Höhen von Jo-burg ergangen, wo eine Gruppe von weißen »misfits«, wie es damals hieß, zum ersten Mal dazu übergegangen war, den drakonischen Diskriminierungsedikten zu trotzen und sich zu einer multikulturellen »community« mit Coloured und Bantu zusammenzutun. Heute herrschen in Hillbrow verbrecherische Gangs und haben die liberalen Schwärmer von einst davongescheucht.

Wie hieß es doch in dem Roman des weißen südafrikanischen Schriftstellers Alan Paton, der auf dem Höhepunkt des burischen Rassenwahns mit seinem Roman »Cry, the beloved country« Aufsehen erregt hatte: »Eine große Angst bedrückt mein Herz, die Angst, daß die Weißen an dem Tag, an dem sie endlich zur Liebe bereit wären, entdecken müssen, daß wir Schwarzen uns dem Haß verschrieben haben.« Nun, von Liebe sollte in diesem Zusammenhang ohnehin nicht geredet werden, und der schwelende Haß ist noch nicht explodiert. Nicht das interethnische Gemetzel beherrscht die Szene, sondern eine ausufernde Kriminalität. Der apokalyptische Reiter Südafrikas trägt die vier Buchstaben »AIDS« auf seinem Schild. Konservativen Schätzungen zufolge sind im Jahr 2001 zirka zwanzig Prozent der Gesamtbevölkerung HIV-positiv, das entspricht einer Zahl von neun Millionen Opfern. Täglich werden zweihundert HIV-infizierte Babys geboren. In solchem Ausmaß ist Südafrika von dieser Seuche heimgesucht, daß der natürliche Bevölkerungszuwachs von jährlich 2,2 Prozent auf Null reduziert wurde.

Mein schwarzer Fahrer Ben, der sich strikt weigert, über die politische Entwicklung seines Landes auch nur ein Wort zu äußern – für Afrika ist das eine ganz ungewöhnliche Zurückhaltung – wacht bei meinen Verabredungen in Johannesburg darüber, daß der Wagen in unmittelbarer Nähe des Treffpunkts parkt. Er will mich nicht dem Risiko aussetzen, auch nur zweihundert Meter innerhalb der unberechenbaren schwarzen Menge zu Fuß zurückzulegen. Aber selbst ein paar Schritte genügen, um den Niedergang dieser früheren Hochburg des internationalen Kapitalismus zu registrieren. In den wenigen Geschäften, in denen sich allen Widrigkeiten zum Trotz ein paar Inder oder Pakistani behaupten, wird nur Ramsch angeboten, »Kaffern-Ware«, wie die Buren einst verächtlich sagten.

Die großen Firmen-Niederlassungen haben ihre Tätigkeit längst nach außen verlagert. Überall ist das Ende des Business-Booms durch das Schild »to let – zu vermieten« plakatiert. Es reißen neue Trennungslinien zwischen den Bevölkerungsgruppen auf. So manifestiert sich seit Mitte der neunziger Jahre eine virulente Ausländerfeindlichkeit gegen Flüchtlinge und Zuwanderer aus schwarzen Sub-Sahara-Staaten, an denen sich aus geringstem Anlaß die ohnehin starke Neigung zur Lynch-Justiz austobt. »Black solidarity« ist nicht vorhanden. Gleichzeitig wurde – unter Anstiftung meist nigerianischer Groß-Dealer – die Republik Mandelas zu einer Drehscheibe des weltweiten Drogenhandels.

Die Steinschluchten von Johannesburg flößen Furcht und Beklemmung ein. Noch unmittelbar vor der Machtergreifung der schwarzen Mehrheit waren die kühnsten Hochhäuser und Wolkenkratzer hochgeschossen. Als Glanzstück dieser trügerischen Wachstumseuphorie leuchteten die schrägen, grünlich schimmernden Glasflächen des de-Beers-Konzerns, dessen Hauptquartier in Form eines gigantischen Diamanten entworfen worden war.

In einem Verlagshaus unweit von Joubert-Park habe ich den schwarzen Kolumnisten Mathata Tsedu aufgesucht, dessen Kommentare sich durch Besonnenheit und Sachkenntnis hervortun. Ich bin erstaunt, einen muskulösen Schlägertyp mit Baseball-Kappe und Vollbart anzutreffen, aber seine Aussagen zeichnen sich durch Mäßigung aus. Die Präsenz von weißen Mitarbeitern in diesen Redaktionsräumen überrascht mich, aber hier wie in so vielen Schaltstellen von Wirtschaft und Verwaltung hat sich die überstürzte Verwirklichung des Programms »black empowerment« oder »affirmative action« so negativ ausgewirkt, daß ein begrenzter Rückgriff auf erfahrenes weißes Personal unumgänglich wurde. »Bisher ist alles noch recht glimpflich abgelaufen«, sagt Mathata; »Südafrika ist ein so unermeßlich reiches Land. Aber wir haben Glück gehabt. Zehn Jahre weltweiter Wirtschafts- und Finanz-Hausse liegen hinter uns, und auch uns ist diese Welle des ständigen Wachstums zugute gekommen. Jetzt drohen die mageren Jahre. Unser Staatswesen wird vor seine wirkliche Existenzprobe gestellt, wenn der ohnehin feststellbare ökonomische Rückgang sich beschleunigt und die schwarzen Massen der Enttäuschten und Verzweifelten in offene Auflehnung gegen die Regierenden treibt.«

»Warum erregt man sich im Westen so heftig über die Aufteilung des weißen Großgrundbesitzes im benachbarten Simbabwe?« fragt der Journalist; »alle haben Angst, daß die ›illegalen‹ Landbesetzungen, zu denen der dortige Präsident Mugabe aufgerufen hat, auch in Südafrika Schule machen und dann auf eine unvergleichlich blutigere Weise vollzogen würden.« Es sei ein bedenkliches Zeichen, daß ausländische Investoren die in ihrem Besitz befindlichen südafrikanischen Anleihen im Wert von fast zwanzig Milliarden Rand abgestoßen und verkauft hätten. Da bilde Deutschland mit etwa drei Milliarden D-Mark langfristiger Direktinvestitionen und vor allem Daimler-Chrysler mit einer neuen Produktionsanlage in Höhe von 440 Millionen D-Mark eine bemerkenswerte Ausnahme. Im übrigen sei ihm die kühle Gelassenheit der dominierenden Monopolisten des Westens wohlbekannt: Selbst wenn es zu radikalen Zwangsmaßnahmen des schwarzen Nationalismus zwischen Kap und Transvaal käme, sei jedes südafrikanische Regime auf die Kaufkraft, auf das technische »Know-how«, auf die harten Devisen der kapitalistischen Industrienationen angewiesen.

*

Über der Republik Südafrika hängt die völlig ungeklärte Frage des Landbesitzes wie ein Damoklesschwert. Professor Ben Ramose war mir als Experte für die anstehende Bodenreform empfohlen worden. Dieser schwarze Intellektuelle, der an der belgischen Universität Louvain studiert hat, sprüht vor politischem Wissensdrang und einem bizarren Galgenhumor. Von »land-reform« will er offenbar nichts wissen. »Ich habe zunächst eine ganz andere Frage an Sie«, so beginnt er das Gespräch; »wie erklären Sie sich, daß die Republik Südafrika unter Führung des ANC ihr Verteidigungsbudget in die Höhe treibt und blindlings moderne Waffensysteme für mehr als zehn Milliarden US-Dollar in aller Welt einkauft?« Davon profitiere ja auch Deutschland, das neben vier Korvetten für die südafrikanische Marine – was bei der Länge der Küsten Sinn mache – auch zur Lieferung von drei U-Booten bereit sei. Das ist pure Verschwendung. Die Erklärung liegt auf der Hand. Bei Rüstungsgeschäften fallen für die Auftraggeber gewaltige Provisionen an, und auf diesem Wege läßt sich auch massive Geldwäsche leicht kamouflieren.

Ganz eindeutig strebt Südafrika eine Führungsrolle im Schwarzen Erdteil an und stützt sich dabei seit 1996 auf die »South African Development Community« SADC, so erfahre ich von Ben Ramose. Nelson Mandela hatte globale Ambitionen gehegt und versucht, politische Lösungen für die Kongo-Krise, den Sudan-Konflikt und sogar für Ost-Timor anzubieten. Sein Nachfolger Thabo

Mbeki sei bescheidener geworden und bemühe sich lediglich, in der Demokratischen Republik Kongo und in Burundi als Vermittler aufzutreten, ohne nennenswerten Erfolg übrigens. Pretoria befinde sich in permanenter Rivalität mit Simbabwe. Auch die Beziehungen zu Angola und Namibia seien gespannt. So reduziere sich der regionale Hegemonialanspruch auf Mosambik, Botswana, Swaziland und Lesotho, wobei letzteres Königreich – ganz von südafrikanischem Territorium umschlossen – durch eine Militärintervention Pretorias auf Vordermann gebracht werden mußte. Das ehemals portugiesische Mosambik bleibe weiterhin ein unsicherer Weggefährte, während Botswana zur strategischen Plattform der USA in Austral-Afrika avanciert sei.

»Bei den südafrikanischen Streitkräften hat sich wenig geändert seit der schwarzen Machtübernahme«, fährt der Professor fort; »die bewaffneten Befreiungsorganisationen waren extrem schwach strukturiert, und ihre Integration in die ›South African Defence Force‹ bildet kein ausreichendes Gegengewicht zum fest etablierten, oft noch von Weißen besetzten Befehlsapparat.« Zumal seien sogar die schwarzen Offiziere der ehemaligen »Homelands« oder »Bantustans« – also notorische Kollaborateure der Apartheid – in die Armee integriert worden. Der Kampfwert dieser heterogenen Truppe sei äußerst gering, wie ihr bewaffneter Einsatz in dem winzigen Staat Lesotho vor Augen geführt habe. Zutiefst beunruhigend sei die Tatsache, daß bei solchen Expeditionen der Prozentsatz der HIV-Verseuchung bei den Soldaten auf achtzig Prozent hochgeschnellt sei.

Statt einer Lehrstunde über Bodenreform habe ich also ein Kolleg über Strategie erhalten. Wer erinnert sich heute noch daran, daß zur Zeit der »white supremacy« die Republik Südafrika dank israelischem Wissenschafts-Transfer über ein begrenztes Arsenal von Nuklearwaffen verfügte. Bevor Nelson Mandela die Staatsführung übernahm, wurde dieses Atom-Potential in enger Kooperation mit amerikanischen Experten unschädlich gemacht. Aber bei Rustenburg, in unmittelbarer Nachbarschaft der von mir besuchten deutschen Farmer, ragen noch die riesigen Aufbereitungsanlagen in die Savannenlandschaft. Der Verdacht will nicht verstummen, daß diese Drachensaat nicht völlig ausgemerzt worden sei und bei der schwarzen Regierung von Pretoria uneingestandene Begehrlichkeit geweckt habe.

Ein Assistent Ben Ramoses, der sich uns zugesellt hat, mischt sich in das Gespräch und verweist auf eine immerhin positive Bereinigung. Das berüchtigte Buffalo-Bataillon, das als brutales Einsatz-Kommando gegen Aufrührer bereitstand und sich in Angola »bewährt« hatte, sei aufgelöst worden. Ähnlich sei es jener schwarzen Spezialeinheit ergangen, die unter weißem Befehl operierte und sich den programmatischen Namen »Koevoet«, zu Deutsch »Brecheisen« zugelegt hatte. Auch eine Anzahl hoch professioneller Söldner-Firmen, die ihre weltweiten Einsätze aus Südafrika steuerten – zum Beispiel »Executive Outcomes« – hätten ihren Sitz in andere Länder verlagert. Welche einheimischen Kampfbünde sich jedoch im Untergrund zusammenschlössen, sei für Außenstehende und schon gar für Weiße überhaupt nicht durchschaubar. Er selber, so betont der junge Assistent mit Stolz, sei ein Sohn der kriegerischen Zulu-Nation. Ewig würden die Nachkommen des Zulu-Eroberers Shaka, der im neunzehnten Jahrhundert als »Napoleon Afrikas« gefürchtet war, sich nicht durch die Angehörigen des Xhosa-Volkes, die innerhalb des ANC und somit der gesamten Republik die wirklichen Entscheidungsträger seien, demütigen und bevormunden lassen. Die »Inkatha«-Bewegung des allzu zögerlichen Zulu-Chief Buthelezi sei wachsender Kritik ausgesetzt. Aber auch die Zustimmung zum »African National Congress« und ihrem Präsidenten Thabo Mbeki sei von 65 Prozent auf weniger als 40 Prozent gesunken.

Professor Ramose hat seinem streitbaren Mitarbeiter wohlwollend lächelnd das Wort überlassen. »Den schwarzen Intellektuellen, sogar Mbeki, wirft der Westen vor, sie sympathisierten mit Robert Mugabe von Simbabwe und dessen Landraub auf Kosten der weißen Siedler«, fährt der Assistent fort. »Jeder Afrikaner weiß, daß die Landwirtschaftsproduktion, vor allem der Tabak-Anbau im ehemaligen Süd-Rhodesien erheblich schrumpfen, daß Simbabwe durch die drastische Verminderung seiner Export-Erträge an den Rand der finanziellen Katastrophe geraten wird, sobald die dortigen Latifundien von afrikanischen Kleinbauern übernommen werden. Aber Mugabe hat zwanzig Jahre lang die exorbitanten Privilegien der weißen Pflanzer respektiert. Soll den schwarzen Bürgern von Simbabwe der Besitz von eigenem Land und Boden vorenthalten werden, weil der Afrikaner angeblich unfähig ist, ertragsorientierte Agrarwirtschaft zu betreiben? Mit dem gleichen Argument könnte auch all jenen Staaten unseres Kontinents, die auf Grund internationaler Verschwörung ins politische Chaos abgleiten, das Recht auf Unabhängigkeit, auf ›self government‹ verweigert werden. Doch zu dieser logischen Konsequenz wagt sich in Nordamerika und Europa niemand zu bekennen. Sie würde ja auf die Wiederherstellung der weißen Kolonialherrschaft in Afrika hinauslaufen; dazu fehle den Weißen jedoch der Wille und die Kraft.«

*

Ursprünglich hatte ich gar nicht beabsichtigt, das vorliegende Buch durch ein Kapitel über Südafrika zu belasten. Die Republik von Pretoria – nach Nigeria der weitaus gewichtigste Staat des Schwarzen Kontinents – stellt einen Sonderfall dar, würde eine separate Studie rechtfertigen. Südafrika befindet sich in einem Wandlungsprozeß, der sich allen Prognosen entzieht. Aber ich kann nicht umhin, der verzerrten Darstellung dieser Weltregion, der systematischen Schönrederei wenigstens in ein paar Punkten entgegenzutreten. Auch hier will ich auf persönliche Erfahrungen oft anekdotischen Charakters zurückzugreifen, über die – schon aus Altersgründen – kaum ein anderer Chronist verfügt.

Bevor ich den Blick zurückrichte, soll jedoch ein englischer Kollege zu Wort kommen, der bei einem Botschaftsessen mein Tischnachbar war und als ausgewiesener Landeskenner gilt. Spätestens seit dem gescheiterten »Jameson-Raid«, den Cecil Rhodes 1895 von Kapstadt aus gegen die Transvaal-Republik Paul Krügers inszeniert hatte, besitzen die Briten wohl den besten Einblick in diesen Tummelplatz unterschiedlichster Rassen und Kulturen. »Was hält man in Deutschland von Thabo Mbeki«, fragte mich der Reuters-Korrespondent insistent, und ich hatte Mühe ihm klarzumachen, daß der Nachfolger Mandelas in der Bundesrepublik kaum bekannt sei, daß ich selbst vor meinem Aufbruch nach Johannesburg den Vornamen des Präsidenten nachprüfen mußte. Thabo Mbeki gibt mancherlei Rätsel auf und beunruhigt die »International Community« zutiefst. Dieser Veteran des »African National Congress« hat in England ein Studium der Nationalökonomie abgeschlossen, und seine Landsleute werfen ihm gelegentlich vor, er habe sich den Realitäten seines Kontinents entfremdet.

Aber als es darum ging, die Auswirkungen der Aids-Pandemie zu beurteilen und dagegen anzugehen, hat er sehr afrikanisch reagiert. Der Staatschef hat sich allen Protesten der Ärzteschaft und Wissenschaftler zum Trotz geweigert, einen Zusammenhang zwischen HIV-Ansteckung und Aids-Erkrankung herzustellen. Er führt die kollektive Immunschwäche seiner Landsleute auf die Verelendung, Entwurzelung der schwarzen Massen zurück, die wiederum eine Folge der kolonialistischen Ausbeutung durch die Weißen sei. Auch die westliche Pharmazeutik-Industrie sowie der amerikanische Geheimdienst CIA werden von ihm der Züchtung dieses mörderischen Virus in ihren Laboratorien beschuldigt.

Der schwarze Nationalist Mbeki konnte es einfach nicht ertragen, daß sein Erdteil als Ausgangspunkt für Aids geortet wurde, daß die sexuelle Promiskuität der Bantu-Stämme das Ausmaß der Katastrophe ins Unermeßliche gesteigert haben soll. Tatsache ist, daß der starke Geschlechtstrieb der Afrikaner, auf den sie stolz sind und der auch von den schwarzen Frauen als Test der Männlichkeit gefordert wird, oft kultische Formen annimmt. Wer sich für den Exhibitionismus der Love Parade in Berlin begeistert, sollte sich mit überheblicher Kritik zurückhalten. Die Werbung für Kondome stößt bei einer Bevölkerung auf taube Ohren, die in der Präservativ-Benutzung eine Minderung des sexuellen Genusses sieht, der einzigen Freude, die ihr in ihrem dürftigen Dasein geboten wird. Zudem verhindert das Kondom die Zeugung von Nachwuchs, und da geistert der Verdacht eines teuflischen Komplotts der westlichen Industrienationen, die angeblich die demographische Expansion der schwarzen Rasse einzudämmen suchen. Auf die Idee, die im Militärhaushalt verschwendeten Unsummen für den Kauf anti-retroviraler Medikamente zu verwenden und somit die Verbreitung der Aids-Epidemie zu verlangsamen, ihre Leiden zumindest zu lindern, ist innerhalb des »African National Congress« niemand gekommen.

Die politischen Beobachter in Pretoria sind längst davon abgekommen, Thabo Mbeki, der oft ein starres Lächeln im bärtigen Antlitz trägt und nicht zu Temperament-Ausbrüchen neigt, als Künder einer »afrikanischen Renaissance« ernstzunehmen. Trotz seiner offiziellen Bekenntnisse zur freien Marktwirtschaft und dem latenten Machtkampf zwischen seiner ANC-Partei und der mächtigen Gewerkschaft »Cosatu«, habe sich Mbeki aus der marxistisch-leninistischen Weltanschauung seiner Jugend- und Kampfjahre nicht gelöst, meinte der englische Journalist. Prominente Politiker der ANC seien weiterhin als Mitglieder der Kommunistischen Partei Südafrikas eingetragen. Nur mit Rücksicht auf Washington und London hüte sich Mbeki, sein Langzeit-Programm, das die Enteignung weißer Siedler sowie staatliche Einflußnahme auf Gruben und Industrie vorsieht, publik zu machen. Erschwerend komme hinzu, daß der Präsident unter Alkohol-Problemen leide. »Mit seiner Propaganda-Parole von den ›zwei Nationen‹ Südafrikas – der reichen weißen und der armen schwarzen – entfernt er sich demonstrativ vom Versöhnungskurs Nelson Mandelas. Mehr und mehr neigt Thabo Mbeki dazu, sich auf die autokratischen Allüren so vieler anderer afrikanischer Potentaten auszurichten. »Der Mann«, so urteilte der Reuters-Korrespondent abschließend, »ist noch für manche Überraschung gut.«

Beim »Godfather« von Soweto

Soweto, im April 2001

Daß ich im Frühling 2001 die riesige Schwarzensiedlung Soweto in Begleitung einer professionellen Touristenführerin besuchen würde, hätte ich mir nie träumen lassen. Thuli Kumalo entstammt dem Zulu-Volk. Ihr Gesicht mutet ein wenig asiatisch an. Der Ausflug in diese berüchtigte Township am Südwestrand von Johannesburg verläuft ohne jeden Zwischenfall. Ich fühle mich sogar sicherer in diesen breiten Alleen, die von bescheidenen, aber sauberen Häuschen gesäumt sind, als in der »City« der Goldgräber-Metropole. Thuli, die 26 Jahre alt ist und in der Bundesrepublik studiert hat, spricht perfekt deutsch. Damit sie in ihrer Überbetonung der Normalität der südafrikanischen Verhältnisse nicht zu weit gehe, gemahne ich sie daran, daß ich Soweto zum ersten Mal im Sommer 1961 aufgesucht hatte, also 15 Jahre vor ihrer Geburt.

Nachdem mir die Baracke gezeigt wurde, die einmal Nelson Mandela als Zuflucht gedient haben soll, darf ich die prächtige Villa bewundern, in der dessen geschiedene Frau Winnie ihren »Fußball-Club« organisierte und den Befehl zur Hinrichtung von Verrätern durch die Tortur des »Necklace«, des brennenden Autoreifens, befahl. Trotzdem gilt sie beim schwarzen Unter-Proletariat weiterhin als »Mutter der Nation«. Jetzt bestehe ich darauf, auch das andere große Ghetto für Bantu zu besichtigen, die Satelliten-Stadt Alexandra. Dort haust die Mehrzahl der Afrikaner in einem Elendsviertel aus Wellblech und Pappe, und an den trostlosen »Men's Hostels« der Grubenarbeiter wurden noch keine kosmetischen Renovierungsarbeiten vorgenommen. Im Herzen von Alexandra entdecke ich immerhin eine moderne »Townhall«, wo mich ein freundlicher schwarzer Bürgermeister vor einer Batterie von Computerschirmen empfängt. Dies ist auch einer der wenigen Orte, wo die Behörden relativ offen über die schreckliche Ausweitung von Aids sprechen. Für die breite Masse ist es unziemlich, diese Plage auch nur zu erwähnen, als bestände die Gefahr, die Dämonen der HIV-Infektion durch die bloße Nennung ihres Namens zu entfesseln. So beschränkt man sich auf das Wort »the disease«. Natürlich wird nicht gesagt, daß auch afrikanisches Brauchtum – etwa die Begattung von Witwen durch die nahen männlichen Anverwandten – zusätzliche Kontaminierung verursacht.

Am Ende finden wir am Rande der City eine fast idyllische

Ecke, wo ein paar weiße Touristen beim schwarzen Wirt einen Kaffee bestellen können, ohne um ihr Leben fürchten zu müssen. Das benachbarte Theater allerdings, wo die liberalen Weißen zur Zeit der abklingenden Apartheid gemischtrassige Ballettaufführungen veranstalteten, hat seine Pforten längst geschlossen. Thuli Kumalo, die eine Reihe von telefonischen Absprachen treffen muß, läßt mich ein paar Minuten allein. Ich kann ungestört Meditationen über die Vergänglichkeit weltlicher Macht anstellen.

*

Als ich im Sommer 1961 Südafrika zum ersten Mal bereiste, stand das Land noch unter dem Schock von Sharpeville. Nach Krawallen in der dortigen Township hatte die Polizei blindwütig in die Menge der eingeborenen Demonstranten gefeuert. 69 Tote waren damals gezählt worden. Kurz zuvor hatte die Regierung Verwoerd die letzten Bande zum Commonwealth zerschnitten und ihre eigene Republik Südafrika ausgerufen. In jenem Schicksalsjahr war auch der Prozeß einer immer engstirnigeren Apartheid-Politik beschleunigt worden. Indern und Mischlingen – diese waren immerhin in der großen Mehrzahl Abkömmlinge burischer Vorfahren – wurden die letzten Bürgerrechte aberkannt. Die Fanatiker der totalen Rassentrennung trieben diese »Coloured«, deren sehnlichster Wunsch es war, von den Weißen als halbwegs gleichberechtigt behandelt zu werden, mit Fußtritten gewissermaßen in die ungeliebte Front der schwarzen Solidarität. Die systematische Demütigung der Bantu-Bevölkerung, die in bösartige Pedanterie ausartete, konnte selbst pragmatische Anhänger der »white supremacy« schockieren.

In jenen Tagen herrschte Triumph-Stimmung in den konservativen Gemeinden der »Neederduitse Gereformeerde Kirk«. Die burischen Nationalisten – vom geheimnisvollen mächtigen »Broederbond« gesteuert – hatten den Rest britischer Bevormundung abgeschüttelt. Sie fühlten sich bestärkt in ihrem Gefühl göttlicher Auserwähltheit. Ihr calvinistischer Glaube hatte für die »Afrikaaner«, wie sie sich nannten, die Hautfarbe zum höchsten

Kriterium der Prädestination gemacht. Die extremen Auswüchse dieser »Pigmentokratie« gingen so weit, daß Kinder ein und desselben Ehepaares, sofern sie auf Grund unbekannter Erbfaktoren unterschiedliche Rassenmerkmale aufwiesen, als Weiße oder als Coloured eingestuft werden konnten.

Schon 1961 hatten mich die weißen Behörden zu einer Besichtigung von Soweto eingeladen, dessen Ausbau weit gediehen war. Der Beamte der zuständigen Bantu-Verwaltung, ein wortkarger Bure, war offenbar recht stolz auf diese neueste Errungenschaft der Rassentrennung. Die niedrigen Häuschen für die Eingeborenen waren in betrüblicher Einförmigkeit aneinandergereiht, und in den winzigen Vorgärten wuchsen weder Gras noch Blumen. Die volle Versorgung mit Elektrizität und fließendem Wasser sollte erst im Jahr 1976 realisiert werden. Die Entrüstung europäischer oder amerikanischer Südafrika-Besucher über die angeblich menschenunwürdigen Wohnverhältnisse in dieser schwarzen Außensiedlung ließen sich jedoch nur aus der Unkenntnis der desolaten Zustände in den Großstädten anderer afrikanischer Staaten erklären. An den Slums und »bidonvilles« von Lagos, Kinshasa, Nairobi, an den »Musseques« von Luanda gemessen, bot Soweto ein recht ordentliches Bild und wirkte relativ hygienisch. Am meisten störten mich neben der scharfen Polizeikontrolle am Eingang die allgegenwärtigen Flutlicht-Scheinwerfer, die, auf hohen Masten montiert, nach Einbruch der Dunkelheit die Siedlung gnadenlos in grelles, blendendes Licht tauchten.

*

Während meines Aufenthaltes im Frühjahr 1977 trieben die Spannungen zwischen Schwarz und Weiß einem neuen Höhepunkt entgegen. Die eingeborene »Community« von Soweto trauerte um ihre Toten. Über fünfhundert Demonstranten, meist Jugendliche und Kinder, waren in dieser Satellitenstadt massakriert worden, als sie gegen die absurde Einführung des Afrikaans, des niederländischen Buren-Idioms, als obligatorische Unterrichtssprache und gegen andere Benachteiligungen protestierten. Premierminister Baltazar Johannes Vorster mußte wütend und widerstrebend eingestehen, daß der totale Rassenwahn seiner Vorgänger Malan und Verwoerd die Republik in die Sackgasse steuerte. Die Ermordung des extrem populären Vorkämpfers der »black consciousness«, Steve Biko, der in einem Polizeirevier von Johannesburg zu Tode geprügelt wurde, löste internationale Entrüstung aus.

Pretoria hielt einen neuen verfassungsrechtlichen Entwurf bereit, ein kurioses Produkt politischer Schizophrenie. Der schwarzen Bevölkerungsmasse – auch in den Townships – wurde die südafrikanische Staatsangehörigkeit aberkannt. Dafür wies man ihr die »Bürgerrechte« sogenannter Homelands zu, weit verzettelter, meist winziger Stammesgebiete, denen sogar international anerkannte staatliche Unabhängigkeit verheißen wurde. Der Flickenteppich dieser tribalistisch streng getrennten »Bantustans« sprach den Forderungen der schwarzen Nationalisten natürlich Hohn.

Im Sommer 1977 war ich kreuz und quer durch den ansehnlichsten dieser Ministaaten, die frisch gegründete Republik Transkei, gefahren. Die unlängst proklamierte »Independence« von Transkei war nur in Pretoria zur Kenntnis genommen, in der übrigen Welt aber als Farce abgelehnt worden. In seiner »Hauptstadt« Umtala regierte der schwarze Quisling Kaiser Mantanzima – Kaiser war sein Vorname – mit Hilfe des Ausnahmezustandes. Durch Korruption und brutale Gewalt hielt er seine Opponenten nieder und bestätigte damit die weißen Rassisten auf erbauliche Weise in ihrem Vorurteil, der »Kaffer« tauge ohnehin nicht zum demokratischen »Self Government« und zur politischen Selbstverwirklichung.

Im gleichen Monat hatte ich Baltazar Johannes Vorster in seinem Regierungssitz von Kapstadt interviewt. Henry Kissinger hatte diesen knorrigen Repräsentanten burischen Beharrungsvermögens angeblich als »alttestamentarische Erscheinung« beschrieben. Mir erschien Vorster weniger eindrucksvoll. Im Gespräch wich er um keinen Zoll von der These des »verkrampften« Flügels seiner Nationalen Partei ab. Seine Zuversicht war ungebrochen. »Wir sind gewiß dankbar für jede fremde Hilfe, wenn wir von den Kommunisten und Marxisten angegriffen werden«, hatte er mir gesagt; »aber wir wären töricht, falls wir uns auf fremde Hilfe verließen. Es ist viel besser, auf sich selbst zu bauen und zu wissen, daß man auf eigenen Füßen steht. Fremde Hilfe würden wir allenfalls als eine Prämie betrachten. Meine gute alte Mutter hat mir stets gesagt, als ich noch ein kleiner Junge war, daß nur der gut bedient ist, der sich selbst bedient. Das ist – offen gestanden – der südafrikanische Standpunkt.« Als bornierter holländischer Dickkopf, so blieb mir Johannes Vorster in Erinnerung, und dieses Urteil wurde mir von dem damaligen niederländischen Botschafter in Pretoria voll bestätigt.

*

Im Sommer 1985 brodelte es wieder in den Schwarzenghettos. Die Gewährung begrenzter parlamentarischer Rechte an 2,7 Millionen Coloured und 900 000 Inder hatte die Unzufriedenheit der 23 Millionen Bantu, die von jeder politischen Beteiligung ausgeschlossen blieben, zur Raserei geschürt. Die wirtschaftliche Rezession tat ein übriges. Vor allem in den Townships des Witwatersrand und der östlichen Kap-Provinz kam es zu Mord und Totschlag. Seit einem knappen Jahr waren mehr als fünfhundert Schwarze dem repressiven Polizeieinsatz zum Opfer gefallen. Staatspräsident Pieter Willem Botha hatte ein paar Tage vor meiner Einreise den Ausnahmezustand in 36 Distrikten verhängt und damit in der gesamten Welt einen Proteststurm ausgelöst. Jetzt wollte niemand mehr zur Kenntnis nehmen, daß Pretoria sich tatsächlich von der ideologischen Verstocktheit vergangener Jahre abzuwenden begann und den schrittweisen Abbau einiger Apartheid-Bestimmungen anpackte. So war der »Immorality Act«, der sexuelle Beziehungen zwischen Weißen und Farbigen oder Schwarzen mit hohen Strafen ahndete, widerrufen worden. Auch der »Job Reservation Act«, der den Bantu lediglich Handlangerdienste in Handwerk und Industrie zugestand, war längst außer Kraft gesetzt. In den Ministerien von Pretoria wurde überlegt, wie man den schikanösen Paßzwang für Schwarze, der jede Bewegungsfreiheit rigoros unterband, durch geschmeidigere Regelungen ersetzen könnte.

Im August 1985 bewegte sich ein Weißer nur mit erheblichem Risiko in Soweto und tat gut daran, einen schwarzen Taxifahrer anzuheuern, der über direkte Beziehungen zum dortigen halbkriminellen Milieu verfügte. In Jimmy, der vor dem Hotel »Carlton« parkte, hatte ich wohl den richtigen Mann gefunden. Sein Ganoven-Gesicht flößte Vertrauen ein, und wir wurden uns schnell über die Zahlung einer Sicherheitsprämie einig.

An diesem strahlenden Sonntagvormittag waren wir auf Krawall gefaßt. In Soweto sollte der 67. Geburtstag Nelson Mandelas mit einer Massenkundgebung begangen werden. Seit 22 Jahren saß der angesehenste Führer des schwarzen Nationalismus in Südafrika hinter Gefängnismauern. Erst hatte man diesen Sohn eines Xhosa-Fürsten aus Transkei auf Robben Island, dann im Pollsmoor-Gefängnis bei Kapstadt inhaftiert. Die Anklage gegen den Vorkämpfer des »African National Congress«, der in den Augen seiner Parteigänger schon vom Glanz des Martyriums verklärt war, lautete auf bewaffneten Widerstand. 1961 hatte er den Kampfbund »Umkonto we Sizwe – Speer der Nation« gegründet. Neuerdings ging das Gerücht um, Präsident Botha wolle Mandela freilassen, ihm die Rolle eines verantwortlichen Gesprächspartners zuweisen und ihn auffordern, den Schwarzen-Aufruhr in geordnete Bahnen zu lenken.

Wir hatten die bescheidenen Reihensiedlungen der sogenannten »arme Blanke« hinter uns gelassen. Der Eingang der Township war unbewacht. Die Kundgebung zu Gunsten Mandelas war verboten worden. Dennoch war keine Nervosität zu spüren. Wir passierten die katholische Regina-Mundi-Kirche, wo sich die politischen Aktivisten oft sammelten. Die verschiedenen christlichen Konfessionen wetteiferten um die Gunst des künftigen schwarzen Staatsvolkes. Das große Sportstadion, wo die Einwohner Sowetos ihres inhaftierten Führers gedenken sollten, lag leer und einsam vor uns. Nicht einmal Sicherheitskräfte hatten sich dort postiert. In ihren stacheldrahtgeschützten Polizeikasernen saßen die überwiegend schwarzen Ordnungshüter lässig plaudernd unter der milden Sonne. Sie hatten die dunkelblauen Uniformjacken aufgeknöpft und wirkten in keiner Weise einsatzbereit.

Jimmy zeigte auf ein ausgebranntes Gebäude. »Das war eine Schule«, sagte er, »hier in Soweto gehen die Kinder seit zwei Jahren schon nicht mehr zum Unterricht. Sie können sich die Sorgen der Eltern vorstellen. Der Schulstreik wird nämlich nicht von den Lehrern beschlossen; die Bewegung geht von den Schülern aus und ist überhaupt nicht mehr kontrollierbar.« Die Erwachsenen standen den sich steigernden Wutausbrüchen ihrer Kinder rat- und hilflos gegenüber. Auch Jimmy schüttelte sorgenvoll den Kopf. »Wir Älteren haben einen Job, eine Familie, haben Angehörige, für die wir sorgen müssen. Aber die ›children‹ sind ohne solche Hemmungen und zu jedem Abenteuer bereit.«

Ich bat ihn, mich zu einer jener Bierhallen zu begleiten, wo früher die Schwarzen nach Feierabend zusammenkamen, in kahlen Betonräumen oder auf dem nackten Erdboden kauerten und sich aus Plastikeimern das Bier literweise in den Mund laufen ließen. Diese Bierhallen seien jetzt bei den Afrikanern verpönt, erklärte mir der Chauffeur. Statt dessen treffe man sich in mehr oder minder komfortabel ausgestatteten Bars, »Shebeens« genannt, denen oft die Lizenz fehlte und die deshalb im vorteilhaften Ruf der Illegalität standen. Jimmy kannte sich da bestens aus. Er führte mich in einen »speak easy«, der besonders luxuriös gestaltet war. Gäste waren noch nicht zugegen. Sie würden sich erst am frühen Nachmittag einfinden. So konnten wir in aller Ruhe die mächtigen, samtbezogenen Sessel, die verschnörkelten Schränke und Tische, die perfektionierte Fernseh-, Stereo- und Video-Anlage sowie eine unglaublich kitschige Ansammlung von Nippes auf den Mahagoni-Regalen bewundern. An der Decke war ein Zebrafell gespannt.

»Gehen wir doch zum Inhaber dieser Shebeen«, schlug Jimmy vor. Wir überquerten die Straße und betraten ein zweistöckiges Wohngebäude. Wir wurden in das Apartment einer offenbar sehr gewichtigen Persönlichkeit eingelassen, denn Jimmy nahm eine unterwürfige Haltung ein, als er uns einem etwa sechzigjährigen, jovialen, überaus selbstbewußten Mann mit weißer, goldbetreßter Kapitänsmütze vorstellte. »Captain« Moloy war ein mächtiger Boß in Soweto. Er war nicht nur Inhaber zahlreicher mehr oder minder legaler Ausschänke, die bestimmt auch Treffpunkte für die gehobene Prostitution waren; er besaß vor allem eine florierende Taxi-Gesellschaft. Jimmy war einer seiner Angestellten. Der Captain verfügte über eine eindrucksvolle Flotte von Mercedes-Limousinen prächtigster Ausführung, die er für festliche Anlässe und Repräsentationsfahrten vermietete. Mit dem Ausdruck »Captain« bezeichneten die Buren oft die Eingeborenen-Häuptlinge. Moloy ließ uns trotz der frühen Stunde Whisky einschenken. Die Einrichtung seiner Wohnung war ebenso extravagant wie die der eben besichtigten Shebeen. Auf etwa 25 Häuser der Umgebung kämen fünf solcher Bars. Die Konkurrenz sei hart und der Alkoholismus im Steigen, sagte Moloy und schüttelte sich vor Lachen.

Wenn er seine weiße Mütze abnahm, kam ein spiegelglatter schwarzer Schädel zum Vorschein, und er wirkte dann gar nicht mehr harmlos. Er musterte uns mit einem Gemisch aus Wohlwollen und Argwohn. Vom Fenster aus zeigte uns der Captain seine in knalligen Farben gelackten Mercedes. Obwohl Moloy ein typischer Zulu war, bekannte er sich nicht zur Stammesorganisation »Inkatha«. Als Geschäftsmann müsse er sich von Partei-Streitigkeiten fernhalten. Er distanzierte sich auch von seinen plumpen Stammesgenossen, die sich in dieser städtischen Umgebung – in bunte Wolldecken gehüllt – als Bauerntölpel benahmen, stets dicke Knüppel bei sich führten und aus unerfindlichen Gründen als »Wagadugu« verhöhnt wurden.

»Die Leute nennen mich hier den ›Paten‹, den ›Godfather‹«, betonte er immer wieder mit dröhnender Heiterkeit. »Um geachtet zu sein, muß man auch ein wenig gefürchtet werden. Es gibt so viele Banditen in Soweto, vor allem im verrufenen Stadtteil Zola. Sie haben sicher schon von diesen Gangstern, den ›Tsotsis‹, gehört. Schauen Sie den Aufkleber an, der auf allen meinen Autos angebracht ist.« Er hielt einen bedruckten Papierstreifen hoch und wir lasen: »Dieses ist ein Mafia-Wagen. Laß Deine dreckigen Finger davon weg, sonst bekommst Du es mit dem Paten zu tun – Keep your dirty fingers off or else the Godfather will call on you!«

Der schwarze Mafia-Boß war fasziniert vom Gedanken an den eigenen Tod. Im Keller hatte er seinen silberbeschlagenen Sarg aufgestellt. Täglich, so berichteten seine Getreuen, versenke er sich in den Anblick dieser letzten Ruhestätte. Für ein angemessenes Grab hatte er längst gesorgt. Unter den Zechkumpanen, die sich an diesem Sonntag Vormittag zusammenfanden, beeindruckten mich zwei schwarzgekleidete ältere Männer, die – wie der Ansteckknopf auf dem Jackenrevers auswies – Repräsentanten einer Beerdigungs-Gesellschaft, einer »Burial Society«, waren. Beide saßen steif und feierlich in ihrer Totengräber-Tracht mit schneeweißem Hemd und schwarzem Schlips. Erst als sie das Wort an mich richteten, merkte ich, daß sie sturzbetrunken waren.

Der zwielichtige Eindruck wurde verstärkt durch die Ankunft von zwei üppigen, blutjungen Bantu-Mädchen, deren Gewerbe leicht zu erraten war. Die Stunde für sexuellen Zeitvertreib war offensichtlich noch nicht gekommen. Die Mädchen kauften zwei Flaschen Schnaps, kicherten und verschwanden. »Die Beerdigungs-Gesellschaften spielen bei uns eine große Rolle«, sagte der Captain; »sie fördern die Geselligkeit und die Solidarität. Ein schönes Begräbnis, das ist der Wunsch eines jeden. Sie wissen vielleicht, welche Rolle die Toten bei uns einnehmen.« Und ob ich das wußte! Wir verabschiedeten uns mit dem in ganz Afrika üblichen dreifachen Händedruck, der sich um den Daumen dreht.

Dieser Sonntag war von ernüchternder Normalität. Es ging durchaus friedlich zu. Die Glocken riefen die Gläubigen zum Gottesdienst. Schwarze Sektenangehörige in blau-weißen Uniformen sammelten sich vor ihren Tempeln. Die Schulen waren oft mit politischen Parolen beschmiert: »ANC« stand dort oder »one man – one vote!« Die Klassenfenster waren meist zertrümmert. Eine Kinderparade – waren es Pfadfinder oder Pimpfe einer politischen Organisation – zog in martialischem Gleichschritt, mit schwingenden Armen und starrem Blick unter Trommelwirbel an uns vorbei. Sie beachteten uns gar nicht. Überall prangten Plakate von leicht bekleideten Bantu-Beauties: Der Wettbewerb für »Miss Black South Africa« war im Gange.

Unser Besuch in Soweto hätte auch ganz anders verlaufen können, ermahnte mich Jimmy. Die Gewalt entlade sich mit schrecklicher Plötzlichkeit wie ein Tropengewitter. Dann brausten die gewaltigen Polizeipanzer, die »Hippos«, zwischen die wehrlosen Aufrührer. Tränengas legte sich in dichten Schwaden auf die niedrigen Häuser. Weiße »Ordnungshüter« mit wutverzerrten Gesichtern prügelten mit ihren Peitschen, den »Sjamboks«, auf schreiende Zivilisten ein, die sich bereits am Boden krümmten. Kavalleristen, durch Plastikhelme maskiert, jagten durch die Eingeborenenviertel und knüppelten jeden Schwarzen nieder, dessen sie habhaft wurden. Die Bestattungsfeiern der Repressionsopfer – oft durch anonyme Todesschwadronen zur Strecke gebracht – gestalteten sich unter Leitung des einheimischen Klerus zu machtvollen Kundgebungen schwarzer Entschlossenheit. »Black Power« entlud sich gelegentlich unter den roten Fahnen der Weltrevolution, und die schwarzen Fäuste ballten sich gegen alle Weißen zur Geste der Verfluchung.

Menetekel am Witwatersrand

Pretoria, im April 2001

Der angekündigte Kampf um die »Wagenburg« hat also nicht stattgefunden. Die »white supremacy« über Südafrika, die die burischen »Verkrampte« notfalls bis zum bitteren Ende verteidigen wollten, ist im Februar 1990 – nach der Regierungsübernahme durch Frederik de Klerk wie ein Kartenhaus zusammengefallen. Die Folgen sind bekannt. Bei den ersten nicht-rassischen und demokratischen Wahlen von 1994 wurde der National-Held Nelson Mandela zum ersten schwarzen Staatsoberhaupt und Regierungschef der Republik Südafrika gewählt. Seine Partei, der »African National Congress« erhielt 62,4 Prozent der Stimmen. Ein Erdrutsch hat sich ereignet, und die Weißen – vor allem die Buren holländischer oder französisch-hugenottischer Abstammung – wissen seitdem nicht, ob sie durch die Akzeptierung der Rassengleichheit, des Prinzips »one man – one vote« eine brüchige Rettungsplanke bestiegen oder sich langfristig für den kollektiven Suizid entschieden haben. Glorreich war die Kapitulation dieser angeblichen »die-hards« jedenfalls nicht.

In der Hotelhalle des »Sheraton« von Pretoria warte ich auf den Wagen, der mich zum Flugplatz Johannesburg bringen soll. Ich habe den Mittagsflug nach Windhuk gebucht. Immerhin trägt der Airport nicht mehr den Namen des Buren-Generals und Präsidenten Jan Smuts. Aber das kolossale Vortrekker-Denkmal, das den Exodus von 6000 Buren aus der Kap-Provinz im Jahr 1834 und ihr Vordringen ins Landesinnere jenseits des Oranje-Flusses verherrlicht, steht unberührt zwischen den beiden Metropolen Transvaals. Doch was ist aus der »Laager-Mentalität« dieser kühnen und rauhen Ahnen geworden? Zu meiner Verwunderung beobachte ich, wie beflissen sich das weiße Hotelpersonal um die schwarzen Gäste bemüht, wie den Bantu beim Betreten des Lifts bereitwillig der Vortritt gelassen wird. Vergessen sind offenbar die gar nicht so fernen Zeiten, als für die unterschiedlichen Hautfarben getrennte Fahrstühle vorgeschrieben waren.

Da hatten die Weißen von Süd-Rhodesien eine ganz andere Figur abgegeben. Fast elf Jahre lang – von 1968 bis 1979 – hat sich diese überwiegend britische Kolonialbevölkerung nach Ausrufung einer fiktiven Unabhängigkeit unter dem ehemaligen Royal Air Force-Piloten Ian Smith erfolgreich gegen den Aufstand der »Eingeborenen« gestemmt und – vom rein militärischen Standpunkt betrachtet – eine meisterhafte Guerrilla-Bekämpfung vorgeführt. Dabei lag hier das Zahlenverhältnis zwischen Schwarz und Weiß bei dreißig zu eins, während in Südafrika immerhin ein Weißer gegen fünf Schwarze stand. Dank vor allem seiner Kommandos der »Selous-Scouts« hatte Ian Smith das spätere Simbabwe bis zur Regierungsübergabe an Robert Mugabe ziemlich fest im Griff.

Ich hatte mir am Ostersonntag 1977 einen persönlichen Eindruck davon verschaffen können, als ich ganz allein am Steuer eines Mietwagens von Salisbury, dem heutigen Harare, nach Nordosten gestartet war und ohne nennenswerte Behinderungen in ein paar Stunden über Mukoto bis zum Flecken Nyamapanda, das heißt bis an die Grenze der Volksrepublik Mosambik gelangt war. Jenseits der Schranke herrschte das schwarze Frelimo-Regime von Maputo, das sich zur roten Weltrevolution bekannte und im Verein mit den Ostblock-Verbündeten die aufständischen Nationalisten Süd-Rhodesiens aktiv unterstützte.

*

Mehrfach habe ich versucht, im Gespräch mit weißen »Afrikanern« den Schlüssel zu dieser plötzlichen Nachgiebigkeit zu finden, den psychologischen Auslöser ihres radikalen Sinneswandels, ihrer unverhofften Unterwürfigkeit gegenüber dem schwarzen Mehrheitswillen zu entdecken. Sie hüllten sich stets in abweisendes Schweigen. Nur wenn sie unter sich sind, so erfuhr ich durch Botschaftsangehörige, und wenn reichlicher Alkohol die Zungen gelockert hat, brächen die Wut, die Enttäuschung und eine aufkeimende Verzweiflung bei den um ihre Zukunft betrogenen Buren durch. Ich mußte an einen alteingesessenen deutschen Landeskenner denken, der mich schon 1977 auf eventuelle geistige Kurzschlüsse dieser in sich eingekapselten Minderheit verwiesen hatte: »Die Buren sind zu lange in Afrika geblieben. In mancher Hinsicht sind sie tatsächlich Bestandteil dieses Kontinents geworden. Sie erleben hier intellektuelle Fehlleistungen, Fälle krasser Borniertheit, absurde Reaktionen, die kein Außenstehender nachvollziehen kann. Wissen Sie, wann den Buren die ersten Zweifel an der Haltbarkeit ihres Rassentrennungs-Systems gekommen sind? Nicht nach den blutigen Unruhen von Soweto, nicht nach der einstimmigen Verurteilung durch die Vereinten Nationen und auch nicht beim Absacken des Goldkurses. Nein, der sportliche Boykott hat diese Rugby-besessene Nation zutiefst getroffen. Die Weigerung des neuseeländischen Teams ›All Blacks‹, gegen eine südafrikanische Mannschaft anzutreten, wurde hier als nationale Katastrophe empfunden.«

An der Rezeption des »Sheraton« drängt sich eine Gruppe neu eingetroffener Gäste. Sie kommen offensichtlich aus Israel, wie ich am Tragen der »Kipa« erkenne. Trotz einer fühlbaren Abkühlung seit Mandelas Wahlsieg sind die Geschäftsbeziehungen zwischen Johannesburg und Tel Aviv rege geblieben. Dafür sorgt schon der Handel mit Diamanten. Wieder taucht eine Erinnerung aus dem Sommer 1985 auf. Ich war damals zu Gast bei Arthur Goldenstein in seiner feudalen Penthouse-Wohnung im Herzen von Johannesburg, in einer Gegend, die heute von sämtlichen Weißen aus guten Gründen gemieden wird. Wir hatten uns zwei Jahre zuvor bei gemeinsamen Freunden in Jerusalem kennengelernt. Der alte Jude, Inhaber einer Kette von Supermärkten und erfolgreicher Investor im amerikanischen Börsengeschäft, hatte mit der weit ausholenden, prophetischen Geste einer Chagall-Gestalt auf den nächtlichen Himmel und die glitzernden, leeren Straßen der südafrikanischen Finanz- und Wirtschaftsmetropole gewiesen. Sein Großvater war als armer Mann aus der West-Ukraine nach Südafrika eingewandert.

»Diese Buren wecken in mir zwiespältige Gefühle«, begann er. »Die Kontakte zwischen Jerusalem und Pretoria sind enger, als beide Komplizen eingestehen. Für uns geht es dabei um eine sehr pragmatische Kooperation, um die Abwehr einer gemeinsamen Gefährdung durch die radikalen Staaten der Dritten Welt. Es geht um Staatsräson. Aber wie könnten wir vergessen, daß die alte Garde der ›Nationalen Partei‹ während des Zweiten Weltkrieges unverblümt mit Hitler und seinem Rassenwahn sympathisierte, daß die Nazis hier über ein Gefolgschaftspotential verfügten, das der kluge Marschall Smut, Gott sei Dank, zu neutralisieren wußte. In der Kampforganisation ›Ochsenwagen – Brandwache‹ hatten sich damals SA-Typen zusammengeschlossen. Weil er dieser Formation nahestand, wurde sogar der spätere Premierminister Johannes Vorster von den Briten interniert.«

Ob die Buren sich in der Stunde der äußersten Gefährdung in eine Art »Massada-Stimmung« steigern würden, fragte ich, ob sie bereit wären – dem Vorbild der jüdischen Zeloten nach der Zerstörung des Tempels folgend –, statt sich der feindlichen Übermacht zu ergeben, den gemeinsamen Untergang zu wählen? Goldenstein war sehr ernst geworden. »Wir entdecken hier am äußersten Ende Afrikas ein schrecklich verzerrtes Spiegelbild unserer eigenen Glaubensgeschichte«, antwortete er. »Oh, sie sind bibelfester als wir Juden, diese Afrikaaner. Sie beherrschen ihr Altes Testament. Im hiesigen Fernsehen gibt es eine sehr beliebte Sendung, das Bibel-Quiz. Da werden ganz gewöhnliche Bürger auf ihre Kenntnis der Heiligen Schrift geprüft. Der Quiz-Master fragt sie nach dem Vers so und so aus dem Buch eines unserer Propheten, und fast immer kommt die Antwort mit verblüffender Präzision. Wissen Sie, daß diese Buren sich als das auserwählte Volk des Neuen Bundes betrachten? Als sie vor der britischen Besitznahme am Kap nach Norden auswichen, nach Oranje und Transvaal treckten, da glaubten sie, den Exodus der Kinder Israel nachzuvollziehen, in ein ›Gelobtes Land‹ aufzubrechen. Die schwarzen Stämme, die sich ihnen entgegenstellten, bekämpften diese Vortrekker, als seien es Philister oder Amalekiter. Dieses ist eine zutiefst patriarchalische, im Gefühl der göttlichen Prädestination lebende Gesellschaft geblieben. Nach dem Zweiten Weltkrieg haben die Buren Schritt für Schritt ihren Zugang zu den Schlüsselstellungen der kapitalistischen Wirtschaft erobert. Aber noch in den dreißiger Jahren war der durchschnittliche weiße ›Afrikaaner‹ ein kläglich lebender Farmer oder Viehzüchter, allenfalls ein Angestellter der Eisenbahn. Seine Kinder liefen barfuß herum wie die kleinen Bantu des Gesindes. Seitdem haben sie ihren sozialen Aufstieg vollzogen und sogar die arroganten Briten an die Wand gedrängt. Glauben Sie mir, dieser weiße Stamm Afrikas ist nicht in der Stimmung abzudanken.«

Arthur Goldenstein hatte sich mit seiner Voraussage getäuscht. Die Buren haben klein beigegeben, und noch mag es ein schwacher Trost sein, daß in der westlichen Kap-Provinz – im Umkreis von Kapstadt, Stellenbosch und Paarl –, wo die Weißen und Coloured ohnehin zahlreicher sind als die Schwarzen, normale, fast friedliche Zustände andauern. Doch die Vorboten des Orkans kündigen sich an. Auch ohne Billigung der Regierung haben sich schwarze »Squatter« des brachliegenden Terrains zwischen Pretoria und Johannesburg bemächtigt, um dort ihre armseligen Hütten zu errichten. Sie folgten einem Aufruf des links-extremistischen »Pan Africanist Congress« zur Landbesetzung. Selbst östlich von Kapstadt, wo sich die Touristen aus aller Welt ungestört zwischen Tafelberg und Ozean tummeln, erstreckt sich die unheimliche Slum-Landschaft von Khayelitsha, so weit das Auge reicht. Eine brodelnde Masse von einer halben Million Menschen vegetiert in dieser Zone des Elends und der kriminellen Gewalt. Ohne die Präsenz schwerbewaffneter Hilfs-Sheriffs, die sich nur die Begüterten leisten können, hätte die totale Unsicherheit längst auf das immer noch idyllisch wirkende Capetown übergegriffen.

Im Gegensatz zu anderen Ländern des Schwarzen Erdteils – zum Kongo oder Senegal – habe ich mich in Südafrika niemals sentimental involviert gefühlt. Warum soll ich hier einmal mehr die Rolle der Kassandra übernehmen? Dazu ist die Nobelpreisträgerin Nadine Gordimer weit besser berufen, die – widerwillig, vielleicht ohne sich dessen voll bewußt zu sein – in »July's People« das Menetekel an die Wand malte.

Eine letzte Impression aus Pretoria: Der Fahrer Ben ist wegen des Sicherheitsaufwandes eines Staatsbesuchs verspätet im Hotel eingetroffen. Auf Umgehungsstraßen suchen wir jetzt den Zugang der Autobahn, die zum Flugplatz Johannesburg führt. An einer Kreuzung müssen wir halten, und ich entdecke eine weiße Frau mittleren Alters mit zerzaustem hellem Haar. Sie trägt ein schäbiges Kattun-Kleid. An der Hand hält sie zwei blonde Kinder, die barfuß gehen. Jedesmal, wenn die Ampel auf rot schaltet und der Verkehr ordnungsgemäß zum Stehen kommt, geht sie auf die sichtbar teuerste Limousine zu und bettelt dessen Besitzer – egal, ob er weiß oder schwarz ist – um ein Almosen an.

NAMIBIA

Zeitungskrieg in Windhuk

Windhuk, im Frühjahr 2001

Sam Nujoma, Präsident der Republik Namibia und Herr über die ehemalige Kolonie Deutsch-Südwest, ist in die Schußlinie westlicher Menschenrechtsorganisationen geraten. Sogar die Europäische Union – mit aktiver Zustimmung Berlins – hat sich dieser Kritik angeschlossen, weil sich Namibia angeblich auf politische Intoleranz gegenüber Minderheiten zubewege, Wahlen manipuliere und die Meinungsfreiheit einschränke. Aber ganz so schlimm kann es damit wohl nicht bestellt sein. Als die Verfechter von »human rights« im Zentrum der Hauptstadt Windhuk zu einer Protestkundgebung gegen die Regierungspolitik aufriefen, haben sich die Ordnungskräfte abseits gehalten und das Grüpplein von zweihundert überwiegend weißhäutigen Menschen ungestört demonstrieren lassen.

Der kleine Aufmarsch – viel bescheidener als der deutsche Karneval, der kurz zuvor gefeiert worden war – fand auf der ehemaligen »Kaiser-Straße« statt, die heute in »Independence Avenue« umbenannt ist. Ein paar Banderolen wurden zu Füßen des riesigen Kudu-Hirsches in Bronze und jenes martialischen »Reiters von Südwest« entfaltet, der das Andenken an die deutsche Schutztruppe verewigen soll. Wirklich motiviert wurden die Menschenrechtler durch eine Erklärung des namibischen Staatschefs, der in scharfer Form die Homosexualität verurteilt und Schwule wie Lesben mit Gefängnis oder Ausweisung bedroht hatte. Was ihn zu dieser Entgleisung veranlaßte – war es vielleicht der Verlust seines Sohnes durch die Aids-Seuche? – ist nicht bekannt. Jedenfalls war sie bezeichnend für seine Ignoranz der derzeitigen europäischen Stimmungslage.

Die Zeitungen von Windhuk – sei es »The Namibian« oder die deutschsprachige »Allgemeine Zeitung« – haben sich übrigens mit ihren Vorwürfen gegen Nujoma nicht zurückgehalten und oppositionellen Stimmen breiten Raum geboten, auch wenn sich die heftigsten Attacken in Form von anonymen Leserbriefen äußerten. Gwen Lister, die extrem streitbare Chefredakteurin des »Namibian« habe ich in ihrem Büro aufgesucht, das sich in einem unbeschreiblichen Zustand der Unordnung befand. Ich traf auf eine zierliche, energische Engländerin, die sich in ihrem Leben wohl nie hat einschüchtern lassen. Die Tragödie dieser wackeren Frau, wie auch der wenigen liberalen Weißen oder »Verligten«, die während der langen Unterdrückungszeit der Apartheid – sie wurde auch in Südwest rigoros praktiziert – für die Rechte der Schwarzen und sogar für die Anerkennung der Unabhängigkeitspartei SWAPO aktiv eingetreten waren, besteht darin, daß sie heute auf Grund ihrer freiheitlichen, oft utopischen Überzeugungen in eine neue Konfrontation gedrängt werden. Dieses Mal geht es gegen die zunehmende Autokratie des schwarzen Nationalistenführers Sam Nujoma. Gwen Lister ist ein typisches Beispiel für die bittere Enttäuschung der Idealisten in Afrika.

In ihrem Blatt wurde auch das provokante Interview einer deutschstämmigen »Namibierin«, Frauke Röschlau, abgedruckt, das den Staatschef in Rage versetzt hatte und seinen Gegnern recht zu geben schien. »Ich verabscheue die Art, wie Homosexuelle sich unter Berufung auf die Menschenrechte bei ihren Paraden wie Tiere benehmen«, hatte er zornig reagiert. Neben dem weißen Gott der Christen besäßen die schwarzen Namibier ihren eigenen Gott, »the God of cattle« (Kalunga ka Nangombe). »Gott hat den Mann und die Frau getrennt geschaffen. Jetzt erleben wir, wie Männer Männer und Frauen Frauen heiraten. Welcher Unfug! Bleibt ihr doch mit eurer Kultur in Europa, und bringt sie nicht nach Namibia! Wir wollen euch ja auch nicht unsere Kultur aufzwingen«, hatte er geschäumt. »Ich verwehre mich dagegen, daß eure westlichen Gesetze uns Afrikanern auferlegt werden.«

Als die junge Reporterin, die auch für BBC arbeitet, insistierte und sich auf ihre eigene namibische Staatsangehörigkeit berief, brach es aus Nujoma heraus. »Ihr Weißen habt uns hier mehr als hundert Jahre lang geknechtet, erst der Kolonialismus der Deutschen, dann der der Buren. Dieses ist unser Land. Was ihr Deutschen unserem Land gebracht habt? Ihr habt doch stets gemeinsame Sache mit den Buren gemacht und unsere Leute umgebracht.« Der Präsident erwähnte die Ermordung Patrice Lumumbas als zusätzliches Argument für seinen Argwohn gegenüber den Europäern. »Ihr habt Millionen von Afrikanern als Sklaven über den Atlantik verschifft. Und so wollt ihr es noch im 21. Jahrhundert weiter treiben. Wir Afrikaner sind nicht gewillt, eure Unterdrückung hinzunehmen, die ihr jetzt im Namen der sogenannten ›Menschenrechte‹ bei uns fortzusetzen sucht.«

Zum Thema Aids äußerte er: »Gegen diese abscheuliche Krankheit, die von Menschen erfunden wurde, gibt es keine Heilung. Sie ist ein Resultat der biologischen Kriegführung und wurde von jenen fabriziert, die die Welt vernichten wollen.« Als Frauke Röschlau ihn fragte, was er von der Behauptung halte, daß Geschlechtsverkehr mit Jungfrauen Schutz gegen Aids biete, winkte er jedoch heftig ab: »Das ist purer Blödsinn. Die Medizinmänner, die den Männern den Rat geben, Kinder zu vergewaltigen, sogar ihre eigenen Töchter, um Aids zu heilen, gehören ins Gefängnis.«

Nach der Lektüre dieses Interviews bin ich an das Fenster meines Hotelzimmers im »Kalahari Sands« getreten. Es ist erst sechs Uhr abends, aber in den Straßen von Windhuk bewegt sich kein einziger Fußgänger mehr. Die wenigen Autos halten vorschriftsmäßig an den Ampeln, deren rot-gelb-grüner Rhythmus die ganze Nacht andauern wird. Die Hauptstadt hat sich gründlich verändert seit meinem ersten Besuch im August 1961, und das liegt nicht nur daran, daß die mächtigen Herero-Frauen in der pittoresken Tracht der frühen Pioniers- und Missionarsfrauen seltener geworden sind. Gewiß, der deutsche Charakter ist mit zahlreichen

Häusern im Jugendstil, mit den lutherischen Kirchen, dem wilhelminischen Verwaltungssitz, den man schon zu Kaiserszeiten »Tintenpalast« nannte, und sogar mit dem Standbild des Gründers von Windhuk, Hauptmann von François, weiterhin präsent. Aber die auf 300 000 Einwohner angeschwollene Ortschaft wird neuerdings durch mächtige Geschäfts- und Bürobauten aus Beton entstellt. Der größte Komplex gehört dem extrem erfolgreichen Geschäftsmann Franz Ndonga, ein Ovambo natürlich, der die Gunst seines Präsidenten genießt und sein Vermögen wohl dem einträglichen Handel mit Diamanten verdankt.

Im Sommer 1961 hatte im Gasthof »Kaiserkrone« noch der deutsche Gesangverein getagt. Es wurden Chöre von Carl Maria von Weber und Albert Lortzing einstudiert, und immer wieder erklangen die Volkslieder der fernen Heimat »Ännchen von Tharau« oder »Am Brunnen vor dem Tore«. Mit zunehmendem Biergenuß schmetterten die Gäste auch trutzige Weisen wie »Argonner Wald um Mitternacht« oder »Heia Safari« und träumten von der »kaiserlichen, der herrlichen Zeit«.

Im Windhuk von heute geht es muffig und langweilig zu. Burische Schwerfälligkeit paart sich mit deutscher Verdrossenheit. Diese Grundstimmung hat sich irgendwie auf die schwarze Bevölkerung übertragen. Selten bin ich so mißlaunigen Afrikanern begegnet. 78 000 Weiße leben heute noch in Namibia. Darunter befinden sich etwa 25 000 Deutsche, von denen 14 000 die doppelte Staatsangehörigkeit besitzen. Daraus ergeben sich Komplikationen. Laut deutschem Gesetz ist der zusätzliche Besitz der namibischen Nationalität erlaubt, soweit sie automatisch verliehen wurde. Die Regierung von Windhuk hingegen verlangt das exklusive Bekenntnis zur afrikanischen »Citizenship«. In einer Krisensituation könnten die Zweit-Päßler in eine Zwickmühle geraten.

Doch bislang ist ja die Entwicklung von »Südwest« zur Republik Namibia recht reibungslos verlaufen. Der Partisanenführer Sam Nujoma, den die Weißen als pathologischen Killer und fanatischen Kommunisten gebrandmarkt hatten, ließ nach dem Wahlsieg seiner Widerstandsbewegung »South-West African People's Organization« bemerkenswerte Toleranz gegenüber den weißen Kolonisten walten, obwohl diese die völkerrechtswidrige Ausdehnung der Apartheid-Diskriminierungen Pretorias auf das ehemalige deutsche Schutzgebiet bereitwillig akzeptiert hatten. Der frühere Marxist Nujoma bekannte sich nach der Unabhängigkeit sogar zur »Freien Marktwirtschaft« und zum Parteien-Pluralismus, wenn er auch dafür sorgte, daß das Volk der Ovambo, dem er angehört und das mehr als fünfzig Prozent der Bevölkerung Namibias ausmacht, alle politischen und administrativen Schaltstellen besetzte.

Unterschwellig nagt an den verbliebenen Weißen jedoch die Angst vor der Zukunft. Dazu gesellt sich der instinktive Argwohn gegenüber der »schwarzen Übermacht«. Kein Wunder also, daß die harschen Ermahnungen und Drohungen des Staatschefs, die die Zeitung »The Namibian« in extenso publizierte, für Aufregung unter den »Expatriates« sorgten. Zusätzliche Verwunderung lösten jüngste Äußerungen Nujomas über die demographische Entwicklung seines Landes aus, das zu seinem großen Kummer auf einer Fläche von 825 000 Quadratkilometern von nur 1,7 Millionen Menschen besiedelt ist. Nun möchte er um jeden Preis die Einwohnerzahl verdoppeln und verdreifachen. Er beschimpft die schwarzen Namibier, daß sie sich abends dem Trunk ergeben, statt mit ihren Frauen Kinder zu zeugen. Auch in diesem Punkt hat die oppositionelle Presse von Windhuk den Machtmenschen Nujoma, der während der endlosen Durststrecke des Exils die Freischärler seiner SWAPO mit eiserner Faust zusammengehalten hatte, ziemlich unbesonnen herausgefordert. Statt hemmungsloser Prokreation schlägt »The Namibian« restriktive Familienplanung vor, wo doch 42 Prozent der Staatsbürger weniger als 15 Jahre alt sind, die Hälfte der Jugendlichen unter Erwerbslosigkeit leidet und das Schulsystem hoffnungslos unterentwickelt sei.

Die heftigste Leserbriefdebatte hat jedoch der Bannfluch Sam Nujomas gegen die Homosexualität ausgelöst. Da verweist eine »concerned person« darauf, daß sie eine schwarze, schöne und stolze Lesbierin sei. »Homosexualität ist keine Krankheit«, so argumentiert die Unbekannte, »es ist keine Entartung, die aus Europa eingeschleppt wurde, sondern es handelt sich lediglich um eine sexuelle Orientierung, die in sämtlichen Kulturen von Anfang an vertreten war.« Zu Recht verweist diese »betroffene Person« auf die Tatsache, daß die gleichgeschlechtliche Liebe in Afrika mindestens ebenso verbreitet sei wie in anderen Erdteilen. Immerhin ist die Zeitung vorsichtig genug, um auch regierungskonforme Stimmen zu zitieren. Da beschwert sich ein gewisser Mbangula aus Oshakati über die Solidarisierung der christlichen Kirchen mit den Schwulen. Den Geistlichen wird sogar ein einschlägiges, gnadloses Bibel-Zitat entgegengehalten.

Es melden sich aber auch die Wortführer einer radikalen Emanzipation der Schwarzen zu Wort. Es spricht für Gwen Lister, daß sie in ihrem Blatt die Zuschrift Malcolm X. Matundu aus Omitara veröffentlicht: »Die Arroganz, der Paternalismus und die Selbstgerechtigkeit der ultra-liberalen Weißen – darunter Gwen Lister – spiegeln sich stets in ihrer Annahme, sie würden die Leiden der Schwarzen besser kennen als die Schwarzen selbst«, so heißt es da. »Die schwarze Bevölkerung weiß heute, daß ihre Armut die Folge des gesamten Systems weißer Herrschaft und nicht nur der Apartheid ist. Sie weiß, daß ihr Zustand der wirtschaftlichen Ausgrenzung durch den Artikel 6 unserer Verfassung festgeschrieben wird, den uns die westliche Kontaktgruppe auferlegt hat. Die schwarze Bevölkerung weiß, daß dieser Artikel die fortdauernde Plünderung ihres Reichtums durch die europäischen oder amerikanischen Besitzer multinationaler Gesellschaften legalisiert und die Zustimmung der bei uns ansässigen weißen Minderheit findet.«

Die Kenner der afrikanischen Mentalität fragen sich, wie lange die neue schwarze Herrschaftsklasse eine Form der Polemik hinnehmen wird, die in den wenigsten anderen Staaten geduldet würde. In krassem Widerspruch zu Matundu hat sich die »Allgemeine Zeitung« mit der Zuschrift eines Deutschen, Wolfgang Pönninghaus, stark exponiert. »Und jetzt, wo wieder eine Rasse (gemeint sind die Schwarzen) Apartheid betreibt, müssen wir alle auf die Straße gehen und die Welt aufmerksam machen auf das, was hier passiert. Es ist fünf vor zwölf«, so schreibt Pönninghaus; »die Parallelen zur Entstehung anderer totalitärer Regime sind frappierend. Schon jetzt wird gefoltert, verhaftet und abgeschoben. Bald schon ist die Macht der neuen Herren zu groß, und dann habt Ihr Eure Chance vertan. Dann ist die Demokratie in Namibia am Ende.«

*

Ich weiß nicht, ob Wolfgang Pönninghaus schon im August 1961 in Südwest-Afrika lebte, als ich mich dort zum ersten Mal aufhielt. Vielleicht war er zu jener Zeit noch zu jung, um die politischen Verhältnisse wahrzunehmen. Seine Anklage gegen Sam Nujoma und dessen Hang zur Alleinherrschaft wären sonst vielleicht maßvoller ausgefallen. In Ausführung der von Pretoria verordneten Rassentrennung waren im Dezember 1959 alle Schwarzen, die am Rande von Windhuk in den Hütten der »Großen Werft« gelebt hatten, durch Einschüchterung und Gewaltanwendung verjagt worden. Sie wurden in eine abgelegene neue Siedlung verfrachtet, der man den Namen »Katutura« gab. Neun Afrikaner waren dabei erschossen worden. Präzis zur Zeit meiner Anwesenheit fand die Zerstörung der sogenannten »Kleinen Werft« statt. Dort hatten überwiegend farbige Mischlinge gelebt, oft Nachkommen der ehemaligen deutschen Schutztruppe. Ihre bescheidenen Häuschen wurden dem Erdboden gleichgemacht. Daß Deutsch-Südwest im Versailler Vertrag dem Dominion Südafrika als Mandatsgebiet unterstellt worden war mit dem Ziel, die gesellschaftliche Emanzipation der Eingeborenen zu fördern, wurde von den extremistischen Buren-Politikern in Pretoria geflissentlich ignoriert.

Ich war an jenem fernen Abend beim katholischen Generalvikar Pater Henning zu Gast. Er hatte mir einen sauren Wein eingeschenkt, der auf den sandigen Hügeln von Windhuk wuchs. Dort thronten auch ein paar klotzige Villen, die im Stil rheinischer Burgen des Mittelalters gebaut worden waren. Wir blinzelten in den roten Sonnenball, der hinter den kahlen Höhenkuppen von Kaiser-Wilhelm-Berg und Moltke-Blick unterging. Der Geistliche hatte die Willkür der Apartheid-Maßnahmen mit bitteren Worten gegeißelt und erging sich in düsteren Prognosen. Eine dumpfe Unzufriedenheit gärte bereits bei den Schwarzen von Südwest-Afrika. Der Ausdruck »Namibia« war noch nicht geläufig.

Die ersten Sorgen der deutschen Farmer richteten sich gegen das Volk der Herero, das durch den Vernichtungsfeldzug des General von Trotha im Jahr 1904 von 80000 auf 15000 Menschen reduziert worden war und deren Nachkommen jetzt mehrheitlich in den Baracken von Katutura eingepfercht lebten. Unter Führung ihres Häuptlings Samuel Maharero hatte sich diese stolze, hochgewachsene Krieger- und Viehzüchter-Rasse, die mir trotz der immensen geographischen Entfernung wie Verwandte der Tutsi und anderer »Hamiten« vorkamen, 1904 gegen die wilhelminische Kolonialherrschaft erhoben und zahlreiche weiße Farmer massakriert. Die Strafe war schrecklich. Nachdem die Aufständischen am Waterberg entscheidend geschlagen wurden, gab es kein Pardon. Mit Frauen und Kindern wurden die Herero von der Schutztruppe in die Kalahari-Wüste getrieben. Dort ließ man sie verdursten und verhungern.

Pater Henning berichtete, daß viele Herero sich neuerdings von ihren lutherischen Missionen abgewandt hatten. Die evangelische Kirche Südwest-Afrikas stand in jenen Tagen unter dem Einfluß sehr konservativer, Buren-freundlicher Pastoren. Die Herero gründeten ihre eigene Kirche, in der der althergebrachte Ahnenkult eine große Rolle spielte und der Rinderbesitz von sakraler Bedeutung war. Auch das erinnerte stark an die Niloten. Alljährlich pilgerten die Männer des Stammes nach Okahandja zum Grab ihres großen Helden Maharero. Seltsamerweise legten dann die Häuptlinge und Ältesten imitierte deutsche Kolonialuniformen mit Schulterstücken und Ordensspangen an. Eine Revolte sei den Hereros nicht mehr zuzutrauen, urteilte Pater Henning im Sommer 1961. Sie seien zutiefst zerstritten und entmutigt seit der »bleiernen Zeit« des Generals Lothar von Trotha. Ähnlich ergehe es der Ethnie der Nama, der Hottentotten im Süden, die noch vor den Herero unter ihrem listenreichen Anführer Hendrik Witbooi den Deutschen hinhaltenden Widerstand geleistet hatten. Die

Nama seien inzwischen das Opfer ihrer Trunksucht geworden und würden zu nichts mehr taugen.

Dem Volk der Ovambo, das im äußersten Norden Namibias an den Flüssen Cunene und Okavango seine Felder bestellte, traute Henning in jenen Tagen noch keine ernsthaften Aufstandsabsichten zu. Sie seien zu stark in ihre überlieferten Stammestraditionen eingebunden und wehrten sich trotz ihrer großen Zahl angeblich nur halbherzig gegen die Zwangsmaßnahmen der südafrikanischen Behörden von Windhuk. Allenfalls die in Katutura oder im Hafen von Walfisch-Bucht als Kontrakt-Arbeiter kasernierten Ovambo seien neuerdings vom Virus des nationalistischen Aufbegehrens erfaßt. Die deutsche Kolonisation hatte sich bei diesem Grenzvolk, das auch in Süd-Angola beheimatet ist, vor Ausbruch des Ersten Weltkrieges nie etablieren können.

In diesem Punkt hatte sich der Priester jedoch gründlich geirrt. Während wir unseren sauren Wein tranken, schlossen sich diverse Exilgruppen junger, streitbarer Ovambos zur »South-West African People's Organization« zusammen, verlangten von den Vereinten Nationen, daß den Südafrikanern unverzüglich das Mandat über Südwest entzogen werde und bereiteten sich auf den bewaffneten Widerstand vor.

Die katholischen Missionare waren von Anfang an auf Abstand zu jenen deutschen Landsleuten gegangen, die von der genetischen Minderwertigkeit der Schwarzen und der elitären Auserwähltheit der Weißen schwafelten. Durch die wilhelminische Administration war der römische Klerus systematisch benachteiligt worden. Die Folgen des Bismarckschen Kulturkampfes wirkten in Windhuk lange fort. Katholische Geistliche durften in den ersten Jahren deutscher Präsenz allenfalls Soldaten der Schutztruppe betreuen. Die Bekehrungsarbeit bei den Eingeborenen war ihnen prinzipiell untersagt. Die Narben der Vergangenheit und der Umstand, daß die calvinistischen Buren der »Neederduitse Gereformeerde Kirk« seit eh und je auf die Papisten mit Verachtung herabblickten, hatten die Patres von Windhuk in ihrer kompromißlosen Abwehrhaltung gegen jede Rassendiskriminierung bestärkt.

Nur in Begleitung eines Geistlichen war es mir 1961 möglich gewesen, in das Eingeborenen-Ghetto von Katutura einzudringen. Der Weg dorthin führte an der Beethoven-Straße, der Krupp-Straße, der Daimler-Straße vorbei. Die Township war durch hohen Stacheldrahtzaun abgesperrt. Bewaffnete weiße Posten nahmen strenge Kontrollen am Eingangstor vor. Neben den »Men's Hostels«, wo die schwarzen Arbeiter in festungsähnlichen Junggesellenquartieren zusammengedrängt wohnten, dressierten burische Polizisten ihre Schäferhunde. Besonders schockiert war ich durch die strikte Absonderung der unterschiedlichen Ethnien innerhalb der »Location«. Auf den bunt gestrichenen Holzhütten waren Buchstaben angepinselt: O für Ovambo, H für Herero, N für Nama, D für Damara, K für Kavango, die zweitstärkste Gruppe aus dem Nordosten. Die Afrikaner waren fein säuberlich geschieden, weil das angeblich dem eigenen Stammesbewußtsein entsprach und weil die Herero mit ihren ehemaligen Sklaven vom Volk der Damara nicht zusammenleben wollten.

*

Auch in Afrika mahlen die Mühlen Gottes langsam, aber unerbittlich. Im Frühjahr 1977 war die Grenzzone zwischen Südwest und der Republik Angola zum Partisanengebiet geworden. Von der südafrikanischen Armee war ich zu ihren vordersten Stellungen im Ovambo-Land vorgelassen worden. Trotz der sengenden Sonne herrschte hier keine High-Noon-Stimmung. Dieses war kein aufregender Frontabschnitt. Jenseits des Cunene-Flusses, der eine tiefe Furche in die rostbraune Savanne grub, waren Beobachtungsposten der angolanischen Volksarmee zu erkennen. Aber der Schwerpunkt dieser marxistischen Regierungstruppen und ihrer kubanischen Verbündeten befand sich vierhundert Kilometer weiter nördlich in der Stadt Lubango, die bei den Portugiesen Sá da Bandeira hieß. Dort bildeten sowjetische Instrukteure angolanische Piloten an ihren MIG-Maschinen aus, und die Kampfhubschrauber MI-24 wurden von russischem Personal gewartet. Lubango war zu jener Zeit auch das Hauptquartier der namibischen Unabhängigkeitsbewegung SWAPO, die inzwischen weitgehende internationale Anerkennung genoß und angeblich über 1500 vollwertige Partisanen verfügte. An ihrer Spitze hatte sich nach blutigen Säuberungsaktionen in den eigenen Reihen ein robuster Buschkrieger namens Sam Nujoma vom Stamm der Ovambo durchgesetzt. Er mußte es hinnehmen, daß die Mehrzahl seiner Freischärler zur Bekämpfung der angolanischen Aufstandsbewegung Unita eingesetzt wurde. So blieb die militärische Tätigkeit der SWAPO in ihrer eigenen Heimat auf spärliche Überfälle und Sabotageakte begrenzt.

Am frühen Morgen meiner Ankunft im Ovambo-Land hatte der deutschsprachige Radiosender von Windhuk mitgeteilt, das Städtchen Oshakati sei in der vergangenen Nacht durch Granatwerfer beschossen worden. Die südafrikanischen Soldaten bewegten sich auf den Busch- oder Schotterpisten in kuriosen hochrädrigen Panzerfahrzeugen, die nach unten mit einem spitzen Kiel ausliefen. Dadurch sollte bei Minenexplosionen die Sprengwirkung zu beiden Seiten des Fahrzeugs abgeleitet und auf ein Minimum reduziert werden. Diese Mannschaftswagen, »Hippos« genannt, boten nur wenigen Passagieren Raum und mußten sehr aufwendig sein. Aber sie hatten sich offenbar bewährt.

In dem Außenposten Okalongo, nur zwei Kilometer von der feindlichen Grenze entfernt, hatten wir den Alltag dieses halbherzigen Partisanenkrieges gefilmt. Die schwitzenden Buren-Soldaten in der tropischen Landschaft weckten Erinnerungen an die Camps der amerikanischen Special-Forces im Vorfeld von Kambodscha. Bei den Südafrikanern ging es sorgloser, ein wenig dilettantisch zu. Der SWAPO-Gegner wurde nicht sonderlich ernstgenommen. Die meisten Patrouillen oder Spähtrupps auf den verminten Savannenpfaden wurden an Bord der explosionssicheren »Hippos« vorgenommen. Schwarze Spurensucher und Hunde wurden auf eingesickerte Partisanen angesetzt. Allenfalls bei Nacht versuchten SWAPO-Emissäre die Ovambo-Bevölkerung propagandistisch zu bearbeiten.

Schon im Frühjahr 1977 bemühten sich die südafrikanischen Militärs um die Aufstellung einer schwarzen Hilfstruppe. Sehr überzeugend wirkten die Übungen dieser improvisierten Ovambo-Rotte nicht. Der weiße Unteroffizier – ein breitschultriger Bure – brachte den »Hiwis«, die sich gegen die Mehrheit ihres eigenen Volkes stellten, die Grundbegriffe militärischen Drills mit Trommelsignalen bei. Nach dem Exerzieren verlas er einen Auszug aus der Epistel des Apostels Paulus an die Korinther: »Wisset Ihr nicht, daß viele in der Kampfbahn laufen, daß aber nur einer den Siegespreis erhält?« Am Rande der Etosha-Pfanne, einem der schönsten Wildparks im südlichen Afrika, hatten wir unter den Zinnen und Schießscharten von Fort Namutoni gerastet. Hier befand sich einst der nördlichste Stützpunkt der deutschen Kolonisation. In diesem Fort hatten 1904 sieben Reiter der wilhelminischen Schutztruppe dem Angriff von hundert Ovambo-Kriegern standgehalten. Im Innern der kleinen Festung war diese Szene mit Hilfe von Zinnfiguren in Spielzeugformat rekonstruiert.

Gegen Abend kamen wir in Tsumkwe an, im Verwaltungszentrum der Buschmänner. Diese Ureinwohner des südlichen Afrika überleben am Rande der Kalahari, wo Namibia und Botswana aufeinanderstoßen. Seit Jahrtausenden nomadisierten sie als Jäger und Sammler in den Steppen und Savannen zwischen dem heutigen Kupfergürtel und dem Kap der Guten Hoffnung. Dann brachen die Bantu-Eroberer von Norden herein, verdrängten diese unterlegene Rasse in die trostlosen Durst-Zonen, unterjochten sie oder rotteten sie aus. Etwa 15000 Buschmänner mag es in Namibia noch geben, vielleicht auch weniger. Es lohnt sich, sich mit diesen freundlichen Menschen zu befassen. Sie verständigen sich mit Schnalzlauten. Als die Nacht sich über Tsumkwe senkte, hatten wir uns zwischen den Lagerfeuern zu ihnen gesetzt, neben ihre Schlafstellen aus geschichtetem Laub und ihre Windschilde aus Reisig. Sie führten uns ihre Tänze vor, jenes Jagdritual, das wir unverändert auf den prähistorischen Höhlengemälden am Brandberg wiederentdeckten. Ihre gelbliche Haut, ihre mongolischen Züge legten den Vergleich mit den rückständigsten Gebirgsvölkern Südost-Asiens nahe. Die Buschmänner hatten keine Zukunft im unabhängigen schwarzen Austral-Afrika, und sei es nur, weil diese zwergenhafte Urrasse den Anspruch der Bantu-

Völker auf das Recht der Erstgeburt durch ihre bloße Existenz widerlegte.

*

August 1985. Wiederum sind acht Jahre verstrichen. Unmittelbar nach meiner Landung in Windhuk und nach meiner Einquartierung im »Kalahari-Sands« bin ich mit dem südafrikanischen Generaladministrator für Südwest-Afrika, Louis Pienaar, verabredet. In seinem Amtssitz an der Kreuzung von Göring- und Leutwein-Straße empfing mich ein weißhaariger Gentleman hugenottischer Abstammung, ehemaliger Botschafter in Paris, der sich mit mir lieber auf französisch unterhielt als auf englisch. Seit die Regierung von Pretoria soeben den Ausnahmezustand über 36 Bezirke von Transvaal und Kap-Kolonie verhängen mußte, ist natürlich auch in Namibia manches in Bewegung geraten. »Wir experimentieren den Übergang von der früheren Rassentrennung zu neuen gesellschaftlichen und bundesstaatlichen Modellen«, leitete der hohe Beamte das Gespräch ein. »Zwischen Cunene- und Oranje-Fluß werden Formen realer Koexistenz zwischen Weiß, Braun und Schwarz getestet.« Insofern sei Windhuk ein interessanter Platz. Binnen zwei Jahren solle Namibia der Unabhängigkeit zugeführt werden, notfalls unter Ausschaltung der Vereinten Nationen.

Verhandlungen mit der SWAPO, so betonte Pienaar kategorisch, kämen nicht in Frage. Warum solle man den Extremisten der Exil-Organisation zur Macht verhelfen, wo sich doch im Innern Namibias ein Trend zur Normalisierung abzeichne. Er setze weiterhin auf den Erfolg der »Demokratischen Turnhallen-Allianz«, eine Art provisorisches Parlament, in dem sämtliche Ethnien vertreten waren und der wachsende Prärogativen eingeräumt werden sollten. Mit den »Terroristen« würde man schon fertig. Wahlen, die unter UN-Kontrolle stattfänden, müßten zwangsläufig zur Einschüchterung der gemäßigten Kräfte führen. Die Ovambo würden die übrigen Völkerschaften an die Wand drängen, und die Wiederholung einer demokratischen Wählerbefragung nach der schwarzen Machtergreifung sei ohnehin ausgeschlossen, wie alle Präzedenzfälle im übrigen Schwarzafrika bewiesen. Er wollte dem offiziellen Führer der SWAPO, Sam Nujoma, keine Repräsentativität zuerkennen; denn er stehe einer von Kommunisten gesteuerten Bewegung vor.

Immerhin, die Entwicklung Namibias zur Eigenstaatlichkeit war schon damals nicht mehr aufzuhalten. Die Aufhebung der meisten Apartheid-Restriktionen, die in der Erlaubnis für Schwarze und Farbige gipfelte, in den bisher weißen Siedlungsgebieten wohnen und dort Grundbesitz erwerben zu dürfen, wirkte sich offenbar positiv und besänftigend aus. Es gab keine gesetzlich verankerte Colour-Bar mehr im Erziehungswesen, und sogar der »Group Area Act« war abgeschafft. »In unseren Kindergärten spielen längst Farbige und Schwarze«, meinte Pater Nordkamp, der als katholischer Generalvikar Pater Henning abgelöst hatte, »aber jetzt bleiben die Weißen fern.« In aller Öffentlichkeit plädierte Nordkamp für die Zulassung der SWAPO als legale Partei und für deren Teilnahme am demokratischen Wettbewerb. Das Argument, man werde damit dem Marxismus Tür und Tor öffnen, ließ er nicht gelten. Seine Ordensbrüder wußten um die Stimmung in Katutura und in jenen Stammesterritorien, gegen deren Konstituierung als ethnische Mini-Staaten sogar die kompromißfreudigsten schwarzen Minister der gemischtrassigen Übergangsregierung und die Abgeordneten der »Turnhallen-Allianz« Sturm liefen. In Sam Nujoma sahen die Missionare gewiß keine überzeugende Persönlichkeit. Aber der bärtige Partisanenführer im Exil sei für viele seiner schwarzen Landsleute – auch außerhalb der Ovambo-Gemeinschaft – zu einer Vater-Figur geworden. Ohne Berücksichtigung der SWAPO baue man auf Sand.

Der alteingesessenen Deutschen hatte sich Unsicherheit bemächtigt. Die Buren hatten ihnen nach zwei verlorenen Weltkriegen erlaubt, ihre Farmen zu behalten und im Land zu bleiben. Das schuf dankbare Bindungen an die Mandatsmacht. Aber seit sich in der benachbarten Republik von Pretoria Gewitter zusammenbrauten, bemühten sich die weißen Südwester um Anpassung an den neuen Trend. Bisher war das schwarze Gesinde in herber, patriarchalischer Weise auf Distanz gehalten worden. Der »Kaffer«, so hieß es, wolle hart, aber gerecht behandelt werden. Jetzt machte man den afrikanischen Knechten und ihren Familien Zugeständnisse, baute ihnen dezente Unterkünfte und betrachtete sie notgedrungen als die unberechenbaren Partner von morgen.

Vor acht Jahren hatte sich die Mehrzahl der Deutschen noch ohne Komplexe auf die bewaffnete Niederkämpfung der »Terroristen-Banden« der SWAPO vorbereitet. Wir hatten 1977 eine weibliche Selbstverteidigungsgruppe gefilmt, das »Kommando Alte Feste«. Erdbraun uniformierte deutsche Farmersfrauen und ihre burischen Nachbarinnen übten sich im Umgang mit Karabinern. Anmutig waren sie gerade nicht, diese fülligen weißen Amazonen, wenn sie ächzend in liegende Schützenstellung gingen. Nach der Knallerei stellten sich die Kriegerinnen der »Alten Feste« vor ihrem Unimog auf und sangen für uns das Südwester-Lied: »Hart wie Kameldornholz ist unser Land ...« Bei der letzten Strophe berührte uns denn doch leise Wehmut: »Und kommst Du selber in unser Land und hast seine Weiten gesehen, und hat unsere Sonne ins Herz Dir gebrannt, dann kannst Du nicht wieder gehn. Und sollte man Dich fragen: Was hält Dich denn hier fest? Du könntest nur sagen: Ich liebe Südwest!«

Der Staatschef als Landwirt

Otjiwarongo, im Frühjahr 2001

Präsident Nujoma hat mich zum Gespräch auf seine Farm »Etunda« eingeladen, die mehr als 300 Kilometer nördlich von Windhuk gelegen ist. Bis Otjiwarongo haben wir eine Cessna-Maschine gechartert. Beim Abflug stelle ich fest, daß Katutura sich seit der Unabhängigkeit in eine ordentliche, fast adrette Reihensiedlung mit breiten Asphaltstraßen, Supermärkten und sogar Discos verwandelt hat. Die Ortschaft Otjiwarongo mit ihrem »Hamburger Hof«, dem »Kameldorn-Garten«, dem Kaufhaus »Spar« und der Luther-Kirche vollzog allmählich ihre Wandlung von der ursprünglich deutschen Siedlung zum Einheitsmodell

»Mainstreet USA«. Die letzte Wegstrecke legen wir im Auto zurück.

Nach einer kurzen Sicherheitskontrolle im Vorgarten des Gehöfts »Etunda« werden wir eingelassen. Sam Nujoma hat unter einer weit ausladenden Akazie Platz genommen und empfängt uns mit gewinnender Freundlichkeit. Dieser Afrikaner mit dem weißen Bart und den immer noch athletischen Bewegungen ist fast siebzig Jahre alt. Er strömt Kraft und Selbstbewußtsein aus. Ich sehe keinerlei Grund, ihn herauszufordern und heftige Reaktionen aus ihm »herauszukitzeln«. Nujoma trägt eine Jacke im Stil der chinesischen Revolutionäre, als wolle er mit diesem Mao-Look betonen, daß er seine sozialistischen Überzeugungen, die ihm im dreißigjährigen Exil – teilweise in Peking – beigebracht wurden, nach der offiziellen Hinwendung zu den sakrosankten Prinzipien der freien Marktwirtschaft nicht gänzlich über Bord geworfen hat.

Meine erste Frage gilt natürlich dem Schicksal der Deutschen, die weiterhin auf seinem Territorium leben. »Für mich sind diese Deutschen Namibier, wenn sie sich zu unserem afrikanischen Staat bekennen«, lautet die Antwort; »wir haben keine rassistischen Vorurteile.« Wie es in Zukunft den deutschen Farmern ergehen wird – sie mögen noch 2000 sein – die überwiegend auf dem eroberten Steppengebiet der Herero ihre Viehherden weiden, kann ich nicht präzis erfahren. Eine Landreform zugunsten der Eingeborenen wurde bisher nicht ausgearbeitet. Immerhin ist bemerkenswert, daß in Namibia seit der Unabhängigkeit – verglichen mit 1100 Mordopfern in Südafrika – nur fünf weiße Siedler umgebracht wurden. Dabei hatte es sich um kriminelle Übergriffe oder persönliche Racheakte des schwarzen Gesindes gehandelt.

Ich spreche den Staatschef auf ein heikles, wenig publiziertes Phänomen an. Für diverse Großbau-Projekte, aber auch zur Stimulierung des Handels und der wirtschaftlichen Entwicklung hat er chinesische Arbeiter, Kaufleute, Techniker ins Land geholt und diesen Einwanderern aus dem Reich der Mitte großzügiges Bleiberecht gewährt. Heute leben bereits 40000 Chinesen in Namibia, und man munkelt, daß die Pekinger Behörden auch kriminelle Elemente dorthin abgeschoben hätten. Sam Nujoma streitet die Immigration aus Fernost keineswegs ab. »In Namibia sollen Schwarz, Weiß, Braun und auch Gelb zum Aufbau unseres Wohlstandes beitragen«, sagt er. Daß diese Asiaten nördlich von Swakopmund eine große Radarstation errichtet haben und mit ihren Geheimbünden, den »Triaden«, selbst den im benachbarten Botswana mit einer mächtigen Militärbasis etablierten Amerikanern eines Tages in die Quere kommen könnten, wird natürlich mit keinem Wort erwähnt.

Hingegen äußert er sich sehr dezidiert zu seiner bewaffneten Intervention in der vom Bürgerkrieg zerrissenen Kongo-Republik. Von etwa 12.000 Mann der namibischen Streitkräfte befinden sich dreitausend in den Provinzen Kasai und Katanga. Sie machen dort gemeinsame Sache mit den Truppen aus Simbabwe und Angola, angeblich um den »rechtmäßigen« Kongo-Staatschef Joseph Kabila jr. zu stützen, in Wirklichkeit wohl auch, um am Diamanten-Segen dieser Region teilzuhaben. Die Aufstandsbewegung Unita in Angola, die er zur Zeit des Kalten Krieges als Verbündeter des Kubaners Fidel Castro unter schweren Verlusten bekämpfte, verfolgt Sam Nujoma weiterhin mit seinem Haß. Deren Führer Jonas Savimbi vergleicht er mir gegenüber mit Hitler und Mussolini.

Die jüngsten Vorgänge in der Republik Südafrika sind ihm nicht geheuer, und zwar nicht nur, weil Namibia an der Mündung des Oranje-Flusses, wo die Diamanten-Ablagerungen besonders reich sind, den von den Briten ererbten Grenzverlauf in Frage stellt. Die Entwicklung Pretorias bereitet der Regierung von Windhuk offenbar Sorge. »In Südafrika ist die Fahne der weißen Unterdrückung tausend Fuß tief begraben worden, und sie darf nie wieder gehißt werden«, sagt der Staatschef mit Nachdruck. – Dennoch ist es bei dieser zwanglosen Unterhaltung stets gelassen, fast heiter zugegangen. Der alte Untergrundkämpfer, der gegenüber der Reporterin Frauke Röschlau die Contenance verloren hatte, zeigt sich mir von seiner gewinnendsten Seite, wobei mein Alter eine Rolle spielen dürfte. »Doctor Jekyll and Mr. Hyde«, sollten am folgenden Tage die Skeptiker von Windhuk einwenden.

Jedenfalls lädt er mich mit meinen Begleitern zum üppigen Mittagessen ein – »das ist ein afrikanisches Gebot gegenüber Gästen« – und führt mich dann wie ein glücklicher Bauer zu seinen Mais- und Gemüsefeldern. »So dürftig ist unser Land gar nicht, wie immer behauptet wird«, beteuert er; »man muß es nur sorgfältig bearbeiten.« Dabei streichelt er ein Zicklein und zeigt mir seine Straußenzucht. Bei den Ausländern der Hauptstadt heißt es, Sam Nujoma habe Gefallen an Luxus und Verschwendung gefunden, wie so viele andere Potentaten Afrikas. Sein Landhaus Etunda jedenfalls, wo er sich offenbar am wohlsten fühlt, ist extrem bescheiden – die Möblierung wirkt fast ärmlich – und würde deutschen Durchschnittsansprüchen kaum genügen. Der rüstige Greis im Mao-Look hat mich zum Auto begleitet und winkt uns lange nach.

»Hart wie Kameldornholz«

Steinhausen, im Frühjahr 2001

Seit Menschengedenken hat es in Südwest-Afrika nicht so ausgiebig geregnet wie dieses Jahr. Auch jetzt stehen dunkle Wolken über der Hochebene. Die sonst braune Steppe hat sich in üppige Graslandschaft verwandelt, die über und über mit weißen Blüten betupft ist. Ich komme nicht zum ersten Mal in diese Region östlich von Windhuk. Aber dieser Besuch bei dem deutschen Farmer Friedrich Kastrup, wie wir ihn nennen wollen, ist lockerer als meine früheren Kontakte. Die Stimmung bei den deutschen Viehzüchtern ist resigniert und ein bißchen wehmütig. Sie wissen, daß sie ihr Schicksal kaum selbst bestimmen können und stemmen sich nicht mehr krampfhaft gegen eine unaufhaltsame Entwicklung. Instinktiv spüren sie, daß ihre Präsenz auf diesem afrikanischen Boden nur noch befristet ist. So blicken sie bereits mit Nostalgie auf ihren weit gedehnten Landbesitz, als ob dessen Verlust beschlossene Sache wäre.

Über 9000 Hektar erstreckt sich die Farm Friedrich Kastrups, und nur fünfhundert Kühe finden darauf in normalen Jahren ihre Nahrung. Üppig haben diese Kolonisten nie gelebt, und der grandiose Stil, den die englische Gentry in Kenia pflegte, war den Süd-Westlern fremd. Zum Mittagessen wird uns schmackhaftes Kudu-Fleisch serviert. Die Jagd auf dieses weit verbreitete Großwild ist für die Familie Kastrup eine zusätzliche Einkommensquelle geworden, denn jedes Jahr finden sich jetzt deutsche Feriengäste ein, die sich auf der Farm einmieten um zu jagen. Sehr viel Geld kann das auch nicht einbringen. Der Vater, ein besonnener, politisch maßvoller Schlesier verweist auf seine drei Söhne. »Wir haben uns darauf geeinigt, wer von ihnen die Farm nach mir übernehmen soll«, sagt er, »und wir sind uns alle im klaren, daß er es im Leben am schwersten haben wird.«

Noch gibt es keine gravierenden Auseinandersetzungen mit den schwarzen Behörden. Die Umgebung von Steinhausen war vor 1904 Herero-Land gewesen. Die Enkel der Überlebenden dieses Stammes, der heute 60 000 Menschen zählen dürfte, werden voraussichtlich Wiedergutmachung für die Ausrottungskampagne des General von Trotha bei der Berliner Regierung einfordern. Aber Sam Nujoma, so meint Kastrup, sei nicht daran interessiert, den rivalisierenden Stämmen Namibias irgendwelche Vorteile einzuräumen. Er hat sich offenbar zum Ziel gesetzt, seinem eigenen Ovambo-Volk überall zum Durchbruch zu verhelfen und ihm ein eindeutiges nationales Übergewicht zu verschaffen. Tatsächlich seien die Ovambo bei weitem die fleißigsten und begabtesten Schwarzen von Südwest.

Ein Nachbar ist hinzugekommen, ebenfalls ein Deutscher, dessen Familie schon seit fünf Generationen in der Region Steinhausen ansässig ist. Er ist robuster und härter veranlagt als Kastrup und will sich mit allen Kräften an seinen Besitz klammern. Er geht noch nach alter »Baas«-Manier mit seinen eingeborenen Landarbeitern um. Dabei handelt es sich mehrheitlich um Damara, die stets anderen Ethnien unterworfen waren. Neulich habe er einen aufsässigen Knecht zusammengeschlagen. Dabei habe der Schwarze im Gesicht und er selbst an der Faust geblutet, und jetzt befürchtet er, daß er sich dabei mit Aids infiziert haben könnte. In Namibia hat die Seuche angeblich zwanzig Prozent der Bevölkerung erfaßt. Aber Nujoma führt das Aufkommen dieser

Pandemie wenigstens nicht auf die durch die Kolonisten verursachte Armut zurück. Er vertritt ganz andere biologische Komplott-Theorien.

Mit ihrem Urteil über Sam Nujoma, den sie vor der Unabhängigkeit als »Gottseibeiuns« schilderten, halten sich diese Deutschen heute zurück. Bei den letzten Wahlen im Dezember 1999 hat der Präsident persönlich 76,7 Prozent der Stimmen und seine SWAPO-Partei 76,3 Prozent davongetragen. Zu den Resultaten haben die Regierungsbehörden wohl aktiv beigetragen, aber so geschieht es ja in fast allen Staaten Afrikas. Selbst wenn von der UNO unparteiische Beobachter entsandt werden, erkennen diese Landesfremden doch gar nicht die wirklichen Zusammenhänge. An erster Stelle steht die ethnische Solidarität, die die knappe Bevölkerungsmehrheit der Ovambo – auf 51 Prozent geschätzt – hinter Nujoma und SWAPO zusammenschweißt. Dann gibt es strenge Anweisungen der Häuptlinge und Dorfältesten, die richtige Entscheidung zu treffen. In den Wahl-Lokalen halten sich unauffällige Zivilisten auf, die die UN-Observers natürlich nicht identifizieren können, die jedem Einheimischen jedoch als Agenten der staatlichen Sicherheitsorgane bekannt sind. Der unwissenden Masse des »Stimmviehs« wird zudem eingeredet, dank elektronischer Überwachung der Isolierkabinen würde die individuelle Wahl ohne Verzug den Behörden gemeldet, ja es würden Satelliten zu diesem Zweck eingesetzt.

Friedrich Kastrup sieht im demokratischen Pluralismus auch keinen realen Vorteil für Namibia. Die Parteien-Zuwendung vollzöge sich – wie das »Turnhallen-Experiment« bereits bewiesen habe – strikt nach tribalistischen Kriterien. Die ethnischen Erbfeindschaften würden hochkochen. Es käme zu Unruhen, zu Bürger-, besser gesagt zu Stammeskriegen, und alle hätten das Nachsehen. Da sei das Übergewicht der SWAPO wohl das geringere Übel, und die fest etablierte Autokratie des Staatschefs könne sich sogar ordnungsstiftend und vorteilhaft auswirken, wenn sie nicht zu despotischer Willkür verkomme.

Im Verlauf dieses deutschen Heimspiels erfahre ich auch, daß die Beziehungen zu den Buren im Umkreis von Steinhausen recht distanziert sind. Zwar ist es hier nicht üblich wie bei manchen jungen deutschen Rabauken von Swakopmund die Buren als »Schlappohren« zu beschimpfen, aber auf seiten der »Afrikaaner« vernimmt man gelegentlich Vorwürfe gegen die Herrenvolk-Allüren der ihnen so eng verwandten Germanen. Die schwarzen Landarbeiter würden übrigens ebenso gern bei Buren, die immer noch die weitaus größere Zahl der Anwesen bewirtschaften, Dienst leisten wie bei den Deutschen. Nur zu den Engländern gingen sie höchst ungern. Die kleine Runde kommt überein, daß die wahren Probleme erst noch bevorstehen, daß die beachtliche Duldsamkeit, die der namibische Staatschef bislang an den Tag legte, nicht ewig dauern würde. »Die Verurteilung des Nujoma-Regimes durch den Europarat treibt diesen Mann in die Enge, löst bei dem alten Partisanenkämpfer unkontrollierbare Reflexe der Wut und des Mißtrauens aus«, meint Kastrup. »Wir Weiße von Südwest werden am Ende das Nachsehen haben bei der ausländischen Einmischung und Bevormundung.«

Es spricht viel Vernunft und auch Landeskenntnis aus den kargen Worten des Kolonisten. Hier geht ein Kapitel zu Ende, eine geschichtliche Übergangsphase, die der nationale Barde Hans Grimm in seinem Buch »Volk ohne Raum« zu einem heroischen, völkischen Epos hochstilisieren wollte. »Der deutsche Mensch braucht Sonne und Raum, um schön und gut zu werden«, hatte er doch wahrhaftig über die Siedler von Südwest-Afrika geschrieben. Wie lächerlich und geschwollen das heute klingt, während der Sandsturm der nahen Kalahari aufkommt und die Regenwolken in Richtung Atlantik zurücktreibt!

Ein schwarz-weiß-rotes Disneyland

Swakopmund, im Frühjahr 2001

So manche deutsche Touristen mag ich schockieren, die mit Begeisterung ihren Urlaub in Swakopmund verbringen. Aber mir ist die künstliche Verpflanzung einer reichlich spießigen Nordsee-Atmosphäre an den Süd-Atlantik – ein bißchen Norderney, ein bißchen Sylt – schon vor zwanzig Jahren als ein »schwarz-weiß-rotes Disney-Land« vorgekommen. Am Tag meiner erneuten Stippvisite in dieser markantesten Hinterlassenschaft der wilhelminischen Ära war das historische Kuriosum Ausflugsziel einer Gruppe von Japanern. Die kleine Herde aus Fernost wurde nicht müde, ihre Fotoapparate zu zücken, um die museale Ansammlung von Jugendstil-Villen und Fachwerkhäusern, die Vorzeige-Idylle deutscher Sauberkeit und Ordnung abzulichten. Gewiß, das »Hansa-Hotel« ist vorbildlich geführt. Das unversehrte Denkmal zu Ehren der deutschen Schutztruppe und ihrer Waffentaten im Herero-Krieg gibt Kunde von der Toleranz oder der Indifferenz der regierenden afrikanischen Nationalisten. Der Bahnhof – bei weitem das prächtigste Gebäude – repräsentiert den unbändigen Pioniergeist der Vorväter. Aber schon in der Gründerzeit war Swakopmund eine Fehlinvestition, eine extrem untaugliche Anlegestelle am rauhen Ozean. Der einzig brauchbare Hafen von Südwest heißt Walvis-Bay, und den hatten die Briten als eigene Enklave ihrem Empire vorbehalten.

Die überwiegend von Deutschen bewohnte Stadt hatte sich zur Zeit des Dritten Reiches durch national-sozialistischen Eifer hervorgetan. Noch im Frühjahr 1970 waren dort markige Sprüche zu vernehmen. Angetrunkene junge Deutsche brachten es fertig, rechtsradikale Pose mit Gammler-Look zu vereinen. Die meisten von ihnen waren erst vor einigen Jahren aus der Bundesrepublik eingereist. Sie gebärdeten sich als erfolgreiche Aufsteiger und verspotteten die schwerfälligen Buren, obwohl sie deren »verkrampfte« politische Vorstellungen teilten. Nur wenn es um farbige Mädchen ging, stellten sie ihren Rassendünkel zurück. Aus der »Schützenkneipe« dröhnte jeden Abend der Refrain: »Wir wollen unsern alten Kaiser Wilhelm wieder haben.« Auch die Platte mit dem Badenweiler Marsch, dem »Marsch des Führers«, wurde regelmäßig aufgelegt. Zu später Stunde grölte man das Horst-Wessel-Lied. In Windhuk gab es damals ein geflügeltes Wort. Man sprach vom »braunen Dunst von Swakopmund«.

Seitdem hat sich manches verändert. Der Hafen Walfisch-

Bucht ist von der schwarzen Regierung Südafrikas an Namibia abgetreten worden, und man überquert keine Staatsgrenze mehr, wenn man die dreißig Kilometer zwischen den beiden so unterschiedlichen Ortschaften zurücklegt. In Walvis-Bay geben heute die zugewanderten Ovambo den Ton an. Im Bahnhof von Swakopmund hingegen ist ein prunkvoll dekoriertes Kasino eingerichtet worden, wo zu den Klängen »Don't cry for me Argentina« alte Damen mit oft bläulich getöntem Weißhaar unermüdlich die Spielautomaten bedienen und ihr Glück bei den »one armed bandits« erproben. Solange der Tourismus floriert, ist es dem Präsidenten Nujoma ziemlich egal, wenn sich jedes Jahr am 20. April etwa 250 seiner deutschen Untertanen zum Geburtstag des Führers versammeln. Die wenigsten Feriengäste aus Deutschland entdecken wohl, daß in der Buchhandlung »Peter's Antiques«, wo wertvolle historische Veröffentlichungen angeboten werden, auch vergilbte Proklamationen Adolf Hitlers und vor allem eine Neuauflage des »Protokolls der Weisen von Zion« sehr auffällig ausgelegt sind.

Natürlich findet man auch solide, seriöse, politisch verantwortungsbewußte Landsleute in Swakopmund. Ich habe eine Runde von ihnen bei Kaffee und Kuchen im »Hansa-Hotel« getroffen. Das Gespräch verlief freundlich, aber wenig informativ. Diese Menschen leben in einer seltsamen Isolierung, scheinen sich der großen Zusammenhänge des Kontinents, in dem sie oft seit Generationen verweilen, gar nicht bewußt zu sein, oder sie versperren sich dagegen. Selbst die wirtschaftliche Realität Namibias wird meist durch die rosige Brille der eigenen Interessen gesehen. So wird ein neues Weintrauben-Gebiet im Süden Namibias als hoffnungsvolles Zukunftsprojekt bezeichnet, das jeder internationalen Konkurrenz gewachsen sei. Der Niedergang der Uranium-Gruben von Rössing wird schöngeredet und die Übernahme des Fischfang-Monopols durch spanische Gesellschaften kaum zur Kenntnis genommen. Über den wirklichen Reichtum Namibias liegt offenbar recht unzureichende Kenntnis vor. Es handelt sich wieder einmal um Diamanten, die im südlichen Küstengebiet von Lüderitz im Jahr 1998 von den Gesellschaften Indigo Sky

Gems und Camelthorn Mining abgebaut wurden und zu deren Abschirmung gegen kleine, unabhängige Konkurrenten die offenbar omnipräsenten Söldner-Firmen »Executive Outcomes« und »Sandline« eingeschaltet wurden. Das konspirative Geflecht von Gruben-Companies, Geheimdiensten und kommerziellen Mercenary-Organisationen ist kaum durchschaubar, zumal die oben genannten Unternehmen ihren Standort aus Südafrika inzwischen verlagert haben und sich unter neuen Namen tarnen.

Offiziell, so hört man in Windhuk, besteht ein generelles Abkommen zwischen der Regierung von Namibia und dem weltweiten Diamanten-Konzern de Beers, sich den Gewinn aus dem Joint Venture – es geht wohlweislich nur um den Wert von Rohdiamanten – zu je fünfzig Prozent zu teilen. Im Küstenstreifen sollen die Reserven so verlockend sein, daß die Edelstein-Beschaffung in Zukunft unter Wasser mit gewaltigen Saug-Anlagen betrieben wird. Immer wieder taucht in diesem Zusammenhang der Name Tony Buckingham auf, ein Finanzmagnat mit total undurchsichtigen Querverbindungen, der neuerdings auch an der Erschließung von Petroleumvorkommen in den Off-shore-Gebieten Namibias im Verbund mit der Gesellschaft Ranger Oil tätig sei. Öl und Diamanten, so dürfte auch Sam Nujoma wissen, stellen in Afrika eine mörderische Kombination dar. Statt Wohlstand zu verheißen, weckt sie die Begehrlichkeit internationaler Freibeuter höchsten Rangs.

Zu früher Stunde habe ich die Spielzeugkulisse von Swakopmund verlassen. Vom Süd-Atlantik schieben sich Nebel heran, und für die Cessna-Maschine, die uns an die angolanische Grenze im Norden transportieren soll, ist es höchste Zeit zu starten. Die Straße nach Walvis-Bay folgt der Strandlinie, den gelben Sanddünen mit schwarzen Felsbrocken. Dahinter lauert der kalte Ozean, grau und abweisend wie eine endlose Bleiplatte.

Die Front am Okavango

Rundu, im Frühjahr 2001

Die brütende Hitze am Okavango-Fluß ist mir lieber als die fröstelnde Ozean-Brandung des Benguela-Stroms bei Swakopmund. Daniele, die junge neuseeländische Pilotin, hat auf der Rollbahn von Rundu eine perfekte Landung hingelegt. Da sehe ich auch schon die russischen und ukrainischen Hubschrauber vom Typ MI-17, die neben einer viermotorigen Iljuschin geparkt sind. Sie fliegen im Dienste des MPLA-Regimes von Luanda. Der Flugplatz von Rundu bietet ihnen auf namibischem Territorium mehr Schutz als die Schotterpisten im nahen angolanischen Busch. Die Militärbasis ist von namibischen und angolanischen Soldaten abgeschirmt, die schwer zu unterscheiden sind.

Oberst Koos Theyse hat uns in Empfang genommen und geleitet uns zur »Ngandu-Safari-Lodge«. Ngandu heißt Krokodil. Der bedächtige, massive Buren-Offizier hatte vor der Unabhängigkeit Namibias in den südafrikanischen Streitkräften gedient. Jetzt ist er als »Chief Inspector of Explosives« dem Ministerium für »Home Affairs« von Windhuk zugeteilt und beauftragt, die breit gestreuten Minenfelder längs der Nordgrenze zu entschärfen, eine Sisyphus-Arbeit. »Ich habe früher meine Pflicht für die weiße Regierung von Pretoria erfüllt und mich nie einer unmenschlichen Aktion schuldig gemacht«, hatte er mir bei unserer ersten Begegnung in der trostlosen Bar des »Kalahari Sands« gesagt; »heute leiste ich mit der Entschärfung von Sprengstoffen ein nützliches Werk für alle Betroffenen.« Er ist ein verläßlicher Begleiter.

Ihm zur Seite steht der einheimische Experte und Inspektor Andreas Shilebo, knapp vierzig Jahre alt, ein fast mongolisch wirkender Ovambo mit Kinnbart und kahlem Schädel. Auf seinem T-Shirt trägt er die Aufschrift »Bomb-Squad«, und er hat stets die Kalaschnikow in Reichweite. Shilebo ist seinerzeit in Odessa von sowjetischen Spezialisten für jede Art von Sabotage ausgebildet worden und kennt sich im Umgang mit Landminen hervorragend aus. Auf seinem Landrover sind auch die »Stars and Stripes« abgebildet. »Die Amerikaner beteiligen sich gelegentlich an unseren ›demining operations‹ und spenden auch eine kleine Summe dafür«, erklärt mir der Ovambo mit einem seltsamen Lächeln; »das erlaubt ihnen, überall herumzuschnüffeln.«

Die gepflegte, blitzsaubere Ortschaft Rundu gruppiert sich zu meiner großen Überraschung um riesige Supermärkte, eine perfekt organisierte Einkaufs-»Mall« nach amerikanischem Modell. Eine Vielzahl von Handelsketten ist hier vertreten, die deutsche Firma »Spar« und diverse chinesische Niederlassungen. In den Regalen ist alles zu finden – vom Champagner Moët et Chandon und teurem Parfüm bis zu hochwertigen elektronischen Geräten. »Die Käufer kommen von jenseits der Grenze«, sagt der Oberst. »Das sind ganz offiziell die Offiziere der angolanischen Regierungsarmee, mit denen die Namibier verbündet sind; aber auch – sehr viel diskreter – die Emissäre der Unita-Rebellion. Die sind sogar die besten Kunden, zahlen cash mit ›green-backs‹ oder auch – bei umfangreichen Lieferungen – mit Diamanten.«

Von meinem Zimmer im Ngandu-Safari blicke ich auf das dunkelgrüne Wasser des Okavango-Flusses. Jenseits davon beginnt Angola, und nur in vereinzelten, isolierten Ortschaften übt dort die Truppe Präsident dos Santos die Kontrolle aus. Teilweise müssen sie durch Fallschirm-Abwürfe versorgt werden. Dort schimmern die weißen Mauern von Calai aus der dichten Vegetation. Das Städtchen sei noch bewohnt, erklärt mir Shilebo, es sei jedoch »vandalisiert« worden. Er fährt uns am Ufer des Okavango entlang. Da planschen die Kinder im Wasser, die Fischer richten ihre Körbe aus, und immer wieder setzt eine Gruppe bewaffneter Angolaner auf einer Piroge zum nördlichen Ufer über. Gelegentlich kreisen Kampfhubschrauber im Tiefflug über die Baumkronen. Die Bevölkerung setze sich hier aus Ovambo und Kavango zusammen. Sie sei noch völlig unverdorben, und Diebstahl komme nicht vor, beteuert der Inspektor. Die Menschen würden durch die intakten Stammesstrukturen diszipliniert, und jeder Verstoß dagegen werde durch Zauber geahndet. Im Zentrum von

Rundu sind mir Plakate aufgefallen: »Safe sex saves life«. Die Seuche lauert also auch hier.

In einem Militär-Camp der namibischen Armee hat Oberst Theyse ein Briefing organisiert. Der vortragende schwarze Offizier, Major Kalomo, ist hoch kompetent und mitteilsam. Auf der Karte zeigt er mir die eingekreisten Stützpunkte seiner angolanischen Alliierten, die sich lediglich dank der namibischen Nachbarschaft am Okavango gegen die Freischärler Savimbis behaupten können. Dort wo der Fluß nicht mehr die staatliche Trennungslinie markiert und die Grenze nach Osten hin durch unübersichtliche Buschlandschaft verläuft, ist die Situation besonders kritisch. Unweit des Caprivi-Zipfels hatte Jonas Savimbi jahrzehntelang sein Hauptquartier in der äußersten Süd-Ost-Ecke Angolas, in dem Flecken Jamba, installiert. Dort hatte er sein »afrikanisches Yenan« ausgebaut in Anlehnung an das Refugium Mao Zedongs während des chinesischen Abwehrkrieges gegen die Japaner. Jamba ist zwar von der MPLA-Armee Luandas okkupiert worden, aber die Umgebung bleibt weiterhin eine Hochburg der Rebellion. Überfälle auf die Straße B 8, die den Caprivi-Zipfel bis zur Grenze mit Sambia und Simbabwe durchquert, fänden immer wieder statt. Präzis diese Route beabsichtigen wir, am folgenden Tage einzuschlagen.

Beim Abschied von Major Kalomo drängt sich ein namibischer Unteroffizier an mich heran, der sich bisher schweigend und beobachtend im Hintergrund hielt. Der Sergeant spricht fließend deutsch und berichtet, daß er fünf Jahre lang in Rostock, in der DDR gelebt habe. An seinem sicheren Auftreten gegenüber Kalomo merke ich, daß dieser ehemalige Zögling des Staatssicherheitsdienstes von Rostock als eine Art politischer Kommissar der SWAPO tätig ist und über erhebliche Autorität verfügt. Jedenfalls wird mir bewußt, daß der »große Bruder« Sam Nujoma bis in den entlegensten Winkel seines Staatswesens die Situation fest im Griff hat.

*

In dieser Ufergegend des Okavango und im Caprivi-Zipfel sind keine Touristen mehr anzutreffen. Die ohnehin dumpfe Geistesverfassung der burischen Besitzer oder Verwalter der Ngandu-Lodge wird dadurch nicht aufgehellt. Längs der ersten zweihundert Kilometer in Richtung Osten zwischen Rundu und Bagani bietet der Fluß relative Sicherheit gegen Überfälle aus Angola. Es muß sich bei diesen Wegelagerern nicht unbedingt um politisch motivierte Partisanen handeln. Die drei französischen Urlauber, die jenseits von Bagani im Januar 2000 ermordet wurden, sind vielleicht ganz gewöhnlichen Banditen zum Opfer gefallen. Die zusätzliche Wegstrecke von zweihundert Kilometer bis zu dem Flecken Kongola führt tief in den Caprivi-Zipfel. Sie ist aus strategischen Gründen vorzüglich ausgebaut und frisch asphaltiert. Die Grenzlinie, die einst von den Kolonialmächten mit dem Lineal gezogen wurde, befindet sich in Reichweite, und das unübersichtliche Buschgelände ist kaum zu kontrollieren.

In diesem gefährdeten Sektor müssen wir uns einem Konvoi anschließen, der zweimal am Tag das unsichere Gelände passiert. Etwa dreißig Personenautos und Lastwagen haben sich an diesem Morgen zusammengefunden. Der einzige Militärschutz, den uns die Namibier bieten, besteht aus zwei offenen Geländewagen mit vier Soldaten, die ein Maschinengewehr montiert haben. Vermutlich würde bei einem Überfall die größte Gefahr von diesen Begleitern an der Spitze und am Ende des Geleitzuges ausgehen. Sie würden beim geringsten Zwischenfall ihre Waffen-Magazine blindlings gegen unsichtbare Gegner leerschießen und ziellos in der Gegend herumballern. Dabei würden sie wohl die schlimmsten Verluste unter ihren Schutzbefohlenen anrichten.

Die Fahrt ist eintönig. Alle zwanzig Kilometer sollen längs dieser Infiltrationsschneise je hundert namibische Soldaten zum Einsatz bereitstehen. Wir merken wenig davon. Auch die Elefanten, die durch Warnschilder angekündigt sind, halten sich von der Straße fern. Rund um die Hütten der Eingeborenen werden Hirse und Mais angepflanzt. Die kleinen Konsumläden, die »Lojas«, die in jedem Dorf zu finden sind, werden von Portugiesen und auch schon von Chinesen geführt. Jedes dieser Kontore verfügt über ein paar Spielautomaten, um die sich die Kavango mit ausdruckslosen Mienen drängen. Am Abend vor unserem Aufbruch nach

Kongola war es mit dem Kamera-Assistenten des südafrikanischen Teams, das mir in Windhuk zur Verfügung gestellt wurde, zum unerfreulichen Streit gekommen. Dennis, ein blonder Bure, der sich wie »Crocodile Dundee« mit schwarzem Krempenhut, ärmelloser Jacke und engliegender Lederhose kostümiert hatte, weigerte sich plötzlich, die Fahrt in den Caprivi-Zipfel mitzumachen. Er sei weißer Südafrikaner und müßte mit dem Schlimmsten rechnen, wenn er den Angolanern, welchem Lager sie auch angehörten, in die Hände fiele. Der Mann, der sich als »tough guy« aufgespielt hatte, schlotterte förmlich vor Angst. Daß er uns am Ende – nach einer schlaflosen Nacht – dennoch begleitete, war der Intervention meiner extrem couragierten Mitarbeiterin Cornelia Laqua zu verdanken, die Dennis mit dem Argument beschämte, daß sie, als weiße Frau, ja wohl noch ganz anderen Risiken ausgesetzt sei.

Ist die Situation in diesem absurden geographischen Gebilde, das nach einem wilhelminischen Reichskanzler »Caprivi-Zipfel« benannt wurde und an dieser Stelle zwischen Sambia und Botswana zu einem zwanzig Kilometer schmalen Schlauch schrumpft, wirklich so harmlos, wie es den Anschein hat? Angeblich sind in den vergangenen Monaten zahlreiche politische Gegner Präsident Nujomas heimlich außer Landes geflüchtet. Oberst Theyse bemerkt, daß sich beim hier ansässigen Lozi-Stamm eine separatistische Caprivi-Befreiungsbewegung gebildet habe. Auf den nahen Zuckerrohrplantagen seien wiederum kubanische Agronomen und Landarbeiter dabei, im Auftrag der Regierung von Windhuk Landwirtschaftskommunen zu entwickeln. In südlicher Richtung steuern wir in einer urwaldähnlichen Umgebung die malerische Namushasha-Lodge an. Gäste hat man in dieser »Wildlife«-Idylle seit Monaten nicht mehr gesehen. Die weiße Wirtin serviert einen süßen Drink.

Andreas Shilebo, der Bomben-Experte aus Odessa, verwickelt mich in ein Gespräch. Die Grenze von Botswana ist nur ein paar Meter entfernt, und diese Nachbarschaft bereitet der Regierung von Windhuk zunehmend Sorge. Offenbar hat mit dem Ende des Kalten Krieges die Abneigung vieler im Ostblock ausgebildeter

Namibier gegen die USA nicht nachgelassen. Seit dem Jahr 1994 hätten sich die Yankees Botswana als bevorzugten Alliierten in Austral-Afrika ausgesucht. Sogar Präsident Clinton habe diesem Gebiet bei seiner Afrika-Tournee von 1998 eine Visite abgestattet und beim dortigen Staatsoberhaupt Quett Masire einen kooperationswilligen Partner gefunden. Das Wüsten- und Steppengebiet Botswana – groß wie Frankreich – hätte nur geringe Überlebenschancen gehabt, wenn nicht auch in der Kalahari-Einöde extrem profitable Diamantenfelder und andere Mineralien entdeckt worden wären, für deren Abbau die unvermeidliche de-Beers-Company unverzüglich zur Stelle war. Botswana sei von Washington zum Angelpunkt politischer Intrigen, zum Herd von Umsturzkomplotten gegen unbequeme Regimes dieser Region ausgerichtet worden, erklärt Shilebo. So befände sich zur Zeit Präsident Mugabe von Simbabwe im Visier der Hegemonialmacht, und morgen könnte es Sam Nujoma von Namibia sein.

Diese Enthüllungen sind für mich nicht neu. Im »Institute for Security Studies« am Rande von Pretoria war ich entsprechend unterrichtet worden. Dieses Institut war eine recht seltsame Einrichtung, wo bildhübsche schwarze Sekretärinnen James-Bond-Atmosphäre verbreiteten und ein bärtiger Engländer – er hätte sich als Romanheld John le Carrés geeignet – über die perfektesten Kenntnisse im riesigen Raum zwischen Kapstadt und dem Tschad-See verfügte. An den Wänden hingen detaillierte Landkarten von den Bürgerkriegsfronten im Kongo und in Angola, die in dieser Präzision nirgendwo sonst zu finden waren. Dort wurde mir auch bestätigt, daß unweit von Gabarone, der Hauptstadt Botswanas, die riesige amerikanische Militärbasis von Molepolole eingerichtet wurde, deren Rollbahn lang genug ist, um die Landung von Großraumflugzeugen vom Typ Boeing 747 zu erlauben. Da die Konstruktionsarbeiten von einem französischen Unternehmen durchgeführt wurden, ist man über diesen Stützpunkt recht gut informiert.

Ursprünglich sei diese Großanlage vielleicht im Hinblick auf eine chaotische Entwicklung in der Republik Südafrika geplant worden und hätte der überstürzten Evakuierung Hunderttausender weißer Flüchtlinge dienen können, so hatte ich in Pretoria erfahren. Heute sei diese Basis wohl in das weltweite Abhör- und Beobachtungssystem Sigint – Signal Intelligence – der USA integriert. Das Übungsgelände diene zudem der Ertüchtigung von Sonder-Einheiten botswanischer Soldaten, die – wie in so manchen anderen Staaten Schwarz-Afrikas – von Instrukteuren der Special Forces im Rahmen des ACRI-Programms (African Crisis Response Initiative) für Interventionszwecke gedrillt werden. Im September 1998 sei diese Truppe im Verbund mit südafrikanischen Einheiten zum Einsatz gekommen, als im Königreich Lesotho eine Militärrevolte ausbrach, die es niederzuschlagen galt. Mit Ruhm sollen sich die zweihundert Elite-Soldaten aus Botswana bei dieser Gelegenheit nicht bedeckt haben.

In besagtem »Sicherheitsinstitut« waren auch Kommentare südafrikanischer Zeitungen zu diesem Projekt zu finden. So hieß es in der »Mail and Guardian«: »Was erklärt die bevorzugte Wahl Botswanas im politischen Kontext? Sind die Beweggründe ökonomischer Art, weil sich hier die Erfolgs-Story eines dauerhaften Wachstumsprozesses von mehr als zehn Prozent im Jahr abgespielt hat – oder überwiegen die strategischen Gesichtspunkte? Wenn dem so wäre, dann verfolgt die in Botswana befindliche US-Basis kein anderes Ziel, als jene Staaten der Region in Schach zu halten, die ihre eigene Souveränität konsolidieren möchten, und zwar im Widerspruch zu jenen Globalisierungszwängen, die durch die einzige Supermacht definiert werden.« Der relative Wohlstand der Einwohner von Botswana hat übrigens nicht verhindern können, daß dieser Steppen-Staat von zwei Millionen Menschen mit 38 Prozent HIV-Infizierten den traurigen Seuchen-Rekord in ganz Afrika erreicht hat.

Auf einer winzigen, holprigen Landepiste bei Kongola hat Daniele ihre Cessna zur perfekten Landung aufgesetzt. Auf dem Rückflug dehnt sich die platte Nordwest-Region Botswanas unter uns mit dem Okavango-Delta, das in normalen Zeiten ausgetrocknet ist, durch die diesjährigen ungewöhnlichen Regengüsse jedoch in eine feuchte Moorlandschaft mit einem Labyrinth von Fluß-Adern verwandelt wurde. Es stehen schwere Wolken am

Himmel. Plötzlich spannt sich ein herrlicher Regenbogen vor dem düsteren Hintergrund. Nach einer Viertelstunde taucht der schwarz-grüne Block des Waterbergs auf, wo das Wilhelminische Reich 1904 seinen Sieg über die Herero feierte. Nur elf Jahre später kapitulierte die kaiserliche Schutztruppe unter dem Druck der britisch-südafrikanischen Übermacht. Die jungen Offiziere wollten sich nach Deutsch-Ostafrika durchschlagen – ein wagemutiges und extrem ungewisses Unternehmen –, um sich dort der kleinen Streitmacht General Lettow-Vorbecks anzuschließen, der tatsächlich bis zum Kriegsende den Engländern legendären Widerstand leisten sollte. Die älteren deutschen Offiziere hingegen, die vom Endsieg der Mittelmächte überzeugt waren und eine Ausweitung des deutschen Kolonialbesitzes erhofften, wollten in Südwest eine Bastion deutscher Siedlerpräsenz bewahren und streckten die Waffen.

Aus dieser Epoche stammt die absurde Anomalie des Caprivi-Zipfels. Er zeugt von der geographischen Unkenntnis, die den Schwarzen Erdteil damals noch umgab. Der Nachfolger Otto von Bismarcks, Reichskanzler Georg von Caprivi, hatte im Jahr 1890 diese kuriose Ausbuchtung des deutschen Kolonialbesitzes in der törichten Annahme betrieben, das Reich würde jenseits von Kongola – ungeachtet der Victoria-Fälle – Anschluß an den schiffbaren Sambesi-Fluß und somit einen Wasserweg quer durch Austral-Afrika zum Indischen Ozean finden. Als Gegenleistung war den Briten ein Gebietsstreifen in Südwest-Uganda überlassen worden. Insgeheim hegte Kaiser Wilhelm II. zu jener Zeit wohl die grandiose Utopie einer Ausweitung Deutsch-Zentral-Afrikas unter Einschluß des Kongos König Leopolds II. sowie weiter Teile der portugiesischen Besitzungen Angola und Mosambik, die er mit Eduard VII. von England aufteilen wollte. So ist denn der Caprivi-Zipfel als heutiger Besitz der Republik Namibia erhalten geblieben. Wie ein Symbol überheblicher Imperial-Politik, wie ein mahnend ausgestreckter Finger ragt er nach Osten und richtet sich auf das Herz Afrikas.

LIBERIA

Amerikas Zerrbild an der Pfefferküste

Monrovia, im Mai 2001

»Insel der Vorsehung, Providence Island« – ein hochtrabender Name für dieses jämmerliche kleine Stück Land, das im Mesurado-Fluß zwischen der Hauptstadt Monrovia und dem fauligen Mangroven-Wald der Küste eingeklemmt liegt. An dieser Stelle wurde Geschichte geschrieben, aber davon ist heute nichts mehr zu spüren. Im Jahr 1822 wurden hier freigelassene Sklaven aus Nordamerika in ihren afrikanischen Ursprungskontinent zurückgeschickt. Es heißt, mit der ersten Schiffsladung seien 88 schwarze Rückwanderer an dieser Pfefferküste ausgesetzt worden, von denen alsbald 29 den Tropenkrankheiten erlagen. Wenn die übrigen »Pioniere«, die auf Betreiben der von Weißen gegründeten »American Colonization Society« in das heutige Liberia verfrachtet wurden, das Abenteuer überlebten, so verdankten sie es – der Gründungssage zufolge – einer couragierten schwarzen Frau. An der einzig vorhandenen Schiffskanone hatte sie die Lunte gezündet und mit einem Böllerschuß die wilden Küstenbewohner verjagt, die gegen diese seltsamen Eindringlinge anstürmten.

Später wurde mit den örtlichen Häuptlingen ein Kaufvertrag geschlossen, der den »schwarzen Pilgervätern« aus der Neuen Welt die Landzunge von Monrovia und deren Umgebung zusprach. Der Akquisitionspreis belief sich auf sechs Musketen, eine Kiste Glasperlen, zwei Büchsen Tabak, ein Säckchen Schießpulver, sechs Eisenstangen, sechs blaue Stoffballen, drei Paar Schuhe, eine Seifenkiste, ein Faß Rum, zehn Eisenkessel und je ein Dutzend Messer, Gabel und Löffel. Die Zahl der »American Liberians«, die im Laufe der folgenden Jahre Verstärkung erhielten, soll die Gesamtziffer Fünftausend nicht überschritten haben.

Vergeblich halte ich nach einem Denkmal Ausschau. Providence Island wird heute durch eine Straßenbrücke aus Beton erdrückt. Im tropischen Gewächs entdecke ich lediglich eine Zementkonstruktion, vielleicht eine plumpe Nachahmung des ersten Forts aus Baumstämmen, in dem die »Heimkehrer« Zuflucht suchten. In grellen Farben sind dort naive, kindliche Malereien angepinselt. Es handelt sich stets um wehrlose afrikanische Zivilisten, die von schwarzen Soldaten mißhandelt, ausgeraubt oder erschossen werden. Darunter stehen erbauliche Sprüche: »Respect the Civilians!« – »Respect victims of the war!« – »Respect human dignity!« – »The power of humanity!« Mit der »Achtung menschlicher Würde« und der »Macht der Menschlichkeit« scheint es in diesem Land nicht weit her zu sein, wenn diese verzweifelten Appelle so grausam illustriert werden.

Und dennoch, meine Ankunft in der Republik Liberia, die schon im Jahr 1847 feierlich aus der Taufe gehoben wurde, verlief weit spannungsloser als ich befürchtet hatte. Der landeskundigen deutschen Botschafterin in Abidjan, Karin Blumberger-Sauerteig, hatte ich es zu verdanken, daß ich mein Visum für Liberia in Rekordzeit erhielt und schon am folgenden Tag an Bord einer Beachcraft den kurzen Flug antreten konnte. Betreut und empfangen wurde ich in Monrovia von Mitarbeitern der »Deutschen Gesellschaft für Technische Zusammenarbeit« GTZ. Ein energischer, stets elegant gekleideter Äthiopier mit dem schönen Namen Womdinteka Engida leitete die kleine Projektgruppe. Fast alle Europäer waren während des grauenvollen Bürgerkrieges evakuiert worden. Ihm zur Seite standen zwei Liberianer, von nun an meine ständigen Reisegefährten, der Fahrer Jackson und der mysteriöse Mr. Wilbur Sims. Letzterer machte mit seinem kahlgeschorenen Schädel, seinen hageren Gesichtszügen und der unbeweglichen Physiognomie keinen harmlosen Eindruck. Einer Raubkatze ähnlich verfügte er wohl über deren Beobachtungsgabe und Reaktionsvermögen. Wenn ich mich in den folgenden Tagen auf weiten Strecken dieser durch Banditen, marodierende Soldaten und »Witch-Doctors« heimgesuchten Republik halbwegs sicher bewegen konnte, so verdankte ich es Wilbur Sims, vor dem sich nach kurzem Palaver alle Schranken öffneten. Auf meinen teilweise extravaganten Reisen habe ich mich stets am wohlsten gefühlt, wenn ich mein Schicksal einem intelligenten »Schattenmann« anvertrauen konnte.

Die Hauptstadt Monrovia, benannt nach dem amerikanischen Präsidenten, der 1823 die »Monroe-Doktrin« – Amerika den Amerikanern – verkündet hatte, ist mir von einem kurzen Aufenthalt im Jahr 1959 in Erinnerung. Besser gesagt, mein Erinnerungsvermögen versagt kläglich angesichts dieser chaotischen Ansammlung von verrotteten Holzschuppen und fauligen Steinhäusern, die zwar im Zentrum streng geometrisch ausgerichtet sind, aber durch den gewaltigen Flüchtlingszustrom und die Verwüstungen des Krieges zu einem Irrgarten ausgewuchert ist. Immerhin sind die Straßen jetzt asphaltiert, so daß man nach den zahlreichen Regengüssen nicht mehr im Schlamm watet. Der Freimaurer-Tempel, seit Gründung der Republik entscheidendes Machtzentrum dieses merkwürdigen Staates, steht noch mit geschwärzten Mauern am gleichen Platz, hat aber viel von seiner magischen Ausstrahlung verloren. Ein anderer Wandel ist festzustellen: Spätestens nach Einbruch der Dämmerung verwandelte sich die Hauptstadt vor vierzig Jahren in ein riesiges Bordell, in einen dröhnenden Amüsierpark. Aus zahllosen Bars und Tanzdielen klangen die Rhythmen der amerikanischen Südstaaten – Blues, Jazz, New Orleans – und die kreischenden Prostituierten, die keinen Passanten unbehelligt ließen, gebärdeten sich als Herrinnen der Nacht.

Im Mai 2001 ist ab acht Uhr abends Ausgangssperre verhängt. Kaum einer der raren Europäer, die hier ausgeharrt haben, kommt in die Versuchung, sich der Willkür von Polizei-Patrouillen und Gangster-Banden auszusetzen. Die amerikanische Botschaft, eine der wenigen ausländischen Vertretungen, die sich an Ort und Stelle behaupten, ist zu einem schwerbefestigten Bunker ausgebaut, mit einem starken Aufgebot schußbereiter Marines. Die diplomatische Vertretung der Europäischen Union hat hingegen eine ganz andere Überlebensformel entdeckt. Ihr Missionschef Brian O'Neill, ein junger Ire aus Belfast, der im konfessionellen Wahnwitz seiner Heimat ein unerbittliches Training durchlaufen hat, besitzt einige Afrika-Erfahrung, und mit dem skurrilen Einfallsreichtum seiner keltischen Rasse ist ihm eine recht kuriose Form der Abschreckung eingefallen. O'Neill begab sich unter den Schutz einer einflußreichen Zunft von »Juju-Men«, von örtlichen Zauberern und Hexenmeistern. Deren wohlwollende Magie bietet offenbar eine bessere Garantie als das Aufgebot der offiziellen »Anti-Terrorist-Units«, denen jede Schandtat zuzutrauen ist.

Angenehm überrascht bin ich von der Unterkunft, die der Äthiopier Womdinteka im »Mamba-Point« reserviert hat. Auf der Fahrt dorthin fühle ich mich vorübergehend in die Atmosphäre der Antillen-Inseln versetzt. Es riecht oder es stinkt wie in Port-au-Prince auf Haiti oder in den Wellblech-Baracken von Bluefields an der von Schwarzen bevölkerten Atlantik-Küste Nicaraguas. »Mamba« ist der Name einer giftigen Schlange, aber die Herberge bietet Geborgenheit und bescheidenen Komfort. Das liegt an dem libanesischen Familienclan, der dieses Etablissement mit levantinischer Gelassenheit führt. Ihr arabischer Dialekt ist mir vertraut, und zu Antoine, dem Patron dieser christlich-maronitischen Familie, finde ich schnell Kontakt. Er spricht vorzüglich französisch. Die Mezze, die er seinen Gästen serviert, würde gehobenen Beiruter Ansprüchen genügen. Antoine stammt aus Dammour, ein Dorf, das mir wohl bekannt ist, dessen Bevölkerung in einer Vergeltungsaktion palästinensischer Milizen schon zu Beginn des dortigen Bürgerkriegs massakriert oder vertrieben wurde. Dann hatte die israelische Luftwaffe diese Ansammlungen von Fatah-Anhängern platt gewalzt. Heute seien dort wieder die Maroniten zu Hause, berichtet der Wirt. Einer seiner Söhne hat eine blonde Irin geheiratet, eine stattliche Person, deren Zugehörigkeit zur katholischen Kirche wohl die Voraussetzung für ihre Integration in die maronitische Umgebung war. Sie überwacht das schwarze Personal mit freundlicher Autorität.

Mit Antoine habe ich mich auf die Terrasse des »Mamba-Point« gesetzt. Wir blicken auf den Atlantischen Ozean. Die Brise tut gut in dieser erdrückend schwülen Hitze. In der Bar nebenan, wo sich ein sehr gemischtes Publikum – darunter auch Asiaten – in den ausgebeulten Sesseln zum Sun-Downer versammelt hat, fällt mir ein Plakat auf, das die Regierung von Liberia zum 150. Jubiläum ihrer Existenz drucken ließ und auf dem sämtliche Präsidenten seit der Gründung der Republik im Jahr 1847 abgebildet sind. Zu meiner Verwunderung entdecke ich, daß der erste Staatschef, Joseph Jenkins Robert (1847 bis 1856), wie ein reiner Europäer aussah. Er hatte nur ein Achtel schwarzes Blut, und auch seine Nachfolger bis 1872 waren hellhäutige Mulatten. Unterhalb der Galerie dieser kuriosen Landesväter lese ich einen Text, vermutlich die Nationalhymne: »God save Liberia menaced by terror – Gott schütze Liberia, das durch Terror bedroht ist; er bewahre sein starkes Volk vor den Pfaden des Irrtums; der Stern des Schicksals möge mit gleißendem Licht unser Land erleuchten und ein strahlender Schein den Weg zur Freiheit zeigen! – All hail, Liberia, hail!«

Der Libanese erzählt mir an diesem Abend einige Anekdoten von den politischen Wirren seines Gastlandes, von dem brutalen Terror, der schon in der Hymne erwähnt ist und diesen Staat ohne Unterlaß geplagt hat. Ich habe dem Whisky stark zugesprochen, und plötzlich taucht eine Analogie zu dem heutigen Tag auf. Es war wohl in den frühen fünfziger Jahren, da hatte ich mir mit Begeisterung einen Abenteuerfilm in Paris angeschaut, der in einem heruntergekommenen Hotel von Monrovia spielte. Die beiden Helden, ehemalige Kriegspiloten, wurden von Yves Montand und Curd Jürgens gespielt. Die afrikanische Unberechenbarkeit dieser Pfefferküste, die düsteren Machenschaften der dort agierenden weißen Mafiosi waren erstaunlich glaubwürdig dargestellt, und dazwischen bewegte sich – im Mittelpunkt aller Begierden – die bildschöne mexikanische Schauspielerin Maria Felix. Eine solch verführerische Erscheinung hat das Mamba-Point-Hotel im Jahr 2001 natürlich nicht aufzubieten, aber die Fremden, die sich dort eingenistet haben, darunter ein feister

Amerikaner mit einem widerlichen Haarzopf und schlotternden Bermuda-Shorts, ein Drogenhändler, den man den »Ice-Man« nennt, lassen die Atmosphäre des Films recht eindrucksvoll wiedererstehen. Auch die tuschelnden Malaysier, die mißtrauischen Levantiner, ein paar Ganoven und verkrachte Existenzen passen in diese Kulisse. Der Titel des Kino-Produkts hieß: »Les héros sont fatigués – Die Helden sind müde«. Bei den krummen Geschäften, die Montand und Jürgens, der Franzose und der Deutsche, im Auftrage verbrecherischer Hintermänner erledigten, bei dem heimlichen Schmuggelgut, das sie in ihren brüchigen Flugzeugen transportierten, handelte es sich damals schon um Diamanten.

*

Die Entstehungsgeschichte der Republik Liberia, die unglaubliche Historie dieser Einpflanzung eines Stücks Amerika in die Guinea-Küste des Schwarzen Erdteils, klingt wie ein surrealistischer Roman. Um die Glaubwürdigkeit meiner Schilderung zu erhärten und um auch den Verdacht einseitiger Voreingenommenheit zu vermeiden, werde ich mich gelegentlich auf die Aussagen des amerikanischen Autors John Gunther berufen, der 1955 in seinem gründlich recherchierten Buch »Inside Africa« die Zustände dieses einzigartigen Staatsgebildes in einem ausführlichen Kapitel behandelte.

Ein rein philanthropisches Unternehmen war die »Repatriierung« der afrikanischen Schwarzen aus Nordamerika nicht. Es handelte sich dabei nämlich um bereits freigelassene Sklaven, und die weißen Plantagenbesitzer, die zu jener Zeit noch von den Emanzipations-Edikten der Lincoln-Ära weit entfernt waren, sahen in diesen entwurzelten »Niggers« eine mögliche Quelle der Unruhe. Zudem wurden die »Heimkehrer«, von denen die meisten recht widerwillig die Schiffe bestiegen, an einer Regenwald-Küste abgesetzt, die von ihrer wirklichen Ursprungsgegend mindestens 2000 Kilometer entfernt war. Die örtlichen Stämme begegneten ihnen feindselig. Die Mehrzahl der American-Liberians oder deren Väter – so sprach es sich unter den »Wilden« der Guinea-Bucht her-

412

um – waren aus der Umgebung der Kongo-Mündung über portugiesische Kontore nach Amerika gelangt. Bis auf den heutigen Tag werden deshalb die Nachkommen der »schwarzen Pilgerväter« bei den Eingeborenen der Pfefferküste als »Congos« bezeichnet.

Die Liberianer haben sich stets gegen den Vorwurf verwehrt, ihr Staat sei eine Art Kolonie oder ein Protektorat der USA. Sie blieben dennoch durch das nordamerikanische Modell zutiefst geprägt. Es entwickelte sich ein bizarrer Hang zur Mimikry. Diese schwarze Republik, die die Nationalflagge der Vereinigten Staaten getreulich kopiert, aber auf einen einzigen Stern reduziert hatte, übernahm auch das Verfassungssystem Washingtons mit Repräsentantenhaus und Senat. Der US-Dollar war die einzig anerkannte Währung. Diese Ausrichtung auf das transatlantische Vorbild verkam jedoch an der Pfefferküste zu einer grotesken Karikatur. Eine Fratze Amerikas bildete sich dort heraus, und ein Zerrbild jener »human rights«, auf die die Gründer der USA zu Recht stolz waren. John Gunther beschreibt den Zustand Monrovias in den fünfziger Jahren, als die Hauptstadt nur 35 000 Einwohner zählte. Die gesamte Bevölkerung der Republik wurde auf 1,5 Millionen Menschen geschätzt, aber die Bürgerrechte waren ausschließlich auf rund 15 000 Privilegierte – die American Liberians – beschränkt. Seit 1870 regierte eine alles dominierende Einheitspartei – »the True Whig-Party« –, und die jeweiligen Despoten, die alle der Oligarchie von 125 Familien entstammten, waren frömmelnde Methodisten und aktive Freimaurer. Dieser Minderheit von einem Prozent »Congos« war es gelungen, 99 Prozent Eingeborene zu unterjochen und auszubeuten. Die Stämme des Inneren waren von jeder politischen Mitsprache ausgeschlossen, und das Geschick der Elite bestand darin, die tribalistischen Erbfeindschaften hochzuspielen und für sich zu nutzen.

Erst im Jahr 1930 hatte sich als erster Präsident Liberias Edwin Barclay dazu aufgerafft, eine begrenzte Besichtigungsreise ins Hinterland zu wagen, wobei er sich in Ermangelung von Straßen und Schotterpisten in einer Hängematte tragen ließ. Die Behörden von Monrovia wachten darüber, daß die »bush-people« im

Zustand der Unwissenheit und des Analphabetismus verharrten. In Monrovia und Umgebung hingegen äfften die American Liberians ihre weißen Sklavenhalter von einst nach, ja übertrafen sie mit der Strenge ihrer protokollarischen Vorschriften. Bei den geringsten Anlässen waren Zylinder und Cut zwingende Kleidervorschrift. Die Rückständigkeit der Eingeborenen schrie zum Himmel, während die privilegierten Congos sich bemühten, den Lebensstil der Farmer der Südstaaten, den sie in ferner Erinnerung hatten, am Rand des afrikanischen Regenwaldes wieder aufleben zu lassen. »Gone with the Wind bei den Kannibalen«, hatte ein bösartiger Chronist bemerkt.

An dieser Stelle zitiere ich John Gunther im Wortlaut. Er schrieb die Zeilen wenige Jahre, bevor die Welle der afrikanischen »Independence« den Kontinent erfaßte: »Die meisten gebildeten Afrikaner in den benachbarten Ländern« (damals noch Kolonien) »legen Lippenbekenntnisse zu Liberia ab, weil es eine unabhängige Republik ist, die von befreiten Negro-Sklaven gegründet wurde. Aber in Wirklichkeit verachten sie dieses Land, weil es all jenen Idealen hohnspricht, für die die modernen Afrikaner sich einsetzen. Selbst Äthiopien ist besser dran. Man könnte Liberia als eine perverse Werbung für den Imperialismus bezeichnen, denn – obwohl das Land frei ist – lebt seine Bevölkerung so viel erbärmlicher als in den meisten französischen und britischen Kolonien. Liberia besitzt nicht die Vorteile der Erziehung und anderer Fortschritte, die der aufgeklärte Kolonialismus den Eingeborenen zur Verfügung stellt.«

Die offizielle Außenpolitik der USA – lange im Isolationismus befangen und durch die Folgen des Sezessionskrieges gelähmt – hatte ihrem schwarzen Ableger Liberia im neunzehnten Jahrhundert nur geringe Aufmerksamkeit geschenkt. Das änderte sich mit den internationalen Interventionstendenzen, die unter Theodor Roosevelt aufkamen und durch den Ersten Weltkrieg beschleunigt wurden. Eine Kolonie ist Liberia nie gewesen und auch kein Protektorat im Sinne des klassischen Völkerrechtes. Statt dessen wurde diese afrikanische Republik spätestens ab 1926 eine exklusive Ausbeutungsdomäne, ein Tummelplatz der amerikanischen Konzerne. Damals etablierte sich die allmächtige Gesellschaft »Firestone« in Monrovia und überzog das zu Spottpreisen erworbene Land mit einem riesigen Areal von Gummi-Plantagen. Schon bald machte der Kautschuk, dessen Pflanzen ursprünglich aus Brasilien importiert wurden, 95 Prozent des Handelsvolumens aus. Die Staatsbank Liberias, »Bank of Monrovia«, war bis 1955 im Besitz von »Firestone«. Der Konzern hatte de facto ein Monopol für sämtliche Importe und begünstigte insbesondere den Konsum von Coca Cola, das selbst in den armseligsten Buschdörfern zu finden war. Die Tätigkeit »Firestones« an der Pfefferküste ließ sich mit der erdrückenden Machtposition der Gesellschaft »United Fruit« in Mittelamerika vergleichen.

Seit geraumer Zeit hatten Instrukteure der US-Army damit begonnen, eine liberianische Grenzschutz-Truppe »Liberian Frontier Force« aufzustellen, aus der später die schlimmste Plage des Landes, die »Armed Forces of Liberia« hervorgehen sollte. Angehörigen dieser Truppe, einem Kontinent von 250 Soldaten, war ich im Oktober 1960 in der Kongo-Provinz Kasai begegnet, wo sie im Rahmen der UN-Expedition eingesetzt waren. Auf dem Arm trugen sie ihr Landeswappen, das mit der US-Fahne fast identisch ist. Ihre Uniform war der amerikanischen zum Verwechseln ähnlich. Sogar die betonte Lässigkeit, das schlaksige Auftreten schienen die Liberianer den GIs abgeguckt zu haben. Da wirkte vielleicht noch die Präsenz einer amerikanischen Garnison nach – ausschließlich aus schwarzen US-Citizens bestehend –, die ab 1942 die strategische Flugbasis von Robertsfield ausgebaut hatten, um den Schiffsverkehr im Südatlantik während des Zweiten Weltkrieges zu überwachen.

Auch auf anderen Sektoren war der amerikanische Einfluß allgegenwärtig. Als in den Bomi-Hills ungewöhnlich reichhaltiges Eisenerz abgebaut wurde, war »United Steel« unverzüglich zur Stelle. Die umfangreiche Handelsflotte, die mit ihren Seelenverkäufern heute noch unter dem Gefälligkeitspavillon Liberias die Weltmeere verunsichert, war ebenfalls einer »Registry Corporation« untergeordnet, deren Sitz sich in USA befand. Kurzum, in Ermangelung einer eindeutigen staatlichen Unterordnung war

Liberia zu einer exklusiven Dependenz des großen transatlantischen Kapitals geworden.

Der abscheulichste Skandal kam im Jahr 1931 ans Tageslicht. Eine internationale Untersuchungskommission enthüllte offiziell, was Landeskenner seit Jahrzehnten wußten: Die Republik Liberia, Gründung befreiter nordamerikanischer Sklaven, war der größte und letzte Sklavenhändler der Neuzeit. Schon früh hatten die hochgestellten Congos damit begonnen, bei den Eingeborenen des Landesinnern regelrechte Expeditionen mit dem Ziel des Menschenfangs zu veranstalten. Dabei kamen ihnen die permanenten Fehden der dortigen Völkerschaften zugute, deren Häuptlinge nur allzu bereitwillig ihre Feinde an die Zwischenhändler von Monrovia verkauften und in Ermangelung solcher »Ware« auch auf die Angehörigen ihres eigenen Stammes zurückgriffen. In einer späteren Phase beteiligten sich die Regierungssoldaten der »Liberian Frontier Force« an den fürchterlichen Hetzjagden im Dschungel.

Als Abnehmer dieses »schwarzen Elfenbeins« kamen vor allem die spanischen Kolonisten und Kakao-Pflanzer der Insel Fernando Po im Golf von Guinea in Frage. Auf der Suche nach billigsten Arbeitskräften offizialisierten sie dieses Geschäft im Jahr 1928, indem sie einen Kontrakt mit hohen Beamten des amtierenden Präsidenten King von Liberia abschlossen. Vorzugsweise wurden jugendliche Zwangsarbeiter, oft Kinder, angefordert. Für diese »Boys« wurde pro Kopf die Summe von 16 Pfund bezahlt, wenn ein Kontingent von 3000 erreicht war. Für jede zusätzliche Lieferung von 1500 Opfern war ein Bonus von 1750 Pfund vorgesehen. Die »Boys«, so heißt es im Untersuchungsbericht, wurden wie Tiere aufgespürt, wie eine Viehherde zum Hafen getrieben und nach Fernando Po verfrachtet. Der Höhepunkt dieser Greuel wurde unter der Präsidentschaft Charles Dunbar Burgess Kings erreicht. Der Hauptbeschaffer dieses menschlichen Handelsgutes war kein Geringerer als Vizepräsident Allen N. Yacy, der die Häuptlinge, die mit ihren Sklavenlieferungen in Verzug kamen, öffentlich auspeitschen ließ oder mit Hinrichtung bedrohte. All das geschah in einer Republik, die den Stempel einer »philanthropischen« Gründung durch die Vereinigten Staaten von Amerika trug und sich den US-Konzernen als willige Beute ausgeliefert hatte. Dazu schrieb John Gunther den bemerkenswerten Satz: »Um eine vergleichbare Schande in Afrika zu entdecken, muß man zur Epoche des Königs Leopold II. von Belgien, zu seinem Kongo-Staat und dessen Agenten, zurückgehen!« Blutiger Kautschuk hier und dort!

Während meines kurzen Aufenthalts in Monrovia im Jahr 1959 war Präsident William Tubman bereits fünfzehn Jahre an der Macht. Er hatte eine reibungslos funktionierende, menschenverachtende Autokratie geschaffen. John Gunther, der ihn sechs Jahre zuvor persönlich kennengelernt hatte, beschreibt Tubman als einen jovialen, aber unberechenbaren Patriarchen, einen schwarzen Mafia-Boß, dessen Beziehungen zu dem US-amerikanischen Gangster Meyer-Lanski notorisch waren. Sein Mandat hatte Tubman unter Bruch der Verfassung immer wieder – bis zu seinem Tod im Jahr 1971 – verlängert. Weil er sich dem Big Business der Vereinigten Staaten ausgeliefert und den strategischen Interessen Washingtons angepaßt hatte, wurde nie der geringste Vorwurf gegen seine Tyrannei erhoben. Dem Sklavenhändler und Vizepräsidenten Allen Yacy hatte er einst als Rechtsanwalt lange Jahre zur Seite gestanden, aber das wurde selten erwähnt. Immerhin war Tubman klug genug, Kontakt zu den »tribal people« im Hinterland aufzunehmen. Er hatte begriffen, daß sich das Herrschaftsmonopol der Gründer-Aristokratie Liberias nicht auf alle Zeiten erhalten ließe.

Sein Nachfolger, Doctor William Tolbert, machte weitere Schritte in diese Richtung. Er bemühte sich um eine zögerliche Einbeziehung des primitiven Häuptlingssystems in die rudimentäre Verwaltung der Republik. Diese behutsame Politik der Öffnung wurde ihm zum Verhängnis. Bislang waren die 16 Ethnien Liberias – Kpelle, Bassa, Kru, Mandingo, Krahn, Gio, Mano und andere – mit dem Austragen ihrer internen Konflikte fern von Monrovia beschäftigt gewesen. Der Handel mit Sklaven gehörte dort seit jeher zum Alltag. Im Hintergrund agierten die mächtigen und gefürchteten Geheimgesellschaften – Poro und Saude zumal – deren Anwärtern bei den Initiationsfeiern tiefe Narben eingekerbt wurden. Nach diesem Ritual fanden sie Aufnahme in die Spukwelt der »Waldgeister«. William Tolbert hatte diese bestehenden Schranken zwischen Congos und Eingeborenen wohl allzu eilig eingerissen. Damit brachte er sein eigenes oligarchisches Regime zum Einsturz.

Vor allem in der kleinen Berufsarmee brodelte es. Dort waren die Autochthonen systematisch diskriminiert worden. Die Offiziersränge waren ausschließlich Söhnen der amerikanisch-liberianischen Clique vorbehalten. Am 12. April 1980 war es soweit. Die Unteroffiziere der »Armed Forces of Liberia«, überwiegend Angehörige des Krahn- und Mandingo-Volkes, revoltierten unter Anleitung des bislang unbekannten Master-Sergeant Samuel Doe. Im Verlauf des Putsches und der folgenden Kämpfe wurde Präsident Tolbert getötet, seine Minister am Strand von Monrovia öffentlich erschossen. Samuel Doe beförderte sich selbst zum General, meuchelte seine Komplizen aus dem Unteroffiziers-Corps, veranstaltete Massaker unter den ihm feindlich gesonnenen Stämmen der Gio und Mano und organisierte 1985 – um sich einen Anschein von Legitimität zu geben – eine Wahl-Maskerade, aus der er als Staatschef hervorging. Die Republik Liberia versank in Chaos, Blut und Elend, was den damaligen Präsidenten von Nigeria, Ibrahim Babanginda zu der Prophezeiung veranlaßte: »Heute ist es Liberia. Morgen könnte es jedes beliebige Land Afrikas sein.« Samuel Doe wurde 1990 von seinem Schicksal ereilt. Er fiel der Rebellengruppe des schwarzen »War-Lords« Prince Johnson in die Hände. Seine Hinrichtung grub sich in das Gedächtnis seiner Landsleute ein. Vor laufender Kamera und einer grölenden Menge von Gaffern wurde er langsam zu Tode gefoltert. Die Henker schnitten ihm die Ohren ab, und was aus seinen zerstückelten Körperteilen wurde, bleibt ein grauenhaftes Geheimnis.

*

Die Wellen der steigenden Flut klappern gegen die Felsen von Mamba-Point. Im Hintergrund flackern die spärlichen Lichter der Hauptstadt. Der libanesische Hotelier schildert mit leiser Stimme das bluttriefende Auseinanderbrechen der Republik Liberia. Antoine war Augenzeuge einer Serie haarsträubender Ereignisse gewesen. Sieben Jahre lang hat der Bandenkrieg nach der Ermordung »Präsident« Samuel Does gedauert und schätzungsweise 150000 Opfer gefordert. Als erfolgreicher Rebellenführer profilierte sich von Anfang an eine für dieses Land ungewöhnliche Persönlichkeit. Charles Taylor war Sohn eines hochplazierten Liberianers amerikanischer Abstammung, eines »Congo« also, aber seine Mutter gehörte den »tribal people« an. Als junger Mann hatte Taylor an der Bentley-University in Massachussetts studiert, und dort beginnt seine bizarre und teilweise unglaubwürdige Laufbahn. Wegen einer obskuren Unterschlagungsaffäre, die man ihm anlastete, wurde er in ein Gefängnis von Massachussetts eingeliefert, von wo er auf abenteuerliche Weise – mit Hilfe einer Metallsäge und zusammengeknoteter Bettlaken – entkam. Es gelang ihm sogar, aus den Vereinigten Staaten zu flüchten. Kurz danach fand er sich bei Oberst Qadhafi von Libyen ein, wo er an diversen pan-afrikanischen Verschwörungen teilnahm.

Nun ist erwiesen, daß ein Häftling in USA äußerst selten aus seinem Gefängnis ausbricht und danach fast unbehelligt das Land verläßt. Bei den Libanesen von Monrovia, die an der ganzen afrikanischen Westküste über zahlreiche Handelsniederlassungen und Horchposten verfügen, kam deshalb die Vermutung auf, Charles Taylor sei unter Mitwirkung der amerikanischen Geheimdienste entkommen und im Auftrag der CIA bei Qadhafi eingeschleust worden, um dessen Pläne auszuspionieren. Irgend etwas muß für die Drahtzieher in Langley schiefgegangen sein, denn Taylor stellte sich rückhaltlos in den Dienst des libyschen Revolutionsführers und begann eine subversive Aktivität in Afrika, die den Interessen Washingtons radikal zuwiderlief. Noch bevor Samuel Doe sich in Liberia zum Schreckgespenst entwickelte, bildete sich in der benachbarten Republik Elfenbeinküste, einer ehemals französischen Kolonie, die buntscheckige Aufstandsbewegung unter Führung Charles Taylors. Seine kleine

Truppe setzte sich nicht nur aus oppositionellen Liberianern zusammen, sondern auch aus regulären Soldaten von Burkina-Faso, jenem dürftigen Sahel-Staat, der zur Zeit der französischen Herrschaft Ober-Volta genannt wurde. Dazu kamen ein paar Ghanaer, Guineer und andere Außenseiter, die Qadhafi rekrutiert hatte.

Dem liberianischen Rebellen Taylor kam bei seinem Feldzug zugute, daß die Patentochter des Staatschefs der Elfenbeinküste, Houphouet-Boigny, den liberianischen Präsidenten William Tolbert geheiratet hatte, der dann auf Befehl Samuel Does erschossen wurde. Blutrache war fällig. Da besagte Dame nach Ablauf der Trauerfrist den Hauptmann Blaise Campaoré, Präsident von Burkina-Faso, ehelichte, verfügte Charles Taylor auch dort über einen halbwegs verläßlichen Verbündeten. Am Rande sei erwähnt, daß Blaise Campaoré wenige Jahre zuvor seinen Vorgänger und engen Freund, Capitaine Thomas Sankara, liquidiert hatte. Schließlich genoß Taylor wohl die diskrete Unterstützung gewisser französischer Dienststellen, die die zunehmende Einflußnahme der USA in ihrer angestammten Einflußzone der Elfenbeinküste durch die Destabilisierung der Republik Liberia zu konterkarieren suchten.

Die militärischen Erfolge der von Taylor gegründeten »National Patriotic Front of Liberia« (NPFL), die ihren Angriff in der Grenzzone der Nimba-Berge mit anfangs nur hundert Partisanen begonnen hatte, waren atemberaubend. Nach der entsetzlichen Hinrichtung Does brachte die rapid anwachsende Streitmacht der NPFL etwa neunzig Prozent des liberianischen Staatsgebietes unter ihre Kontrolle. Vor allem verbündete sich Taylor mit der »Revolutionary United Front« RUF, einer Aufstandsbewegung in Sierra Leone, die sich der dortigen Diamantenfelder bemächtigt hatte und ebenfalls mit dem Libyer Qadhafi konspirierte. Der überaus lukrative Schmuggel der Diamanten aus Sierra Leone verschaffte Taylor den finanziellen Rückhalt für die Fortführung und Ausweitung seiner Kampagne. Er hätte schon 1990 die Hauptstadt Monrovia erobert, wenn er nicht auf den resoluten Widerstand Washingtons gestoßen wäre. Präsident Clinton konnte nicht hinnehmen, daß diese traditionelle Bastion der USA in

Afrika unter den Einfluß des »Terroristen und Schurken« Qadhafi geriet. Kriegsschiffe der US-Navy tauchten vor der Pfefferküste auf und evakuierten die bedrohten Ausländer. Es gelang der amerikanischen Diplomatie, den Staatschef der Föderation Nigeria, Ibrahim Babanginda, zum bewaffneten Eingreifen zu bewegen. Für diese Aktion bot die westafrikanische Organisation für wirtschaftliche Zusammenarbeit (ECOWAS) das notwendige Forum und deren militärischer Nebenzweig ECOMOG das schlagkräftige Instrument. Den schwerbewaffneten Bataillonen der nigerianischen Berufsarmee war der Partisanenhaufen Charles Taylors nicht gewachsen.

Das Gemetzel, das nunmehr einsetzte, wirkt bis heute wie ein fürchterlicher Alptraum fort. Es war ein Feldzug von Banditen und Mördern. Sehr bald sollte sich erweisen, daß die Nigerianer der ECOMOG den Firnis ihres britischen Kolonial-Drills schnell abstreiften und sich ihrerseits als afrikanische Horde von Plünderern und Vergewaltigern verhielt. Sie zogen sich damit den Haß der einheimischen Bevölkerung zu. In Liberia wie auch im benachbarten Sierra Leone waren die diversen War-Lords dazu übergegangen, unter den Jugendlichen und Kindern ihre enragiertesten Kämpfer auszuheben. Diese »small boys units« wurden von ihren Anführern mit billigen Drogen – »bubble« genannt – aufgeputscht und in Trance versetzt. Ihre Grausamkeit kannte keine Grenzen. Die im Land verbliebenen Libanesen erinnern sich mit Entsetzen an die Kinder-Soldaten.

Antoine reicht mir diskret ein Papier über den Tisch. Es handelt sich um einen Bericht von »Human Watch« und die Schilderung eines typischen Falles: »Ein armer Dorfbursche niederen Standes schließt sich einer Kampfgruppe an. Zuerst ermordet er seinen Lehrer, der ihn schlecht notiert, dann seinen Arbeitgeber, der ihn schlecht bezahlt hatte. Später geht er dazu über, die Mütter seiner früheren Freunde zu vergewaltigen.« Ein Rapport der UNO formuliert wie folgt: »Dieses ist vor allem ein Krieg der Kinder. Ein ›small boy‹ wird befördert, wenn er sich durch besondere Grausamkeit hervortut. Irgendeinem Zivilisten kann ohne Angabe von Gründen der Kopf abgehackt werden. Die bewaffneten

Rotten der Minderjährigen dringen in die Dörfer ein, rauben, was sie finden, töten und vergewaltigen.«

Charles Taylor hatte sich an diesen Ausschreitungen rückhaltlos beteiligt. Aber er unterschied sich von den übrigen Polit-Gangstern durch ein gewinnendes, fast distinguiertes Auftreten. Beim Volk kam er als charismatischer Führer und vorzüglicher Redner gut an. Kurzum, er war ein Gauner mit staatsmännischer Begabung. Sieben Bürgerkriegsfraktionen machten sich den Besitz Liberias streitig und führten sich schlimmer auf als die verrohten Landsknechte des Dreißigjährigen Krieges. Mit der fortdauernden Präsenz der Nigerianer drohte eine Internationalisierung des Konfliktes. Die Kämpfe und Überfälle uferten aus. Die Nachbar-Republik Sierra Leone, eine ehemalige Besitzung Londons, wurde zum Schauplatz britischer Kommando-Aktionen, und die Republik Guinea griff mit regulären Truppen und amerikanischer Ermutigung nach den reichen Eisenvorkommen der Nimba-Berge. Der Verbleib des nigerianischen ECOMOG-Kontingents trug verheerend zu dessen moralischer Verwilderung bei.

Nach endlosen Verhandlungen und unter Schirmherrschaft der Vereinten Nationen einigten sich die diversen Banden-Chefs auf Abhaltung demokratisch kontrollierter Wahlen, was immer das hier bedeuten mochte. Dreizehn Parteien waren am 19. Juli 1997 angetreten. Die Überraschung und die Enttäuschung waren groß bei den US-Beobachtern, als ein »Landslide« zugunsten der »National Patriotic Party« Charles Taylors stattfand, auf die 75 Prozent der Stimmen entfielen. An diesem Resultat war nicht mehr zu rütteln. Die Liberianer wollten nicht länger in Furcht und Horror leben. So hatten sie sich für jenen Kriegsherrn entschieden, der über die stärksten Bataillone verfügte und dessen unerbittliche Repressionspolitik ein Minimum an Sicherheit und Stabilität nach diesem Inferno versprach. Zwei Wochen später wurde Charles Ghankay Taylor mit erdrückender Mehrheit zum Präsidenten der Republik Liberia gewählt, und die Nigerianer rückten schrittweise ab.

»Wir leben immer noch am Rande des Abgrunds«, beendet der Libanese seine Chronik. »Die Despoten-Allüren des neuen Staatschefs, den sie ›Ghankay‹, den Unbeirrbaren, nennen, empfinden die meisten Liberianer als das kleinere Übel. Es ist ja auch kein Ersatz für Taylor in Sicht, aber die Amerikaner werden nicht ruhen, bis sie ihn zur Strecke gebracht haben.«

Das Imperium »Firestone«

Maka, im Mai 2001

Die Fahrt zur Grenze Liberias mit Sierra Leone hatte ich mir aufregender vorgestellt. Am Vortag hatte mir der Äthiopier der GTZ eine Mitteilung des Außenministeriums von Monrovia an die diplomatischen Vertretungen gezeigt, die vom 31. April 2001 datiert war. Mit Ausnahme des internationalen Flugplatzes Robertsfield, der knapp zwanzig Kilometer östlich von der Hauptstadt entfernt liegt, werden sämtliche Reisen und Ausflüge untersagt. Gleichzeitig wird eine Ausgangssperre ab acht Uhr dreißig verhängt und die Errichtung von bewaffneten »Checkpoints« mitgeteilt. Unser Begleiter Sims läßt sich durch solche Warnungen nicht beeindrucken. Jackson sitzt am Steuer des Landrovers, und bald haben wir das Menschengewühl der City mit ihren zahllosen gelben Taxis hinter uns gelassen.

Mit einigem Abstand folgt die Asphaltstraße der Atlantikküste in Richtung Nordwest. Sie befindet sich entgegen meiner Erwartungen in einem vorzüglichen Zustand. Auf beiden Seiten dehnen sich die exakt ausgerichteten Gummibäume und wecken Erinnerungen an Cochinchina. Die Plantagen von »Firestone« seien zu einem großen Teil in malaysischen Besitz übergegangen, erklärt Sims, aber er hat keinen rechten Einblick in die jüngsten kapitalistischen Verflechtungen. Nur selten passieren wir Wegsperren. Die Regierungssoldaten in Tarnjacken sind total verwahrlost. Etwas adretter wirken die Polizei-Streifen in schwarzen Uniformen. An den Sperren haben sie grob gezimmerte Nagelbretter ausgelegt. Die Schranken sind aus biegsamem Bambus. An einer Kreuzung sind grüne Sandsäcke neben einem Maschinengewehr aufgetürmt. Darüber hängt ein kurioses Plakat mit der Aufforderung »Think big!« Wer weiß schon, daß diese Parole von dem berühmtesten britischen Imperialisten in Afrika, von Cecil Rhodes, stammt: »In Africa, think big!« war seine Devise. In Afrika müsse man in großen Dimensionen denken.

Die Kontrollen sind oberflächlich, was wir vielleicht der Präsenz des einsilbigen Mr. Sims zu verdanken haben. Endlose Reihen von Palmen lösen jetzt die Kautschuk-Bäume ab. Eine Fabrik zur Gewinnung von Palmöl, die 1967 von Belgiern gebaut wurde, liegt seit 1990 in Trümmern. Die Dörfer mit den rechteckigen Lehm- und Strohhütten sind weit gestreckt. Nach 100 Kilometern Fahrt nähern wir uns der Grenze. Der weltweiten Berichterstattung zufolge müßten wir uns hier in einem Frontgebiet bewegen, an einem strategischen Übergang, wo um Diamanten und Waffen gerungen wird. Gammelten hier nicht vier Soldaten herum und hinge nicht eine zerzauste liberianische Fahne vom Mast, hätten wir gar nicht wahrgenommen, daß an dieser Bailey-Brücke über den Mano-Fluß die Trennungslinie zwischen zwei sehr unterschiedlichen Staaten verläuft. Erst seit dem 12. März 2001 ist der Passierpunkt gesperrt, und wir versuchen gar nicht, über das lehmige Wasser nach Westen zu gelangen. Mit dem Mano-River, der in Guinea entspringt, hat es eine besondere Bewandtnis. In fernen Jahren der Normalität war eine theoretische »Mano-River-Union« zwischen den Staaten Liberia, Sierra Leone und Guinea mit dem Ziel wirtschaftlicher Koordinierung gegründet worden. Aus dem Projekt ist nie etwas geworden.

»In dieser Gegend leben 30000 Flüchtlinge aus Sierra Leone in einem Waldlager«, berichtet Wilbur Sims. »Sie werden vom UN-Flüchtlingswerk und dem ›World Food Program‹ mit Lebensmitteln versorgt. Eine reine Verschwendung. Sehen Sie sich den fruchtbaren Boden ringsum an. Hier könnte jede Familie sich mühelos selbst ernähren.« Der Grenzort Maka, ein armseliges Dorf, wirkt ausgestorben. Abseits der Straße fahren wir auf eine Ansammlung recht ordentlicher Lehm-Unterkünfte mit Wellblechdächern zu. Ein freundlicher Liberianer, der »Commissioner« dieses Lagers, nimmt uns in Empfang. Die sengende Sonne wird schlagartig durch eine schwarze Wolkenfront verdeckt. Der Tropenregen geht wie ein Sturzbach nieder. Die Zahl der »Refugees« hat sich stark verringert, so erfahre ich; sie hätten sich in der Natur aufgelöst. Zu Gefechten sei es in den letzten Wochen in diesem Sektor auch nicht gekommen. Der Commissioner will sich gastlich zeigen. »Eigentlich würde es sich gehören, daß ich Ihnen als Geschenk ein Schaf überreiche«, sagt er; »aber daran mangelt es bei uns.« So kramt er in seiner Tasche und schenkt mir eine liberianische Dollar-Münze aus dem Jahr 1968. Der Wolkenbruch hat nachgelassen, und wir treten den Rückweg an. Vorher waren mir drei zerzauste Waldbewohner mit verrosteten Kalaschnikows aufgefallen. Kurz vor der Hauptstadt werden wir durch einen Soldaten gestoppt. Der Mann ist betrunken oder steht unter Drogen. Sims weiß, wie man mit solchen Marodeuren umgeht und vermeidet jede Komplikation. »Bei Einbruch der Dunkelheit geben sich alle diese Ordnungshüter dem Genuß von Alkohol oder ›bubble‹ hin«, erklärt unser Begleiter; »dann sollte man sich vor ihnen hüten.«

*

Das Kesseltreiben gegen Präsident Charles Taylor steuert in diesen Tagen einem Höhepunkt zu. Am 7. Mai 2001 ist eine Resolution des Weltsicherheitsrates in Kraft getreten, die Liberia mit Sanktionen belegt. Dem Staatschef wird vorgeworfen, daß er alle Aufforderungen der »international community«, durchgreifende Kontrollen zur Verhinderung des Diamanten-Schmuggels aus Sierra Leone anzuordnen, in den Wind geschlagen habe. Auch der Verdacht von fortgesetzten Waffenlieferungen an die mit ihm verbündete »Vereinigte Revolutionäre Front« von Sierra Leone habe sich bestätigt. Er wird beschuldigt, die benachbarte Republik Guinea durch Freischärler-Einfälle zu destabilisieren und sogar in dem weit abgelegenen Staatswesen Guinea-Bissau, eine ehemals portugiesische Besitzung, Unruhe zu schüren. Diese Anklagen werden vornehmlich von amerikanischen Behörden formuliert, die die engen Beziehungen Taylors zu Oberst Qadhafi – er reist angeblich jeden Monat zu einem Kurzaufenthalt nach Tripolis – nicht länger dulden wollen. Sie versuchen mit allen Mitteln, diesen selbstherrlichen Kriegsherrn, der den Geheimdienst CIA immer wieder ausgetrickst hat, zu diskreditieren. Schon vergleichen die wenigen in Monrovia verbliebenen Ausländer die Hetzjagd amerikanischer Agenten gegen Charles Taylor mit dem Präzedenzfall des Generals Noriega von Panama, eines ehemaligen Vertrauensmannes der CIA, dessen kriminelle Drogengeschäfte in Langley bestimmt nicht unbekannt waren. Nachdem Noriega sich zum Staatschef der Republik Panama aufgeschwungen hatte und keine Neigung zeigte, den Weisungen Washingtons weiterhin zu folgen, war dieser zwielichtige Offizier in einer Blitzaktion amerikanischer Luftlandetruppen gekidnappt worden und verschwand wohl für Lebenszeiten hinter den Mauern einer Strafanstalt von Florida.

Doch in Mittelamerika läßt sich leichter manövrieren als an der Pfefferküste. Die Sanktionen gegen Liberia sollen vor allem das Geschäft mit den »Blut-Diamanten« unterbinden. Aber wer wäre schon in der Lage, die Dschungelpfade auf beiden Seiten des Mano-Flusses zu überwachen? Was das Embargo über Waffenlieferungen an Liberia betrifft, so hatte man mit den ECOMOG-Truppen aus Nigeria, die sich auch auf das Drogen-Geschäft vorzüglich verstanden, den Bock zum Gärtner gemacht. Sie verkauften ihre eigene Ausrüstung an den Meistbietenden. Im übrigen verfügten auch in Westafrika die russischen und ukrainischen Piloten mit ihren Antonow- und Iljuschin-Maschinen über ausreichende Transportkapazität für illegale Güter jeder Art. Die UN-Resolution war zusätzlich entschärft worden, nachdem Frankreich eine Boykottierung des liberianischen Holz-Exportes kategorisch verweigerte. Der Raubbau im dortigen Regenwald wird im wesentlichen durch das indonesische Unternehmen »Oriental Timber Corporation« betrieben, und der Export findet über den Hafen Buchanan statt. Der wichtigste Abnehmer ist Frankreich. Der Profit aus dieser Umweltvernichtung soll sich für Liberia jährlich auf zwanzig Millionen Dollar belaufen. Darüber hinaus haben die Vereinten Nationen Reisebeschränkungen für hochgestellte Persönlichkeiten aus Monrovia verfügt, Charles

Taylor jedoch dürfte ohnehin geringe Lust verspüren, einen Ausflug nach den USA zu machen, wo er weiterhin auf der Fahndungsliste steht.

Am Tag des Inkrafttretens der Sanktionen hat der Präsident zu einem Protestmarsch seiner Untertanen aufgerufen. Ich habe mir diese müde Kundgebung in der Hauptstadt angesehen. Kochende Volkswut war bei den überwiegend weiblichen Demonstranten nicht festzustellen. Die Frauen hielten anklagende Transparente hoch und schrien schwer verständliche Kampfparolen. Die Flugblätter, die bei dieser Gelegenheit verteilt wurden, waren hingegen recht aufschlußreich. Da wurden die internationalen Medien mittels einer plumpen Zeichnung angeklagt, mörderisches Propaganda-Feuer auf Liberia zu richten. Ein anderes Plakat war eindrucksvoller: »Sanktionen + Embargo + Dissidenten-Angriff = Anarchie!« Ein winziger Mann, der das Wappen der Weltorganisation auf dem Hut trug und Generalsekretär Kofi Annan ähneln sollte, packte einen Knaben namens Liberia an der Gurgel, um ihn zu erwürgen.

Eine Pressekonferenz, zu der Charles Taylor in seinem Regierungssitz eingeladen hatte, fand an diesem Tag nicht statt. Ich hätte gern die Physiognomie dieses vielschichtigen Mannes studiert, aber der Präsident hatte sich angeblich auf einem Flußboot in das Stammesgebiet begeben, wo seine kranke Mutter heimisch ist, und war seinen Sohnespflichten nachgekommen.

Schädelstätte in Lofa-County

Gbarnga, im Mai 2001

Seltsam, wie selbst eine verrottete Stadt im Ausnahmezustand nach ein paar Tagen Aufenthalt einen oberflächlichen Eindruck von Normalität vermitteln kann. In den Läden des »Waterside Market« und in der Verkaufshalle »Stop and shop« fehlt es an nichts. Hier haben die Libanesen weiterhin das Sagen. Der Fahrer Jackson führt mir voll Stolz ein Internet-Café vor, das mit moderner Elektronik ausgerüstet ist. Ob denn diese Öffnung nach außen, diese Globalisierung der Information sowie die massive Medienkampagne, die gegen Charles Taylor von den Angelsachsen geschürt wird, dem Regime nicht gefährlich werden könne? Der Äthiopier Womdinteka lacht nur. Bei achtzig Prozent Analphabeten und den relativ hohen Kosten der Internet-Benutzung sei das Risiko recht gering. Im übrigen gelte in Afrika das gesprochene und nicht das geschriebene Wort. Das Palaver habe stets Vorrang. Jeder gut etablierte Juju-Man verfüge über mehr Einfluß als die gezielten Propaganda-Sendungen von USIS.

Der kritischste Punkt im gegenwärtigen Konflikt zwischen Monrovia und Conakry, der Hauptstadt der Republik Guinea, ist der sogenannte »Parrot Beak«, der Papageien-Schnabel, der sich westlich der Nimba-Berge tief in das liberianische Staatsgebiet vorschiebt. Der Ausdruck »Parrot Beak« gleicht einer ähnlichen Ausbuchtung im Grenzraum zwischen Vietnam und Kambodscha, wo angeblich der kommunistische Vietkong früher sein gut getarntes Hauptquartier eingebuddelt hatte. Die Namensgebung im Dschungel der afrikanischen Westküste deutet darauf hin, daß auf der anderen Seite Veteranen der US-Special Forces ihre Erinnerungen an Indochina auffrischen. Präzis in Richtung auf diese Krisenzone sind wir aufgebrochen, und wieder einmal wundere ich mich über die Bereitwilligkeit, mit der Sims meinen Erkundungswünschen entspricht. Als äußerstes Ziel habe ich die Stadt Gbarnga angegeben. Die Asphalt-Route verläuft zwischen Kautschuk-Plantagen. An den Bäumen hängen kleine Behälter zum Auffangen des klebrigen Rohstoffs. Sims meint, japanische Firmen hätten in diesem Sektor einen Teil der Pflanzungen übernommen, und man müsse »Firestone« immerhin zugute halten, daß die dort beschäftigten Arbeiter seinerzeit weit über dem erbärmlichen Durchschnittsniveau entlohnt wurden.

Das Militär- und Polizeiaufgebot in Richtung Guinea ist viel massiver als längs der Strecke nach Maka. Aber auch hier gibt es keine Kontrollprobleme. Schwere Lastzüge begegnen uns, die riesige Baumstämme aus wertvollem Tropenholz geladen haben. Den Umweltschützern müßten hier die Tränen kommen. Die kleinen Ortschaften, die wir durchqueren, sind unansehnlich. Die Menschen wirken verstört. Von Sims erfahre ich, daß entgegen den vorliegenden Meldungen der westlichen Medien nur spärliche Partisanengruppen von Liberia aus in den Papageien-Schnabel eingedrungen seien. Auch die Flüchtlingszahlen, mit denen die humanitären Organisationen hausieren gingen, seien weit übertrieben. Hingegen habe man es im Waldgebiet von Lofa-County mit einer Lokal-Offensive regulärer guineischer Einheiten zu tun, die von amerikanischen Instrukteuren begleitet und mit bulgarischem Material ausgerüstet seien. Dazu kämen feindselige Kamajor-Milizen aus Sierra Leone und überwiegend muslimische Freischärler des Mandingo-Stammes, die unter Anleitung des Bandenchefs Alhaji Kroma, eines ehemaligen Ministers des Sergeanten Samuel Doe, eingesickert seien. Im Lofa-Distrikt seien die Truppen Charles Taylors ihrer schwersten Bedrängnis ausgesetzt. Dort sollen sich weiterhin entsetzliche Greueltaten abspielen. Die Urwaldpfade, die der Außenstehende wohlweislich meidet, seien mit Stangen gezäunt, auf denen Totenköpfe und andere menschliche Körperteile aufgespießt sind. Die ausgeweideten Gedärme eines getöteten Buschkriegers seien von irgendwelchen Sadisten sogar als grauenhafte Wegsperre quer über die Piste gespannt worden.

In Gbarnga nimmt das Leben seinen scheinbar ungestörten Lauf. Eine einsame Jeep-Patrouille mit montiertem Maschinengewehr zieht dort ihre Runden. Das einzige größere Gebäude, das über die Wellblech- und Strohdächer ragt, ist eine gelbe, plumpe Moschee. Die Ruhe ist trügerisch, denn die Rebellen Alhaji Kromas sind höchstens zwanzig Kilometer entfernt. In einer winzigen, verdreckten Kneipe bestellen wir Coca-Cola. Über der Theke hängt ein Plakat, auf dem ein Amerikaner und ein Brite das Wort »Demokratie« zerschmettern. Auf der Rückfahrt werden wir in dem Dorf Kakata durch Polizisten mit rotem Barett angehalten. Es herrscht Nervosität, und da kommt auch schon hilfesuchend ein junger Europäer auf uns zugelaufen. Ich hatte Lutz K. flüchtig im »Mamba-Point-Hotel« kennengelernt. In Begleitung einer englischen Photographin war er auf seiner ersten Afrika-Reise nach kurzem Aufenthalt in Sierra Leone nach Monrovia gelangt. Er ist 27 Jahre alt und arbeitet als »Freelancer« unter anderem für den »Daily Telegraph«, was ihn in den Augen der liberianischen Sicherheitsorgane zusätzlich verdächtig macht. Die Berufsausübung für einen freien Journalisten ist ein harter Job, und so ist Lutz K. stets auf der verzweifelten Suche nach einem »Scoop« in diesem undurchsichtigen Kontinent. Man hatte ihm angeblich versprochen, gefangene Eindringlinge aus Guinea interviewen zu dürfen, die in Lofa-County festgehalten würden. Aber so wie die Dinge sich in Liberia in Wirklichkeit verhalten, hat es diese »Prisoners« entweder nie gegeben, oder sie befinden sich nach diversen Verhören in einem solchen Zustand, daß sie nicht mehr vorgezeigt werden können. Auf der Strecke nach Gbarnga hatte die englische Photographin eifrig Holztransporte geknipst, die den brutalen Raubbau im Regenwald belegten. Dabei wurden die beiden mit Sicherheit argwöhnisch beobachtet. Als sie mit ihrem gelben Taxi auch noch in der Ortschaft Gbarnga eintrafen und in Ermangelung spektakulärer Kriegsszenen die örtliche Polizeistation mehrfach umkreisten, um wenigstens ein paar bewaffnete Polizisten vor das Objektiv zu bekommen, wurde ihre verdächtige Präsenz nach Monrovia gemeldet. Am Checkpoint Kakata wurden Lutz K. und seine Begleiterin festgenommen und sollen unter Bewachung ins Sicherheitshauptquartier der Hauptstadt verbracht werden.

Die beiden befinden sich in einem verständlichen Zustand der Nervosität. Ich verspreche ihnen, mit meiner kleinen GTZ-Mannschaft zu folgen. Welcher von den übel beleumdeten Sicherheitsdiensten – »Special Operations Division«, »Anti-Terrorist-Unit«, »Special Security Service« – in dem düsteren dreistöckigen Polizeigebäude von Monrovia, wo unsere Fahrt endet, seine Amtsräume und Folterzellen installiert hat, kann ich natürlich nicht erfahren. Wir bewegen uns hinter den Verhafteten und ihrer Eskorte in einer zutiefst beklemmenden Umgebung. Wir stolpern über unbeleuchtete Gänge und Treppen, wo es nach Kot und Urin stinkt. In der offiziellen Amtsstube geht es halbwegs ordentlich zu. Lutz K. wird der Spionage bezichtigt. Es beginnt ein langwieriges Verhör. Sims, der nicht von meiner Seite weicht, erweist sich einmal mehr als kluger Vermittler und genießt offenbar ein gewisses Ansehen. Als der deutsche Reporter mit gespielter Lässigkeit nach dem Familienfoto des verhörenden Polizeioffiziers auf dem Schreibtisch greift und mit ihm zu spielen beginnt, rufe ich ihn scharf zur Ordnung. Wie leicht könnte er in den Verdacht kommen, mit magischen Tricks Unheil über die Angehörigen des Sicherheitsbeamten zu bringen, »to cast a spell«, wie man hier sagt, und das würde viel schwerer wiegen als sein angeblicher Verstoß gegen die Staatssicherheit. Seine englische Gefährtin hatte anfangs heftigen Protest eingelegt und sich mit schriller Stimme auf international garantierte »freedom of the press« berufen, was in dieser Umgebung beinahe komisch wirkte. Ihr Aufbegehren wurde von den Wächtern mit verständnislosen Tierblicken quittiert. Dann bricht sie in Tränen aus.

»Sind Sie eigentlich als mein Anwalt hier?« fragt mich der junge deutsche Reporter unvermittelt, und da überkommt mich Verwunderung. »Ich bin als Ihr Kollege mitgekommen, um Sie – so weit wie möglich – vor dem Schlimmsten zu bewahren«, antworte ich etwas ungehalten. Sollten sich die Umgangsformen bei jungen Journalisten in ihrem hemmungslosen Konkurrenzzwang so degradiert haben, daß die spontane Solidarisierung in Krisensituationen, die wir Älteren ein Leben lang als Selbstverständlichkeit betrachteten, heute nicht mehr zum elementaren Berufsethos gehört? Mit Sims verlasse ich die Polizeistation unbehelligt und begebe mich schleunigst zur Vertretung der Europäischen Union. Brian O'Neill absolviert gerade ein schweißtreibendes Fitness-Training. Er telefoniert mit ein paar liberianischen Behörden und informiert die deutsche Botschaft in Abidjan. Seinen guten Beziehungen ist zu verdanken, daß die »Delinquenten« zwei Stunden später – etwas verstört, aber ohne eine Spur von Mißhandlungen – im »Mamba-Point« eintreffen. Ihre Filme sind konfisziert worden. Bevor ich mich von O'Neill trenne, raunt er mir einen merkwürdigen Ratschlag zu: »An Ihrer Stelle wäre ich nicht in dieses berüchtigte Polizei-Hauptquartier hineingegangen, sondern gleich zu unserer diplomatischen

EU-Vertretung geeilt. Man weiß doch überhaupt nicht, ob oder in welchem Zustand man die finstere Folterhöhle je wieder verläßt.«

ELFENBEINKÜSTE

Das Erbe des alten Magiers

Yamoussoukro und Abidjan, Ende April 2001

Der alte Magier hat sich ein Denkmal gesetzt, das den afrikanischen Wirren und dem alles zerfressenden Klima dieses Kontinents wohl länger standhalten wird als der von ihm gegründete Staat. Man hat Félix Houphouet-Boigny, den ersten Präsidenten der Elfenbeinküste – auf französisch »Côte d'Ivoire« –, des Größenwahns, der religiösen Geistesverwirrung, des senilen Gigantismus bezichtigt, als er diese kolossale Imitation des Petersdoms von Rom in die afrikanische Savanne von Yamoussoukro hineinprojizierte. Die Ausmaße stimmen mit dem vatikanischen Vorbild weitgehend überein. Das Innere dieser schneeweißen Basilika, die unserer Lieben Frau des Friedens, »Notre Dame de la Paix«, geweiht ist, kommt dem Prunk des Petrus-Grabes natürlich nicht gleich, aber die in herrlichen Farben leuchtenden Kirchenfenster – les vitraux de Bordeaux – verleihen dem Heiligtum sakrale Pracht.

Für 7000 Gläubige ist der gewaltige Kuppelraum gedacht. Nur zweimal hat er sich gefüllt, beim Besuch Papst Johannes Pauls II., der nicht ohne Vorbehalt im September 1990 die Einweihung dieses himmelstürmenden Fremdkörpers auf afrikanischem Boden vornahm, und im Februar 1994, als hier das feierliche Requiem für den Staatschef nach 33jähriger Herrschaft zelebriert wurde. Ob die Ivorer – so nennt man die Einwohner der Elfenbeinküste – sich ebenso geschockt fühlten über die Megalomanie ihres großen Häuptlings wie manche ihrer ehemaligen Kolonialherren, ist nicht sicher. Im Schwarzen Erdteil gehört großspurige Repräsentation, auch wenn sie auf Kosten der Staatsfinanzen geht, zur monarchischen Ausübung der Macht. Etwa ein Viertel der Ivorer bekennen sich zur katholischen Kirche und waren wohl einverstanden mit dieser grandiosen, für Europäer grotesk anmutenden Verpflanzung des Felsen Petri in ihre Heimat. Daß der Präsident seinen Geburtsort Yamoussoukro im Land der Baoulé auch zur administrativen Hauptstadt der Elfenbeinküste machte und ein weit verzetteltes »afrikanisches Brasilia« im dortigen Urwald schuf, mag schon eher auf das Befremden seiner Untertanen gestoßen sein. Houphouet-Boigny, Sohn eines großen »chef tribal«, hatte es verstanden, zwischen den konfessionellen Strömungen seiner Republik eine Balance zu wahren. Auch den Muslimen, die mindestens 40 Prozent der Bevölkerung der Côte d'Ivoire ausmachen, ließ er eine riesige Moschee in Yamoussoukro errichten, und gleich neben dem Palast, wo sich sein Mausoleum befindet, erstreckt sich der weite rechteckige Teich, in dem sich fünfhundert heilige Krokodile tummeln. Bei aller Verehrung für den Heiligen Vater in Rom war der Katholik Houphouet der magischen Vorstellungswelt seines Kontinents zutiefst verhaftet geblieben. Er verfügte im Glauben des Volkes über die Zauberkräfte eines »grand féticheur«, der das Krokodil zu seinem Totem erkoren hatte.

*

Der »Président fondateur« war für mich kein Unbekannter. Ich war ihm im Palais Bourbon, im Pariser Parlament, schon begegnet, als er in seiner Eigenschaft als französischer Abgeordneter, dann als Minister der Vierten und Fünften Republik erheblichen politischen Einfluß besaß. Am Rande vermerkt: Wohl nur in Frankreich war ein solcher Aufstieg eines schwarz-afrikanischen Politikers vorstellbar gewesen, der die gleichzeitige Bindung an seine Ursprungsheimat keineswegs aufgab. Als ich 1960 in Abidjan von ihm empfangen wurde, stand die Elfenbeinküste kurz vor der Proklamation ihrer Unabhängigkeit. Aber einen Freudentaumel löste die Perspektive der Selbständigkeit nicht aus. Die Kongo-Wirren hatten die gemäßigten afrikanischen Führer dieser ehemaligen französischen Kolonie mit Sorge erfüllt. Am Vortag hatte Félix Houphouet-Boigny, der damals als Ministerpräsident der autonomen Republik Elfenbeinküste amtierte, die Direktoren der großen französischen Unternehmen in der Handelskammer von Abidjan zusammengerufen. Der kleine, reservierte, etwas traurig wirkende Mann, der in seiner Jugend in Dakar ein verkürztes französisches Medizinstudium absolviert hatte, wies die versammelten Franzosen auf die Möglichkeit von Zwischenfällen auch in diesem Teil Afrikas hin. »Die Gefahr kommt von den kleinen Weißen«, hatte er gesagt, »von den ›petits blancs‹, die den Gang der Zeit nicht begreifen, und von den einfachen, unwissenden Afrikanern, die von der Unabhängigkeit Fabeldinge erwarten. Deshalb wollen wir uns die Arbeit teilen. Sie, Messieurs, sollten darauf achten, daß Ihre Angestellten nicht zu den Afrikanern sagen: ›Ihr wollt unabhängig sein und könnt nicht mal eine Streichholzschachtel fabrizieren!‹, und ich werde meinerseits dafür sorgen, daß kein Afrikaner seinem europäischen Arbeitgeber droht: ›Jetzt sind wir frei, und jetzt will ich in deinem Haus wohnen.‹«

Houphouet-Boigny, der starke Mann der Elfenbeinküste, war ein paradoxer Fall afrikanischer Politik. Als ich ihn ein Jahr zuvor, im Herbst 1959, schon einmal aufgesucht hatte, war seine Stellung ins Zwielicht geraten, denn der routinierte Politiker war der einzige afrikanische Führer, der nicht an die Heilswirkung der Unabhängigkeit glaubte. »Afrika ist noch nicht reif für die volle Souveränität«, hatte er damals gesagt, »wir brauchen noch sehr viel Zeit, ehe wir psychisch und wirtschaftlich dafür gerüstet sind. Deshalb bin ich ein entschiedener Anhänger der französisch-afrikanischen Föderation, der ›Communauté‹ in ihrer engsten Verflechtung. – Was heißt Antikolonialismus«, erwiderte er auf meinen Einwand, »auch ein Teil Deutschlands ist einst von den Römern kolonisiert worden. Die Stadt Köln hat einmal ›Colonia Agrippinensis‹ geheißen, und niemand im Rheinland schämt sich heute dieser lateinisch-kolonialen Vergangenheit. Im Gegenteil.«

Im Herbst 1959 war Houphouet-Boigny bei allen afrikanischen

Nationalisten als Verräter an der eigenen Sache, als Vasall der Franzosen verschrien gewesen. Die progressistischen Herolde der schwarzen Emanzipation, Sekou Touré von Guinea und Kwame Nkrumah von Ghana, versäumten keine Gelegenheit, ihren Nachbarn anzuprangern. Niemand, auch nicht die Houphouet zujubelnden Europäer, schienen sich zu entsinnen, daß dieser Häuptlingssohn aus dem Baoulé-Stamm unmittelbar nach dem Zweiten Weltkrieg bei der französischen Kolonialverwaltung als Marxist und gefährlicher Agitator bekannt war. Damals hatte er die große afrikanische Sammelbewegung für ganz Französisch-Afrika, die RDA (Rassemblement Démocratique Africain), gegründet. Er hatte kein Hehl aus seinen pro-kommunistischen Sympathien gemacht, wurde von der französischen Polizei gesucht und stützte sich auf einen Gefolgsmann namens Sekou Touré.

Später hat Houphouet-Boigny seinen Frieden mit Frankreich gemacht. Die RDA wurde Regierungspartei in verschiedenen Territorien der »Union Française«, und der afrikanische Arzt – mit der UDSR-Fraktion François Mitterrands verbündet – Minister in Paris. Er blieb auch nach dem Machtantritt de Gaulles im Amt und war maßgeblich an der Planung der französisch-afrikanischen Gemeinschaft beteiligt. Doch im eigenen Land, an der Elfenbeinküste, wo seine Partei das Monopol der politischen Betätigung behauptete, regten sich Gegenkräfte. In den Dörfern der Baoulé ging die Rede um, Houphouet sei »weiß geworden«. Die Schwarzen meinten das nicht nur symbolisch.

Damals gestand mir Houphouet-Boigny, der inzwischen seinen Ministersessel in Paris mit dem des Regierungschefs der Elfenbeinküste vertauscht hatte, daß er die Unabhängigkeit nur mit Widerstreben akzeptierte. »Ich wurde dazu gezwungen«, sagte er im vertraulichen Gespräch, »General de Gaulle hat mir keinen anderen Ausweg gelassen. Aber jetzt werde ich konsequent sein. Ich fordere Unabhängigkeit ohne Einschränkung, die absolute Souveränität.« Houphouet-Boigny verhielt sich wie ein verschmähter Liebhaber. Tatsächlich hatte Charles de Gaulle sehr bald erkannt, daß ein föderatives französisch-afrikanisches

Gebäude dem Ansturm aller nationalistischen Kräfte des Schwarzen Erdteils ausgesetzt wäre. Deshalb gab er der Elfenbeinküste zu verstehen, daß er keine Hoffnungen in einen gemeinsamen Staatenbund setzte. Möglicherweise hatte der französische Präsident so die politische Karriere Houphouet-Boignys gerettet.

Inzwischen konnte der Ivorer, das »Krokodil«, wie viele ihn nannten, sein Ansehen wieder konsolidieren. Kaum hatte er seinen Willen zur totalen Selbständigkeit proklamiert, da biederten sich die beiden feindlichen Nachbarn, Sekou Touré und Kwame Nkrumah, schon wieder an. In Afrika sind weder politische Freundschaften noch politische Feindschaften von Dauer. Sie können jeden Tag umgestoßen werden. Ganz allmählich wurde der Politiker vom Baoulé-Volk erneut zum »great old man« des schwarzen Nationalismus in den frankophonen Gebieten.

Abidjan galt zu jener Zeit als eine der schönsten afrikanischen Städte. Die weißen Hochhäuser waren in beinahe brasilianischem Rhythmus aus dem Boden geschossen. Der Kern dieser Hauptstadt wirkte ganz europäisch und hypermodern. Beachtliche französische Kapitalien wurden hier investiert, denn die Elfenbeinküste war das einzige Territorium im ehemaligen Französisch-Westafrika, das dank seiner Naturprodukte – Kaffee, Kakao, Edelhölzer – etwas hergab und auf eigenen Füßen stand. Die französischen Bankiers und Finanziers von Abidjan, die dem Ministerpräsidenten seit langem wie treue und gut verdienende Vasallen ergeben waren, hatten sich durch die Unabhängigkeitserklärung nicht bange machen lassen. Sie setzten weiterhin auf Houphouet-Boigny und waren überzeugt, daß er die wirtschaftliche Bindung an Frankreich niemals gefährden würde. Man munkelte allenfalls, daß in der Umgebung des Regierungschefs, der gemäß der neuen Verfassung zum Staatspräsidenten avancierte, kritische Töne laut wurden, daß das Schaukelspiel Sekou Tourés zwischen West und Ost auch an der Elfenbeinküste Befürworter fand.

Doch schon in jenen frühen Jahren waren es nicht die gelegentlichen Kabinettsintrigen, die Houphouet-Boigny nachdenklich stimmten. Über das brackige Wasser der Lagune von Abidjan richtete sich sein Blick auf die große Eingeborenenstadt Treichville. In Abidjan wurden die Geschäfte gemacht. Aber in den übervölkerten Gassen von Treichville lebte das afrikanische Volk, ein lärmendes, lebensfrohes Proletariat, das am Tage des Aufruhrs zur gefährlichen Manövriermasse von Extremisten werden konnte.

Ich war damals bei Nacht in Treichville spazierengegangen und hatte kein Zeichen europäerfeindlicher Stimmung entdeckt. Statt sich über Politik zu erhitzen, widmeten sich die Einheimischen dem aus Frankreich importierten Boule-Spiel. Anstelle revolutionärer Kampflieder drang das rhythmische Klagegeschrei einer Trauergemeinde aus dem Hinterhof einer Wellblech-Siedlung. »Doch wer weiß, was morgen geschieht«, mutmaßten die »petits blancs«, die sich in dem Night-Club »Black and White« trafen. »Vielleicht genügt eine Schlägerei mit betrunkenen französischen Matrosen, und schon geraten die Einwohner von Treichville in Wallung, fegen alle Vernunft beiseite mit der ihnen eigenen hysterischen Erregbarkeit.«

»Aus Afrika stets etwas Neues«

Abidjan, Ende April 2001

Die Etappe an der Elfenbeinküste hatte ich vor meiner Weiterreise nach Liberia eingelegt. In Monrovia erwartete mich die blutige Grimasse einer verunglückten amerikanisch-afrikanischen Mésalliance. In Abidjan hingegen hatte ich festen Boden unter den Füßen. Schon in der ersten Phase der französischen Besitzergreifung in Westafrika – noch zu Zeiten Kaiser Napoleons III. – hatte sich General Faidherbe eine Kolonisationsaufgabe im Stil des Imperium Romanum gesetzt: Befriedung der kriegerischen Stämme, Straßenbau durch Zwangsarbeit, Verwaltung nach den zentralistischen Prinzipien der »Métropole«, Schaffung eines elementaren Schulsystems mit dem Fernziel der Assimilierung der Eingeborenen, wirtschaftliche Erschließung und Förderung des Handels unter strikter Regie einer militärisch strukturierten Administration. Er unterschied sich dadurch sehr deutlich von den Expansionspraktiken der Holländer vor ihm, der Nordamerikaner nach ihm, die – vermutlich aus ihrem calvinistisch geprägten Unterbewußtsein heraus – ihre Niederlassungen in Übersee wie kaufmännische Unternehmen betrieben, die sofortigen Gewinn erbringen sollten. Die Glorie des britischen Weltreichs wiederum war eine Kategorie sui generis. Die letzten Stunden des Empire Colonial Français in Afrika hatte ich noch erlebt. Diese Territorien wurden damals von den sozialistischen »Ministres d'Outre-Mer« der Vierten Republik mit lockerer Hand der staatlichen Selbstverantwortung zugeführt. Sie profitierten unmittelbar von den aussichtslosen Rückzugsgefechten, in die sich die französische Armee in Indochina, dann in Algerien verstrickt hatte.

Mir kam zugute, daß ich mit einem ivorischen Bekannten aus fernen Studienjahren verabredet war. Philippe Bouaké war vor fünfzig Jahren mein Zimmernachbar in der Cité Universitaire am Südrand von Paris gewesen, und ich hatte mich mit dem heiteren Afrikaner, der in der Rue Saint-Jacques seinem Jura-Studium nachging, schnell angefreundet. Da er dem Baoulé-Stamm des späteren Präsidenten Houphouet-Boigny und sogar dessen Clan angehörte, hat er eine steile Karriere durchlaufen. Wann immer ich mich in West-Afrika aufhielt, hatte ich mich um Kontakt zu Philippe bemüht, war ihm auch als hohem Diplomaten seines Landes begegnet. Stets hatte er mich durch seine nüchternen Analysen über den Werdegang des Schwarzen Erdteils überrascht. Seine skeptischen, oft pessimistischen Prognosen pflegte er mit einem breiten Grinsen vorzutragen.

Mein Kommilitone hatte inzwischen aus Altersgründen seinen Abschied vom aktiven Staatsdienst genommen. Oberhalb der Geschäftsräume seines Sohnes, der eine Import-Export-Firma führte, lebte er in einer teuren Wohnung des »Plateau«, unweit jenes »Hôtel du Parc«, wo ich noch vor der Unabhängigkeit beim abendlichen Apéritif den Ausflug Tausender Fledermäuse in den dunkelroten Abendhimmel beobachtete. Philippe mußte sich beim Gehen auf den Silberknauf eines Stocks stützen, aber die geistige Lebhaftigkeit war ihm voll erhalten geblieben. Wie es sich für einen frankophonen Afrikaner seines Rangs geziemte, war sein Appartement mit imitierten Rokoko-Möbeln ausgestattet. Nachdem ich seine zutraulichen Enkel mit Küßchen begrüßt und die üblichen Erinnerungen aufgefrischt hatte, kam er zur Sache und holte – wie das schon früher seine Art war – zum magistralen Vortrag aus.

»Blick doch auf unsere Stadt«, begann Philippe. »Sie hat sich gewaltig ausgeweitet. Immer neue Hochhäuser wachsen auf dem Plateau. Aber es ist alles etwas schäbiger geworden, wie du in Deinem Turm-Hotel ›Ivoire‹ bereits festgestellt haben dürftest. Die Epoche, als die Elfenbeinküste sich mit zehn Prozent jährlichen Wachstums brüsten konnte, ist vorbei. Abidjan ist zu einem Monstrum von 3,5 Millionen Einwohnern angeschwollen, und allzu viele sind Immigranten aus der Nachbar-Republik Burkina-Faso. Die letzten Jahre des ›Alten‹« – so nannte er Houphouet-Boigny – »waren von wirtschaftlichem Rückgang gezeichnet. Die Studenten haben sogar gegen ihn randaliert. In Frankreich verfügte er nicht mehr über die zuverlässigen Partner von einst.« Mit einem Schuß Ironie fragte ich ihn, ob sich die Côte d'Ivoire von der Hinwendung zur Globalisierung neuen Wohlstand und demokratische Freiheiten verspreche. »Weißt du, wie die Globalisierung bei uns Afrikanern heißt?« lachte er. »Wir nennen sie ›le mal américain – die amerikanische Krankheit‹.«

In groben Zügen will ich die Schilderung meines Freundes wiedergeben. Als »afrikanisches New York« galt Abidjan zur Glanzzeit seines Wirtschafts-Booms. Das war zwar grob übertrieben, aber Houphouet-Boigny war es im Verbund mit seinen gallischen Komplizen in Paris immerhin gelungen, die führende Rolle innerhalb der frankophonen Staatengemeinschaft an sich zu reißen. Seine ärgsten Rivalen hatte er an die Wand gedrückt. Der Staatschef von Guinea, Sekou Touré, hatte sich nach seinem Bruch mit Paris auf eine radikale Form des »afrikanischen Sozialismus« und das Bündnis mit der Sowjetunion ausgerichtet. Er schuf ein Regime grausamer Unterdrückung und stürzte sein Land in namenloses Elend. Auch der Ruhm Kwame Nkrumahs, der als Erlöser-Figur afrikanischer Wiedergeburt, als »Osagyeu«, gefeiert worden war, nachdem ihm schon 1957 die Umwandlung der britischen Kolonie Goldküste in die unabhängige Republik Ghana gelungen war, verblaßte schnell. Während er 1965 in Peking einen Staatsbesuch abstattete, war er gestürzt worden und fand in Conakry Asyl bei seinem Verbündeten Sekou Touré. Nach einer Serie von Turbulenzen und Militär-Coups sollte 1981 der Luftwaffen-Offizier Jerry Rawlings die Staatsführung Ghanas an sich reißen und sie zwanzig Jahre lang ausüben. Als überzeugender Repräsentant des schwarzen Nationalismus konnte dieser ehemalige Flight-Lieutenant kaum auftreten. Er war der Sohn eines Schotten und einer Fulani-Mutter, deren »hamitisches« Volk sich von den negroiden Stämmen der Küste hoheitlich distanzierte. Sogar der Koloß Nigeria, diese riesige Föderation, die aus dem britischen Empire hervorgegangen war und die oft winzigen Nachfolge-Republiken des französischen Kolonialreichs mit ihrer territorialen Masse, ihrer auf hundert Millionen geschätzten Einwohnerzahl schier erdrückte, wäre – wenn es nach Houphouet-Boigny und Charles de Gaulle gegangen wäre – entscheidend geschwächt, ja auseinandergerissen worden. Aber der Sezessionskrieg Biafras, der 1967 ausgebrochen war, endete mit der militärischen Niederwerfung des rebellischen Ibo-Volkes. Dessen Anführer, General Ojukwu, mußte Zuflucht in Abidjan suchen.

Zur Zeit des Kalten Krieges wurde die Elfenbeinküste von den USA hofiert und als Modellfall des afrikanischen »Nation-Building« unter kapitalistischen Vorzeichen hoch gelobt. Die prowestliche Orientierung Houphouets war notorisch. Die Côte d'Ivoire hatte es bis 1985 – gestützt auf einen breiten, zufriedenen Mittelstand eingeborener Kakao- und Kaffee-Pflanzer – zu Wohlstand und innerer Erstarkung gebracht. In Wirklichkeit profitierte sie während der gaullistischen und post-gaullistischen Ära von einer wirtschaftlichen Bevorzugung durch Frankreich, die noch wesentliche Elemente des »pacte colonial« enthielt. Die ehemalige »Métropole« sicherte sich zwar eine Präferenz für die meisten Importgüter, sorgte ihrerseits jedoch durch garantierte Abnahme der landwirtschaftlichen Produkte – vor allem Kakao und Kaffee – für eine Preisstabilität, die Schutz bot vor den unberechenbaren

Schwankungen des Weltmarktes. Die Kontinuität im Inneren wurde durch die überragende Persönlichkeit Houphouet-Boignys gewährt. Er verließ sich auf die Kader seiner allgegenwärtigen »Parti Démocratique« und die Präsenz einer stets einsatzbereiten französischen Garnison in Port Bouet.

Ewig sollte dieser idyllische Zustand nicht andauern. Der dramatische Verfall der Rohstoff-Kurse für Kakao und Kaffee Ende der achtziger Jahre konnte von Frankreich, das mehr und mehr in das internationale Welthandelssystem eingebunden war, nicht länger aufgefangen werden. Das Ende der Ost-West-Konfrontation führte auch zu einer spürbaren Veränderung der amerikanischen Außenpolitik gegenüber Abidjan. Von nun an brauchte Washington keine Rücksichten mehr auf französische Sonderinteressen in Afrika zu nehmen. Die Vorzugsstellung der ehemaligen Kolonialmacht in Abidjan erschien jetzt den Afrika-Experten des State Department als Anachronismus, den es zu beseitigen galt. Im Namen der neuen Ideologie der merkantilen Globalisierung fanden übermächtige amerikanische Firmen Zugang zum Kakao- und Kaffeemarkt der Elfenbeinküste, verdrängten das bisherige Handelsmonopol der Franzosen und trugen durch Börsen-Manipulation zum Ruin unzähliger eingeborener Klein-Landwirte bei. Zudem hatte das Pentagon jedes strategische Interesse am Verbleib französischer Fallschirmjäger an der Elfenbeinküste verloren. Nachdem auch die Pariser Regierung die aufwendigen Übersee-Einsätze ihrer Truppen aus Budget-Rücksichten dramatisch reduzierte, verharrte lediglich ein schwach bemanntes Bataillon französischer Marine-Infanteristen an der Côte d'Ivoire, deren Hauptaufgabe im Falle blutiger Unruhen darin bestehen würde, die Evakuierung und Repatriierung ihrer 20 000 dort lebenden Landsleute zu gewährleisten.

Unter dem kombinierten Druck Washingtons und des Weltwährungsfonds ließ sich Präsident Houphouet 1990 – drei Jahre vor seinem Tod – zu tiefgreifenden politischen Reformen nötigen. Er autorisierte die Bildung aktiver Oppositionsparteien. Diese »Demokratisierung« vollzog er zähneknirschend und verdrossen, wußte er doch um die Turbulenzen, die einem Staat drohen, der sich aus sechzig Stämmen zusammensetzt, dessen bislang einflußreiche Ethnie der Baoulé allenfalls dreißig Prozent der Gesamtbevölkerung ausmacht. Dazu kam die unterschwellige Spannung, die sich neuerdings zwischen Christen und Muslimen abzeichnete. Bislang hatten die beiden Religionen in perfekter Eintracht gelebt. Der Staatschef hatte sogar einen Koran-Gläubigen, Alassane Ouattara, zu seinem Premierminister berufen.

Philippe Bouaké unterbrach seinen Monolog. »Excuse-moi, je radote – ich rede ja viel zu viel. Warum schildere ich dir Vorgänge, die Dir ohnehin bekannt sind. Du weißt ja, daß auf den ›Gründervater‹ Houphouet der blasse Parlamentspräsident Henri Konan Bédié gefolgt ist, wie das der Verfassungsvorschrift entsprach.« Das Malheur habe bei den folgenden Präsidentschaftswahlen von 1995 begonnen, als Bédié, der zu Recht um sein Mandat fürchtete, mit allen möglichen Tricks seine fähigsten Rivalen auszuschalten suchte. Er wurde zwar in einem höchst dubiosen Urnengang in seinem Amt bestätigt, doch nun setzte eine Periode innerer Zwistigkeiten ein, die plötzlich – am Weihnachtstag 1999 – in einer Revolte ivorischer Soldaten gipfelte. Die Militärs hatten sich vom Staat vernachlässigt und um ihren Sold betrogen gefühlt. Die Führung der Putschisten übernahm der bisherige Heereskommandeur Robert Guei, der seinen eigenen Anspruch auf die Präsidentschaft anmeldete.

»Der Coup war unblutig verlaufen, aber eine breite Volksstimmung richtete sich gegen General Guei«, nahm mein ivorischer Mentor wieder auf; »doch jetzt vollzog sich eine entscheidende Verschiebung der Gewichte innerhalb unserer Republik. Die meuternden Soldaten gehörten nämlich einem Truppenkontingent an, das beim Einsatz von ECOMOG und UNO zur Befriedung der Zentralafrikanischen Republik nach Bangui ausgeschickt worden war. Ein solches Engagement im Ausland, zumal im ehemaligen ›Kaiserreich‹ des Paranoikers Bokassa, hätte Houphouet-Boigny niemals zugelassen. In der Zwischenzeit hatten die USA sich auch in Fragen der militärischen Zusammenarbeit an die Stelle Frankreichs gedrängt. An der Elfenbeinküste wie in den meisten frankophonen Staaten trafen amerikanische Ausbilder ein, die darangingen, afrikanische Interventionseinheiten im Namen ihres ACRI-Programms ›African Crisis Response Initiative‹ aufzustellen. Damit schuf das Pentagon eine autochthone Verfügungstruppe, die als Ausführungsorgan amerikanischer Interessen in Afrika fungieren sollte, ohne daß das kostbare Leben auch nur eines einzigen GI gefährdet würde. Ihre Operationen in fremden Ländern, in ungewohntem Umfeld, haben bei afrikanischen Soldaten fast immer mentale Verwirrung, ja eine Form von Verrohung verursacht, die am Ende auf die eigene Staatsführung zurückschlugen. Der gerissene, aber unfähige Präsident Bédié hat jedenfalls diese schmerzliche Erfahrung gemacht.«

Das Blutvergießen, das den Ivorern bei der vorübergehenden Machtübernahme General Gueis erspart worden war, suchte sie bei den Präsidentschaftswahlen des Oktober 2000 heim. Auch dieses Mal wurde von Anfang an mit gezinkten Karten gespielt. Auf Grund eines Gesetzes, das noch Bédié erlassen hatte, durften sich als Kandidaten auf das höchste Amt nur Politiker bewerben, deren beide Elternteile gebürtige Staatsbürger der Elfenbeinküste waren. Damit wurde der aussichtsreichste Anwärter Alassane Dramane Ouattara, die schillerndste und wohl auch begabteste Persönlichkeit des Landes, von dem Rennen ausgeschlossen. Ouattara hatte unter Houphouet-Boigny als Premierminister amtiert und anschließend als stellvertretender Vorsitzender des Internationalen Währungsfonds profunde ökonomische Erfahrungen gesammelt. Dieser Sohn eines angeblich ausländischen Vaters aus Burkina-Faso war praktizierender Muslim, was ihn nicht gehindert hatte, eine immens reiche algerische Jüdin zu heiraten. Seine Gattin, so behaupteten die Verleumder, sei die letzte Geliebte Houphouet-Boignys gewesen. Die bisherige Führungs-Clique der Baoulé von Abidjan und mehr noch die Franzosen wurden durch den Umstand beunruhigt, daß Ouattara offenbar die volle Gunst der amerikanischen Diplomatie genoß. Im Volksmund hieß er bereits »l'Américain«, und seine politischen Gegner veröffentlichten im Mitteilungsblatt »Confidentiel« die Liste der amerikanischen Groß-Kapitalisten, mit denen dieser Experte des IMF in konspirativem Kontakt stehe. Da wurden unter anderem »Citicorp«, »Citibank« und »Pepsi Cola« erwähnt sowie der weltweit operierende Spekulant George Soros. Die humanitäre Organisation »Africare«, die im Auftrag des State Department agieren soll, gehöre ebenfalls zu seinen Förderern.

Bei den Präsidentschaftswahlen im Oktober 2000, aus denen der Außenseiter Laurent Gbagbo, Vorsitzender der bislang unbedeutenden sozialistischen »Volksfront« FPI mit einem lächerlich geringen Stimmenanteil als Sieger hervorging, hatte es sich um eine Farce gehandelt. Nur weil die Bevölkerung eine Diktatur des Generals Guei um jeden Preis verhindern wollte, wurde diesem früheren Opponenten Houphouet-Boignys, der mehrere Jahre im Gefängnis oder im französischen Exil verbracht hatte, ein knapper Erfolg zuteil. Der »Krebs«, wie der Geschichtslehrer Gbagbo sich selbst bezeichnete, hatte sich wider Erwarten durchgesetzt. Zumindest bei der in Paris regierenden Sozialistischen Partei des Premierministers Jospin, die schon sehr früh Beziehungen zur »Ivorischen Volksfront« unterhalten hatte, herrschte Genugtuung. Der Masse der Muslime der Elfenbeinküste hingegen, die Ouattara als ihren legitimen Repräsentanten betrachteten und sich mit seiner »Sammelbewegung der Republikaner« solidarisierten, waren zutiefst enttäuscht und entrüstet. In den turbulenten Tagen des Volksentscheids kam es zu blutigen Zusammenstößen. Dabei rissen ethnische und konfessionelle Gegensätze auf. Zweihundert Menschen wurden bei diesen Wirren getötet – für weite Regionen im übrigen Afrika eine Bagatelle, für die Elfenbeinküste jedoch eine schreckliche Premiere. Die Wut des ausländerfeindlichen Mobs, der aus Treichville in das exklusive Residenzviertel Cocody gestürmt war, richtete sich vor allem gegen den »Burkinesen« Ouattara. Der Oppositionspolitiker und seine Frau entgingen der aufgehetzten Menge durch den Sprung über die Mauer ihrer Villa. Auf dem Nebengrundstück befand sich die Residenz der deutschen Botschafterin Blumberger-Sauerteig, die unter erheblichem persönlichem Risiko die Asyl-Suchenden bei sich aufnahm.

»Wie geht es weiter?« fragte ich Bouaké. Er zuckte die Achseln. »Wer weiß, welche Überraschungen uns die Amerikaner noch bescheren werden? Irgendwie mischen sie sich überall ein. Schon sind sie dabei, die Förderungsrechte für die Erdölvorkommen, die vor unserer Küste geortet wurden, für sich zu pachten. Wie hieß es früher zu Zeiten des britischen Empire, wenn ein Matrose der Royal Navy den Finger in den Ozean hielt: ›Tastes salty, must be British – es schmeckt salzig, muß also britisch sein.‹ – Heute sagt man in Afrika – aber das hast du sicher schon gehört –, wenn irgendwo Petroleum gewittert wird: ›Smells oily, must be American – es riecht nach Öl, muß amerikanisch sein.‹ Die Aufstellung von ›Afrikanischen Krisen-Bewältigungs-Streitkräften‹ beunruhigt uns am meisten, zumal diese verkappten Söldner-Einheiten auch in Mali, Guinea und sogar Senegal angeworben werden. Wer wird denn diese Kriegshaufen in Zukunft zügeln können? Es wäre nicht das erste Mal, daß die Yankees sich ihre eigenen Frankenstein-Monster heranzüchten. Du kennst ja das französische Sprichwort: ›Qui trop embrasse, mal étreint – wer zu viel umschlingen will, verliert den festen Zugriff.‹«

Ob wohl General Colin Powell, der derzeitige Außenminister der USA, als »African American« bei seinen geplanten Rundreisen im Schwarzen Erdteil auf Grund seiner Hautfarbe ein besonders herzlicher Empfang zuteil werde, forschte ich etwas provozierend. »Mon cher Pierre, ne fais pas l'idiot – Stell dich doch nicht dümmer, als du bist. Wie werden wohl die stolzen Malier, Nachkommen eines sudanesischen Großreichs unter Kankan Musa, der im frühen vierzehnten Jahrhundert auf seiner Pilgerfahrt nach Mekka mit seinem Goldreichtum die ganze arabische Welt beeindruckt hatte, auf den Nachkommen ehemaliger Sklaven reagieren? Und so schwarz ist dieser Colin Powell ja auch nicht, fast so weiß wie die ersten Präsidenten von Liberia. Wir wissen ja nicht einmal, wie wir diese US-Bürger nennen sollen. Während ich als junger Student ein kurzes Stipendium in Kansas durchlief, war das Wort ›Negro‹ der obligatorische Ausdruck der ›political correctness‹. Das Wort ›black‹ kam damals einem Schimpfwort gleich. Aber dann stellte sich die Bewegung der ›black consciousness‹ ein, ›and black was beautiful‹. Heute benutzt man die Konstruktion ›African American‹. Was kommt danach? Die weißen Amerikaner irren, wenn sie bei uns Afrikanern Punkte sammeln wollen, indem sie uns dunkelhäutige Botschafter schicken oder wenn die ›Special Forces‹, die bei uns operieren, sich überwiegend aus schwarzen GIs zusammensetzen.« – Ich mußte bei diesem heiklen Thema an das Buch »Out of America« des schon zitierten Autors Keith B. Richburg denken, aber auch an eine persönliche Erfahrung zu Beginn der sechziger Jahre. In der nigerischen Ost-Region hatte ich die Universität Nsukaa im Ibo-Land aufgesucht und mich mit diversen afro-amerikanischen Dozenten unterhalten, die wissenschaftlich hochqualifiziert waren. Sie gestanden mir ihre Absicht, so bald wie möglich ihren Aufenthalt im Kontinent der Väter abzubrechen. »Mit unseren Dienern – hier nennt man sie noch ›Boys‹ – haben wir deprimierende Erfahrungen gemacht«, sagte mir einer dieser Professoren. »Unsere weißhäutigen Kollegen im Lehrkörper haben nicht das geringste Problem mit ihrem schwarzen Personal. Aber wir werden von den ›Boys‹ systematisch ignoriert. Sie weigern sich, um nur dieses Beispiel zu erwähnen, unsere Schuhe zu putzen.«

Philippe fragte mich nach meinen weiteren Plänen. Ich sagte ihm, daß ich vor meiner Weiterreise nach Liberia noch die Basilika »Notre Dame de la Paix« in Yamoussoukro besichtigen wollte. Das träfe sich gut, meinte er. Ein Geschäftsfreund seines Sohnes werde morgen mit seinem komfortablen Wagen dorthin aufbrechen. »Ich werde ihn bitten, dich mitzunehmen. Er heißt Ismail und ist eine etwas merkwürdige Erscheinung. Wir haben ihn im Verdacht, unter anderem mit Diamanten zu handeln. Die sind zur Zeit in Abidjan sehr gefragt, denn man weiß nicht, was bevorsteht. Edelsteine lassen sich leicht verstecken und transportieren.« – Mein alter Freund hatte bei katholischen Patres das Lycée besucht. »›Ex Africa semper aliquid novi – Aus Afrika gibt es stets etwas Neues‹, hatte schon Plinius der Ältere gesagt«, erinnerte ich ihn beim Abschied an seinen Latein-Unterricht. Philippe hob in einer drolligen Geste der Verzweiflung die Arme zum Himmel. »Die alten Römer haben doch nur den Nordrand unseres Kontinents gekannt und erobert«, wandte er ein. »Heute müßte es leider heißen: ›Ex Africa numquam aliquid boni – Aus Afrika kommt niemals eine gute Nachricht.«"

Eine Sure gegen die Feuergeister

Yamoussoukro, Ende April 2001

So wende ich mich wieder meinem Ausflug nach Yamoussoukro zu. Der Kaufmann Ismail hat sich pünktlich in der Lobby des »Hotel Ivoire« eingestellt. Er ist ein gutaussehender, relativ hellhäutiger Mann, und sein Bart ist nach dem Vorbild des Propheten Mohammed geschnitten. Zweihundert Kilometer fahren wir auf glattem Asphalt in seinem luxuriösen Mercedes nach Yamoussoukro. Rechts und links begleitet uns die grüne Eintönigkeit der Kakao- und Kaffee-Plantagen. Die Dörfer wirken hier wohlhabender als in anderen Ländern Afrikas. Viele Kirchen, aber noch mehr Moscheen säumen unsere Strecke. Über dem Eingang einer Koranschule lese ich in arabischer Schrift: »Markaz islami arabi-afrikani – Arabisch-afrikanisches Islam-Zentrum.« Immer wieder fallen mir weiße Tücher über den Strohdächern auf. Ich erfahre, daß sie den Wohnsitz eines »féticheur«, eines Medizinmannes, anzeigen. Das Gespräch mit meinem Begleiter kommt nur schleppend in Gang. Er sagt mir, daß er Muslim und 43 Jahre alt sei. Er stammt aus einer Ortschaft des Nordens namens Mankono und gehört dem Volk der Malinké an, die man auch Mandingo nennt. »Wir sind eine Rasse von Kriegern und erfolgreichen Händlern«, erwähnt Ismail stolz.

»Alle Muslime der Elfenbeinküste stehen auf seiten Alassane Ouattaras«, wendet er sich der Politik zu; »das sind immerhin vierzig Prozent der hiesigen Bevölkerung, und dazu kommen sechs Millionen Zuwanderer aus dem Norden, die zwar keine Bürgerrechte besitzen, aber mit der Sammlungsbewegung Ouattaras, der RDR-Partei, sympathisieren.« Die Behauptung Präsident Gbagbos, der Oppositionsführer sei gar kein authentischer Ivore, wäre doch schon durch Houphouet-Boigny widerlegt worden. Wie hätte er Ouattara sonst zu seinem Premierminister gemacht. Ob es die Koran-Gläubigen nicht störe, daß ihr Kandidat, der fünf Jahre lang als Vizepräsident des Weltwährungsfonds tätig war, von seinen Gegnern als Erfüllungsgehilfe Amerikas und wegen seiner geschäftstüchtigen jüdischen Frau als Sympathisant Israels dargestellt wird, frage ich. Das sei in diesem Land kein Problem. Es stoße sich auch niemand daran, das Ouattara sich an der Côte d'Azur in einer sehr feudalen Villa als Asylant aufhalte. »Ich bin selber in die Koranschule gegangen, habe meine enge Bindung zur Religion des Propheten bewahrt. Ich weiß, daß sämtliche Imame der Côte d'Ivoire für die Machtergreifung unseres Bruders Alassane Ouattara beten und in diesem Sinne predigen.« Ismail zählt die verwirrende Vielzahl der Völkerschaften der Elfenbeinküste auf. Die stärkste Ethnie, die Baoulé, hat nach dem Sturz Präsident Bédiés an Einfluß verloren. Der jetzige Staatschef, Laurent Gbagbo, sei ein katholischer Kru aus dem Küstengebiet. Der Putsch-General Guei entstamme der südlichen Mandé-Gruppe, die auch in Liberia stark vertreten sei. Alassane Ouattara hingegen sei ein Dioula, also ein Sohn der nördlichen Malinké-Föderation, der er selbst zugehöre. Die meisten Zuwanderer aus dem Norden, überwiegend Mossi aus Burkina-Faso seien noch unlängst Heiden gewesen, aber dann hätten sie sich massiv zur Offenbarung Mohammeds bekehrt.

Ich berichte ihm von meinem Besuch beim »Naba«, dem König der Mossi, im Jahr 1959. Es war ein enttäuschendes Erlebnis gewesen. Am Rande von Ouagadougou, der Hauptstadt der Republik Burkina-Faso, die damals noch Ober-Volta hieß, thronte ein fetter, bösartig blickender Mann auf seinem Häuptlingsschemel. Er trug eine vergoldete Holzkrone auf dem Kopf und hatte sich in ein schmuddeliges Gewand gehüllt. Seine Untertanen, die Mossi, warfen sich vor ihm auf den Boden. Er beachtete sie kaum. Fast reglos hielt er sich vor einem großen Schuppen, seiner Residenz, auf und ließ sich von einer Schar halbnackter Pagen bedienen. Zu einer politischen Äußerung war der König der Mossi nicht zu bewegen. Unter Beibehaltung seiner furchteinflößenden Kräfte als höchster Zauberer war er pro forma zum Islam übergetreten.

Wie es denn um den Diamantenhandel in der Nord-Region bestellt sei, forsche ich. Ismail antwortet ohne Komplexe. »Sie können sie ohne Schwierigkeiten in den Savannendörfern finden. Sehr reiche Vorkommen besitzen wir nicht, aber fast täglich sprechen die Einkäufer – Libanesen, Israeli, Südafrikaner – bei den Einheimischen vor. Die Gewinnbeteiligung steht von Anfang an fest, ein Drittel für den afrikanischen Lieferanten.« Selbst die einfachen Leute ließen sich bei diesem Geschäft nicht betrügen. Seit Generationen besäßen sie Erfahrung mit Roh-Diamanten und könnten deren Wert recht genau einschätzen.

In die riesige Petersdom-Kopie hat Ismail mich nicht begleiten wollen. Hingegen fährt er mich zum Teich der heiligen Krokodile. Ein uniformierter Wächter teilt mir mit, daß die Fütterung um fünf Uhr nachmittags stattfinde und daß lebende Hunde oder Hühner für die Reptilien besondere Leckerbissen seien. »Zur Zeit herrscht Unruhe bei den Tieren«, fährt er fort. »Es ist Paarungszeit. Da geht es bei ihnen zu wie bei den Menschen.« Und dann formuliert er einen sprachlich geschliffenen Satz, der – in alexandrinische Versform übertragen – einer Tragödie von Racine alle Ehre gemacht hätte: »La femme est toujurs source de conflit – Die Frau ist stets Quelle des Unheils, des Zwistes.« Ich will Ismail zum Mittagessen in das Nobel-Hotel von Yamoussoukro einladen, er lehnt ab. Vermutlich befürchtet er, daß die Speisen dort nicht »halal« seien. Er werde später zum Kaffee wiederkommen und begebe sich in der Zwischenzeit zu Verwandten in der Stadt. Die administrative Hauptstadt der Côte d'Ivoire zählt nur 150 000 Einwohner, und die ständig nach Süden drängenden Muslime sind dort bereits in der Mehrheit.

Der Speisesaal des »Hôtel Président«, ein weißer Turmbau, der sogar die Kuppel von »Notre Dame de la Paix« überragt, befindet sich im vierzehnten Stockwerk. Das Luxus-Restaurant ist mit großem Aufwand von Marmor, Chrom und Seidenstoff dekoriert. Die schwarzen Kellner bedienen im Frack. Der Blick schweift über die katholische Basilika und verliert sich im grünen Dunst der afrikanischen Weite. Ich bestelle Languste und Rosé-Wein aus Anjou. Die Verfremdung ist perfekt. Zur vereinbarten Stunde findet mein Weggefährte sich wieder ein. Ich will mehr hören über den Vormarsch des Islam in Richtung Guinea-Küste und über die Formen von Synkretismus, die er dabei mit den afrikanischen Naturreligionen einging. Selbst in der aufgeklärten Republik Senegal hatte ich vor vielen Jahren in einer Koranschule der Tidjaniya-Sekte erlebt, wie die »Tullab« nach Beendigung des Unterrichts die Koran-Verse, die mit Kreide auf eine schwarze Tafel geschrieben waren, abwuschen und das Spülwasser, das wundertätige Heilwirkung besaß, in einen Eimer schütteten. Den Gläubigen wurde dieser Zaubertrank, der mit der reinen Lehre nicht das geringste zu tun hat, als Medizin verkauft.

Die Muslime der Elfenbeinküste, so erfahre ich, gehören mehrheitlich der religiösen Bruderschaft der Qadiriya an, einer »Tariqa«- oder Sufi-Gemeinde, die im zwölften Jahrhundert in Bagdad gegründet wurde, oder der Tidjaniya, die sich auf einen marokkanischen Marabu des frühen neunzehnten Jahrhunderts zurückführen läßt. Am Rande dieser Männerbünde, die sich zur Übung »Dhikr«, der unaufhörlichen Beteuerung der Einzigkeit Allahs, treffen, blüht jedoch weiterhin krasser heidnischer Aberglaube. Ismail ist ein moderner und lebenstüchtiger Mann, aber in dem »theologischen« Gespräch, das sich nun zwischen uns anbahnt, enthüllt er das Bild einer unheimlichen, zutiefst afrikanischen Dämonenwelt. »Die Araber haben den Koran verfälscht«, so verkündet mein Gefährte; »sie haben die Geheimnisse der islamischen Offenbarung nicht erkannt. In der Umgebung des Propheten befanden sich viel mehr Afrikaner als die Überlieferung zugeben will. In der Sunna wird nur Bilal, der erste Muezzin, der erste Gebetsrufer, gebührend erwähnt.« Zudem erfahre man bei den arabischen Ulama viel zu wenig über den Einfluß der guten und der bösen Geister, die doch allgegenwärtig seien. Jeder Mann an der Elfenbeinküste – ob Muslim, Christ oder Heide – respektiere die Macht der Zauberer und schütze sich durch uraltes Brauchtum vor den Anfeindungen des Teufels, des »Scheitan«. Jeden Abend, bevor er sich zum Schlaf niederlege, wende er eine Abwehrformel gegen die feindlichen Feuergeister an, die deutlich sichtbar ihren Spuk trieben. Den Zeigefinger müsse man dreimal um die Taille kreisen lassen und dazu einen Koran-Vers aus der zweiten Sure el Baqa rezitieren, dann sei man geschützt. Ismail führt die Bewegung vor, während der Kaffee eingeschenkt wird.

Er verweist auch auf die Möglichkeit, eine entlaufene Ehefrau durch intensive Anrufung Allahs, durch die beharrliche Wiederholung »bismillah rahman rahim« zur reuigen Rückkehr zu bewegen. Am Rande des Regenwaldes lebe auch die muslimische Gemeinde weiterhin im Fadenkreuz schrecklicher magischer Kräfte. Man verstehe überhaupt nichts von diesem Land, wenn man zum Beispiel die Existenz der Geheimgesellschaften ignoriere, die unheimliche Gewalt über die Menschen ausübten. In diesen Männer-Bünden könne es sogar – um fürchterliches Unheil abzuwenden – zu kannibalischen Riten kommen. Es würden Speisen zubereitet, die zur Steigerung der »force vitale«, der elementaren Lebenskraft, auch menschliche Körperteile – wie Ohren oder Genitalien – enthielten. Wehe dem, der sich diesen Mahlzeiten verweigere! Er könnte das nächste Opfer sein. Die ganz großen »Féticheurs«, die sich in Windeseile von Yamoussoukro bis Abidjan bewegten, seien sogar in der Lage, Menschen in Schafe oder Ziegen zu verwandeln, und es bedürfe eines noch mächtigeren Zaubers, um diese Metamorphose rückgängig zu machen.

Ismail hat tatsächlich das gelehrte Wort »Metamorphose« verwendet. Er ist ja gar nicht ungebildet, versteht es, politische Vorgänge sehr nüchtern zu beschreiben, aber nun entführt er mich in ein Pandämonium, das einem rechtgläubigen Muslim absoluten Horror einflößen muß. Er spricht von den »associations de cannibales«, während mir – mit Ausblick auf die weiße Basilika zu Ehren der Jungfrau Maria – Schwarzwälder Kirschtorte gebracht wird. Denjenigen Lesern, die mich an dieser Stelle der Übertreibung oder einer auf Sensation bedachten Irreführung bezichtigen möchten, kann ich Zeugen benennen, die bei diesem Gespräch zugegen waren. »Sie haben doch sicher gehört«, so fährt Ismail fort, »daß unser verstorbener Präsident Houphouet-Boigny, der auch bei den Muslimen hohes Ansehen genoß, über ganz außerordentliche magische Gaben verfügte und sich strikt an die Weisungen seiner Wahrsager hielt.« Sein Nachfolger, Henri

Konan Bédié, und sogar der Putsch-General Robert Guei hätten sich gehütet, in den Palast Houphouets in Abidjan einzuziehen. Ein schreckerregendes Gespenst gehe dort seit dem Tode des Staatsgründers um, ein »Gbass«. Von seiten des jetzigen Präsidenten Laurent Gbagbo, der sich als aufgeklärter Sozialist den afrikanischen Mythen verweigere, habe viel Mut dazu gehört, sich in dieser Spuk-Residenz einzurichten. Aber vielleicht werde ihn die Verwünschung des »Gbass« schon in Kürze ereilen.

Welch unglaublicher Kontrast besteht doch zwischen dem Gedankenaustausch mit Philippe Bouaké am Vortag, der von cartesianischer Vernunft, von der in Paris so geschätzten intellektuellen »clarté« geprägt war, und dem wirren Palaver, mit dem der wohlhabende und angesehene Kaufmann Ismail mich in seine Mysterien-Welt einführt. Plötzlich stellt sich bei mir der Verdacht ein, Philippe habe mir die Überlandfahrt mit Ismail nur organisiert, um mich auf gewisse Realitäten seiner Heimat zu verweisen, die er persönlich nicht ansprechen wollte. Nun stelle ich auch an Ismail die Frage nach der Zukunft der République Côte d'Ivoire. »Die Zeichen deuten auf Sturm und auf Zerfall«, lautet die Antwort. »Das blutige Chaos, das Liberia und Sierra Leone heimsucht, droht auf alle Staaten der Region, auch auf die Elfenbeinküste überzugreifen. Zu den tradierten Stammes-Gegensätzen tritt jetzt noch die konfessionelle Entfremdung zwischen Katholiken und Muselmanen.« Es werde zum offenen Konflikt kommen, wenn die Koran-Gläubigen aus dem politischen Leben willkürlich verdrängt würden. Schon seien die meisten muslimischen Offiziere aus der ivorischen Armee entlassen worden. Aber es sei doch offensichtlich, daß die Epoche, in der die Baoulé unter ihrem Oberhäuptling Houphouet-Boigny und die Christen der Elfenbeinküste eine privilegierte Sonderstellung beanspruchen konnten, sich dem Ende nähere.

Bevor ich mit dem Mietwagen die Rückfahrt nach Abidjan antrete, erzählt mir Ismail die Entstehungs-Legende des Baoulé-Stammes. In grauer Vorzeit hatten sich dessen Sippen, von überlegenen Feinden bedroht, auf die Wanderung nach Westen begeben. Da wurde ihr Fluchtweg durch einen mächtig angeschwollenen Strom versperrt. Der Dämon des Flusses ließ die Königin wissen, daß zu seiner Besänftigung ein Kind getötet werden müsse. Da opferte die Königin ihren einzigen Sohn. Sie ertränkte ihn eigenhändig in den Fluten. Von jenem Tag an nannte sich dieser Zweig des großen Akanti-Volkes: »Baoulé«, das heißt »das Kind ist tot«. – Er überlasse es mir, sagt Ismail zum Abschied, ob ich die Entstehungsgeschichte als ein böses Omen für die Zukunft dieser Ethnie deuten wolle. Allmählich gruselt mir vor den bluttriefenden Überlieferungen dieses Kontinents. Ein gewisser Ekel kommt hoch, und fast hätte ich meine klimatisierte Umgebung des »Hôtel Président« vergessen. Da tritt der Maître d'Hôtel an den Tisch und fragt mich: »Wünscht Monsieur als Digestif einen Rémy Martin oder einen Grand Marnier?«

GUINEA

Ein afrikanisches Albanien

Conakry, im Mai 2001

Die Ankunft in Conakry ist ernüchternd und deprimierend. Wer angesichts der Raubzüge eines entfesselten Kapitalismus je auf den Gedanken gekommen wäre, der Sozialismus sei für die Afrikaner die bessere Lösung oder gar ein Heilsweg, wird hier eines Besseren belehrt. In der Republik Guinea türmt sich 17 Jahre nach dem Tod des verantwortlichen marxistischen Staatsgründers, der sich gern mit Mao Zedong verglichen hätte und es doch nur zu einer Kopie Enver Hoxhas brachte, der Schatten eines total gescheiterten Gesellschaftsexperiments. Der Terror, mit dem Sekou Touré regierte, hat sich irgendwie in die Mentalität vieler seiner Landsleute eingefressen. Die Unfreundlichkeit der Behörden, die Schwerfälligkeit der Anpassung an die neuen, fragwürdigen Formen einer pervertierten Marktwirtschaft erinnern ein wenig an gewisse Post-DDR-Syndrome. Aber hier ist alles viel schlimmer. Die Republik Guinea hat den Namen eines »afrikanischen Albanien« verdient.

Dabei hatte alles so glorreich angefangen. Als einziger unter den Regierungschefs französischer Sprache hatte der ehemalige Postbeamte und Gewerkschaftssekretär Sekou Touré 1958 dem General de Gaulle den Fehdehandschuh hingeworfen. In polemischer Form hatte er den Staatschef der Fünften Republik brüskiert und dessen Projekt einer »Communauté« Guineas mit Frankreich strikt von sich gewiesen. »Wir ziehen die Armut in Freiheit der Sklaverei im Wohlstand vor«, hatte er in der brütenden Hitze von Conakry de Gaulle entgegengerufen und den »Befreier Frankreichs«, der sich mit der Unabhängigkeit der ehemaligen französischen Kolonie längst abgefunden hatte, zutiefst beleidigt. De Gaulle hatte seinen Staatsbesuch in Guinea sofort abgebrochen. Sämtliche französischen Beamten und Ingenieure, die für das technische Überleben und den ordentlichen Tagesablauf in Guinea fast unentbehrlich waren, wurden schlagartig nach Frankreich zurückbeordert. In ihrer kleinlichen Rachsucht hatten die Kolonialherren die meisten staatlichen Einrichtungen vorher sabotiert, teilweise die Telefone aus ihren Leitungen gerissen. »C'est un orgueilleux – der Mann ist überheblich stolz«, hatte de Gaulle über Sekou Touré gesagt, was im Munde dieser Reinkarnation des Sonnenkönigs, so porträtierte ihn der »Canard Enchaîné«, einer gewissen Komik nicht entbehrte.

Ich selber war von diesem schwarzen Revolutionär fasziniert gewesen, als ich ihm 1959 das erste Mal gegenübersaß. Der athletische, gutaussehende Volks-Tribun, der beim Reden wie ein Boxer die linke Schulter nach vorn schob, war an patriotischer Leidenschaft nicht zu überbieten. Sein Erneuerungswille klang damals überzeugend. In seinem wallenden schneeweißen Gewand, das er würdevoll zu drapieren verstand, traute man diesem Malinke zu, daß er – wie er behauptete – ein authentischer Nachkomme jenes Kriegsherrn Samory war, der der französischen Eroberung zwischen 1882 und 1898 bemerkenswerten Widerstand im Stil eines fast modernen Partisanenkrieges geleistet hatte. Fast drei Jahrzehnte sollte Sekou Touré über die heute sieben Millionen Einwohner zählende Republik Guinea – halb so groß wie Frankreich – als allmächtiger Landesvater, als »Silly«, der »Große Elefant«, herrschen. Alle Trümpfe, so schien es, waren nach Abzug der Franzosen auf seiner Seite: fruchtbarer Boden mit üppigen Ernten, blühende Viehzucht im Hochland des Fouta-Djalon, die mächtigsten Bauxit-Vorkommen der Welt, hochwertige Eisen-Reserven im Nimba-Gebirge und ergiebige Diamantenfunde. Die Russen hatte er als Garanten seiner antigaullistischen »Indépendance« ins Land gerufen und willkommen geheißen. Daß er damit – speziell im Hinblick auf die wirtschaftliche Entwicklung seiner Republik – einen schwerwiegenden Fehler machte, sollte er erst feststellen, als der Karren verfahren war. Die Sowjets waren erbärmliche Entwicklungshelfer und aufdringliche Verbündete. »Der Marxismus ist die Ideologie, die uns Afrikanern am ehesten entspricht«, hatte mir Sekou Touré gesagt. Doch sein Unternehmen des »afrikanischen Sozialismus« war auf erbärmliche Weise zum Scheitern verurteilt.

*

Im Frühjahr 1959 war ich von Conakry aus mit der Eisenbahn – eine Art Draisine mit Anhängern – in die mehr als 400 Kilometer entfernte Stadt Kankan aufgebrochen. Die extrem unkomfortable Reise nahm zwölf Stunden in Anspruch. Kankan, am Milo, einem Nebenfluß des Niger gelegen, gehört bereits der sudanesischen Sahel-Zone an. Dort hatte der schwarze Feldherr Samory, ein gläubiger Muslim, sein Hauptquartier aufgeschlagen und seinen Abwehrkampf gegen die Franzosen – mit Unterstützung der Briten von Sierra Leone – als »Heiligen Krieg« definiert. In der schläfrigen Ortschaft Kankan mit den für den ganzen Bereich des ehemaligen Mali-Reiches typischen Konstruktionen aus massiven Lehmwänden, begann eine ganz andere Welt. Hier befand sich eine islamische Wallfahrtsstätte, und trotz der gewaltigen Entfernung, trotz der schier unüberwindlichen Weite der Sahara, war bereits ein Hauch maghrebinischen Lebensstils, die Ausstrahlung des großen marokkanischen Sultanats und dessen Kultur zu spüren. Im Open-Air-Kino wurde vor begeistertem Publikum ein Schwarz-Weiß-Film »Dhuhur el Islam«, die »Blüten des Islam«, gezeigt. Gemeint waren die ersten Märtyrer in der Gefolgschaft des Propheten Mohammed. Jedesmal, wenn die streitbare Figur des schwarzen Muezzin Bilal auftrat, kam es zu dröhnendem Applaus. Meine Unterkunft war bescheiden. Auf dem Dach des einstöckigen Hotels mit acht fast unmöblierten Zimmern hatte sich zu jeder Tageszeit eine stattliche Ansammlung riesiger Aasgeier niedergelassen. Unter den wenigen ausländischen Gästen fielen mir die Levantiner und die Israeli auf. Sie reisten zu jener Zeit bereits als Diamanten-Ankäufer nach Kankan. Von den stillen Wassern des Milo, von den karg bewachsenen Ufern, wo sich abends die Altersklassen muslimischer Knaben in weitfallenden Gewändern von der Beschneidung erholten, ging bei Sonnenuntergang eine weihevolle Stimmung aus. Schon ein Jahr später, im Juli 1960, waren viele Illusionen verflogen, und in Guinea setzte sich ein unaufhaltsamer Wandel zum Negativen durch.

Die Willkür des »Großen Elefanten«

Rückblende:
Conakry, im Juli 1960

Sobald der Hafen von Conakry in Sicht kam, hielt der Kapitän nach Schiffen des Ostblocks Ausschau. Es lagen nur ein russischer und ein polnischer Frachter älteren Baujahrs hinter der Mole. Seit die Republik Guinea überwiegend tschechische Techniker und Offiziere ins Land rief, genoß der junge Staat an der regnerischen Westküste den Ruf der ersten afrikanischen Volksdemokratie. Den französischen Militärs an Bord wurde rechtzeitig mitgeteilt, daß ein Landurlaub für sie nicht in Frage komme. Auch die übrigen Passagiere wurden gewarnt. Ein Ausflug in die Hauptstadt Conakry würde auf eigene Gefahr unternommen. Die guineischen Zoll- und Polizeibehörden, die die Kontrolle im Eßraum der Kabinenklasse vornahmen, trugen Uniformen von tschechischem Zuschnitt. Sie waren mißtrauisch, aber betont höflich.

Wir hatten den Termin unserer Ankunft gut abgepaßt. Die Republik Guinea hatte zu einem großen Tag des Protestes gegen die »belgische Aggression« am Kongo aufgerufen. Ich ging eilig durch die schattigen Alleen der Hauptstadt, aber ich habe an diesem Sonntag vergeblich nach Massenaufmärschen und empörten Volksscharen gesucht.

Seit meinem letzten Besuch vor einem Jahr war Conakry noch stiller geworden. In Ermangelung von Ersatzteilen waren alle Garagen bis auf eine geschlossen, so daß der Straßenverkehr sich gelichtet hatte. Neben den französischen Modellen tauchten die ersten tschechischen Automobile der Skoda-Werke auf. Auch die ungarischen Autobusse, die die Regierung zur Beförderung der arbeitenden Bevölkerung einsetzte, waren vor einem Jahr noch nicht dagewesen. Zahllose schwarze Gendarme mit flachen Mützen wachten unerbittlich darüber, daß die Höchstgeschwindigkeit von vierzig Kilometern nicht überschritten wurde.

Im Frühjahr hatte sich Guinea aus der Franc-Zone gelöst und eine eigene Währung ausgegeben, die in Prag gedruckt wurde. Wie es sich gehört, war Sekou Touré, der »Große Elefant«, auf den Noten abgebildet. Mit diesem Geld war nicht viel anzufangen. Der Außenhandel beschränkte sich im wesentlichen auf einen summarischen Warenaustausch, Bananen gegen tschechische Elektro-Apparate etwa; der Import von Konsumgütern hatte praktisch aufgehört. Die letzten europäischen Geschäfte hatten sich geleert, und selbst die Auslagen der rührigen libanesischen Händler erinnerten an Warenregale des Ostblocks. Immerhin wollte der Staat dafür sorgen, daß die wichtigsten Lebensmittel, vor allem Reis, für die eingeborene Bevölkerung ausreichend und zu niedrigen Preisen überall zu haben waren. Die volkseigenen Läden nach östlichem Vorbild, die man einzurichten begann, waren auf die bescheidenen Bedürfnisse der Afrikaner zugeschnitten. Die französischen Kaufleute packten die Koffer.

Durch einen Zufall habe ich dann doch eine Protestkundgebung im Hof einer ärmlichen Moschee entdeckt. Die Agitatoren der Einheitspartei, der »Parti Démocratique de Guinée«, hatten die Bewohner des Stadtviertels unter riesigen Baobab-Bäumen versammelt und trugen mit heiserer Stimme ihre Losungen vor. Zwischendurch wurde getrommelt und getanzt. Es war beileibe nicht nur vom belgischen Kolonialismus am Kongo die Rede, sondern sämtliche Mächte des Atlantik-Paktes wurden unter der Anklage des Imperialismus in einen Topf geworfen. Vor allem die amerikanischen Kapitalisten wurden als Drahtzieher gebrandmarkt, die die Unruhen in Leopoldville nur als Vorwand nutzten, um die reiche Grubenprovinz Katanga weiterhin in Abhängigkeit zu halten.

Nirgendwo wurden die Nachrichten vom Kongo mit so brennendem Interesse aufgenommen wie in den Regierungskreisen von Conakry. Guinea war in den letzten Monaten ein wenig ins Hintertreffen geraten. Präsident Sekou Touré hatte sich als der fortschrittlichste, der kompromißloseste Prophet des schwarzen Nationalismus aufgeführt. Aber seitdem bewegten sich sämtliche Staaten der französisch-afrikanischen Gemeinschaft mit Riesenschritten auf die Indépendance zu. Die Republik Guinea war nur noch eine unter den vielen afrikanischen Nationen und beileibe nicht die bedeutendste an Einwohnerzahl und Fläche.

Seit der Kongo in der Anarchie versank, war Sekou Tourés Stern wieder im Steigen. Die afrikanische Politik war mit einem Schlag radikalisiert worden. In Leopoldville hatte ein Wettlauf der Extremisten eingesetzt, und in allen jungen afrikanischen Staaten zwischen Dakar und Brazzaville gehörte es jetzt zum guten Ton, gegen die ehemaligen Kolonialmächte Europas einen harten, unerbittlichen Ton anzuschlagen. In Conakry war man dazu übergegangen, die sowjetischen und rotchinesischen Stellungnahmen zur Kongo-Krise im Wortlaut zu veröffentlichen. Sekou Touré hatte – ohne Erfolg übrigens – alle anderen afrikanischen Länder aufgefordert, die diplomatischen Beziehungen zu Brüssel abzubrechen.

In den Truppenlagern des Innern, wo die vier Bataillone der guineischen Armee von tschechischen Instrukteuren an Waffen des Ostblocks ausgebildet wurden, stand in jenen Tagen eine Einheit von rund 500 Mann zum Abtransport nach Leopoldville bereit. Der Generalsekretär der Vereinten Nationen, Dag Hammarskjöld, sollte dafür sorgen, daß die Soldaten des Commonwealth-Staates Ghana vor den »Jakobinern« aus Conakry am Kongo landeten. In den guineischen Ministerien waren recht unfreundliche Bemerkungen über den ghanaischen Präsidenten Kwame Nkrumah zu hören, dessen Armee immer noch unter dem Kommando des stockbritischen Generals Alexander stand.

In einem Punkt waren sich freilich fast alle Afrikaner einig: Die Unruhen am Kongo sollten zwar im Zeichen der Vereinten Nationen, aber ausschließlich durch den Einsatz afrikanischer Truppen beigelegt werden. Das Regime von Guinea gab unumwunden zu, daß der Kongo in diesem Falle nur ein Sprungbrett wäre, von wo aus sich der Aufstand der Schwarzen nach Portugiesisch-Angola und Rhodesien weiterpflanzen sollte.

Sekou Touré hörte am Kongo seine große Stunde schlagen. Dieser Staatsmann gab sich mit der Revolution im eigenen Land nicht zufrieden. Das Chaos am Kongo sah er als fruchtbaren Nährboden für seine kompromißlose Ideologie vom afrikanischen Sozialismus. Aus Conakry ertönte die Forderung auf Nichteinmischung der Weißen am lautesten. Afrika den Afrikanern! Entstand da eine afrikanische Monroe-Doktrin?

Sekou Touré war gewillt, sich voll zu engagieren. Zwei Wochen nach meiner Zwischenlandung in Conakry befand ich mich bereits in Leopoldville, als auch das guineische Bataillon mit tschechischer Ausrüstung eintraf. Es wurde kommandiert von General Diane Lansane, der im Gegensatz zu seinen meisten Offizieren nie in der französischen Armee gedient hatte. Diane, den seine Soldaten mit »Camarade Général – Genosse General« anredeten, war mehr der Typus eines politischen Kommissars als eines Soldaten. Er erging sich gleich nach der Landung in flammenden Proklamationen und ließ keinen Zweifel daran, daß Guinea als das einzig wirklich unabhängige Land Afrikas zu gelten habe. Diane sprach ein vorzügliches Französisch. Sein Pathos war durch die Akzente der großen Revolution von 1789 geprägt. Nur selten verirrte er sich in den papiernen Jargon des Marxismus-Leninismus.

Die Guineer waren mit klaren Zielvorstellungen an den Kongo gekommen. In der offiziellen Propaganda von Conakry hatte man nicht nur die Belgier für die Unruhen verantwortlich gemacht, sondern auch die Amerikaner. Sekou Touré bewegte sich auf der sowjetischen Linie. Der Oberbefehlshaber der UN-Truppe, der schwedische General von Horn, hatte deshalb die Guinea-Soldaten in einer Gegend stationiert, wo sie nicht viel anrichten konnten. Ihr Sektor um Banningville am mittleren Kongo zählte kaum noch europäische Einwohner und hatte keine gemeinsamen Grenzen mit gefährdeten Kolonialgebieten wie Angola oder Rhodesien.

Wieder waren ein paar Wochen vergangen. Die Kongo-Krise schraubte sich hoch. Im »Hotel Regina« hatte der Kommandeur des guineischen Kontingents zu einer »wichtigen Pressekonferenz« eingeladen. Doch General Diane Lansane kam und kam nicht. Tibou Tounkaré, der Leiter der guineischen Good-Will-Mission in Leopoldville, ein intelligenter kleiner Mann, wurde nervös. Ein anonymer Anruf ließ die Journalisten wissen, die Pressekonferenz sei abgesagt. Tibou konnte keine Verbindung mit seinem General im UN-Hauptquartier herstellen. Nach zweistündigem Warten gab er dann in Abwesenheit des Oberbefehlshabers die angekündigte Erklärung ab.

»Für die Republik Guinea«, so begann der Sprecher, »hat die afrikanische Solidarität Vorrang vor der internationalen Solidarität. Da es zu einem offenen Konflikt zwischen den Repräsentanten der Weltorganisation am Kongo und der legalen Regierung Lumumba gekommen ist, mußten die guineischen Truppen am Kongo eine schwere Entscheidung fällen. Sie haben sich auf die Seite ihrer afrikanischen Brüder geschlagen. Von heute an ist das guineische Bataillon am Kongo dem UN-Kommando entzogen. Das Guinea-Kontingent wird erst dann wieder der Autorität der UN-Stäbe unterstellt werden, wenn die Resolutionen des Weltsicherheitsrates strikt befolgt werden.«

Aus jenen Tagen bleibt mir eine bezeichnende Episode im Gedächtnis: In der Buchhandlung des »Hotel Memling«, wo man vergeblich nach neuen Zeitungen aus Europa suchte, kauften zwei Offiziere aus Guinea Postkarten. In ihrer oliv-braunen Uniform mit den steifen tschechischen Mützen wirkten sie wie politische Kommissare. Erstaunlich, wie »volksdemokratisch« diese Abgesandten Sekou Tourés schon auftraten. Die Guineer gaben sich unnahbar und puritanisch, als hätte die marxistische Ideologie bei ihnen bereits einen neuen Menschentypus geprägt. Ein Kongolese schob sich mit irgendeinem ausländischen Geldschein an sie heran, um einen vorteilhaften Wechsel vorzuschlagen. Die Guineer sahen ihn streng und tadelnd an. »Wir bedauern, Genosse«, sagten sie wie aus einem Mund; »mit uns gibt es keine krummen Geschäfte.«

Jenseits solcher Polit-Schmonzetten bröckelte die Position Sekou Tourés jedoch Stück um Stück ab. Beim Kongo-Kommando der Guineer kam es zu einem heftigen Kompetenzstreit zwischen

General Diane Lansane und dem Delegationsleiter Tibou Tounkaré. Seitdem war jede guineische Initiative gelähmt.

*

Erst sehr viele Jahre später, im Herbst 1978, bin ich im Gefolge des damaligen französischen Staatspräsidenten Valéry Giscard d'Estaing nach Conakry zurückgekehrt. Es fand eine spektakuläre Versöhnung zwischen der ehemaligen Kolonialmacht und dem unbeugsamen afrikanischen Rebellen statt. Sehr viel bewirkten diese Umarmungsgesten jedoch nicht. Inzwischen machten nämlich die Amerikaner der Sowjetunion Konkurrenz und bemühten sich, auch die Franzosen, die mit ihrer Gesellschaft FRIA den Bauxit-Abbau und die Aluminium-Produktion Guineas weiterhin gemanagt hatten, zugunsten ihrer Weltkonzerne aus dem Feld zu schlagen. Sekou Touré hatte sich allmählich von der allzu engen Hinwendung zum Ostblock distanziert und bekannte sich nunmehr zu dem vagen Begriff des »afrikanischen Neutralismus«. Das reichte bereits für jene US-Diplomaten Kennedy'scher Schule, die der britische Premierminister Macmillan einst als »unconscious liberals« abgetan hatte, den Staatschef Guineas bei seinem Balance-Akt zwischen Ost und West in einem positiveren Licht zu sehen und als »genuine african patriot« einzustufen.

Beim Staatsbesuch in Washington im März 1984 starb Sekou Touré plötzlich an Herzversagen. Die glänzende Fassade, die er nach außen immer noch gewahrt hatte, brach jäh zusammen. Was sich hinter dem internationalen Prestige verborgen hatte, trat nach seinem Tod als nackter Horror und unglaubliche Mißwirtschaft zutage. Seine Anordnung, die Agrar-Kollektivierung nach dem chinesischen Modell der Volkskommunen, die Verstaatlichung sämtlicher Industriezweige zu vollziehen, erwies sich als desaströser Fehlschlag. Sekou Touré war dem Verfolgungswahn anheimgefallen, deckte immer neue Verschwörungen auf, veranstaltete Schauprozesse und ließ seine vermeintlichen Gegner reihenweise erschießen.

Etwa ein Viertel der Bevölkerung Guineas war inzwischen vor

der Willkür dieses Tyrannen und den Zwangsmethoden seiner revolutionären Einheitspartei ins Ausland geflüchtet. In diesem von der Natur gesegneten Land herrschten Unterernährung, ideologischer Obskurantismus, Verzweiflung und vor allem eine entsetzliche, lähmende Angst. Das Volk zitterte stündlich vor den Schergen des Terror-Regimes, die in den Folterzellen des Konzentrationslagers Boiro mit höchster Billigung ihren Sadismus austobten. Erst eine gewalttätige Revolte der Marktfrauen gegen die geplante Verstaatlichung des Kleinhandels sollte 1977 ein begrenztes Einlenken bewirken. Doch Sekou Touré, einst als strahlender Freiheitsheld Afrikas angetreten, hatte sich als gräßlicher Zombie einer unerklärlichen Willkür entpuppt.

Schwarze Jakobiner

Conakry, im Mai 2001

Die Stadt Conakry stand zur französischen Kolonialzeit im Schatten von Dakar und Abidjan. Sie war ein exotisches Provinznest ohne besonderen Charme. Heute erschrickt man schon beim Verlassen des vergammelten Flugplatzgebäudes, wo die klägliche Skulptur einer knienden Frau, die vielleicht einen utopischen Freiheitswunsch symbolisieren soll, durch ihre Häßlichkeit auffällt. Ich bin es allmählich leid, die Stillosigkeit, den Verfall afrikanischer Kapitalen zu beschreiben, aber Conakry schießt in mancher Hinsicht den Vogel ab. Als einziges aufsehenerregendes Gebäude erhebt sich die mächtige »Moschee Feisal« über dem Gassengewirr von Camayenne. Es handelt sich um eine Stiftung des verstorbenen Königs von Saudi-Arabien und gemahnt daran, daß etwa 90 Prozent der schwarzen Guineer sich zum Islam bekennen. Nur fünf Prozent sind Christen. Am anderen Ende der langgestreckten Landzunge befindet sich ein aufwendiges Konferenz-Zentrum, das noch von Sekou Touré erbaut wurde, mit einer Anzahl luxuriöser Villen, die für Staatsgäste reserviert sind und fast immer leerstehen. Der Kontrast zur Dürftigkeit jener Behausungen, in denen mehr als 1,5 Millionen Menschen zusammengepfercht sind, ist schockierend.

Schon ein Monat nach dem Tod des »Großen Elefanten« hatte die Armee geputscht. Aus einer Camarilla von Obersten ging Colonel Lansana Conté als neuer Staatschef hervor. Er geriet sofort unter den Druck des Internationalen Währungsfonds, versprach ein »Austerity«-Programm – wie viel entsagungsvoller sollten die Guineer eigentlich noch leben? – und führte eine neue Währung ein. Immerhin ist das Warenangebot wieder reichhaltig, und auch hier sind es die Libanesen, mehrheitlich Schiiten, die den Handel unter ihre Kontrolle brachten. Conté gestand den Amerikanern, die ständig an Einfluß gewannen, ein Mehrparteien-System zu, er stellte sich 1995 einer Wahl, die er an der Spitze seiner Fortschrittspartei PUP nach intensivster Manipulation der Ergebnisse mit 51 Prozent der Stimmen gerade noch gewann. Im Dezember 1998 wurde er unter ähnlichen Umständen in seinem Amt bestätigt. Das war nur möglich, weil der aussichtsreichste Oppositionsführer Alpha Condé in eine obskure Staatsstreich-Affäre verwickelt und politisch ausgeschaltet wurde. Die Namen Conté und Condé sind zum Verwechseln ähnlich, aber der profunde Unterschied zwischen den beiden Politikern besteht darin, daß der Staatschef dem Wald-Volk der Soussou angehört, etwa 20 Prozent stark, während sein Gegenspieler Alfa Condé Sohn der Malinké oder Mandingo-Gruppe, den gleichen tribalen Ursprung hat wie Sekou Touré.

Im Februar 1996 war es zu einer Meuterei der Soldaten gekommen. Präsidenten-Palast und Konferenzzentrum wurden zerschossen, 50 Menschen getötet. Präsident Lansana Conté hatte sich sogar mit erhobenen Händen den Rebellen ergeben. Da traten die hohen Militärs in endlosen Sitzungen zusammen und kamen zu dem Schluß, daß Conté zwar ein miserabler Staatschef war, ein besserer jedoch nicht zu finden sei. Die zerstörten Repräsentationsbauten wurden von Konstruktionsfirmen aus der Volksrepublik China, die mit eigenen Arbeitern anrückten, mit großem Aufwand wieder hergerichtet. Es ist bezeichnend für die geistige Verwirrung der Regierenden, daß am Eingang des neuen »Palais du Peuple«

in riesigen Lettern der Name »Sekou Toureya« angebracht ist, als wolle man dem tyrannischen Staatsgründer doch noch posthum huldigen. In Guinea befindet sich trotz aller Demokratisierungs-Formalien weiterhin die »Macht am Ende des Gewehrlaufs«, wie Mao Zedong einst dozierte. Zwar ist das Militär-Lager Boiro kein riesiges Gefängnis mehr, wo die politischen Gegner in nach oben offenen Käfigen bei lebendigem Leibe verfaulten. Aber in dieser Kaserne konzentriert sich die eigentliche Staatsgewalt.

*

Ein mir bekannter französischer Major, der trotz der fortdauernden Entfremdung Conakrys mit Paris weiterhin einem bescheidenen Kooperations-Stab angehört, faßt beim Aperitif im »Hotel Mariador« seine Eindrücke zusammen. Washington hat offenbar beschlossen, die Republik Guinea als relativ solide Basis in dieser Region auszubauen. Ein paar Bataillone der hiesigen Armee würden als Interventionseinheiten abkommandiert und für die »African Crisis Response Initiative« ACRI einem Sondertraining unterzogen. Über amerikanische Zwischenstellen erfolgt auch die Belieferung der guineischen Streitkräfte mit Ostblock-Material, überwiegend aus Bulgarien. Dabei handelt es sich um Artillerie, Katjuscha-Raketenwerfer, Panzer vom Typ T-54 oder 55 und Kampfhubschrauber, die bis auf weiteres paradoxerweise von Piloten aus der ehemaligen Sowjetunion geflogen werden. Mit diesem Aufgebot war es Präsident Conté und seinen Obristen möglich – begleitet von Special Forces aus USA – in Sierra Leone den Banden der »Revolutionary United Front« in den Rücken zu fallen und in Lofa-County, Liberia, den schlecht gerüsteten Truppen Charles Taylors mit weit überlegener Feuerkraft zuzusetzen.

Doch die Ambitionen der »Strategen« von Conakry reichen wohl noch weiter. In der benachbarten Republik Guinea-Bissau, die bis 1974 zu Portugal gehörte, ist bestenfalls in der Hauptstadt Bissau eine Spur von Regierungsgewalt unter dem exzentrischen Präsidenten João Bernardo Vieira übriggeblieben. Vieira hat sich seit seinem antimarxistischen Staatsstreich von 1980 an der Spitze dieses chaotischen Gebildes gegen eine Reihe von Umsturzversuchen recht und schlecht behauptet. Dabei dürfte ihm Conakry zur Seite gestanden haben. Ich erzähle dem Kommandanten von meiner persönlichen Erfahrung mit Guinea-Bissau im Februar 1962. Am Steuer eines Peugeot 403 war ich in Dakar gestartet, hatte die damals noch britische Besitzung Gambia durchquert, um nach Überwindung einer verschlammten Laterit-Straße erschöpft in Ziguinchor, dem Verwaltungssitz der senegalesischen Süd-Provinz Casamance, einzutreffen. Am folgenden Tag vollzog sich die Weiterfahrt nach Bissau unter günstigeren Klimabedingungen. Es gingen wenigstens keine Regengüsse nieder, und das größte Risiko bestand im Passieren zahlreicher kleiner Flüsse, über die lediglich zwei Holzbohlen gelegt waren. Immer wieder wurde ich zu angespannten Balance-Akten mit meinem Peugeot gezwungen.

Der Aufstand gegen die portugiesische Kolonialmacht war dort bereits im Gange. Die wenigen europäischen Siedlungen im Regenwald waren durch Sandsack-Befestigungen und Stacheldraht gegen Überfälle der dortigen schwarzen Partisanen abgeschirmt. Schließlich hatte ich ohne nennenswerten Zwischenfall die recht schmucke lusitanische Siedlung Bissau erreicht. Dieser winzige Außenposten Lissabons sollte bei Ausbruch der Nelken-Revolution im Jahr 1974 eine bedeutende Rolle spielen, denn hier hatte der zutiefst konservative, aber einsichtige General de Spinola einen letzten, verzweifelten Versuch unternommen, die Eingeborenen für das portugiesische Assimilations-Projekt zu gewinnen. Als er daran verzweifelte, hatte er den Anstoß für die Heeresrevolte in Lissabon gegeben und sich melancholisch, aber dezidiert für die Loslösung Portugals von seinen afrikanischen Besitzungen entschieden.

»Sie wissen ja, daß die Casamance von Dakar durch die Republik Gambia weitgehend abgeschnitten ist und einst als Touristen-Paradies galt. Seit zehn Jahren rumort dort eine bewaffnete Separatisten-Bewegung, deren die Republik Senegal nicht Herr wird«, nimmt der Franzose wieder auf; »an dieser Stelle frißt sich die politische Fäulnis der ganzen afrikanischen Westküste nach Norden vor. Die Amerikaner, die fest entschlossen sind, keine eigenen Soldaten in den Schwarzen Erdteil mehr zu entsenden, versuchen den neuen Risiken mit ihren schwarzen Hilfswilligen der ACRI – auch auf unsere Kosten natürlich – vorzubeugen. Seit der Tragödie von Ruanda, wo 1994 die Operation ›Turquoise‹ unserer Fremdenlegionäre abgeblasen werden mußte, ist auch kein verantwortlicher französischer Truppenkommandeur mehr bereit, seine Soldaten in das afrikanische Schlachthaus zu führen. Ähnlich wie die Amerikaner – wenn auch bescheidener – stellen wir unsererseits schwarze Elite-Einheiten auf im Rahmen eines Unternehmens, das den schönen Namen ›Verstärkung der afrikanischen Kapazität zur Friedenserhaltung‹ RECAMP trägt. Sie werden es nicht glauben, aber wir haben mit unseren Freunden und Rivalen aus den USA sogar gemeinsame Übungen dieser Elemente in Südafrika im Rahmen der Übung ›blue crane‹ veranstaltet.«

Der Major ist vor zwei Tagen aus Dakar in Conakry eingeflogen. Wir unterhalten uns über die Situation in Senegal, dem früheren Herzstück der französischen Präsenz in Afrika. In Dakar hatte ich mich zur Zeit meiner regelmäßigen Afrika-Berichterstattung fast zu Hause gefühlt. Jetzt wird die Republik Senegal von den unentwegten Optimisten als strahlender Wendepunkt afrikanischer Politik hochgelobt. Dort hatte doch tatsächlich der seit zwei Dekaden amtierende Präsident Abdou Diouf nach einer Wahlniederlage im vergangenen Jahr das Handtuch geworfen und seinem Rivalen Abdoulaye Wade die Staatsführung überlassen. Ein Durchbruch zur Demokratie, so kommentierten die westlichen Medien diese erfreuliche Entwicklung. Nur bedachten die wenigsten, daß die Republik Senegal in Schwarz-Afrika eine ganz ungewöhnliche Stellung einnimmt. Hier hatte Frankreich sich bereits im Jahr 1659 im Hafen Saint-Louis etabliert. Im neunzehnten Jahrhundert hatte Paris dort Zugeständnisse gemacht, die völlig aus dem Rahmen fielen. In vier Gemeinden des Senegal – les quatre communes – in Saint-Louis, Dakar, Rufisque und Gorée, der früheren Sklaven-Insel – wurden den schwarzen Eingeborenen unmittelbar nach Ausrufung der Dritten Republik im Jahr 1871 die vollen französischen Bürgerrechte zugestanden. Hier hatte eine enge Symbiose und Akkulturation zwischen Schwarz und

Weiß stattgefunden wie nirgendwo sonst. Und dennoch – so kam ich mit dem Kommandanten schnell überein – ist jeder Vergleich mit europäischen Verhältnissen unangebracht, denn in letzter Instanz entscheiden zwei geistliche islamische Instanzen über die Wahlentscheidung ihrer blindlings ergebenen Gläubigen, der Kalif der Muriden-Sekte von Tuba und der Scheikh der Tidjaniya-Bruderschaft in Tivaouane. »Nicht wir Franzosen bereiten der CIA wirkliche Sorgen in Guinea«, meint der französische Offizier, »sondern die Chinesen. Vorläufig strömen sie nur als Bauunternehmer und landwirtschaftliche Berater ins Land, aber morgen dürfte Peking bei geeignetem Anlaß auch Militär-Instrukteure entsenden. Sie können sich gar nicht vorstellen, wie hartnäckig die in vierzig Jahren eingebleute maoistische Ideologie unterschwellig bei vielen guineischen Intellektuellen und Offizieren fortwirkt.« In diesem Punkt dachte das »Deuxième Bureau« – ein etwas veralteter Ausdruck übrigens – wohl zu global. Als wirklich entscheidende Volkskraft, die zwischen Senegal-Fluß und Tschad-See auf ihre Regeneration, auf ihre historische Revanche wartet, so entgegne ich, komme vor allem der militante Islam in Frage.

*

Sekou Touré war bei aller Bewunderung für Marx, Lenin und Mao Zedong kein Atheist gewesen. Er betonte seine Koran-Gläubigkeit und nahm gelegentlich am Freitagsgebet teil. In diesem Punkt war er also keineswegs mit dem albanischen Diktator Enver Hoxha zu vergleichen, der den ersten »Gottlosen-Staat« gegründet hatte und die Ausmerzung jeder Form von Religiosität, auch des Islam, dem er selbst angehörte, unerbittlich vollzog.

Durch Vermittlung der Botschaft habe ich den Kontakt zur Nationalen Islamischen Liga Guineas hergestellt und deren offizielle Repräsentanten in ihren geräumigen Büros aufgesucht. Über dem Schreibtisch des Generalsekretärs, Scheikh Ibrahima Sory Jadiga, der gleichzeitig Präsident der Ulama, der Korangelehrten ist, hängt ein großes Porträt Präsident Lansana Contés. Um eine staatsfeindliche Opposition handelt es sich also nicht. Dem Scheikh, einem Malinké, zur Seite sitzt sein junger Stellvertreter, Mohammed Conté, der dem Soussou-Volk angehört. Der weitaus dynamischere dieser beiden Männer ist der »Alim« Jadiga, der keiner Frage aus dem Weg geht.

»Guinea ist zum Zentrum der islamischen Renaissance in Westafrika geworden«, sagt er gleich zu Anfang und zeigt sich über die zunehmende Frömmigkeit der Gläubigen hochbefriedigt. »Sie brauchen doch nur über Land zu fahren und können feststellen, daß überall neue Moscheen entstehen. Die Gebetsveranstaltungen sind gut besucht, und gerade die Jugend, die von der marxistischen Lehre kaum verdorben wurde, sucht ihren Halt in der Religion.« Scheikh Ibrahima ist weit gereist und kennt sich im Dar-ul-Islam aus. Während er sich den grauen Bart streicht, berichtet er sehr lässig von seiner Begegnung mit Hassan el Turabi, dem »Erwecker« von Khartum, den er als recht theatralisch empfand. Die Masse der guineischen Muslime gehört der malekitischen Rechtsschule oder »Madhhab« an, die auch im gesamten Maghreb stark vertreten ist. Eindeutig erweist sich das Sultanat Marokko als Ausgangspunkt der Bekehrung der schwarz-afrikanischen Stämme im westlichen Sudan. Der Scheikh distanziert sich von den unduldsamen Predigern einer eifernden Rückkehr zu den Ursprüngen, der »Usuliya« oder »Salafiya«.

Es ist dennoch ein recht afrikanisch gefärbter Islam, mit dem ich es hier zu tun habe. Ibrahima spricht sich zugunsten der weiblichen Exzision aus, obwohl dieses scheußliche Brauchtum in keiner Weise einem koranischen Gebot entspricht. Er gibt zu, daß die guineischen Gläubigen Finanzzuwendungen aus Saudi-Arabien und aus der libyschen Jamahariya Qadhafis erhalten. Auf meine Frage, wie er es denn mit den Heiden halte, den Animisten, den Götzenanbetern, den Anhängern der Naturreligionen, wie man politisch korrekt sagen soll, erhalte ich eine merkwürdige Antwort. Der Koran, der den »Schriftbesitzern« – Juden und Christen – einen Toleranzstatus als »Dhimmi« zugesteht, gewährt den Polythisten, den »Muschrikin« keine vergleichbare Duldung. Für die »Spalter«, die Anhänger der Vielgötterei, gibt es keinen »Pakt vor Gott und seinem Propheten« heißt es in der

Offenbarung, was sich – zumindest in Schwarz-Afrika – darin ausdrückte, daß die unterworfenen Heiden entweder zwangsbekehrt, versklavt oder getötet wurden. »Wir haben da eine andere Interpretation«, klärt mich der oberste Korangelehrte Guineas auf; »die heidnischen Völker, die wir ja gut kennen, sind keine wirklichen ›Muschrikin‹. Sie beten fast alle zu einem einzigen höchsten Wesen – ob es nun in einem Baum, einem Stein oder einem Tier Gestalt annimmt. Sie gehorchen also dem Grundgebot des ›Tauhid‹, der ›Einzigkeit Gottes‹.« In der Universität El Azhar von Kairo würde eine solch kasuistische Auslegung auf geringe Zustimmung stoßen und wohl als Ketzerei verdammt werden.

Am Ende mischt sich Mohammed Conté, der stellvertretende Generalsekretär, ein. »Wir haben hier noch eine ganz spezielle Kategorie von Muslimen. In Guinea leben mindestens 10 000 Libanesen, und die sind fast alle Schiiten. In Dakar sind sie noch weit zahlreicher, während die 45 000 Levantiner der Elfenbeinküste wohl überwiegend Christen oder Sunniten sind. Es gibt also auch eine Anzahl schiitischer Moscheen oder ›Husseiniyeh‹ in Conakry.« – Da kommt mir die Erinnerung an meinen letzten Aufenthalt im Süd-Libanon in den Sinn, der nur ein halbes Jahr zurückliegt. Im Frontgebiet der schiitischen Hizbullah, unmittelbar an der Grenze zu Israel, waren mir eine ganze Serie schloßähnlicher Villen aufgefallen, die sich eine neue lokale Oberschicht – Söhne armer Tabakpflücker und Hungerleider – dank ihrer kommerziellen Begabung und ihrer Betriebsamkeit in den westafrikanischen Kontoren hatte leisten können. Die strenge und tugendhafte »Partei Gottes« hielt ein wachsames Auge auf diese Verschwendung der Neureichen. Mit Sicherheit wurden sie notfalls mit Gewalt angehalten, für die heilige Sache, für den »Kampf auf dem Pfade Allahs« einen hohen Prozentsatz ihres Gewinns zu spenden. In Conakry und Dakar laufen wohl die wichtigsten Finanzierungsquellen der Hizbullah zusammen. Wer weiß, ob nicht der eine oder andere Sohn dieser schiitischen Parvenüs – ähnlich wie der ominöse »Terrorist« Osama Bin Laden, dessen sunnitischer Vater, aus ärmlichen Verhältnissen kommend, der weitaus erfolgreichste Bau-Unternehmer Arabiens wurde – seine höchste religiöse Erfüllung im »Dschihad«, im »Heiligen Krieg«, gegen den »amerikanischen Satan« suchen und die strategisch wichtige Westküste des Atlantik dazu als Basis benutzen wird.

An der Spitze dieser »Ligue Islamique de Guinée« habe ich einen Malinke und einen Soussou getroffen. Die Malinké stellen etwa 30 Prozent, die Soussou 20 Prozent der Gesamtbevölkerung der Republik dar. Es fehlte hingegen ein Repräsentant der bedeutendsten Völkerschaft, der Peul, wie die Franzosen, der Fulani oder Fulbe, wie die Angelsachsen sie nennen. Diese durchweg muslimische Ethnie stellt immerhin 35 Prozent der Bevölkerung. Ich wollte Scheikh Ibrahima nicht in eine peinliche Situation drängen und frage nicht länger nach den Peul oder Fulani, die sich seit dem Beginn der Islamisierung des West-Sudan als intellektuelle Elite, ja sogar als Herrenvolk gebärden. Von den viel später konvertierten Malinké oder Soussou werden sie oft mit Neid und Mißtrauen beobachtet. Zuvor war ich in einem Archiv auf die Brandrede gestoßen, die Sekou Touré zur Zeit seiner Schauprozesse und einer gnadenlosen Kampagne gegen das »Komplott« der Peul am 9. August 1976 im Volkspalast von Conakry gehalten hatte.

»Genossen!« so hatte der Große Elefant begonnen; »wir werden die Agenten der Fünften Kolonne verhören« (gemeint waren die politischen Repräsentanten der Peul-Stämme, darunter auch Diallo Telly, einer der frühesten und prominentesten Weggefährten des Präsidenten). »Die Verschwörer wollen das revolutionäre Regime vernichten, das unser Volk geschaffen hat. Der Rassismus wird durch sie als Instrument der Demoralisierung, der ideologischen Irreführung und der Konterrevolution benutzt. Wir sind Revolutionäre. Wir sind absolut anti-rassistisch. Für uns gibt es keinen Malinke, keinen Soussou und auch keinen Peul, sondern nur den Afrikaner, der auf dem Boden unserer Republik Guinea lebt. Die Gemeinschaft der Peul beruft sich darauf, daß sie vor den anderen Völkern gebildet und islamisch war, daß sie sehr früh die Kunst des Schreibens erlernte. Mit Hilfe dieses Bildungsvorsprungs haben sie andere Ethnien unterworfen und ihre eigene Macht gefestigt. Das Volk der Fulbe ist Koran-gläubig. Aber der

Islam lehrt uns, daß Adam und Eva das gesamte Menschengeschlecht gezeugt haben. Warum sollten wir also willkürliche Unterscheidungen vornehmen? Der Rassismus ist ein Werkzeug Satans. Es wird behauptet, daß ein Peul sich bereits durch seine Physiognomie, seine Gesichtszüge über die übrigen Stämme erhebe. Es wird Zeit, daß wir mit dieser rassistischen Arroganz Schluß machen. Seht euch die Liste derjenigen an, die aus Guinea ins Ausland geflohen sind. Alle Ärzte, Professoren und Intellektuellen, die sich nach ihrem Studium weigern, in ihre Heimat zurückzukehren, sind zu 95 Prozent Peul. Wenn ein Peul lediglich auf Grund seiner tribalen Zugehörigkeit Anspruch auf Land und Boden erhebt, dann soll er erschossen werden. Sie fahren fort, das Gift ihrer Lügen zu verspritzen. Deshalb sollten die anständigen Peul sagen: ›Wir wollen den Verrat an der Nation nicht länger dulden. Wir wollen nicht abweichen vom Sinn der Geschichte.‹« – Am Ende steigerte sich Sekou Touré zu einem Appell, der eines afrikanischen Robespierre würdig war:

»Genossen und Vorkämpfer der Revolution, benutzt die Revolution, um alle getarnten Rassisten innerhalb der Partei und des Staates zu zerschmettern. Beobachtet aufmerksam das Verhalten eines jeden, damit die Saboteure unserer Wirtschaft und unserer Kultur sofort eingekerkert werden. Wir müssen wachsam bleiben. Was ist das erste Gebot – Genossen? so frage ich euch, was soll mit den Verrätern geschehen?« – Einstimmige Antwort der Anwesenden: »An den Galgen mit ihnen! – Prêt pour la Révolution – Allzeit bereit für die Revolution!«

Die frommen Muslime des Fouta-Djalon

Dalaba, im Mai 2001

Was hat es in Wirklichkeit auf sich mit dieser von Sekou Touré verabscheuten Rasse der Peul, der Fulani, der Felaata, der Tekruri oder Toucouleurs? Alle Namen bezeichnen die gleiche Ethnie, deren Siedlungs- und Weidegebiet sich von den Ufern des Senegal-

Flusses bis zum Tschad-See erstreckt. In Guinea haben sich etwa zwei Millionen Peul im festungsähnlichen Gebirge des Fouta-Djalon niedergelassen, das von den Geographen als »Wasserturm West-Afrikas« bezeichnet wird. Dort entspringen die wichtigsten Flüsse der Region, Niger, Senegal und Gambia. In dieses Réduit einer geheimnisumwobenen Volksgruppe wollte ich nun vorstoßen. Meist ertrinkt das Plateau in dichten Nebelschwaden und Wolken. Aber an diesem Tag wölbt sich blauer Himmel. Nachdem wir von der Hauptstraße in Richtung Kankan nordwärts abgebogen sind, nimmt uns eine eindrucksvolle Landschaft auf, grün bewaldete Hänge und schwarze Basaltschluchten, die sich zwischen Tafelbergen schlängeln. Nach dem Waschküchen-Klima Conakrys genießen wir die angenehme Frische. Die Gendarmerie-Kontrollen, die zwischen Kindia und Mamou so zahlreich sind, als befände sich Guinea im Belagerungszustand, sind selten geworden. Die Militärs halten sämtliche Wagen an, um sie nach Waffen zu durchsuchen und eine Bestechungssumme zu kassieren. Mein Fahrer Barry, der stets auf die Präsenz eines weißen Fahrgastes verwies, blieb unbehelligt.

Die Dörfer des Fouta-Djalon sind nicht ansehnlicher als die des Tieflandes. Die Moscheen mit den bizarren weißen Türmen sind jedoch viel zahlreicher. Viele Höfe mit ihren pilzförmigen »Tukul« liegen abseits verstreut. Der Aufstieg ist irgendwie feierlich, als bewegten wir uns auf eine afrikanische Gralsburg zu. Oder habe ich nur zuviel gelesen über diese Nomaden- und Viehzüchter-Stämme, die in mancher Beziehung an die ostafrikanischen Tutsi in Ruanda und Burundi erinnern? Der bedeutendste deutsche Afrika-Forscher, Heinrich Barth, der den Fulani auf seinen Entdeckungsreisen auch in der sagenumwobenen, aber enttäuschenden Stadt Timbuktu begegnete, sah in ihnen die »intelligentesten Afrikaner«. Sie waren wohl auch die Hochmütigsten. Der Engländer Mungo Park, der schon um 1800 dem Lauf des Niger folgte und dabei den Tod fand, stellte fest, daß die Peul oder Fulani sich durch kupferfarbene Haut, schmale Nasen und Lippen von den übrigen Sudanesen unterschieden und sich stolz der weißen Menschheit zurechneten.

Ein Marabu namens Cerno Abdurrahman Bah hat ihre Entstehungsgeschichte noch unlängst in einem Gedicht besungen: »Zur gesegneten Epoche des Propheten Moses, des Erhabenen, sind die ersten Peul in unser Land am Fouta-Djalon gepilgert. Aus dem fernen Ägypten waren sie mitsamt ihren Familien und ihren Viehherden aufgebrochen. Dort bekehrten sie sich zum Islam und schwärmten im ganzen Sudan aus«, so beginnt das Epos. Im Norden Nigerias, wo die Fulani heute mit fünf Millionen am stärksten vertreten sind, gibt der Vezir Junaidu von Sokoto eine andere Herkunft an. Er sieht in seinen Stammesbrüdern die Nachkommen Abrahams, Isaaks und vor allem Esaus. Phantasiebegabte Exegeten der bizarren Fufulde-Sprache wollen herausgefunden haben, daß es sich um einen verlorenen Stamm Israels handele oder gar um eine Legion des alten Roms, die sich nach Schwarz-Afrika verirrte. Generell nehmen die Ethnologen an, daß die Fulani in ferner Zeit nach endlosen Wanderungen in weitem Bogen über den nord-afrikanischen Atlas und die Oasen Mauretaniens bis in die Gegend des Senegal-Flusses gelangten. Dort bildeten sie ihren ersten Siedlungsschwerpunkt Futa-Toro, der heute noch besteht. Da es sich ursprünglich um »hamitische« Viehzüchter handelte, breiteten sie sich bei ihrer Suche nach Weidegründen vom elften Jahrhundert an in jenem breiten sudanesischen Korridor aus, den wir Sahel-Zone nennen und der im Norden durch die Einöde der Sahara, im Süden durch den Regenwald begrenzt wird. Dort verhindert die Präsenz der Tsetse-Fliege jede Rinderzucht. Heute findet man die Ballungszentren der Peul in Senegambia, im Fouta-Djalon, am mittleren Niger, in Nord-Kamerun sogar und vor allem in den Emiraten der nigerianischen Föderation. Ihr Nomadenleben haben sie allmählich zugunsten seßhafter Staatsgründungen aufgegeben.

Die Bekehrung der Fulani zum Islam begann im Umkreis des Senegal, bei den sogenannten Toucouleurs oder Tekruri. Erst allmählich durchdrang die Lehre des Propheten das Fouta-Djalon-Gebirge. Aber dann setzte dort im siebzehnten Jahrhundert eine bemerkenswerte Entwicklung ein. Mit eifernder Inbrunst wandten sich die Fulbe der koranischen Offenbarung zu. Ihre religiösen Lehrer, »Mallam« genannt, die sich durch Sittenstrenge, ja Askese auszeichneten, bewährten sich als Prediger und Anführer des Heiligen Krieges gegen die Heiden, die »Muschrikin«. Die Götzenanbeter bekamen die ganze Härte der Scharia zu spüren. Nach und nach formierte sich ein islamischer Gottesstaat im Fouta-Djalon, dessen oberster Befehlshaber – Imam oder »Almamy« genannt – weltliche und religiöse Macht in einer Hand vereinigte. Von den übrigen Muslimen der Sahel-Zone, die dem Zauberglauben der Vorväter längst nicht entsagt hatten und ihren mystischen Übungen weiter huldigten, unterschieden sich die Koran-Gelehrten der Peul durch ihre strikte Buchstaben-Treue, ihre guten Arabisch-Kenntnisse und einen fast puritanischen Lebenswandel. Sie waren geborene »Fundamentalisten«. Drei Jahrhunderte sollte diese seltsame Hierarchie des Almamy-Reiches dauern. Die beiden bedeutendsten Sippen lösten sich in der Regierungsausübung ab. – Aber dann rückten um 1890 französische Kolonialtruppen von der Küste heran. Nach einem letzten Aufbäumen unter dem frommen »Alim« El Hadj Omar und dessen Sohn Ahmadou am mittleren Niger vollzogen dieses stolze Volk und seine Imame eine relativ unproblematische Unterwerfung unter die ungläubigen Eroberer.

Im Osten der Sahel-Zone war es indes um das Jahr 1800 zur Gründung eines Großreichs der Fulani unter ihrem streitbaren Scheikh Osman Dan Fodio gekommen, der im Ruf koranischer Heiligkeit stand und seine Herrschaft über die im Norden des heutigen Nigeria lebenden Haussa-Stämme etablierte. Bei diesen Feldzügen trugen die Befehlshaber der Fulbe-Kavallerie Rüstungen, die denen der fränkischen Kreuzritter ähnelten. Das Modell dazu war offenbar aus Ägypten in die Umgebung des Tschad-Sees gelangt. Bis nach Ilorin im Yoruba-Land sollte Osman Dan Fodio seinen siegreichen Dschihad vorantreiben. Er proklamierte sich zum Kalifen, »Amir el mu'minin«. Aber dann zog er sich in frommer Abgeschiedenheit nach Sokoto zurück. Sein Reich wurde von inneren Zwistigkeiten zerrüttet, so daß die aus Süden vorrückenden Engländer ein relativ leichtes Spiel hatten. Ab 1901 verleibte London den Norden des heutigen Nigeria dem Empire ein, überließ jedoch – nach dem britischen Prinzip des »indirect rule« – den örtlichen Emiren und Scheikhs, vor allem auch dem mächtigen Sultan von Sokoto weitgehende Selbstverwaltung und Autorität über ihre muslimischen Untertanen, über die Elite der Fulani und die mit ihnen in Harmonie lebende Mehrheitsbevölkerung der Haussa.

Warum ich diese Vorgänge so ausführlich schildere? Weil sie explosiv bis in die Gegenwart weiterwirken. Warum verfolgte Sekou Touré die Peul mit seinem Haß? Das geht auf den Abwehrkampf seines Ahnen Samory gegen die Franzosen zurück. Die vornehme Oberschicht der Fulani blickte damals mit Verachtung auf diesen unwissenden Bandenführer herab, der aus einfachsten Verhältnissen aufgestiegen war und der eben erst zum Islam bekehrten Ethnie der Mandingo angehörte, zu einer Gattung also, die im Fouta-Djalon als »Menschenfresser« verachtet wurde. Ein Bündnis zwischen Samory und dem Fulbe-Feldherrn Ahmadou gegen die Franzosen war unter diesen Umständen undenkbar. Die Feindschaft dauert heute noch, selbst nach dem Tod Sekou Tourés, untergründig fort.

*

Das einzig Bemerkenswerte an der Stadt Dalaba ist die riesige Moschee, die mit ihren schlanken Minaretten und der grünen Kuppel die Richtung zu weisen scheint. Sie wurde erst im Jahr 1999 von einem reichen Peul-Kaufmann namens Mamadou Dalaba gespendet. Aber hier konzentriert sich inzwischen, weit mehr als in Labé oder Timbo, das politisch-religiöse Leben. Die Frauen sind nicht verschleiert, und wir begegnen zahlreichen Schulklassen beider Geschlechter. Bei den Franzosen wurde Dalaba, das auf 1300 Meter Höhe liegt, als Erholungsort geschätzt. Im gastlichen »Fouta-Hotel« fand man Zuflucht vor der erdrückenden Schwüle der guineischen Hauptstadt. Mir fallen vor allem die Kühe auf, die sich auf dem Rasen rings um die Herberge ohne Rücksicht auf die wenigen Gäste bewegen. Die Hirten-Tradition räumt dem Vieh solche Privilegien ein. Die kleingewachsenen Tiere mit ihrem fahlen, gelblichen Fell und den bescheidenen Hörnern lassen sich jedoch nicht mit den prächtigen Stieren und Rindern der Dinka oder Tutsi vergleichen.

Es ist Mittagszeit, und ich suche die Moschee auf. Der Muezzin hat zum Gebet, zum »salat el dhuhr« gerufen, und eine Gruppe von etwa fünfzig Männern aller Altersklassen hat sich in dem weißgekachelten Gebetsraum in Richtung Mekka versammelt. Ich habe natürlich meine Schuhe ausgezogen, und als zwei junge Männer mich nach meinem Begehren fragen, rezitiere ich auf gut Glück die erste Sure des Koran, die Fatiha. Da stehe ich auf einmal im Zentrum einer herzlichen Freundschaftsbekundung. Obwohl ich betone, daß ich kein Muslim, sondern Christ bin, werde ich in die erste Reihe der Betenden geleitet. Der stellvertretende Imam, ein gütig blickender Greis mit spärlichem weißen Bart, nimmt sich meiner besonders an, während wir uns im vorgeschriebenen Rhythmus aufrichten oder zu Boden fallen lassen. Das Ritual ist mir bekannt, aber der »Na'ib« legt Wert darauf, daß ich die Verneigungen nach exakter Vorschrift durchführe. Für jemanden, der diese fromme Gymnastik nicht gewohnt ist, beginnen die Gelenke sehr schnell zu schmerzen. Wenn ich nicht gerade mit Stirn und Nase den Teppich berühre, schaue ich mir meine Gefährten genau an. Ein besonders stark ausgeprägter ethnischer Typus, wie ihn die frühen Reisenden beschrieben, ist kaum noch zu erkennen. Vermutlich haben die Angehörigen anderer afrikanischer Stämme dafür einen schärferen Blick. Aber negroid sehen die wenigsten Gesichter aus. Der Teint ist heller, die Lippen schmal und die Nase oft gebogen. Wie Dinka oder Tutsi sehen diese Peul überhaupt nicht aus. Dafür lassen sich einige von ihnen mit den Tuareg der Sahara vergleichen oder mit den Nubiern Ober-Ägyptens.

Nach dem Gebet kommen wir im Vorhof der Moschee unter einem weit ausladenden Baum zusammen. Der Mufti stellt mich einer imponierenden Persönlichkeit vor. El Hadj Ticero Habib Sow steht der Islamischen Liga von Dalaba vor. Der mächtig gewachsene Mann spricht perfekt französisch und unterrichtet als Geschichtsprofessor an einer nahen Hochschule. Bei diesem »Ustaz« hat sich die ursprüngliche Physiognomie der Fulani sehr rein erhalten. Das kahlgeschorene Antlitz wirkt fast römisch, und er hat die Allüre eines Kurien-Kardinals. Zwischen dem Imam und dem Professor werde ich aufgefordert, auf einer Steinbank Platz zu nehmen, während die Gläubigen zu unseren Füßen hocken.

El Hadj Ticero kennt sich gut aus in der Historie seines Volkes. Er belastet sie nicht mit unnötigen Legenden. »Gerade in Deutschland sind eine Reihe von klugen Veröffentlichungen über uns erschienen«, belehrt er mich; »und der kundigste Entdecker war Heinrich Barth.« Er lobt auch den französischen Ethnologen Paul Marty. »Nein, einen Kalifen haben wir nie gehabt«, antwortet er auf meine Frage; »der Almamy, die höchste weltliche und geistliche Autorität, wurde von den großen Sippen kooptiert. Ein Ältestenrat stand ihm zur Seite, und alle zwei Jahre wurde er ausgewechselt. Heute gibt es keinen zentralen Almamy mehr. An seine Stelle sind die Imame der großen Moscheen des Fouta-Djalon getreten, und die regeln neben religiösen Fragen auch ganz alltägliche Probleme mit großer Autorität.« Zu meiner Überraschung erfahre ich, daß nach der düsteren Epoche Sekou Tourés die weitgestreute Föderation der Peul, Fulani oder Tekruri die Verbindung untereinander aufrechterhalten hat. Eine Art Renaissance sei im Gange, die sich auf die Pflege der gemeinsamen Fufulde-Sprache erstrecke. »Wir veranstalten Konferenzen mit unseren Brüdern aus Senegal, Mali, Kamerun und Nigeria.«

Der »Ustaz« ist ein sehr schrifttreuer Moslem, der den Abweichungen der »Sufi«-Bruderschaften, der Tidjaniya oder Qadiriya, energisch entgegensteuert. Die Zugehörigkeit vieler Peul im West-Sudan zur Tidjaniya weist auf enge Verbundenheit mit Marokko hin, wo diese Tariqa erst Anfang des 19. Jahrhunderts in Fez gegründet wurde. Auch der Vorrang der malekitischen Rechtsschule im Sudan deutet auf den Maghreb. Neuerdings sei bei den Jüngeren eine Hinwendung zum strengen hanbalitischen Ritus festzustellen, und sogar eine integristisch orientierte Wahhabiten-Bewegung kündige sich an. Für einen guten Muslim gelte jedoch nur der Koran und der Hadith, die Überlieferung aus dem Leben des Propheten. Eine Rückkehr zur Reinheit der ursprünglichen Lehre, zur »Salafiya«, sei das Gebot der Stunde.

Die Zuhörer sind neugierig auf das, was ich aus Deutschland zu berichten habe. Daß dort inzwischen mindestens drei Millionen Koran-Gläubige leben, erfüllt sie mit großer Genugtuung. Ich muß auch aus den Ländern des arabischen Orients erzählen, und der Wissensdurst reicht bis nach China, »hatta-es-Sin«, wie Mohammed seinen Jüngern empfahl. Dann kommt die unvermeidliche Frage, wie es denn möglich sei, wo ich mich in der koranischen Lehre so gut auskenne, daß ich nicht zum Islam übergetreten sei? Ein junger lächelnder Mann versucht es mit einem mir bereits bekannten Trick: »Du kannst doch die Schahada, das Glaubensbekenntnis, aufsagen?« fragt er. Dazu sei ich in der Lage, erwidere ich und rezitiere, daß es außer Gott keinen Gott gibt und daß Mohammed sein Prophet sei. Da bricht spontaner Jubel aus. »Du hast die Schahada aufgesagt, und jetzt bist du ein Muslim geworden«, freuen sie sich. Mit lebhafter Herzlichkeit werde ich zum Auto geleitet. Hadj Ticero Habib Sow verabschiedet sich mit klerikaler Würde.

*

Im Hotel angekommen, blättere ich in einer französischen Übersetzung der Reisebeschreibungen Heinrich Barths aus dem Jahr 1852. Er war unter ständiger Bedrohung bis Timbuktu gelangt, wo der einflußreiche Fulbe-Sultan Seku Ahmadou die Auslieferung und Hinrichtung des Ungläubigen forderte. Barth hatte sich aus dieser kritischen Situation gerettet, indem er sich in langen Gesprächen auf seine theologischen Kenntnisse berief. Die Muselmanen selbst würden doch Mohammed nicht als den einzigen Propheten anerkennen, so argumentierte er. Sie verehrten doch auch Moses und Jesus. Letzterer besäße sogar eine ganz spezielle Bedeutung, denn ihm falle die Aufgabe zu, das Jüngste Gericht und die Auferstehung der Toten anzukündigen. Im übrigen würden Muslime und Christen zum gleichen Gott beten, stünden sich in vieler Beziehung nahe und sollten gute Freunde sein. Auf diese Weise war es dem deutschen Orientalisten gelungen, den heiligen Zorn der Fulbe zu besänftigen.

Barth berichtet über eine andere Begegnung mit einem blinden Greis, einem Fulani namens Sambo, der ihn außerordentlich beeindruckte. »Ich hatte nicht im geringsten damit gerechnet«, so schrieb er, »in der entlegenen Ortschaft Baghirmi einen Mann zu finden, der mit allen Facetten der arabischen Literatur vertraut war und sich darüber hinaus mit Aristoteles und Plato befaßt hatte, soweit deren Schriften ins Arabische übertragen, besser gesagt ›muslimisiert‹ worden waren. Sambo hatte sich im Orient aufgehalten, als dort der Krieg zwischen Türken und Wahhabiten tobte. Ich suchte ihn täglich auf und unterhielt mich mit ihm über den Glanz des Kalifats – von Bagdad bis Spanien. Er war von Jugend auf mit Astrolaben und Sextanten vertraut. Dieser ungewöhnlich aufgeschlossene Mann muß in seinem innersten Herzen dennoch ein ›Wahhabi‹ gewesen sein.« Letztere Bemerkung Heinrich Barths verwundert mich zutiefst, denn der Wahhabismus war als extrem strenge Ausrichtung des Islam im arabischen Nedjd durch den Prediger Abdul Wahhab im 18. Jahrhundert ins Leben gerufen und vom Krieger-Clan der Banu Saud als religiöse Leitschnur übernommen worden. Als Wahhabiten gelten also nicht nur die sunnitischen Untertanen der heute regierenden Dynastie Saudi-Arabiens. Mit diesem Wort »Wahhabi« werden im Kaukasus, in Zentral-Asien, in Indonesien und in Schwarz-Afrika all jene glühenden Eiferer des Islam bezeichnet, die im Westen als »Fundamentalisten« oder als »islamistische Fanatiker« verschrien sind.

Gegen Abend habe ich mich vor dem Hotel auf eine einsame Bank gesetzt und genieße den weiten Panorama-Blick über den Fouta-Djalon. Die schroffen Felswände, der Kiefernwald, der vom Qualm der Brandrodung verschleiert ist, die blasse Sonne, die fahles Licht verbreitet, all dies entspricht den Motiven der klassischen chinesischen Tuschmalerei. Ich fühle mich um ein halbes Jahrhundert in die Thai-Region Nord-Vietnams zurückversetzt, an die Grenze zur Provinz Yünan und zum Reich der Mitte. Die Aussage El Hadj Ticeros über die neu erwachte Solidarisierung aller Fulani im Zeichen des militanten Islam, die sich angeblich zwischen Senegal und Nord-Kamerun vollzieht, stimmt mich nachdenklich. Noch ist in der Republik Guinea keine religiöse

Gärung festzustellen, und die Peul des Fouta-Djalon begnügen sich mit ihrer zurückgewonnenen Autonomie gegenüber Conakry. Aber in Nord-Nigeria heizt sich eine explosive Stimmung auf. Dort haben die eifernden Erben Osman Dan Fodios die koranische Rechtsprechung, die Scharia, in ihren Emiraten wieder eingeführt. Die Initiative dazu ging von den »Ulama« der Fulani aus, die seit jeher zum religiösen »Fundamentalismus« tendierten. Die Verschleierung der Frauen, Handamputation als Bestrafung von Diebstahl und die Aufstellung von »Vigilanten«, einer Art Religionspolizei zur Überwachung der Moral, sind dort offiziell dekretiert worden. Ein dramatischer Höhepunkt wurde erreicht, als in der Millionenmetropole Kano, wo eine starke afrikanische Christen-Gemeinde lebt, die Alkoholausschänke der großen Hotels von Fanatikern verwüstet und angebliche frivole Festlichkeiten der Ungläubigen tätlich attackiert wurden.

Es spannt sich ein weiter Bogen vom Fouta-Djalon bis zum Emirat von Kano, und ich habe nicht die Absicht, nun auch noch den ethnisch-konfessionellen Sprengstoff detailliert zu beschreiben, der sich zwischen dem Norden und dem Süden Nigerias von Anfang an anhäuft. Das ist, wie Rudyard Kipling, der Barde des britischen Imperialismus zu schreiben pflegte, »another story«. Ich bin mir auch bewußt, daß der Fehlschlag des Sezessionskrieges von Biafra im Jahr 1970 und auch der immense Öl-Reichtum, der seitdem ausschließlich im christlich-animistischen Süden des Niger-Deltas gefördert wird, die Situation dieser riesigen Föderation zutiefst verändert hat. Dennoch will ich, wie ich es in diesem Buch immer wieder getan habe, einen Blick zurückwerfen. Meine Beobachtungen aus dem Jahr 1956 mögen wie eine vergilbte Chronik klingen, aber seltsamerweise enthalten sie auch ein gerüttelt Maß Aktualität.

Frühe Warnsignale aus Kano

Rückblende:
Kano, im Februar 1956

In den Emiraten von Katsina und Kano, in den Sultanaten von Sokoto und Bornu hat sich unter britischer Verwaltung die Feudalstruktur der großen islamischen Sudan-Reiche der Fulani und der Haussa beinahe unverändert erhalten. Dem »indirect rule« ist es zu verdanken, wenn die heute abtretende britische Kolonialadministration auf einen scheinbar reibungslosen Übergang zur Autonomie hinweisen kann. Von Gewerkschaftsbewegung und politischem Radikalismus ist im Norden Britisch-Nigerias nicht die Spur. Aber dafür stagniert der Bildungsstand der hiesigen Haussa-Bevölkerung auf niedrigem Niveau. Das tägliche Leben der Eingeborenen ist in der strikten Anwendung des koranischen Gesetzes erstarrt. Hier besteht die Schwierigkeit für die europäische Verwaltung nicht darin, Ansprüche auf politische Emanzipation zu bremsen, sondern sie im Gegenteil anzuspornen; denn im Süden Nigerias – unter den christlichen Ibo und Yoruba – ist der Nationalismus mit extremer Heftigkeit ausgebrochen, und es geht für die englischen District-Officers jetzt darum, im Norden ein konservatives Gegengewicht zu schaffen.

Die Altstadt von Kano, die vom Europäerviertel durch einige Meilen getrennt ist, wird in den Reiseführern als »Marrakesch des Südens« beschrieben. Das ist eine grobe Übertreibung. In den offenen Marktbuden werden mit Blech beschlagene, grell bemalte Brautbetten und ähnlich verzierte Sättel angeboten. Bei den Geldwechslern liegen die Maria-Theresien-Taler in hohen Rollen. Daneben werden noch die alten Muschelmünzen, die Cowries, gezeigt, von denen 350 000 für eine Frau gezahlt wurden. Dicke Zinnreifen galten einst ebenfalls als geläufige Währung, um auf dem benachbarten Sklavenmarkt Arbeitskräfte und Konkubinen zu kaufen. Hinter einem Haufen von toten Krähen und Igeln, von Rattenfellen, Affengliedern und seltsamen Wurzeln sitzen bunt kostümierte Wunderdoktoren. Antimon zum Schwärzen der Augenlider, Henna zum Röten der Hände und Füße, Seife aus Pottasche, Kolanüsse als Stimulans, Salzkugeln aus den Salinen von Bilma werden hier feilgeboten. Die Stoffe kommen meist aus Manchester oder Osaka, und die örtliche Kunst beschränkt sich auf die Anfertigung rauchgeschwärzter Kalebassen oder unansehnlicher Silberarbeiten.

Durch die enggewundenen Gassen zwischen Lehmhäusern, deren Zinnen wie Zebu-Hörner geschwungen sind, zerren halbnackte Schwarze ihre Lastkarren und spornen sich selbst mit rhythmischen Schnalzlauten an. Die Aasgeier, deren Tötung mit zehn Pfund Strafe geahndet wird, haben die Zutraulichkeit von Haustieren. Die Fliegen verdichten sich auf dem Fleischmarkt zu Klumpen. Der Gesundheitsbericht erwähnt 200 000 Blinde in Nord-Nigeria und eine Fülle endemischer Krankheiten. Die Zahl der Aussätzigen wurde nie statistisch erfaßt. Unweit des Sultanspalastes, der hinter mächtigen Laterit-Mauern verborgen ist, spiegeln sich hoch über den flachen Gassen von Kano die weißen Minarette der neuen großen Moschee in der Glasur einer blaugrünen Kuppel. Das Gebetshaus kündet von der Neubelebung des Islam in diesem afrikanischen Raum.

Jenseits der Lagerhallen mit den steilen Erdnuß-Pyramiden, gleich neben den Basar-Schuppen der Libanesen, erstrecken sich die Wellblech-Dächer von Sabongari. In diesem Stadtviertel haben sich die christlichen Zuwanderer aus dem Süden niedergelassen, meist Ibo und Yoruba. Sie zeichnen sich gegenüber den muslimischen Haussa des Nordens, die sich als wandernde Händler bewähren, durch größere Anpassungsfähigkeit an die westlichen Gesellschaftsformen aus und haben fast sämtliche Angestellten- und Schreiberstellen inne.

Mit den »Leuten aus dem Süden«, wie man sie in der Nordregion nennt, ist der große Gegensatz der nigerianischen Politik bis tief in das Herz des Emirats Kano getragen worden. Die Unabhängigkeitsbewegung, die vor allem in der Küstengegend von Lagos und Enugu ihren Ursprung nahm, führt zur Zeit einen Zweifrontenkrieg: Gegen die Überbleibsel der britischen Kolonialverwaltung gewiß, aber beinahe mehr noch gegen die konservative Feudal-Opposition der Muslim-Sultanate des Nordens.

Die Ibo aus dem Süd-Osten sind von einer unglaublichen Vitalität. Während abends die Muslim-Stadt schweigsam und ein wenig bedrückt in ihren Lehmwällen schlummert, erwacht Sabongari zu lärmendem Leben. Aus allen Häusern dringt Radiomusik. Die Frauen treffen sich zu kreischenden Runden, während die Männer in einer Phantasietracht, halb Pyjama, halb Pierrot-Kostüm gekleidet – zu Fuß oder zu Fahrrad – einem Kabarett unter freiem Himmel zustreben, das den anspruchsvollen Namen »Rendez-vous des Aristocrates« trägt.

Kein Wunder, daß die Muslime sich gegen so viel Sittenlosigkeit, soviel Geschäftigkeit, gegen diesen unverhohlenen Unterwanderungs- und Überflügelungsversuch des Südens zur Wehr gesetzt haben. Seit bei den letzten Stadtwahlen in Zaria, dem Sitz eines stockkonservativen Emirs, die Anhänger des christlichen Yoruba-Politikers Azikiwe die Mehrheit errangen, haben die Feudalherren und Höflinge der Sultane erkannt, daß es nicht länger ausreicht, mit der bodenlosen Verachtung des Koran-Gläubigen auf diese eben dem Götzenkult entronnenen »Kuffar« herabzublicken. Die Abwehr des Nordens gegen die Agitation aus dem Süden hat zu einer islamisch ausgerichteten Kampagne geführt, die in mancher Hinsicht an pakistanische Verhältnisse erinnert und eine konfessionelle Zerrüttung nach dem Muster des indischen Subkontinents nicht mehr ganz ausschließt. In Kaduna hat sich die Regierung des Nordens unter Vorsitz des designierten Nachfolgers des Fulani-Sultans von Sokoto, des Sardauna Ahmadu Bello, niedergelassen. Wenn dieser eindrucksvolle Feudalherr zum Freitagsgebet von seinem Palast zur »Dschami'« reitet, entfaltet er immer noch ein farbenprächtiges Schauspiel, einen höfischen Prunk, der dem großen Malik Kankan Musa, dem »Befehlshaber der Gläubigen« im mittelalterlichen Mali-Reich, alle Ehre gemacht hätte.

SIERRA LEONE

Am Abgrund aller Dinge

Freetown, im Mai 2001

Selbst diese faulige Mangroven-Küste hat ihren Roman-Titel gefunden. In Freetown, der Hauptstadt von Sierra Leone, entstand der Roman Graham Greenes »The Heart of the Matter«, zu Deutsch »Das Herz aller Dinge«. Gewiß, dieses Buch hat nur einen oberflächlichen Bezug zu den aktuellen Ereignissen, die Westafrika heute in einen Strudel unsäglicher Grausamkeit reißen. Es würde forciert klingen, wenn ich eine Relation herstellen wollte zwischen dem Kongo-Erlebnis Joseph Conrads aus dem »Herz der Finsternis« und der wehleidigen Weise von Liebe und Tod des britischen Polizei-Majors Scobie, der während des Zweiten Weltkrieges in dieser gottverlassenen Besitzung des Empire seine unerträgliche Frau betrügt, als frommer Katholik an dem Fehltritt zerbricht und – nach einem dienstlichen Vergehen – Selbstmord begeht. Da war der Elfenbeinjäger Kurtz, der – umgeben von aufgespießten Totenköpfen – am Kongo sein Leben aushauchte, aus einem ganz anderen Stoff. Und dennoch hat es seine Bedeutung, daß Kurtz am Anfang und Scobie am Ende dieser »Afrikanischen Totenklage« stehen. Bei beiden spielt der »Horror«, der vom »dark continent« ausgeht, die beherrschende Rolle. Der selbstquälerische Engländer Scobie hat letztlich als »Heart of the Matter« nicht die Gnade seines dreieinigen Gottes entdeckt, sondern die Verzweiflung, die diesem undurchdringlichen Erdteil anhaftet, das Entsetzen, das in der wild wuchernden Fremde unter der Maske des Schicksals auftritt.

Beginnen wir mit dem »City-Hotel«, in dem Graham Greene seine Roman-Figur Wilson, einen Beauftragten des Intelligence Service, wohnen läßt. Ich hatte in diesem vermoderten Kasten – zwischen Gloucester und George-Street gelegen – bei meinem ersten Besuch Sierra Leones im Jahr 1959 ein paar Tage verbracht. Den Trübsinn Wilsons konnte ich nachempfinden, der von dem verrosteten Gitter seines Balkons auf die Langeweile eines englischen Kolonialsonntags blickte. Auch bei mir waren – sobald das rostbraune Wasser ausging – Kakerlaken aus den Hähnen des Waschbeckens gepurzelt, wenn ich damals auch nicht einen Partner fand, im Buch ein gewisser Harris, um den sportlichen Vernichtungswettkampf gegen das Ungeziefer aufzunehmen.

Da stehe ich heute in der Bond Street vor der Ruine des ausgebrannten »City-Hotels«. Ihm wurde nicht einmal die Ehre zuteil, durch Kampfhandlungen zerstört zu werden, sondern es fiel einer Feuersbrunst anheim, die auf Grund der morschen Bohlen und Holzverschalungen längst fällig war. Laut Reiseführer hatte es in der Zwischenzeit als Bordell gedient. Die chaotische Situation in Sierra Leone habe sich heute weitgehend beruhigt, so entnimmt man europäischen Gazetten, die sich bei ihren Informationen überwiegend auf die Berichte ihrer Korrespondenten aus Kapstadt und Nairobi stützen. Tatsächlich ist Freetown eine ziemlich sichere Stadt geworden, seit an den Kreuzungen die Blauhelme der UNO ihre Sandsackstellungen ausgebaut haben. Unter dem Militärdiktator Valentine Strasser – der Hauptmann war gerade einmal 26 Jahre alt, als er zur Macht kam – sind die Straßen der Hauptstadt, wo ich seinerzeit im Schlamm steckenblieb, asphaltiert, und es ist sogar für Müllabfuhr gesorgt worden. Die Trümmer, die der quasi-permanente Bürgerkrieg seit 1991 hinterlassen hat, fallen nicht übermäßig ins Auge. Die Polizei-Direktion, in der Major Scobie einst Dienst tat, »ein mächtiger Steinbau, vergleichbar mit der großsprecherischen Prahlerei schwacher Männer«, wie Greene schrieb, bildet wohl die spektakulärste Ruine. Der relativ positive Eindruck mag auch dem Umstand zu verdanken sein, daß in diesen Tagen die Sonne häufig scheint und ich von den hier üblichen, endlosen Regenströmen weitgehend verschont bleibe.

Das »Cape Sierra-Hotel«, wo ich dieses Mal logiere, ist komfortabler als erwartet. In den Gängen und im geräumigen Innengarten wimmelt es von schwerbewaffneten Soldaten und Polizisten. Die Sicherheitsmaßnahmen gelten dem Präsidenten der Republik Guinea-Bissau, João Bernardo Vieira, der gerade dem Staatschef von Sierra Leone, Ahmad Tejan Kabbah, einen offiziellen Besuch abstattet und in diesem Hotel untergebracht ist. Umgeben von einer argwöhnischen Rotte »Gorillas« begegne ich den beiden Politikern im Treppenhaus. Sie bilden ein bizarres Paar. Während Kabbah den üblichen muslimischen Kaftan in grüner Farbe und das dazugehörige Käppchen trägt, ist der Bissauer auf extravagante Weise gekleidet. Wie ein »Baron Samedi« oder ein Leichenbestatter kommt er in schwarzem Anzug und weißem Hemd daher, und auf dem Kopf hat er eine knallrote Pudelmütze mit Troddel. Seine Augen blicken etwas aufgeregt unter dieser Wollvermummung hervor, die in keinem Verhältnis zu der brütenden Hitze steht. Präsident Kabbah, ehemals hoher UN-Beamter und Angehöriger des Malinde-Volkes, zieht ein beschädigtes Bein mißmutig hinter sich her. Dieser Mann verkörpert zur Zeit die angelsächsischen Hoffnungen auf Wiederherstellung von Ruhe und Ordnung in Sierra Leone, aber selbst in den Veröffentlichungen der halboffiziellen »International Crisis Group« (ICG), die von dem ehemaligen finnischen Regierungschef Martti Ahtisaari geleitet wird, heißt es mit erfrischender Offenheit: »Seit der Unabhängigkeitsproklamation im Jahr 1961 hat Sierra Leone niemals eine wahrhaft demokratische und verantwortliche Regierung gekannt.«

Auf der Fahrt ins Stadtzentrum habe ich eine Gruppe junger Männer überholt, denen ein Arm oder ein Bein fehlt. Noch unter dem Eindruck meiner Erlebnisse in Angola will ich den Fahrer fragen, ob denn auch seine Heimat flächendeckend durch Landminen verseucht sei. Aber in Sierra Leone ist ja alles viel fürchterlicher. Diese Arm- und Bein-Amputierten sind die Opfer der Kinder-Soldaten der »Vereinigten Revolutionsfront« (RUF), wie auch der besonders gefürchteten »West-Side-Boys«, die im Drogen- und Alkoholrausch ihren Spaß darin fanden, völlig unbeteiligten Zivilisten mit ihren Buschmessern die Glieder abzuhakken. In Freetown allein soll es achttausend dieser willkürlichen Verstümmelungen gegeben haben. Die Entscheidung darüber, welcher Körperteil bei welcher Person mit der Machete oder dem Beil abgetrennt würde, soll in der letzten Phase dieses Horrors unter großer Gaudi durch Los entschieden worden sein.

Anfangs standen wohl vor allem die Hände der Wehrlosen im Visier der fürchterlichen Knaben. Es ging darum, die Bürger Sierra Leones von der Teilnahme an den Wahlen abzuschrecken, die unter ausländischer Anleitung in Freetown ausgeschrieben wurden und deren Ausgang zugunsten des UNO-Kandidaten Kabbah von Anfang an feststand. Die Rebellen der RUF, aber auch diverse »War Lords« der »regulären« Armee werteten den Urnengang als feindlichen Akt. Der offizielle Werbe-Slogan: »Die Zukunft liegt in Deiner Hand« hatte wohl den Ausschlag gegeben. Nun galt es, diese verräterischen Hände an der Ausübung ihrer Bürgerpflicht zu hindern. Soweit sie des Schreibens mächtig waren, kerbten die Halbwüchsigen auch ihre Kampfparolen in Brust und Rücken ihrer vermeintlichen Gegner.

Der Wahnsinn war unbeschreiblich, und die grauenhaften Fernsehbilder, die die westliche Öffentlichkeit aufrüttelten, erzwangen schließlich eine massive internationale Intervention. Eine solche Rettungsaktion war den massakrierten Tutsi und Hutu von Ruanda stets verweigert worden. Ich bin mit einem afrikanischen Händler bei der vergeblichen Suche nach einem Souvenir ins Gespräch gekommen. Der erzählt mir die Geschichte eines zwölfjährigen Kinder-Soldaten von nebenan, der seiner Schwester in totaler geistiger Umnachtung durch die Billig-Droge »bubble« den Arm abgetrennt hatte. Als er zwei Tage später diese Verstümmelung entdeckte, fragte er ehrlich erschrocken: »Wer hat das denn angerichtet?« Als die Schwester ihn selbst als Täter bezichtigte, sei er schreiend zusammengebrochen.

Für die bedauernswerten Opfer kam eine zusätzliche, vielleicht die schlimmste Prüfung hinzu. Man verweigerte ihnen die Rückkehr in ihre Dörfer. In Afrika ist der Aberglaube weit verbreitet, daß Krüppel Unheil für ihre Umgebung stiften, und so müssen sie als Ausgestoßene vegetieren. Dieser Phobie entspricht übrigens bei den Ashanti von Ghana der Brauch, daß kein Mann dort »König« oder Ashantihene werden darf, dem auch nur das Glied eines Fingers fehlt oder der am Blinddarm operiert wurde.

Wer dächte angesichts dieser Torturen nicht an die abgehackten Hände der schwarzen Kautschuk-Sammler im Kongo-Staat Leopolds II.? Mir fällt aber auch der bizarre Reisebericht des frühen englischen Entdeckers Verney Lovett Cameron ein, ein durchaus verläßlicher Mann, der schon 1875 vor Stanley den Schwarzen Kontinent – allerdings auf einer weit weniger beschwerlichen Route – zwischen Tanganjika-See und dem Angola-Hafen Benguela durchquert hatte. Im östlichen Kongo, am Hof des Häuptlings Kassongo, hatte er folgende Entdeckung gemacht: »Ich war erstaunt, unter den Gefährten des Häuptlings so viele Verstümmelte anzutreffen, mehr noch zu erfahren, daß diese Amputationen auf eine bloße Laune des Herrschers hin durchgeführt wurden, der damit seine Macht beweisen wollte. Einem hohen Ratgeber dieses Potentaten waren die Hände, die Nase, die Ohren und die Lippen abgeschnitten worden, wie das den Wutanfällen seines ›edlen Freundes‹ entsprach. Trotz dieser Grausamkeit brachte der Unglückliche seinem Folterer kriecherische Unterwürfigkeit entgegen.«

Kreolen und »Geister-Soldaten«

Was nun die vom Westen angestrebte Etablierung demokratischer Verhältnisse in Sierra Leone betrifft, so war ja durch die Revolte der »Vereinigten Revolutionsfront« keineswegs ein funktionierendes, halbwegs zivilisiertes Staatswesen aus den Angeln gehoben worden. In mancher Beziehung läßt sich die Entwicklungsgeschichte Sierra Leones mit der Gründung der Republik Liberia vergleichen. In diesem Fall handelte es sich um die Rückführung schwarzer Sklaven der Antillen-Inseln, vor allem aber um die Ansiedlung des lebenden Frachtgutes, das von der Royal

Navy auf den Schiffen der Menschenhändler konfisziert worden war. In der Umgebung von Freetown wurden etwa 70 000 befreite Sklaven an einer Küste ausgesetzt, die von den portugiesischen Entdeckern den Namen »Löwenberg« erhalten hatte. Der Unterschied zu Monrovia war jedoch flagrant. Die »Krios«, wie diese schwarzen Eindringlinge von den Ureinwohnern hier genannt wurden, die »Kreolen«, unterstanden von Anfang an der englischen Krone, imitierten die Sitten ihrer britischen Kolonialherren und wurden von der weißen Administration zu frommem Wohlverhalten angehalten. Viele von ihnen fanden Anstellung als Sekretäre oder untere Verwaltungsbeamte. Die akkulturierten Stadtbewohner von Freetown blickten wie ihre liberianischen Schicksalsbrüder mit Verachtung auf die Eingeborenen-Stämme des Hinterlandes, des »Protektorats«, wo die »District Commissioners« des Empire nur gelegentlich Präsenz zeigen.

Gerade bei den großen Stammesföderationen der Mende im Süden, der Temne im Norden übten weiterhin die Geheimgesellschaften den größten Einfluß aus, und denen waren die überheblichen »Krios« ebenso verhaßt wie die »Congos« den »bush people« Liberias. Daß die Einwohner dieser britischen Küsten-Enklave, die ringsum von französischem Kolonialgebiet umgeben war – heute sind sie etwa sechs Millionen – sich zu sechzig Prozent zum Islam, zu fünfzehn Prozent zum Christentum bekehrten, spielte eine geringe Rolle, waren doch alle religiösen Kulte von den übermächtigen Überlieferungen des Fetischismus durchsetzt.

Wie die englischen Kolonialisten zur Glanzzeit des Empire Kreolen und Autochthone beurteilten, geht aus einem Roman-Gespräch bei Graham Greene hervor. Der Neuankömmling Wilson erkundigt sich nach der Verläßlichkeit der Bedienung und erhält von Harris folgende Antwort: »Ein Boy ist immer in Ordnung. Er ist ein echter Nigger – aber die da, sehen Sie sie nur an, sehen Sie, die eine da unten mit der Feder-Boa, die sind nicht einmal echte Nigger. Bloß Kreolen aus West-Indien, und sie beherrschen die Küste. Angestellte in den Geschäftshäusern, in der Stadtverwaltung, Richter, Rechtsanwälte – mein Gott! Oben im

Protektorat ist es ganz in Ordnung. Gegen die echten Nigger habe ich nichts. Gott hat unsere Farben erschaffen. Aber diese Kerle da – mein Gott!«

Als die Stunde der Unabhängigkeit nahte, ahnte die Minderheits-Elite der »Krio« von nur zwei Prozent, welche Gefahren aus dem Hinterland durch die Beteiligung der »wilden« Stämme am politischen Leben auf sie zurückten. Viele Kreolen waren im Sinne des prüden viktorianischen Protestantismus im renommierten Furah-Bay-College erzogen worden. Jetzt sahen sie sich mit der Unberechenbarkeit des Dschungels konfrontiert und beteuerten ihre Loyalität zur britischen Krone. Nach dem Tod des ersten Premierministers der »Independence«, Milton Margai, im Jahr 1964 setzte das für so viele afrikanische Staaten übliche Karussell von Militärrevolten und gefälschten Wahlen ein. Unter Präsident Siaka Stevens, der sich immerhin achtzehn Jahre an der Macht hielt, wurde die Republik proklamiert. Dann übergab er die Regierungsverantwortung an den Oberbefehlshaber Generalmajor Joseph Momoh, der Sierra Leone maßloser Korruption und galoppierender Inflation auslieferte. Momoh gebärdete sich als Autokrat und konnte nicht verhindern, daß sich im Ostteil des Landes eine Aufstandsbewegung weiter Gebiete, insbesondere auch der strategisch wichtigen Stadt Kono, bemächtigte. Es hieß, diese Rebellion stehe in enger Beziehung zum Bürgerkrieg, der zur gleichen Zeit in der benachbarten Republik Liberia tobte.

Ein Coup junger Offiziere unter Captain Valentine Strasser setzte neue Akzente. Strasser bemühte sich ernsthaft, wenigstens die Lebensmittelversorgung der Bevölkerung sicherzustellen, Straßen zu bauen und die städtischen Busse mit Benzin zu versorgen. Aber spätestens Mitte 1994 wurden die Rebellen der Ostregion, die sich in der »Revolutionary United Front« RUF unter dem ehrgeizigen Armee-Korporal Foday Sankoh formiert hatten, zur ernsten Gefahr. Der ganze Osten Sierra Leones fiel blutigen Unruhen anheim. Die offizielle Regierungsarmee von angeblich 13 000 Mann verwandelte sich in ein zusätzliches Element der Anarchie. Die genaue Mannschaftsstärke blieb auf Grund zahlreicher »ghost soldiers«, in deren Namen illegaler Sold kassiert wurde, stets ungewiß. Zur Bekämpfung der Aufständischen ließ Präsident Strasser verwahrloste Straßenkinder und arbeitslose Jugendliche rekrutieren. Sie verwandelten sich alsbald in brutale Gewalttäter, die man in Sierra Leone »sobels« nannte: »soldiers by day – rebels by night«. Als Plünderer, Vergewaltiger und Mörder waren sie ebenso gefürchtet wie die RUF-Freischärler des Corporal Foday Sankoh. Die »sobels« gingen soweit, die eigenen Waffen an ihre Gegner zu verkaufen, vor allem entdeckten sie – wie die »Vereinigte Revolutionsfront« vor ihnen – den ungeheuren Gewinn, den ihnen der illegale Handel mit Diamanten zu verschaffen versprach. Infolge der Eroberung der reichsten Diamanten- und Rutil-Vorkommen in Ost-Sierra Leone durch die verwilderte Soldateska steigerte sich der lokale Bandenkrieg, der hunderttausend Eingeborenen den Tod bringen sollte, aber bisher die Weltöffentlichkeit kalt gelassen hatte, zu einem internationalen Ereignis von höchster Brisanz.

Im Grunde war es der globalisierten Welt egal gewesen, wer in Freetown die offizielle Regierungsgewalt ausübte, welche Offiziere sich gerade hochputschten und welche Fraktionen sich gegenseitig abschlachteten. Entscheidend war deren Verhältnis zu den großen Minen-Gesellschaften, die das Einsammeln von Diamanten bester Qualität, den Abbau von Bauxit und Rutil im Stil einer gezielten Profitsteigerung forcierten. Die kombinierten Interessen des internationalen Kapitals und des Präsidenten Valentine Strasser drängten auf militärische Rückeroberung der reichsten Diamanten-Felder der Ost-Region. Dafür taugte die Armee Sierra Leones natürlich nicht im geringsten. Diese Aufgabe mußten hochspezialisierte Söldner-Firmen des westlichen Auslandes übernehmen, in diesem Fall die Gesellschaft »Executive Outcomes«. Zwischen dem berühmt-berüchtigten Financier Tony Buckingham, der als »Chief Executive Officer« der Mining-Company »Branch Energy Ltd.« sein Unternehmen auf der Kanalinsel Guernsey registriert hatte, und dem Staatschef von Sierra Leone fand am 1. Mai 1995 folgender Briefwechsel statt, den ich in Auszügen zitiere:

»Dear Mr. Buckingham, im Anschluß an unsere Gespräche vom 8. April möchte ich die Grundlinien unseres Übereinkommens festhalten. Die Regierung der Republik Sierra Leone beabsichtigt, die Dienste von Executive Outcomes Ltd. zu folgendem Zweck in Anspruch zu nehmen: a) Bekämpfung und Vernichtung der terroristischen Staatsfeinde, die als RUF bekannt sind, sowie anderer Terroristen; b) Schutz der Grenzen von Sierra Leone; c) Wiederherstellung innerer Sicherheit; d) Schaffung und Wahrung eines wirtschaftlichen Umfeldes, das ausländische Investoren anzieht und begünstigt... Hiermit wird feierlich und unwiderruflich vereinbart, daß die Regierung von Sierra Leone die Zahlungsleistung für die Dienste von Executive Outcomes aufbringen wird, indem sie dafür nicht weniger als fünfzig Prozent sämtlicher Einkünfte und Royalties abzweigt, die der Regierung von Sierra Leone auf Grund der Gruben-Tätigkeit von ›Sierra Rutile Ltd.‹ und ›Sieremco Ltd.‹ zusteht.« – »Strassers Ausverkauf an Executive Outcomes« lautete der Titel der Zeitung FDP, die in Freetown erscheint und vorliegendes Dokument erst am 12. Mai 2001 veröffentlichte.

Mit einem Aufgebot von nur zweihundert Söldnern führte Executive Outcomes 1995 diverse Kommando-Aktionen durch und kämpfte die wichtigsten Mineral-Vorkommen Sierra Leones frei. Diese »Mercenary-Organisation«, die ursprünglich in Südafrika beheimatet war, hatte sich längst internationalisiert und engste Beziehungen zu den Geheimdiensten der USA und Großbritanniens aufgenommen. Das kämpfende Personal setzte sich teilweise aus zwielichtigen, ja kriminellen Elementen aus aller Herren Länder zusammen. Die Kampfleistung dieser Landsknechte der Neuzeit wurde von allen Experten jedoch sehr hoch veranschlagt. Die »Rambos« verrichteten ganze Arbeit. »Ein Kämpfer von Executive Outcomes ist soviel wert wie eine ganze afrikanische Kompanie«, hieß es in Sierra Leone. Nach humanitären Gesichtspunkten ging man bei den Einsätzen nicht vor. Die Beschwerde eines Chefredakteurs von Freetown, Executive Outcomes sei nicht in Sierra Leone, um für Ordnung zu sorgen, sondern es gehe ihr nur um die Diamanten, klang deshalb reichlich naiv. Der individuelle Sold dieser kriegerischen »Misfits«, dieser neuen »Affreux«, schwankte zwischen 15 000 und 18 000 US-Dollar im Monat. In besagter Summe waren zusätzliche Profite durch Aneignung von Diamanten und Plünderung natürlich nicht berücksichtigt. Offiziell wurden die »dogs of war« Anfang 1997 aus Sierra Leone abgezogen, nachdem sie die strategisch wichtige Titanium-Oxyd-Grube der Gesellschaft Sierra Rutile okkupiert und mit Kampfhubschraubern die Straße Freetown-Bo freigeschossen hatten. Eine ganze Reihe ähnlicher Schatten-Organisationen hat sich in den Jahren 1994 bis 1999 in dieser Gegend getummelt: »Gurkha Security Guards«, »Sandline«, »Lifeguard«, die israelische Sicherheitsgruppe »Levdan«, um nur diese zu nennen.

Nur der kraftvollen Entfaltung der Söldner-Unternehmen war es zu verdanken, daß die angesagten Wahlen im März 1996 stattfanden. Wer dabei von Demokratie sprach, glaubte entweder an Wunder oder unterlag gezielter Irreführung. Ahmed Tejan Kabbah konnte an der Spitze seiner »Volks-Partei« SLPP angeblich sechzig Prozent der Stimmen für sich verbuchen. Der Wunschvorstellung des Westens war mit dieser Berufung des ehemaligen UNO-Beamten Genüge getan. Daß sich weite Teile der Republik in voller Auflösung befanden, den Freischärlern der Revolutionsfront oder den Deserteuren der Regierungsarmee ausgeliefert waren, wurde von der »International Community« geflissentlich ignoriert. Es setzten Waffenstillstandsverhandlungen zwischen Präsident Kabbah und dem RUF-Chef Foday Sankoh ein. Die Söldner von Executive Outcomes hatten Sierre Leone kaum verlassen, da wurde der Staatschef im Mai 1997 durch einen neuen Militärputsch ins Exil getrieben.

Es bedurfte einer massiven Intervention nigerianischer Bataillone, die im Rahmen der westafrikanischen ECOMOG-Koalition an Land gingen, um den unglücklichen Kabbah wieder in sein Amt einzusetzen. Die Nigerianer waren dabei durch Söldner-Elemente von »Sandline Ltd.« unterstützt worden, ein in London ansässiges Unternehmen, das engen Kontakt zu Whitehall pflegen soll. Mit Hilfe seiner Kinder-Soldaten bemächtigte sich Foday

Sankoh erneut der Hauptstadt und veranstaltete dort die gräßlichsten Gemetzel. Die nigerianischen Hilfs-Sheriffs waren unterdessen durch die im Lande herrschende Gesetzlosigkeit kontaminiert worden. Statt die Rebellen zu bekämpfen, drangsalierten sie die wehrlose Zivilbevölkerung. Ihre Offiziere beteiligten sich am illegalen Diamanten-Geschäft, ja nahmen Gespräche mit Präsident Charles Taylor von Liberia auf, um ihre Edelsteine günstiger zu vermarkten. Diese ECOMOG-Soldaten aus Lagos sollen sogar einen Teil ihrer Ausrüstung an Monrovia verscherbelt haben. »Die Nigerianer«, so stellten die entsetzten britischen Beobachter fest, »sind in die Urmentalität des Kontinents zurückgefallen.«

Selbst wenn die »Internationale Staatengemeinschaft«, dieses Phantom, das in allzu vielen Kommuniqués auftaucht, beabsichtigt hätte, unter dem Druck einer intensiven Medienkampagne über die Greuel von Freetown energische Schritte zur Eindämmung des Infernos zu unternehmen, wäre sie durch den Ausbruch des Kosovo-Konflikts, der sich zur gleichen Zeit hochschraubte, daran gehindert worden. Der neue Staatschef der Föderation Nigeria, Olusegun Obasanjo, war auch nicht länger gewillt, seine Soldaten im Rahmen der ECOMOG-Aktion auf eigene Kosten in Sierra Leone zu belassen. In dieser aussichtslosen Situation kam es im Juli 1999 in der Hauptstadt von Togo zum Friedensabkommen von Lome. Unter Druck der USA und Großbritanniens mußte Präsident Kabbah es hinnehmen, seinen Todfeind, den Ex-Korporal Foday Sankoh, als seinen Stellvertreter einzusetzen. Der kriminelle Führer der RUF erhielt zudem ein offizielles Aufsichtsmandat über sämtliche strategischen Mineralvorkommen des Landes, inklusive der Diamanten. Seine mörderische Gefolgschaft wurde in Bausch und Bogen amnestiert. Die Ratlosigkeit im Weißen Haus, wo die Balkan-Angelegenheiten absoluten Vorrang genossen, muß sehr groß gewesen sein, denn Präsident Clinton fand sich bereit, mit dem Psychopathen Sankoh ein persönliches Telefongespräch zu führen, um ihn zur Annahme des Lome-Protokolls zu bewegen. Der Guerilla-Kommandeur soll sich danach vor Lachen geschüttelt und gebrüstet haben:

»Welcher Rebellenführer ist jemals vom Präsidenten der Vereinigten Staaten angerufen worden?«

Das frisch vergossene Blut in den Straßen von Freetown war noch nicht trocken, da trafen auch schon die Geschäftemacher, die Agenten der großen Mining-Companies in Sierra Leone ein, um mit den neu installierten Machthabern lukrative Abmachungen abzuschließen. Es wundert nicht, daß »Branch Energy«, die auf der britischen Insel Man beheimatet ist, durch Grubenkonzessionen der Region Tongo im Süden der Republik für ihre Anwerbung der Executive Outcomes-Expedition jetzt auf Kosten der belgischen Firma Rex Mining belohnt wurde. Der Gruben-Milliardär Jean Raymond Boulle, dessen Aktivitäten am Rande eines jeden afrikanischen Konflikts zu finden sind, konnte mit seiner Firma Sierra Rutile den Abbau dieses strategischen Rohstoffs wiederaufnehmen. Boulle hatte sich bereits von dem inzwischen ermordeten Präsidenten Laurent Kabila alle möglichen Grubenkonzessionen im Kongo übertragen lassen, noch bevor dieser in Kinshasa eingetroffen war. Es ließen sich eine ganze Reihe ähnlicher Ausbeutungsverträge aufzählen, die einen düsteren Schatten auf die tatsächlichen Hintergründe dieser afrikanischen Tragödie werfen. Die Nachricht, daß vor der Küste von Freetown Erdöl entdeckt worden sei, weckt zusätzliche Befürchtungen.

Im Oktober 1999 verabschiedete der Weltsicherheitsrat endlich eine Resolution, die die Entsendung einer massiven Blauhelm-Truppe unter dem Namen UNAMSIL nach Sierra Leone in Gang setzte. Es handelt sich um ein ungewöhnlich starkes Aufgebot von insgesamt 17 500 Soldaten, die überwiegend aus der Dritten Welt kommen. Die Behauptung jedoch, hier fände der größte militärische Einsatz der Weltorganisation seit ihrer Gründung statt, ist falsch. Sowohl im Kongo 1960 wie in Kambodscha 1992 waren rund 30 000 Mann unter der blauen Fahne der UNO zur »Friedensstiftung« ausgeschickt worden. Während sich im Laufe des Jahres 2000 die bei den Einheimischen verhaßten Nigerianer allmählich zurückzogen, trafen die ersten Blauhelme von UNAMSIL in Sierra Leone ein. Schon im Mai erwies sich dieser Einsatz als klägliches Fiasko, ja als jämmerliche Blamage. Ein UN-Bataillon aus Sambia geriet in den Hinterhalt verwilderter RUF-Dissidenten, versuchte erst gar nicht sich zu wehren, ergab sich und lieferte sämtliche Waffen einschließlich der Panzerspähwagen an die weit unterlegene Räuberbande aus. Neben den 450 Sambiern gerieten in dieser Woche weitere fünfzig Angehörige der UNO in die Fänge diverser Partisanen.

Vizepräsident Foday Sankoh hatte offenbar den Zugriff auf seine frühere Gefolgschaft weitgehend verloren. Im ganzen Land, auch in der Hauptstadt, brachen neue Kämpfe aus. Um die gefangenen UN-Soldaten freizubekommen, zögerte die westafrikanische Staatengemeinschaft ECOWAS nicht länger, den Präsidenten Liberias, Charles Taylor, um seine Vermittlung zu bitten, eine seltsame Huldigung an einen erfolgreichen Buschkrieger, den die westliche Staatengemeinschaft weiterhin als »Schurken«, Terroristen und Diamantenschmuggler inkriminiert. Diese Demarche mußte für Washington um so schmerzlicher sein, als Taylor gemeinsam mit seinem Komplizen Foday Sankoh als aktiver Sympathisant Oberst Qadhafis von Libyen galt.

Die Weltorganisation hatte versagt, und Generalsekretär Kofi Annan fühlte sich zutiefst gedemütigt. Schließlich wurde für jeden Blauhelm-Soldaten eine monatliche Prämie von tausend US-Dollar an seine jeweilige Regierung ausbezahlt. Da schlug die Stunde der alten Kolonialmacht. Der britische Löwe holte zum Prankenschlag aus. Binnen zwei Tagen wurden achthundert Soldaten des Vereinigten Königreichs eingeflogen und landeten auf Lungi-Airport. Die Blitzaktion der Royal Marines stellte eine Leistung dar, zu der die US-Army nach eigenen Aussagen nicht in der Lage gewesen wäre. Die Briten – offiziell zur Evakuierung bedrohter Landsleute eingesetzt – okkupierten die entscheidenden strategischen Positionen rund um Freetown und neutralisierten die entfesselten Killer-Banden. RUF-Chef Foday Sankoh wurde festgenommen und sieht der Überstellung an ein internationales Kriegsverbrecher-Tribunal entgegen. Wenig später kam es noch einmal zu einem kritischen Höhepunkt, als eine Gang von Kinder-Soldaten, die sogenannten »West-Side-Boys«, elf britische Soldaten gefangennahmen. Auch dieses Mal fand eine vorbildliche Commando-Operation der Engländer statt. 150 Fallschirmjäger im Verbund mit Angehörigen des Elite-Corps »Special Air Service« überraschten die Entführer in ihren Dschungelverstecken und setzten sie außer Gefecht.

Die Royal Marines und Paratroopers wurden bald repatriiert, aber britische Offiziere übernahmen nunmehr die Neuaufstellung der Streitkräfte von Sierra Leone. Sie taten das unabhängig von der sich ständig verstärkenden Heerschar der Blauhelme. Innerhalb von UNAMSIL war es inzwischen zu heftigen Auseinandersetzungen zwischen dem indischen Oberbefehlshaber der UN-Streitmacht, General Jetley, und hohen Offizieren aus Nigeria gekommen, die sich seinen Anordnungen widersetzten. 3000 UN-Soldaten aus Indien rückten wieder ab, während der kenianische General Daniel Opande das Kommando übernahm. Ihm zur Seite stand ein britischer Stabschef.

London versuchte, so schien es, in Sierra Leone das Rad der Geschichte zurückzudrehen. Instrukteure aus dem Vereinigten Königreich besetzten alle Schlüsselpositionen der neu entstandenen »Sierra Leone-Army«. Die Polizei wurde der Führung eines britischen Beamten unterstellt, und die öffentlichen Finanzen der Kontrolle eines »Accountant General« aus dem United Kingdom. Vor der Küste kreuzte eine Task-Force der Royal Navy. Während die schwarzen Freischärler gegen diese Form des »Neo-Kolonialismus« Stimmung machten, äußerten die meisten Einwohner Freetowns den offenen Wunsch nach einer Rekolonisierung ihres Landes durch London. Jedenfalls hat sich Tony Blair weit mehr als jeder andere europäische Regierungschef auf dem Schwarzen Kontinent engagiert. Aber an der Guinea-Küste läßt sich kein neuer glorreicher Falkland-Feldzug inszenieren. Die Medien Amerikas und Europas sprachen zwar von einer zunehmenden Normalisierung in Sierra Leone, aber was bedeutet schon »afrikanische Normalität«?

»Rule Britannia!«

Im »Defence Head-Quarter« Cockeril hat ein Hauch Empire-Nostalgie überlebt. Man hat keinen riesigen Union Jack entfaltet, aber unter den grünen Tarnnetzen, wo die Stäbe einquartiert sind, geht es doch ein wenig zu wie bei Lord Kitchener of Omdurman. Major Guy Richardson, der zu meiner Unterrichtung abgestellt ist, sieht aus wie ein Kolonialoffizier aus dem Bilderbuch. Sechs Jahre lang hatte er in Namibia die Soldaten Sam Nujomas ausgebildet, offenbar nicht ganz ohne Erfolg, denn der ruandische Oberst Kabarere hatte anerkennende Worte für den Kampfwert dieser Südwest-Afrikaner gefunden, mit denen er sich im West-Kongo herumgeschlagen hatte. Die britische Präsenz in Sierra Leone bemüht sich um »low profile«. Sie will nicht auffallen und lediglich als Trainingselement wahrgenommen werden.

Richardson, ein noch junger blonder Athlet, ist am Zeichen seiner Uniformjacke als »Royal Scout« zu erkennen. 650 Angehörige »of Her Majesty's Forces« seien nach der Repatriierung der Interventionstruppen in dieser westafrikanischen Republik verblieben, und ihr ausschließlicher Auftrag bestehe darin, in Crash-Kursen den afrikanischen Rekruten Disziplin, Kampftauglichkeit, vor allem die soldatische Tugend der Fairness und des Wohlverhaltens gegenüber der Zivilbevölkerung beizubringen. Seit September 2000 seien immerhin 9000 Soldaten der Sierra Leone-Army voll einsatzbereit. Im nahegelegenen Ausbildungslager Bengrema könne sich jedermann von den Fortschritten dieses Drills überzeugen.

Auf meine Frage nach den Aktivitäten von Sandline oder einem Gurkha-Bataillon, das sich unter britischem Befehl für alle Eventualitäten bereithalte, erhalte ich keine befriedigende Antwort. Was mich in Cockeril fasziniert, ist nicht das fragwürdige Experiment der Askari-Schulung. Schließlich waren ja auch jene Streitkräfte Sierra Leones, die nach Ausbruch des Bürgerkrieges schmählich versagten, ihre Landsleute ermordeten, im Busch verwilderten und teilweise zum Feind überliefen, ebenfalls einmal durch die Schule des von Lawrence beschriebenen »Prägstocks«, des »mint«, gegangen. Ob wohl Richardson und seine Kameraden ernsthaft glauben, in Begrema einen neuen afrikanischen Soldaten-Typus erfinden zu können? Was mich vor allem beeindruckt, ist die fabelhafte Selbstkontrolle, gepaart mit Lässigkeit, die diese verspäteten Übersee-Troupiers auszeichnet. »Gentleman and Officer« ist für sie kein leerer Begriff. Ich kann nachempfinden, daß Typen wie Guy Richardson den anstrengenden Tropen-Dienst, das elitäre, aber entsagungsvolle Herren-Dasein der exotischen Einsätze dem stupiden Kasernen-Leben der naß-feuchten und trostlosen Garnisonsstädte der Heimatinsel vorziehen, wo es zu den aufregendsten Ereignissen der Garde-Regimenter gehört, vor Queen Mum Männchen zu bauen oder zu Ehren irgendwelcher blasierter Royals ballettähnliche Exerzierkünste vorzuführen. Hier im Dschungel von Sierra Leone und den anderen verlorenen Gegenden des einstigen Weltreiches läßt sich kurzfristig noch einmal in der Illusion leben, die Welt Rudyard Kiplings sei nicht unwiderruflich untergegangen. Weiterhin steckt wohl in manchem dieser Empire-Soldaten ein »Mann, der König sein wollte«.

Als hervorragende Soldaten erscheinen die britischen Ausbilder von Sierra Leone, und – wie sich das für moderne Armeen gehört – sie sind als Einzelkämpfer spezialisiert. Dennoch passen auch sie in die schonungslose, kritische Selbstenthüllung der »Söhne Englands«, die Graham Greene in seinen Novellen vornahm. Widerwillig werden sie im Zeichen englischen Niedergangs zu Statisten einer »Stunde der Komödianten«. Sehr diskret haben sich zwei amerikanische Offiziere – darunter ein weiblicher Captain – an unseren Tisch gesetzt und schenken sich die obligate Tasse Tee mit Milch ein. Um unsere Unterhaltung nicht zu stören, entfernen sie sich alsbald. Aber diese Allgegenwart der mächtigen transatlantischen »Vettern« rückt die vorbildliche Militär-Operation der Royal Marines und der Paratroopers Ihrer Majestät wieder in den realen internationalen Zusammenhang. Auch in Westafrika hat die Regierung Tony Blairs sich vorbehaltlos auf die Supermacht ausgerichtet, ja sie wurde zum Erfüllungsgehilfen nicht nur Bill Clintons, zu dem wohl eine gewisse

Affinität bestand, sondern auch des Texaners George W. Bush, dessen weltweite Projekte und Visionen bei der eigenen politischen Klasse in Washington für Ratlosigkeit sorgen. Warum nun ausgerechnet diese drittrangige Kreolen-Republik Sierra Leone von den Strategen in Whitehall auserkoren wurde, die Muskeln spielen zu lassen und ein erhebliches Wagnis einzugehen, kann und darf Major Richardson mir nicht erklären. Waren es die unerträglichen Folterszenen, die bei der heimischen Mediengesellschaft einen neuen »Jingoismus« inspirierten? War es der plutokratische Einfluß der um ihren Diamanten- und Rutil-Besitz bangenden Grubenbarone? – Ein »acte gratuit« kann es doch nicht gewesen sein.

Die Rambos von Executive Outcomes Ltd.

Die gleiche Frage müßte ich übrigens an die Beamten und Militärs des UNO-Hauptquartiers im Mammy-Yoko-Building richten. Was hatte Generalsekretär Kofi Annan bewogen, im Weltsicherheitsrat die Entsendung dieser Armee von 17 500 Blauhelmen durchzusetzen und seine stets prekäre Finanzlage durch eine jährliche Sonderausgabe von 750 Millionen US-Dollar zusätzlich zu belasten? Irritation kommt in mir auf, während ich vor dem Hochhaus von UNAMSIL zu der blauen Fahne mit dem Globus aufblicke, die den trügerischen Eindruck friedenstiftender Weltgeltung suggeriert. Die weiß gestrichenen, gepanzerten Luxus-Limousinen der hochdotierten Beamten, die dort zu Dutzenden geparkt sind, stehen in keinem Verhältnis zu dem erbärmlichen Zustand dieses gequälten Landes. Oft genug ist mir zudem die anmaßende Hilflosigkeit der Vereinten Nationen mit ihrem inkompetenten, überflüssigen Personal auf die Nerven gegangen – am Kongo, im Süd-Libanon, in Bosnien, in Afghanistan, in Kambodscha, in Angola.

Die Mitteilung, daß der oberste Verantwortliche des UNAMSIL-Einsatzes ein Inder sei, stimmt mich noch skeptischer. Irgendwie hatten allzu viele Händler des Subkontinents sich in

Afrika doch stets wie Schmarotzer aufgeführt, so war zumindest mein Eindruck. Ich hatte es erlebt – das ist ja auch bei dem Brahmanen-Sproß und großartigem Autor Naipaul in dessen Kongo-Roman zu spüren –, daß die Hindus ihr diskriminierendes Kasten-System in übersteigerter Form auf die afrikanischen Schwarzen übertrugen. Das Pionier-Bataillon der Bundeswehr, das 1992 bei dem gescheiterten UNO-Einsatz in Somalia die logistische Betreuung einer indischen Brigade übernehmen sollte und wohl auch deren Latrinen gebaut und gereinigt hätte, wäre – auf Grund der Gesellschaftsstrukturen des Subkontinents – auf das Niveau von »sweepers«, von Kastenlosen, heruntergestuft worden, denen die Entsorgung menschlicher Exkremente obliegt. Die Hardthöhe war sich dessen wohl gar nicht bewußt gewesen, und die Soldaten Neu Delhis sind durch eine glückliche Fügung nie in Somalia eingetroffen. Bei meiner Voreingenommenheit spielt vielleicht auch meine erneute Lektüre im »Herz aller Dinge« eine Rolle. Da tritt in dem abscheulichen »City-Hotel« – meist im modrigen Badezimmer verschanzt – ein skurriler Inder auf, der die wenigen Gästen hartnäckig mit dem Angebot seiner Wahrsagekünste belästigt.

Um so freudiger ist meine Überraschung, als ich in Behrooz Sadry, dem »Special Envoy« Kofi Annans, einen überaus fähigen und sympathischen Gesprächspartner antreffe. Er holt ohne Umstände zu einer hervorragenden Lagebeurteilung aus. Der Chef von UNAMSIL ist sogar – was bei seinen Landsleuten selten ist – mit einem hochentwickelten »sense of humour« gesegnet. Er spielt mit offenen Karten. »Sie kommen also von unseren englischen Freunden«, sagt er lachend; »wir Inder kennen sie ja gut und mögen sie auch. Man wirft uns oft genug vor, daß wir die Briten nachäffen. Aber irgendwie sind sie große Kinder geblieben. Da stellen Sie eine neue Armee für Sierra Leone auf, und Staatschef Kabbah blickt mit bösen Ahnungen auf diese Truppe, die sich seinem Einfluß entzieht.« Sein Ansehen bei der Bevölkerung sei schon schmal genug, und wenn man als Präsident dreimal vor Militärrevolten flüchten mußte, mißtraue man wohl jeder zusätzlichen Prätorianer-Garde.

An einer großen Landkarte erklärt er die Situation, beschreibt die Positionen, die die diversen UN-Elemente nach und nach besetzen. Mit den Partisanen der »Revolutionären Einheitsfront« stehe UNAMSIL seit der Verhaftung Foday Sankohs in regelmäßigem Kontakt. Dessen Nachfolger, »General« Issai Cessi, habe sich bislang mit unüberlegten Aktionen zurückgehalten. Der zivile Chef dieser Rebellenbewegung sei übrigens im gleichen »Cape Sierra-Hotel« einquartiert, wo auch ich wohne. »Die Freischärler der RUF haben sich fürchterlicher Verbrechen schuldig gemacht«, fährt Behrooz Sadry fort. Aber die reguläre Armee, vor allem nach der Aufspaltung der NPRG-Junta in diverse Fraktionen, habe ähnlich gewütet. Die RUF sei auch deshalb in Verruf geraten, weil sie mit dem von Washington und London mit Bannfluch belegten Charles Taylor aufs engste zusammenarbeitete, so daß man den von ihr beherrschten Ostteil Sierra Leones vorübergehend als »Taylor-Land« bezeichnete. Ein amerikanischer Botschafter in Monrovia habe errechnet, daß der Staatschef Liberias am illegalen Transithandel überwiegend mit Diamanten 75 Millionen Dollar pro Jahr abkassiert habe. Wieviel die hohen nigerianischen Offiziere, die im Auftrag von ECOMOG in der gleichen Region eingesetzt waren, auf die Seite geschafft hatten, wurde hingegen nie geklärt.

»Sehen Sie denn eine Möglichkeit, daß wieder geordnete Verhältnisse in diesem Land einkehren?« forsche ich. Die Antwort fällt negativ aus. Der Special Envoy hat während seiner langen UNO-Tätigkeit ernüchternde Erfahrungen gesammelt – im Kongo, in Bosnien und vor allem in Angola. »Ich habe mich mehrfach mit Jonas Savimbi zu Verhandlungen in Cuito getroffen«, erzählt er; »der Mann hat mich sogar beeindruckt. Er hat seine militärische Lage stets sehr realistisch eingeschätzt. ›Wenn die MPLA mit gewaltigem Materialaufwand Cuito angreift, werde ich in den Busch ausweichen‹, hatte er mir damals schon gesagt. Und ähnlich verhält es sich hier in Sierra Leone. Da besteht nicht die geringste Möglichkeit, die Vielzahl unterschiedlicher Partisanen und Banditen zu zähmen. Ihnen ist das räuberische Leben in der kriegerischen Illegalität zum Lebenselexier geworden. Was kann denn einem zwölf- bis vierzehnjährigen Kindersoldaten, der sonst als Straßenjunge oder Gelegenheitsarbeiter vegetiert, Besseres passieren, als mit seiner Kalaschnikow die Erwachsenen zu terrorisieren und durch Blutvergießen seine Allmacht zu beweisen?«

Eine zusätzliche Bürgerkriegspartei bereitet Sadry und seinem Stab weit mehr Sorgen als die gesprächsbereiten Rebellen der »Revolutionären Front«. Auf Stammesbasis und unter der Autorität ihrer Häuptlinge sind die sogenannten »Civil Defence Forces« CDF ins Leben gerufen worden, eine konfuse Miliz, die sich auf die sechs wichtigsten Ethnien Sierra Leones stützt. Insgesamt sollen sich fast hunderttausend Buschkrieger in diesen Horden zusammengerottet haben. Die »Selbstverteidigungskräfte« hatten ursprünglich dazu gedient, die Dorfbewohner vor den Ausschreitungen der RUF oder der verwilderten Soldateska zu schützen. Als Modell diente ihnen wohl die mächtige Geheimgesellschaft der »Kamajor«, die lange vor dem Konflikt innerhalb des Mende-Volkes als esoterische Zunft von Jägern und Gewaltmenschen übernatürliche Kräfte besaß und mit den Waldgeistern in enger Verbindung stand. Immer mehr Knaben und Jünglinge drängten sich zu den düsteren Initiationsriten der Kamajor. Offiziell untersteht die CDF der Autorität des stellvertretenden Verteidigungsministers Hinga Norman, einem Häuptlingssohn, der früher als Offizier gedient hatte. Aber wer will schon diese zersplitterten Gruppen identifizieren, die keinerlei Uniformen tragen, die Waffen bei Tage verstecken und den Zauberriten ihrer Juju-Männer verfallen sind.

Behrooz Sadry weist bereits auf die unausweichlichen Konflikte hin, die sich zwischen der »Civil Defence« und der von Großbritannien betreuten Armee Sierra Leones abzeichnen. Daß Hinga Norman darüber hinaus in Freetown als Kandidat auf das Präsidentenamt im Gespräch ist, macht die Dinge nicht einfacher. Da in der Vergangenheit bei der Bekämpfung des rebellischen Korporals Foday Sankoh die Söldner-Firma »Executive Outcomes« mit den Kamajors eng zusammengearbeitet und sie mit Waffen beliefert habe, kann die Situation verworrener gar nicht sein. Schon rechnen die Repräsentanten der Vereinten Nationen damit, daß Einheiten der neuen »Sierra Leone-Army«, falls sie unter den Schlägen von RUF und CDF in Bedrängnis gerieten, Zuflucht und Unterstützung bei den UNAMSIL-Kontingenten suchen würden. Letztere verfügten trotz ständigen amerikanischen Drängens noch immer nicht über einen »robusten« Kampfauftrag. Eine präzise Befriedungsstrategie liegt ja nicht vor, und es hat sich am Beispiel des UN-Bataillons aus Sambia, das so schmählich die Waffen streckte, erwiesen, daß die Verbündeten unterschiedlicher Nationalität sich im Notfall jeder Solidarität verweigern.

Der illusionslose Inder im Mammy-Yoko-Building hat das Zerwürfnis zwischen seinem Landsmann General Jetley, dem Ersten Oberbefehlshaber der Blauhelme, und den inkriminierten nigerianischen Offizieren oder UN-Beamten aus unmittelbarer Nähe erlebt. Die ECOMOG-Einheiten sind zwar inzwischen in ihre Heimat zurückgekehrt. Aber schon sind aus Lagos neue nigerianische Bataillone in Freetown eingetroffen, die die Kerntruppe von UNAMSIL bilden sollen und angeblich von amerikanischen Instrukteuren des ACRI-Programms in Rekordzeit zu verläßlichen und unbestechlichen Friedenskämpfern umerzogen wurden. Ob die überaus selbstbewußten Nigerianer dem Befehl des Generals Daniel Opande aus Kenia Folge leisten werden, bleibt eine offene Frage.

In dieser Deutlichkeit drückt sich Behrooz Sadry bei seinem Briefing allerdings nicht aus. Aber dann läßt er seiner Ironie freien Lauf: »Wir erwarten hier Verstärkungen aus den diversen afrikanischen Ländern – aus Kenia, Ghana, Guinea, Nigeria, Sambia und anderen mehr, sogar aus dem frankophonen Staat Senegal. Wie glauben Sie, daß die Mehrzahl dieser Truppen sich im verräterischen Dschungel und im Umkreis der Diamantengruben aufführen werden?« Es stehe zu befürchten, daß auch sie zu Räubern, Mördern, Drogenhändlern und Vergewaltigern verkommen, wenn sie mit den magischen Bräuchen der Kamajor-Milizen und anderer Urwald-Bewohner zusammenstoßen, ganz zu schweigen von der fast unvermeidlichen HIV-Infektion, der sie sich aussetzen werden. UNAMSIL soll durch 4000 Soldaten aus Bangladesch und die gleiche Anzahl Pakistani ergänzt werden, so erfahre ich. Aber wird deren Verhalten kalkulierbar sein? »Lassen Sie sich nicht durch die zur Schau getragene Zuversicht der Engländer irreführen«, warnt Sadry. »Vielleicht glauben ein paar von ihnen tatsächlich, daß sie durch ihre Präsenz wieder ein wenig Einfluß auf die Entwicklung des Schwarzen Erdteils gewinnen können. In Wirklichkeit veranstalten sie hier nur ihr letztes großes ›Tattoo‹.«

Der Sonderbeauftragte Kofi Annans ist sichtlich irritiert über die Pressionen, denen die Weltorganisation durch Washington ausgesetzt ist. Aber in diesem Zusammenhang ist es wohl angebracht, statt des mitteilsamen Inders jenen nüchternen Report der »Internationalen Krisengruppe« zu zitieren, die unter der Autorität des Finnen Martti Ahtisaari ausgearbeitet wurde. Dort heißt es: »Die USA fordern eine energischere – more forceful – Friedensstiftung durch UNAMSIL in Sierra Leone und drohen andernfalls die finanziellen Mittel zu sperren. Fünf nigerianische Bataillone, ein ghanaisches und ein senegalesisches werden von amerikanischen Instrukteuren ausgebildet, um UNAMSIL zu verstärken und ›a more aggressive mandate‹ zu verwirklichen. Aber« – so bemerkt ICG – »es besteht nur geringe Aussicht, daß diese allzu disparate Streitmacht nennenswerte Geländegewinne erzielt. Die Erfahrung lehrt, daß der erfolgreiche Einsatz von Gewalt eine einheitliche militärische Struktur voraussetzt.«

Für viele Afrikaner stelle sich zudem die Frage, »warum ihre Soldaten einen Krieg führen sollen, an dem die westlichen Staaten jede eigene militärische Beteiligung verweigern«. Dann folgt die entscheidende Passage: »Für Entwicklungsländer ist die Aussicht, harte Währung zu verdienen, der eigentliche Antrieb geworden, eigene Soldaten für Friedensstiftung zur Verfügung zu stellen. Die Einsätze der Vereinten Nationen in Afrika – speziell, wenn es sich um die Beilegung interner Konflikte handelt – entsprechen mehr und mehr dem Aufgebot einer ›Dritte-Welt-Armee‹, die vom Westen finanziert wird. Noch vor fünf Jahren bildeten Kontingente der westlichen Staaten das Rückgrat der Blauhelm-Einsätze, aber heute verweigern sie sich einer solchen

Involvierung. Der algerische UN-Diplomat Lakhdar Brahimi beklagte unlängst noch eine Situation, wo die einen ihr Blut und die anderen ihr Geld spenden.«

Was er denn von den diversen Söldner-Gruppen halte, die in Sierra Leone operierten, frage ich Behrooz Sadry. Da lacht er wieder herzhaft. Eine moralische Bewertung wolle er nicht abgeben, aber die Kampfkraft dieser Stoßtrupp- und Kommando-Spezialisten sei beeindruckend gewesen. Er rät mir, zu diesem Thema eine Studie zu lesen, die in der Revue »West-Africa« vor ein paar Tagen erschienen ist. Zum Abschied lädt mich Sadry zur Teilnahme an einer Inspektionstournee im Landesinnern ein, die am folgenden Tage zu Ehren des eben angereisten Tunesiers Hedi Annabi, eines Stellvertreters Kofi Annans, geplant ist.

Die empfohlene Veröffentlichung habe ich tatsächlich am kümmerlichen Zeitungsstand des »Cape Sierra-Hotels« entdeckt. Sie wurde im ghanaischen »Institute for Economic Affairs« erarbeitet. Ich gebe einige Auszüge im Wortlaut wieder: »Das Kennzeichen des neuen Militarismus ist die Proliferation privater bewaffneter Körperschaften, legaler und illegaler. Bei ihnen finden sich private Sicherheitsfirmen, die Schutz für Personen und Wirtschaftsunternehmen anbieten, aber ebenfalls private Militär-Organisationen, die ihre bewaffneten Dienstleistungen sowohl souveränen Staaten als auch diversen War-Lords anbieten, die diese Staaten bekämpfen.«

Ferner heißt es: »Bei den jüngsten Betrachtungen über moderne Kriegführung in Afrika erweist sich, daß diese meist internen Konflikte ›nicht-militärischer‹ Natur sind. Es besteht ein grundlegender Widerspruch zwischen der vorherrschenden militärischen Mentalität, die auf das napoleonische Kriegskonzept sowie auf die Thesen von Clausewitz zurückgeht, und den jetzigen Entwicklungen in Afrika. In den afrikanischen Bürgerkriegen unserer Tage haben die Staaten ihr Gewaltmonopol verloren. In zahlreichen Fällen werden Kriege unter minimaler staatlicher Einwirkung ausgetragen. Die Kombattanten greifen vorzugsweise Zivilisten statt bewaffneter Gegner an. Die Greuel und Verbrechen, die damit einhergehen, sind bewußter Bestandteil einer

Strategie, die auf politische Einschüchterung hinzielt. In Ländern mit reichen Natur-Ressourcen, wie Liberia, Sierra Leone und Guinea, wird die politische Motivation dieser Kriege immer häufiger durch gewalttätige Aneignung von Bodenschätzen, durch Plünderung privaten Besitzes und Vandalismus überlagert. Eine präzise Differenzierung zwischen denen, die töten, und denen, die getötet werden, ist kaum zu vollziehen. In den politischen und strategischen Entscheidungsgremien stellt sich die Erkenntnis ein, daß eine militärische Niederlage der physischen und politischen Ausrottung gleichkommt. Kein Wunder, daß zahlreiche Kommentatoren Anarchie und Irrationalität als Grundelement moderner Kriegführung bezeichnen.«

*

Im Disco-Restaurant »Paddy's« hoch über den Buchten und der langgezogenen Sandfläche von Lumley-Beach, halte ich zu später Stunde Ausschau nach verwegenen Söldnern und ähnlichen Abenteurern. Schon unter der kurzen Regentschaft des Generals Momoh hatte angeblich die russische Mafia in Freetown Fuß gefaßt. Auch die israelische Einflußnahme auf den Diamantenhandel soll sich, laut ICG-Report, zu jenem Zeitpunkt besonders intensiv entwickelt haben. Das Amüsierlokal belebt sich erst gegen Mitternacht. Aber das Schauspiel ist enttäuschend. An schwitzenden europäischen Kraftprotzen und abenteuerlich aufgeputzten afrikanischen Huren habe ich mich schon zu Kongo-Zeiten satt gesehen, nur daß hier jeder Geschlechtsverkehr, wie mir ein ukrainischer Pilot versichert, einem russischen Roulettespiel gleichkomme. Die paar englischen Unteroffiziere, die sich in Zivil in diese lärmende Fauna verirrt haben, kommen mir verloren vor. Die dröhnende Stereo-Anlage erstickt jedes Gespräch.

An der offenen Brüstung suche ich frische Meeresluft und starre auf das kreisende Blinkfeuer des Leuchtturms. Hier befindet sich also das westliche Kap Afrikas, an das sich die amerikanische Hegemonialmacht – unter Einsatz der Weltorganisation und des britischen Vorzugsverbündeten – mit gewaltig disproportioniertem Aufwand festzuklammern sucht. An dieser Region des

Schwarzen Erdteils sind sie doch alle gescheitert, die Eroberer und die Weltverbesserer. Ob die Geschäftemacher und Spekulanten, die heute das Sagen haben, am Ende auf ihre Kosten kommen, ist auch noch ungewiß. Vielleicht wird Sierra Leone ganz plötzlich, wie das in unserer kurzlebigen und kurzsichtigen Medienlandschaft üblich ist, aus den Schlagzeilen und den voyeuristischen Fernsehberichten verschwinden. Kein Mensch wird sich mehr dafür interessieren, ob die prekäre Beruhigung in Freetown andauert oder ob das große Morden wieder eingesetzt hat. Am Ende dürfte von UNAMSIL wie nach Abbruch der grandiosen Kongo-Operation Dag Hammarskjölds nur ein riesiger Schrotthaufen weiß angestrichener Autos, Lastwagen und Mannschaftspanzer übrigbleiben, die auf diversen Müllhalden vom gefräßigen Dschungel überwuchert werden.

Sie haben sich hier alle verrannt: Die Portugiesen hinterließen nach Ablauf eines halben Jahrtausends im Hafen Bissau die Ruinen eines armseligen Sklavenkontors. Die französischen Kolonisatoren haben sich in Conakry bis heute nicht von den Beschimpfungen Sekou Tourés, von dessen revolutionärem Delirium erholt und müssen jetzt zusehen, wie die Perle ihres ehemaligen afrikanischen Besitzes, die Elfenbeinküste, im Strudel der Auflösung absackt. Der Fehlschlag britischer Einflußnahme wird in Freetown am Beispiel jener frömmelnden und spießigen Kreolen deutlich, die in Zukunft auf das Wohlwollen von Killer-Banden oder Urwald-Dämonen angewiesen sind. Am schlimmsten steht es um die Republik Liberia, dieses schwarze Stiefkind der USA, diese Grimasse Amerikas an der Pfefferküste. Von hier ist der Prozeß der Fäulnis, der Wundbrand ausgegangen, der über die Mano-River-Staaten hinaus ganz Westafrika zu infizieren droht. »Der Friedhof des weißen Mannes«, so hatte man einst die Malaria-verseuchten Mangroven-Sümpfe zwischen Bissau und Abidjan bezeichnet. In mancher Beziehung macht der Name heute noch Sinn.

Die weißen Kanonen der UNO

Lunsar, im Mai 2001

Der geräumige UN-Hubschrauber stammt aus russischer Produktion, und auch die Besatzung kommt aus der ehemaligen Sowjetunion. Beim Abheben entdecke ich noch einen anderen Helikopter. Er trägt die blau-gelben Landesfarben der Ukraine und die entwaffnend ehrliche Firmen-Bezeichnung »Diamond Airlines«. Auf den seitlichen Sitzbänken aus Segeltuch hat sich eine bunte Gesellschaft zum Flug ins Landesinnere eingefunden. Hauptperson ist der stellvertretende UN-Generalsekretär Hedi Annabi, ein Tunesier, der sehr europäisch und recht unbedeutend aussieht. Er könnte auch französischer Schalterbeamter sein. Die Militärs sind da eindrucksvoller. Höchstrangiger Offizier ist als »Acting Force Commander« der nigerianische Generalmajor Martin Luther Agwai. Während des Fluges vertieft er sich in die Lektüre eines Büchleins »The War of the Generals«. Wie der Umschlag verrät, handelt es sich um die Rivalitäten zwischen Eisenhower, Montgomery, Schukow und de Gaulle während des Zweiten Weltkrieges.

Ferner ist die Japanerin Ayaka Suzuki zugegen, die den anspruchsvollen Titel »Political Affairs Officer for Africa, UN-Department for Peacekeeping Operations« führt. Ich habe schon hübschere Asiatinnen gesehen. Miss Suzuki, die kaum ein Wort sagt und in mondgesichtiger Verwunderung erstarrt ist, erscheint vor dem Hintergrund dieses Kontinents wie ein Wesen von einem anderen Stern. Dazu kommt der zivile Kontrolleur für die Nord-Region Sierra Leones, ein russischer Apparatschik der Weltorganisation, an dessen geheimdienstlichem Auftrag kein Zweifel bestehen dürfte. Mit Hilfe zahlloser Charter-Gesellschaften und diskret getarnter Luftlinien in ganz Afrika verfügt Moskau zweifellos über perfekte Kenntnisse der dortigen Vorgänge. Ein Colonel aus Kenia ist ebenfalls an Bord, ein schmucker Oberstleutnant der pakistanischen Armee sowie zwei Stabsoffiziere aus Lagos.

Vor dem Start hatte ich mich eine Weile bei einer Tasse Tee mit General Agwai unterhalten und war verblüfft über dessen unprätentiöse Aufgeschlossenheit. Sein Vorname Martin Luther weist ihn als Christen aus, was in der nigerianischen Armee, wo die muslimischen Haussa in der Mehrzahl und die Offiziersnamen Hassan oder Schahid weit verbreitet sind, nicht selbstverständlich ist. General Agwai ist ein gelungenes Produkt britischer Militärerziehung. Diesem Mann würde ich wirklich nicht zutrauen, daß er an den Ausschreitungen seiner Untergebenen oder am Diamantenschmuggel seiner Offiziere irgendwelche Verantwortung trüge. Wir unterhielten uns ungezwungen über die Zukunft Afrikas. »Wir reden immer vom Niedergang in Sierra Leone oder Liberia«, meinte der General. »Aber überall geht es bergab. In Ghana hat sich zwar Jerry Rawlings bis auf weiteres aus dem politischen Geschäft zurückgezogen. Aber in Accra brodelt es weiter. Es gibt da eben zu viele arbeitslose Intellektuelle.« Sogar über seine eigene Heimat äußerte er sich besorgt. »Der riesige Petroleum-Boom hat uns nicht nur Segen gebracht und beschwört zusätzliche Komplikationen herauf. Fast möchte man meinen, daß die Staaten, die über keinerlei Rohstoffreichtum verfügen, die glücklichsten Länder Afrikas sind.«

Das Wetter ist trüb und böig. Tiefe Wolken treiben über der grünen Wald- und Buschlandschaft, die von Schlangen gelber Flußläufe durchzogen ist. Wir landen nahe der Ortschaft Port Loko, die als strategische Schlüsselstellung gilt und in deren Umgebung unlängst noch die RUF-Rebellen ihre stärkste Position behaupteten. Eine Kolonne weiß gestrichener Landrover transportiert uns zum Briefing-Raum des 4. nigerianischen UN-Bataillons. Der Tunesier Hedi Annabi, der sich – wie man auf englisch sagt – auf seiner »maiden visit« in Sierra Leone befindet, kann den richtigen Ton im Umgang mit den Soldaten nicht finden und gibt während seiner Inspektionstournee keine überzeugende Figur ab. Immerhin erfahren wir von dem nigerianischen Lieutenant-Colonel Ishola, daß sich seit dem jüngsten Abuja-Abkommen mit dem »General« der RUF-Rebellen Issai Cessi zunehmende Entspannung abzeichnet. Die »Revolutionäre Front« ist offenbar in weiten Regionen zur Zusammenarbeit mit UNAMSIL bereit. Hingegen flackern überall Gefechte mit den Dorfmilizen, den Stammeskriegern der »Civil Defence Forces« auf, und in der Umgebung von Koidu sei die CDF eindeutig der Angreifer. Auch über das allzu forsche Vorgehen der von den Engländern neu aufgestellten »Sierra Leone-Army« werden Klagen laut. Besonders interessant ist die Feststellung, daß sich in den letzten Tagen die heftigsten bewaffneten Zusammenstöße nicht zwischen den ehemaligen Bürgerkriegsparteien im Umkreis der Diamantenfelder abspielten, sondern in der Grenzzone mit der Republik Guinea bei Kambia, knapp fünfzig Kilometer Luftlinie von Freetown entfernt. Dort sei die reguläre Armee von Guinea auf das Staatsgebiet von Sierra Leone vorgedrungen und habe die RUF-Stellungen mit Hubschraubern und Artillerie beschossen. Die Zivilbevölkerung sei aus dieser Gegend geflüchtet. Noch vor drei Tagen habe man in Port Loko den Lärm des guineischen Bombardements gehört.

Auf einem Fußballfeld ist eine Kompanie Nigerianer zur vorschriftsmäßigen Begrüßung des hohen UN-Beauftragten angetreten. Die geradezu artistische Exerzier-Übung wird hier mit der Präzision eines britischen Garde-Regiments vorgeführt. Die Uniformen sind untadelig und die Stiefel auf Hochglanz poliert. Die Show ist beeindruckend in dieser befremdenden Umgebung, wo die Dörfer von ihren meisten Einwohnern verlassen sind und Heckenschützen sich im nahen Gebüsch herumtreiben. Durch zwei weiße Schützenpanzer abgeschirmt, setzt sich unsere Wagenkolonne in Richtung Makeni nach Osten in Bewegung. In meinem Landrover hat auch der russische UN-Beauftragte Platz genommen neben einem grobschlächtigen Major aus der Slowakei. Die beiden Slawen unterhalten sich angeregt auf russisch. Alle Ostblock-Erinnerungen sind wohl doch noch nicht ausgelöscht.

Jenseits der Ortschaft Lunsar nehmen wir die obligate Besichtigung eines Flüchtlingslagers vor, das trotz seiner intensiven Betreuung durch diverse NGOs einen deprimierenden Eindruck vermittelt. Malaria und Diphtherie sind weit verbreitet, und die HIV-Infektion hat angeblich die Rekordquote von siebzig Prozent erreicht. Ich komme mit einem englischen Oberstleutnant ins Gespräch. Er ist in ganz besonderem Auftrag tätig. Er hält offiziellen Kontakt zum Rebellen-Kommando der RUF und trägt ein Khaki-Barett statt der blauen Kopfbedeckung der Weltorganisation. Der Kontakt mit den Nachfolgern Foday Sankohs sei nicht ganz harmlos, meint der Brite mit geübtem Understatement. Welcher Einheit er angehöre, frage ich, und da zeigt er nicht ohne Stolz auf das Wappen am Ärmel mit den überkreuzten Kukri-Schwertern der nepalesischen Gurkhas. Die größten Probleme bereiten auch ihm die Kamajor-Milizen und andere tribale Kampfbünde, wobei festzustellen sei, daß die »Revolutionäre Front« doch eine Umschichtung der dortigen Gesellschaft angestrebt hätte. Sie sei gegen das überlieferte Häuptlings- und Ältesten-System vorgegangen und damit auf heftigen Widerstand gestoßen. Im übrigen sei die RUF stärker strukturiert, als man in Freetown annehme und stelle weiterhin einen ernstzunehmenden potentiellen Gegner dar.

In weitem Umkreis haben Bataillone aus Kenia, Sambia und Ghana ihre Quartiere bezogen und stoßen mit ihren Patrouillen bereits bis nach Koidu vor, ohne daß es bisher zu ernsthaften Schießereien kam. Die wertvollsten Abbau-Reviere für Edelsteine und Rutil werden noch von den gefürchteten Söldnern diverser Privat-Gesellschaften im Auftrage ausländischer Minen-Konzerne geschützt. Dem tunesischen Vize-Generalsekretär wird ein Bericht über die im Abuja-Abkommen vorgesehene Ablieferung von Waffen durch die Aufständischen erstattet. Das Ergebnis ist ähnlich kläglich wie bei der UCK im Kosovo. So wurden sieben leichte Panzerfahrzeuge, die seinerzeit bei der Gefangennahme des Sambia-Bataillons erbeutet wurden, zwar zurückerstattet, aber sämtliches Schießgerät war abmontiert. Nach eigenen Angaben hat UNAMSIL bislang bei ihrem »Disarmament-Program« folgende Bilanz vorzuweisen: 53 AK 47, auch Kalaschnikow genannt, 12 Sturmgewehre vom Typ AK 58, zwei leichte Maschinengewehre, zwei Pistolen, zwei RPG-7-Panzerfäuste ohne Sprengsatz, fünf Handgranaten, ein Bajonett, 54 Magazine. Dürftiger geht es nicht.

Um uns von der Umerziehung der Kinder-Soldaten zu überzeugen, werden wir zu einem Lager geführt, das mich irgendwie an meine Mau-Mau-Erlebnisse in Kenia vor fünfzig Jahren erinnert. Die jungen Leute, soweit sie nicht schon in den Busch entkommen sind, stehen gelangweilt am Zaun. Daß sie sich als sadistische Mörder betätigt haben, sieht man ihnen wirklich nicht an. In den ausländischen Berichten über diese schrecklichste Plage Afrikas scheint man wohl zu übersehen, daß in wenigen Jahren aus bewaffneten Knaben erwachsene Männer werden und daß an kindlichen Freiwilligen für jede Art abscheulicher Schandtaten kein Mangel besteht.

Jenseits von Lunsar inspiziert Hedi Annabi in Begleitung Martin Luther Agwais das frisch eingetroffene Artillerie-Bataillon aus Bangladesch. Diese kleinen braunen Männer aus dem Ganges-Delta führen exakt das gleiche Militärritual vor wie die Nigerianer vor ihnen. Aber bei den Asiaten geht es weniger zackig und martialisch zu. Immerhin ist es beeindruckend, wie sich das gemeinsame Militär-Reglement des Empire rund um die Welt erhalten hat. Der englische Gurkha-Offizier amüsiert sich darüber, daß diese Artilleristen sogar ihre Kanonen in der weißen Farbe der UNO anstreichen, als wollten sie die Geschütze im grünen Dickicht als Zielscheibe kenntlich machen.

Die Soldaten aus Bangladesch haben einen schmackhaften Curry zubereitet. Er wird in einer zerschossenen Missionsschule serviert. Die Sankt Joseph-Kongregation hatte in dieser grünen Wildnis mit italienischen und europäischen Geldern einen vorbildlichen Lehrbetrieb eingerichtet mit Werkstatthallen für die Anlernung von Handwerkern und Technikern. Aber all das ist verwüstet. Sogar die Drehbänke wurden mutwillig zertrümmert. Dabei war dieses Projekt erst 1996 eingeweiht worden. Über dem Portal schwebt eine Abbildung des Heiligen Joseph, der bekanntlich Zimmermann war. Daneben sind zwei lateinische Losungen angebracht: »facere et tacere – handeln und schweigen«, besagt die eine, und die andere: »plus ratio quam vis« sollte daran gemahnen, daß »die Vernunft mehr bewirkt als die rohe Kraft«. Noch eine verlorene Illusion.

»Man of War«-Bucht

Freetown, im Mai 2001

Es ist mein letzter Abend in Sierra Leone. Morgen in aller Frühe werde ich einen Hubschrauber nach Conakry besteigen. Dort wird die Air-France-Maschine in Richtung Paris starten. Ob ich jemals nach Afrika zurückkehren werde, ist ungewiß. So habe ich mir den schönsten Aussichtspunkt von Freetown ausgesucht. Bei Alex – noch ein Russe, der sich hier niedergelassen hat – vollzieht sich der Sonnenuntergang an klaren Tagen mit grandiosem Pathos. Die Bucht, die sich hier öffnet, trägt einen beziehungsreichen Namen: »Man of War Bay«. Dort, wo sie in den Ozean übergeht, zeichnen drei riesige Baobab-Bäume schwarze Silhouetten auf violettem Hintergrund.

Ich habe Languste mit südafrikanischem Weißwein bestellt und Graham Greenes »Herz aller Dinge« zur Hand genommen. Die verwüstete Missionsstation von Lunsar hat mich wohl in die rechte Stimmung versetzt, um noch einmal im Buch dieses Autors zu blättern, der von seinen katholischen Glaubensproblemen geradezu besessen war. Ich will Graham Greene nicht zum Propheten hochstilisieren, aber ähnlich wie einst sein »Quiet American«, der während des französischen Indochina-Feldzuges entstand, mit der Schilderung des amerikanischen Geheimagenten Pyle und dessen vergeblichen Werbens um das Mädchen Phuong das Scheitern Amerikas in Vietnam allegorisch vorweggenommen hatte, so entdecke ich auch in dem Roman, der während des Zweiten Weltkrieges an der westafrikanischen Küste spielt, einen symbolischen Zusammenhang mit der deprimierenden Wirklichkeit von heute. Was hat das klägliche Familiendrama des Major Scobie mit einer westafrikanischen Republik unserer Tage zu tun, in deren Bürgerkriegswirren – laut offizieller Schätzung – 30 000 Afrikanern mutwillig die Gliedmaßen abgehackt wurden, mag man fragen.

Doch die wirkliche Tragödie dieser allzu katholischen Erzählung findet sich ja nicht in den Ehekonflikten des Majors Scobie mit seiner boshaft frömmelnden Ehefrau Louise, nicht einmal in seinem kläglichen Selbstmord. Die Ermordung des treuen Dieners Ali hingegen, die Scobie zuläßt, weil der afrikanische Boy von seiner Bestechung durch den syrischen Händler Yusef erfahren hat, legt die Spur zur Entdeckung des wirklich Bösen im Menschen, erbringt den Beweis für die Erbsünde, so altmodisch dieser theologische Begriff heute auch klingen mag. »Der Hals, der die dunkelgraue Farbe eines Seehundes hatte, war von mehreren tiefen Schnittwunden zerfleischt. Für ein paar Sekunden erschien Scobie die Leiche winzig klein und dunkel und wie in weite Ferne gerückt. ›Herr Gott‹, denkt er, ›ich habe Dich getötet. Du hast mir alle meine Jahre treu gedient, und am Schluß habe ich Dich getötet.‹« – An dieser Stelle wird die Story hochaktuell. Es ging damals schon um Diamanten, die im Hinterland von Sierra Leone geschürft wurden und die um keinen Preis auf neutralen Frachtern oder über die französischen Vichy-Kolonien nach Deutschland geschmuggelt werden durften, denn Industrie-Diamanten waren angeblich unentbehrlich für Hitlers Rüstungsindustrie.

»›Oh, diese Diamanten, Diamanten, Diamanten!‹ klagte Yusef mit müder Stimme. ›Sie können sich nicht vorstellen, Major Scobie, wieviel ich allein an Bestechungssummen dafür ausgeben mußte.‹« Graham Greene hatte sich in den Jahren 1942 und 1943 als Beauftragter des Intelligence Service in Freetown aufgehalten, um diesen Handel mit Edelsteinen zu unterbinden. Er kannte sich also bestens aus in dem Geschäft und findet sich – ein wenig verzerrt – in der Romanfigur Wilson wieder: »Sie haben einen Agenten eigens aus London geschickt, um die Diamanten-Affäre zu untersuchen; man ist dort ja ganz versessen auf Diamanten.«
Dieses glitzernde Schmuggelgut war am Ende dem unschuldigen Diener Ali zum Verhängnis geworden, und da findet sich die triste Beziehung zur Gegenwart. Der Gemeuchelte ist zum Symbol seines Landes, seines Erdteils, seiner Rasse geworden. Selbst der zutiefst pessimistische Autor von »Heart of the Matter« hätte sich jedoch kaum vorstellen können, in welchem Ausmaß ein halbes Jahrhundert später die Profit-Neurose internationaler Geschäftemacher die Republik Sierra Leone – beim Wettstreit um

deren Diamanten-Ausbeute – in unsägliches Unheil stürzen würde.

Die Sonne ist jenseits der Man of War-Bucht untergegangen. Mit den Savannen Afrikas, so muß ich in dieser Stunde einer vermutlich endgültigen Trennung feststellen, wird mich niemals eine vergleichbar innige Nostalgie verbinden wie mit den Reisfeldern Indochinas. Dennoch möchte ich diesem geschundenen Kontinent gerecht werden und mein Buch mit einer versöhnlichen Note beenden. Dabei greife ich noch einmal auf Graham Greene und sein Freetown-Erlebnis zurück: »Am Abend erstrahlte der Hafen vielleicht fünf Minuten lang in Schönheit. Die roten Erdstraßen, die bei Tage so häßlich und lehmschwer waren, nahmen die Zart-Rosa-Färbung einer Blüte an. Es war die Stunde der Zufriedenheit. Männer, die die Stadt für immer verlassen hatten, erinnerten sich manchmal an einem grauen, naßkalten Abend in London des rosigen Schimmers und der glühenden Pracht, die, kaum gesehen, auch schon verblichen; sie fragten sich dann, warum sie die Küste so gehaßt hatten, und solange sie einen Tropfen im Glas hatten, sehnten sie sich danach, dorthin zurückzukehren.«

SUMMARISCHE ZEITTAFEL

1000 v.Chr.	Beginn der Völkerwanderung der Bantu-Stämme von Kamerun nach Ost-, Zentral- und Südafrika
ab 800 v.Chr.	Nilotische Stämme dringen in das Gebiet der Großen Seen vor
um 1000 n. Chr.	Ghana-Reich im Umkreis des heutigen Senegal-Flusses
ab 1200	Das Großreich Mali beherrscht die Sahel-Zone zwischen Senegal und Tschad-See
1324	Pilgerfahrt des Herrschers Kankan Musa nach Mekka
1435	Die Marokkaner erobern Timbuktu
1444	Portugiesische Seefahrer an der Senegal-Mündung
1482	Der Portugiese Diego Cao erreicht die Kongo-Mündung
1487	Bartolomeo Diaz umsegelt das Kap der Guten Hoffnung

1491	Der Kongo-König Nzinga läßt sich als Joao I. taufen
um 1500	Peul-Hirten siedeln im Fouta-Djalon
1626	Die Franzosen bauen Kontore am Senegal
1652	Jan van Riebeeck gründet Kapstadt im Auftrag der holländischen Ost-Indien-Kompanie
1677	Der Große Kurfürst Friedrich Wilhelm von Brandenburg läßt an der Goldküste ein Fort bauen
1680–1707	Kalvinistische Auswanderer aus Holland, Deutschland und Frankreich erobern das Hinterland des Kaps der Guten Hoffnung
1725	Gründung einer islamischen Theokratie im Fouta-Djalon
1787	Ehemalige schwarze Sklaven werden an der Küste Sierra Leones durch britische Philanthropen angesiedelt
1804	Der Fulbe-Eroberer Osman dan Fodio unterwirft im Heiligen Krieg die Haussa und gründet ein Großreich
1807	Großbritannien bemächtigt sich der Kap-Provinz. Abschaffung des Sklavenhandels 1833/34
1820	Die Ägypter Mehmet Alis okkupieren den Nord-Sudan
1820–1828	Shaka Zulu bildet eine afrikanische Militärmacht

1822	Eine Gruppe ehemaliger amerikanischer Sklaven wird an der Pfefferküste ausgesetzt
1835	Burische »Vortrekker« brechen über den Oranje-Fluß nach Transvaal auf
1847	Gründung der Republik Liberia
1854–65	General Faidherbe erobert weite west-afrikanische Kolonialgebiete für Frankreich
1860	Der Engländer Speke entdeckt am Victoria-See die Quelle des Weißen Nils
1876	Der amerikanische Journalist Henry Morton Stanley durchquert Afrika von Sansibar bis zur Kongo-Mündung
1880	Großbritannien annektiert den Oranje-Freistaat, Transvaal und Natal
1880	Savorgnan de Brazza erwirbt weite Gebiete Zentral-Afrikas für Frankreich
1881–1898	Islamischer Aufstand des Mahdi im Sudan
1883–1895	Widerstand des afrikanischen Malinke-Häuptlings Samory gegen die Franzosen
1884	Deutsches Protektorat über Südwest-Afrika
1885	Cecil Rhodes gründet die Gesellschaft de Beers und weitet die britische Einflußzone bis zum Sambesi aus

1885	Afrika-Konferenz in Berlin: König Leopold II. von Belgien erhält den Kongo als Privateigentum. Aufteilung Afrikas unter Großbritannien, Frankreich, Deutschland, Portugal und Spanien
1886	Beginn des Goldabbaus am südafrikanischen Witwatersrand
1893	Das Empire dehnt sich auf Uganda und Kenia aus
1895	Frankreich gründet in Dakar das Generalgouvernement Französisch-Westafrika für Senegal, Sudan, Guinea und die Elfenbeinküste
1897	Lord Lugard annektiert weite Teile Nigerias für das Empire
1904	Die deutsche Schutztruppe schlägt den Herero-Aufstand in Südwest-Afrika nieder
1905	Mayi-Mayi Aufstand in Deutsch-Ostafrika
1914–1918	Der deutsche General Lettow-Vorbeck leistet bis Kriegsende Widerstand gegen die überlegenen Truppen des Empire
1918	Der deutsche Kolonialbesitz wird als Mandatsgebiet des Völkerbundes unter Großbritannien, Frankreich und Belgien aufgeteilt
1935	Das Kaiserreich Äthiopien wird Besitz des italienischen Imperio
1952	Ausbruch des Mau-Mau-Aufstandes in Kenia

1957	Die britische Goldküste wird unter Kwame Nkrumah unabhängige Republik Ghana
1958	General de Gaulle gründet eine »Communauté« mit dem Ziel der afrikanischen Unabhängigkeit. Konflikt zwischen Frankreich und dem Guinea Sekou Tourés
1959	Verhärtung der Apartheid-Politik in Südafrika
1959	Stammeskämpfe und Massaker zwischen Hutu und Tutsi in Ruanda
1960–1961	Der ehemals belgische Kongo wird am 30. Juni unabhängig. Beginn der Kongo-Krise mit UNO-Intervention, Ermordung Patrice Lumumbas und Katanga-Feldzug
1961	Beginn des angolanischen Volksaufstandes gegen die portugiesische Kolonialmacht
1964	Nelson Mandela, Vorsitzender des südafrikanischen ANC, wird zu lebenslanger Haft verurteilt
1965	Marschall Mobutu proklamiert sich zum Staatschef der Kongo-Republik
1973	Der sudanesische Staatschef Numeiri führt die koranische Rechtsprechung ein und entfesselt damit erneut den Aufstand der südlichen Niloten-Völker

1975	Die »Nelkenrevolution« portugiesischer Offiziere leitet das Ende des portugiesischen Kolonialreichs ein. Von nun an Bürgerkrieg zwischen FNLA, MPLA und Unita. Intervention starker kubanischer Streitkräfte
1976	Blutige Unruhen in Soweto
1980	In Liberia putscht der Unteroffizier Samuel Doe. Ermordnung des Präsidenten Tolbert
1990	Der liberianische Rebellenführer Charles Taylor bemächtigt sich weiter Teile der Republik
1990	Als »Namibia« wird das ehemalige Deutsch-Südwestafrika unter Sam Nujoma unabhängig
1991	Nach Scheitern eines Waffenstillstands in Angola entbrennt der Bürgerkrieg zwischen Präsident Eduardo dos Santos und dem Unita-Führer Jonas Savimbi von neuem
1994	Völkermord in Ruanda. Die Mehrheitsbevölkerung vom Stamm der Hutu massakriert mehr als eine halbe Million Tutsi
1994	Ende des Apartheid-Regimes in Südafrika. Nelson Mandela wird erster schwarzer Staatschef
1996–1997	Die Ruanda-Armee des Tutsi-Präsidenten Kagame stößt quer durch das Kongo-Becken auf Kinshasa vor und installiert dort Laurent Kabila als Staatschef

1996–2000	Sierra Leone versinkt in inneren Wirren. Die RUF-Rebellen führen Massen-Exekutionen durch. Intervention nigerianischer und britischer Truppen. UNO-Resolution zur Entsendung von 17 500 Blauhelmen
1998	Nach dem Bruch Kabilas mit Ruanda und Uganda findet eine Militär-Intervention Simbabwes, Angolas und Namibias am Kongo statt
1999	Die Elfenbeinküste wird Schauplatz von Militärputsch und blutigen Unruhen
2001	Tödliches Attentat auf Laurent Kabila am 16. Januar. Sein Sohn Joseph wird am 26. Januar zu seinem Nachfolger bestimmt

NAMENSREGISTER

Adoula, Cyrille 57, 136, 338
Afewerki, Isaias 86, 193
Agot, Majak 205, 207
Agwai, Martin Luther 511 f.
Ahmadou, Seku 476 f., 480
Ahtisaari, Martti 488, 507
Aideed, Mohammed Farah 98
Akol, Lam 211
Albright, Madeleine 23 f., 92, 111
Allende, Salvador 241
Alor, Deng 205
Amin, Idi 85, 89
Andrade, Mario de 227
Annabi, Hedi 508, 511, 515
Annan, Kofi 20, 99, 324, 427, 498, 502 f., 507
Arnaud, Jean-Louis 55
Aristoteles 481
Azevedo, Luiz de 227
Azikiwe, Nnamdi 485

Babanginda, Ibrahim 418, 421
Bango, Gilbert 303 ff., 317
Barclay, Edwin 413
Barre, Siyad 87, 111
Barth, Heinrich 197, 474, 479 f.
Bashir, Omar Hassan Ahmed el- 87, 184, 192 f., 205 ff., 210
Batista, Fulgencio 159
Baudouin I. 33

Bédié, Henri Konan 443 f., 449, 453
Bello, Ahmadu 485
Bemba, Jean-Pierre 116
Biko, Steve 363
Bin Laden, Osama 164, 211, 471
Bismarck, Otto von 311, 406,
Blair, Tony 499, 501
Blixen, Tanja 161, 171
Blumberger-Sauerteig, Karin 408, 445
Bokassa, Jean-Bedel 283 f., 443
Bomboko, Justin 299 f., 303
Bond, Karl I. 299
Botha, Pieter Willem 364 f.
Boulle, Jean Raymond 497
Boutros-Ghali, Boutros 98
Brazza, Savorgnan de 311, 314 f.
Breschnew, Leonid 267
Buckingham, Tony 398, 493 f.
Bush, George W. 207, 258, 265, 502
Buthelezi, Mangosuthu 356
Buyoya, Pierre 148, 151

Cameron, Verney Lovett 490
Camões, Luís Vaz de 223, 248
Campaoré, Blaise 420
Caprivi, Georg von 406
Carlucci, Frank 56, 241, 333

Castro, Fidel 86, 107, 113, 116, 138, 152f., 154, 159, 220f., 251, 264, 286, 391
Castro, Raul 220
Cessi, Issai 504, 512
Chamberlain, Neville 75, 329
Cheney, Dick 207, 258
Chiluba, Frederick 218
Chirac, Jacques 126, 259, 314, 324
Chissano, Joaquim 86
Chivukuvuku, Abel 264f.
Chou Enlai 151, 157
Chrétien, Jean-Pierre 68, 73
Chruschtschow, Nikita 49
Churchill, Winston 89, 171
Chut, Matur 207f.
Clausewitz, Carl von 508
Clinton, Bill 87, 92, 98f., 123, 169, 217, 256, 258, 404, 420, 496, 501
Clos, Max 332
Cohen, William 98
Condé, Alpha 465
Conrad, Joseph 17f., 24, 158, 486
Conté, Lansana 465f., 469f.
Conté, Mohammed 470f.
Cotta, Michèle 110
Coutinho, Rosa 244ff.
Cunhal, Alvaro 241

Dallaire, Roméo 98
Darwin, Charles 197
Denard, Bob 119
Devlin, Larry 286
Diouf, Abdou 468
Doe, Samuel 418ff.
Duvallier, François 159

Eboué, Félix 316
Eduard VII. 406
Eisenhower, Dwight D. 49, 511
Engels, Friedrich 260

Faidherbe, Louis 438
Falcone, Pierre-Joseph 263
Foccart, Jacques 325, 331
Fodio, Osman Dan 476, 482
Forsythe, Frederick 118
Fukuyama, Francis 108

Garang, John 86, 184f., 187, 200, 204f., 210, 212
Gaulle, Charles de 53, 127, 242, 284, 301, 315f., 325f., 331, 436, 441, 455f., 511
Gbagbo, Laurent 445, 448f., 453
Gbenye, Christophe 299, 319–322, 341
Gehlen, Reinhard 286
Georg V. 172
Gertler, Dan 308
Gide, André 5, 40
Giono, Jean 38
Giscard d'Estaing, Valéry 93, 463
Gizenga, Antoine 55ff., 289, 292, 299, 319
Goetzen, Gustav Adolph von 61, 68, 155
Gordimer, Nadine 350f., 374
Greene, Graham 23, 159, 237, 486f., 491, 501, 516ff.
Grimm, Hans 395
Guei, Robert 443ff.
Guevara, Ernesto »Che« 109, 138, 152–159, 264, 306
Gunther, John 204, 213, 412ff., 417

Habyarimana, Juvenal 92–96, 104
Haley, Alex 150
Hammarskjöld, Dag 20, 46, 49, 285, 290, 326, 328f., 339, 460, 510
Hassan II. 301
Heinrich der Seefahrer 224, 239f., 251
Hemingway, Ernest 170, 174, 183
Herzog, Roman 90
Hitler, Adolf 75, 372, 391, 396f.
Hoare, Mike 119
Holbrooke, Richard 257f.
Honecker, Erich 267
Houphouet-Boigny, Félix 433ff., 440–445, 448, 452f.
Hoxha, Enver 86, 455, 469
Hugo, Victor 106
Hussein, Saddam 96, 118

Ibrahima, Jagida Sory 469f.
Ilunga, Emil 20
Ilunga, Joseph 116

Jiang Zemin 151
Johannes Paul II. 433
Johnson, Prince 418
Jorge, Paolo Texeira 255, 257, 259
Jospin, Lionel 259, 445

Kabarere, James 103ff., 110–119, 121f., 282, 500
Kabbah, Ahmad Tejan 488, 495f., 503
Kabila, Joseph jr. 259, 266, 299ff., 303f., 320f., 324, 391, Abb. 20
Kabila, Laurent Désiré 23, 36, 44, 58, 86, 105, 109–114, 116, 121f., 125f., 140f., 148, 153ff., 157, 159, 269f., 282f., 292, 298f., 302–310, 312, 326, 342, 497, Abb. 19
Kagame, Paul 63, 71, 78, 86, 92–97, 99ff., 109, 112, 118, 123, 125, 206, 278, 302, 310, 325, Abb. 3
Kalb, Madeleine 286
Kalondji, Albert 295f.
Kandt, Richard 60ff., 64, 66, 68ff., 72ff., 78, 81, 103, 122, 131, 139
Kapend, Eddy 305, 307
Karegeya, Patrick 111f., 122
Kasavubu, Joseph 45f., 49, 58f., 136, 141, 262, 290f., 295
Kashamura, Anicet 299–302
Kasongo, Martin 143ff., 490
Kassoma, Antonio Paulo 270f., 275
Kayibanda, Grégoire 79, 92
Kazini, James 35, 118
Kennedy, John F. 135, 185, 256
Kenyatta, Jomo 165–169
Khomeini, Ruhollah 88, 206
Kigeli V. 78f.
Kijikitile 155
Kimbangu, Simon 292
King, Charles Dumbar Burgess 416
Kipling, Rudyard 31, 482, 501
Kissinger, Henry 241, 259, 363
Kitchener, Lord Herbert 126, 180, 213, 500
Klerk, Frederik de 351, 369
Kohl, Helmut 161, 169
Krabbe, Günter 162
Krüger, Paul 357

Lansane, Diane 461ff.
Laqua, Cornelia 403

Lavigerie, Charles-Martial 76
Lawrence, D.H. 501
Lengema, Marcel 293, 298
Lenin, Vladimir Iljitsch 140, 280, 301, 469
Leopold II. 16, 24, 29, 74, 298, 302, 306, 311, 315, 317, 324, 338, 406, 417, 490
Lettow-Vorbeck, Paul von 165, 292f., 406
Lincoln, Abraham 412
Lissouba, Pascal 313f.
Lister, Gwen 376, 380
Livingstone, David 133f., 179
Lortzing, Albert 378
Luabugiri, Kigeri 81
Lugard, Lord Frederic 180
Lumumba, Patrice 24, 44f., 48–54, 58, 135ff., 140f., 146, 159, 227, 235, 281, 284–297, 299, 302f., 306f., 313, 319, 322, 339f., 377, 462, Abb. 17

Machel, Samora 163
Macmillan, Harold 76, 286, 336, 463
Madsen, Wayne 41, 314,
Maharero, Samuel 382
Mandela, Nelson 38, 111, 167, 276f., 345, 349f., 354f., 358ff., 365, 369, 371
Mandela, Winnie 272, 277, 360
Mantanzima, Kaiser 363
Mao Zedong 54, 57, 139, 189, 217ff., 247, 401, 455, 466, 469
Marchand, Jean-Baptiste 125f.
Margai, Milton 492
Marty, Paul 479

Marx, Karl 154, 260, 280, 469, Abb. 16
Masar, Riak 189, 211
Masire, Quett 404
Matara III. 78
Matos, Norton de 267, 269
Mbeki, Thabo 38, 86, 117, 349, 354f., 356ff.
Mboya, Tom 166
Mehdi, Sadiq el- 206
Mengistu, Haile Mariam 163
Mitterrand, François 93f., 97, 110, 257, 263, 436
Mitterrand, Jean-Christophe 93, 110, 263
Mobutu, Joseph-Désiré, »Sese-Seko« 35f., 40, 44, 46f., 54, 58f., 87, 105, 107ff., 111ff., 115, 122, 135, 138, 141, 144, 146, 159, 168, 220, 247f., 253, 257, 266, 281, 283, 287, 289ff., 295, 298–303, 305, 313, 322, 324, 326, 330, 342, Abb. 18
Mohammed, Ahmed, »el Mahdi« 206
Moi, Arap 168f.
Momoh, Joseph 492, 509
Montgomery, Bernard L. 511
Mubarak, Hosni el- 206
Mugabe, Jean-Pierre 95
Mugabe, Robert 86, 116f., 276, 304, 309, 320, 345, 349, 353, 356f., 370, 404, Abb. 20
Mugesera, Léon 97
Mulele, Pierre 138
Mummendey, Dietrich 47
Musa, Kankan 446, 485
Museveni, Yoweri 35, 41, 85–92,

101, 103, 106, 109, 112, 118, 121f., 125, 170, 183, 192f., 206
Mussolini, Benito 327, 391
Mwambutsa 80

Naipaul, Vidiadhar Surajprasad 44, 503
Napier, Lord Robert 180
Napoleon III. 438
Nasser, Gamal Abdel 55
Ndadye, Melchior 81
Nendaka, Victor 294, 299
Neto, Agostinho 228, 247, 254, 261, 280
Ngo Dinh Diem 111
Nixon, Richard M. 221
Nkrumah, Kwame 288, 436f., 440, 460
Noriega, Manuel 111, 426
Norman, Hinga 505
Ntaryamira, Cyprien 95
Nujoma, Sam 320, 375–381, 385, 388–395, 397f., 401, 403f., 500, Abb. 23
Numeiri, Jaafar 192, 211
Nyerere, Julius 42, 86, 94, 135, 157, 163

Obasanjo, Olusegun 496
Obote, Milton 83, 85ff.
Ojukwu, Otumegwu 441
Omar, el Hadj 476
Opande, Daniel 499, 506
Ouattara, Alassane 443ff., 448f.
O'Brien, Connor 328ff., 339
O'Neill, Brian 410, 431

Park, Mungo 474
Pasqua, Charles 263

Paton, Alan 351
Paul VI. 84
Pétain, Philippe 315
Pfaff, William 15f., 118, 163f.
Pienaar, Louis 387
Powell, Colin 324, 345, 446
Ptolemäus 65
Putin, Wladimir 120

Qadhafi, Muamar 419ff., 425, 470, 498

Ramose, Ben 354, 356
Rau, Johannes 324
Rautenbach, Billy 117, 310
Rawlings, Jerry 440, 512
Reagan, Ronald 256
Rhodes, Cecil 61, 126, 180, 186, 357, 424
Rice, Condoleezza 258
Rice, Susan 24, 110, 258, 325
Richardson, Guy 500ff.
Richburg, Keith B. 96, 107f., 150, 447
Robert, Joseph Jenkins 411
Roberto, Holden 226ff., 244, 247, 253
Roosevelt, Theodor 414
Rwagasore 148

Sadry, Behrooz 504, 506ff.
Salazar, Oliveira de 223ff., 228, 239f., 252
Samory 456f., 477
Sankara, Thomas 420
Sankoh, Foday 492, 495ff., 504f., 514
Santos Liberdade, Antonio dos 216ff., 222

Santos, Eduardo dos 116, 217, 251, 253 ff., 262 f., 265, 267, 287, 314, 400, Abb. 20
Sartre, Jean-Paul 303
Sassou-Nguessou, Denis 313 f.
Savimbi, Jonas 87, 111, 115, 217–222, 246, 255 ff., 265, 269, 320, 322, 391, 401, 504, Abb. 11
Schmidt, Helmut 117
Schramme, Jean-Pierre 119
Schukow, Georgij 511
Schweinfurth, Georg 196 f., 202, 204
Seghers, Anna 282
Senghor, Leopold 128, 301
Shilebo, Andreas 399 f., 403 f.
Sirven, Alfred 263
Smith, Ian 243, 370
Smuts, Jan 370, 372
Soros, George 445
Soumialot, Gaston 140 f., 145 ff., 153, 299, 322, 341 f.
Speke, J.H. 91
Spinola, Antonio de 241, 467
Stanley, Henry Morton 16, 32, 39 f., 61, 133, 179, 287, 311, 315, 490
Stevens, Siaka 492
Strasser, Valentine 487, 492 f.
Suzuki, Ayaka 511

Taylor, Charles 419–423, 425–429, 466, 496, 498, 504
Telly, Diallo 472
Theyse, Koos 399, 403

Ticero, Habib Sow 478, 480 f.
Tolbert, William 417 f.
Tounkaré, Tibou 462 f.
Touré, Sekou 53 f., 58, 225, 227, 436 f., 440 f., 455 f., 459–466, 469, 472 f., 477, 479, 510
Trinquier, Roger 332
Trotha, Lothar von 382, 393
Tshisekedi, Etienne 108, 299
Tshombe, Moise 20, 46, 58, 135 f., 140 f., 246, 291, 295, 297, 311, 327 ff., 333, 338 f.
Tubman, William 417
Turabi, Hassan el- 87, 192, 206, 211, 470

Uwilingiyimana, Agathe 95, 104

Verwoerd, Hendrik 361, 363
Vidal, Gore 117
Vieira, Joao Bernardo 466, 488
Voltaire 260
Vorster, Baltazar Johannes 362 ff.

Wade, Abdoulaye 468
Wahhab, Abdul 481
Wamba, Wamba di 116
Waugh, Evelyn 286
Wilhelm II. 74, 126, 406
Witbooi, Hendrik 382

Yacy, Allen N. 416 f.
Youlou, Fulbert 262

Zenawi, Meles 86

SACHREGISTER

ACRI [African Crisis Response Initiative] 121, 405, 444, 466, 468, 506
Albertville (später: Kalemie) 131, 140 ff., 147, 153, 342
ANC [African National Congress] 349, 354–359, 365, 369
Angola 23, 39, 107, 111, 116, 119 ff., 186–236, 238 f., 243 ff., 249 ff., 253–272, 278 f., 287, 289, 293, 297, 314, 320 ff., 355, 384, 391, 399 ff., 404, 406, 461, 490, 502, 504
Angoni [Ethnie] 145
Arusha 94 f., 104
Ashanti [Ethnie] 490
Askari 165, 292, 500
Asmara 193
Aweil 188, 193, 195, 205

Baganda [Ethnie] 83, 85
Bagani 402
Baghirmi 481
Bahima [Ethnie] 86, 101
Bahr-el-Arab 187, 194
Bahr-el-Ghazal [Provinz] 72, 183 f., 187 f., 191, 193, 195 f., 198, 205, 207, 210, 213
Bahutu [Ethnie] 67, 69, 72

Bakongo [Ethnie] 49, 77 ff., 113, 235, 244, 247, 262, 291
Bakwanga 117, 295 ff.
Baluba [Ethnie] 113, 295 f., 304, 328
Balunda [Ethnie] 243, 246
Bangala [Ethnie] 29
Bangui 283
Banjul 42
Banningville 461
Banyamulenge [Ethnie] 100, 104, 149, 156, 312
Baoulé [Ethnie] 436 f., 439, 443 f., 449, 453
Bateke [Ethnie] 311, 315
Batetela [Ethnie] 44, 48, 299
Benguela 220, 222, 235, 252, 255, 261, 271, 399, 490
Bentiu 188, 193
Berlin [Afrika-Konferenz von 1885] 24, 60, 247, 252, 311 f., 321
Biafra [Sezessionskrieg von] 277, 441, 482
Bornu 483
Botswana 355, 386, 391, 403 ff.
Brazzaville 26, 36, 126, 228, 254, 283, 293, 312–316, 460
Buganda 84, 88

533

Bujumbura 75, 80, 97, 130f., 139, 141f., 146, 151
Bukavu 99, 103, 137f.
Burkina Faso 420, 440, 444, 449
Burundi 66, 76–81, 122, 129, 141, 147, 150f., 202, 325f., 355, 474

Caala 279
Cabinda 105, 119, 221, 225, 247f., 314, 320
Cabo Ledo 260f.
Caprivi-Zipfel 161, 401, 403, 406
Carmona (später: Uige) 227, 231f., 235ff., 242
Casamance 467
CDF [Civil Defence Force] 505f., 513
CIA [Central Intelligence Agency] 45, 54, 87f., 107, 111, 156, 158, 185, 188, 211, 221, 286, 314, 358, 419, 426, 469
Cockeril 500
Coltan [Mineral] 24, 309, 321, 325f.
Conakry 226f., 428, 441, 455–468, 471f., 474, 482, 510, 516
Coquilhatville 28, 303
Cuito 504
Cunene [Fluss] 383f., 387

Dakar 110, 435, 460, 464, 467f., 471
Dalaba 477f.
Damara [Ethnie] 384
Dar-es-Salam 86, 95, 109, 111, 133f., 157, 163, 327, 330
Darfur 193
Defence Systems Ltd. 221

Deutsch-Ostafrika 60f., 68, 132ff., 142, 145, 165, 327, 406
Deutsch-Südwest-Afrika 116, 375f., 378, 381ff., 387f., 393, 395f.
DIA [Defense Intelligence Agency] 93, 305
Dinka [Ethnie] 184, 188ff., 195, 197–201, 203f., 208, 210, 478

Ebola-Krankheit 85
ECOMOG [militärischer Nebenzweig von ECOWAS] 421f., 426, 443, 495f., 504
ECOWAS [westafr. Organisation f. wirtsch. Zusammenarbeit] 421, 498
Elfenbeinküste 419f., 433–445, 448, 450f., 453, 471, 510
Elisabethville (später: Lubumbashi) 135, 241, 295f., 328–340
Entebbe 85
Enugu 484
Eritrea 192f., 211
Etosha-Pfanne 386
Executive Outcomes Ltd. 300, 356, 493ff., 505

FAA [Forças Armadas Angolanas] 218, 278
Faschoda 125f., 189
FLEC [Front für die Befreiung der Exklave Cabinda] 221, 248
FNLA [Bakongo-Stammesbewegung] 220, 244f., 246f., 252
Fouta-Djalon [Hochland] 71, 456, 474ff., 479, 481f.

Freetown 486ff., 491, 493ff., 499, 505f., 513, 517
Frelimo 371
FRODEBU [Front Démocratique du Burundi] 150
Fufulde [Sprache] 475
Fulani [Ethnie] 441, 472f., 475ff., 479, 481, 483, 485
Fulbe [Ethnie] 472, 477, 480
Futa-Toro 475

Gabarone 404
Gabun 315
Gambia 42, 467, 474
Gbadolite 108
Gbarnga 427ff.
Ghana 49, 99, 235, 285, 288, 296, 420, 436, 441, 460, 490, 506, 514
Gisenyi 63
Gitega 149
Gogrial 195
Goma 20, 25, 62, 99, 103, 116, 306
Gorée 468
Guinea 49, 54, 197, 220, 226, 255, 288, 412, 416, 420, 422, 424, 428, 436, 451, 455–467, 469–472, 474, 481, 499, 506, 509, 513
Guinea-Bissau 425, 467, 488
Gulu 85, 125, 207
Gurkhas 336, 338, 500, 514f.

Harare 117
Haussa [Ethnie] 277, 476, 483, 512
Herero [Ethnie] 382, 384, 390, 393, 396, 406
Hillbrow 351

Hizbullah 471
Hottentotten [Ethnie] 382
Huambo (früher: Nova Lisboa) 235, 269–278
Hutu [Ethnie] 18, 20, 63, 66ff., 72, 76–81, 92–97, 99–104, 114, 124, 129, 148ff., 156, 249, 321, 489

Ibo [Ethnie] 277, 441, 447, 484
ICG [International Crisis Group] 488, 507, 509
IDI [International Diamond Industries] 308
Ilorin 476
Inga [Staudamm] 114
Inkatha 356, 367
Interahamwe 95ff., 99, 114, 322
Internationaler Währungsfonds 42, 117, 170, 444, 465
Isangi 29

Jadotville 291, 297, 338
Jamba 401
Jinja 83, 92
Johannesburg 165, 344ff., 348–352, 358, 360, 363, 370, 372, 374
Juba 193, 205, 207, 214
Jur [Fluss] 194

Kaduna 485
Kakata 429
Kalahari [Wüste] 382, 386f., 395, 404
Kalemie [Hafen; früher: Albertville] 114, 131, 140, 159
Kalendje [Ethnie] 168, 170
Kamajor 505f., 514
Kambia 513

Kambodscha 58, 385, 428, 497, 502
Kamerun 67, 479,
Kampala 35, 83ff., 90, 102, 116, 183
Kankan 457, 474
Kano 26, 482f.
KANU [Kenya African National Union] 166, 168, 170
Kapstadt 77, 126, 185, 365, 373, 404
Kasai [Provinz] 23, 48, 105, 138, 278, 288, 290, 295, 320, 391, 415
Katanga 22, 34, 46, 54, 56, 105, 109, 131, 135f., 215, 222, 290f., 295, 297, 304f., 310f., 326ff., 331–336, 338f., 391, 459
Katsina 483
Katutura 383
Kavango [Ethnie] 384, 400, 402
Kenge 322
Kenia 58, 162, 165–176, 182, 185, 188, 324, 393, 506, 515
Khartum 85, 87, 184f., 191f., 196, 200ff., 205–213, 342f., 470
Kigali 20, 42, 62, 73, 75, 93–97, 100, 102, 104, 107, 115, 125f., 152, 322
Kigoma 131ff., 134, 142, 155
Kikuyu 161, 166, 171f., 174f., 178–182
Kilimandscharo 94, 183
Kimbangu [Sekte] 292
Kindia 474
Kindu 33, 337
Kinshasa (s.a. Leopoldville) 40, 100, 105, 109–116, 121, 125, 141, 244, 259, 267, 281ff., 287, 292, 298, 300, 306, 308ff., 318–322, 340ff., 347, 362, 497
Kipushi 330, 335
Kisangani (s.a. Stanleyville) 17–25, 36, 38, 40, 43f., 47, 52, 57, 60, 100, 105ff., 109, 121, 127
Kitona 114, 295, 338
Kitwe 330, 335f.
Kivu 20, 23, 57, 59f., 62, 73, 99f., 106, 114, 118, 131, 137ff., 290, 302, 312, Abb. 4
Kodok 125
Koidu 514
Kolwezi 311, 338
Kongo-Brazzaville 248, 262, 312, 320, 325
Kongola 402f., 405
Kono 492
Kordofan 187, 190, 193
Krahn [Ethnie] 417
Kru [Ethnie] 417, 449
Kuba 113, 138, 154–158, 220, 253, 256, 263f., 342, 384

Labé 477
Lagos 165, 347, 362, 484, 496, 506
Leopoldville 17, 26, 30, 35, 44, 46, 48, 50, 52, 54f., 77f., 135ff., 226, 285f., 288, 290f., 298, 303, 314, 317, 326, 329, 337, 339ff., 459f., 462
Lepi 279
Lesotho 355, 405
Levantiner 471
Libanon 39, 410, 419, 450, 459, 465, 471, 484
Liberia 108, 407f., 411–430, 438, 446f., 449, 453, 490, 496, 504, 509f., 512

Ligue Islamique de Guinée 472
Lingala [Sprache] 31, 115, 304
Lobito 215
Lofa-County 427 ff., 466
Lokichokio 183 f., 188, 207
Longonjo 278 f., Abb. 16
Lord's Resistance Army 85, 183
Lualaba 32, 337
Luanda 217 f., 220 f., 229 f., 236, 239, 242, 244, 249–269, 271, 282, 316 f., 320, 362, 399, 401
Lubango 384
Lubumbashi (früher: Elisabethville) 222
Luena 215, 218 f., 222, 270
Lunda Norte [Provinz] 217
Lunda Sul [Provinz] 217, 219
Lunda [Ethnie] 216, 219, 232, 235, 243, 296 f.
Lunsar 513, 515
Luo [Ethnie] 166, 168, 174
Lusaka 151, 265, 320

Maka 424, 428
Makarere [College] 89
Makeni 513
Malakal 191
Malanje [Provinz] 217, 271
Mali 72, 446, 479, 485
Malindi 170
Malinké [Ethnie] 448, 465, 469, 472
Maluku 324
Mandé [Ethnie] 449
Mandingo [Ethnie] 417, 429, 465, 477
Maniema 20, 59, 337
Mano [Fluss] 424, 426, 510
Maputo 371

Massai [Ethnie] 172, 175, 181
Matadi 46, 114, 116, 317, 320
Mau-Mau 58, 160, 166, 172–182, 515
Mauretanien 475
Mayi-Mayi 114, 140, 143, 145, 153 ff., 159, 264, 299, 322, 342
Mayombe [Urwald] 26, 248
Mbandaka 323
Mboshi [Ethnie] 313
Mbuji-Mayi 23, 105, 113, 116, 306, 321
Mbundu [Ethnie] 217, 257, 261
Mende [Ethnie] 491
Mesuredo 407
Milo [Fluss] 457
Mitumba 153 f., 159
MNC [Mouvement National Congolais] 44, 49, 53
Mombasa 170
Monroe-Doktrin 409, 461
Monrovia 407 f., 411–420, 423, 426, 428, 430, 438, 491, 496, 504
Mosambik 225, 243, 264, 355, 371, 406
Moskau 44, 50, 55, 87, 107, 210, 220, 227, 242, 254, 511
Mossi [Ethnie] 449
Moxico [Provinz] 216 f., 222
MPLA [Volksbewegung zur Befreiung Angolas] 217 f., 220 ff., 226 f., 245 ff., 251 ff., 254 ff., 258, 261 f., 265 f., 271 f., 278, 399, 401, 504

Nairobi 161 f., 165–174, 176, 182 f., 185, 204, 327, 347, 362
Naiwasha [See] 178

537

Nama [Ethnie] 382
Nambuangongo 242
Namibe 279
Namibia 116, 258, 355, 375–381,
    383, 386f., 390f., 393, 397ff.,
    406, 500
Ndjili 282, 323
Ndolo 317f., 327, 329f.
Negage 229f., 237
Niam-Niam [Ethnie] 196f., 204,
    208
Niger 120, 457, 474ff., 482
Nigeria 26, 120, 188, 275, 277,
    357, 418, 421f., 426, 441, 475f.,
    479, 482f., 495f., 506, 512, 515
Niloten 67, 86, 122, 156, 184, 187,
    189, 192f., 197, 199, 202, 204,
    210
Nimba 428
Nord-Rhodesien 327, 339
Nova Lisboa (jetzt: Huambo) 269f.
NPFL [National Patriotic Front of
    Liberia] 420
Nsukaa [Universität] 447
Nuba 211
Nuer [Ethnie] 184, 193, 200, 210

OAS [Organisation afrikanischer
    Staaten] 245
Ober-Ägypten 478
Ober-Volta 449
Okahandja 382
Okavango 383, 399f., 405
Omdurman 126, 213
Omitara 380
Oranje [Fluss] 370, 373, 387, 391
Oromo [Ethnie] 71, 75, 202
Oshakati 380, 385
Otiwangoro 389f.

Ouagadougou 449
Oubangui [Fluss] 315
Oubangui-Chari 315
Ovambo [Ethnie] 378ff., 383ff.,
    387, 393f., 397, 400
Ovimbundu [Ethnie] 216f., 219,
    246, 266

Parmehutu 79
Peul [Ethnie] 472–479
PIDE [Policia Internacional de
    Defesa do Estado 228f.,
    236–241, 249
Pointe Noire [Hafen] 26, 111, 313,
    316
Ponthierville 33
Port Bouet 442
Port Loko 512f.
Port Sudan 189, 194
Pretoria 77, 117, 221, 344ff., 351,
    355f., 359, 363f., 369f., 372,
    374, 379, 381, 387f., 391, 404f.
Providence Island 407f.
Pygmäen [»Twa«] 67f., 106
Pyrochlor 325f.

RDA [Rassemblement
    Démocratique Africain] 436
Rhodesien 134, 243, 289, 329f.,
    339, 461
Robben Island 277, 365
Robertsfield 415, 423
Rössing 397
RPF [Rwandan Patrotic Front] 40
Ruanda 18, 20, 23f., 34f., 41f., 44,
    52, 60ff., 65ff., 70, 72–81, 83,
    86, 92–108, 111–115, 118,
    121f., 125, 130, 147, 151, 156,
    159, 202, 206, 249, 278, 304,

310, 312, 320, 322, 325, 468, 474, 489
RUF [Revolutionary United Front] 420, 488ff., 492–498, 504ff., 512, 514
Rufisque 468
Rumbek 198–201, 207f., 212
Rundu 399ff.
Ruwenzori 85
Ruzizi 139, 149

Sahara 26, 475, 478
Sahel-Zone 26, 420, 475f.
Saint-Louis 468
Salisbury 327, 330, 370
Sambesi [Fluss] 406
Sambia 218, 259, 324, 401, 403, 498
Sandline Ltd. 119f., 495, 500
Sansibar 132, 200
São Tome 255, 267
Senegal 66, 110, 125, 374, 451, 468, 473ff., 479, 481, 506, Abb. 27
Senegambia 475
Shaba [Provinz] 105, 113, 311
Sharpeville 361
Shilluk [Ethnie] 184, 193
Shinkolobwe 310
Sierra Leone 19, 24, 39, 119f., 274, 324, 420–425, 429f., 453, 457, 466, 486, 488, 490–513, 516f.
Simba 58f., 109, 136, 138–146, 153, 264, 299, 322, 341
Simbabwe 23, 116f., 275f., 282, 287, 306, 309f., 320, 324f., 345f., 349, 353, 355ff., 391, 401, 404

Sokoto 476f., 483, 485
Somalia 66, 98, 108, 503
Soussou [Ethnie] 465, 470, 472
South-West African People's Organization (SWAPO) 376, 378f., 383ff., 387ff., 394, 401
Soweto 115, 344f., 349, 359ff., 365ff., 371
SPLA [Süd-Sudanesische Volksbefreiungsarmee] 184f., 187, 192, 200, 204f., 207, 210ff.
SSIM [Süd-Sudanesische Unabhängigkeitsbewegung] 211
Stanleyville (s. a. Kisangani) 26, 30–34, 39f., 48, 50ff., 54f., 57ff., 136, 139, 153, 282, 284, 289, 292, 294, 299, 319, 342
Steinhausen 393f.
Stellenbosch 373
Suaheli 145, 148, 165, 312
Süd-Rhodesien 356, 371
Südafrika 38, 58, 77, 117, 125, 153, 175, 217, 220, 258, 266, 276, 289, 344ff., 348–357, 359–365, 369ff., 374, 383ff., 390f., 397f., 403f., 450, 494
Sudan 31, 49, 52, 56, 72, 75, 87f., 101, 119, 126, 184–197, 205–209, 212ff., 470, 474f., 479
Swakopmund 391, 395–399
Swaziland 355

Tabora 133
Tanganjika [See] 72, 97, 108, 114, 129ff., 132f., 140, 142, 147, 149–153, 264, 302, 322, 341f., 490
Tansania 42, 78, 86, 94, 101, 111,

116, 131, 135, 148, 151, 155, 225, 301, 327
Tekruri [Ethnie] 473, 475, 479
Thysville 290, 295
Tidjaniya 451, 469, 479
Tigre 193
Timbuktu 480
Tivaouane 469
Togo 79, 496
Tonj [Fluss] 196
Toucouleurs [Ethnie] 473, 475
Transkei 349, 363, 365
Transvaal 348, 354, 357, 370, 373, 387
Treichville 438, 445
Tripolis 425 f.
Tschad 72, 116, 120, 316, 404, 469, 474, 476
Tshopo [Fluss] 18 f., 21, 41, 121
Tsumkwe 386
Tuareg [Ethnie] 478
Turalei 187, 190, 195
Turnhallen-Allianz 387, 394
Tutsi [Ethnie] 18 f., 35, 40, 44, 52, 62 f., 66 f., 70–80, 86, 92–97, 99, 101–107, 110–115, 119, 122 ff., 129, 141, 148 ff., 156, 159, 202, 206, 278, 282, 302, 304, 312, 321, 325, 382, 474, 478, 489

Uganda 18, 23 f., 34, 41, 78, 83–91, 101 ff., 112 ff., 118, 120 f., 125, 170 f., 182 f., 186, 192 f., 200, 206, 301, 320, 325
Uige (früher: Carmona) 226, 229, 233, 235, 271
Ujiji 133, 157
Umtala 363

UNAMSIL 497, 499, 502 f., 506 f., 510, 513 f.
Unita Renovada 266
Unita [Nationale Union für die totale Unabhängigkeit Angolas] 116, 215, 218 ff., 246, 252, 256 ff., 261, 263, 266, 269 f., 320, 385, 400
UPA [Uniao dos Populaçoes de Angola] 226 f., 244, 247, 253
Uvira 149

Victoria-See 84, 91 f., 179

Wagenia 30
Walvis Bay 383, 396 ff.
Waterberg 382, 406
Wau 194, 196, 207
WFP [World Food Program] 274, 276, 424
White Highlands 178
Whitehall 502
Windhuk 370, 375, 377–383, 385, 387, 391 f., 398 f., 403

Xhosa [Ethnie] 277, 349 f., 356, 365

Yamoussoukro 433 f., 447 f., 450, 452, Abb. 26
Yoruba 277, 476, 485

Zaire 40, 111 f., 247 f., 266, 298, 313
Zentralafrikanische Republik 283, 443
Ziguinchor 467
Zulu [Ethnie] 356, 360

BILDNACHWEIS

Die Zahlenangaben folgen der Numerierung der Fotos.

Abbas/Magnum/Agentur Focus: 18
Coutner/Sipa Press: 13
Marc Deville/Gamma: 19, 26
Tom Haley/Sipa Press: 6, 7
Olivier Jobard/Sipa Press: 20, 28, 29
Laurent Kaous/Gamma: 12
Perry Kretz/Stern: 25
Lalanne/Spooner/Gamma: 11
Cornelia Laqua: 2; 9; 10; 15; 16; 23; 24
Pascal Maitre/Cosmos/Agentur Focus: 1
Jenny Matthews/Network/Agentur Focus: 3
Peyerson/Liaison/Gamma: 5
Photonews/Gamma: 21
Ullstein Bild-Keystone Pressedienst: 17
Utsumi/Liaison/Gamma: 30

Karten: Adolf Böhm

PETER SCHOLL-LATOUR

Der Fluch des neuen Jahrtausends

Eine Bilanz
352 Seiten

Als Peter Scholl-Latour in einer Zeitungskolumne den »Steinzeit-Islam« der afghanischen Taliban anklagte und die amerikanische CIA beschuldigte, diesen menschenverachtenden »Horden« die Herrschaft über Afghanistan zugesprochen zu haben, schrieb man den 4. Juli 2000. Aus heutiger Sicht lesen sich diese Zeilen des weltbekannten Journalisten geradezu visionär. Scholl-Latour, der nach dem Anschlag am 11. September 2001 auf das World Trade Center in New York wieder einmal zu einem der begehrtesten Gesprächspartner nicht nur der deutschen Medien avancierte, warnt aus seiner intimen Kenntnis des Islam bereits seit vielen Jahren davor, dass die »Angst vor der moslemischen Kultur übertrieben und gefährlich« sei und dass auch der Westen vor Gewaltexzessen nicht gefeit ist. Im Gegenteil, speziell die USA würden mit ihrer kurzsichtigen Politik im Sinne eines Wildwest-Kapitalismus »bluttriefenden Heilslehren« Vorschub leisten. Die hier versammelten Themen reichen von der Globalisierung des Terrors, von alten und neuen Krisenherden in Asien und Afrika über den »modernen Indianerkrieg« im Kosovo bis zu »Putin dem Großen«.

C. BERTELSMANN

GOLDMANN

*Das Gesamtverzeichnis aller lieferbaren Titel erhalten Sie
im Buchhandel oder direkt beim Verlag.
Nähere Informationen über unser Programm erhalten Sie auch im Internet unter:*
www.goldmann-verlag.de

★

Taschenbuch-Bestseller zu Taschenbuchpreisen
– Monat für Monat interessante und fesselnde Titel –

★

Literatur deutschsprachiger und internationaler Autoren

★

Unterhaltung, Kriminalromane, Thriller
und Historische Romane

★

Aktuelle Sachbücher, Ratgeber, Handbücher und
Nachschlagewerke

★

Bücher zu Politik, Gesellschaft, Naturwissenschaft und Umwelt

★

Das Neueste aus den Bereichen
Esoterik, Persönliches Wachstum und Ganzheitliches Heilen

★

Klassiker mit Anmerkungen, Anthologien und Lesebücher

★

Kalender und Popbiographien

★

Die ganze Welt des Taschenbuchs

★

Goldmann Verlag • Neumarkter Str. 28 • 81673 München

Bitte senden Sie mir das neue kostenlose Gesamtverzeichnis

Name: _____

Straße: _____

PLZ / Ort: _____